BRUCE LEE
Uma Vida

Matthew Polly

BRUCE LEE
Uma Vida

A Biografia Definitiva da Lenda do Cinema
que Transformou as Artes Marciais
em um Fenômeno Global

Tradução
DANILO DI GIORGI
DRAGO

Título do original: *Bruce Lee a Life*.
Copyright © 2018 Matthew Polly.
Publicado mediante acordo com a editora original Simon & Schuster.
Copyright da edição brasileira © 2021 Editora Pensamento-Cultrix Ltda.
1ª edição 2021.
Todos os direitos reservados. Nenhuma parte desta obra pode ser reproduzida ou usada de qualquer forma ou por qualquer meio, eletrônico ou mecânico, inclusive fotocópias, gravações ou sistema de armazenamento em banco de dados, sem permissão por escrito, exceto nos casos de trechos curtos citados em resenhas críticas ou artigos de revistas.
A Editora Seoman não se responsabiliza por eventuais mudanças ocorridas nos endereços convencionais ou eletrônicos citados neste livro.

Editor: Adilson Silva Ramachandra
Gerente editorial: Roseli de S. Ferraz
Preparação de originais: Danilo Di Giorgi
Gerente de produção editorial: Indiara Faria Kayo
Editoração eletrônica: Join Bureau
Revisão: Luciane Helena Gomide

Dados Internacionais de Catalogação na Publicação (CIP)
(Câmara Brasileira do Livro, SP, Brasil)

Polly, Matthew
 Bruce Lee: uma vida: a biografia definitiva da lenda do cinema que transformou as artes marciais em um fenômeno global / Matthew Polly; tradução Danilo Di Giorgi, Drago. – 1. ed. – São Paulo: Editora Pensamento Cultrix : Seoman, 2021.

 Título original: Bruce Lee a Life
 Bibliografia
 ISBN 978-65-87143-12-5

 1. Artes marciais 2. Biografia 3. Lee, Bruce, 1940-1973 I. Título.

21-62886 CDD-920.71

Índices para catálogo sistemático:
1. Homens: Biografia 920.71
Aline Graziele Benitez – Bibliotecária – CRB-1/3129

Seoman é um selo editorial da Pensamento-Cultrix.
Direitos de tradução para o Brasil adquiridos com exclusividade pela
EDITORA PENSAMENTO-CULTRIX LTDA., que se reserva a
propriedade literária desta tradução.
Rua Dr. Mário Vicente, 368 – 04270-000 – São Paulo, SP – Fone: (11) 2066-9000
http://www.editoraseoman.com.br
E-mail: atendimento@editoraseoman.com.br
Foi feito o depósito legal.

Para M.C.
Que você sonhe grandiosamente.

E em memória de meu pai,
Dr. Richard Polly,
1942-2017

"Conhecer os outros é Sabedoria,
Conhecer a si mesmo é Iluminação."

– Lao-Tsé

Sumário

Prólogo: Uma História de Dois Funerais 13

Ato I: Pequeno Dragão
    1. O Homem Doente da Ásia 23
    2. Cidade Próspera 43
    3. Ip Man 67
    4. Banido 83

Ato II: Montanha de Ouro
    5. Filho Nativo 103
    6. Husky 129
    7. O Lado Ensolarado da Baía 147
    8. Confronto Direto em Oakland 171
    9. Hollywood Está Chamando 191
    10. Cidadão Kato 207
    11. *Jeet Kune Do* 229
    12. *Sifu* para as Estrelas 251
    13. Ator Coadjuvante 277
    14. *A Flauta Silenciosa* 297
    15. O Caminho de Longstreet 317

Ato III: O Retorno
- 16. O Último Magnata 331
- 17. O Dragão Chinês 349
- 18. A Fúria do Dragão 373
- 19. Concord 397
- 20. *Eastern Spaghetti* 411
- 21. A Fama e seus Dissabores 437
- 22. *Blood & Steel* 453
- 23. Batendo à Porta do Céu 473
- 24. O Último Dia de Bruce Lee 489
- 25. O Inquérito 507

Epílogo: A Lenda 529

Posfácio 547

Árvore Genealógica da Família Lee 552

Filmografia de Bruce Lee 555

Notas 559

Bibliografia 659

Índice Remissivo 675

Bruce Lee

Uma multidão aglomera-se diante do Serviço Funerário de Kowloon para assistir ao funeral de Bruce Lee. Hong Kong, em 25 de julho de 1973. (*David Tadman*)

Steve McQueen deposita suas luvas sobre o caixão de Bruce Lee durante o funeral em Seattle, em 30 de julho de 1973. James Coburn está à esquerda; Linda, Shannon e Brandon Lee estão sentados à direita. (*Bettmann/Getty Images*)

Prólogo
Uma História de Dois Funerais

A multidão de desconsolados começou a reunir-se no final da tarde do dia 24 de julho de 1973 diante do Serviço Funerário de Kowloon, antecipando-se à cerimônia que aconteceria na manhã seguinte. Conforme a hora marcada, dez da manhã, se aproximava, a quantidade de pessoas foi crescendo, até que mais de 15 mil moradores de Hong Kong já se postassem atrás das barricadas da polícia, debruçando-se de sacadas ou dependurando-se precariamente sobre os famosos luminosos de neon da cidade, para lançar um último olhar ao caixão de seu ídolo. Cinco dias antes, Bruce Lee havia morrido, aos 32 anos de idade. Várias centenas de policiais estavam posicionados para controlar a multidão. Vestindo *shorts* na cor verde-limão, camisa de mangas curtas, meias até a altura dos joelhos, sapatos pretos e quepe com viseira rígida, os policiais mais pareciam um grande grupo de escoteiros supercrescidos em uma excursão de verão.

O jornal *South China Morning Post* descreveu a cena como "um carnaval". Quando a multidão avistava as várias celebridades amigas de Bruce chegando ao estabelecimento funerário, começava a aplaudi-las, saudando-as ruidosamente. Usando óculos escuros para ocultar as lágrimas, os famosos chegavam, um após o outro, para prestar suas homenagens ao homem que pusera o cinema de Hong Kong no mapa mundial: Shih Kien, o vilão de *Operação Dragão* (*Enter the Dragon*), dirigido por Robert Clouse e lançado em 1973, poucas semanas antes da morte de Bruce; Nancy Kwan, a estrela de *O Mundo de Suzie Wong*

(*The World of Suzie Wong*), filme de Richard Quine, lançado em 1960); Nora Miao, já há muito tempo a estrela feminina dos filmes de Bruce; o cantor *pop* Samuel Hui, um amigo de infância; e até mesmo Lo Wei, que havia dirigido dois filmes de Bruce. Um dos poucos rostos famosos não vistos no evento foi o de Betty Ting Pei, em cujo apartamento Lee havia morrido. Para grande desapontamento da multidão, Betty optou por permanecer em casa, onde – segundo foi reportado – encontrava-se sob efeito de forte sedação. Ela preferiu enviar uma coroa de flores, acompanhada de um bilhete, em que estava escrito: "Para Bruce, de Ting Pei", a comparecer ao funeral. Logo depois da deposição desta, um choroso garoto de 6 anos de idade derramou uma cascata de flores acompanhada por uma mensagem singela: "De um pequeno fã".

"Para os fãs que haviam permanecido ali a noite toda, o momento mais triste foi o da chegada da esposa de Lee, Linda", relatou o diário *The China Mail*. Uma Mercedes preta estacionou junto ao meio-fio e Raymond Chow, parceiro de negócios de Bruce e cofundador dos estúdios Golden Harvest, abriu a porta para Linda e estendeu-lhe a mão. Ela estava toda de branco – cor que representa o estado de luto na cultura chinesa – trajando um longo casaco, duplamente trespassado sobre o peito, que chegava até os joelhos, calças compridas brancas e uma blusa branca de gola alta. Seus cabelos, de uma clara tonalidade castanha, estavam cortados bem curtos. Grandes óculos escuros redondos cobriam seus olhos vermelhos. Ela estava muito magra, como se não comesse nada há dias. Apoiando-se no braço de Raymond, Linda foi cercada por um grupo de funcionários da Golden Harvest, que ajudaram a abrir caminho em meio à multidão que se aglomerava diante da porta da frente. "Lá fora, o aperto era tremendo", disse Linda mais tarde. "Aquilo me fez recordar de cenas das filmagens do funeral de Rudolph Valentino."

Os quinhentos VIPs presentes no interior da apinhada casa funerária ficaram em total silêncio quando a viúva de 28 anos de idade adentrou o recinto. Na frente do saguão de entrada havia um altar com uma fotografia de Bruce usando óculos escuros, com as dimensões de um cartaz cinematográfico, cercada por uma profusão de fitas, flores e uma grande faixa, com palavras escritas em chinês, com os dizeres "Um astro naufraga no mar da arte". Três ídolos chineses e duas velas acesas postavam-se diante da fotografia de Bruce. As paredes estavam cobertas com milhares de tributos, escritos com caligrafia chinesa sobre tiras de seda branca.

Raymond e Linda curvaram-se reverentemente por três vezes diante do altar antes que Chow a acompanhasse até o local reservado à família. O irmão mais velho de Bruce, Peter, e sua esposa, Eunice Lam, permaneciam ali em pé, solenemente. Linda foi ajudada a retirar seu longo casaco, da última moda, para que pudesse colocar a rústica capa de juta branca com capuz, a vestimenta cerimonial de luto, segundo os costumes chineses. Os dois filhos dela, Brandon, de 8 anos, e Shannon, de apenas 4, foram trazidos para dentro através de uma entrada lateral, também usando capas brancas de juta. Uma bandana branca fora colocada na cabeça de Brandon. Shannon, ainda muito jovem para compreender o que estava acontecendo, brincava feliz; enquanto Brandon lançava olhares enfurecidos ao seu redor.

Uma banda chinesa começou a tocar uma tradicional canção fúnebre, que lembrava muito a conhecida "Valsa do Adeus", de Chopin. O caixão de bronze de Bruce – que custara 40 mil dólares de Hong Kong – foi trazido para o recinto. A tampa do caixão foi levantada. Revestindo o interior, havia uma cápsula protetora de vidro para evitar que alguém pudesse tocar o corpo de Bruce. Linda vestira o marido com um traje chinês azul usado por ele em *Operação Dragão* e que gostava de vestir quando estava em casa, por achá-lo confortável. Debaixo do vidro, o rosto de Bruce estava cinzento e distorcido, apesar da maquiagem pesada. Amigos passaram em fila pelo caixão semiaberto para vê-lo pela última vez. Fotógrafos da imprensa trocavam esbarrões com os convidados tentando obter um ângulo mais favorável; alguns erguiam suas câmeras acima das cabeças e as disparavam freneticamente. Enquanto abria caminho para postar-se ao lado do caixão do marido, Linda parecia estar à beira de um colapso. Cobrindo o rosto com a mão trêmula, não pôde conter as lágrimas. "Aquele foi um momento terrível", confessou ela a amigos algum tempo depois.

Os fãs de Bruce enlouqueceram e a comoção da multidão chegou ao ponto máximo quando o carro fúnebre que transportaria o caixão começou a partir. Os trezentos policiais que cercavam o salão funerário foram forçados a entrelaçar os braços, formando uma corrente humana, para conter a multidão ensandecida. Em consequência disso, reforços tiveram de ser convocados, enquanto mulheres e crianças eram retiradas e postas a salvo para evitar que fossem esmagadas. Homens maduros choravam, jovens garotas desmaiavam e muita gente teve de ser hospitalizada devido à emoção ou por conta de ferimentos leves. "Foi realmente terrível", recorda-se Peter Lee. Muitas horas depois de tudo ter terminado, policiais ainda patrulhavam as ruas com megafones, instando as pessoas a retornarem para suas casas.

Muitos recusavam-se a deixar o lugar, pois sabiam que aquela seria a última vez que poderiam estar próximos de seu herói. Os tabloides de Hong

Kong haviam noticiado, furiosos, que Linda planejara sepultar o marido nos Estados Unidos, tornando quase impossível aos fãs chineses comuns visitar seu túmulo. Sob a manchete "Corpo de Lee voa para os Estados Unidos amanhã", o *Oriental Daily* publicou: "Linda mantém-se reticente no que diz respeito a vários aspectos da morte de Lee. Sem dúvida, ela está conservando algum ressentimento. Desde o princípio, Linda pretendia embarcar o corpo de Lee para os Estados Unidos, para que fosse feita uma autópsia; mas, devido a restrições legais, ela cedeu. Não obstante, o corpo será enviado aos Estados Unidos para que seja sepultado".

Bruce Lee passou a vida viajando entre o Oriente e o Ocidente. Na morte, como havia apenas um corpo para sepultar, sua viúva ocidental teve de optar por um dos lados. Ela escolheu sua cidade natal. "Eu decidi sepultar Bruce em meio à paz e a tranquilidade de Seattle", explicou Linda. "Acredito que ele tenha passado seus melhores momentos em Seattle, e eu pretendia retornar para lá para viver com meus filhos." Seattle foi o lugar onde Linda crescera, frequentara a faculdade e onde se apaixonara por Bruce Lee.

A cidade natal de Linda ainda contava com a vantagem de ser um lugar tranquilo para o funeral, muito diferente da agitada e superpovoada Hong Kong. Na Ásia, Bruce era mais popular do que os Beatles, mas nos Estados Unidos *Operação Dragão* ainda sequer havia sido lançado. Ali, ele era um obscuro ator televisivo cuja morte gerou apenas um punhado de curtos obituários, vários dos quais contendo erros crassos. O *Los Angeles Times* escreveu que Linda seria sua esposa "nascida na Suécia", e, numa vergonhosa mostra de desconsideração do tipo "eles são todos iguais", acrescentou que Bruce fora o "herói de filmes como *Cinco Dedos de Violência* (*Five Fingers of Death*), relançado posteriormente como *Cinco Dedos da Morte* (o famoso filme de *kung fu* dos Shaw Bros. foi na verdade estrelado por Lieh Lo). Para garantir um funeral discreto em Seattle, Linda enviou um telegrama para os executivos da Warner Brothers, insistindo na realização de "um funeral reservado e privado, sem nenhuma publicidade".

As passagens aéreas que haviam sido adquiridas pela Warner Bros. para levar Bruce e Linda para Nova York para uma participação no programa de televisão *The Tonight Show Starring Johnny Carson* foram trocadas pelas passagens para levar o corpo de Bruce e sua família para Seattle. Na quinta-feira, 26 de julho, Linda e os filhos dirigiram-se ao aeroporto Kai Tak, em Hong Kong, e embarcaram no voo no 4 da Northwest Orient Airlines. Junto com eles viajaram Andre Morgan, que, como representante dos estúdios Golden Harvest, fora encarregado de organizar e pagar pelas despesas do funeral; Charles Loke, um cinegrafista chinês que filmaria o evento para a realização de um documentário; e Rebu Hui, a melhor amiga de Linda. "Ela preservou minha sanidade, e eu não sei o que teria feito sem ela", diz Linda. "Eu adormeci imediatamente a bordo do avião, dormi como se tivesse perdido os sentidos – meu cérebro, afinal, havia desligado."

Embora o irmão mais velho de Bruce, Peter, vivesse em Hong Kong, os demais familiares imediatos dele tinham ido viver nos Estados Unidos ao lado dele: seu irmão mais novo, Robert, suas irmãs mais velhas, Agnes e Phoebe, e sua mãe, Grace Ho. Eles aguardavam no aeroporto de Seattle quando Linda e os filhos chegaram. Chorando, Grace agarrou-se a Linda em um emocionado e longo abraço.

Andre Morgan encontrou-se com o gerente da Butterworth Mortuary, localizada no nº 300 da East Pine Street. Eles discutiram a respeito do lote que seria comprado no Cemitério Lake View.

"Você quer que ele seja sepultado junto aos de seu povo?", perguntou o funcionário da funerária.

"O que isso quer dizer?"

O gerente respirou fundo e olhou para os lados antes de sussurrar: "Nós temos uma seção chinesa".

"Sério? Deixa eu ver."

O cemitério chinês consistia de uma área isolada, próxima ao galpão de armazenagem de equipamentos. O cemitério dos brancos era, diz Morgan, "tão grande quanto Arlington".* Andre optou por este último, escolhendo um local

---

* O Cemitério Nacional de Arlington, localizado na cidade de Arlington, no estado da Virgínia, é o mais conhecido e tradicional cemitério militar dos Estados Unidos, fundado no antigo terreno de Arlington House, o palácio da família da esposa do comandante das forças confederadas da Guerra Civil Americana, General Robert E. Lee, Mary Anna Lee, descendente da esposa de George Washington, primeiro presidente dos Estados Unidos. O cemitério situa-se na área imediatamente em frente a Washington D.C., na margem oposta do rio Potomac, que corre através da capital norte-americana, nas proximidades do complexo de edificações do Pentágono. Em seus 253 hectares estão sepultados mais de 400 mil veteranos de cada uma das guerras travadas pelo país, desde a Revolução Americana até a contemporânea Guerra do Iraque. Os corpos dos mortos do período anterior à Guerra de Secessão foram levados para lá após 1900. (N. dos T.)

sob árvores frondosas e com uma bela vista da montanha. "Eu comprei duas sepulturas, lado a lado. Uma para Bruce, outra para Linda", recorda-se Morgan. "Naquela tarde, eu fui ver Linda, na casa da mãe dela, e disse-lhe: 'Espero que você não se importe por eu ter comprado duas sepulturas'."

O funeral em Seattle ocorreu na segunda-feira, 30 de julho de 1973. Ao contrário do que houvera em Hong Kong, cerca de vinte fãs e apenas dois repórteres aguardavam do lado de fora. Reunidos no interior do cemitério, encontravam-se cerca de uma centena de parentes, amigos e ex-alunos, incluindo Jesse Glover, um afro-americano que crescera na Seattle da década de 1950, obcecado pelas artes marciais, que enfrentou dificuldades para encontrar alguém disposto a ensinar um aluno negro. Bruce foi o primeiro instrutor de *kung fu* nos Estados Unidos a aceitar estudantes a despeito de quaisquer questões raciais ou étnicas. Por muitos anos, Jesse e Bruce foram próximos como irmãos. "Não consegui esconder as emoções que afloraram", disse Jesse, "e eu comecei a chorar como um bebê."

Um grupo de amigos de Bruce de Hollywood tinha ido de Los Angeles para lá. Entre eles estavam Ted Ashley, presidente da Warner Bros., além de James Coburn e Steve McQueen. Todos ficaram surpresos com a presença de McQueen, que não costumava comparecer a funerais. "Eu gostava muito de Bruce", explicou-se o ator. "Achei que deveria dizer adeus a um amigo."

Durante os encômios, Ted Ashley disse: "Nos meus 35 anos no mundo do cinema, jamais conheci alguém que desejasse e se esforçasse tanto para atingir a perfeição como Bruce. É uma pena que ele tenha falecido justamente no início de sua conscientização de que seria uma grande estrela. Sinto um misto de tristeza e realização, ao constatar que, embora ele possa não ter galgado essa escada, ao menos colocou seu pé nela".

Em vez da música tradicionalmente tocada em funerais, Linda escolheu tocar gravações das canções favoritas de Bruce: "My Way", de Frank Sinatra; "The Impossible Dream", de Tom Jones; e a versão da banda Blood, Sweat & Tears de "And When I Die". Em sua elegia, Linda disse que a letra desta última canção remetia à filosofia de Bruce: "When I die and when I'm gone, there will be one child born in this world to carry on". ("Quando eu morrer e quando eu tiver partido, haverá uma criança nascida neste mundo para seguir adiante.")

Consideravelmente menos abatida em seu ambiente familiar, Linda prosseguiu: "Bruce acreditava que cada indivíduo representa toda a humanidade, quer ele viva no Oriente ou em qualquer outro lugar. Ele acreditava que o homem luta para encontrar vida fora de si mesmo, não se dando conta de que a vida que ele busca está dentro de si. A alma é um embrião do corpo do homem. O dia de sua morte é um dia de despertar. O espírito continua a viver". E, acrescentando seu próprio ponto de vista, ela concluiu: "Quando chegar o nosso dia de despertar, nós nos encontraremos com ele novamente".

Depois do serviço funerário, os presentes aproximaram-se do caixão semiaberto de Bruce, coberto por flores brancas, amarelas e vermelhas arranjadas de modo a formar o desenho do símbolo taoista do *yin* e *yang*. "Quando olhei dentro do caixão e vi a pálida imitação do que era Bruce, senti uma fúria selvagem, e a necessidade de bater em alguma coisa", recorda-se Jesse Glover.

A lápide de Bruce foi entalhada de maneira artesanal em Hong Kong e enviada posteriormente. Seguindo instruções de Linda, o entalhador incrustou uma fotografia de Bruce no topo e gravou sob seu nome, em inglês e em caracteres chineses, as datas de seu nascimento e morte: 27 de novembro de 1940 – 20 de julho de 1973. Linda também decidiu que fossem gravados os seguintes dizeres na lápide: "FUNDADOR DO JEET KUNE DO". Na base, o entalhador acrescentou uma pequena escultura em mármore de um livro aberto. Na página à esquerda havia o símbolo taoista do *yin* e *yang*; na da direita constavam as seguintes palavras: "Sua inspiração continua a nos guiar no rumo de nossa libertação pessoal".

Quem se encarregou de levar o caixão à sepultura foram Steve McQueen, James Coburn, os instrutores-assistentes de *jeet kune do* de Bruce, Taky Kimura e Dan Inosanto, seu irmão mais novo, Robert Lee, e Peter Chin, um amigo da família, de Los Angeles. Diante da sepultura, James Coburn adiantou-se um passo e dirigiu suas últimas palavras a Bruce: "Boa viagem, irmão. Foi uma honra compartilhar este tempo com você. Como um amigo e instrutor, você reuniu minhas identidades física, espiritual e psicológica em um único ser. Obrigado. Que a paz esteja com você". Então, ele lançou no interior da cova aberta uma das luvas brancas que usara para transportar o caixão, e os outros imitaram o gesto.

Linda manteve-se ali, em pé, e agradeceu brevemente a todos por terem comparecido. A mãe de Bruce, Grace Ho, usando uma casaco azul abotoado e óculos de sol muito escuros, estava tão devastada pela dor que dois parentes tiveram de ampará-la para que pudesse sair dali. Enquanto o grupo se dispersava e os presentes à cerimônia voltavam para seus carros, a última pessoa a afastar-se foi Jesse Glover. Quando os coveiros chegaram para preencher a cova,

Jesse tomou-lhes uma de suas pás e os afastou dali. Aquele foi um momento unicamente americano: um homem negro vestindo um terno completo, com lágrimas correndo-lhe pelas faces, preenchendo a cova de um chinês em um cemitério para brancos. Jesse diz: "Não me parecia certo que Bruce fosse enterrado por mãos de estranhos".

Ato I

Pequeno Dragão

"Todo talento deve desdobrar-se lutando."
– Friedrich Nietzsche

Os pais de Bruce Lee, Grace Ho e Li Hoi Chuen, na década de 1950. (*David Tadman*)

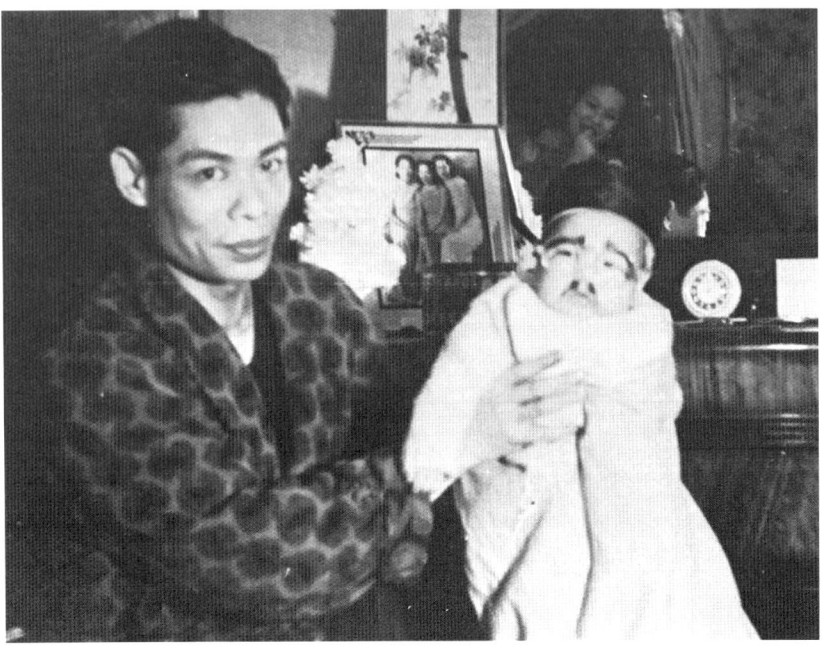

Bastidores: Li Hoi Chuen segurando seu filho ainda bebê com o rosto maquiado segundo a tradição da Ópera Cantonesa, por volta de dezembro de 1940. (*David Tadman*)

1
O Homem Doente da Ásia

Aos 10 anos de idade, Li Hoi Chuen estava descalço sobre a ruazinha de terra batida, do lado de fora de um restaurante coberto com telhas de metal onduladas nos arredores da cidade de Foshan, no sul da China. Ele vestia roupas surradas, passadas para ele depois de terem sido usadas por seus três irmãos mais velhos. Enquanto os pedestres passavam pela ruazinha, Hoi Chuen cantava, em cantonês, sobre as especialidades do dia servidas pelo restaurante: "Amigos, conterrâneos, venham, venham! Venham experimentar nosso recém-preparado cozido de peito de boi, espinafre d'água com *tofu* fermentado, pernas de rã sobre folhas de lótus, mingau de arroz com ovos centenários e porco agridoce". O tom de sua voz suave subia e baixava com a descrição de cada item do cardápio: um falsete dançante. Dentre as centenas de meninos camponeses empregados pelos restaurantes da cidade para que grasnassem seus menus, havia algo de especial na maneira como Hoi Chuen cantava – um tom humorístico subjacente de ironia e mordacidade. Naquele dia, um famoso cantor da Ópera Cantonesa passou diante do restaurante, distinguiu o humor na voz do jovem garoto e convidou-o para tornar-se seu aprendiz. O pai de Bruce Lee correu por todo o caminho de volta para o pequenino vilarejo em que vivia, para contar a boa-nova aos seus pais.

Transcorria o ano de 1914. Forças revolucionárias haviam deposto recentemente a Dinastia Qing e estabelecido uma república constitucional, pondo fim a quatro mil anos de domínio imperial. Mas o novo governo detinha o poder de forma instável, com várias facções competindo ferozmente pela manutenção do controle, revoltas populares irrompendo nas maiores cidades, bandoleiros rondando por todo o país e o campesinato lutando para sobreviver.

O sofrimento era particularmente intenso na propriedade dos Li. Hoi Chuen era o quarto de seis irmãos. Seu pai, Li Jun Biao, sofrera tantos reveses da sorte que seus vizinhos acreditavam que ele fora amaldiçoado. Uma febre fortíssima durante a infância causara danos tão severos à garganta de Jun Biao que ele mal podia falar, levando muita gente a acreditar que ele fosse surdo-mudo. Ele lutou muito para conseguir trabalho suficiente para alimentar sua família. Ao mesmo tempo que tinha um emprego de meio período como segurança, também atuava como pescador. Muitas vezes levava seus filhos consigo para que apanhassem o jantar.

Os pais de Hoi Chuen ficaram exultantes ao saberem que o filho deles se tornaria aprendiz de um cantor de ópera. Isso significava ter uma boca a menos para alimentar e uma carreira em potencial para um de seus filhos. No dia marcado, Hoi Chuen deixou sua casa e iniciou seu treinamento: uma rotina brutal de treinamentos de representação, canto, acrobacias e *kung fu* (também chamado *"gung fu"*) do alvorecer ao crepúsculo. Diferentemente de sua mais sóbria e contida correspondente europeia, a Ópera Chinesa ostentava figurinos extravagantes, vistosas maquiagens faciais completas, canto em falsete, práticas de ginástica olímpica e combates encenados no palco, com as mãos nuas e também com o uso de armas.

Após anos de estudo, Li Hoi Chuen juntou-se aos atores veteranos nos palcos de Foshan. Ele se especializara na representação de papéis cômicos. Em 1928, sua trupe de ópera decidiu mudar-se para quase cem quilômetros ao sul, para Hong Kong, em busca de plateias maiores e com mais dinheiro. Sempre leal à sua família, Hoi Chuen convidou vários de seus irmãos para se juntarem a ele na colônia britânica, onde poderia ajudá-los a obter empregos como garçons e atendentes. Hoi Chuen ainda sustentava sua carreira artística com um trabalho de meio período em um restaurante.

À medida que Hoi Chuen e sua trupe de ópera apresentavam-se por toda a colônia, sua fama foi crescendo até que foram convidados para fazer uma apresentação privativa em uma suntuosa residência chamada Idlewild, de propriedade de *Sir* Robert Hotung Bosman, o homem mais rico de Hong Kong. Foi ali que o pai e a mãe de Bruce Lee, Li Hoi Chuen e Grace Ho, trocaram os primeiros olhares, além de poderem ter visto mais nitidamente as divisões econômicas, culturais e raciais existentes por toda a China. O lado materno da família de Bruce era rico e influente, enquanto seu lado paterno era pobre e não gozava de nenhum poder.

Grace Ho era membro do clã eurasiano dos Bosman-Hotung – o equivalente de Hong Kong dos Rockefeller ou dos Kennedy. Seu avô fora Charles Henri Maurice Bosman. Embora muitos pensem que Bosman fosse um católico alemão, o bisavô de Bruce Lee era um judeu holandês. Ele nascera Mozes Hartog Bosman, em Roterdã, em 29 de agosto de 1839.

Mozes se juntara ainda adolescente à Companhia Holandesa da Ásia Oriental, e chegou a Hong Kong em 1859. Sua fortuna foi conquistada por meio do comércio de *coolies*. Ele embarcava camponeses chineses para a Guiana Holandesa para trabalharem nas plantações de cana-de-açúcar, depois da abolição da escravidão africana; também enviava trabalhadores para a Califórnia, onde foram empregados na construção da ferrovia Central Pacific Railroad. Seu sucesso comercial levou-o a se tornar cônsul holandês em Hong Kong, em 1866. Devido ao antissemitismo vigente à época, todas as suas cartas endereçadas ao ministro de Assuntos Exteriores da Holanda eram assinadas apenas como "M Bosman".

Logo que chegou a Hong Kong, Bosman adquiriu uma concubina chinesa, chamada Sze Tai. A adolescente havia crescido na Ilha Chongming, em Xangai, em uma boa família, tal como evidenciavam seus pés comprimidos (garotas provenientes de famílias abastadas, que não precisariam de seus pés para trabalhar, podiam suportar tê-los atados e comprimidos.) Porém, quando o pai dela faleceu, a família enfrentou tempos difíceis, e a garota acabou sendo vendida para que as dívidas fossem saldadas. Sze Tai teve seis filhos; e, como o pai das crianças era originário da Holanda, todos receberam o sobrenome chinês "Ho".

Mozes Hartog Bosman viu-se às voltas com sérias dificuldades financeiras e foi à falência em 1869. Abandonou então sua família chinesa e mudou-se para a Califórnia, onde também mudou seu nome para Charles Henri Maurice Bosman. Para proteger seus filhos, Sze Tai tornou-se a quarta concubina de um comerciante de gado chinês, chamado Kwok Chung. Ele demonstrava pouco interesse em prover as crianças eurasianas dela e mal lhes dava o suficiente para que pudessem se alimentar; mas Sze Tai o convenceu a pagar pelos estudos das crianças na prestigiosa Central School (atualmente, Queen's College), onde puderam aprender inglês.

Robert Hotung era o mais velho dos seis filhos que Sze Tai tivera com Bosman. Ele cresceu e tornou-se um "comprador" (como eram chamados os agentes para o comércio exterior), a serviço da Jardine Matheson, o maior conglomerado comercial da Ásia Oriental. Ele fez fortuna com a navegação, seguros, negócios imobiliários e ópio. Aos 35 anos de idade, o tio-avô de Bruce Lee já era o homem mais rico de Hong Kong.

Para auxiliá-lo com seus vários interesses comerciais, Robert Hotung contratou seu irmão mais novo, Ho Kom Tong, que logo viria a se tornar o segundo homem mais rico de Hong Kong. As duas grandes paixões do avô de Bruce Lee eram a Ópera Cantonesa (ele chegou a atuar sobre os palcos para angariar fundos para eventos de caridade) e as mulheres. Ho Kom Tong casou-se aos 19 anos de idade e logo passou a colecionar concubinas, até atingir um total de doze, em Hong Kong. Na propriedade que mantinha em Xangai por razões comerciais, Ho Kom Tong tomou sua décima terceira concubina, uma dama eurasiana, chamada Miss Cheung. Ele também mantinha secretamente uma amante inglesa em Xangai, e ela lhe daria mais uma filha – a décima terceira criança de sua prole – em 1911. Seu nome era Grace Ho, ou Ho Oi Yee, em chinês. Nada se sabe a respeito da mãe inglesa de Grace Ho, ou sobre por qual razão ela rejeitou sua bebezinha, mas Grace foi criada por Miss Cheung como se fosse sua própria filha.

Sendo metade inglesa, um quarto judia-holandesa e um quarto chinesa Han, filha de uma família eurasiana na Xangai colonial, a criação de Grace Ho foi muito europeia. Em vez de aprender a ler com os caracteres chineses, ela foi alfabetizada em inglês e francês. Quando adolescente, estudou medicina ocidental, com esperanças de tornar-se enfermeira. Ela também converteu-se ao catolicismo, sem dúvida motivada por sua absoluta insistência quanto à monogamia e total condenação à poligamia.

Grace havia testemunhado a infelicidade de sua mãe adotiva, que precisava competir com uma dúzia de outras concubinas pela atenção de um homem. Grace estava determinada a ter uma vida muito diferente. "Ela não se sentia feliz com os modos tradicionais e pecaminosos de seu pai", diz Phoebe Lee, a irmã mais velha de Bruce. Em vez de aceitar um casamento arranjado, como era comum para as chinesas e eurasianas de sua classe social, Grace fugiu para Hong Kong aos 18 anos de idade, e foi morar com seu tio Robert. Grace tornou-se uma *socialite* em Hong Kong, preenchendo seus dias com reuniões e eventos sociais da moda. Ela era rica, independente e solteira com vinte e poucos anos – uma raridade entre as mulheres chinesas daquela época –, até o dia em que a trupe de Li Hoi Chuen chegou à mansão Idlewild de *Sir* Robert Hotung.

Sir Robert pretendia oferecer o evento aos seus amigos, mas sua sobrinha, Grace Ho, pediu ao tio que lhe permitisse assisti-lo. Ela não tinha muita experiência com as formas tradicionais de arte chinesa, e desejava assistir à sua primeira apresentação de Ópera Cantonesa, que era considerada um divertimento vulgar e popularesco, tal como os espetáculos de *vaudeville*, destinados ao entretenimento das massas chinesas.

Li Hoi Chuen e sua trupe viajaram pela balsa Star Ferry de Kowloon para a ilha de Hong Kong, onde percorreram a pé todo o caminho para Idlewild, localizada no nº 8 da Seymour Road, em Mid-Levels. Os atores pintaram o rosto com muita maquiagem, vestiram figurinos ornamentados e testaram armas de *kung fu*, antes de marcharem para o pátio para entreterem a plateia privativa das elites eurasianas.

Grace ficou intrigada e encantada com as *performances*, mas quanto mais assistia a eles, mais suas atenções se concentravam sobre um jovem e atraente ator, dotado de excelente *timing* para a comédia. "Apenas aqueles dez minutos, pouco mais ou pouco menos, em que papai ficava no palco", diz Robert Lee, o irmão mais novo de Bruce, "foram suficientes para que mamãe ficasse profundamente impressionada por suas técnicas de representação e desenvolvesse alguns sentimentos por ele." Ela se apaixonou por papai porque ele a fez rir.

Na China, nos anos 1930, era algo inusitado que uma mulher fosse atrás de um homem, mas Grace procurou por Li Hoi Chuen e o encantou. Algo duplamente escandaloso era que essa mulher era a filha de uma família abastada que se apaixonou por um ator que lutava duramente para ganhar a vida. O casamento era uma instituição financeira, que deixava pouco espaço para o romantismo. Supunha-se que Grace viesse a se casar com um rico eurasiano, de respeitável e longa linhagem; não com um filho de camponeses analfabetos.

Seu clã inteiro opôs-se ao relacionamento. Foram feitas ameaças. Pressões foram aplicadas. "Mas mamãe era muito independente, voluntariosa e adaptável", diz Robert, "e ela, afinal, decidiu que queria ficar com papai." Como filha de duas culturas, a opção de Grace era um microcosmo do conflito entre o individualismo ocidental e o tradicionalismo chinês; o romantismo contra as obrigações familiares. Em meio à cultura chinesa tradicional, patriarcal e poligâmica, Grace Ho casou-se por amor. Ela não foi formalmente deserdada, mas sua decisão de fugir secretamente para casar-se causou uma ruptura, e ela foi financeiramente excluída. Grace deixou de ser uma rica *socialite* para tornar-se a esposa de um ator chinês.

Se Grace sentiu algum arrependimento por sua decisão, jamais falou sobre isso. Depois da romântica rebelião contra sua família, ela se adaptou confortavelmente à frugalidade da vida de uma esposa chinesa comum. Ela se vestia com roupas simples, usando um *cheongsam* (um vestido reto e justo, com uma gola alta e uma fenda na saia) somente em ocasiões especiais. Ela adorava tricotar e jogar *mahjong** com suas amigas. Sua personalidade corporificava o ideal chinês de mulher – *wenrou* (温柔) –; ou seja, silenciosa, gentil e carinhosa. "Minha mãe era muito paciente, muito bondosa e capaz de controlar suas emoções", diz Phoebe. "Ela era muito refinada; não falava muito e sorria o dia inteiro. O tipo de mulher tradicional."

Confúcio modelara a sociedade chinesa sobre a família patriarcal: o imperador como um pai rigoroso, mas benevolente, e o povo como seus filhos obedientes. Como o mais bem-sucedido membro de sua família, cabia a Li Hoi Chuen o dever de sustentar todo seu clã, servindo como seu imperador. Quando o pai de Li Hoi Chuen morreu, ele apoiou e sustentou sua mãe, como seria esperado do cumprimento de seu dever filial. "Meu pai entregava todo seu salário à mãe dele, e minha mãe fazia o mesmo", diz Phoebe. "Minha avó retirava apenas um pouco para si e devolvia todo o restante ao meu pai. Quando ele se recusava a aceitar, ela insistia para que pegasse o dinheiro como se fosse dela própria." Quando um dos irmãos mais velhos de Hoi Chuen também morreu de forma inesperada, ele transferiu a viúva deste, com seus cinco filhos, para o minúsculo apartamento em que vivia com Grace.

Como esposa, era dever de Grace apoiar seu marido e produzir-lhe uma prole – especialmente com herdeiros do sexo masculino. Há um dito popular chinês – *duo zi duo fu* (多子多福) –, segundo o qual "quanto mais filhos, mais felicidade". Para completo deleite de seu marido, o primeiro filho de Grace foi um menino. Tragicamente, porém, ele morreu quando tinha apenas três meses de vida. Embora as taxas de mortalidade infantil à época fossem muito mais

---

* Jogo de mesa de origem chinesa que foi exportado, a partir de 1920, para o resto do mundo e principalmente para o Ocidente. (N. dos T.)

elevadas do que hoje em dia, a perda de um menino ainda era considerada um mau agouro; talvez até mesmo o sinal de uma maldição.

Quando Grace estava no oitavo mês de gravidez do segundo filho do casal, a família adotou uma garotinha e deu-lhe o nome de Phoebe. Tal atitude parecia extremamente inoportuna: Hoi Chuen lutava muito para sustentar a mãe e a família de seu irmão falecido; ele não precisava de nenhuma boca a mais para alimentar. Uma explicação é a de que Phoebe seria uma espécie de "apólice de seguro" contra uma profecia ruim. A superstição ditava que a segunda criança da prole de um casal deveria ser uma menina; se Grace estivesse grávida de um menino, ele estaria em perigo, a menos que tivesse uma irmã mais velha. Porém, o mais provável é que Phoebe não tenha sido uma órfã aleatoriamente escolhida. A menina seria filha de Hoi Chuen com outra mulher, que, após ter dado à luz uma filha, e não a um altamente valorizado filho, entregou a garota para que Hoi Chuen a criasse. De sua parte, Phoebe, que é muito sensível quanto a esse assunto, afirma ser parente de sangue de seus irmãos: "Apesar de termos personalidades distintas, nós somos muito próximos. O sangue é mais espesso do que a água, e nossos genes são os mesmos!".

Um mês depois da adoção de Phoebe, Grace deu à luz outra filha, que foi chamada de Agnes. "Phoebe é minha filha adotiva", declarou Li Hoi Chuen às autoridades da Imigração dos Estados Unidos, em 1941. "Ela é cerca de quarenta dias mais velha do que minha filha, Agnes."

Depois de Agnes, Grace logo engravidou novamente e deu à luz um filho, Peter, em 23 de outubro de 1939. Imediatamente, o menino teve a orelha furada. Ainda que tivesse duas irmãs mais velhas, ainda se considerava que Peter corresse o risco de ser apanhado por míticos espíritos malévolos que roubavam garotinhos. Devido ao fato de o primeiro filho do casal ter morrido ainda na infância, qualquer menino nascido posteriormente teria de ser vestido como uma menina, ser chamado por um apelido feminino e ter uma orelha furada para enganar o demônio raptor de meninos. Tratava-se de um costume antigo, que, nesse caso, funcionou. Peter viveria uma vida longa, a despeito de outro demônio que rondava o país, vitimando crianças e adultos em números assombrosos: o Império do Japão.

Por dois mil anos, a China viu a si mesma como a civilização mais avançada sobre a face da Terra; o próprio nome do país, *Jong Guo* (中國), significa, literalmente, "País Central". A chegada dos colonizadores europeus, com sua superioridade militar e tecnológica, abalou as bases do chauvinismo chinês. Quando o governo Qing tentou impedir que comerciantes britânicos importassem ópio, que estava causando uma epidemia de dependência química, o Reino Unido deflagrou a Primeira Guerra do Ópio (1839-1842) e esmagou a oposição chinesa. Apelando formalmente pela paz, o imperador Qing cedeu Hong Kong – então uma ilha rochosa, com uma população de apenas 7 mil pescadores – e abriu, por meio de tratados, alguns poucos portos ao comércio internacional. Em vez de apaziguar os bárbaros de nariz grande, as concessões apenas deram mostras de uma fraqueza que aguçou ainda mais os apetites dos imperialistas ocidentais. A Inglaterra, a França e os Estados Unidos apossaram-se de mais territórios, incluindo partes de Xangai, o centro urbano comercial mais importante do país.

O povo chinês considerou a perda de Xangai para os ocidentais como um insulto gravíssimo. Isso marcou o início do que os patriotas chineses chamaram de "O Século da Humilhação". Em 1899, um levante de praticantes de artes marciais chineses (chamados *Boxers*), convencidos de que os poderes místicos do *kung fu* poderiam deter as balas estrangeiras, convergiram para Beijing (ou Pequim) com a seguinte palavra de ordem: "Apoiem o governo Qing e exterminem os estrangeiros". Revelou-se que seu *kung fu* não podia deter projéteis metálicos disparados em alta velocidade e os *Boxers*, junto com o exército chinês que lhes proporcionava uma retaguarda, foram massacrados pela aliança formada por sete nações – a Inglaterra, a França, os Estados Unidos, a Alemanha, a Itália, a Áustria-Hungria e o Japão. A ineficácia do governo e do *kung fu* para proteger o povo chinês abalou sua autoconfiança e provocou a derrocada da Dinastia Qing, em 1912, resultando em décadas de caos, formação de milícias regionais e guerra civil. A China ficou conhecida como "O Homem Doente da Ásia".

Ao contrário da China, que não foi capaz de adaptar-se com a rapidez necessária, o Japão não demorou para adotar a tecnologia militar do Ocidente e suas políticas imperialistas. Imitando o que os europeus haviam feito nas Américas, na África e na Ásia, os japoneses expulsaram os ocidentais da Ásia Oriental para colonizá-la eles mesmos. Eles voltaram os olhos para o Homem Doente. Depois de arrebatar territórios ao longo da periferia da China (tais como as Ilhas Senkaku, Taiwan, a Coreia e a Manchúria), os japoneses lançaram uma ofensiva em larga escala e invadiram as terras continentais do país em 7 de julho de 1937, avançando rapidamente e matando milhões.

A colônia britânica de Hong Kong servia como um ponto crucial na linha de abastecimento de suprimentos para a resistência chinesa e como um campo de refugiados. A população da ilha aumentara em 63%, contando com mais de 600 mil habitantes. Depois da irrupção da guerra entre a Inglaterra e a Alemanha, em 1939, os britânicos continuaram a ostentar o estoicismo, sua "marca registrada", convencendo seus súditos chineses de que estariam protegidos pela invencível Marinha Real Britânica e pela superioridade da raça branca. Mas, na esfera privada, o governo britânico percebeu que "não seria realista esperar que Hong Kong possa ser mantida por muito tempo mais" contra uma invasão japonesa, e que "a demora na tomada de uma ação seria o melhor pelo que se poderia esperar".

Naqueles tempos de guerra e sob a falsa sensação de segurança de uma *Pax Britannica*, Li Hoi Chuen e Grace Ho tomaram uma decisão fatídica. No outono de 1939, a trupe de ópera de Hoi Chuen foi convidada a fazer uma longa turnê, com duração de um ano, pela América. O objetivo era arrecadar fundos com as comunidades chinesas de ultramar para que contribuíssem com o esforço de guerra. O problema era que ele só poderia levar consigo um membro da sua família. Enquanto as forças japonesas aproximavam-se cada vez mais de Hong Kong, Grace teve de decidir se o acompanharia, deixando seus três filhos (Peter tinha menos de dois meses de vida) aos cuidados da sogra, ou se permitiria que seu marido viajasse através de meio mundo por um ano, totalmente desacompanhado. Foi a sogra de Grace quem a convenceu para que acompanhasse seu filho. "Minha avó paterna disse que ela deveria viajar junto com meu pai, ou ele poderia ser tentado por alguém", diz Phoebe com um sorrisinho. "Ela disse à minha mãe para que não se preocupasse, pois enquanto a vovó estivesse por aqui, ninguém iria maltratar essas três crianças. Então, minha mãe foi com ele, enquanto Agnes, Peter e eu permanecemos em Hong Kong."

Hoi Chuen solicitou um visto de não imigrante válido para os Estados Unidos no dia 15 de novembro de 1939. Seu motivo alegado para viajar para os Estados Unidos foi "exclusivamente para trabalho teatral" e registrou sua profissão como "ator". Na solicitação de Grace, ela escreveu que seu motivo era o de "acompanhar meu marido". Ela fingiu sua ocupação como sendo a de "atriz, encarregada de guarda-roupas". Ela era na verdade dona de casa e mãe.

Todos os familiares compareceram às docas do porto de Hong Kong. Em lágrimas, Hoi Chuen e Grace beijaram seus filhos pequeninos e despediram-se deles antes de subirem a rampa de acesso para o navio a vapor *SS President Coolidge*, para sua longa viagem à América. Era a primeira vez que ambos deixavam a Ásia.

Depois de uma jornada de três semanas, com uma parada em Honolulu, o *President Coolidge* enfim singrou as águas da baía de São Francisco no dia 8 de dezembro de 1939. Hoi Chuen e Grace contemplaram, maravilhados, a recentemente construída Golden Gate, a mais alta e mais longa ponte suspensa do mundo. Enquanto o vapor lentamente seguia seu curso através da baía, o casal também pôde avistar a prisão federal na Ilha de Alcatraz e a Feira Mundial de 1939, sediada na Treasure Island ("Ilha do Tesouro"), que exibia uma gigantesca estátua de mais de 24 metros de altura representando Pacífica, a deusa do Oceano Pacífico. O *Coolidge* atracou na Ilha Angel, chamada de "Ilha Ellis do Oeste".* Imigrantes chineses em busca de residência permanente muitas vezes permaneciam ali detidos por meses. O Ato de Exclusão de Chineses, instituído em 1882 e que ficaria vigente até 1943, proibia a imigração de trabalhadores chineses com baixa qualificação profissional. Como Hoi Chuen e Grace chegaram com um visto válido por um ano como trabalhadores culturais, sua situação foi processada com relativa rapidez.

Recebidos por um representante do Teatro Mandarim, que havia patrocinado seus vistos, Hoi Chuen e Grace foram guiados através das ruas de Chinatown. Aquele era o maior enclave chinês fora da Ásia, e a única área em São Francisco onde um chinês poderia ter uma propriedade. Reconstruído após o terremoto de 1906, o aglomerado densamente povoado de edifícios de tijolos de três ou quatro andares que se estendia por uma área de 24 quarteirões já era, havia muito tempo, uma importante atração turística, com seus numerosos

---

* A Ilha Ellis, na foz do rio Hudson, diante do porto de Nova York, foi, desde fins do século XIX até meados do século XX, a principal "porta de entrada" para os imigrantes que vinham de todas as partes do mundo (especialmente da Europa) para os Estados Unidos em busca do mítico "sonho americano". O grande posto aduaneiro funcionou até 1954, triando todos os estrangeiros que chegassem ao país por via marítima. Quase 12 milhões de pessoas passaram por aquelas instalações durante seu período de atividade. Em 1990, a edificação foi transformada em um museu, no qual estão expostos documentos e fotografias originais, além de farto material histórico audiovisual. (N. dos T.)

restaurantes, antros de jogatina e bordéis. O clube noturno *Forbidden City* ("Cidade Proibida") era famoso por suas exóticas apresentações tipicamente orientais. Li Po, que atendia a quaisquer demandas de uma clientela homossexual, anunciava seu estabelecimento como "um jovial e informal bar de coquetéis de Chinatown", onde era possível encontrar "amor, paixão e vida noturna". Em todas as esquinas, garotos chineses vendiam jornais editados em inglês e em chinês. A manchete do *San Francisco Chronicle* tratava do julgamento de um líder trabalhista local acusado de ser comunista.

Hoi Chuen e Grace caminharam pelo trecho mais movimentado da Grant Street, no coração de Chinatown, para conhecerem o que seria seu local de trabalho pelo próximo ano, o Teatro Mandarim. Construído em 1924, com um distinto toldo arqueado verde, vermelho e dourado, o Teatro Mandarim desempenharia um papel-chave na cultura de apresentações ao vivo de ópera (e, posteriormente, de cinema) por décadas. Seu principal concorrente era o Grande Teatro China, a apenas um quarteirão de distância a leste, na Jackson Street. As duas casas estavam constantemente competindo para importar os maiores talentos da ópera provenientes da China. Foi no contexto dessa rivalidade que o Mandarim contratara a trupe de Hoi Chuen, intermediando junto ao Departamento de Imigração o processo de aceitação de cada um dos atores e pagando muito mais por seus talentos do que eles jamais haviam recebido em Hong Kong.

Hoi Chuen e Grace foram morar na pensão mantida pelo Teatro Mandarim, no nº 18 da Trenton Street, a um quarteirão do Hospital Chinês, a "pedra angular" da vizinhança e que se revelou uma localização afortunada. Àquela época, o Hospital Chinês era o único estabelecimento de saúde que aceitava tratar de pacientes chineses. Em abril, Grace se deu conta de que estava grávida mais uma vez.

Quando a data prevista para o parto já se aproximava, a trupe de Hoi Chuen foi escalada para apresentar-se em Nova York. Com grande relutância, ele deixou a esposa grávida sozinha em uma cidade estrangeira, nos últimos estágios de sua gravidez, e embarcou em uma viagem de trem que atravessaria todo o país. Grace escondia sua ansiedade por trás de um sorriso fixo. Quando ela entrou em trabalho de parto, poucas semanas depois, vizinhos a ajudaram a caminhar pela rua até o hospital.

Um belo e saudável menino – cinco oitavos chinês Han, dois oitavos inglês e um oitavo judeu-holandês – nasceu às 7h12 da manhã do dia 27 de novembro de 1940.

Vizinhos telefonaram para o Teatro Le Qian Qiu, na Chinatown de Nova York, e deixaram um recado para Hoi Chuen: "É um menino!". Quando ouviu a boa notícia naquela noite, Hoi Chuen celebrou com todo o elenco, presenteando a todos com cigarros – o equivalente chinês à distribuição de charutos aos amigos, no Ocidente.

A primeira pergunta que todos os companheiros atores lhe fizeram foi: "Quais são os signos astrológicos dele?". O zodíaco chinês não considera apenas os conhecidos doze animais – o rato, o boi, o tigre, o coelho, o dragão, a serpente, o cavalo, o carneiro, o macaco, o galo, o cão e o javali – atribuindo-os ao ano de nascimento de cada pessoa (chamados de animais exteriores); mas, também, o mês (os chamados animais interiores), o dia (os animais verdadeiros) e a hora do nascimento (os animais secretos). Dentre os doze signos natais, o do dragão é considerado o mais poderoso e o mais propício. Os imperadores chineses adotavam o dragão como seus símbolos, fazendo com que esse animal mitológico fosse sempre associado à liderança e à autoridade. Muitos pais chineses tentam programar o tempo das gestações esperando que seus filhos nasçam no ano, no mês, no dia e na hora do dragão.

Orgulhosamente, Hoi Chuen informou a todos que seu garoto nascera no ano do dragão, no mês do javali, no dia do cão e na hora do dragão. Dois signos do dragão, especialmente se um deles fosse o do ano, eram considerados excepcionalmente auspiciosos. Toda a trupe o parabenizou: "Seu filho está destinado à grandeza".

Em São Francisco, Grace precisava escolher um nome americano para seu filho, um cidadão natural dos Estados Unidos. Quando Li Hoi Chuen solicitara o visto de não imigrante, seu sobrenome foi modificado, de "Li" para a versão anglicizada "Lee", tornando-se Lee Hoi Chuen. Assim, na certidão de nascimento do garoto, seu último nome também foi grafado como "Lee", e uma sutil alteração na grafia marcava um rompimento com o passado e um novo começo. Para o primeiro nome, Grace, que falava muito pouco o inglês, apelou para a ajuda de um amigo sino-americano. Este consultou a parteira, Mary E. Glover, que fizera o parto e assinara a certidão de nascimento. Ela sugeriu-lhe "Bruce".

Sozinha com o filho, Grace escolheu um nome chinês para o menino: Li Jun Fan (李震藩). "Li" era o sobrenome da família; "Jun" era parte do nome do pai de Hoi Chuen (Li Jun Biao), que significa "agitar", "despertar" ou "excitar"; e "Fan" é o caractere chinês correspondente a São Francisco. Assim, o nome chinês de Bruce Lee significaria "Agitar e excitar São Francisco".

Hoi Chuen voltou para a esposa e o filho recém-nascido logo que foi possível. Tempos depois, Grace diria aos amigos, em tom de brincadeira, que ele chegara com o rosto ainda coberto com a reluzente pintura branca da Ópera Cantonesa. Hoi Chuen decidira que, tendo sido a vida de seu pai tão amaldiçoada pela fortuna, usar no nome de seu filho o mesmo caractere, "Jun" (震), poderia atrair má sorte. Ele então o modificou para um caractere "Jun" ligeiramente diferente, (振), que significa "ecoar", "reverberar" ou "ressoar". Hoi Chuen tampouco gostou de "Bruce"; mas, uma vez que este já estava registrado na certidão de nascimento, era tarde demais. Isso não o impediu de queixar-se: "Eu não consigo pronunciar isso".

Li Hoi Chuen viera para a América para angariar fundos junto às comunidades chinesas de além-mar para financiar o esforço de guerra em casa. Como parte desse processo, ele fizera um grande número de amigos muito próximos. Entre eles, estava Esther Eng, uma pioneira diretora cinematográfica que se especializara na realização de patrióticos filmes de guerra. Enquanto filmava *Golden Gate Girl*, que também é conhecido como *Tears of San Francisco*, ela precisou de uma garota recém-nascida para a filmagem de várias cenas e pediu a Hoi Chuen se poderia tomar Bruce "emprestado". Ele hesitou. Conhecendo intimamente as inconstâncias da vida artística, ele não desejava que o filho viesse a seguir seus passos; mas, como um homem chinês tradicional, ele acreditava profundamente no *guanxi* (關係), o sistema de relacionamentos, conexões, favores pessoais e reciprocidade que alicerça e mantém fortemente unida a sociedade chinesa. Quando, tempos depois, ele explicou por que decidira emprestar o filho, Hoi Chuen disse que os chineses devem ajudar-se mutuamente, sobretudo quando se encontram em terras estrangeiras. "Papai era muito consciencioso quanto à reciprocidade entre amigos", diz Robert Lee.

Nascido na estrada, em meio a aplausos, Bruce Lee representou seu primeiro papel cinematográfico antes que sequer tivesse idade suficiente para engatinhar. Mas essa foi sua primeira e última interpretação de uma pessoa do sexo oposto. Em uma breve cena, Bruce, aos dois meses de vida, é embalado em um bercinho de vime usando uma touca com lacinhos e uma blusinha feminina. Sua mãe, Grace, sentiu-se ao mesmo tempo agitada e confusa ao ver seu delicado bebê ser de tal maneira transfigurado para aparecer diante das câmeras. Em outra cena, o bebê Bruce aparece em um *close-up* com o corpo enrolado em uma manta, e chora inconsolável, com os olhinhos fechados, a boca escancarada, agitando os bracinhos; com as bochechas gorduchas e o queixo duplo vibrando, enquanto o som de seus berros ecoa por toda São Francisco.

Como Bruce ainda era muito jovem para viajar, a família Li estendeu sua permanência por cinco meses além do que seus vistos permitiam. Já fazia quase um ano e meio que Hoi Chuen e Grace não viam seus outros filhos, e eles estavam ansiosos para voltar para casa.

Porém, eles temiam que Bruce talvez não obtivesse permissão para retornar aos Estados Unidos. Funcionários dos serviços de imigração preconceituosos e antichineses costumavam negar a reentrada de crianças chinesas nascidas no país sob a alegação de que teriam se repatriado (isto é, renunciado à sua cidadania norte-americana) ou questionando a validade de sua documentação. Para assegurar-se de que isso não aconteceria com seu filho, Hoi Chuen e Grace contrataram a – apropriadamente nomeada – firma de advogados White & White (ou seja, "Branco & Branco"), à qual apresentaram toda a documentação que evidenciava o nascimento de Bruce em São Francisco, candidataram-se à obtenção de um Formulário de Regresso de Cidadão para seu filho e submeteram-se a um questionamento, sob juramento, pelos Serviços de Imigração e Naturalização dos Estados Unidos. Anexada à solicitação para o retorno havia uma fotografia do rechonchudo e saudável garotinho de três meses, com poucos fios de cabelo e a orelha esquerda furada. O motivo alegado para deixar os Estados Unidos foi o de "uma visita temporária ao estrangeiro." Uma visita que duraria dezoito anos.

Partindo do porto de São Francisco, eles subiram ao convés do *SS President Pierce* no dia 6 de abril de 1941, para uma viagem de dezoito dias de volta a Hong Kong. Hoi Chuen deve ter considerado sua temporada no exterior um estrondoso sucesso: sua esposa dera-lhe um segundo filho e, agora, ele tinha um herdeiro e um "de reserva". Como um dos atores mais famosos da turnê, Hoi Chuen contribuíra para agitar os patrióticos corações de muitos sino-americanos. "Ao ouvirem meu pai cantar canções tais como 'Primeiro-Ministro Unificando os Seis Reinos', 'Mártires pela Família Real Ming' e 'Os Cavaleiros Carmesins', muitos chineses expatriados sentiam-se compelidos a voluntariar-se e fazer donativos", diz Robert Lee.

Cada mínima porção de reciprocidade seria necessária e muito útil, pois Bruce e seus pais estavam voltando para casa e para uma situação que estava ficando cada vez pior.

Ninguém se sentia mais feliz do que vovó Li por ver o regresso de seu filho e de sua nora em segurança para o antigo apartamento na rua Mau Lam. Ela contava então com 70 anos de idade e havia cuidado de Phoebe, Agnes e Peter por dezoito meses, bem como de sua nora viúva e dos cinco filhos dela, em um minúsculo apartamento com apenas dois quartos e um único banheiro. Todos estavam exultantes por conhecer o mais novo membro da família, Bruce Jun Fan. Vovó Li logo o apelidou como "Pequena Fênix", o animal mitológico que é a contraparte feminina do dragão na mitologia chinesa, para mantê-lo a salvo dos fantasmas de bois e espíritos de serpentes que gostavam de machucar garotinhos. "Embora papai não gostasse muito desse nome de menina, ele foi sempre muito respeitoso quanto aos desejos de sua mãe", diz Robert Lee, "e, assim, seguiu em frente." A alegria e o deleite do reencontro logo foram obscurecidos pelas terríveis notícias que chegavam de fora e de dentro do país.

A Segunda Guerra Mundial estava envolvendo todo o planeta em fogo e sangue. Forças japonesas avançavam pelo coração da China. Na Europa, a *Luftwaffe* alemã bombardeava cidades inglesas e os submarinos U-Boot alemães punham a pique navios de suprimentos provenientes da América. Hong Kong havia sido apartada tanto da China quanto da Inglaterra, restando indefesa e sozinha.

Assim como chineses e britânicos, o jovem Bruce Jun Fan Lee também lutava para sobreviver. Nascido respirando o ar fresco da pacífica atmosfera de São Francisco, o rechonchudo garotinho caiu perigosamente doente no ambiente úmido e infestado de baratas dos tempos de guerra em Hong Kong. Um surto de cólera devastava a colônia, e Bruce Jun Fan ficou tão fraco e magro que seus pais temeram por sua morte. Já tendo perdido um menino, Grace dedicou todo cuidado possível ao filho debilitado. "Acho que eu o mimei demais porque ele era tão frágil", disse Grace, tempos depois. De fato, devido à enfermidade quase fatal, Bruce Lee cresceu mais frágil do que as outras crianças de sua idade. Ele não conseguia andar sem cambalear até completar 4 anos de idade.

Em 8 de dezembro de 1941, o dia que todos temiam finalmente chegou para a colônia britânica. Oito horas depois do sorrateiro ataque a Pearl Harbor, o Japão invadiu Hong Kong, declarando guerra simultaneamente aos Estados Unidos e à Inglaterra. A guarnição dos Aliados, composta por ingleses, canadenses, indianos e um pequeno grupo de voluntários chineses, era sobrepujada na proporção de quatro homens contra um – eram 52 mil invasores japoneses contra 14 mil Aliados.

Milhares de civis foram mortos durante a batalha, que se espalhou por Kowloon, na extremidade sul da China continental, atravessando o porto e tomando a ilha de Hong Kong. Dentre os que quase morreram estava o pai de Bruce Lee, Hoi Chuen. Tal como muitos cantores de Ópera Cantonesa, ele fumava ópio. Quando Hoi Chuen compartilhava um cachimbo com outro ator em um antro de ópio das vizinhanças, uma bomba lançada por um avião japonês atravessou o teto, esmagando seu companheiro de trabalho na cama contígua à sua, rompendo o piso e levando os destroços e o corpo do ator para o porão do estabelecimento. A bomba falhou e não explodiu, razão pela qual Hoi Chuen sobreviveu.

Menos de três semanas foram necessárias para que os japoneses tomassem o muito vulnerável posto avançado imperial, no dia 25 de dezembro de 1941 – data que, desde então, tornou-se conhecida em Hong Kong como o "Natal Negro". Foi a primeira vez que uma colônia britânica se rendeu a uma força invasora. Quaisquer ressentimentos que os chineses tivessem quanto à frouxidão do controle colonial britânico, nada se comparava ao horror que experimentariam com a brutalidade totalitária de seus novos senhores japoneses, que decidiram que a melhor maneira de controlar a colônia seria despovoá-la. Quem não tivesse residência fixa ou um emprego fixo era forçado a deixá-la. Os que permaneceram padeceram sob um reinado do terror. Dez mil mulheres sofreram estupros coletivos. Em três anos e oito meses de ocupação japonesa, a população caiu de 1,5 milhão para 600 mil habitantes. Um terço das pessoas fugiu – em sua maioria para a colônia portuguesa de Macau, nas proximidades; outro terço sobreviveu, por quaisquer meios necessários; e o restante morreu de fome ou foi assassinado. Militares japoneses costumavam fuzilar ou decapitar passantes chineses que se esquecessem de curvar-se reverentemente diante deles. Civis eram mortos ao serem escolhidos aleatoriamente como "sacos de pancadas" em exercícios da prática do jiu-jítsu, sendo rude e repetidamente atirados ao chão até tornarem-se incapazes de mover um músculo, quando eram, então, mortos a golpes de baionetas. Em média, três centenas de cadáveres eram coletados das ruas todos os dias durante o período da ocupação – os que não haviam sido assassinados morriam devido a doenças ou à desnutrição.

Li Hoi Chuen era o único provedor de uma residência onde viviam treze pessoas. Se fossem forçados a fugir para Macau, seria improvável que todos os membros da família sobrevivessem – especialmente seu filho caçula, Bruce, que mal havia se recuperado de sua enfermidade quase fatal. Felizmente para Hoi

Chuen e seus dependentes, os japoneses apreciavam a Ópera Chinesa. O encarregado do Ministério das Comunicações japonês, Wakuda Kosuke, fez uma oferta a todos os atores mais famosos de ópera – inclusive a Hoi Chuen, que era um dos quatro grandes atores cômicos ao estilo *"clown"**– que eles não poderiam recusar. O que foi dito exatamente, não se sabe. "Papai jamais falou a ninguém sobre isso", diz Robert Lee. "Mas, considerando a tática japonesa de empregar o racionamento de comida para ameaçar as pessoas, só podemos imaginar que ele não tenha tido outra escolha." Phoebe diz: "Os japoneses forçaram meu pai a atuar, mas não o pagavam com dinheiro. Em vez disso, eles o pagavam com arroz, de modo que tínhamos arroz para uma refeição, uma vez por semana. No restante das vezes, tínhamos de usar farinha de tapioca para fazermos *bok-chan* (uma espécie de panqueca cantonesa)".

Os japoneses acreditavam que a continuidade das apresentações de ópera criavam uma impressão de paz dentro do que eles chamavam de "Esfera de Coprosperidade da Grande Ásia Oriental". Assim, o trabalho de Hoi Chuen como ator de ópera conferia a ele e sua família um *status* ligeiramente mais elevado. Mais tarde, Grace diria aos seus filhos que, sempre que soldados japoneses se aproximavam demais, ela apenas dizia que seu marido era um ator de ópera chinês e eles não lhe causavam nenhum problema.

Na densamente povoada Hong Kong dos dias anteriores à guerra, o bem mais valioso era uma propriedade imobiliária. Ao remover dois terços da população local, os japoneses acabaram inundando o mercado imobiliário com propriedades disponíveis. De um momento para o outro, os poucos que, como Hoi Chuen, tivessem um trabalho e acesso a rações alimentares decentes poderiam melhorar dramaticamente sua condição de vida. Cerca de um ano depois da ocupação, ele se mudou com os treze membros de sua família para um apartamento com mais de 350 metros quadrados – muito espaçoso para os padrões de Hong Kong. O aspecto comercial mais atrativo do apartamento era a sua localização, no nº 218 da Nathan Road, em Kowloon, bem em frente, cruzando um pequeno parque, do quartel-general japonês da ocupação. Isso tornava a vizinhança segura em meio à desesperada criminalidade dos famintos habitantes locais que tentavam sobreviver. Ao longo dos dois anos seguintes,

---

* Técnica de interpretação ligada à tradição do palhaço e fortemente influeciada pela *commedia dell'arte italiana*, no qual os atores têm comportamento exagerado em suas *gags* e falas. (Nota da Editora)

Hoi Chuen fez bons negócios, adquirindo, por valores muito baixos, quatro outros apartamentos, como propriedades para locação.

Porém, mesmo para as famílias muito afortunadas como os Li, a vida ainda era uma batalha diária pela sobrevivência, repleta de privações, miséria e humilhação. Um estrito toque de recolher noturno era imposto, concomitante com a exigência de absoluto silêncio. Certa noite, durante a ocupação, uma das tias de Bruce participava de uma ruidosa partida de *mah-jong* no apartamento de alguns amigos. Isso fez com que soldados japoneses chutassem e derrubassem a porta para fazê-los parar com o barulho. Quando a tia objetou, empregando um tom de voz ainda mais alto, um soldado japonês aplicou-lhe uma bofetada no rosto, forçou-a a se curvar reverentemente e obrigou-a a desculpar-se cem vezes.

A vergonha coletiva e a humilhação sofridas durante a ocupação levaram muitos a exagerarem dizendo que sua capacidade de resistência teria se esgotado. Uma das mais antigas histórias que a família gostava de contar acerca de Bruce Jun Fan era a de que o patriótico e resoluto menininho punha-se em pé na sacada do apartamento e "brandia seu punho desafiadoramente para os aviões japoneses que sobrevoavam a cidade". Essa é uma imagem carregada de orgulho, mas traz consigo um problema. Quando o jovem Bruce, nascido em 27 de novembro de 1940, já tinha idade suficiente para ficar em pé e erguer um punho cerrado, os japoneses já haviam perdido o controle do espaço aéreo da colônia para os Aliados. Se Bruce alguma vez brandiu seu punho para algum avião estrangeiro, certamente terá sido para um avião norte-americano. "Eu estava em Macau durante a guerra", diz Marciano Baptista, um colega de classe do irmão mais velho de Bruce, Peter. "Aviões americanos atacavam as estações de energia elétrica e os estoques de petróleo em 1943, 1944. Nós ainda brandíamos nossos punhos para eles porque eles estavam provocando o caos."

Ainda que os Aliados controlassem o espaço aéreo havia vários anos, a libertação de Hong Kong teria de esperar até depois de Hiroshima, Nagasaki e a rendição do Japão, em 15 de agosto de 1945. Tanto os chineses quanto os oficiais norte-americanos esperavam que o controle de Hong Kong fosse devolvido à China, mas os britânicos, que consideravam a restauração da ordem colonial uma questão de honra e uma necessidade para os seus interesses comerciais na Ásia, apressaram-se a enviar uma força-tarefa da Marinha Real a Hong Kong para aceitar a rendição japonesa e recuperar o controle de Hong Kong para si, em 30 de agosto.

Examinando agora, esse foi o melhor desfecho possível para Hong Kong. A China estava a ponto de ser consumida por uma guerra civil entre os nacionalistas e os comunistas, liderados por Mao Tsé-Tung, que iria dividir ainda mais o país e, depois, afundá-lo em décadas de isolamento, tumultos e incertezas. Em contrapartida, os habitantes de Hong Kong floresceriam – sobretudo os membros de famílias como a dos Li, que desfrutaram de seu período mais próspero depois das amarguras da ocupação de três anos e oito meses.

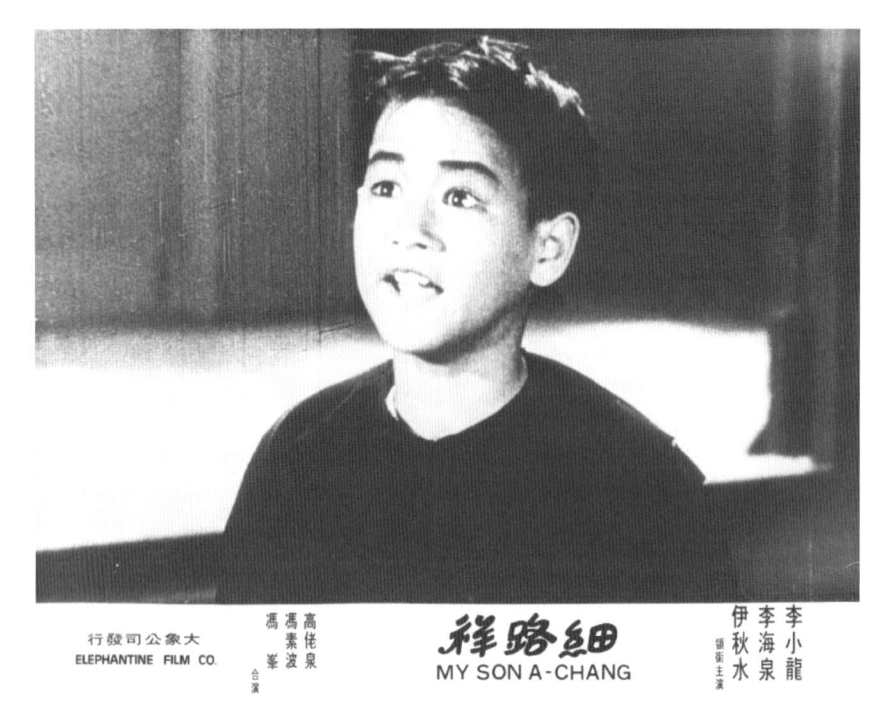

Bruce Lee, aos 10 anos de idade, interpreta seu primeiro papel principal em um filme, um órfão em *My Son A-Chang* (1950) – também intitulado *The Kid* (*Cortesia do Hong Kong Heritage Museum*)

No filme *The Orphan* (1960), o personagem do adolescente desajustado interpretado por Bruce puxa uma faca para sua professora. (*Cortesia do Hong Kong Heritage Museum*)

2
Cidade Próspera

Depois da libertação de Hong Kong, todos os habitantes que haviam sido banidos começaram a retornar, junto com centenas de milhares de refugiados da guerra civil na China. Os primeiros a chegar amontoavam-se em qualquer espaço disponível – alguns cômodos divididos por dez ou mais pessoas –, até que nada mais restasse além das favelas surgidas nas encostas das colinas. Em cinco anos, a população saltou de 600 mil para 3 milhões de habitantes, e os preços dos aluguéis foram às alturas. De uma hora para outra, Li Hoi Chuen era não apenas um ator, mas também um bem-sucedido proprietário e locador.

O fato de possuir quatro apartamentos não fazia dele um magnata – ele não se incluía no "um por cento" mais rico, tal como o tio-avô de Bruce, Robert Hotung –, mas era o suficiente para assegurar o futuro financeiro de sua grande família. "Meus pais não eram exatamente ricos, mas nunca tivemos de nos preocupar com comida ou roupas", diria Bruce aos seus amigos, mais tarde. Na verdade, a família vivia uma vida mais do que apenas confortável. Para os padrões do terceiro mundo na Hong Kong do pós-guerra, eles eram abastados e podiam permitir-se os últimos luxos da moda. "Em 1950, nós tínhamos uma TV, uma geladeira, um carro e um motorista particular", recorda-se Phoebe. "Nós não tínhamos um senso de classes sociais, mas, se você tinha uma TV, provavelmente pertencia à classe alta." Além de um motorista, eles também mantinham dois empregados domésticos residentes, um gato, um grande aquário de peixes ornamentais e cinco lébreis irlandeses, uma raça de cães também conhecida como *wolfhound*. Com uma combinação de talento, sagacidade e sorte, Hoi Chuen havia subido bastante na escala social, desde sua infância paupérrima.

Depois das privações da ocupação, as crianças floresceram em sua recém-encontrada prosperidade. Phoebe e Bruce eram extrovertidos e brincalhões, enquanto Peter e Agnes eram introvertidos e estudiosos. "Eles não conversavam muito, e eram sempre muito sérios em qualquer coisa que fizessem", diz Phoebe. "Bruce e eu éramos diferentes. Nós brigávamos num minuto e no minuto seguinte já estávamos de bem. Nós éramos preguiçosos, mas eu não era tão preguiçosa quanto ele. Se nos mostrássemos preguiçosos demais, nosso pai nos repreendia com severidade e nos mandava para a cama sem jantar."

A doença e a fragilidade que marcaram a vida de Bruce durante a ocupação perderam força após a libertação. Ele tornou-se tão hiperativo que sua família o apelidou de "Nunca Para Quieto". Ele estava sempre pulando, falando, brincando ou movimentando-se. Peter se lembra de que, quando Bruce ficava quieto por um período mais longo, sua mãe achava que ele estava doente. "Era quase como se ele sofresse de um distúrbio que o enchia com tanta energia que parecia um cavalo selvagem que tivesse sido amarrado", diz Robert. Quando não estava trombando contra a mobília em um turbilhão caótico, Bruce questionava tudo quanto seus pais lhe dissessem para que fizesse – o que lhe rendeu outro apelido familiar: "Bebê Por Quê". (Sua atitude cética para com a autoridade se manteria durante toda a vida. O diretor de *O Dragão Chinês* (*The Big Boss*, 1971), Lo Wei, exasperado, chamava Bruce de "Dragão Por Quê".)

Seus pais descobriram que a única maneira de acalmar Bruce – seu "botão de desligar" – era dar-lhe revistas em quadrinhos. Ele podia ficar lendo, quieto, por várias horas. Antes do advento da televisão em Hong Kong, em 1957, revistas em quadrinhos e de temática infantojuvenil, tais como *The Children's Paradise*, eram uma das principais fontes de entretenimento. Bruce começou lendo revistas em quadrinhos de *kung fu* e "progrediu" para os romances do tipo "espada e feitiçaria" que incluíssem artes marciais (um gênero conhecido como *wuxia*, em chinês), passando grande parte de seu tempo livre em livrarias. Bruce lia tão compulsivamente que sua mãe temeu que ele desenvolvesse algum problema na visão. "Ele passava horas na cama lendo histórias em quadrinhos com letras miúdas sem a minha permissão", recorda-se Grace. "Acho que aquilo contribuiu para o enfraquecimento de sua visão." Bruce começou a usar lentes corretoras aos 6 anos de idade.

Todas aquelas histórias em quadrinhos e romances de fantasia criaram uma rica vida interior. Enquanto lia, Bruce imaginava a si mesmo como o herói das histórias. Certa vez, Grace repreendeu seu filho por agir de maneira egoísta. "Você não tem jeito, mesmo, menino. Você mal parece ter qualquer sentimento por sua própria família." Para defender-se, Bruce contou uma história: "Se nós estivéssemos caminhando pela floresta e nos deparássemos com um tigre, eu ficaria para lutar com o tigre para que vocês pudessem fugir".

Além dos aluguéis e de seu salário como ator, Hoi Chuen conseguiu uma nova fonte de renda: o cinema. Antes da guerra, o diretor executivo do maior estúdio da China, o Lianhua, era o tio-avô de Bruce, Robert Hotung. Inicialmente, seu escritório central ficava em Hong Kong, até ficar claro que Xangai era a Meca da indústria cinematográfica chinesa. À medida que a influência de Xangai crescia, dando início à primeira "era de ouro" do cinema chinês, na década de 1930, Hong Kong passou a ser uma espécie de filial regional, produzindo somente filmes de baixo orçamento no dialeto local, o cantonês. A invasão japonesa fez cessar toda a produção cinematográfica até 1945. O único filme produzido em Hong Kong durante os três anos e oito meses de subjugação foi uma peça de propaganda japonesa, intitulada *The Battle for Hong Kong* (1942). A maior parte do elenco era formada por japoneses, mas muitas personalidades das artes dramáticas de Hong Kong foram "forçosamente convidadas" a participar, inclusive o pai de Bruce. Ele, contudo, corajosamente recusou-se a tomar parte. Essa sábia decisão salvaria sua carreira: todos os que apareceram no filme tiveram o nome incluído em uma "lista maldita" após a guerra, apontados como colaboracionistas.

Após a libertação, a guerra civil que prosseguia na China continental fez com que muitos artistas se mudassem para Hong Kong. O modesto afluxo de talentos migrantes no início transformou-se em uma enchente depois da vitória de Mao Tsé-Tung, em 1949, e da decisão do Partido Comunista de fechar o mercado nacional, banir todos os filmes estrangeiros e permitir somente a produção de filmes de propaganda, devidamente censurados pelo governo. Em 1950, Hong Kong já era a "Hollywood do Oriente", o centro do mundo cinematográfico chinês.

Como um famoso ator teatral e um dos poucos a sobreviverem à ocupação com sua reputação intacta, Hoi Chuen estava muito bem posicionado para tirar vantagem do *boom* na produção cinematográfica. Ele atuou como ator coadjuvante com papéis relevantes em dezenas de filmes, interpretando muitas vezes um arquétipo cômico: o sujeito rico mas sovina, que acaba tendo o destino que merece – uma espécie de Scrooge* chinês. Embora os atores cinematográficos não fossem muito bem pagos comparativamente aos padrões atuais, o trabalho no cinema ainda era muito mais compensador do que no teatro. "O dinheiro que ele ganhava por atuar em um filme era equivalente à metade do valor de um apartamento àquela época", diz Takkie Yeung, o diretor de Hong Kong do filme *The Brilliant Life of Bruce Lee* (2013).

Como integrante da nascente indústria cinematográfica, Hoi Chuen mantinha boas amizades com todas as principais personalidades desse meio, e costumava levar algumas delas à sua casa. Ele também levava os filhos para os *sets* de filmagem, mas nenhum deles adorava tanto aquela agitação frenética dos bastidores quanto o "Nunca Para Quieto". "Bruce subia pelas escadas de madeira para alcançar os holofotes suspensos no estúdio, e nós ficávamos com medo de que ele caísse. Ele queria tocar em tudo, desde as câmeras até o equipamento de som", recorda-se uma das atrizes, Feng So Po. "Ele era tão sapeca que era preciso inventar brincadeiras em que tivesse de usar ambas as mãos para distraí-lo."

Quando Bruce tinha 6 anos, o diretor do filme mais recente de seu pai viu-o no *set* de filmagem e ficou tão impressionado que ofereceu um papel ao garoto. A princípio, tanto Bruce quanto seu pai pensaram que ele estivesse brincando. "Bruce tinha os olhos tão grandes e expressivos, um sorriso sempre aberto e era deliramente feliz", diz sua mãe, Grace. Aquele seria seu primeiro papel dramático – interpretando um garoto que foge de casa, torna-se um batedor de carteiras e é atropelado por um caminhão –, no melodrama cantonês *The Birth of Mankind* (1946). Uma realização fácil de ser apagada da memória, que foi um fracasso de bilheteria, o filme é notável somente por haver forjado o jovem Bruce como um moleque semiabandonado, durão e esperto para a vida

---

* Ebenezer Scrooge é o nome do protagonista da novela de Charles Dickens *Um Conto de Natal* (*A Christmas Carol*), de 1843. O personagem é um homem de negócios (alguns deveras escusos, como a agiotagem) rabugento, solitário e sovina ao extremo, que se nega a gastar seu dinheiro no Natal, quando é visitado por três espíritos que o fazem, por fim, mudar de ideia. Carl Barks, o criador de vários personagens sob a "assinatura" de Walt Disney, baseou-se nele para criar o famoso personagem *Uncle Scrooge*, ou Tio Patinhas, como é conhecido no Brasil o pato velho milionário e sovina. (N. dos T.)

nas ruas, mas que tem um coração de ouro; uma espécie de Artful Dodger.*
Bruce interpretaria esse personagem repetidamente por toda carreira de astro de cinema infantil.

No filme seguinte, *Wealth is Like a Dream* (1948), Bruce foi mais uma vez escalado para interpretar um garoto perdido, que tem de viver por conta própria depois da guerra. Seu pai, Hoi Chuen, também atuou nesse filme, e os promotores cinematográficos, visando aproveitar-se da conexão familiar e da fama de seu pai, deram a Bruce um novo nome artístico: Little Hoi Chuen – o Pequeno Hoi Chuen. Os jornais chegaram até mesmo a anunciar a "sensacional aparição do maravilhoso garoto Little Li Hoi Chuen". A carreira de Bruce, devido ao diminutivo anexado ao seu nome artístico, começava à sombra do estrelato de seu pai. O filho, porém, passaria o resto de sua vida esforçando-se por fazer sua estrela brilhar mais que a do pai.

A primeira oportunidade para que Bruce obtivesse uma vitória nessa batalha edipiana surgiu com seu quinto filme, *My Son A-Chang*, também intitulado *The Kid*, em 1950. Baseado em uma popular história em quadrinhos, de Po-Wan Yuen, o filme era, para os padrões da época, um filme "sério" e com um grande orçamento. O diretor, Feng Feng, entrevistou uma grande quantidade de atores mirins, mas nenhum deles lhe pareceu adequado para interpretar o papel-título de A-Chang, de um garoto durão e esperto para a vida nas ruas, mas que tem um "coração de ouro", até que ele viu a energia e a extrema complexidade da atuação de Bruce em seu trabalho anterior nas telas. Feng foi pessoalmente visitar o nº 218 da Nathan Road para pedir a autorização do pai, mas, para sua surpresa, a resposta foi negativa. Um papel principal em um filme "grande" ameaçaria tornar o que era uma atividade extracurricular em uma carreira de tempo integral, e Hoi Chuen, para seu crédito, não tinha certeza de que gostaria de ver o filho seguir seus próprios passos em uma carreira teatral. Ele esperava que seus filhos se tornassem bem-educados profissionais de classe média – médicos, advogados, banqueiros. Feng louvou o talento de seu filho e falou-lhe acerca do destino dele como um astro. Por fim, ofereceu a Hoi Chuen

---

* Jack Dawkins, mais conhecido como Artful Dodger, é um personagem de outra obra de Charles Dickens, *Oliver Twist* – sua segunda novela –, originalmente publicada em forma seriada, entre 1837 e 1839. Dodger é um moleque batedor de carteiras assim chamado pela habilidade e astúcia com que desempenha sua "profissão" (em inglês, o adjetivo *artful* significa algo como "ladino", "esperto" ou "muito habilidoso"). *Dodger* vem do verbo *dodge*, "desviar", "evitar" ou "esquivar-se rapidamente". É, de maneira informal, o substantivo/adjetivo que se aplica a alguém que foge às responsabilidades ou às penalidades que lhe seriam cabidas. No livro, ele é o líder de uma gangue de delinquentes juvenis, treinados pelo velho criminoso Fagin. (N. dos T.)

um grande papel no filme – como o mesquinho chefe rico que, secretamente, tem, como ponto fraco, a capacidade de ser facilmente persuadido. Além do mais, desse modo, ele poderia manter-se sempre de olho em seu garoto, durante as filmagens. "Por fim, papai concordou", diz Robert. "E essa decisão mudaria a vida de Bruce para sempre."

Em consequência da guerra civil na China, no início da década de 1950, a comunidade cinematográfica de Hong Kong estava muito carregada politicamente e dividida ideologicamente entre os esquerdistas comunistas e os direitistas nacionalistas. *My Son A-Chang* é um bom exemplo de propaganda política socialista. Bruce, como A-Chang, é um garoto órfão que vive com seu tio, um professor que tem salário tão insignificante que não lhe permite mandar seu sobrinho para a escola. Hoi Chuen interpreta o Chefe Hong, proprietário de uma fábrica que emprega operários em trabalhos braçais em um regime semiescravocrata. Hong contrata o tio de A-Chang como seu secretário particular e consegue uma vaga em uma escola particular para A-Chang. O garoto sofre *bullying* por ser novato, mete-se em uma briga e é expulso, envolvendo-se então com uma gangue de ex-veteranos de guerra forçados pelo cruel sistema capitalista a uma vida de crimes. "Nós temos de roubar para sobreviver", diz o líder, Flying Blade Lee (algo como "Navalha Voadora Lee").

Depois que uma desastrada tentativa de roubo à fábrica do Chefe Hong termina em assassinato, Flying Blade, muito nobremente, concorda em assumir toda a culpa sozinho e diz para seus companheiros bandidos fugirem e refazerem a vida: "Basta de crimes. Encontrem um emprego decente. Vocês só têm de trabalhar duro. Deem a A-Chang a minha parte do dinheiro, para que ele e seu tio possam cuidar da terra, no interior". O filme termina com A-Chang e seu tio, o ex-professor, rumando alegremente para a zona rural, para recomeçarem a vida como camponeses. O filme precede a assim chamada Revolução Cultural em 25 anos, quando professores e intelectuais foram enviados à força para as zonas rurais para que fossem "reeducados" como camponeses.

Política à parte, o desempenho do jovem Bruce, aos 10 anos de idade, evidencia uma ampla gama de emoções e um talento nato. Em uma cena, ele faz uma imitação humorística de seu professor; em outra, dilata as narinas e respira bufando, jogando os ombros para trás e quase encostando a ponta do nariz no nariz de seu oponente – um gesto de expressão corporal que se tornaria uma das "marcas registradas" de sua atuação quando adulto. Em uma luta elaboradamente coreografada, sem demonstrar qualquer temor, ele salta sobre as costas de um malvado supervisor da fábrica, que se livra dele e desfere um terrível golpe em ricochete. Bruce consegue esquivar-se e revida com uma cabeçada no estômago de seu adversário adulto, investindo como um aríete. Quando um dos socos do supervisor por fim o atinge, o jovem Bruce abre violentamente sua camisa, puxa uma faca que trazia presa à cintura das calças e parte para atacar o supervisor, que foge apavorado. Tempos depois, Bruce tentaria recriar essa cena na vida real, criando com isso um sério problema.

Para os fãs de Bruce Lee, o filme é mais notável por causa do novo nome artístico dado ao ator principal. Anteriormente conhecido como Little Hoi Chuen, os créditos de abertura do filme citam-no como Li Long (李龍), ou "Dragão Li". Dada a sua baixa estatura, este foi logo convertido para Li Xiao Long (李小龍) ou "Pequeno Dragão Li". Bruce gostou tanto desse novo nome artístico que passou a usá-lo em sua vida privada. Daquele dia em diante, todos os seus amigos passaram a chamá-lo de Pequeno Dragão Li, muitos deles sequer sabendo que seu verdadeiro nome era Li Jun Fan. Se é verdade que os nomes tenham algum poder mágico, esse filme marcou o momento em que a vida pessoal de Bruce Jun Fan Pequeno Dragão Li e sua *persona* dramática começaram a fundir-se, sobrepondo-se e transudando uma na outra.

My Son A-Chang estreou no final de maio de 1950. O filme foi um sucesso de bilheteria e de crítica. Planos para uma sequência começaram a ser feitos imediatamente, mas o projeto foi logo vedado pelo pai de Bruce, que recusou-se a permitir que seu filho participasse dele. Suas preocupações quanto a algum de seus filhos vir a seguir seus passos na muito instável e confusa indústria do entretenimento haviam se tornado muito específicas com relação a Bruce, que vinha se tornando tão rebelde e difícil de lidar quanto os personagens que interpretava em seus filmes.

Hoi Chuen estava sempre atento ao seu caçula. Muitas vezes levava Bruce em viagens para pescarias ou para os bastidores durante suas apresentações teatrais. Para fortalecer o corpo dele, Hoi Chuen também costumava levar Bruce, desde que o menino completou 7 anos, ao King's Park para participar junto com ele de práticas matinais de *tai chi*. A lenta e meditativa forma de arte, que emprega a brandura para conquistar a dureza e a imobilidade para conquistar a velocidade, foi o primeiro estilo de arte marcial experimentado por Bruce Lee – e um teste para sua paciência. "Papai também pretendia usar o *tai chi* para ajudar a controlar as tendências hiperativas de Bruce", diz Robert. Bruce gostava dessa forma especial de interação pai-filho, mas não do *tai chi*. "Eu logo me cansei daquilo", explicou ele, tempos depois. "Não era nada divertido para um garoto. Havia apenas um bando de velhos." Além disso, ele achava as técnicas do *tai chi* inúteis para o que estava rapidamente se tornando sua atividade extracurricular favorita: lutar.

A mãe de Bruce, Grace, era uma católica devota e amiga de vários padres e freiras europeus e norte-americanos. Desejando que seus filhos tivessem a melhor educação possível, ela os inscreveu nas melhores escolas católicas da colônia britânica. "Bastava para ela um telefonema para colocar seus filhos em qualquer escola católica", diz Robert. Para a educação fundamental, Grace enviou as filhas para a St. Mary's School, dirigida por freiras, e os filhos para a Tak Sun, uma escola paroquial exclusiva para meninos.

Quando entrou para a Tak Sun, aos 6 anos de idade, Bruce encontrava-se em notável desvantagem. Fisicamente mais frágil e menor do que os outros meninos, talvez devido a sequelas da enfermidade da qual padecera na primeira infância e lhe afetara o senso de equilíbrio, ele jamais aprendeu a andar de bicicleta. Ele também tinha pavor de água. "Bruce era muito travesso. Nossas irmãs acharam que poderiam dar a ele uma lição ao segurarem-no debaixo d'água no pavilhão das piscinas no parque de lazer Lai Chi Kok, impedindo-o de subir à superfície pelo máximo tempo possível", diz Robert. "Isso o aterrorizou de tal maneira que ele jamais ousou voltar a nadar." Severamente míope, Bruce usava óculos com lentes grossas e armação de "casco de tartaruga" e sua orelha ainda era furada para protegê-lo dos demônios serpentinos que roubavam meninos. "Ele até mesmo usava um brinco de argola ao ir para a escola, o que era um convite para as provocações de seus colegas de classe", diz Robert.

A maioria dos garotos mirrados, magricelas e quatro-olhos teria se escondido pelos cantos, olhando para o chão, perdendo-se em fantasias. Mas não Bruce. Tal como seu personagem em *My Son A-Chang*, ele era brigão e tinha o pavio curto. Ele partia para cima de qualquer um que o provocasse ou tentasse humilhá-lo, aonde quer que fosse. Não importava se o oponente era mais forte ou mais fraco, mais alto ou mais baixo, mais velho ou mais novo: ele enfrentou a todos, até criar fama e os outros garotos deixassem de incomodá-lo.

Enquanto aprendia a defender-se contra os insultos, Bruce adquiriu gosto pelo combate corpo a corpo, e logo passou a provocar brigas. Assim, de alguém com quem seria melhor não mexer, ele passou a ser encarado como o garoto a ser evitado. Os pais dos outros alunos passaram a aconselhar seus filhos para que se mantivessem longe dele.

"Nós estávamos jogando bolinhas de gude", recorda-se Anthony Yuk Cheung, um colega de Bruce na terceira série. "Ele surgiu com uma bola de atletismo e atirou-a bem no centro do jogo, esmagando algumas das nossas bolinhas de gude. Então, nós fomos para outro canto do pátio; mas ele nos seguiu e arruinou o restante das nossas bolinhas. Eu fugi, mas ele me perseguiu; então, lutei com ele. Foi a primeira vez em que tive de lutar com alguém na minha vida. Há um ditado chinês que preconiza: 'Encurrale um cachorro em uma rua sem saída e ele se voltará e morderá você'."

Os notavelmente benévolos instrutores católicos, que lidavam com essas situações considerando "coisas de meninos", criavam maneiras de manter o Pequeno Dragão contido. "Ele era um verdadeiro terror para qualquer professor; um proverbial diabinho na pia de água benta", recorda-se o Irmão Henry, um dos seus professores. "Eu travei uma batalha com o problema de hiperatividade dele, e venci. A estratégia era simples: Bruce era, basicamente, um bom menino, mas também era um potro selvagem; era preciso compreendê-lo para poder controlá-lo. Ele era como um fio desencapado, carregado com não sei quantos quilowatts de energia. Então, minha primeira atitude toda manhã era conter essa energia e cansá-lo bastante, antes que ele causasse algum problema. Eu o encarregava de todo tipo de tarefa que pudesse imaginar: abrir todas as janelas, apagar todos os quadros-negros, buscar os livros de registro no escritório e apanhar ou entregar coisas por toda a escola. Quando nem isso funcionava, eu o mandava à sala do inspetor de alunos com um bilhete: 'Estou lhe enviando Bruce para ter alguns momentos de paz'. Analisando agora quem ele se tornou como um homem adulto, fico feliz ao constatar que isso não o fez retrair-se nem o sufocou."

Bruce odiava a escola. Sentar-se quieto em uma sala de aula era algo quase impossível para ele. Ele ficava impaciente e não conseguia concentrar-se nas lições. Embora adorasse ler histórias em quadrinhos e novelinhas de artes marciais, ele desprezava os livros didáticos, recusando-se até mesmo a abri-los. Era uma criança brilhante que tirava notas péssimas porque se recusava a fazer seus deveres de casa. O que deve ter tornado essa situação ainda pior para Bruce foi o fato de seu irmão mais velho, Peter, ser um aluno-modelo: um rapaz estudioso que superava as expectativas, que obtia as notas máximas em todos os exames. "Papai gostava muito de Peter, porque ele era estudioso, prometia um futuro brilhante e, tal como ele próprio, era muito tranquilo", diz Robert.

Para ajudar o filho genioso, Grace contratou um tutor particular para Bruce. Agindo como um menino obediente, ele saía de casa para visitar seu tutor, bem-comportado e levando consigo uma pilha de livros. Uma hora ou duas depois, o tutor telefonava para Grace: "Onde está Bruce?". Quando Bruce voltava para casa – com as roupas sujas e rasgadas e seus livros sem terem sido tocados –, ele jurava ter estado com seu tutor o tempo todo. "Geralmente, Bruce saía com seus amigos, arranjando brigas pelas ruas", recorda-se Grace. "Ele não sabia que o tutor já havia telefonado. Eu perguntava onde ele estava, e ele me dizia que estivera estudando até pouco antes."

Bruce havia se juntado a uma gangue. Ou, para sermos mais precisos, ele havia formado sua própria gangue. O Pequeno Dragão não obedecia a ordens: ele dava ordens. Segundo seus colegas de classe, ele tinha cerca de meia dúzia de "seguidores" que o obedeciam. Dois destes permaneceriam leais a ele por toda a vida de Bruce. Wu Ngan era filho do chefe dos serviçais domésticos na propriedade dos Li. Tendo crescido juntos, eles eram como irmãos, e o amigo se tornaria mais tarde o secretário particular de Bruce. Não havia ninguém em quem Bruce confiasse mais. O outro era Unicorn Chan, um ator infantil que Bruce conhecera no *set* de filmagem de *The Birth of Mankind*, em 1946. Unicorn viria a ajudar Bruce, quando já adulto, a restabelecer sua carreira cinematográfica em Hong Kong.

Ao contrário do que acontece no filme *My Son A-Chang*, esses garotos não eram "meninos de rua". Eram em sua maior parte filhos da classe média, que frequentavam prestigiosas escolas religiosas. Eram agitadores bagunceiros, não *gangsters*, responsáveis por problemas menores, jamais cometendo crimes sérios. Além de se meterem em brigas, o principal divertimento deles era pregar peças. "Certa noite, quando nossa babá teve uma noite de folga e saiu, Bruce mudou toda a mobília do quarto dela de lugar", recorda-se Grace. "O interruptor de luz mais próximo ficava no centro do quarto. Assim, quando ela voltou, bateu-se e trombou em quase todas as mesas e cadeiras até que conseguisse encontrá-lo. Depois disso, ela ficou furiosa e veio me dizer que sabia que tinha sido Bruce. Prometi a ela que falaria com ele, mas foi difícil me controlar para não rir diante dela."

À medida que ficava mais velho, as travessuras de Bruce tornavam-se mais sofisticadas e agressivas, especialmente se ele achasse que estava "vingando" sua família ou seus amigos. Aos 10 anos de idade, Bruce e Wu Ngan tentaram esgueirar-se para dentro do cinema Dongle Theatre, na esquina da Nathan Road com a Nullah Road. Bruce conseguiu entrar, mas Wu Ngan foi apanhado pelo bilheteiro sul-asiático, que o repreendeu severamente e começou a aplicar-lhe tapas na cabeça. Enfurecido, Bruce saiu de onde estava e gritou com o homem para que parasse, o que o levou a ser punido junto com seu amigo. Os dois passaram as duas semanas seguintes planejando a vingança. Eles compraram uma porção de lulas fritas, muito cheirosas e quentinhas, à qual, secretamente, adicionaram um potente laxante; então, ofereceram-na, acompanhada de profusos pedidos de desculpas, ao bilheteiro do cinema. A maioria dos garotos de 10 anos que gosta de pregar peças pararia por aí, mas não Bruce. Os dois garotos esconderam-se em uma das cabines do banheiro masculino na qual havia um pequeno balde cheio de fezes, previamente preparado por eles, e esperaram para que o bilheteiro viesse aliviar-se. Quando a lula temperada com laxante fez efeito e forçou o homem a dirigir-se ao banheiro, os garotos espetaram uma bombinha de dez centímetros no recipiente cheio de excrementos, acenderam-na e empurraram o balde por baixo da porta da cabine ocupada pelo bilheteiro. O balde parou bem aos pés dele e, quando a bombinha explodiu, deixou o homem coberto de fezes. Bruce ficou proibido de entrar no cinema por seis meses.

Grace, que depois viria a se preocupar por ter mimado Bruce, fazia o papel do policial bonzinho. Ela o repreendia, tentava persuadi-lo e, por fim, fazia-lhe apelos emocionais, ocultando do pai dele muitas das infrações. Mas, quando Bruce ia longe demais, tal como no caso do bilheteiro, Grace apelava ao policial durão. "Bruce sabia o quanto seu pai abominava a violência", diz Grace. "Eu sempre ameaçava delatá-lo a ele, caso não se comportasse direito. E ele sempre prometia fazê-lo, mas continuava arrumando confusão."

Embora Hoi Chuen representasse um divertido *clown* nos palcos e nas telas, em casa seu papel era o de um disciplinador sério, inflexível e distante – um arquétipo familiar para a maioria das crianças chinesas. "Sempre que Bruce fazia alguma coisa errada, meu pai punia a todos nós", recorda-se Phoebe, com um risinho. "Afinal, era nossa responsabilidade cuidar do nosso irmão caçula. Ele nos apanhava pelas orelhas, torcendo-as, fechava a porta e fazia com que ficássemos ajoelhados. Então, ele dizia: 'Vão ousar se comportar mal, agora?'. Em seguida, ele nos batia, usando uma varinha de bambu para bater nos garotos e um jornal enrolado para as garotas. Bruce perguntava por que as garotas apanhavam apenas com um jornal, e papai respondia: 'Porque suas irmãs são meninas, e um jornal não as machuca muito; mas vocês, meninos, se comportam de maneira muito pior, de modo que nem o bambu lhes machuca o suficiente'. Na maioria das vezes, ele sequer precisava bater em Bruce: ele conseguia intimidar Bruce apenas com seu olhar. Papai tinha essa aura de respeito em torno de si."

Com suas péssimas notas, as brigas constantes e as travessuras cada vez mais violentas, o Pequeno Dragão estava trazendo a desgraça para sua família, fazendo seus pais sentirem-se humilhados. Depois do episódio envolvendo o bilheteiro do Dongle Theatre, alguma coisa teria de ser feita. Além das suas revistas em quadrinhos, a única coisa que Bruce realmente amava era representar. Enquanto sua mãe tinha que arrancá-lo da cama nas manhãs em que tinha de ir à escola, ela não encontrava nenhum problema para acordá-lo em plena madrugada para que fosse ao estúdio de filmagem (para evitar os ruídos da cidade de Hong Kong e do aeroporto localizado nas proximidades, os estúdios faziam a maior parte de suas filmagens durante a noite. Foi apenas nos anos 1960 que começaram a gravar o áudio separadamente para depois acrescentá-lo às filmagens). "Bruce era um talento natural", diz Robert. "Quando despertado no meio da noite, ele rapidamente se levantava e ficava devidamente caracterizado."

Como nenhum outro tipo de punição parecia funcionar, seu pai decidiu impedir que Bruce mantivesse qualquer atividade cinematográfica até que ele passasse a se comportar de modo decente. Ele impediu o Pequeno Dragão de participar da continuação de *My Son A-Chang*, e, pelo restante do ano de 1950, Bruce não apareceu em nenhum outro filme. Depois de muitas súplicas de Bruce, eles lhe permitiram que fizesse um filme, em 1951, *The Beginning of Man*; mas, como seu comportamento não melhorou, eles o proibiram mais uma vez. O Pequeno Dragão só voltaria a aparecer nas telas em 1953, após um intervalo de dois anos.

Longe de serem os tipos de pais que administram e tiram vantagens da carreira artística dos filhos, Hoi Chuen e Grace viam a representação como um privilégio, não como uma carreira: era algo que podiam tirar de Bruce se ele não se aplicasse nos estudos. Hoi Chuen crescera tão pobre que não tivera condições de frequentar uma escola. Ele não queria que um dos seus filhos perdesse a oportunidade de ter uma boa educação – ou que cometesse os mesmos erros que ele cometera.

Hong Kong ainda se encontrava inundada por uma maré de ópio, um século após sua conquista. Embora o governo colonial tivesse proibido a droga em 1908, a aplicação da lei era muito frouxa. Desde então, até a década de 1960, o número de dependentes do entorpecente – sobretudo na indústria do entretenimento – continuou crescendo. Um deles era o pai de Bruce. "Ele melhora a minha voz para o teatro", defendia-se Hoi Chuen, "e suaviza o meu canto." O ópio foi para os cantores da Ópera Chinesa o mesmo que a heroína para os músicos de *jazz* norte-americanos. Um termo de gíria cantonesa para designar o ato de fumar ópio era "mascar versos".

O papel teatral favorito de Hoi Chuen, e sua atuação mais famosa, era o que ele desempenhava na peça *Two Opium Addicts Sweep the Dike* [Dois Dependentes de Ópio Varrem o Dique]. Essa comédia sobre dois emaciados e ossudos pobres diabos opiômanos mandados para fazer um trabalho de limpeza em Guangzhou depois do governo haver proibido o ópio requeria (na verdade, permitia) que os dois atores principais, Li Hoi Chuen e Sun-Ma Sze-Tsang, fumassem ópio em cena, noite após noite.

Tratava-se de um papel perfeito para Hoi Chuen, que já "pesquisara" exaustivamente sobre o assunto em sua vida pessoal. Ele tinha uma "cama de ópio" tamanho *king-size* em seu quarto. Muitos atores e diretores famosos visitavam seu apartamento para "curtirem seu barato". "Papai gostava de deitar no lado direito, deixando o lado esquerdo para os convidados", diz Phoebe. Quando jovem, era ela quem ajudava o pai e seus amigos, assistindo-os quanto ao que precisassem. "Por que eu me dava melhor com meu pai? Meu pai me ensinou como acender o cachimbo e passá-lo a ele, para que fumasse."

Por volta do início da década de 1950, o ópio levou Hoi Chuen cada vez mais fundo em uma eufórica, lânguida e doce alienação. Ele perdeu o interesse por qualquer outra coisa além de dormir e fumar cada vez mais. Segundo Grace, ele fora muito próximo das crianças quando elas eram mais novas; mas, à medida que cresciam, ele mudou e passou a demonstrar cada vez menos proximidade com sua família. "Ele passava a maior parte do tempo em seu quarto, estudando ou dormindo, e não se sentava junto com a família a não ser na hora das refeições." Tempos depois, Bruce disse à sua esposa, Linda, que seu pai fora "um pai ausente", que, devido ao seu modo de vida, "com frequência não estava mentalmente ali, presente, para ele."

Além dos custos emocionais, também havia os financeiros. "Somente pessoas ricas podiam fumar ópio naquela época", diz Phoebe. "Você não podia fumar se não tivesse dinheiro suficiente. Tratava-se de uma coisa muito estilosa!" Hoi Chuen tinha mais de uma dúzia de bocas para alimentar, além do dispendioso vício". O custo de satisfazer seu hábito e o efeito devastador que a dependência impunha à sua carreira ameaçavam o *status* de classe alta da família. Bruce muitas vezes queixava-se aos seus amigos adolescentes sobre a sovinice do pai e por não ter muito dinheiro para gastar. Por anos, Grace implorou ao marido para que abandonasse esse vício, sem sucesso.

A dependência de Hoi Chuen teve o efeito de acentuar as inclinações naturais de seus filhos. O ajuizado e estudioso Peter mergulhou ainda mais fundo em seus livros e deveres de casa, e concentrou-se na prática de esportes individuais, vindo a tornar-se um esgrimista de elite. Ele era o filho que todos na família esperavam que seria o primeiro a chegar a frequentar uma faculdade. Em agudo contraste, o hiperativo Bruce parecia ser destinado a acabar sendo preso. Ele exibia muitos dos sintomas clássicos dos filhos de pais que abusam de drogas: agressividade, desconfiança para com as figuras de autoridade e uma excessiva necessidade de estar no controle.

Seguindo os passos do irmão mais velho, Bruce, em setembro de 1951, aos 10 anos de idade, ingressou na La Salle como um estudante da quinta série. Dirigida pelos Irmãos Católicos Lassalistas, a La Salle, localizada na Rua Perth, era uma das mais prestigiosas escolas secundaristas de Hong Kong. Havia estudantes chineses e eurasianos, a maior parte deles pertencente às classes média e alta, embora houvesse certo número de bolsistas. Sua grande vantagem era a de que todo o currículo era ensinado em inglês, produzindo, assim, graduados bilíngues. Esse fator garantia, por si só, um emprego decente na colônia britânica. "Você poderia trabalhar na polícia, em algum banco ou no serviço público civil", diz Marciano Baptista, um colega de classe do irmão mais velho de Bruce, Peter. Não fosse pela educação de elite que recebera na La Salle, Bruce Lee jamais teria obtido algum sucesso em Hollywood, onde a habilidade para falar bem o inglês é um pré-requisito, especialmente para atores asiáticos.

O inglês era uma das poucas disciplinas em que Bruce tinha um desempenho excelente. De um modo geral, ele era um péssimo aluno, principalmente em matemática. "Ele jamais foi além do estágio das somas e subtrações simples – e ele só conseguiu permanecer na escola porque conseguia coagir alguns alunos mais jovens a fazer os deveres por ele", diz Linda Lee. Sua mãe costumava brincar, dizendo: "Quando ele tinha 10 anos, ele só sabia contar até dez". Um de seus colegas de classe disse que permitia que Bruce "colasse" das suas provas por 50 centavos. Apesar do *bullying* e dos subornos, Bruce ainda repetiu o ano duas vezes durante os cinco anos que frequentou a La Salle. Naquela época era muito mais comum do que hoje em dia que alguns alunos tivessem de repetir algumas séries, mas, mesmo assim, Bruce ainda era considerado um estudante particularmente ruim – um dos piores da classe; enquanto Peter era um dos melhores.

Tal como para muitos *bad boys* de Hong Kong (chamados de *"teddy boys"* na gíria cantonesa), os momentos favoritos de Bruce eram os do recreio. Temporariamente longe da opressão das figuras de autoridade adultas, ele podia estabelecer o controle ao recrutar colegas de classe para a sua turma. Ele se insinuava para cada garoto, brincando, bajulando e fazendo-lhes promessas. "Ele costumava colocar um braço sobre os ombros de seus colegas e dizer-lhes: 'Se alguém estiver lhe causando algum problema, apenas fale comigo e eu acertarei as coisas para você'", recorda-se seu colega de classe Pau Siu Hung. A outros garotos ele tentava convencer valendo-se de seu senso de humor extremamente tenso. Para obter risos e atenção, ele imitava King Kong, inflando o tórax, golpeando-o com os punhos, berrando e guinchando como um macaco. Muitas vezes ele chamava a si mesmo de "Macaco-Rei" (*Monkey King*). "Ele era sempre muito falante e gostava de fazer piadas, por isso sempre tinha muitos amigos", recorda-se o introvertido Peter. Seus contemporâneos lembram-se dele trotando pelo pátio com um gingado característico, com os calcanhares mal tocando o chão. Michael Lai, um amigo de infância, descreve a personalidade do jovem Bruce como a de alguém com os "dentes escovados", expressão que na gíria local designa um sujeito falastrão e ostensivamente provocador; um "pavão".

Bruce não era, segundo seus pares, um praticante de *bullying* no sentido clássico: um sádico que sente prazer ao humilhar os garotos mais fracos. Era na verdade um líder de gangue, que oferecia proteção àqueles que quisessem segui-lo. Robert Lee, que idolatra seu irmão mais velho e tende a retratá-lo sob as luzes mais favoráveis, diz: "Bruce era mais como um herói de filme de cavalaria, sempre tentando defender os fracos dos fortes, como o típico personagem de um cavaleiro errante". Isso era verdadeiro para os integrantes de sua turma, de quem ele cuidava e defendia ferozmente. Em troca, eles o saudavam como "o grande irmão", faziam os deveres de casa por ele e deixavam-no "colar" de suas provas. "Ele exercia um tipo de liderança hipnotizante, que fazia as pessoas submeterem-se", diz Michael Lai.

"Da infância até a adolescência, eu causava alguns problemas e era muito desaprovado por meus pais", diria Bruce, tempos depois, a alguns repórteres. "Eu era muito travesso e extremamente agressivo." Ele concentrava sua agressividade sobre seus rivais, os líderes de outras turmas. O Pequeno Dragão acreditava que todo mundo devia segui-lo e respeitar sua autoridade. "Bruce implicava com os garotos que gostavam de exibir-se e tentavam parecer confiantes", recorda-se seu colega de classe Dennis Ho. "Ele botava aqueles garotos na linha." A qualquer garoto que não se submetesse à vontade de Bruce, um desafio estaria lançado. As "batalhas" ocorriam atrás da colina que dava vista para a La Salle. "Você não precisaria pedir duas vezes para lutar com Bruce", diz Robert. Na verdade, não seria preciso pedir sequer uma vez. Ele costumava vencer mais do que perder, mas o hipercompetitivo Bruce odiava tanto perder que se recusava a admitir uma derrota. "Quando ele perdia uma luta, nós perguntávamos a ele como aquilo havia acontecido", diz Michael Lai, "e ele sempre arranjava desculpas para si mesmo, pois ele era como o chefe de todo mundo e por isso precisava vencer."

O maior rival de Bruce era David Lee, um garoto durão com quem a maioria das pessoas não mexeria. Eles lutaram diversas vezes. No último combate entre os dois, as coisas passaram dos limites, e tanto Bruce quanto David sacaram seus canivetes. A luta foi encerrada depois de Bruce haver cortado ligeiramente um dos braços de David, sendo o primeiro a "tirar sangue" do oponente. O ferimento não foi grave, mas nenhum dos dois garotos quis levar suas animosidades recíprocas adiante. O uso de armas, e não apenas punhos e pés, chocou as sensibilidades de seus colegas de classe média na La Salle. Somente os *teddy boys* mais rebeldes, como Bruce e David, levavam armas consigo para a escola. Bruce tinha um canivete, um soco inglês e outros implementos improvisados. "Na escola, nossa arma favorita eram as correntes usadas para puxar a descarga nos banheiros", explicou Bruce. "Naqueles dias, os garotos improvisavam vários tipos de arma – até mesmo lâminas de barbear incrustadas nas solas dos sapatos."

Com suas obsessões com gangues, aqueles garotos da La Salle estavam, em um estilo de classe média, imitando gente mais velha e mais perigosa. As Tríades – o equivalente chinês da Máfia – vinham operando na colônia desde o início do comércio de ópio, mas sua influência só decolou depois da vitória de Mao Tsé-Tung, em 1949. "Os comunistas expurgaram as Tríades, o que fez com que todos os criminosos viessem para Hong Kong", diz William Cheung, um amigo de Bruce. "Uma porção de garotos foi fisgada por elas; alguns, muito relutantemente. Em 1954, elas já estavam bem estabelecidas." O afluxo de centenas de milhares de refugiados chineses desesperados, entre os quais ex--soldados e membros das Tríades, provou ser uma mistura muito volátil, que disseminou corrupção e violência na região da colônia que abrange Kowloon.

Outra mudança cultural que afetaria Bruce e sua turma foi o crescente nacionalismo chinês. A incapacidade dos ingleses na defesa da colônia contra os japoneses abalara o mito da superioridade branca, e muitos chineses se ressentiam do restabelecimento do governo colonial britânico após a guerra. "Os ingleses eram a classe governante. Eram minoria, mas governavam a cidade", disse Bruce, tempos depois, a amigos norte-americanos. "Eles viviam nos topos das colinas, com seus grandes carros e belas residências, enquanto o resto da população, que vivia lá embaixo, tinha de lutar e ralar muito para conseguir sobreviver. Via-se tanta miséria entre o povo chinês que, consequentemente, seria natural que se desenvolvesse um ódio pelos ingleses podres de rico. Eles ganhavam a maior parte do dinheiro e tinham os melhores empregos pelo simples fato de terem a pele branca."

Quando as aulas terminavam, os garotos da La Salle envolviam-se em uma atividade extracurricular à qual chamavam "espremer limas".* "Nós costumávamos andar ao acaso pelas ruas, procurando encrenca", diz Michael Lai. "Sentíamos muito orgulho da nossa etnia e adorávamos surrar os garotos ingleses." O alvo mais próximo era a King George V (KGV), uma escola particular nas vizinhanças, exclusiva para garotos ingleses e outros europeus expatriados. Bruce e seu grupo de garotos bandoleiros escalavam a colina que separava a La Salle da KGV torcendo para encontrar garotos ingleses. Uma vez que fizessem contato, iniciavam-se as provocações, os insultos e os empurrões, até que os ânimos extrapolassem o bom senso e uma luta, afinal, irrompesse. Bruce sempre assumia a liderança, socando e chutando para abrir caminho à glória estudantil. "Havia brigas constantes entre os expatriados e os garotos locais", recorda-se Steve Garcia, um eurasiano colega de classe de Bruce. "Eles nos desprezavam."

À medida que os garotos alcançavam a puberdade, a KGV passava a oferecer outra fonte de atração e oportunidades para conflitos: as garotas. "Eles vinham atrás das nossas garotas", diz Anders Nelsson, um graduado pela King George V, que, mais tarde, representaria um pequeno papel no filme de Bruce *O Voo do Dragão* (*Way of the Dragon*, 1972). "Naturalmente, nós íamos atrás das garotas deles, também; na Maryknoll e outras escolas exclusivamente

---

* A expressão *limey bashing* constante do original (que traduzimos livremente como "espremer limas") deriva do epíteto com que os norte-americanos e os australianos costumam referir-se aos ingleses: *limey*. Supõe-se que a designação seja originária do século XIX, quando a Marinha Real Britânica impôs o consumo compulsório de limas (*limes*) pelos tripulantes de todas as suas embarcações, como maneira de prevenir o escorbuto. (N. dos T.)

femininas para garotas chinesas. Há uma expressão cantonesa que diz: 'O gengibre local não é tão picante'. Acho que elas eram mais exóticas para nós, por serem asiáticas." Tudo somado, essa era a versão de Hong Kong para *West Side Story*, com os britânicos *Jets* e os chineses *Sharks*.*

Após um afastamento de dois anos da indústria cinematográfica (entre 1951 e 1953), os pais de Bruce, embora relutantes, cederam aos suplicantes pedidos do filho para retomar a carreira de ator. Hoi Chuen e Grace esperavam que a proibição forçasse o menino a concentrar-se mais em seus estudos, mas tudo fora em vão: as notas de Bruce e seu comportamento haviam na verdade piorado. Eles permitiram que o Pequeno Dragão retornasse aos filmes, mas sob a estrita condição de comportar-se dignamente. Essa decisão foi facilitada pela dimensão da equipe à qual Bruce iria se juntar.

Em 1952, um grupo formado pelos melhores diretores, atores e roteiristas cantoneses fundara sua própria companhia produtora, a Union Film Enterprises, ou Chung-luen, em cantonês. O objetivo expresso desse coletivo esquerdista era o de produzir filmes de alta qualidade com consciência social. "O cinema deve entreter, mas também educar as plateias em um sentido ético; ele deve servir à sua comunidade, ser patriótico e orgulhar-se da nossa herança cultural", explicou um dos seus fundadores. O afluxo de quase um milhão de refugiados do continente criara muita tensão, dissensão e asperezas no seio da colônia. A mensagem didática dos filmes da Chung-luen era a da necessidade da unidade, da caridade e do sacrifício em relação ao povo chinês e, em outro nível, da assistência governamental. Eles eram socialistas; não comunistas. "Papai foi um grande apoiador dos ideais da Chung-luen", diz Robert. "Ele estava confiante no efeito positivo que esses ideais teriam no desenvolvimento de Bruce."

---

* Esse drama musical (ou um "musical dramático", lançado no Brasil com o título de *Amor, Sublime Amor*) de 1961, dirigido por Jerome Robbins e Robert Wise, transcorre no lado oeste de Nova York, onde, à sombra dos arranha-céus, vivem os habitantes dos guetos de imigrantes e cidadãos locais das classes menos favorecidas. Duas gangues, os *Sharks*, cujos integrantes são majoritariamente porto-riquenhos, e os *Jets*, composta por brancos de origem anglo-saxônica, disputam territorialmente a área, seguindo um código próprio de honra e de batalha. O filme *West Side Story* é a adaptação do homônimo e muito bem-sucedido espetáculo musical da Broadway, lançado em 1957 – que, por sua vez, era uma adaptação livre de *Romeu e Julieta*, de William Shakespeare. (N. dos T.)

Talvez as qualidades que o pai de Bruce estivesse procurando desenvolver mais em seu filho fosse o senso de humildade e de trabalho em equipe. Todos os filmes da Chung-luen empregavam sempre a mesma trupe, composta por cerca de uma dúzia de atores, adultos em sua maioria, com o adolescente Bruce servindo como representante da geração mais jovem. De acordo com o espírito da organização, a maioria dos filmes tinha como foco valorizar a atuação coletiva e não estrelatos particulares. Normalmente, Bruce interpretava papéis secundários, aparecendo na tela por cerca de vinte minutos, com algo em torno de trinta falas em média.

Mas ele fez uma de suas melhores atuações em seu primeiro filme para a Chung-luen, *The Guiding Light* (1953). O filme trata de um garoto órfão que é adotado e rejeitado por várias famílias, passando de uma casa para outra, até terminar nas ruas, de onde é resgatado por um médico e sua bondosa esposa, que dirigem um orfanato para meninas cegas. O médico, cujo lema é "crianças sempre podem ser ensinadas", adota o garoto sem-teto (interpretado por Bruce) e faz dele seu aprendiz. Quando o personagem de Bruce torna-se adulto, ele descobre a cura para a cegueira. O filme termina com um apelo feito diretamente para a câmera: "Toda criança pode ser exatamente como ele. Crianças pobres e deficientes esperam pelo seu amor, por educação e uma boa criação".

Entre 1953 e 1955, Bruce apareceu em dez melodramas da Chung-luen: o já citado *The Guiding Light, A Mother's Tears, Sins of the Father, Ten Million People, In the Face of Demolition, Love, An Orphan's Tragedy, The Faithful Wife, Orphan's Song* e *Debt Between Mother and Son*. Esses três anos foram os mais prolíficos da carreira cinematográfica de Bruce, perfazendo quase a metade de sua obra. Os pequenos papéis que desempenhava nesses filmes fizeram com que Bruce se fixasse na mente do público como um ator coadjuvante, não como um astro; alguém cujo rosto o público poderia reconhecer, mas de cujo nome provavelmente não se lembraria.

A Chung-luen proporcionou a Bruce um entendimento profundo sobre como fazer filmes de qualidade, sobre assuntos sérios, no ritmo de Hong Kong. A maioria das filmagens de cada longa-metragem durava apenas doze dias. Os ideais da companhia também influenciariam profundamente Bruce quando adulto, como cineasta. Ele cresceu desejando fazer filmes patrióticos e educacionais sobre a herança cultural da China.

O dinheiro que ele recebia também não era nada mal para um rapaz adolescente, o equivalente a 2 mil dólares americanos (pelos valores médios de 2017) por filme. Isso deu início a um hábito que ele manteria pelo resto da vida: adquirir coisas extravagantes com o dinheiro que ganhava fazendo filmes. "Depois de um filme, ele comprou um pequeno macaco de estimação. Certo dia, o macaco conseguiu entrar na gaiola de um passarinho de estimação do nosso primo Frank e fez a avezinha em pedaços", diz Robert. "Quando nosso primo descobriu o passarinho morto, ficou com muita raiva e bateu no macaco, deixando o bicho tão louco da vida que acabou me mordendo. Minha mãe disse a Bruce que o macaco não poderia mais ficar em casa. A princípio, Bruce recusou-se a abrir mão de seu bichinho de estimação; mas, por fim, concordou em fazê-lo, relutante e muito ressentido."

A união dos artistas da Chung-luen não durou muito. Após três anos, os egos e as disputas internas provocaram uma cisão entre os diretores, e a maioria dos talentos dispersou-se, migrando para outras produtoras. Não sendo mais parte de uma equipe altamente criativa e prolífica, Bruce descobriu que bons papéis eram cada vez mais difíceis de serem encontrados. Ele apareceria em apenas cinco filmes pelos cinco anos seguintes. Sem sua válvula de escape criativa e sem estrutura, suas atenções de adolescente tornaram a dirigir-se para as brigas e a criação de problemas.

Após cinco anos na La Salle, Bruce foi expulso da instituição, em 1956. Para uma respeitável família de classe média – sendo seu pai um famoso ator teatral e sua mãe uma integrante do clã mais rico de Hong Kong – isso era um constrangimento terrível. O nível de vergonha pode ser avaliado pelo ponto a que a família chegou ao tentar ocultar o motivo da expulsão. Phoebe afirmou que essa foi devida às suas notas: "Bruce era muito preguiçoso. A escola permitia que os alunos repetissem determinado ano somente uma vez. Depois da primeira repetência, a escola não dava uma segunda chance". Na verdade, Bruce foi retido por duas vezes em uma das séries. Segundo seus colegas de classe, repetir uma série era algo muito comum, e certamente não seria motivo para uma expulsão.

Na biografia que escreveu sobre o irmão, Robert Lee afirma: "Porque Bruce era, simplesmente, muito travesso – sempre se metendo em brigas e cabulando aulas, desde que começara a estudar *wing chun*, aos 14 anos de idade, e indo à escola vestido de modo muito extravagante. Por isso, eles o expulsaram de lá". Na verdade, as listas de presença da La Salle mostram que Bruce muito raramente perdia um dia de aula. Todas as evidências indicam que Bruce não começou a praticar *wing chun* senão depois de haver sido expulso da La Salle. E, uma vez que a escola não tinha um código estrito de vestimentas adequadas, comparecer vestido "de modo extravagante" não seria um motivo para a expulsão. Além disso, as brigas eram algo muito comum entre os meninos, e Bruce meteu-se em confusão com seus colegas desde o momento em que ingressou na La Salle.

Segundo seus colegas de classe, houve dois incidentes no último ano de Bruce na La Salle que levaram à expulsão. O primeiro deles envolveu o professor de educação física, a quem todos os garotos chamavam Coolie Lo (*Coolie*, porque ele tinha a pele escura, como a de um camponês ou um trabalhador não qualificado; e *Lo* significa "sujeito" ou "cara"). Como aquecimento, no início de cada aula, ele fazia com que os garotos dessem três voltas, correndo, ao redor de um campo de futebol. Para motivar os mais lentos e/ou preguiçosos, Coolie Lo os golpeava na parte posterior das pernas. "Ele corria junto com toda a classe, mantendo-se no final da fila e encorajando os garotos a prosseguirem, cantando 'Você está muito lento, precisa acompanhar'", diz Pau Siu Hung, um colega de Bruce.

Certo dia, Bruce, que já apanhava o suficiente de seu pai em casa, decidiu que estava farto de ser golpeado por Coolie Lo. Segundo a versão de Robert do evento, "havia um professor de educação física que gostava de bater nos estudantes com uma régua, uma injustiça à qual Bruce não se resignaria a submeter-se. Ele lançou ao professor um olhar intimidante e bloqueou o golpe de régua que o atingiria com o braço. E, assim, tão simplesmente, ele foi impedido de comparecer às aulas de educação física, tendo de permanecer na sala de aula e revisar suas lições".

Dennis Ho, um colega de classe de Bruce, tem uma versão diferente do relato de Robert. "Ele está tentando amenizar a situação", diz Dennis. "Segundo me lembro (e a cena ainda está bem gravada em minha memória), havia uma comprida vara de madeira, e não uma régua. Eu estava correndo lado a lado com Bruce, ou um pouco atrás dele, quando tudo aconteceu." Coolie Lo golpeou as pernas de Bruce com a vara, e aquilo realmente doeu. Bruce estacou imediatamente, onde estava. "Enfiou a mão no bolso, puxou um canivete e brandiu-o para Coolie Lo", diz Dennis. O Pequeno Dragão estava recriando a cena de *My Son A-Chang*, na qual seu personagem puxa uma faca para um adulto que batera nele. "Coolie Lo virou-se e saiu correndo em disparada. Bruce foi atrás dele, com a faca em punho. Eles correram pela escola toda, até que Coolie Lo abrigou-se na sala do diretor. Depois disso, Bruce foi banido de suas aulas."

Estranhamente, puxar uma faca para seu professor rendeu a Bruce apenas a suspensão das aulas de educação física, não a expulsão da escola – em parte, por deferência aos seus poderosos pais. Se Bruce sentiu algum remorso por isso, jamais demonstrou. Enquanto esteve suspenso, ele se postava em uma janela da sala de aula fazendo movimentos simiescos e caretas para distrair os estudantes que estavam no campo.

Seus colegas de escola dizem que foi outro incidente que, por fim, causou sua expulsão. "É uma coisa de que sempre falamos ainda hoje quando tocamos em qualquer assunto referente a Bruce", diz Dennis Ho. De acordo com Dennis e outro colega de classe (que prefere permanecer no anonimato), todos os meninos passavam a hora do almoço brincando e fazendo bagunça sobre a colina que havia atrás da La Salle. Certo dia de 1956, na hora do almoço, Bruce forçou um dos garotos a baixar as calças. Ninguém sabe exatamente por que Bruce resolveu concentrar-se nesse garoto. "Talvez ele estivesse apenas querendo exibir-se, ou estivesse entediado", diz Dennis. "Ele estava de mau humor." Depois de ter feito o menino baixar as calças, Bruce derramou uma lata de tinta vermelha, que roubara de uma obra, e tingiu de vermelho as partes íntimas do menino.

Quando descobriu o que havia acontecido, o pai do garoto foi à sala do diretor da escola e armou a maior confusão, exigindo que Bruce fosse punido. Bruce era um aluno terrível, que já havia sido retido duas vezes. Ele estava constantemente se metendo em brigas e causando problemas. Ele havia puxado uma faca para seu professor de educação física. Embora ele soubesse ser encantador e os Irmãos Católicos vissem bondade nele, essa escancarada demonstração de *bullying* foi a gota d'água. Bruce foi sumariamente expulso da La Salle.

Foi uma tremenda humilhação para sua orgulhosa família. Enquanto sua mãe procurava por uma nova escola para Bruce, seu pai o colocou de castigo por um ano: sem mais trabalhos no cinema, sem saídas à noite com seus amigos e permissão apenas para ir diretamente de casa para a escola e da escola para casa.

Ip Man e Bruce Lee praticam *chi sao* (mãos pegajosas). Verão de 1963. (*David Tadman*)

3
Ip Man

O *kung fu* não era muito popular em Hong Kong na época em que Bruce Lee viveu sua infância e adolescência. Na colônia cosmopolita, a sociedade dominante repudiava as artes marciais. Seus membros mais sofisticados as associavam à zona rural, ao passado feudal da China e à criminalidade das Tríades. O acontecimento que reacendeu o interesse pelo *kung fu* e tornou a colocá-lo "na moda" foi um desafio entre dois rivais que representavam o conflito entre a Tradição e a Ocidentalização – algo que tocava fundo o coração da sociedade chinesa.

Wu Gongyi era o tradicionalista de 53 anos de idade que liderava a associação de *tai chi* de Hong Kong. Chen Kefu era o modernizador que, com 34 anos, estudara o estilo Grou Branco de *kung fu*, o judô japonês e o boxe ocidental. Em um movimento ousado para um homem de sua idade, o mestre de *tai chi* que desencadeou uma série de eventos ao publicar uma carta aberta nos jornais declarando sua vontade de encontrar-se com praticantes de quaisquer outras escolas, "a qualquer tempo e em qualquer lugar" para o estudo mútuo das artes marciais. O desafio aberto motivou a publicação de uma resposta de Chen Kefu, que terminou evoluindo para uma guerra de palavras que os tabloides de Hong Kong avidamente promoveram. Tratava-se do velho contra o novo, o passado contra o futuro, a pureza contra a fusão, o fechado contra o aberto, o nacionalismo contra o globalismo.

Enquanto o conflito transpirava pelos jornais, um desastre abalou a colônia na noite do Natal de 1953. Um incêndio devastador destruiu as habitações precárias da área de Shek Kip Mei, em Nova Kowloon, deixando 53 mil desabrigados. O governo chamou aquela de "a pior catástrofe que a Colônia jamais sofrera". Em resposta, os dois combatentes concordaram em transformar seu duelo em um evento de caridade – "uma exibição conjunta de artes marciais completa, com uma noite inteira de exibições de *kung fu* e canto operístico. O evento foi marcado para ocorrer em Macau, porque os oficiais coloniais de Hong Kong – que ainda tinham memórias frescas da Rebelião dos *Boxers* – recusaram-se a permitir um duelo de artes marciais em seu território.

Um cortejo de celebridades, jornalistas e apostadores tomou a balsa de Hong Kong para Macau para assistirem ao combate que estava sendo propagandeado como a "Luta do Século". O início da competição entre o velho mestre, Gongyi, e o jovem lutador, Kefu, teve todas as marcas de uma competição amadorística entre dois oponentes pouco experientes, com muitos golpes falhos e tensões evidentes de ambas as partes. Afinal, na metade do primeiro *round*, o lutador jovem conseguiu aplicar um golpe na mandíbula do velho mestre, mandando-o de encontro às cordas. Mas o homem mais velho contra-atacou o jovem com força suficiente para fazer sangrar seu nariz. Os árbitros, que eram ainda menos qualificados do que os combatentes, fizeram soar o gongo mais cedo, pondo fim ao *round*. Após um estudo cuidadoso entre os combatentes no início do segundo *round*, o lutador mais jovem fez sangrar a boca do velho mestre, mas logo recebeu em resposta outro golpe em seu nariz já quebrado. Ante a visão ainda mais cruenta, os árbitros nervosos fizeram, novamente, soar o gongo muito mais cedo e interromperam o combate. Depois de uma consulta apressada, declararam o término da luta, sem que um vencedor fosse anunciado. Essa indecisão enfureceu a plateia, especialmente a legião de apostadores que nada puderam resolver quanto às suas pesadas apostas.

O traço principal da competição desorganizada e inconclusiva foi o de manter o combate como um tema central de conversas por várias semanas. Todo mundo tinha uma opinião e os debates foram acalorados. Um periódico chinês reportou: "Desde o combate, todos em Hong Kong e em Macau o têm discutido com grande entusiasmo, e as ruas e alamedas enchem-se de conversas sobre artes marciais".

O *kung fu* repentinamente tornou-se moda na colônia. Inspirados pela competição entre o velho mestre de *tai chi* e o jovem lutador de técnicas mistas de artes marciais, novos estudantes afluíram em massa para pequenos centros de artes marciais e tomaram os terraços de edifícios, participando de torneios amadores de combates com as mãos livres – chamados, em cantonês, de *beimo* (比武). O jovem Bruce Lee, já um veterano lutador de rua, foi atraído por esses torneios ilícitos nos terraços. Isso o levou a uma decisão que mudaria sua vida: ele iniciou seus estudos formais de *kung fu*.

⁓

Depois de pedir alguns favores, a mãe de Bruce conseguiu inscrever o filho "problemático" de 15 anos na escola St. Francis Xavier (SFX) no dia 10 de setembro de 1956. Comparada à La Salle, a SFX parecia-se mais com um reformatório. Com sua disciplina rígida e estrita, o estilo da escola era muito mais espartano e humilde. Os Irmãos Católicos da SFX jamais desistiam de uma criança problemática e eram extremamente hábeis em transformá-las. "Muitos daqueles garotos poderiam ter terminado nas ruas não fosse pelos Irmãos", diz Johnny Hung presidente do corpo discente da St. Francis Xavier.

Bruce representou um desafio para os Irmãos, porque, a despeito das promessas feitas aos seus pais de corrigir os desvios do rapaz, ele e sua turma de amigos ainda rondavam pelas ruas secundárias de Kowloon procurando brigas. Ele vencia os combates com mais frequência do que perdia, mas odiava tanto perder que decidira aperfeiçoar suas habilidades. "Quando eu era um garoto em Hong Kong", recordou-se Bruce em uma entrevista para a revista *Black Belt*, em outubro de 1967, "eu era um rebelde e vivia procurando brigas. Nós usávamos correntes e canetas com facas ocultas em seu interior. Então, certo dia, eu imaginei o que poderia acontecer comigo se não tivesse minha turma para me apoiar e entrasse numa briga." Tal como muitos jovens durões, o Pequeno Dragão não começou a estudar artes marciais para tornar-se uma pessoa melhor, mas para brigar melhor na rua; não para sua autodefesa, mas, sim, para o ataque. "Eu só me dediquei ao *kung fu* quando passei a me sentir inseguro", confidenciou Bruce.

O primeiro amigo que fez na SFX foi Hawkins Cheung, que, tal como Bruce, era um garoto baixinho e brigão proveniente de um lar de classe média alta. "Como nossas famílias eram abastadas, às vezes enviávamos os nossos motoristas para que apanhassem um ao outro para nos vermos nos finais de semana", diz Hawkins. A amizade entre os dois desenvolveu-se rapidamente e tornou-se muito estreita. "O apelido de Bruce na escola era 'Gorila' porque ele era muito musculoso e caminhava com os braços gingando ao lado do corpo.

Todo mundo tinha medo dele, mas eu era o único que o chamava de 'Pernas de Frango'. Ele ficava louco da vida e corria atrás de mim pela escola toda, com seu torso musculoso suportado por suas pernas de frango."

Em suas aventuras depois das aulas, Hawkins e Bruce encontraram outro durão das vizinhanças, chamado William Cheung (que não possuía relação de parentesco com Hawkins). Filho de um policial, William era mais velho, maior e lutava muito melhor do que Bruce. Sua crescente amizade levou o Pequeno Dragão a tomar uma decisão difícil: ele tanto poderia evitar William e manter seu *status* como líder de sua turma de *teddy boys* na SFX ou teria de engolir seu orgulho e saudar William como um "Grande Irmão" e tornar-se um de seus seguidores. A maioria dos machos alfa é incapaz de controlar seus egos e, como consequência disso, nunca melhoram ou crescem. Mas Bruce espertamente decidiu seguir William *temporariamente*, enquanto estudava as técnicas dele para se tornar um lutador melhor. Em curto prazo, ele teria de mostrar-se submisso; em longo prazo, planejava reverter a dinâmica de poder. Essa estratégia, que Bruce empregaria ao longo de toda a sua vida, foi a chave para o seu sucesso. Mais tarde, ele repetiria essa técnica com Steve McQueen, em Hollywood, para evoluir como ator.

Bruce descobriu que o talento de William para lutar nas ruas era resultante do estudo diligente de um estilo obscuro de *kung fu* chamado *wing chun*. Existem na China centenas de estilos de artes marciais. É possível caminhar de uma cidade a outra e encontrar meia dúzia de mestres que ensinam sistemas radicalmente diferentes, cada um com suas próprias histórias míticas acerca de suas origens. A lenda do *wing chun* é única porque é um dos raros estilos que teve como fundador uma mulher.

Quando os Manchus começaram a conquistar a China, no século VII, o Templo Shaolin servia como uma base para os rebeldes chineses Han. A fortaleza acabou sendo destruída, e os monges e monjas foram forçados a fugir. Uma das refugiadas era uma monja chamada Ng Mui, que havia desenvolvido um sistema simplificado, mais adequado à estatura, ao peso e à força das mulheres. Sua primeira discípula foi uma bela jovem chamada Yim Wing Chun, que vinha sendo pressionada para se casar com um guerreiro tirano. Ela disse ao guerreiro que só se casaria com um homem capaz de derrotá-la em um combate desarmado. Empregando as eficientes técnicas ensinadas pela monja Shaolin, Yim Wing Chun despachou o malfeitor com facilidade, e o novo estilo foi batizado em homenagem a ela.

A crescente popularidade do *wing chun* em Hong Kong foi devida em grande parte a um homem: Ip Man. Nascido em 1893 no seio de uma rica família de mercadores em Foshan – a mesma cidade em que o pai de Bruce fora descoberto –, Ip Man fugira apenas com as roupas do corpo para Hong Kong depois que os comunistas tomaram o poder na China, em 1949. Sem recursos e com fama de ser usuário de ópio, Ip Man começou a ensinar *wing chun* como meio de escapar à pobreza extrema. Rapidamente ele conseguiu reunir uma trupe de jovens revoltados, atraídos por seu talento, temperamento equilibrado e senso de humor cortante.

Para tornar seus alunos lutadores melhores, ele os instruía nas técnicas básicas do *wing chun*, que enfatizam os combates corpo a corpo, a curta distância, com socos curtos e rápidos, bloqueios e armadilhas – o estilo ideal para lutar em ruas estreitas. A principal técnica do treinamento era chamada *chi sao* (mãos pegajosas). Uma forma de treinamento de sensibilidade, tal como as "mãos que empurram" do *tai chi*, quando dois oponentes tocam-se com os antebraços na tentativa de bloquear os golpes uns dos outros, preparando uma armadilha para o adversário enquanto mantêm contato direto.

Para fazer com que seus discípulos controlassem sua fúria e melhorassem como seres humanos, Ip Man também os instruía na Filosofia Taoista – "seja tranquilo como a água" – e empregava seu senso de humor. "Ele sempre me dizia, 'Relaxe! Relaxe! Não se exalte!'", diz Hawkins Cheung. "Mas, sempre que eu praticava o *chi sao* com alguém, eu ficava furioso quando era golpeado. Eu queria matar o meu oponente. Quando via Ip Man usar as mãos pegajosas com outras pessoas, ele estava sempre muito relaxado e conversava com seu parceiro. Ele jamais aplicava um golpe em seus alunos, mas sempre colocava o discípulo em uma posição tão vergonhosa que fazia com que os outros alunos rissem ante tal visão. Ele era mesmo um velhinho muito engraçado. Ip Man jamais ostentou uma atitude agressiva. Os alunos meneavam suas mãos e Ip Man apenas sorria e controlava os movimentos deles."

Sem que seus pais soubessem, Bruce pediu a William Cheung para que o apresentasse a Ip Man, que aceitou o ator de 15 anos de idade como seu discípulo e, então, o enviou para que aprendesse as noções básicas com Wong Shun Leung (na maioria das escolas de *kung fu*, o mestre leciona apenas para os alunos mais velhos e experimentados, e são esses alunos que instruem os iniciantes). Aos 21 anos de idade e veterano de dezenas de combates com as mãos livres em desafios *beimo*, Wong Shun Leung era considerado o melhor lutador da escola, e um dos mais durões de Hong Kong. Seus admiradores o chamavam de *Gong Sau Wong*, (講手王) ou "O Rei das Mãos que Falam".

A primeira impressão que o Rei teve do Pequeno Dragão – que se apresentou diante dele usando óculos escuros e um topete elaboradamente penteado – não foi positiva. "William trouxe-me um adolescente imitador de Elvis", disse Wong Shun Leung. "Suas maneiras eram frívolas, e ele parecia achar-se muito esperto. Depois que ele foi embora, eu disse a William que aquele jovem não era bem-vindo." William deve ter censurado Bruce, pois, na segunda vez em que se encontraram, Bruce comportou-se exemplarmente. "Ele estava vestido de maneira apropriada e foi muito polido", disse Wong. O Pequeno Dragão, que se rebelava contra a maioria das figuras de autoridade, decidira-se – mais uma vez – agir *temporariamente* de maneira cordata, até que pudesse tornar-se um lutador melhor do que não apenas William, mas também do que Wong Shun Leung. Ao seu típico estilo ousado e franco, Bruce nunca ocultou suas intenções. "Ele me perguntou quando seria capaz de vencer William e a mim mesmo", recordou-se Wong, ainda surpreso com a lembrança. "Ele fazia perguntas demais."

A determinação de Bruce para superar os que lhe eram superiores era tão singular que ele pregava peças em seus colegas de aula para assegurar lições particulares para si mesmo. Ele chegava sempre mais cedo ao estúdio de Wong Shun Leung e, logo em seguida, dizia ter algo muito rápido para fazer, mas que retornaria em pouco tempo. "Por favor, espere por mim! Não vá embora! Eu imploro, por favor, não vá embora! Muito, muito obrigado!", ele gritava para Wong, antes de descer as escadas correndo para esperar pela chegada dos colegas. Quando estes chegavam diante do edifício, ele lhes dizia: "O mestre acabou de sair. Sua família disse que ele tinha alguma coisa importante a fazer e que não estará disponível. Acredito que teremos que vê-lo um outro dia". Depois disso, empurrava a todos pela rua abaixo, até colocá-los em um ônibus. Ele então retornava ao apartamento de Wong Shun Leung para ter uma aula particular. Quando Wong afinal descobriu seu estratagema, não conseguiu deixar de rir de sua malandragem. "Eu não tentava persegui-lo", disse Wong. "Bruce Lee era daquele jeito: muito competitivo e agressivo. Quando queria alguma coisa, tentava obtê-la a qualquer preço."

Seus companheiros de *wing chun* não achavam esse comportamento muito divertido. A maioria deles provinha das classes operárias e já se ressentiam do jovem ator privilegiado e fisicamente bonito. Seus modos ousados e presunçosos apenas os enfureciam ainda mais. Alguns deles, aparentemente, pediram a Ip Man para expulsar Bruce da escola. Segundo William Cheung, um dos argumentos deles era o de que o *kung fu* deveria ser ensinado somente a chineses; e, uma vez que Bruce era eurasiano – ou de "sangue misturado", no jargão cantonês –, não poderia ser instruído. "Eles diziam: 'Não podemos ensinar o *kung fu* chinês a um chinês impuro'", afirma William. "Bruce não pertencia aos brancos, nem aos chineses. Ele se encontrava entre ambos, com seu sangue misturado. Àquela época, muitos chineses não aceitavam alguém assim. Ip Man recusou-se a expulsar Bruce, mas o Pequeno Dragão foi encorajado a estudar exclusivamente com Wong Shun Leung e a evitar a comparecer às aulas da turma principal até que as coisas se acalmassem.

Não sendo capazes de fazer com que ele fosse expulso, seus companheiros de *wing chun* mais experientes batiam muito em Bruce durante as aulas. "Aqueles sujeitos – alguns deles já instrutores assistentes – tornaram aqueles tempos difíceis para mim, quando comecei a estudar *wing chun*", Bruce se recordaria mais tarde. "Eu era apenas um garoto franzino, de 15 anos de idade." Isso apenas reforçou a determinação do atormentado Bruce de provar que era melhor do que seus atormentadores. "Ele se tornou um fanático", disse seu irmão mais velho, Peter. "Ele praticava diligentemente, dia e noite." Quando Bruce se apaixonava por algum assunto, ele podia ser um aprendiz extremamente veloz. Ele dedicou-se ao *wing chun* como se tivesse nascido com os punhos cerrados. "Menos de um ano depois de ter começado a treinar na escola, Bruce havia progredido tanto que seus colegas mais antigos já encontravam dificuldades ao treinar ou praticar *chi sao* com ele", disse William.

Embora o espírito competitivo de Bruce fosse extremado, ele não era o único com essa característica. Ip Man estimulava seus alunos a competirem entre si. "Todos queriam ser o melhor lutador do grupo, disse Hawkins. "Propositalmente, nós ocultávamos o que aprendíamos, impedindo aos outros que viessem a ter acesso àquele aprendizado." Ip Man também encorajava seus discípulos a "pesquisarem" novas técnicas pelas ruas. "Ip Man dizia: 'Não acredite em mim; eu posso estar enganando você. Saia e arranje uma briga. Teste o que você sabe'", recorda-se Hawkins.

Depois das aulas, os rapazes costumavam dirigir-se às vizinhanças de Shep Kip Mei, para arrumar brigas. "Nós éramos, realmente, uns *bad boys*", diz Hawkins. "Nós chegávamos e abordávamos diretamente um sujeito que escolhêssemos como alvo. Se esse sujeito fosse do tipo pavio curto, certamente tentaria nos empurrar para longe, ou nos bater, ou iniciar qualquer movimento que desse início a um combate, a partir do primeiro movimento dele. Se o sujeito se ferisse, nós diríamos: 'O que há com você? Nós estávamos tentando conversar, e você tentou nos atingir primeiro, sr. Chan?!'. O alvo, então, respondia: 'Eu não me chamo sr. Chan!'. Ao que nós responderíamos: 'Pensávamos que você fosse o sr. Chan,* e sentimos muito se nos enganamos!'"

Para a escola de Ip Man, tal atitude era uma forma de *marketing* absolutamente direta. Seus discípulos criavam uma reputação de serem os melhores brigões de rua. Infelizmente, isso também atraía as atenções da polícia. Bruce e Hawkins tiveram seus nomes incluídos em uma lista de delinquentes juvenis feita pela polícia. "Mamãe e papai só souberam que Bruce estivera estudando *wing chun* cerca de um ano depois de ele ter iniciado, quando ouviram dizer que ele havia se metido em mais problemas do que anteriormente", disse Robert.

Para evitar a polícia, os rapazes subiam aos terraços dos edifícios para travar duelos secretos de "mãos cruzadas" com discípulos de escolas rivais de *kung fu*. Tais eventos envolviam, em geral, mais bravatas do que brutalidade. Ferimentos graves eram muito raros porque a habilidade dos participantes era escassa e porque os combates eram imediatamente encerrados assim que alguém sangrasse. Mas isso resultava em xingamentos e disputas intermináveis. Os praticantes de outros estilos populares de *kung fu*, como *Hung Gar*, *Choy Lay Fat* [O Gordo Choy Lay], *White Crane* [Cisne Branco], *Praying Mantis* [Louva-a-Deus], entre outros, foram, gradativamente, tornando-se cada vez mais ressentidos com o sucesso de iniciantes do *wing chun*.

À medida que Bruce progredia rapidamente no estilo, logo chegou a sua vez de assumir a responsabilidade de representar o *wing chun* em um torneio *beimo*. Incitado por seus companheiros de classe, Bruce desafiou o instrutor-assistente de uma escola rival de *Choy Lay Fat,* chamado Chung. Ele pediu a Wong Shun Leung para que fosse seu "segundo" no ringue. No dia 2 de maio de 1958, Bruce e Wong Shun Leung abriram caminho pelas ruas de Kowloon

---

* "Chan" é um sobrenome muito comum na China; aproximadamente como "Silva" é no Brasil. Charlie Chan é um detetive de ficção, de origem sino-americana, criado pelo afamado escritor norte-americano de *pulp fiction* Earl Derr Biggers, em 1923, para um romance que viria a ser publicado em 1925. Biggers concebeu o personagem como uma alternativa a alguns estereótipos de outros detetives. Ao contrário de tradicionais "vilões orientais" – como Fu Manchu –, Chan é a personificação da não violência. [N. dos T.]

City até o edifício localizado na Union Road, em cujo terraço aconteceria o embate. Wong surpreendeu-se ao descobrir que por todas as áreas próximas do edifício fervilhavam boatos a respeito da luta que se aproxima. "A atmosfera estava muito tensa e pesada, como se uma tempestade elétrica estivesse prestes a desabar", disse Wong. "Ao longo do caminho, muitos jovens aspirantes a lutadores apontavam para nós. Bruce ficava muito satisfeito com isso. Eu percebia que ele se sentia muito orgulhoso de si mesmo."

Enquanto a multidão crescia, Wong perguntou a Bruce: "Como é que há tanta gente? Você disse a todos para que viessem aqui?".

Bruce negou: "Talvez eles tenham ficado sabendo das novidades pelo nosso adversário".

Quando chegaram ao destino, Bruce quis subir direto ao topo do prédio, mas Wong puxou-o para trás e disse: "Continue caminhando". Os dois entraram por uma ruela lateral e usaram uma entrada dos fundos para despistar a multidão. Porém, apesar de suas precauções, vinte ou trinta aspirantes a lutadores já se sentavam sobre o parapeito do terraço quando Bruce e Wong lá chegaram.

Quando o oponente de Bruce, Chung, chegou com seus companheiros, todos cumprimentaram-se mutuamente. O "lado" de Chung pediu a Wong Chun Leung para que atuasse como o árbitro da disputa. Ele tentou negar-se, dizendo que não poderia fazê-lo porque representava a escola *wing chun*, mas os pedidos foram muito insistentes, louvando sua reputação de honestidade. "Eles foram tão sinceros que eu não pude me recusar", recorda-se Wong.

Ele chamou Chung e Bruce para o centro do quadrilátero de cerca de cinco metros e meio de lado que formava o terraço do edifício para dar-lhes instruções. "Um combate deve seguir regras, mesmo que seja um combate amistoso. Vocês ainda são muito jovens e não estão qualificados para representarem seus clãs. Mais importante ainda, isto não é um duelo. Nós teremos dois *rounds*. Cada *round* durará dois minutos. Não importa que lado vença, o combate terminará ao final de dois *rounds*. Esse é um duelo amistoso: todos vocês deveriam visar promover a amizade. Vocês dois compreendem o que eu quero dizer?" Bruce e Chung concordaram.

Bruce posicionou-se no centro, assumindo uma postura de *wing chun*, com a mão esquerda estendida para a frente e a mão direita ligeiramente recuada. Chung passou a rodear Bruce, tentando encontrar uma abertura. Ele então projetou-se para a frente com um rugido e acertou um soco na mandíbula de Bruce, fazendo-o recuar de dor. A boca de Bruce cobriu-se de sangue. Depois de circular Bruce mais algumas vezes, Chung lançou-se novamente atingindo o olho esquerdo do oponente. Enfurecido, Bruce avançou sobre seu adversário com uma agressiva série de socos, típica do *wing chun.* Mas, como não estava calmo, seus golpes não foram efetivos e ele abriu sua guarda para contragolpes que acertaram-lhe o nariz e a bochecha. Enquanto trocavam golpes selvagens, esgotou-se o tempo do primeiro *round*. A julgar pelos danos causados ao rosto de Bruce, tornou-se claro para todos que ele havia perdido o primeiro *round*.

"Leung!", gritou Bruce para o seu "segundo". "Meu olho está inchado?"

"Sim", respondeu-lhe Wong Shun Leung. "Está contundido. Seu nariz também está sangrando, mas está tudo bem."

"Meu desempenho hoje foi ruim", disse Bruce, frustrado, meneando a cabeça. "Se eu me ferir mais gravemente, meu pai vai notar. Acho que é melhor encerrar com um empate e terminarmos o combate agora."

"Bruce, se não lutar o segundo *round*, significará que você se rendeu. Como isso poderia significar um empate?" Wong Shun Leung bajulou seu lutador relutante. "Você é capaz de continuar a lutar. Seu oponente está ofegante agora. Você vai se arrepender se abandonar a luta. Quer você o vença ou não, isso não é importante; mas você tem de dar o melhor de si. Se continuar a lutar, você vencerá."

"Eu vencerei?", indagou Bruce, com sua natureza competitiva lutando contra o seu temor da humilhação. "Leung, você tem certeza disso?"

"Sim", replicou Wong Shun Leung. "Por que eu enganaria você? Não se preocupe com a técnica. Isso é um combate, não uma exibição. Quando você se aproximar dele, dê um passo adiante e acerte-lhe apenas com socos no rosto. Não se preocupe com os lugares em que você for atingido. Tente se aproximar e ataque. E permaneça calmo."

Encorajado, Bruce assentiu com a cabeça para demonstrar que havia compreendido, enquanto o rapaz que marcava o tempo assinalou o início do segundo e último *round*.

Bruce postou-se no centro do terraço com um ar de compostura que não havia apresentado no primeiro *round*. Ele iniciou ameaçando um soco na direção de Chung e fazendo-o recuar. Bruce exibiu um sorrisinho sarcástico. Ele ameaçou acertar outro soco fazendo Chung recuar mais uma vez. Bruce exibiu os dentes no que parecia ser um sorriso mais aberto. Na terceira vez em que Bruce fingiu um ataque, Chung recuou apenas meio passo enquanto lançava um soco com a mão direita. Notando seu oponente desequilibrar-se, Bruce aproveitou-se da abertura e velozmente atacou-o de frente. Com um soco de esquerda ele acertou em cheio o rosto de Chung. Bruce deu mais um passo para a frente e acertou um soco de direita tão potente na mandíbula de Chung que vários de seus dentes postiços espalharam-se pelo terraço. Sangue começou a escorrer pela boca de Chung e suas pernas tremeram quando ele tentou afastar-se. Com um grito, Bruce continuou a castigar o rosto de Chung com uma sucessão de socos potentes. Por fim, Chung caiu ao lado da caixa-d'água que havia no terraço. Os amigos de Chung adiantaram-se para interromper a luta, e muitos deles criticaram Wong Shun Leung por não tê-la interrompido antes. Bruce estava muito feliz, e ergueu as mãos para o ar em sinal de vitória.

Assim que chegou em sua casa com um olho roxo e um lábio partido, Bruce tratou de se esconder por temer que seu pai descobrisse o que havia feito. Um dos criados deu a ele um ovo cozido bem duro para que o aplicasse sobre o olho, para reduzir o inchaço. Quando seu irmão caçula, Robert, perguntou se ele estava ferido, Bruce se gabou: "Estes são apenas ferimentos superficiais! Você deveria ter visto o outro sujeito. Eu fiz com que alguns dentes dele saíssem voando!". Em seu diário, Bruce escreveu: "Contra o estudante de boxe chinês de Lung Chi Chen (4 anos de treinamento). Resultado: Vitória (aquele sujeito desmaiou *[sic]*, perdeu um dente, mas eu fiquei com um olho roxo)".

Não foi possível ocultar os ferimentos de seus pais por muito tempo e seu pai ficou descontrolado ao dar-se conta do que havia acontecido. Ele amaldiçoou seu filho por envergonhar a família e desperdiçar sua vida com brigas. Recorda-se Phoebe: "Eu me lembro claramente de Bruce dizendo a papai: 'Eu não sou bom nos estudos, mas eu sou bom para lutar. Eu lutarei para tornar o meu nome famoso'".

Detalhes sobre o combate rapidamente chegaram ao conhecimento de Ip Man, que reagiu de forma muito diferente da do pai de Bruce. Ele puxou Wong Shun Leung de lado para elogiá-lo: "Se algum dia Bruce conseguir algum sucesso com as artes marciais, terá sido porque você o impediu de abandonar a luta depois do primeiro *round*".

Impulsionado pelo triunfo, a confiança e o espírito de lutador de Bruce só fizeram crescer. Ele tornou-se ainda mais obsessivo pelo *wing chun*. "A competição ensinou a ele que o sucesso não vem naturalmente; é preciso treinar e lutar", diz Wong Shun Leung. "Todos os dias ele praticava boxe, chutes laterais, praticava com o boneco de madeira, entre outras coisas. Quando terminava o treino, ele se sentava e meditava sobre o que fizera. Ele treinou dessa maneira por muito tempo."

À medida que a habilidade de Bruce no *wing chun* crescia, ele assumiu o papel de instrutor de sua turma de seguidores na St. Francis Xavier. Ele estava sempre praticando seus movimentos no *playground* e instruindo colegas de classe ávidos pelo conhecimento durante o recreio. Por já ter sido reprovado duas vezes na La Salle, Bruce era dois anos mais velho do que a maioria de seus colegas de classe, que o viam como uma espécie de "irmão mais velho". Rolf Clausnitzer, cujo irmão caçula foi um colega de classe de Bruce, diz que "uma das acrobacias favoritas de Bruce era postar-se de pé sobre uma das pernas e com a outra afastar uma quantidade de atacantes, dando piruetas quando necessário. Sua velocidade, sua habilidade para fazer manobras difíceis e seu controle eram tais que era quase impossível aproximar-se dele sem receber um chute".

As lições de Bruce durante os intervalos para o recreio foram notadas pelo professor de esportes da escola, o Irmão Edward, um missionário alemão e ex-boxeador profissional premiado. "Quando ele veio para a nossa escola, eu soube tão logo o vi que ele era um boxeador", disse o Irmão Edward. "Sua mãe vinha aqui com muita frequência. Ela queria que cuidássemos bem do garoto." O Irmão Edward se tornou uma espécie de mentor de Bruce e encorajou-o a integrar a recém-formada equipe de boxe ocidental da SFX. Ele convidou Bruce a usar luvas de boxe para um treino de combate amistoso. Empregando técnicas do *wing chun*, Bruce foi capaz de defender-se bem. "Certo dia foi anunciado um campeonato interescolar de boxe", diz Hawkins. "Bruce e eu tínhamos reputações de sermos os caras mais durões da escola, então o Irmão Edward sugeriu que participássemos."

Todo ano, as duas escolas particulares britânicas – a King George V, que atendia aos filhos de homens de negócios ingleses, e a St. George, frequentada por filhos de oficiais militares – realizavam um torneio interescolar de boxe ocidental. Esse evento representava uma oportunidade para a maioria dos estudantes chineses e eurasianos da St. Francis Xavier de levarem sua prática de "espremer limas" das ruas para um ringue de boxe oficial. No ano anterior, 1957, somente um estudante da St. Francis Xavier, Steve Garcia, havia competido, vencendo na sua categoria. O Irmão Edward convenceu Bruce e outro aluno, Ronnie, a juntarem-se a Steve Garcia no campeonato de 1958, que seria sediado na St. George.

Bruce teria apenas dois meses para se preparar para o campeonato, e o Irmão Edward deu-lhe um "curso intensivo" sobre as noções básicas do pugilismo ocidental. Bruce também voltou a recorrer a Wong Shun Leung para obter instruções sobre como adaptar seus conhecimentos de *wing chun* para um torneio em que teria de usar luvas de boxe e no qual as regras não permitiam chutes. "Eu ataquei seus pontos fracos e o instruí para que fizesse uso total de seus pontos fortes", diz Wong.

No dia 29 de março de 1958, cerca de trinta competidores adolescentes reuniram-se no ginásio de esportes da St. George, junto com seus familiares, amigos e colegas de classe. Exceto pelos três lutadores da St. Francis Xavier – Steve Garcia, Bruce e Ronnie –, todos os outros eram garotos britânicos da King George V e da St. George. Os trinta rapazes foram divididos de maneira um tanto desigual em cerca de meia dúzia de categorias de peso. No grupo de Bruce ele enfrentou apenas dois oponentes: um garoto da St. George e o campeão da King George V, Gary Elms, que vencera em sua categoria nos três campeonatos anteriores. As chaves do torneio foram determinadas pelos professores da St. George e da King George V. Na primeira disputa, de apenas um *round*, eles fizeram com que Gary Elms enfrentasse o rapaz da St. George, restando para Bruce um confronto direto com o vencedor nas finais. "Bruce era desconhecido e os professores de esportes julgaram que seria uma vitória fácil, pois Gary Elms era considerado o melhor lutador em sua categoria", disse Steve Garcia.

Rolf Clausnitzer, que estudava na King George V, lembra-se de Gary não como um lutador particularmente habilidoso, mas mais como um garoto baixinho e brigão, que se gabava de ter um tio boxeador profissional. "Embora ele fosse consideravelmente mais leve e menor, isso não o impedia de atormentar a mim e aos outros", diz Rolf. "Eu o derrubava no chão, apertava seu nariz e fazia com que a grama entrasse na sua boca para fazê-lo pedir água, mas ele jamais desistia. Assim que eu me levantava, frustrado, ele tornava a pular sobre mim. Ele era um osso duro."

Gary venceu com facilidade seu primeiro *round* naquela tarde. Ele e Bruce tentaram manter-se ocupados e concentrados pelas horas seguintes, até as finais no início da noite. Tal como na guerra, um torneio de boxe consiste-se de longos períodos de tédio pontuados por momentos de puro terror. Durante o período de inatividade, o amigo de Bruce, Hawkins Cheung iniciou uma pequena guerrilha psicológica: "Eu falei com o campeão e o preveni de que ele enfrentaria o Gorila agora, que era um especialista em *kung fu*, e que, portanto, seria melhor que ele tomasse cuidado!".

Depois de toda a espera, o árbitro chamou Bruce e Gary ao centro do ringue e deu-lhes as instruções. O gongo soou para o início do *round*. Gary gingou nas pontas dos pés em uma clássica postura do boxe ocidental. Bruce mudou a sua para uma postura de *wing chun*. Visualmente, aquele era um confronto de civilizações: o boxe contra o *kung fu*. "Muitos estudantes estrangeiros [britânicos], de ambos os sexos, vaiaram Bruce", disse Wong Shun Leung. Com sua grande velocidade, Bruce atacou a linha central do corpo de Gary com uma série de socos curtos e diretos no rosto, empurrando-o para trás e fazendo-o cair à lona. Mas Gary levantou-se prontamente. A primeira troca de golpes deu o tom dos três *rounds* seguintes, cada um deles com três minutos. Bruce atacava com séries de socos rápidos, mas pouco potentes, e Gary contra-atacava um ou dois *jabs*. Quando seus corpos colidiam, Gary caía mas logo levantava-se e seguia lutando. "Quando Bruce foi gradualmente assumindo o controle da situação, a atitude dos espectadores mudou", diz Wong.

Estilos fazem as lutas, mas regras fazem os estilos. Embora Bruce estivesse dominando a contenda, ele estava forçando os limites ao empregar o *wing chun* em uma disputa de boxe ocidental. Os socos curtos e aplicados em rápida sucessão do *wing chun* são adequados para brigas de rua, com as mãos nuas. O espesso estofo das luvas de boxe os tornava praticamente inofensivos sobre o ringue. "Houve alguns *knockdowns*, mas, devido às luvas usadas, não foram muito efetivos", disse Steve Garcia. "E alguns dos *knockdowns* foram classificados como empurrões ou lançamentos, por causa dos movimentos do *wing chun*. Bruce foi advertido algumas vezes." Embora o Pequeno Dragão tivesse facilidade para derrubar seu oponente brigão e durão, ele não conseguiu nocauteá-lo. "Gary estava perplexo com a velocidade e a habilidade de Bruce e não conseguia responder a elas nem acertar um golpe potente em seu adversário", diz Rolf Clausnitzer. "Mas Gary era extremamente resiliente. Ele foi derrubado várias vezes, mas em todas elas voltava à luta, não parecendo estar abalado."

Os amigos que foram cumprimentar Bruce após sua vitória – por decisão unânime – esperavam encontrá-lo feliz. Mas o jovem perfeccionista meneava a cabeça e não parecia nada satisfeito consigo mesmo. "Droga, eu não consegui nocautear o sujeito", lamentava-se Bruce. "Ele sempre voltava para a luta e meus socos não conseguiam penetrar por causa das luvas." Bruce jurou redobrar seu empenho nos treinamentos até que pudesse adquirir a força que desejava.

Durante o período em que lutou pelas ruas e terraços de Hong Kong, esse foi o primeiro e último evento esportivo oficialmente organizado do qual Bruce participou. Ele não gostava da forma como as regras atrapalhavam a efetividade de suas técnicas. À medida que ficava mais velho e se tornava um melhor praticante de artes marciais, ele cautelosamente evitou o boxe e os torneios de karatê em que se poderia vencer por pontos. Quando desafiado, ele concordava apenas em participar de duelos em que pudesse "cruzar as mãos" nuas.

Margaret Leung e Bruce Lee praticando o **chá-chá-chá**,
por volta de 1957. (**David Tadman**)

A única vez em que Bruce Lee interpretou um cavalheiro refinado,
em The Thunderstorm (1957). (*Cortesia do Hong Kong Heritage Museum*)

4
Banido

Bruce passou a se interessar por garotas mais ou menos na mesma época em que começou a treinar *wing chun*. Peter notou a mudança hormonal ao observar o tempo que Bruce gastava diante do espelho. "Ele ficava até quinze minutos certificando-se de que seu cabelo estava do jeito certo e que a gravata estava devidamente ajustada."

Bruce voltava suas atenções para as jovens ao seu redor, e muitas delas retribuíam-lhe a gentileza. Ele era um ator de cinema de boa aparência, proveniente de uma família relativamente rica e possuía a reputação de ser um causador de problemas. O *frisson* do perigo envolto em uma respeitável embalagem de alta classe era uma mistura embriagante para a mentalidade moralmente restrita das colegiais chinesas da Hong Kong da década de 1950. Eram tempos conservadores, com valores antiquados. "Ninguém fazia sexo, nem algo próximo disso", disse Nancy Kwan, a estrela de *O Mundo de Suzie Wong*. "Eram só alguns beijinhos, encontros e troca de bilhetinhos apaixonados." Phoebe, a irmã de Bruce, diz: "Hoje em dia, as pessoas não são mais tão reprimidas. Naquela época, se você segurasse a mão de um garoto, teria de levá-lo até a presença de seu pai, porque começar a dar as mãos indicava que não estávamos muito longe do casamento".

A primeira garota na vida de Bruce foi Margaret Leung. Ela também havia sido uma atriz mirim (cujo nome artístico era Man Lan) e provinha de uma importante família ligada ao ramo cinematográfico. Sua mãe era produtora e seu pai era ator e diretor. Bruce, então com 13 anos, e Margaret, com 11, foram apresentados por suas respectivas mães. Segundo todos os relatos, o relacionamento entre os dois era puramente platônico: ela era mais amiga e colega de profissão do que namorada. "Na adolescência, Bruce tendia a sentir-se intimidado diante de mulheres jovens", diz Robert. "A coisa que ele mais gostava de fazer quando estava diante de mulheres era exibir seus músculos. Ele gostava de pedir para que elas usassem as unhas para tentar pinçar algum indício de gordura; e, quando elas não conseguiam fazer isso, ele ria, orgulhoso." Margaret, assim como Bruce, possuía um traço de rebeldia, além de ser um tanto "brigona". Bruce costumava provocá-la, dizendo: "Se ela não usasse saias, certamente eu a trataria como a um dos meus amigos da turma".

Quando ficaram mais velhos, eles saíam para jantar e dançar em clubes noturnos. "Nós costumávamos ir dançar no Hotel Carlton, no Shatin Inn e no Champagne Night Club, em frente ao Miramar Hotel", disse Margaret. "Quem de nós tivesse mais dinheiro, pagaria mais; mas nós sempre dividíamos a conta." Em meados dos anos 1950, a garotada de Hong Kong gingava ao som de música *pop* norte-americana bem-comportada, do tipo *Rock Around the Clock*, de Bill Haley. Anders Nelsson, um músico que atuou em *O Voo do Dragão* (1972), disse: "A cena estava mais para Pat Boone do que para Little Richard". Elvis Presley só chegou às praias de Hong Kong em 1957, e isso fez com que adolescentes como Bruce começassem a pentear seus cabelos para trás, usando brilhantina, e a rodopiar com seus sapatos de camurça azuis.

As saídas noturnas com Bruce eram divertidas para Margaret, porque ele era um excelente dançarino e uma companhia encantadora. Mas também eram um tanto assustadoras, porque as noites muitas vezes terminavam com brigas de rua. Quando indagada se ela se sentia segura ao sair com um sujeito durão como Bruce, Margaret apenas deu de ombros e sorriu: "Meio a meio. Metade porque ele era um bom lutador e outra metade porque ele sempre se metia em brigas". Nas noites em que havia brigas, Margaret era não apenas sua parceira de dança, mas, também, sua motorista de fuga. "Eu era a salvadora dele", disse ela. "Toda vez que ele entrava em uma briga, eu estava sempre por perto, esperando no meu carro com o motor ligado. Ele subia a bordo e eu metia o pé na tábua."

À medida que Bruce e Margaret se tornavam cada vez mais amigos, ele começou a se interessar por outra jovem, Amy Chan, que, tempos depois, se tornaria famosa em toda a Ásia com seu nome artístico, Pak Yan (白茵). "Nenhum de nós tinha muito dinheiro para gastar, então íamos para Kowloon Tong, próximo de onde hoje se localiza a estação de transportes ferroviários metropolitanos", diz Amy. "Lá, os jardins eram repletos de árvores. Nós sacudíamos as árvores para fazer com que as flores caíssem, amarelas e brancas, como flores de sândalo." Nos fins de semana, eles costumavam juntar-se em um grupo maior de amigos para um "chá dançante" no Chungking Mansions, das quatro às seis horas da tarde. Os "chás dançantes" eram a versão mais barata de uma *happy hour* em um clube noturno, com algum cantor ou banda menos famosos.

Amy se recorda de que Bruce se comportava de maneira diferente caso o grupo de amigos fosse mais ou menos numeroso. "Se houvesse muita gente, ele se divertiria loucamente", diz ela. "Mas quando somente algumas poucas pessoas estivessem presentes, ele ficava muito silencioso. Ele analisava as coisas racionalmente e podia lhe ensinar algo que você não sabia, tais como a maneira de ser uma boa pessoa. Mas ele era muito masculino; extremamente másculo e viril. Não importava o que dissesse, ele era sempre taxativo a respeito daquilo."

Embora existisse uma real atração entre Bruce e Amy, o relacionamento dos dois jamais tornou-se muito sério. Na adolescência, Bruce parecia ter uma irônica precaução contra envolvimentos românticos. Aos 15 anos de idade, ele escreveu o cômico poema sobre amor e relacionamentos:

> *Persiga-a e ela sairá voando;*
> *voe para longe dela e ela o perseguirá.*
> ...
> *Caia de uma árvore,*
> *caia de bem alto, mas, por favor,*
> *não caia de amores.*
> *Se você quiser saber*
> *o valor do dinheiro,*
> *tente obter algum emprestado.*
> ...
> *É melhor ter amado e perdido esse amor,*
> *do que casar-se e viver amargurado para sempre.*
> *Mais alto o coqueiro, maior é o tombo do coco afinal.*

Se alguma das garotas em sua vida pode ser considerada a namoradinha de colégio de Bruce, esta foi Pearl Tso. "Ela foi o único e verdadeiro romance de sua juventude", diz Robert Lee. As famílias de Pearl e de Bruce eram muito próximas. "O pai dela era um amigo do meu pai, dos palcos", diz Phoebe. "A mãe de Pearl, Eva Tso, era muito íntima de minha mãe, eram como irmãs. Ela vinha à nossa casa todos os dias para visitas rápidas." Bruce chamava Eva de "Titia Tso", e a tratava como a uma segunda mãe, muitas vezes confiando a ela os segredos que não desejava revelar aos seus pais. As duas mães contemplavam o nascente romance entre seus filhos com alegria, imaginando unir as famílias através de um casamento. Pearl, que também era uma atriz de cinema mirim, estudava balé. Em parte para impressioná-la, Bruce também começou a aprender a dançar. Ele costumava visitar a casa dela, depois da escola, para "praticar".

Durante a adolescência, a obsessão de Bruce pelo *kung fu* rivalizava apenas com seu amor pela dança. Ele passava muitas tardes na "casa de chá gelado" das vizinhanças, na Jordan Road, aonde os frequentadores iam para beber chás de ervas, ouvir a música de um *jukebox* e, se fossem jovens e tivessem energia suficiente, dançar. Essas casas de chá eram lugares onde garotos e garotas adolescentes podiam se encontrar e flertar livremente. Bruce pensava que a dança seria uma boa maneira de treinar para que não se sentisse tão intimidado na presença de mulheres.

Do *Lindy Hop* ao *boogie-woogie*, do *jitterbug* ao *jive*, ele seguiu a todas as últimas tendências da moda, visando dominar cada movimento específico. "Ele era muito bom no *jive*", diz Dennis Ho, seu ex-colega de classe. "Ele era excelente." A maioria desses estilos musicais chegava a Hong Kong por intermédio de militares norte-americanos e britânicos em serviço na colônia, graças aos filmes de Hollywood e das estações de rádio que eram disponibilizados para eles (Hong Kong foi um porto de acesso – e um recesso – estratégico durante a Guerra da Coreia, entre 1950 e 1953). Porém, em 1957 uma nova "dança da moda", originada em Cuba, varreu toda a América Latina, dali chegando às Filipinas, antes de "contagiar" Hong Kong. Chamava-se chá-chá-chá. Esse estilo de girar os quadris e dar três passos – um, dois, chá-chá-chá! – tomou a colônia de assalto.

Ninguém foi mais apaixonado ou levou mais a sério o chá-chá-chá do que Bruce Lee. "Ele não aprendeu a dança apenas apreciando as pessoas dançarem em uma casa de chá", diz Robert. "Ele foi atrás de uma mulher filipina que tinha um estúdio de dança em Tsim Sha Tsui, onde ensinava mulheres ricas a dançarem o chá-chá-chá." Como parte de seu dever de casa, ele mantinha um caderno de anotações intitulado "Os Sofisticados Passos do Chá-Chá-Chá", no qual enumerou mais de uma centena de movimentos, incluindo o "Banana

Boat" e o "Rubbing & Double". Ele chegou até mesmo a inventar alguns passos, misturando movimentos de *kung fu* com o chá-chá-chá, criando assim seu próprio estilo, novo e único.

Bem de acordo com seu caráter competitivo, Bruce transformou sua obsessão em uma disputa com seus amigos para ver quem conhecia mais movimentos. "Na escola, eu tinha alguns amigos filipinos que eram muito bons, e com eles aprendi alguns passos para mostrá-los a Bruce", disse Hawkins. "Mas na vez seguinte que eu o encontrei, ele apareceu com uma porção de passos novos! Mais tarde, descobri que ele estava tomando aulas com o mesmo instrutor de dança dos meus amigos filipinos, para aprender mais passos. Fui falar com esse instrutor e tentei persuadi-lo a não ensinar mais Bruce."

Tendo superado a todos os amigos, Bruce voltou suas atenções para uma concorrência mais ampla. Um clube noturno estava patrocinando um certo "Campeonato de Dança de Chá-Chá-Chá para toda Hong Kong". "Ele mal podia esperar para entrar na competição", diz Robert. "Sua maior preocupação à época era quem seria sua parceira de dança." Como tinha muitas amigas, Bruce acabou escolhendo seu irmão, de 10 anos de idade, Robert. "Ele me escolheu para evitar criar qualquer tipo de ciúmes entre suas admiradoras."

Considerando a esperteza e o grau de competitividade de Bruce, é provável que ele tenha tido outro motivo para fazer tal escolha. Os chineses são obcecados pelo conceito de família e adoram crianças – especialmente meninos. Ao escolher seu adorável irmãozinho, Bruce apelava ao coração dos juízes, dando à dupla, logo de saída, a vantagem de serem "fofos". Os irmãos praticaram todos os dias, por dois meses. "Bruce era realmente um grande instrutor", diz Robert. "Todo dia ele repetia comigo a coreografia de três minutos, de modo que pude aprendê-la rapidamente. Quando chegou o dia do concurso, eu não me sentia nem um pouco nervoso."

Robert estava certo ao não se sentir nervoso. Os adoráveis irmãos já eram vitoriosos antes mesmo de pisarem na pista de dança e executarem sua encantadora coreografia de chá-chá-chá. "Bruce estava muito feliz", diz Robert. "Ele carregava consigo a bandeira do prêmio pela vitória como se fosse uma fotografia, para mostrá-la a todos os seus amigos, aonde quer que fosse." Dentre todas as suas conquistas da juventude – o campeonato de boxe, as lutas de desafio, o estrelato em filmes cinematográficos –, aquela da qual ele mais se orgulhava, da qual se gabou para seus amigos pelo resto da vida, foi a de ter sido "Campeão de Dança de Chá-Chá-Chá de toda Hong Kong".

A experiência de Bruce como dançarino foi crucial para o sucesso dele como ator de filmes de artes marciais. "Uma vez que ambas as atividades envolvem movimentos físicos, e porque é preciso fluidez tanto na dança quanto na luta, para ele essas coisas eram relacionadas", diz Linda Lee. Muitos grandes lutadores de artes marciais fracassaram miseravelmente ao tentar a carreira cinematográfica porque o que funciona nas ruas muitas vezes fica muito rígido e desajeitado nas telas. "Havia uma espécie de equilíbrio inato e ritmo em todas as suas lutas [no cinema]", diz o diretor de filmes de Hong Kong Michael Kaye, "e ele estava sempre à procura de ritmos cada vez mais complexos."

Surgiram poucas oportunidades para Bruce atuar após o encerramento das atividades dos estúdios Chung-luen, em 1955. Tal como acontece com muitos atores mirins, os anos de adolescência representaram uma transição difícil. Velho demais para papéis de órfãos briguentos mas adoráveis, ele lutou contra o estereótipo e ampliou seu leque de atuação, e os resultados foram variados.

Dada a personalidade de Bruce, era natural que ele tentasse a sorte no gênero da comédia. Seu primeiro e único papel cômico foi no filme *Sweet Time Together*, de 1956. O filme era estrelado por Sun-Ma Sze-Tsang, o mesmo ator que interpretara o pobre viciado em ópio ao lado de Li Hoi Chuen, na peça *Dois Dependentes de Ópio Varrem o Dique*. Ao coestrelar em uma comédia com Sun-Ma, Bruce novamente caminhava à sombra do pai.

Nessa farsesca comédia pastelão sobre reversão da idade, o trapaceiro e mulherengo Sun-Ma Sze-Tsang escapa da ira de um marido ciumento ao trocar suas roupas pelas de um adolescente abobalhado, interpretado por Bruce aos 16 anos de idade. Com Sun-Ma fingindo ser uma criança e Bruce um adulto, eles se veem apanhados em situações românticas cada vez mais absurdas. No final, nenhum dos dois "conquistadores" termina com a garota de seus sonhos.

A única coisa engraçada no filme é a oportunidade para ver o Rei do *Kung Fu* como um adolescente, gaguejando e tropeçando como um idiota. Um dos ídolos de infância de Bruce Lee foi Jerry Lewis, e Bruce consegue fazer uma imitação aceitável de seu mentor, até mesmo usando dentes postiços projetados para frente, um traje branco de marinheirinho e óculos de lentes grossas em uma pesada armação negra.

Em seu grande filme seguinte, *The Thunderstorm*, de 1957, Bruce moveu-se na direção oposta, interpretando um refinado cavalheiro em uma tragédia. Seu personagem, Chow Chung, é o extremo oposto dos papéis de órfãos rebeldes que ele representara antes: bem-educado, sincero, ingênuo, diligente e rico. Apaixonado por uma criada de sua abastada família, ambos morrem quando ele faz uma tentativa desesperada para salvá-la de um perigo iminente.

A dissonância cognitiva entre o papel de refinado cavalheiro e seu próprio temperamento deve ter afetado sua atuação, tão engomada quanto o colarinho ao estilo mandarim que ele usa ao longo de todo o filme. Os críticos atacaram impiedosamente o filme, destacando o desempenho do Pequeno Dragão como "rígido", "artificial" e "extremamente pretensioso". Isso representou um enorme desapontamento para Bruce, que depositara grandes esperanças no filme. Contudo, foi uma lição valiosa: ele era um ator muito melhor quando podia imprimir sua própria personalidade nos papéis que representava.

O Pequeno Dragão teria a chance de fazer isso em seu filme seguinte, *Darling Girl*, de 1957. O filme era estrelado por sua amiga e parceira de dança, Margaret Leung, e dirigido pelo pai da moça, em uma tentativa de fazer de sua filha uma estrela. Nessa leve comédia romântica, Margaret interpreta uma garota rica e mimada – papel que não exigia dela um grande esforço – que compete com uma rival pelas atenções de um rapaz. Durante uma cena em um clube noturno, Bruce faz uma breve aparição, interpretando um "riquinho descolado", vestindo uma camisa social com gravata e um colete de malha de lã. Margaret pede ao personagem de Bruce para que dance o chá-chá-chá com ela para provocar ciúmes no rapaz em quem ela estava interessada. A dança dos dois tem a naturalidade de duas pessoas que haviam praticado juntas por muito tempo. Bruce só é exigido dramaturgicamente quando o rapaz em quem Margaret estava interessada o confronta raivosamente e o personagem de Bruce foge apavorado. Essa foi a única vez, nas telas ou na vida real, que o Pequeno Dragão fugiu de uma briga.

Bruce não apareceria em qualquer outro filme pelos três anos seguintes. Essa foi a mais longa interrupção em sua carreira cinematográfica desde o início, quando ele tinha apenas 6 anos de idade. Não está muito claro se isso deveu-se à escassez de papéis, depois de suas nada brilhantes tentativas de interpretar contra os estereótipos, ou a uma proibição de seu pai depois de ter sido expulso da La Salle e continuado a se meter em confusão na St. Francis Xavier. O que é evidente é que Bruce, tal como muitos adolescentes, ressentia-se cada vez mais da autoridade paterna, especialmente por assistir ao seu pai afundar cada vez mais em sua dependência de ópio.

Uma anedota particularmente vívida de seus anos de adolescência captura seu estado de espírito. "Eu estava ficando entediado de ver aqueles velhos praticantes de *tai chi* fazendo demonstrações, chamando jovens da plateia para que tentassem socar seus estômagos", contou Bruce, tempos depois, a amigos. "Certo dia, enquanto eu assistia a uma dessas demonstrações, não gostei da maneira como um velho sorriu quando um jovem voluntário não teve sucesso em atingi-lo. Quando o velho chamou outro voluntário, eu me ofereci. O velho, sorrindo, expôs seu estômago como alvo. Mas, em vez disso, eu deliberadamente mandei minha direita com toda força possível sobre suas costelas. Ouvi um 'crac' e o velho tombou no chão, gemendo. Você sabe, eu era um desses rebeldes espertinhos; apenas olhei para baixo, na direção do homem, e sorri. 'Me desculpe, eu errei. Na próxima vez, não seja tão exibido.'"

Não é difícil ver nesse velho praticante de rua de *tai chi* uma representação da figura do pai de Bruce.

Os britânicos haviam colonizado Hong Kong com a finalidade expressa de vender ópio para os chineses. Em uma das grandes ironias da história, um século depois os oficiais coloniais viram essa posição ser invertida. Preocupados com o crescimento do número de dependentes químicos, o governo estabeleceu a Comissão pela Recomendação da Proibição das Drogas, em 1959, visando a erradicação dos efeitos danosos do ópio sobre seus usuários.

Segundo os relatos, a força policial de Hong Kong – desde os desacreditados guardinhas chineses, lá embaixo, até os oficiais britânicos, no topo – era altamente corrupta. Assim, a nova determinação do governo para interromper o comércio de ópio foi vista como uma oportunidade para arrancar dinheiro dos proprietários dos antros de ópio e dos usuários mais ricos da droga – tal como o pai de Bruce, Hoi Chuen.

"Um importante oficial britânico apareceu em nossa casa, com um bando de subordinados, pegou todos os cachimbos de ópio e a parafernália de papai, jogou tudo sobre uma mesa e, de maneira eloquente, discorreu longa e tediosamente sobre como a lei britânica não permitia que se fumasse ópio e tudo mais", recorda-se Robert. "Na verdade, ele tinha um único objetivo, que era obter dinheiro. Mas como não podia dizer isso em alto e bom som, deixava você em uma posição cada vez mais constrangedora, até que você decidisse oferecer o dinheiro suficiente para satisfazê-lo. Mamãe, por fim, deu-lhe US$ 500 – quantia que, à época, daria para alimentar nós dez por vários meses."

A humilhação, o vexame e a perda de prestígio eram demasiados para que um homem tão orgulhoso como Hoi Chuen pudesse suportar. Aquele foi o seu fundo do poço. "Depois disso, papai decidiu parar de fumar", diz Robert, "depois de anos de persistentes apelos de minha mãe."

Poucos tipos de drogas são mais viciantes ou provocam sintomas de abstinência mais sofridos do que os opiáceos. No primeiro dia, os dependentes padecem de dores musculares, coriza, sudorese, febre, taquicardia, ansiedade e insônia. Por volta do terceiro dia, esse quadro evolui para cólicas estomacais, diarreia, vômitos, depressão e uma terrível "fissura" pela droga. Hoi Chuen desintoxicou-se em casa, empregando um método chinês consagrado pelo tempo: reduzindo gradualmente o consumo da droga ao beber vinho de arroz "temperado" com pequenas porções de ópio cozido por uma semana, antes de ficar totalmente "limpo". "Para ele foi muito difícil parar", recorda-se Phoebe. "Ele teve frequentes acessos de diarreia." Depois dessa brutal provação, Hoi Chuen jamais voltou a tocar em ópio.

Resolvido o problema da dependência das drogas do pai, a família voltou-se para confrontar o problema de Bruce com a violência. Ele havia desenvolvido uma nova maneira de iniciar as brigas e testar suas habilidades no *wing chun*. Sempre um ator, ele se vestia com um traje chinês tradicional – com um colarinho mandarim e um robe esvoaçante – e saía a perambular pelas ruas em companhia de qualquer pessoa que se vestisse à maneira ocidental. Destacando-se de modo evidente, ele esperava por alguém que fizesse algum comentário jocoso ou olhasse para ele por um tempo mais longo do que o necessário. "O que é que você está olhando? Eu sou estranho, ou algo assim?" A maioria das pessoas se afastava, pedindo desculpas. Quem não fazia isso virava saco de pancadas de Bruce.

Na Hong Kong corrupta e infestada pelas Tríades, a polícia tinha prioridades mais urgentes do que um adolescente ostensivamente exibido e briguento. Porém, em 1959, o inevitável aconteceu. Ele espancou um adolescente com pais poderosos, que exigiram a ação da polícia. A polícia chegou à escola de Bruce e confrontou o diretor da St. Francis Xavier, que convocou a presença da mãe dele. Os policiais disseram: "Ou seu filho para de fazer o que anda fazendo ou teremos de prendê-lo; não podemos deixar que ele fique por aí arranjando brigas o dia inteiro".

Quando Grace chegou em casa absolutamente chocada, explicou a situação ao seu marido. "Miserável! Ele não pode continuar assim!", gritou o pai de Bruce. Grace puxou de lado seu filho, que já tinha então 18 anos de idade, para ter uma conversa séria sobre seu futuro. Nada que seus pais já tinham tentado conseguira convencer Bruce a deixar de brigar. Se ele permanecesse em Hong Kong, muito provavelmente acabaria na prisão. Os papéis no cinema haviam se esgotado. Ele não poderia ganhar a vida desempenhando uma ou duas "pontas" por ano em filmes de baixo orçamento. Ele também não tinha chance de frequentar qualquer uma das altamente seletivas universidades de Hong Kong. Era até mesmo improvável que ele conseguisse graduar-se no ensino secundário. Seu histórico escolar na St. Francis Xavier o colocava em 41º lugar entre 42 estudantes, e registrava seu comportamento como "muito ruim".

Mas Bruce Jun Fan Lee contava com a vantagem única de ser, também, um cidadão norte-americano. Se retornasse à sua terra natal, poderia frequentar uma das escolas especiais para recuperação de ensino secundário e obter seu diploma. Talvez pudesse frequentar uma faculdade local, tendo de pagar apenas uma taxa de mensalidade parcialmente subsidiada. Tal como para milhões de imigrantes antes dele, a América representava um novo ponto de partida, uma oportunidade para um novo começo. Ele estava trilhando um caminho obscuro em Hong Kong. A mudança de ambiente poderia fazer-lhe bem.

Havia, ainda, uma última razão para que a mudança fizesse sentido. À época, todo cidadão norte-americano era obrigado a alistar-se no Exército ao completar 18 anos. Bruce teria de alistar-se ou abrir mão de sua cidadania norte-americana.

A despeito de toda essa lógica cristalina, era compreensível que Bruce não desejasse deixar seus amigos e familiares. Ele via a situação como uma punição, como se estivesse sendo mandado embora, expulso, banido. "Bruce não queria ir, mas seu pai o forçou", diz Hawkins. "Bruce temia seu pai e teve de obedecer." Phoebe diz: "A intuição de papai dizia-lhe para deixar que ele 'comesse amargo' [sofresse] nos Estados Unidos".

Passada a indignação inicial, o ressentimento começou a ceder lugar a uma compreensão da situação a partir da perspectiva de seus pais. Ele se deu conta de que seria necessária uma mudança dramática no estado das coisas. "Certa vez ele me disse que se tivesse ficado em Hong Kong provavelmente teria se juntado a uma gangue e acabaria sendo esfaqueado até a morte", diz Nancy Kwan.

Bruce era otimista e independente por natureza. A viagem para a América começava a soar como uma aventura. Ele passou a planejar em detalhes sua vida futura. Primeiro, ele precisaria esclarecer a questão relacionada ao seu próprio nome. "Para que qualquer habitante de Hong Kong pudesse partir para outro país, era preciso checar antes o registro da pessoa com a polícia, para confirmar se a ficha dela estava limpa", diz Hawkins. "Bruce candidatou-se para obter esse certificado e descobriu que os nossos nomes constavam de uma lista de conhecidos delinquentes juvenis. Ele telefonou para a minha casa. 'Hawkins, temos um grande problema! Nossos nomes estão numa lista de delinquentes conhecidos. Estou indo a uma delegacia para limpar meu nome, e vou limpar o seu também.' Eu o agradeci. Poucos dias depois, um investigador de polícia veio à minha casa e me interrogou acerca da minha relação com gangues. A iniciativa de Bruce para limpar meu nome acabou me causando um problema ainda maior. Meu pai teve de pagar a esse investigador para que meu nome fosse apagado dos registros, caso contrário eu não teria podido cursar minha faculdade na Austrália. Eu odiei Bruce por aquilo!"

Em seguida, Bruce voltou seus pensamentos para sua futura profissão. Em uma anotação em seu diário, datada de 30 de novembro de 1958, ele registrou: "Agora eu tento encontrar a minha carreira: serei um médico ou outra coisa? Se quiser ser um doutor, vou ter de estudar muito." Seu coração fixava-se em alguma atividade no campo da medicina. Além de médico, ele considerou a possibilidade de tornar-se um farmacêutico. Em uma de suas primeiras cartas escritas em inglês, também datada de novembro de 1958, ele tentava estabelecer contato com um amigo da família que frequentava um curso de medicina para aconselhar-se: "Pretendo estudar Medicina ou Farmácia no futuro. Como sou totalmente ignorante nesse assunto, você poderia, por favor, explicar-me quais as qualificações necessárias para que eu me torne um médico ou farmacêutico, passo a passo? Você acha que eu poderia conseguir essas coisas, sendo que, no momento, nada conheço sobre elas?".

Uma vez que a carta de resposta foi perdida, não se sabe que tipo de aconselhamento Bruce recebeu. Mas, qualquer que tenha sido, aparentemente fez mudar seu modo de pensar. Ele começou a "brincar" com a ideia de cursar Odontologia. Seus amigos acharam hilariante que um sujeito que era especialista em arrancar dentes com socos e chutes agora pretendesse consertá-los. "Não me contive e comecei a rir na cara dele!", diz Hawkins. "'Você? Um dentista?', disse eu. 'Seus pacientes perderão todos os dentes!'"

Bruce sabia que teria de encontrar uma maneira de se sustentar enquanto estivesse estudando Medicina, Farmácia ou Odontologia na América. Seu pai prometera pagar suas despesas nos Estados Unidos, mas Bruce, cujo orgulho ainda estava ferido por seu "banimento", não queria a ajuda paterna. Ele queria ser independente. Para ganhar algum dinheiro, ele planejara ensinar *wing chun*. "Respondi-lhe que ele ainda não teria muito o que ensinar, à época", diz Hawkins. "Nós dois havíamos aprendido apenas até a segunda forma de *wing chun*."

Bruce decidiu que seria útil aprender algum estilo mais chamativo de *kung fu* como forma de impressionar os potenciais estudantes norte-americanos. Um dos amigos mais chegados de seu pai, Mestre Shiu Hon Sang, era um especialista no "estilo do norte" de *kung fu*, notório por seus saltos acrobáticos e chutes altos. "Bruce aprendeu o estilo do norte apenas para exibir-se", diz Hawkins. O acordo era que Mestre Sang ensinaria a Bruce suas formas exóticas de *kung fu* e, em troca, Bruce o ensinaria a dançar o chá-chá-chá. Bruce compareceria ao clube de *kung fu* do Mestre Sang todas as manhãs, às 7 horas, por dois meses, para que trocassem ensinamentos. Mestre Sang diria jocosamente mais tarde que o acordo o desfavorecera: Bruce aprendia tão rápido que logo dominou todos os movimentos, inclusive os mais complexos, enquanto Mestre Sang jamais conseguiu "pegar o jeito" dos passos básicos do chá-chá-chá.

Seus pais esperavam que a América mudasse Bruce, mas foi a decisão de mandá-lo para lá que o transformou de um adolescente rebelde em um jovem mais maduro e equilibrado. "Depois que a decisão foi tomada, Bruce mudou repentinamente", diz Robert. "O 'Sr. Nunca Para Quieto' de repente acalmou-se e até passou a levar seus estudos mais a sério. Ele passava muitas horas em casa, fazendo seus deveres escolares e revisando as matérias que estudara, por vontade própria." No registro que fez em seu diário em 1º de dezembro de 1958, Bruce escreveu: "Passei mais tempo estudando matemática e inglês (especialmente conversação)". A mudança no comportamento de Bruce foi tão dramática que, dessa vez, seus pais chegaram a pensar que ele tivesse se metido em algum problema mais grave. Ver seu filho em casa, estudando, deixava sua mãe tão pouco à vontade que ela telefonou para a escola para saber se ele estava envolvido em problemas. Somente depois que seu pai teve uma longa conversa com Bruce é que seus genitores puderam afinal perceber que o filho "desgarrado" estava amadurecendo.

Em todas as culturas, as artes marciais têm servido para três finalidades básicas: a guerra (em combates reais, corpo a corpo, em brigas de rua etc.), o esporte (boxe, MMA) e o entretenimento (lutas encenadas, campeonatos entre lutadores profissionais, filmes de *kung fu*). No Oriente, as artes marciais acrescentaram uma quarta finalidade: a prática espiritual. O *kung fu* é encarado como um método de "meditação em movimento". Seu objetivo mais profundo é o de conduzir os praticantes à iluminação.

Enquanto Bruce aperfeiçoava suas habilidades nas artes marciais com o vistoso estilo do norte de *kung fu* pelas manhãs, ele prosseguia com seus estudos práticos de *wing chun* durante as tardes. Wong Shun Leung dava instruções relacionadas aos aspectos físicos, enquanto Ip Man oferecia orientações quanto às dimensões psicológicas e filosóficas. Foi a sábia instrução de Ip Man que o levou à sua transformadora epifania espiritual. Dois anos depois, em 1961, Bruce recontaria sua experiência em um ensaio notável e profundamente intimista, escrito na faculdade.

> Depois de cerca de quatro anos de treinamento árduo na arte do *gung fu*, comecei a compreender e a sentir os princípios da delicadeza: a arte de neutralizar o efeito dos esforços de um oponente e de minimizar o desperdício de energia de uma pessoa. Tudo isso deve ser feito em total calma e sem esforço. Soava enganosamente simples, mas sua aplicação verdadeira era difícil. No momento em que eu me envolvia no combate com algum oponente, minha mente ficava completamente perturbada e instável. Especialmente depois de haver trocado socos e chutes, toda a teoria sobre delicadeza que eu havia aprendido ia-se por água abaixo. O único pensamento que me restava era o de que, de um modo ou de outro, eu teria de bater nele e vencer.
>
> Meu instrutor, o professor Ip Man, vinha até mim e dizia: "Relaxe e acalme a mente. Esqueça de você mesmo e siga o movimento do oponente. Deixe que sua mente faça o movimento contrário sem a interferência de qualquer deliberação. Acima de tudo, aprenda a arte do distanciamento".
>
> Era isso! Eu deveria relaxar. Todavia, ali mesmo eu já fizera uma coisa contraditória, mesmo que esta não fosse a minha vontade. Foi quando eu disse que deveria relaxar. A demanda por esforço contida em "deveria" já era incompatível com a ausência de esforço que há em "relaxar". Quando minha aguda autoconsciência cresceu a ponto de chegar ao tipo que os psicólogos chamam de "duplo-cego", meu instrutor aproximou-se de mim mais uma vez e disse: "Preserve a si mesmo ao seguir as sinuosidades naturais das coisas e não interfira. Lembre-se

de jamais fazer oposição frontal a qualquer problema, mas controle-o ao mover-se com ele. Não venha praticar esta semana. Vá para casa e pense sobre isso".

Na semana seguinte, eu permaneci em casa. Depois de passar muitas horas em meditação e prática, eu desisti e fui navegar sozinho, em um junco. No mar, eu pensei em todo o meu treinamento passado, fiquei louco da vida e passei a esmurrar a água. Então, naquele momento, um pensamento me ocorreu repentinamente. Não era aquela mesma água a essência do *kung fu*? Eu tinha acabado de golpeá-la, mas ela não sofrera qualquer ferimento. Embora parecesse fraca, ela poderia penetrar até na substância mais dura do mundo. Era isso! Eu queria ser como a natureza da água.

Deitei-me no barco e senti que havia me unido com o Tao; eu havia me tornado uno com a natureza. O mundo todo para mim era unitário.

Esse momento místico teve um profundo efeito sobre o jovem. O *kung fu* tornou-se sua religião, seu caminho para a iluminação. Ele passou a ter um grande interesse pelo taoismo, a antiga filosofia chinesa que se concentra em ser uno com a natureza, em fluir com a corrente, em curvar-se como um junco ao vento. "Seja água, meu amigo", diria Bruce, mais tarde. Ele era autoconsciente o bastante para perceber que muitos dos seus problemas resultavam de sua necessidade de estar no controle, de afirmar sua vontade. Ele era um dragão, um elemento do fogo: sua fúria queimava quem estivesse ao redor dele. O taoismo e o *kung fu* serviram como uma forma de autocorreção psicológica; como água para apagar as chamas.

Há uma brincadeira na China que diz que o *kung fu* é uma maneira de fazer com que garotos de 13 anos de idade comecem a meditar. Bruce iniciara-se no caminho das artes marciais como um rebelde. Daquele momento em diante, ele falaria e pensaria mais como um monge taoista. Essa dicotomia interior e o conflito entre sua personalidade rebelde e seus *insights* monásticos definiriam sua vida adulta.

Por ironia, justamente quando os preparativos para que Bruce deixasse Hong Kong estavam quase concluídos, foi oferecido ao Pequeno Dragão um dos melhores papéis cinematográficos de toda a sua vida. Desde a estreia do filme *My Son A-Chang*, em 1950, ele esteve à espera de outro papel principal. Depois de nove anos interpretando papéis secundários, ele teve sua chance em *The Orphan*. A trama era familiar para Bruce. Seu personagem, Ah Sum, ficara órfão durante a guerra e havia-se tornado um batedor de carteiras a serviço de uma gangue de rua. Ele é apanhado e lhe é dada uma escolha: ir para a cadeia ou para a escola. Ele opta pela escola e, sob a orientação de um diretor compassivo, recupera-se lentamente. Quando sua antiga gangue tenta forçá-lo a participar de uma última ação, ele se recusa e tem sua orelha cortada pelos bandidos.

O que há de novo nesse argumento um tanto desgastado é o desempenho de Bruce. Velho demais para interpretar moleques de rua rebeldes, mas adoráveis, ele fez de seu personagem, Ah Sum, um jovem mentalmente desequilibrado e psicologicamente ferido. Em um momento ele está rosnando e, no momento seguinte, rindo como um maníaco; e durante o tempo todo "cuspindo" um dialeto fétido de gíria cantonesa das ruas. Embora ele tenha claramente calcado seu papel em James Dean, outro de seus ídolos do cinema (*The Orphan* é considerado a versão de Hong Kong de *Juventude Transviada*), ele trouxe para o seu desempenho alguns elementos de sua própria experiência de uma vida desregrada. Quando o diretor da escola tenta estabelecer contato para ajudá-lo, o personagem de Bruce o ignora ao começar, "do nada", uma elaborada coreografia de chá-chá-chá. Depois de uma professora tê-lo insultado, ele saca um canivete e a ameaça. Essa confrontação leva a – talvez – uma das cenas de luta mais realistas de sua carreira, quando vários de seus colegas de classe tentam desajeitadamente tomar a faca de sua mão e todos terminam tombando, uns sobre os outros.

The Orphan foi um sucesso, tanto de crítica quanto de público. Um proeminente crítico cinematográfico da época, Ting Yut, exaltou o desempenho de Bruce ao dar vida ao seu personagem. O filme estreou em 3 de março de 1960, em onze salas de cinema simultaneamente – um evento sem precedentes – e quebrou o recorde anterior de bilheteria, faturando mais de 400 mil dólares de Hong Kong na primeira exibição. Essa também se tornaria a primeira produção cinematográfica de Hong Kong a alcançar o mercado internacional, chegando a ser exibida no Festival de Cinema de Milão.

Garotos adolescentes foram de tal maneira arrebatados pela arrogante e altiva representação de Bruce ao retratar Ah Sum – o *gangster* que desafiava a autoridade, que lutava contra seus professores e virava a escola de cabeça para baixo – que passaram a imitar a maneira como ele fumava cigarros e dançava chá-chá-chá. Na vida real, um diretor de escola sentiu a necessidade de colocar uma faixa na entrada da escola na qual se lia: "Não será tolerada a imitação de Ah Sum, do Pequeno Dragão Lee em *The Orphan*!".

⁓⦁⦁⁓

Na semana anterior à sua partida, Bruce e sua irmã Agnes foram consultar uma velha vidente para saber qual seria o destino do jovem na América. A mulher idosa e encarquilhada disse a ele o que sem dúvida repetira para centenas de clientes ansiosos: algum dia ele seria rico e famoso. "Nós rimos disso", diz Agnes, "mas eu sempre senti que realmente aconteceria." A despeito da auspiciosa profecia, o estômago de Bruce contorcia-se em nós à medida que o dia da partida se aproximava. "Na noite anterior à sua partida, quando eu estava quase caindo no sono, ele entrou no meu quarto, sentou-se na minha cama e disse: 'Estou indo para a América para estudar. Não sei como as coisas serão por lá'", recorda-se Robert. "Eu compreendia seus lamentos: ele estava com medo, e não sabia o que o futuro lhe reservava."

Na tarde de 29 de abril de 1959, Bruce rumou para o Porto Victoria. Seus pais haviam-lhe comprado uma passagem só de ida no *SS President Wilson*, um navio de passageiros de alta classe, para a viagem de dezoito dias até São Francisco. Ele estava acompanhado por vários de seus amigos e pela maioria dos seus familiares. O único ausente era seu pai, Hoi Chuen. "Nós, gente do Condado de Shunde, temos um antigo costume: um pai não pode assistir à partida de um filho que vai viajar", diz Robert. Pode-se imaginar Hoi Chuen andando a esmo pela casa, revolvendo-se em um misto de raiva, culpa, desapontamento, remorso e esperança, imaginando se tomara a decisão certa e se veria seu segundo filho novamente. Na doca de embarque, a mãe de Bruce, Grace, deu-lhe US$ 100 para as despesas e um aviso: a menos que ele se tornasse alguém na vida, era melhor que não voltasse. Bruce prometeu a ela que se comportaria e que voltaria somente "quando tiver ganhado algum dinheiro".

Quando soou o apito para o embarque, Bruce abraçou seus familiares, amigos e sua namorada, Pearl. "Depois de tantos anos sendo tão próximos, como se fôssemos gêmeos, estávamos nos separando pela primeira vez", diz Hawkins. Uma amiga querida que não pôde estar presente foi sua parceira de dança, Margaret Leung, que estava hospitalizada devido a uma pequena cirurgia. "Ele pediu a alguém para que me entregasse um bilhete. Bruce escreveu: 'Espero que o médico corte você em duas'", diz Margaret, rindo-se da lembrança. "Que imbecil!" Bruce prometeu a Pearl que lhe escreveria com frequência. Seu irmão de 11 anos de idade entregou-lhe um cartão. "Ao querido Bruce, por favor, não fique triste no navio. Do irmão que te ama, Robert." Bruce conservou consigo o cartão por toda a vida.

É costume entre os passageiros que partem em longas viagens comprar vários rolos de fitas. Uma vez no convés, eles seguram uma extremidade e atiram os rolos para seus familiares e amigos que ficam nas docas. Ambos os lados, então, seguram uma das extremidades das fitas lançadas até que a embarcação tenha se afastado o bastante para que as fitas estiquem até o limite e, por fim, se partam. "No navio, ele atirou cinco ou seis fitas para nós", diz Robert. "Eu e minhas irmãs as apanhamos e vimos o navio partir." Assistindo Bruce acenar dando adeus, Hawkins diz: "Eu o vi chorar". Quando as fitas se partiram, sua mãe chorou incontrolavelmente. Bruce não estava mais ao alcance da visão, rumando para um futuro desconhecido, no outro lado do mundo.

Ato II

Montanha de Ouro

> Papai foi para a Montanha de Ouro
> Para ganhar dinheiro.
> Ele irá ganhar ouro e prata,
> Dez mil taels.
> Quando ele voltar,
> Vamos construir uma casa e comprar uma fazenda.
> — Cantiga de ninar cantonesa, por volta de 1850.

Bruce Lee diante do restaurante de Ruby Chow, em Seattle,
por volta de 1960. (*David Tadman*)

5
Filho Nativo

Quando encontraram ouro em Sutter's Mill, na Califórnia, em 1848, companhias mineradoras passaram a vasculhar o mundo em busca dos trabalhadores adequados para o serviço. Com a gradual abolição do trabalho escravo africano, os comerciantes de *coolies* no sul da China – tais como o bisavô de Bruce – proporcionaram uma fonte alternativa. Usando de promessas falsas e de um *marketing* bem elaborado, esses comerciantes levavam camponeses chineses a assinarem contratos coercitivos e os embarcavam para que atravessassem o Pacífico. A Califórnia tornou-se conhecida, em chinês, como *Jinshan*, ou "Montanha de Ouro". Entre 1850 e 1852, o número de chineses na Califórnia passou de 500 para 25 mil.

Quando a "corrida do ouro" acabou, essa mão de obra barata foi realocada para a construção da ferrovia Central Pacific, em 1863. Assim, os chineses tornaram-se para o Oeste o que os negros haviam sido para o Sul e os celtas para o Leste. A partir da perspectiva dos homens de negócios, os chineses eram perfeitos: como trabalhadores temporários sob contratos abusivos e sem direito a requerer a cidadania, se dispunham a trabalhar duro por menos dinheiro do que os imigrantes europeus. Além disso, eram menos propensos que esses outros imigrantes a organizar-se e promover greves. "Eles são silenciosos, pacíficos, tratáveis, sem propensão para bebedeiras", escreveu Mark Twain. "Um desordeiro chinês é algo raro, e simplesmente não existem vagabundos chineses."

Por outro lado, os imigrantes operários brancos – especialmente os irlandeses – viam os silenciosos e tratáveis chineses como uma concorrência não desejável e puseram-se a imaginar maneiras de eliminar aqueles a quem chamavam de "nagurs" (uma corruptela do termo *niggers*, usado para referir-se de forma racista e preconceituosa aos negros), "celestiais" e "leprosos com olhos de lua". Em vez de buscar por um acordo comum, o movimento trabalhista norte-americano incitou os imigrantes europeus contra os chineses, declarando, em 1870: "Somos inflexivelmente contra qualquer tentativa por parte dos capitalistas de baratear e degradar a força de trabalho norte-americana com a introdução de uma classe de trabalhadores servis proveniente da China".

Os trabalhadores chineses, que já haviam sido enaltecidos, agora passavam a ser difamados. O *Daily Alta California* publicou em um editorial: "Os chineses são, moralmente, uma classe muito pior para que tenhamos em nosso convívio do que os negros. Eles são idólatras em sua religiosidade, em sua disposição são astuciosos e enganadores, e, em seus hábitos, libidinosos e ofensivos. Eles jamais poderão ser como nós". Os bairros predominantemente chineses – conhecidos como *Chinatowns* – passaram a ser retratados como antros de iniquidade, repletos de ópio e de prostituição. Quando a economia norte-americana decaiu na "Longa Depressão" da década de 1870, o explosivo crescimento da população chinesa na Costa Oeste foi encarado como uma ameaça. No início dos anos 1880, eles já somavam 370 mil pessoas – representando um quarto de toda a força de trabalho capacitada. Teorias conspiratórias tenebrosas começaram a circular, sobre um suposto "perigo amarelo": um temor de que as hordas asiáticas pudessem invadir o Novo Mundo e sobrepujassem a maioria de homens brancos.

Em 1881, a ira antichinesa da classe trabalhadora branca levou congressistas norte-americanos a proporem o "Ato de Exclusão de Chineses". A nação estava considerando pela primeira vez seriamente o banimento de um grupo inteiro de imigrantes, com base em teorias raciais, étnicas ou em países de origem específicos. "Por que não discriminar?", perguntou o senador da Califórnia John F. Miller. "A América é uma terra ressonante com as doces vozes de crianças de cabelos loiros. Nós devemos preservar a nossa civilização americana e anglo-saxã, livrando-a da contaminação ou adulteração pela gangrena da civilização oriental." O presidente Chester A. Arthur vetou a moção, temeroso de que a medida pudesse afetar o comércio com a China. A opinião pública irrompeu em fúria. Por todo o Oeste, efígies do presidente foram "enforcadas", e imagens dele foram queimadas por multidões enraivecidas. Uma moção de compromisso foi apresentada pelo Congresso no ano seguinte, barrando todos os trabalhadores chineses. Esta foi aprovada e sancionada pelo mesmo presidente Arthur.

Em vez de controlar as paixões, o Ato de Exclusão de Chineses de 1882 só fez inflamar essa população. Proibir a entrada de novas levas de imigrantes chineses não era suficiente: todos teriam de deixar o país. Justiceiros brancos submeteram comunidades chinesas a um período de violência genocida que ficou conhecido como a "the Driving Out" [a condução para fora]. Em Seattle, em 1885, uma multidão forçou a maior parte dos trabalhadores chineses a abandonar a cidade. Seiscentos comerciantes chineses que se recusaram a abrir mão de suas mercadorias foram conduzidos à força para a estação ferroviária da Northern Pacific – construída com suor chinês – e embarcados para Portland, no Oregon. Autoridades militares foram obrigadas a enviar tropas para Seattle para tentar impedir mais expurgos antichineses.

Os chineses foram marginalizados e relegados a guetos nos Estados Unidos, nas chamadas Chinatowns, pelos sessenta anos seguintes, onde passaram a compor uma minoria não digna de confiança, desprezada e discriminada. O ponto de mutação aconteceu com Pearl Harbor. De uma hora para outra, 120 mil nipo-americanos foram presos e enviados para campos de internação, enquanto a postura norte-americana com relação à China passou por uma dramática mudança com base na ideia de que "inimigo do meu inimigo é meu amigo". Quase da noite para o dia, a atrasada e semicolonizada China tornou-se uma valiosa aliada, e sua população saudada como heroicos combatentes pela liberdade. Para evitar que a China se rendesse aos japoneses e se mantivesse lutando ao lado dos Estados Unidos, o presidente Franklin Roosevelt enviou uma carta ao Congresso, em 11 de outubro de 1943, instando aos membros daquela casa para que "tivessem grandeza bastante para corrigir um erro histórico", e que "silenciassem a distorcida propaganda japonesa" repelindo o Ato de Exclusão de Chineses.

Depois do término da guerra, a demanda por mais cientistas, engenheiros e médicos levou à liberalização das leis de imigração e exceções foram abertas para trabalhadores qualificados. Como resultado disso, uma segunda grande onda de imigrantes chineses veio para o país – a maior parte deles altamente educada, composta por chineses "das Cidades Altas", tais como Taiwan e Hong Kong. Enquanto a primeira onda levara ao medo do "Perigo Amarelo", a segunda levou a América Branca a contemplar os chineses como uma "minoria-modelo", capaz de – como foi declarado em 1966 pelo diário *U. S. News &*

World Report – "conquistar sua riqueza e merecer respeito graças aos seus esforços e trabalho duro".

A bordo de um navio de passageiros, no meio do Oceano Pacífico, em 1959, Bruce Lee integrava essa segunda onda. Bem-educado, filho de uma família próspera e já um cidadão norte-americano, seu sucesso alteraria fundamentalmente a percepção dos chineses nos Estados Unidos.

⁂

Por mais desapontados que os pais de Bruce tenham ficado com o filho, eles fizeram todos os esforços possíveis para facilitar sua jornada para uma terra estrangeira. Quando o navio fez sua primeira parada, em Osaka, no Japão, no dia 4 de maio de 1959, o primeiro rosto familiar que ele viu foi o do seu irmão mais velho, Peter, que estudava em Tóquio naquela época. "Ele me levou de trem para Tóquio, para que eu conhecesse a cidade", relatou Bruce em uma carta a um amigo. Ele ficou chocado com o progresso de Tóquio em comparação a Hong Kong. "Era como qualquer país ocidental. Eu jamais tinha visto tantos automóveis. A cidade é muito vibrante. Hong Kong é muito atrasada comparada a Tóquio!" Essa primeira impressão desencadeou em Bruce admiração e inveja com relação aos japoneses, sentimentos que o acompanhariam por toda a vida.

Quando o navio atracou em Honolulu, no dia 17 de maio, Bruce foi saudado por dois atores de Ópera Cantonesa, amigos de seu pai. Eles o apresentaram a um rico patrocinador chinês, o sr. Tang. "Eu e ele nos demos bem imediatamente, como se já nos conhecêssemos por toda a vida", escreveu Bruce. "Ele estuda o boxe ao estilo *Hung* e adora a Arte Nacional. Ele inveja minha habilidade e conhecimento do *wing chun* e espera que eu possa permanecer por mais tempo no Havaí, para ensinar-lhe boxe e encontrar uma escola para que eu ensine." Como um gesto de boas-vindas ao jovem, o sr. Tang convidou o grupo para um jantar no melhor restaurante chinês de Honolulu. Bruce ficou deslumbrado: "Uma tigela de sopa de barbatana de tubarão já custa US$ 25! Depois de comer ali pela primeira vez, acho que jamais voltarei a ter a chance de comer outro prato *gourmet* por US$ 25".

O sempre sociável Bruce fez muitos amigos a bordo do navio. "Havia dois norte-americanos que viajavam na nossa cabine. Ambos estudavam Direito, e nós batíamos papo", escreveu Bruce. "Também encontrei um colega de escola do meu irmão mais velho, o sr. Chang. Basicamente, nós fazíamos tudo juntos.

Esse homem estuda o boxe *Choy Lay Fut* e admira muito o *wing chun*." Ele chegou a fazer amizade até mesmo com os integrantes da banda do navio, que lhe pediram para que ensinasse o chá-chá-chá aos passageiros da primeira-classe. "Depois de quinze minutos de aula, houve um chamado para uma demonstração de procedimento de emergência, e todos tiveram de descer ao convés e vestir coletes salva-vidas – foi bem desagradável!"

Apesar de sua personalidade extrovertida e de todo o esforço de sua família, aquela ainda era uma viagem solitária, preenchida por intensos sentimentos de ansiedade e de perda. "Querida Pearl, sinto muito a sua falta desde que parti", escreveu o jovem apaixonado à sua namorada de escola. "Não consigo dormir à noite, então pego todas as fotografias que você me deu e fico olhando para elas por horas. Eu te amo."

No dia 17 de maio de 1959, dezoito anos depois de partir da América, Bruce Lee retornava ao seu local de nascimento. Vestindo um elegante terno escuro, usando uma gravata clara e óculos de sol, Bruce foi recebido nas docas por Quan Ging Ho, um amigo de seu pai. Ele trabalhava no Teatro Mandarim (renomeado como Teatro Sun Sing – que, em inglês, pode significar algo como "Canto do Sol") quando Hoi Chuen foi apresentar-se em São Francisco, em 1940. O plano era que Bruce permanecesse com o sr. Quan durante o verão, até que se mudasse para Seattle no outono para concluir sua educação de nível médio.

Enquanto caminhavam pelas docas, o sr. Quan mostrou-se um entusiástico guia turístico da Chinatown de São Francisco, o bairro multicolorido, iluminado por uma enorme quantidade de *neons* e espremido entre o Distrito Financeiro, ao sul, as docas ao longo da baía ao leste, o bairro italiano ao norte e a área da elite financeira de Nob Hill a oeste. Pode-se imaginar a desorientação que Bruce deve ter sentido ao contemplar essa miniatura de Hong Kong, com suas lojas chinesas de frutas e verduras, restaurantes de *chop suey*, lojas de presentes chamativos e de gosto questionável e teatros muito ornamentados – tudo tão semelhante e, ao mesmo tempo, fora do lugar.

Quando Bruce chegou ao diminuto apartamento do sr. Quan, no número 654 da Jackson Street, descobriu que suas acomodações limitavam-se a uma cama de solteiro velha e barulhenta que ficava em um canto da sala principal, encaixada entre outros móveis. O banheiro e a cozinha, acessíveis por um corredor estreito, eram compartilhados com os moradores das outras unidades.

Ainda que suas condições de moradia em Hong Kong – convivendo com treze outros membros da família – não fossem muito espaçosas, a situação ali era deprimente e claustrofóbica. Em casa, pelo menos havia criados. Bruce experimentava o choque de sair do Terceiro Mundo rico para o Primeiro Mundo pobre.

O sr. Quan encontrou um trabalho para Bruce como garçom no restaurante Kum Hom, logo à frente do apartamento dele. Bruce, que jamais tivera outro trabalho que não o de ator de cinema, logo mostrou-se inapto para o mercado de trabalho usual: foi dispensado menos de uma semana depois. Uma colocação mais adequada à sua personalidade foi a de instrutor, que lhe permitia exibir seu charme e demonstrar seu talento. Mas o que a comunidade chinesa da região desejava aprender com o belo jovem de 18 anos que acabara de desembarcar de um navio não era a antiga arte do *kung fu*. Eles queriam aprender os mais novos passos da nova febre dançante, o chá-chá-chá.

Ele dava aulas de dança no edifício KMT e nos hotéis Claremont e Leaminton, além de salões de várias associações de São Francisco e Oakland. "Éramos um total de trinta pessoas, e Bruce cobrava um dólar de cada um", recorda-se Harriet Lee, uma de suas alunas de dança. "Ele nos mostrava alguns movimentos de chá-chá-chá muito diferentes daqueles que conhecíamos. Todo mundo gostava dele. Ele contava piadas muito engraçadas, era ótimo para entreter as pessoas."

Durante os intervalos das aulas de chá-chá-chá, Bruce encantava seus alunos com exibições de *wing chun*. Uma das pessoas maravilhadas com o talento de Bruce era George Lee, um operador de máquinas da cidade californiana de Alameda de 40 anos de idade: "Eu nunca tinha visto ninguém tão ágil e veloz quanto ele. Eu nem sonhava que alguém pudesse ser tão rápido".

Ao término de uma aula, George puxou Bruce para um canto e, quase sem fôlego, perguntou-lhe: "Que estilo era aquele?".

"*wing chun*", respondeu Bruce, triunfante.

"Treino *gung fu* há quinze anos e nunca havia visto nada parecido com o que você faz", disse George. "Quais são os seus planos?"

"Estou me mudando para Seattle, para estudar."

"Bem, quando você voltar para cá, eu gostaria de formar um grupo e ter você como instrutor.

Quando o início do semestre se aproximou, Peter foi a São Francisco para ajudar Bruce com a mudança e para assegurar-se, em nome da família, de que seu irmão caçula não iria se meter em encrencas. Depois disso, Peter planejara viajar para o leste, para a Universidade de Wisconsin, onde iria estudar. Aquela era realmente uma honra, pois somente a "nata" dos estudantes de Hong Kong era aceita em universidades norte-americanas. Peter viria a obter um ph.D. em Física e se tornaria um respeitado cientista no Observatório Real de Hong Kong.

Peter encontrou Bruce muito animado e confiante como sempre. Tudo indicava que aquele verão em São Francisco fizera-lhe muito bem. Ele reafirmara sua identidade como cidadão norte-americano ao obter uma carteira de motorista e o certificado de alistamento militar. Suas aulas de chá-chá-chá lhe davam dinheiro para pequenas despesas e os elogios que recebia por suas habilidades no *kung fu* sugeriam-lhe um caminho alternativo de carreira profissional.

Mas, para além do visível, o subconsciente de Bruce estava inquieto. "Nós dormíamos juntos em uma velha cama de casal", diz Peter. "De vez em quando, Bruce era arrebatado por um sonho e começava a socar e a berrar. Certa vez, ele rasgou todo o pijama enquanto socava e chutava o ar em uma violenta demonstração. Então, ele começou a chutar até livrar-se dos trapos que cobriam seu corpo, antes que pudéssemos voltar a dormir pelo resto da noite. Ele ficava contraído e até mesmo tenso durante o sono."

Bruce tinha motivos para se preocupar. Em Seattle, ele teria de encarar duas coisas que já o haviam feito tropeçar: a escola e uma severa figura de autoridade.

Quando o pai de Bruce, Li Hoi Chuen, viajou pela América com a ópera, um de seus amigos mais chegados na trupe, Ping Chow, caiu gravemente enfermo na cidade de Nova York. Ele foi cuidado até o restabelecimento de sua saúde por uma jovem mulher sino-americana chamada Ruby. Nascida em uma comunidade de pescadores de Seattle, Ruby era a filha mais velha de uma família com dez filhos. Sua família era tão pobre que seus irmãos tinham de bater nas portas dos fundos dos restaurantes de Chinatown para pedir sobras de comida. Dona de inquebrantável força de vontade desde tenra idade, Ruby divorciou-se de seu primeiro marido e mudou-se para Manhattan, onde se apaixonou por Ping Chow.

Os dois se casaram, retornaram a Seattle e abriram o primeiro restaurante chinês fora de Chinatown. Para isso, escolheram uma grande casa, com três andares, na esquina das ruas Broadway e Jefferson, na vizinhança de First Hill. Muitos chineses riram de Ruby e disseram que ela e seu empreendimento jamais teriam sucesso ali, mas o restaurante logo tornou-se um ponto de encontro de altos executivos brancos, políticos e jornalistas. Ping, que falava muito pouco inglês, era o cozinheiro, enquanto a loquaz Ruby transformou seu trabalho como recepcionista em uma espécie de porta-voz não oficial para toda a comunidade chinesa. Quando os chineses tinham algum problema com o governo, com a polícia ou com oficiais da imigração, recorriam a Ruby. A própria polícia pedia-lhe para que servisse de mediadora em conflitos entre vizinhos em Chinatown. Ao longo dos anos, ela abrigou centenas de imigrantes chineses em busca de uma nova vida nos quartos localizados sobre o seu restaurante.

Sendo filho de um dos mais antigos amigos de Ping Chow, Bruce achou que seria tratado como um hóspede muito honrado, sem maiores responsabilidades do que às vezes servir como babá do filho caçula de Ruby, Mark. Em vez disso, Ruby o instalou em um pequenino quarto, de doze metros quadrados, antes usado como um depósito de materiais sob a escadaria, dotado somente de uma lâmpada e um caixote de madeira que servia como mesa e com as paredes descascando – e prontamente o encarregou das tarefas mais desqualificadas no restaurante, tais como limpar as mesas, lavar louça e ajudar na cozinha.

Era exatamente o que o pai de Bruce desejava. Hoi Chuen enviara seu filho para a América para que "comesse amargo". Tendo crescido na pobreza, ele acreditava que o sofrimento constrói o caráter, e achava que sua esposa, que crescera em meio ao clã mais rico de Hong Kong, havia estragado o garoto. Seu filho precisaria ser chamado a um despertar; um confronto com a realidade. Bruce escreveu a Hawkins: "Agora estou realmente por minha própria conta. Desde o dia em que pisei neste país, não gastei nenhum dinheiro de meu pai. Agora trabalho como garçom, em um emprego temporário, depois da escola. Cara, vou lhe dizer uma coisa, esta é uma vida dura!".

Apesar de Hoi Chuen ter afastado Bruce da proteção de sua mãe, Grace enviava dinheiro secretamente a Ruby para ajudar com o sustento dele, pagar seu salário e evitar que Ruby despejasse Bruce. Grace conhecia bem o filho que tinha. Ele pode ter sido aprisionado em um quartinho de despejo e forçado a lavar pratos, mas ele não tinha de gostar disso. Bruce tornava seu desprazer bastante evidente ao recusar-se a mostrar qualquer gratidão a Ruby Chow. Na cultura chinesa, espera-se que as pessoas jovens se dirijam às mais velhas com formalidade ou com algum apelativo familiar, como "tio" ou "tia". Como forma de protesto, Bruce a chamava simplesmente de "Ruby" – uma chocante quebra de etiqueta.

"Você deve me chamar de 'Sra. Chow', ou de 'Titia Chow'", ela o repreendeu.

"Você não é minha tia", replicou Bruce. "Então, por que eu deveria chamá-la de 'titia'?"

Sua atitude insolente para com os mais velhos – o que é chamado "nem grosso, nem fino", em cantonês – levou um dos cozinheiros a ameaçar Bruce com uma machadinha de açougueiro. "Use isso", berrou Bruce ao cozinheiro. "Tente um golpe. Eu o desafio." Outros funcionários intervieram, forçando o cozinheiro a recuar.

Bruce queixava-se a qualquer um que se dispusesse a ouvi-lo – inclusive a Ruby Chow – de que era vítima de exploração, um servo empregado sem garantias formais. Ele dizia que sua situação era equivalente à de um moderno *coolie* traficado. Ruby desaprovava Bruce e detestava suas críticas. "Ele não é o tipo de pessoa perto da qual você deseja que seus filhos cresçam e possam tornar-se iguais", disse ela, mais tarde. "Ele é maluco e indisciplinado. Ele não demonstra nenhum respeito."

Pelos três anos em que Bruce lavou pratos e viveu sobre o restaurante de Ruby, o relacionamento dos dois foi abertamente hostil. Ele a chamava de "mulher dragão". Mas, apesar da resistência dele, Ruby deu estrutura à vida de Bruce. Quando deixou de servi-la, ele havia se transformado de um mimado rebelde de rua em alguém determinado a ser alguém na vida.

Todas as manhãs, Bruce descia a Broadway em direção à Edison Technical High School, no nº 811 da East Olive Street. A escola proporcionava um treinamento vocacional e um sistema de educação de adultos para estudantes mais velhos, muitos deles ex-militares que andavam pela metade da casa dos 20 anos e que queriam completar sua educação do segundo grau ou instruir-se em uma profissão. Com uma determinação que lhe faltou em Hong Kong, Bruce esforçou-se ao máximo para passar pelos cursos de Matemática e Ciências, e surpreendeu-se ao dar-se conta de que gostava de História e Filosofia. Ele jamais chegou a se destacar nos estudos como seu irmão, mas manteve uma média de 2,6 pontos* e graduou-se, obtendo o diploma de segundo grau em dezoito meses – um feito que sua família teria considerado impossível alguns anos antes.

---

* Em uma escala de 0 a 4 pontos, segundo o padrão do sistema de ensino norte-americano (N. dos T.)

Durante seus primeiros meses em Seattle, a principal atividade extracurricular de Bruce era frequentar o Clube da Juventude Chinesa, ao qual ele associou-se porque o instrutor-chefe do local, Fook Young, era amigo de seu pai e Bruce o via como um tio. O "Tio Fook" era bem versado em vários estilos de *kung fu* e ensinou a Bruce as noções básicas do "Louva-a-Deus", da "Garra de Águia" e do *tai chi*. Quando deixou Hong Kong, Bruce tinha treinado *wing chun* por três anos apenas e considerava a si mesmo como o sexto melhor estudante dentre as várias dezenas de alunos da escola de Ip Man. Seu maior desejo era aperfeiçoar-se ao ponto de ser o "número um" quando retornasse a Hong Kong. O problema era que ninguém praticava o estilo relativamente desconhecido do *wing chun* nos Estados Unidos. Enquanto ele estivesse fora, seus antigos companheiros de classe estariam se tornando cada vez melhores. Para reduzir a vantagem deles, ele decidiu buscar os segredos de outros estilos de *kung fu* e combiná-los em um supersistema. Ele pretendia tornar-se o melhor artista de *kung fu* do mundo.

O Clube da Juventude Chinesa também era onde Bruce praticava sua outra grande paixão: a dança. Ele era comprometido com o *kung fu*, mas achava o chá-chá-chá mais divertido. "Não faço muita coisa no meu tempo livre além de estudar e praticar *wing chun*", escreveu ele ao seu amigo Hawkins. "De vez em quando um sul-americano aparece por aqui e me ensina alguns de seus passos fantásticos, e eu lhe retribuo com os meus. Os passos deles são realmente maravilhosos e exóticos!" A obsessão de Bruce por duelos ficava evidente apenas ao olhar-se para as suas mãos: a mão direita era superdesenvolvida e recoberta de calosidades, especialmente sobre os nós dos dedos, devido aos seguidos golpes em bonecos de madeira nos treinamentos; já a mão esquerda era suave e sem marcas. "Eu guardo essa para dançar", brincava Bruce com seus amigos.

A primeira apresentação pública de Bruce Lee na América aconteceu na Feira Marítima de Seattle, em 1959. Chamada de "exibição de *kung fu*", o locutor informou a plateia que a apresentação seria precedida por uma demonstração de chá-chá-chá. Bruce e uma parceira rodopiaram sobre o palco, dançando cerca de vinte coreografias diferentes, até que a multidão começou a ficar impaciente. Em seguida, foram apresentadas coreografias de *kung fu* dos membros do Clube da Juventude Chinesa. O primeiro a apresentar-se foi um sujeito de cem quilos que demonstrou uma forma tradicional, enquanto o apresentador explicava cada técnica e seus propósitos. A última apresentação coube a Bruce Lee, que o locutor introduziu como "um recém-chegado da Califórnia". Ele fez uma bela demonstração do "Louva-a-Deus do Sul", repleta de intrincados movimentos de mãos, que ele enfatizava ao fazer estalar suas articulações.

O mais entusiasmado e fascinado membro da plateia era um jovem afro-americano chamado Jesse Glover. Jesse crescera em Seattle, e tornara-se obcecado por artes marciais depois que um policial bêbado e racista fraturara sua mandíbula com um cassetete. Jesse quis se vingar, mas não conseguira encontrar um instrutor asiático disposto a ensinar um adolescente negro. Só depois de se alistar na Força Aérea e servir na Base Aérea de Ramstein, na Alemanha, foi que Jesse passou a estudar judô formalmente. Após o término de seu alistamento, com 25 anos de idade, ele associou-se ao Clube de Judô de Seattle, onde tornou-se faixa preta e instrutor-assistente. Ele ficara recentemente fascinado pelo *kung fu*, mas, mais uma vez, não havia encontrado ninguém que o aceitasse como aluno. Por um acaso do destino, Jesse morava a apenas quatro quarteirões do restaurante de Ruby Chow e estudava na Edison Technical High School.

Quando Jesse descobriu a ligação que tinha com Bruce, assegurou-se de estar sempre caminhando à frente dele todas as manhãs, a caminho da escola. Toda vez que passava por um poste ele os socava e chutava, fingindo não notar a presença de Bruce, que vinha logo atrás dele. Por vários dias Jesse repetiu essas atitudes, sem conseguir provocar nenhuma reação. Por fim, ele reuniu toda a sua coragem e perguntou, diretamente: "O seu nome é Bruce Lee?".

"Bruce Lee é o meu nome. O que você quer?"

"Você pratica *kung fu*?"

"Sim, pratico."

"Você me ensinaria?", perguntou Jesse, sentindo o coração na boca. Quando Bruce pareceu hesitar, Jesse continuou: "Estou muito ansioso para aprender. Eu fui para a Califórnia à procura de instrução, mas não encontrei ninguém que estivesse disposto a me ensinar".

Bruce olhou para Jesse por um longo tempo, avaliando o pedido em sua mente. Aquelas eram as palavras que Bruce sonhava ouvir desde que seu amigo Hawkins havia lançado dúvidas sobre seus planos de ensinar *wing chun* na América. Mas ele não poderia imaginar que o primeiro pedido sério, feito com sinceridade e humildade, partiria de um afro-americano. Por séculos vigorou uma proibição não escrita de ensinar o *kung fu* a estrangeiros. Afinal, por que compartilhar sua arma secreta com inimigos potenciais? Bruce quase fora expulso da escola de Ip Man quando descobriram que ele não era chinês puro. Embora os costumes estivessem mudando e algumas academias de *kung fu* em São Francisco estivessem começando a aceitar um número limitado de membros brancos, ninguém ensinaria a estudantes negros. Se Bruce aceitasse Jesse como seu primeiro discípulo, sabia que receberia ácidas críticas de chineses conservadores e chauvinistas, tais como Ruby Chow (como era esperado, Ruby repreendeu Bruce com severidade quando descobriu que ele tinha um aluno afro-americano: "Você está ensinando aos negros. Eles vão usar o que aprenderam para atacar os chineses").

"Teria de ser em um lugar onde pudéssemos praticar em segredo", disse Bruce.

"Nós poderíamos usar o meu apartamento", sugeriu Jesse.

"Você mora sozinho?"

"Tenho dois colegas de quarto."

"Eles terão de sair quando eu for ensinar você."

"Eu me livrarei deles."

Depois da escola, os dois caminharam de volta ao restaurante de Ruby Chow, enquanto Bruce lhe fazia um resumo sobre a história do *kung fu*. Quando chegaram, Bruce não convidou Jesse a entrar. "Algumas pessoas aqui não gostam de negros", justificou-se Bruce friamente. "Seria melhor para todo mundo se você permanecesse aqui fora. Eu tenho de trabalhar. Encontro você em seu apartamento às seis horas."

Bruce chegou pontualmente ao apartamento de Jesse, na esquina da rua Sete com a rua James. Após ter se certificado de que não havia mais ninguém em casa, ele disse a Jesse: "Vamos começar. Você tem algum conhecimento de artes marciais?".

"Pratiquei um pouco de boxe na Força Aérea e atualmente pratico judô."

"Não conheço muita coisa sobre boxe ou judô", disse Bruce. "Você poderia me mostrar um pouco do seu judô?"

Jesse começou com um *Osoto Gari* (uma projeção dos quadris e o lançamento de uma das pernas, derrubando o adversário com uma rasteira). Ele esperava que Bruce oferecesse alguma resistência, mesmo que pequena. Como ele não fez isso, o golpe terminou saindo muito mais rápido e potente do que Jesse previra e a cabeça de Bruce escapou por muito pouco de acertar a aguda quina metálica da cama de Jesse quando ele foi ao chão. Se isso acontecesse, o golpe poderia tê-lo matado ou, ao menos, ferido gravemente. Mas Bruce não demonstrou qualquer reação.

"Nada mau", disse Bruce, examinando a situação, "mas eu não gosto da maneira como você tem de se conter à espera de um golpe de seu oponente.

Agora, vou mostrar a você o *wing chun*. Quero que você tente me atingir, da maneira que puder."

Jesse passou a dar *jabs*, ganchos e diretos o mais rapidamente que podia, mas sem conseguir atingir Bruce, que bloqueava todos os golpes e contra-atacava tocando seus punhos no rosto de Jesse. Ao terminar de demonstrar como podia deter todos os golpes de Jesse lançados de longa distância, ele passou a uma lição de combate a curta distância, com a técnica das "mãos pegajosas" (*chi sao*). A cada vez que ele tocava as mãos de Jesse, este via-se impedido de fazer quaisquer movimentos. Se tentasse empurrá-lo para a frente, seu movimento seria desviado; e, quando tentou recuar, Bruce colou seu punho cerrado bem no rosto de Jesse. "Ele me controlava como queria", recorda-se Jesse. "Ele era capaz de fazer coisas que eu nem imaginava serem possíveis."

Bruce Lee havia convertido sua primeira alma à "Igreja do *Kung Fu*".

A partir daquela noite, Bruce e Jesse tornaram-se inseparáveis. Eles praticavam ao ar livre todos os dias, durante a hora do almoço, sob uma passarela e, depois da escola, no apartamento de Jesse. Bruce encontrara um amigo e um parceiro de treino; Jesse encontrara um mestre. Depois de um mês, Jesse convenceu Bruce a aceitar seu colega de quarto, Ed Hart, como aluno. Ed era um ex-boxeador profissional de 90 quilos, um brigão de bar que podia nocautear um homem com qualquer uma das mãos; mas, em sua primeira lição com Bruce, não foi mais eficiente do que Jesse havia sido. Com facilidade, Bruce deu um nó em Ed, deixando-o como um *pretzel*.

Jesse tornou-se a melhor publicidade de Bruce. Ele não conseguia parar de falar sobre quão fantástico era o seu novo instrutor. Logo diversos estudantes do Clube de Judô de Seattle, onde Jesse era instrutor-assistente, começaram a pedir para aprender com Bruce. Um destes era Skip Ellsworth, que crescera como o único garoto branco em uma reserva indígena, tendo de brigar com jovens nativo-americanos todos os dias, em meio a uma desoladora miséria. "Na brevíssima primeira apresentação de Bruce de seu *kung fu*, ele golpeou meu peito com as palmas das mãos com tanta força que meus pés saíram do chão e eu voei de costas pelo que me pareceram uns três metros, antes de colidir contra uma parede", recorda-se Skip. "Nada parecido com aquilo jamais tinha acontecido comigo. Bruce Lee precisou de apenas dois segundos para me convencer a segui-lo."

Tal como havia feito na La Salle e na St. Francis Xavier, Bruce estava formando sua própria gangue de amigos-seguidores na Edison Technical High School. Os recrutas de Lee vinham da já desaparecida cena de brigas de rua de Seattle, que consistiam de cerca de duas centenas de garotos pobres, de etnias variadas, que viviam em áreas como Lake City e Renton e brigavam por território e *status*, usando os punhos, facas, lâminas de barbear e, às vezes, alguma arma de fogo. Para aumentar o número de seguidores, Bruce começou a fazer exibições.

No Dia da Cultura Asiática do Edison Technical High School, Bruce fez uma apresentação de *kung fu*, que um cartaz afixado à entrada do auditório explicava ser uma "arte marcial chinesa". Os cerca de quarenta alunos que compareceram viram Bruce Lee subir ao palco usando óculos, terno e gravata. Ele se parecia exatamente com o estereótipo do adolescente chinês estudioso. Falando com um carregado sotaque de Hong Kong, que fazia com que a pronúncia da letra "r" soasse como a letra "w", Bruce começou a contar uma elaborada história folclórica sobre as origens do *kung fu*. A arte teria sido mantida em segredo dos estrangeiros para evitar que estes viessem a usá-la contra os chineses, tal como haviam feito com a pólvora. Monges budistas teriam desenvolvido técnicas letais, baseando-se nas maneiras como animais e insetos lutam. Para demonstrar isso, Bruce primeiro assumiu a posição da Águia, estendendo sua mão como se fosse uma garra. Passou então à posição do Louva-a-Deus, usando seus antebraços como se tocasse um piano, transformando-a na posição do Grou Branco, com suas asas abertas e suas pernas erguidas em posição defensiva. Por fim, ele demonstrou a posição do Macaco Roubando um Pêssego – um eufemismo para o arrancamento dos testículos de um oponente.

"Foi uma bela apresentação, uma espécie de cruzamento entre balé e mímica", recorda-se James DeMile. "Mas, definitivamente, não se parecia nada com uma forma de luta, e Bruce parecia ser tão perigoso quanto Don Knotts.* A plateia começou a rir disfarçadamente."

Ao notar isso, Bruce estacou, com seu semblante obscurecendo-se visivelmente. A plateia tornou a fazer silêncio, no mesmo instante. Bruce olhou diretamente para DeMile, que ainda conservava um sorrisinho irônico no rosto, e disse: "Você parece saber lutar. Que tal vir até aqui, por um minuto?".

Tal como um novato que chega a uma prisão, Bruce desafiou o cara mais temido da área. DeMile tinha 20 anos de idade, pesava mais de cem quilos e sabia de fato lutar. Era um boxeador campeão e um brigão de rua, que

---

* Jesse Donald "Don" Knotts (21/07/1924-24/02/2006), ator e humorista norte-americano, foi uma personalidade de grande sucesso na televisão dos Estados Unidos ao interpretar o personagem Barney Fife na série cômica *The Andy Griffith Show*, na década de 1960, além de haver estrelado várias comédias cinematográficas. (N. dos T.)

raramente ia a qualquer lugar sem portar uma arma de fogo. Àquela época, ele se encontrava em liberdade condicional.

Quando DeMile subiu ao palco, Lee disse que demonstraria seu próprio estilo de arte marcial, chamada *wing chun*, desenvolvido por uma monja budista mais de quatrocentos anos antes, cuja ênfase encontrava-se no combate a curta distância. Bruce voltou-se para DeMile e disse: "Golpeie-me o mais forte que puder, com qualquer uma das mãos, assim que estiver pronto".

DeMile teve medo de matar o pequeno chinês com apenas um soco. Mas ele não precisaria se preocupar com isso. Bruce passou a fazer com DeMile o mesmo que já fizera com Jesse Glover e Ed Hart, desviando-se de todos os golpes como se estivessem sendo aplicados por um bebê, e contra-atacou com socos, que detinha a milímetros do nariz de DeMile. Como lance final, ele fez um nó com os braços de DeMile usando apenas uma das mãos, enquanto – para acrescentar um insulto à injúria – dava leves tapinhas na testa de DeMile com a outra mão. "Tem alguém em casa?", disse Bruce, arrancando gargalhadas da plateia.

"Eu estava tão indefeso e imobilizado como se tivesse sido apanhado por um gigantesco rolo de papel pega-moscas. Aquilo parecia um pesadelo em câmera lenta", recorda-se DeMile. "Depois da demonstração, eu engoli o que restava do meu orgulho e perguntei a ele se poderia me ensinar algumas das suas técnicas."

À sua turma de aprendizes já composta por Jesse Glover, Ed Hart e Skip Ellsworth, Bruce adicionou James DeMile e Leroy Garcia, um jovem do tipo "ursão" que também estava na plateia naquele dia e sentia-se muito grato por não ter sido o escolhido para subir ao palco. Durante os meses seguintes, mais jovens da classe operária da Edison Technical High School e do Clube de Judô de Seattle se juntariam ao grupo: Tak Miyabe, Charlie Woo, Howard Hall, Pat Hooks e o irmão caçula de Jesse, Mike. Tratava-se do grupo de estudantes mais diversificado racialmente – brancos, negros, pardos e amarelos – na história das artes marciais chinesas.

O último a entrar foi Taky Kimura, que já tinha 30 anos de idade e era dono de um supermercado asiático na esquina da rua Oito com a rua Madison. Tal como muitos outros membros do grupo, Taky carregava muitas feridas emocionais adquiridas na infância, resultantes de seu aprisionamento em um campo de internação japonês durante a Segunda Guerra Mundial. "Eu achava que era branco, até que eles me enviaram para os campos", relembrou Taky. "Eles tiraram a minha identidade, porque, se eu não era branco, não era livre e não era americano, então quem eu seria? Quando saí do campo, eu não era mais do que um mendigo, exceto pelo fato de não beber álcool. Eu andava a esmo, meio envergonhado apenas por ainda estar vivo. Então, eu ouvi falar desse rapaz chinês que dava aulas de *kung fu* em um estacionamento próximo do meu supermercado. E lá estava ele, borbulhando de orgulho, derrubando aqueles sujeitos brancos grandalhões com a maior facilidade. Foi a primeira vez em quinze anos que eu me senti entusiasmado com algo. Assim, comecei a treinar e, pouco a pouco, comecei a reencontrar coisas que pensava haver perdido para sempre."

O grupo praticava onde quer que encontrasse algum espaço aberto: parques, estacionamentos e, quando chovia, garagens subterrâneas. Às vezes, praticavam nos fundos do restaurante de Ruby Chow, onde haviam afixado um boneco de madeira à saída de incêndio. Toda vez que o boneco era golpeado, fazia balançar as antigas colunas de madeira da construção causando grande barulho, provocando a reclamações de Ruby e dos cozinheiros mais velhos – para perverso deleite de Bruce.

As aulas eram tão informais que mal poderiam ser chamadas de aulas. Os alunos jamais chamavam Bruce de "mestre" ou *sifu*; eles o tratavam apenas como Bruce. Ele não cobrava nada de seus discípulos, tampouco lhes ensinava muito, mais usando-os em favor de seu próprio propósito de alcançar a perfeição no *kung fu*. "Nós éramos todos bonecos que Bruce usava para treinar", observou Jesse. "Ele era extremamente comprometido com seu próprio desenvolvimento e tinha pouca paciência para ensinar aqueles que não aprendessem com rapidez suficiente." Bruce era como um jovem professor brilhante que se recusava a ensinar lições introdutórias a alunos iniciantes, mantendo somente um pequeno grupo de estudantes graduados para que o auxiliassem em suas próprias pesquisas e descobertas.

Uma das últimas foi o – hoje famoso – soco de uma polegada. Bruce sempre desejou aumentar a potência de seus socos, desferindo-os de distâncias cada vez menores. Ao trabalhar em sua coordenação e *timing*, ele aprendeu a contorcer seu corpo para criar o máximo de aceleração transferida para seus punhos. "Com a prática, seus socos tornaram-se cada vez mais potentes", diz Jesse.

Certo dia, um homem de 120 quilos, que ouvira rumores sobre o soco de uma polegada de Bruce, aproximou-se dele e disse: "Não entendo como você pode arranjar força suficiente para desferir um soco a tão curta distância".

"Será um prazer mostrar a você", sorriu Bruce.

No momento seguinte, o homem estava voando a dois metros de distância, com uma expressão de terror congelante no rosto. Depois de colidir contra uma parede e desabar no chão, a única coisa que o homem pôde dizer foi: "Eu entendi, eu entendi".

Os jovens amigos durões de Bruce o adoravam: eles estavam recebendo uma instrução de alto nível, de um gênio em ascensão, de graça. E ele retribuía o afeto deles. "Não creio que na vida de Bruce tenha havido outro momento com amigos com os quais pudesse ser tão aberto", diz Skip Ellsworth, "ou que tivessem tanta consideração por ele." Eles eram uma turma muito unida, saindo juntos antes e depois das práticas. Eles iam constantemente ao cinema. Bruce apresentou-os aos filmes chineses de *kung fu* e aos filmes japoneses de samurais, mas não teve sucesso ao tentar convencê-los quanto ao gênio cômico de Jerry Lewis. "Eu odiava comédias", recorda-se Jesse Glover, "então acabávamos assistindo a filmes diferentes."

Depois dos treinos, eles iam ao restaurante Tai Tung, no nº 655 da South King Street, em Chinatown. "Para nós, a vantagem é que sempre encontrávamos no cardápio algo pelo que pudéssemos pagar", diz Skip. Bruce era um comilão voraz; e ele podia consumir grandes quantidades de comida sem ganhar peso. Ele também era um conversador muito loquaz, mas seus assuntos preferidos eram sempre os mesmos: *kung fu*, filosofia, chá-chá-chá e Hong Kong. Ele amenizava sua saudade descrevendo as paisagens de Hong Kong e os lugares que mostraria para eles quando fossem para lá, juntos. No entanto, ele gostava de discutir com Jesse sobre seus objetivos na vida.

"Eu quero ser rico e famoso", dizia Bruce, antes de acrescentar: "E o melhor praticante de *kung fu* do mundo!".

"Eu quero apenas ser feliz", responderia Jesse. "Dinheiro não pode comprar uma vida boa."

"É claro que pode!", insistia Bruce.

"Diga-me o nome de uma pessoa rica que seja feliz", perguntava Jesse, para provocar Bruce.

"Você é louco!", berraria Bruce furiosamente. "Você é louco!"

Jesse também gostava de provocar Bruce sobre a quantidade de chicletes que ele mascava – cerca de quatro pacotes por dia.

"Eu tenho uma cárie em um dente do fundo", explicava Bruce. "A goma alivia a dor."

"Você é que é louco", disse Jesse. "A goma vai piorar ainda mais as coisas. Você tem que ir a um dentista."

"Odeio dentistas", replicou Bruce. Foram necessárias semanas de persuasão, mas Jesse afinal convenceu Bruce a ter seu dente obturado.

Bruce gostava de andar "na moda". Ele usava sapatos com saltos ao estilo *cowboy* porque o faziam parecer uns três centímetros mais alto. Quando chegou à América, seu bem mais precioso era um casaco de pele de guaxinim que seu pai lhe dera de presente. Ele o usava aonde quer que fosse, até que seus amigos lhe disseram que pele de guaxinim não estava na moda. Imediatamente, ele guardou o casaco em uma caixa com bolotas de naftalina.

Por brincadeira, Bruce vestia-se com seu melhor terno, entrava arrogantemente em algum restaurante do centro da cidade com seus alunos atuando como se fossem seus guarda-costas, e fazia-se passar pelo filho do embaixador da China. "Bruce fingia não falar inglês", diz Jesse, "e Howard, Ed e eu fingíamos traduzir seus pedidos às garçonetes."

O idioma foi o maior obstáculo enfrentado por Bruce ao chegar à América. Ele era proficiente, mas não fluente. Ele tinha de traduzir as coisas do cantonês para o inglês em sua mente; e sempre que se exaltava por qualquer motivo – o que era frequente –, tropeçava em certas palavras ou sílabas. "Acho que jamais o ouvi pronunciar meu nome sem gaguejar", diz Jesse. "Ele sempre tinha de repetir o 'J' várias vezes antes que conseguisse fazer sair o som." Ele era extremamente sensível quanto à sua gagueira – e ninguém ousava brincar com ele a esse respeito. As intermitentes sessões de treinamento com seus amigos eram, também, uma maneira de atacar o problema por meio da imersão total. Seu inglês melhorou rapidamente, embora ele nunca tenha chegado a dominar totalmente o idioma.

A companhia constante de seus amigos durões e da rua também levou Bruce a conhecer outro aspecto crucial da cultura norte-americana: as armas de fogo. Leroy Garcia e Skip Ellsworth ensinaram Bruce a atirar com pistolas, revólveres, fuzis e escopetas. Eles deram a ele sua primeira arma, uma pistola Colt semiautomática calibre 25, com empunhadura preta. "Bruce simplesmente adorou a arma", diz Skip. Ele gostava de se vestir como um pistoleiro do Velho Oeste, com a Magnum 357 de Leroy – com um cano de 23 centímetros de comprimento – pendendo de um coldre à sua cintura, uma espingarda que disparava cartuchos 30-06 na mão e um chapéu de *cowboy* na cabeça. Ele se interessava menos por atirar do que pela habilidade de sacar a arma mais velozmente. Ele e Leroy praticavam essas habilidades usando balas de festim, mas, depois de pouco tempo, Leroy recusou-se a continuar com essa brincadeira, porque tiros de festim – geralmente feitos com balas de feltro prensado – doem como o diabo e Bruce sempre vencia os "duelos".

Seus amigos tiveram menos sucesso ao tentar ensiná-lo a dirigir. Leroy Garcia deixava Bruce praticar com seu pequeno Fiat. "Bruce era tão ruim para dirigir quanto era bom no *kung fu*", diz Jesse. "Toda vez que andei com ele senti como se aquela fosse a minha última viagem." Bruce era um motorista agressivo e frequentemente distraído, que avançava sobre os outros carros zunindo, "colava" na traseira dos que estivessem à sua frente e os ultrapassava sem deixar espaço para recuar se algo desse errado. Foi uma combinação de sorte com seus reflexos incrivelmente rápidos que o livraram de um acidente grave. Por um bom par de anos, ele ansiou por comprar seu próprio carro esporte, para completar sua imagem. "Ele não tirava essa ideia da cabeça", diz Jesse, "e a mencionava ao menos uma vez por dia." Por fim, ele conseguiu juntar dinheiro para comprar um Ford 1957. Ele tinha tanto orgulho do carro que quase tirou-lhe a pintura, devido à frequência com que o lavava.

Porém, talvez o melhor presente que seus alunos deram a Bruce foi forçá-lo a evoluir como um praticante de artes marciais. Quando chegou aos Estados Unidos ele estava "casado" com o *kung fu* chinês e convencido de sua superioridade. Mas o porte físico avantajado dos norte-americanos obrigaram-no a adaptar seus conhecimentos. Técnicas que funcionavam nas aulas de Ip Man eram facilmente neutralizadas por oponentes vinte centímetros mais altos e cinquenta quilos mais pesados do que ele. Seus alunos, todos lutadores e praticantes veteranos de artes marciais, também o apresentaram à cena dos combates nos Estados Unidos. Com eles, ele começou a aprender o valor de certos lançamentos e imobilizações do judô e a apreciar o poder de golpes de boxe ocidental e a fluidez de seu jogo de pernas. Bruce tornou-se um ávido fã de pugilismo e passou a "tomar emprestados" alguns movimentos de seus campeões: o jogo de pernas e o *timing* de Muhammad Ali, as esquivas rapidíssimas, movendo-se simultaneamente para cima e para baixo e de um lado para o outro, de Sugar Ray Robinson. A esta altura, Bruce ainda via a si mesmo como um homem do *kung fu*, mas já começava a mesclar o que havia de melhor no Oriente e no Ocidente. Essa seria uma abordagem que duraria pelo resto de sua vida, caracterizaria sua própria arte e, consequentemente, levaria a um novo paradigma nas artes marciais.

Enquanto Bruce e seu grupo continuavam a treinar em parques públicos e estacionamentos, a fama daquele rapazinho chinês e o que ele conseguia fazer começou a se espalhar. Multidões começaram a se aglomerar sempre que eles treinavam, e as pessoas perguntavam se podiam aprender com eles. Desde sua chegada à América, Bruce vinha ganhando dinheiro com aulas de dança; agora, ele percebia que era possível fazer o mesmo com o *kung fu*. Para isso, precisaria de um endereço fixo. Ele e os amigos juntaram dinheiro e alugaram o único lugar que poderiam pagar: uma velha loja de dois andares, cujas portas se abriam diretamente para a rua, no nº 651 da South Weller, uma região degradada de Chinatown. Ciganos moravam numa loja parecida, do outro lado da rua; moradores de rua acampavam num terreno baldio nas proximidades e mendigos tinham invadido um hotel abandonado três casas rua abaixo. Mas a turma não podia estar mais feliz. "A gente se sentia no topo do mundo", diz Skip.

Bruce via o lugar mais como um clube privativo do que como uma *kwoon* (escola) tradicional de *kung fu*. Os dez membros fundadores originais pagavam US$ 10 por mês para cobrir o aluguel de US$ 100, e podiam continuar a ter aulas de graça. Qualquer um que fosse aceito como aluno a partir dali pagaria suas mensalidades diretamente a Bruce. Os treinamentos ocorriam nos pouco mais de 36 metros quadrados do andar térreo, onde os espectadores podiam vê-los da calçada. O amplo salão do segundo andar era um espaço exclusivo, reservado para os membros fundadores treinarem ou descansarem. Em menos de um ano, Bruce abriu sua própria academia de *kung fu* – uma conquista notável para um jovem de 19 anos que acabara de desembarcar de um navio.

Ansioso para aumentar o número de matrículas, Bruce levou seu *show* para a estrada, tal como fizera seu pai antes, transportando tablados em uma exibição itinerante de *kung fu*. A trupe apresentou-se em eventos como a International Trade Fair, a Seafair, a World's Fair, nas celebrações do Ano Novo Chinês em Seattle e em Vancouver, na Feira de Rua de Fremont e na Feira de Rua Universitária. Como parte de sua habilidade como *showman* e de persuasão, Bruce pediu aos seus amigos que usassem uniformes de *kung fu*, se inclinassem em reverência para ele sobre o palco e que o tratassem por *sifu*. Para se apresentar diante de variadas plateias, Bruce foi, gradativamente, criando sua *persona* sobre o palco – um personagem engraçado, filosófico e temível – que ele interpretaria, com ligeiras variações, pelo resto de sua vida.

A turma fez um ruidoso sucesso. A única preocupação de todos se devia à vulnerabilidade de Bruce ao calor. "O único momento em que eu começava a me preocupar era quando as luzes do palco começavam a fazê-lo transpirar", diz Jesse. "Quando ele superaquecia, seu controle diminuía e eu tomava uma surra dos diabos." Durante a demonstração em Vancouver, Bruce golpeou acidentalmente Jesse quatro ou cinco vezes, deixando-o com uma têmpora inflamada, um lábio inchado e um sangramento no nariz.

Bruce não saía à procura de brigas em Seattle, mas lutava para se controlar quando as brigas o procuravam, o que acontecia com frequência. Bruce tinha um jeito de andar provocador e que atraía atenções, e não temia ir a lugares onde os chineses não eram bem-vindos. Certa noite, quatro sujeitos aproximaram-se de Bruce e da garota branca que o acompanhava e começaram a fazer comentários racistas, sobre o "china" e sua "galinha loira". Bruce teve um violento acesso de fúria e iria arrebentar os quatro se a garota não o tivesse impedido e o convencido a irem embora. Bruce não teria desistido tão facilmente se estivesse na companhia de seus amigos homens. Houve um incidente em um salão de bilhar "exclusivamente para negros", perto da esquina da rua 23 com a rua Madison, envolvendo Bruce, Skip e vários frequentadores habituais. Skip e Bruce também se envolveram em uma briga em um barzinho "de *cowboys*" em Montana. "Bruce podia acabar com qualquer confronto físico em três ou quatro segundos", diz Skip. "Ele foi um dos melhores lutadores que já existiu."

As demonstrações públicas de Bruce eram outra fonte de conflitos. Ele temperava suas apresentações com análises grosseiras e críticas depreciativas aos estilos concorrentes de artes marciais. A cada duas pessoas que admitia em sua escola, ele ofendia ao menos uma. Tão inspirador e contagiante quanto era para seus seguidores, ele podia ser igualmente rude e egoísta com seus detratores.

Um deles era Yoichi Nakachi, um colega de classe japonês, de 29 anos de idade, na Edison Technical High School. Durante sua primeira demonstração na escola, Bruce afirmou que estilos de luta *soft* como o *kung fu* chinês seriam superiores aos estilos *hard*, como o karatê japonês. Yoichi, um faixa preta em karatê e veterano brigador de rua, sentiu-se ofendido. Ele e um amigo compareceram à apresentação seguinte de Bruce, no Yesler Terrace. Ao término da apresentação, Yoichi enviou seu amigo aos bastidores para que desafiasse Bruce, em seu nome. Atipicamente, Bruce hesitou e, então, conversou com seus amigos para assegurar-se de que não perderia o respeito deles caso não aceitasse o desafio. Quando disseram que ele não tinha que provar nada a eles, Bruce recusou o desafio.

Nas semanas seguintes, na escola, Yoichi tentou provocar Bruce, zombando dele no refeitório ou esbarrando nele de propósito nos corredores. Outros rapazes chineses disseram a Bruce que, se ele não lutasse com aquele japonês abusado, eles mesmos fariam isso. "Não vou permitir que ninguém me coaja a aceitar uma luta", disse-lhes Bruce.

Por fim, Yoichi foi longe demais com suas provocações. Na sala de recreação, no subsolo da escola, Yoichi, por meio de um amigo seu, enviou um bilhete a Bruce: "Se Bruce Lee quiser ser mandado para o hospital, venha até mim". Bruce deixou a sala de recreação e esperou por Jesse, até que este saísse de sua aula. Ele estava tão furioso que mal podia falar.

"O que há de errado?", perguntou Jesse.

"Eu vou lutar com aquele filho da puta", desabafou Bruce. "Você será o meu segundo?"

"Vamos lá", disse Jesse, enquanto os dois dirigiam-se para a sala de recreação.

"Quero lutar com ele no terceiro andar."

"Não sei, não", hesitou Jesse. "Nós podemos ser expulsos."

"Eu não tinha pensado nisso", disse Bruce, lembrando-se de sua expulsão da La Salle. "O que você sugere?"

"O ginásio da ACM,* no centro, seria melhor. Se alguém chegar durante a luta, poderemos dizer que somos apenas amigos treinando."

"Ok", disse Bruce. "Você organiza tudo? Estou muito furioso. Não confio em mim mesmo se chegar perto dele."

Bruce, Jesse, Ed Hart e Howard Hall esperaram na parada de ônibus em frente à escola, por Yoichi e dois de seus amigos japoneses.

"Você me insultou e ao meu país", declarou Yoichi.

Bruce estava de fato muito furioso, e Jesse temeu que a luta pudesse acontecer ali mesmo. Bruce olhou para longe, esforçando-se para controlar sua ira.

---

* "Associação Cristã de Moços", como é conhecida no Brasil a ramificação da original YMCA (*Young Men's Christian Association*) norte-americana. Trata-se de um movimento cristão, mas ecumênico, de alcance mundial, que visa promover a integração entre pessoas de todas as classes sociais, proporcionando-lhes, entre outras coisas, instalações para a prática de esportes. (N. dos T.)

Yoichi continuou a mover-se para o campo de visão de Bruce, numa tentativa de quebrar sua autoconfiança. Quando o ônibus por fim chegou, Yoichi sentou-se diante de Bruce e começou a discutir as regras, de maneira alucinada.

"Esqueça as regras", rosnou Bruce, com as veias do pescoço saltando. "Vou partir para o vale-tudo."

"Por que você não para de falar?", disse Jesse a Yoichi. "Vamos mudar para o outro banco." Jesse passou o resto do caminho até o centro da cidade tentando acalmar Bruce e convencê-lo de não apelar para o "vale-tudo". Ele temia que Bruce pudesse matar Yoichi.

Quando chegaram à ACM, Bruce, Ed, Howard e Jesse foram direto para a quadra de handebol. Yoichi e seus dois amigos foram a um banheiro onde ele trocou suas roupas por um *gi* branco de karatê. Bruce testou o piso de madeira da quadra com seus sapatos e decidiu que lutaria descalço. Ele tirou a camisa que vestia e fez alguns agachamentos, flexionando as pernas, usando apenas suas cuecas.

Quando os dois ficaram frente a frente, Bruce quis deixar uma coisa bem clara: "Você me desafiou, certo?".

"É, foi isso mesmo", disse Yoichi.

"Você pediu por esta luta?"

"É, foi isso mesmo."

"Tudo bem", disse Bruce.

Jesse, que seria o árbitro, antecipou-se para explicar as regras: a luta consistiria de três *rounds* de dois minutos cada, sendo vencedor quem vencesse dois dos três. Ed Hart, servindo como contador do tempo, tirou do bolso seu cronômetro.

Bruce postou-se em uma posição relaxada de *wing chun*: pé direito adiantado, mão direita apontada para o nariz de Yoichi e a palma da mão esquerda próxima ao cotovelo direito. Yoichi começou com uma postura clássica de karatê, com uma das pernas estendidas para trás do corpo, uma das mãos com a palma voltada para Bruce e a outra, com o punho cerrado, ao lado de sua cintura.

"Prontos? Valendo!", gritou Jesse.

Yoichi mudou instantaneamente para uma postura de gato e lançou um rápido chute frontal endereçado à virilha de Bruce. Bruce desviou o golpe com seu antebraço direito e mandou seu punho esquerdo diretamente contra o rosto de Yoichi; em seguida, lançou uma veloz série de socos em cadeia, típica do *wing chun*. Cada golpe contra o rosto de Yoichi produzia sobre este o efeito de ondas em um lago. Bruce esmurrou Yoichi por toda a quadra de handebol, sem receber sequer um golpe como contra-ataque. Yoichi tentou golpeá-lo, mas todos os seus golpes eram bloqueados pelos antebraços de Bruce. Bruce controlava a linha central e suas defesas não podiam ser penetradas. Quando as costas de Yoichi colidiram contra uma parede, ele agarrou os braços de Bruce e saltou para um lado. Bruce respondeu contorcendo os quadris e lançando um soco duplo – seu punho direito acertou o rosto de Yoichi, ao mesmo tempo que o punho esquerdo explodiu-lhe sobre o peito. A potência do impacto fez Yoichi voar de costas a quase dois metros. Assim que os joelhos de Yoichi tocaram o chão, Bruce avançou e chutou-o no rosto. O sangue espirrou do nariz de Yoichi, e ele desabou desajeitadamente, como se estivesse morto.

"Parem!", berrou Jesse.

Jesse e Ed Hart correram na direção de Yoichi, para checar sua pulsação. Depois de alguns momentos, ele recuperou a consciência. A primeira pergunta que saiu dos lábios de Yoichi foi: "Quanto tempo ele levou para me derrotar?".

Hart olhou para o cronômetro: onze segundos. Sensibilizado com a situação do rapaz, Ed dobrou a marca: "Vinte e dois segundos".

Enquanto se levantava do chão, Yoichi disse: "Eu quero uma revanche. Não treinei de maneira adequada para essa luta. Quero lutar novamente".

"Para início de conversa, eu nunca quis lutar com você", disse Bruce. "Não faz sentido lutar outra vez. Para mim, isso acaba por aqui. Não vou contar a ninguém sobre o que aconteceu."

Enquanto todos saíam, Bruce fez seus amigos prometerem que não comentariam sobre a luta com ninguém "de fora", mas os amigos de Yoichi "vazaram" os detalhes para a escola inteira. Para salvar sua reputação, Yoichi pediu a Bruce se poderia tornar-se um de seus discípulos e tomar aulas particulares com ele. Bruce disse que ele teria de se juntar à turma formal nas aulas do clube e aprender junto com o resto dos iniciantes. Yoichi engoliu seu orgulho e frequentou as aulas por um mês, antes de desistir.

"Muita gente queria se opor às coisas que Bruce dizia", recorda-se Taky Kimura, "mas quando viam o que ele podia fazer, todos queriam juntar-se a ele."

Em casa, em Hong Kong, Grace Ho e seu filho, orgulhosamente vestindo a camiseta dos Huskies, da Universidade de Washington, junho de 1963. (*David Tadman*)

No aeroporto Kai Tak, Grace Ho, Li Hoi Chuen, Bruce Lee, a atriz Mary Wong, o primo por afinidade Nguyen Yu Ming com sua filha e Eva Tso, junho de 1963. (*David Tadman*)

6
Husky

Para grande surpresa de seus amigos e familiares em Hong Kong, no dia 27 de março de 1961, Bruce foi admitido na Universidade de Washington. Para um garoto que fora rechaçado, expulso e visto como uma causa perdida, essa era uma reviravolta notável. Quando seu pai soube da notícia, saiu dançando e cantando pelo apartamento: "Nós fizemos a escolha certa!". Pela primeira vez em muito tempo, ele dava ao pai um bom motivo de que se orgulhar. Somente os melhores dentre os melhores (ou os mais ricos) estudantes de Hong Kong cursavam uma faculdade na Inglaterra ou nos Estados Unidos.

Com exceção de alguns requisitos básicos incontornáveis nas áreas de Matemática e Ciências, Bruce escolhera frequentar apenas as aulas que lhe interessavam. Inscreveu-se para cursos regulares de ginástica, dança, judô, desenho e oratória. Sua graduação seria em Artes Cênicas. Sempre que tinha oportunidade, explorava a natureza espiritual do *kung fu*. Em um ensaio, em seu primeiro ano como universitário, ele escreveu: "*Gung fu* é uma habilidade especial, uma arte refinada, e não um mero exercício físico [...]. O princípio fundamental do *gung fu* é o *Tao* – a espontaneidade do Universo". Para uma tarefa relativa à poesia, ele descreveu uma experiência mística que tivera enquanto caminhava às margens do lago Washington: "Sob o luar, eu me movi lentamente para uma posição de *gung fu*; corpo e alma fundiram-se, então, em uma só coisa".

Logo a curiosidade intelectual de Bruce despertou para novas áreas de conhecimento e investigação. Ele inscreveu-se em dois cursos de Psicologia (Psicologia Geral e Psicologia do Ajustamento) e em outros dois de Filosofia (Introdução à Filosofia e Filosofia Chinesa). Esses dois assuntos tornaram-se suas paixões por toda a vida. Depois da faculdade, ele acrescentou centenas de livros sobre Psicologia e Filosofia à sua biblioteca pessoal de mais de 2.500 volumes, os quais ele leu criteriosamente e anotou suas passagens favoritas em cadernos. Entre seus autores prediletos estavam Tomás de Aquino, David Hume, René Descartes, Carl Gustav Jung e Carl Rogers. Tempos depois, ele diria a repórteres que se graduara na universidade em Filosofia, embora jamais tenha trocado oficialmente o curso de Artes Cênicas e tenha frequentado apenas dois cursos de Filosofia.

Mas seu interesse não resultava, necessariamente, em boas notas. Seu GPA* ao término do primeiro ano de curso foi de 1,84. Mesmo em ginástica ele obteve apenas uma nota C (em seus últimos filmes de *kung fu* rodados em Hong Kong, todas as suas cenas de movimentos de paradas de mãos e saltos para trás foram interpretadas por um dublê de Ópera Cantonesa treinado). Depois de ter alcançado o objetivo de entrar para uma faculdade, ele perdeu o foco, recaiu em velhos hábitos e estudava apenas o bastante para seguir adiante. Seus colegas de classe, mais estudiosos, o consideravam um "esportista intelectualmente pouco desenvolvido", e, jocosamente, apelidaram-no de *Beefcake*.** "Bruce conversava comigo sobre artes marciais, filosofia e garotas, mas jamais tocou em qualquer assunto acadêmico", recorda-se Eunice Lam, que, à época, era namorada de Peter, o irmão mais velho de Bruce. "Se você quisesse fazê-lo se calar, a melhor maneira era perguntar-lhe sobre seus estudos."

Embora nunca tenha entrado para um grêmio estudantil, Bruce frequentou muitas festas de grêmios acompanhado por Skip Ellsworth, seu aluno de *kung fu*, que entrara para a Delta Kappa Epsilon. Eram oportunidades para que Bruce se transformasse no centro das atenções da festa. Ele demonstrava seu soco de uma polegada, suas flexões apoiadas em dois dedos, as mãos pegajosas e várias formas de *kung fu* – especialmente o Louva-a-Deus – para deleite e assombro dos rapazes do grêmio. Para as garotas, ele ensinava o chá-chá-chá.

---

* *Grade Point Average*, um sistema de atribuição de notas e créditos empregado pelas universidades norte-americanas, que varia entre 0 e 7 pontos, conferidos anualmente e, ao fim de um curso, novamente somados e calculados como média final. (N. dos T.)

** Literalmente, "bolo" ou "torta de carne"; mas, também, uma gíria que designa um homem com músculos bem desenvolvidos. (N. dos T.)

Estas foram as primeiras apresentações a Bruce dos afluentes filhos das elites norte-americanas, e a reação positiva destes aos seus talentos abriram-lhe os olhos para a importância que o *kung fu* poderia ter para ele nos Estados Unidos. "Como eles me tratariam se soubessem que eu morava num armário de vassouras e trabalhava como lavador de pratos em um restaurante chinês?", disse certa vez a Skip. Ver como a vida deles era confortável em comparação às suas condições precárias inflamou a ambição de Lee para ser bem-sucedido na América.

Um aspecto da vida no *campus* que não atraía nem um pouco o interesse de Bruce era o crescente ativismo estudantil do início dos anos 1960. Ainda que estivesse, de maneira geral, consciente das mudanças que varriam o país – do movimento pelos direitos civis aos protestos contra a guerra –, ele não assistia aos noticiários da televisão nem assinava jornais. Ele se concentrava em seu desenvolvimento pessoal, não na política; em seu autoaperfeiçoamento, não nas mudanças sociais; em fazer de si mesmo um praticante de artes marciais melhor, não em fazer do mundo um lugar melhor. Uma curiosa alienação, considerando-se o quanto ele esteve perto de ser convocado a lutar no Vietnã.

Na Universidade de Washington, o alistamento no ROTC* era obrigatório para todos os estudantes do sexo masculino. Assim como quase todos os alunos no *campus*, Bruce detestava a prática compulsória de exercícios físicos pelas manhãs, bem cedo. Ele faltou a tantas práticas de marcha que, por fim, foi ordenado a acordar às quatro horas da manhã e marchar, por horas a fio, para compensar o tempo que perdera. Quando o sargento que comandava o exercício notou que Bruce mascava chicletes, berrou: "Engula isso, soldado!". Em vez de fazer o que lhe foi ordenado, Bruce cuspiu o chiclete no chão.

Quando o sargento se aproximou, com olhar furioso, Bruce disse-lhe, com um sorriso cínico: "Faz mal à minha saúde!".

Ao término dos exercícios, o sargento, furioso, encarou Bruce e preveniu-o: "Na próxima vez que eu disser 'engula, soldado!', é melhor você engolir!".

Bruce explodiu: "Filho da puta, se você falar comigo assim outra vez, vou enfiar sua língua no seu rabo!".

Por um momento, enquanto os dois se encaravam, pareceu que aquela situação irromperia em violência. Mas o sargento, vendo o fogo no olhar de Bruce, decidiu recuar. Ele afastou-se, meneando negativamente a cabeça e resmungando: "Pobre garoto desorientado".

---

* Reserve Officer's Training Corps ou Corporação de Treinamento de Oficiais da Reserva. (N. dos T.)

Bruce Jun Fan Lee assinou sua ficha de alistamento militar, tal como era requerido que fizessem todos os homens norte-americanos entre 18 e 25 anos de idade, mas foi rejeitado pela junta de recrutamento. Ele foi categorizado como 4-F, "inapto para o serviço por razões médicas" depois que um exame revelou que ele tinha um testículo mal descido ou retrátil. Bruce nascera com esse defeito, chamado criptorquidia (ou criptorquia). Dois riscos potenciais associados a esse distúrbio são a infertilidade e o câncer testicular. Por anos, Bruce convenceu-se de que jamais poderia ser pai. Sete anos depois, em 1969, ele se submeteria a uma cirurgia para remover o testículo mal descido, no hospital St. John, em Santa Monica.

⁂

Durante o primeiro ano nos Estados Unidos, Bruce e sua namorada do colégio, Pearl, foram se distanciando aos poucos. As cartas trocadas entre ambos foram ficando cada vez menos frequentes. Na esperança de salvar seu relacionamento a distância, Pearl foi para Seattle para ver Bruce, mas ele se esqueceu de apanhá-la no aeroporto. Depois de esperar por horas, furiosa, Pearl embarcou num voo para São Francisco. Quando Bruce se deu conta do equívoco, fez vários telefonemas implorando por perdão, mas ela não aceitou suas desculpas.

Depois de Pearl, Bruce saiu com várias outras garotas, mas nenhum relacionamento durou muito tempo. Ele era sedutor e um tanto brincalhão. "Se houvesse alguma garota bonita por perto, Bruce, para se exibir, iniciaria uma demonstração espontânea de *kung fu*", diz James DeMile. "Ele apontava para mim e dizia como eu era rápido e durão, e logo depois me socava, de cima a baixo." Bruce gostava de levar suas garotas ao cinema. "R, como podemos deixar passar estes valiosos, porém breves, dias de outono sem fazer justiça a eles?", escreveu ele a uma das suas namoradas. "Me escreva uma carta dizendo qual filme você ainda não viu, e eu a convidarei para assistirmos juntos neste domingo. Isso seria legal para você, não seria, minha cara senhorita? Com meus melhores votos de todo tipo de sorte. Do sempre seu, Bruce."

Em seu primeiro ano de faculdade, Bruce se apaixonou loucamente. Ele estava se divertindo com alguns amigos no centro estudantil – o HUB – quando notou uma bela nipo-americana que estava no segundo ano, chamada Amy Sanbo sentada a um canto. Como se tivesse entrado em um transe, Bruce abandonou seus amigos e se dirigiu para uma mesa mais próxima a ela, para poder observá-la de perto. Quando Amy se levantou e passou por ele para voltar para a aula, Bruce, inesperadamente, disse "Olá", e agarrou-a pelo antebraço com o polegar e indicador. Só que ele a segurou com tanta força que os joelhos de Amy vacilaram e ela quase derrubou seus livros no chão.

"Me solte antes que eu fique realmente zangada!", gritou ela. Quando ele a soltou, ela perguntou: "Por que você fez isso?".

"Eu estava apenas mostrando aos meus amigos quanta força pode ser exercida usando apenas dois dedos."

"Que idiota!", disse ela, se afastando.

Embora essa não tenha sido uma abordagem particularmente suave, causou uma impressão, literalmente: as marcas negro-azuladas no braço de Amy duraram dias. Pelas semanas seguintes, aonde quer que Amy fosse, Bruce apareceria, "do nada". Tentando se reconciliar com ela, Bruce perguntava-lhe: "Como você está? Você está bem? Meu nome é Bruce Lee". Ele inventava qualquer assunto, apenas para falar com ela.

Bruce perseguiu Amy com a mesma determinação férrea com que perseguia a perfeição no *kung fu*. No amor, como no combate, seu objetivo era o de alcançar o objetivo. Certo dia, ela machucou o pé durante uma prática de balé e precisou usar muletas para ir à escola. Quando Bruce a viu se esforçando para subir um longo lance de escadarias, ao norte do campo de futebol, correu até ela e ofereceu-se para ajudá-la.

"Não, eu consigo subir sozinha", disse ela. "Devolva minhas muletas ou terei de seguir sem elas."

Ignorando seus protestos, Bruce a ergueu em seus braços e a carregou, juntao com seus livros, suas muletas e seu pesado casaco, até o topo da escadaria. Ele fez a mesma coisa, dia após dia, até que o pé dela ficasse bom novamente. E não apenas naquela escadaria: depois das aulas, ele a carregava até o terceiro andar, onde ficava o dormitório dela, e para qualquer outro lugar aonde ele achasse que ela poderia ter dificuldades para chegar. Seu cavalheirismo terminou por vencê-la. "Não era apenas uma grande demonstração de força; era um grande gesto", recorda-se Amy. "Aquilo mais do que compensou seu erro anterior."

O que se seguiu pelos próximos dois anos foi um relacionamento tempestuoso, com várias "idas e vindas". O magnetismo era mútuo e físico. Ambos eram bonitos e dançarinos. "Quando eu danço, é quase orgástico. É muito sexual; e com Bruce também era assim", diz Amy. "Eu sou muito atraída pelo talento, e Bruce era um gênio cinético. Ele era capaz de olhar para um movimento e, imediatamente, assimilá-lo, absorvê-lo, tornar-se aquele movimento. Ele se movimentava de uma maneira que nenhum outro asiático se movimentaria."

Quando Amy o desafiou a fazer uma pirueta, ele conseguiu fazê-la na primeira tentativa. Ela também o provocava quanto à dureza com que executava seus movimentos no chá-chá-chá. "Por que você não põe um pouco de ginga nisso?" Depois de ouvir alguns discos de *rhythm and blues*, ele logo passou a sentir a música e deixar-se levar por ela. "É muito difícil ensinar alguém a fazer isso, mas Bruce tinha isso dentro de si", relembra Amy. "Ele podia ser *funky*."

"Mais do que qualquer outra coisa, o que eu mais gostava em Bruce era que ele jamais se desculpava por ser oriental", diz Amy. "Numa época em que tantos asiáticos tentavam convencer a si mesmos de que eram brancos, Bruce tinha tanto orgulho de ser chinês que quase explodia."

Certo dia, no *campus*, Bruce levou Amy para uma sala vazia no Parrington Hall, com o pretexto de estudarem juntos com privacidade. Mas a sala pertencia a Theodore Roethke, o poeta, internacionalmente aclamado e ganhador do Prêmio Pulitzer. Quando Roethke entrou e apanhou os dois ali, exclamou: "Eu sou Roethke, o poeta! O que é que vocês estão fazendo na minha sala?".

Amy congelou, mas Bruce levantou-se, caminhou em direção a ele e estendeu a mão. "Eu sou Bruce *Sifu* Lee, mestre de *kung fu*. Prazer em conhecê-lo."

"O que é *kung fu*?", perguntou Roethke.

Deliciado com a indagação, Bruce foi ao quadro-negro e iniciou uma palestra de quinze minutos sobre *kung fu* – completa, com diagramas e uma explanação sobre os princípios do *yin* e *yang*. Amy queria esgueirar-se por debaixo da porta, mas Roethke parecia hipnotizado. Quando Bruce terminou, Roethke disse: "Acho que entendi. Muito obrigado. Por favor, volte sempre que quiser falar mais sobre *kung fu*". No dia seguinte, Roethke recontou a história à sua classe: "Conheci um jovem, que supostamente é um mestre em artes marciais. Ele me pareceu bastante letal".

As dificuldades no relacionamento de Bruce e Amy provinham das criações muito diferentes recebidas. Bruce tinha uma visão tradicional, dos anos 1950, quanto aos gêneros e seus papéis, enquanto Amy era uma protofeminista dos anos 1960. Uma de suas lembranças mais antigas era a de soldados armados vasculhando as roupas íntimas de sua mãe no campo de realocação de Tule Lake, onde ambas eram internas junto com outros nipo-americanos durante a Segunda Guerra Mundial. Amy emergiu dessa experiência determinada a jamais ser aprisionada de novo. Além de estudar balé, Amy trabalhava para manter-se na faculdade cantando em uma banda de *jazz*, uma atividade muito ousada aos olhos da rigidamente moralista comunidade nipo-americana. Amy sonhava com uma carreira artística, cantando, dançando e atuando.

Bruce alimentava seus próprios sonhos artísticos, que eram tão grandiosos e difíceis de realizar que achava que Amy deveria priorizá-los em detrimento dos sonhos dela. "Tudo o que faz gira em torno de Bruce Lee", queixou-se Sanbo. "Todos os seus pensamentos, seus objetivos, são voltados a si mesmo. Nunca ouvi nada sobre Amy."

"Mas os meus objetivos são tão empolgantes, e eu quero compartilhá-los com você", replicou Bruce, incapaz de compreender por que isso a deixava ainda mais zangada.

Amy amava Bruce, mas ele a estava deixando louca. Ele a estava sufocando, querendo saber sempre aonde ela iria e com quem. Sempre que queria ir a Chinatown sozinha, Bruce insistia para que um dos seus alunos de *kung fu* a acompanhasse, servindo-lhe de guarda-costas. "De quem os seus cães de guarda esperam me defender?", gritou para ele. "Eu cresci em Chinatown!"

Bruce pediu Amy em casamento muitas vezes. Ele lhe deu um anel que pertencera à sua avó, com uma safira engastada sobre uma cruz branca. Amy sentia-se dividida. Era muito divertido estar na companhia dele e ambos tinham tantas coisas em comum. Ela acreditava que poderiam viver juntos para sempre, mas também temia que pudessem se matar. Amy também se preocupava quanto à possibilidade de Bruce querer apenas trancafiá-la, mantendo-a ao seu lado o tempo todo. Ela não estava preparada para esse tipo de compromisso e, no fundo, não acreditava que ele estivesse pronto para assumir tal responsabilidade. "Eu cuido de minha mãe, que é doente", disse Amy. "Você é capaz de sustentar nós duas?"

Bruce ficou arrasado quando Amy, por fim, terminou o relacionamento, durante a primavera de 1963. Ele mal saiu do seu quarto por semanas a fio. "Bruce estava de coração partido", recorda-se Jesse Glover. "Ele não fez nada durante esse período, exceto desenhar retratos de Amy e falar com seus amigos mais chegados sobre o que estava sentindo."

Durante o período da faculdade, o foco principal de Bruce era o seu clube de *kung fu*. Antes de se matricular na Universidade de Washington, em 1961, ele já havia planejado abrir seu clube ao público e transformá-lo em uma escola com cobrança de mensalidades, o que lhe permitiria demitir-se de seu odiado trabalho no restaurante de Ruby Chow. No entanto, seu segundo aluno, Ed Hart, mudou-se para o Brooklyn em busca de trabalho, e deixou o clube, sendo acompanhado por outros membros. Em dois meses, o grupo original havia se reduzido tanto que Bruce não pôde mais arcar com os custos do aluguel. Em maio de 1961, Bruce escreveu para Ed Hart: "Eu não tenho mais um clube. Na verdade, ainda devemos US$ 80 de aluguel, mas como todo mundo está desempregado, não temos como pagar. Além disso, tive de parar de ensinar, pois tenho um emprego de meio período para resolver meus problemas financeiros. [...] Sinto muito sua falta e espero que você volte para Seattle".

Com a perda da sede do clube, Bruce e sua turma tinham voltado ao ponto de partida, praticando em parques e nos apartamentos dos alunos. Nos fins de semana, Bruce ainda dava aulas aos membros originais remanescentes (Jesse Glover, Taky Kimura, James DeMile e Howard Hall) na casa de Leroy Garcia. Durante a semana, ele e Skip Ellsworth ensinavam um grupo de estudantes da Universidade de Washington, no gramado usado para concertos ao ar livre. Isso durou cerca de um ano, até que Bruce conseguiu juntar dinheiro suficiente para alugar um espaço em um porão na King Street, na Chinatown de Seattle, e inaugurar oficialmente sua primeira escola aberta ao público, ou *kwoon*.

Bruce Jun Fan Lee batizou-a como Instituto Jun Fan Gung Fu, inspirado em seu próprio nome – uma prática muito americana. Esse foi o primeiro passo rumo ao seu sonho americano de criar uma cadeia de escolas de *kung fu* por todo o país. Em setembro de 1962, ele escreveu uma carta à sua antiga namorada, Pearl Tso, com um resumo formal dos objetivos e valores de sua vida:

> Em toda atividade, em toda profissão, é de ideias que a América está em busca. Ideias fizeram da América o que ela é, e uma boa ideia fará de um homem o que ele deseja ser. [...]
>
> *Gung fu* é a melhor de todas as artes marciais; contudo, derivados chineses do judô e do karatê, que não são mais que as bases do *gung fu*, florescem por todos os Estados Unidos. Isso acontece porque ninguém jamais ouviu falar dessa arte suprema; e também porque faltam instrutores competentes.
>
> Acredito que os meus longos anos de prática me habilitem a ser o primeiro instrutor desse movimento. Ainda há muitos anos à frente para que eu possa aperfeiçoar minha técnica e meu caráter. Meu objetivo, portanto, é o de estabelecer o primeiro Instituto de *Gung Fu*, que haverá de se espalhar por todos os Estados Unidos (estabeleci um prazo de dez a quinze anos para completar todo o projeto). Minha razão para fazer isso não é unicamente ganhar dinheiro. As

motivações são muitas, e entre elas estão: minha determinação de fazer o mundo conhecer a grandeza dessa arte chinesa; minha determinação de ensinar e ajudar as pessoas; minha determinação de ter uma boa casa e um lar para a minha família; minha determinação de iniciar alguma coisa; e, por último, mas não menos importante, porque o *gung fu* faz parte de mim mesmo. [...]

Sinto que tenho essa grande força criativa e espiritual dentro de mim, que é maior que a fé, que a ambição, que a confiança, que a determinação e que a visão. Ela é todas essas coisas combinadas. [...]

Posso não ter, agora, nada além de um lugarzinho em um porão; mas, uma vez que minha imaginação está a todo vapor, posso ver pintado na tela da minha mente o quadro de um belo e grande Instituto de *Gung Fu*, com cinco ou seis andares e com filiais em todos os estados.

Aos 21 anos de idade, Bruce Lee concluía que o enquadramento das metas para sua carreira eram parte de uma busca espiritual. Ele não almejava apenas o sucesso mundano: ele também desejava a paz interior.

Tudo somado, o objetivo do meu planejamento e das minhas ações é o de encontrar o verdadeiro significado da vida: a paz de espírito. Eu sei que a soma de todas as posses que mencionei não acrescenta, necessariamente, nada para a paz de espírito; todavia, pode contribuir, se eu dedicar minha energia à real conquista do meu ser, em vez de combates neuróticos. Para conquistar essa paz de espírito, os ensinamentos sobre desapego do taoismo e do zen provaram ser muito valiosos.

O primeiro obstáculo aos grandiosos planos de Bruce surgiu com a reação de Jesse Glover, seu primeiro aluno. Ele e vários outros membros originais do clube, acostumados a treinar de graça, afastaram-se diante dos esforços de Bruce para formalizar e comercializar sua arte. A princípio, Jesse e os outros evitaram a nova escola de Bruce. "Eu achava muito difícil ter de chamar de *sifu* alguém com quem eu havia convivido lado a lado por dois anos", diz Jesse, empregando o termo chinês equivalente a "mestre". Aborrecido, Bruce deixou claro que não iria compartilhar seus segredos ou revelar suas melhores técnicas a quem não estivesse "totalmente do seu lado". Isso fez com que Jesse, que era quase tão orgulhoso quanto Bruce, se afastasse, levando consigo Leroy Garcia e James DeMile. O rompimento foi, de muitas maneiras, mais doloroso para Bruce do que o que tivera com Amy Sanbo.

A facção rebelde abriu sua própria escola – não uma franquia do Instituto Jun Fan Gung Fu, mas uma concorrente –, no subsolo do New Richmond Hotel. Em 1962, o mercado para o *kung fu* em Seattle não era grande o bastante para suportar duas *kwoons*, e a escola de Jesse teve de encerrar suas atividades em cinco meses. Ele tentou novamente, abrindo uma segunda escola, na Pike Street, em 1963. Jesse se encarregava das aulas, enquanto James DeMile era o responsável por conseguir alunos. Enquanto a escola lutava para sobreviver apenas com um punhado de alunos, DeMile fez uma visita ao recém-inaugurado estúdio de Bruce, na University Way, com seus mais de cinquenta discípulos.

Depois do rompimento, o relacionamento entre Jesse, Jim e Bruce era amistoso e cortês em público, mas carregava um misto de sentimentos feridos e traição. Naquele dia, alguns alunos de Bruce cercaram DeMile perguntando "Por que você e Jesse deixaram de treinar com Bruce?"

"Não gostamos de algumas das mudanças que ele estava fazendo", respondeu-lhes DeMile, secamente. "Achamos que ele estava escondendo algumas coisas, deixando de lado partes importantes sobre o que faz seu sistema funcionar."

Quando, mais tarde, os alunos contaram a Bruce o que DeMile havia dito, ele explodiu. Bruce logo percebeu que a crítica era uma tentativa grosseira de tentar roubar alguns de seus alunos e, portanto, uma ameaça ao seu ganha-pão.

Na próxima vez que DeMile apareceu por lá, Lee estava furioso. Ele confrontou DeMile e perguntou, com a voz embargada pela raiva: "Por que você disse aquelas coisas?".

"Eles me fizeram uma pergunta, e eu lhes disse a verdade", replicou DeMile, na defensiva.

Bruce apontou um dedo para o peito de DeMile: "Você não tem o direito de fazer comentários para a minha classe".

"Você tem razão", recuou DeMile. "Eu sinto muito."

Ainda furioso, Bruce atirou sobre a palma de sua mão um par de luvas que estivera segurando. Ele parecia pronto para atacar.

DeMile pensou consigo mesmo: "Lutar com Bruce quando ele está calmo é loucura; mas fazer isso quando ele está furioso é morte certa". DeMile deslizou uma mão para dentro do bolso de seu casaco e posicionou seu dedo indicador sobre o gatilho de uma pequena arma. Se Bruce saltasse sobre ele, DeMile atiraria.

"Peço desculpas mais uma vez. Eu estava errado. Sinto muito", disse DeMile enquanto recuava lentamente, virava-se de costas para ele e caminhava para fora. Essa foi a última vez que eles se falaram.

No verão de 1963, quatro anos depois do seu "banimento", Bruce Lee retornou a Hong Kong para passar três meses de férias. Ele havia deixado a cidade de navio como um fracassado, e agora voltava a ela de avião, como um sucesso. Vestindo seu terno mais elegante e uma bela gravata, Bruce foi cumprimentado, no aeroporto Kai Tak, por sua mãe, seu pai, seu irmão caçula, Robert, pela tia Eva Tso, o primo Nguyen Yu Ming, e por Mary Wong, com quem ele coestrelara o filme *The Thunderstorm* (1957). Robert, que estava iniciando sua carreira musical, convidara um fotojornalista do *Overseas Chinese Daily News* para registrar o evento.

Aquele foi um significativo momento de reconciliação entre pai e filho. De acordo com um costume chinês, Bruce trouxera presentes para sua família – uma prova simbólica da prosperidade que obtivera em uma terra estrangeira. Ele deu ao seu pai uma nota de US$ 100 – a mesma quantia que seus pais haviam-lhe dado, quando partiu, em 1959 – e um sobretudo novo.

"Papai, isto é para você", disse Bruce. "Eu comprei como um presente para você."

Hoi Chuen agarrou seu filho, a quem uma vez chamara de "uma pessoa inútil", e o abraçou. Os olhos de Bruce umedeceram e as lágrimas rolaram sobre seu rosto.

"Eu não devia ter tratado você dessa maneira", disse Hoi Chuen, com a voz embargada pela emoção.

"Não, papai, você estava certo", respondeu Bruce. "Do contrário eu não teria mudado meu modo de encarar a vida."

Nas fotografias, Hoi Chuen está vestindo seu sobretudo novo e rindo de orelha a orelha, eletrizado. "Eu nunca tinha visto um sorriso como aquele no rosto de papai", recorda-se Robert.

Seu filho, que estava perdido, agora tinha sido reencontrado.

Esperando no apartamento da família na Nathan Road estavam mais amigos e um banquete com diversos pratos – uma festa e uma celebração pelo retorno do filho pródigo. Todos estavam maravilhados com o amadurecimento de Bruce, que estava mais confiante e seguro de si mesmo. Seu senso de humor mantinha todos rindo e ele estava orgulhoso de suas conquistas na América. Enquanto o banquete transcorria, ele trocou o terno por uma camiseta da Universidade de Washington. Ele impressionou sua família com uma demonstração de suas arduamente obtidas habilidades no *kung fu*. "Quando partiu, ele era um estudante de artes marciais acima da média", diz Robert, "mas, quando voltou, era óbvio que ele possuía um talento muito especial." Bruce também surpreendeu a todos com o seu lado filosófico, o qual jamais haviam visto nele. Ele estava menos autocentrado, menos envolvido apenas consigo mesmo e mais com todos à sua volta. Sua vida parecia ter adquirido um propósito.

Depois de quatro anos de treinamento e instrução de *kung fu* nos Estados Unidos, Bruce queria testar seu nível de habilidade contra os mestres de Hong Kong. Ele visitou várias escolas para aprender suas melhores técnicas. Nesse processo, muitas vezes ele tentava alterá-las e melhorá-las. Porém, em vez de elogiarem suas inovações, os velhos mestres o repreendiam por corromper a tradição. Essa reação negativa fez Bruce ficar cada vez mais desiludido com o conservadorismo do *kung fu* tradicional.

Seu teste mais importante ocorreu na escola de Ip Man, onde ele competiu empregando a técnica das mãos pegajosas (*chi sao*) com seus irmãos e professores de luta. Quando partiu, em 1959, Bruce considerava-se o sexto melhor praticante da escola. Depois de quatro anos de ausência, ele evoluíra apenas para ser o quarto. Ele ainda não havia conseguido superar seu professor, Wong Shun Leung, nem o mestre deste, Ip Man, além de um dos instrutores assistentes de Ip Man. Enquanto qualquer outra pessoa consideraria esse um progresso considerável – todos os três eram muito mais velhos do que ele –, Bruce, um perfeccionista nato, sentia-se tão frustrado que, por um breve período, considerou abandonar por completo as artes marciais. Contudo, depois de esfriar a cabeça, ficou ainda mais determinado a ser melhor do que todos eles. Ele decidiu que teria de treinar ferrenhamente e desenvolver mais modificações para contornar suas técnicas clássicas.

Durante o período de insegurança que enfrentou quanto às artes marciais, Bruce flertou com a ideia de restabelecer sua carreira de ator. Ele esperava atuar em ao menos uma rápida produção cinematográfica de Hong Kong durante suas férias de verão. Afinal de contas, o filme que estrelara antes de partir, *The Orphan* (1960), fora um grande sucesso de bilheteria e de crítica. Na época do lançamento, um dos maiores diretores de filmes de ação de Hong Kong, Chang Cheh (responsável, entre outros filmes, por *The One-Armed Swordsman* e *Five Deadly Venoms*), ficou tão impressionado com o desempenho de Bruce que pediu à direção de seu novo estúdio, o Shaw Brothers, para que contratassem o Pequeno Dragão, mas Bruce já havia partido para a América.

Tendo ouvido os rumores positivos sobre seu último papel, Bruce aproximou-se de alguns de seus antigos contatos, esperando receber muitas ofertas. Mas ele logo descobriu que quatro anos são uma eternidade na indústria cinematográfica. Seu pai, que havia se aposentado, não podia ajudar, e muitos dos antigos colegas dele não tinham tempo para perder com um ex-ator. Certo final de tarde, quando passeava pela praia, ele avistou Christine Pai Lu-Ming, com quem coestrelara *Sweet Time Together* (1956), e caminhou em sua direção apenas para dizer "olá". Christine passou por ele, sem sequer dar-se ao trabalho de olhar em sua direção. Bruce ficou arrasado. Todas as portas da indústria cinematográfica pareciam estar fechadas para ele.

Ainda que não tivesse conseguido nenhum trabalho como ator, surgiu-lhe uma agradável oportunidade de servir como treinador de atores (ou melhor: de *uma* atriz). Enquanto ele estivera fora, uma de suas antigas paqueras, Amy Chan (Pak Yan), havia iniciado o que seria uma longa e ilustre carreira no cinema e na televisão. Quando soube que Bruce estava de volta à cidade, telefonou para ele. "Eles só me escalam para interpretar garotas astutas e dissimuladas", disse ela, fingindo timidez e modéstia. "Você poderia me ensinar a ser má?" Depois do término doloroso de seu relacionamento com Amy Sanbo, essa era uma oferta que ele não poderia recusar. Os dois passaram muitas noites jantando e dançando no Carlton Hotel, em Tai Po.

Para assegurar-se de que estaria sempre bem vestido em todos os seus encontros, Bruce pediu ao alfaiate da família para que lhe fizesse, sob medida, as roupas mais "descoladas", que ele mesmo ajudou a desenhar. Ele era tão meticuloso com os detalhes que passava a ferro, ele mesmo, suas roupas, temendo que os empregados da casa não fizessem direito. Tal como Bruce explicou a um amigo americano, "Isto é Hong Kong – as pessoas respeitam suas roupas antes de respeitarem você!"

Suas preferências em relação à moda ocasionalmente causavam-lhe problemas. Certa noite, ele foi com uma amiga, Eunice Lam, ao Eagle Nest, no Hilton Hotel, a boate mais luxuosa da ilha de Hong Kong. Ele usava um terno preto formal, novinho em folha, com uma camisa roxa cintilante e tornou-se o centro das atenções na pista de dança, com seus impressionantes passos de chá-chá-chá. Na balsa de volta para o lado de Kowloon, Bruce tirou seu paletó na úmida e quente noite de Hong Kong. Sua chocante camisa roxa atraiu a atenção de dois arruaceiros, que começaram a caçoar e a ofendê-lo por se parecer com um almofadinha. Bruce sorriu para eles e disse: "É melhor manterem a boca fechada, ou terão problemas mais tarde".

Quando chegaram ao Star Ferry Pier, os dois malandros desembarcaram primeiro e esperaram perto do mastro da bandeira a um canto do cais. Bruce conduziu Eunice e os dois passaram por eles, a caminho da casa dela. Os desocupados os seguiram, provocando Bruce: "Aonde você vai com tanta pressa? Você tem que voltar correndo para a mamãe?".

Eunice estava apavorada, mas Bruce mantinha-se calmo e sereno. Quando os arruaceiros chegaram perto demais, Bruce virou-se para encará-los. De repente, Eunice ouviu gritos e olhou para trás. Um dos sujeitos estava caído no chão, agarrando uma perna; o outro fugia, aterrorizado. Bruce sorriu para ela e disse: "Eu apenas o presenteei com meu chute na canela!".

Quando o primo de Bruce, Frank, que era alguns anos mais velho do que ele, ouviu a história, meneou a cabeça e fez uma piada sobre a crescente maturidade de Bruce. "Se isso tivesse acontecido há alguns anos", disse Frank, "Bruce teria surrado os dois assim que desembarcasse da balsa."

⁕

Bruce convidou Doug Palmer, seu aluno americano mais brilhante, para visitá-lo em Hong Kong. Depois de um ano estudando com Bruce enquanto concluía o ensino secundário, Doug fora para a Universidade Yale, onde estudava mandarim e cursava Estudos sobre a Ásia Oriental. Antes da chegada de Palmer, Bruce escrevera-lhe uma carta prevenindo-o sobre a onda de calor e a seca que haviam mergulhado a colônia na miséria: "Cara, acredite em mim: é quente. O suprimento de água aqui está chegando a uma crise incontornável: só há água disponível, por poucas horas, a cada quatro dias. A temperatura média é de 35ºC, é como viver no inferno".

Assim que Doug saiu do avião, teve a sensação de estar entrando numa sauna. Então, ele teve sua primeira percepção do distinto aroma de Hong Kong: um espesso ar salino tropical, misturado ao vapor do cozimento de comidas exóticas, lixo em decomposição e suor humano. "A corrida [de táxi] do aeroporto até a cidade foi das mais animadas", recorda-se Doug, "passando por ruelas estreitas e apinhadas de carrinhos de mão, caminhões e táxis que ziguezagueavam pelas ruas, entre altos edifícios residenciais e comerciais, cheias de lojas abertas para a calçada e coloridíssimas placas escritas em caracteres chineses. Multidões enchem as calçadas, sentando-se diante de lojas, em pé diante de barracas de comida, *coolies* vestindo camisetas e senhoras idosas usando calças pretas muito largas disputam passagem ombro a ombro com homens de negócios vestidos com ternos ocidentais. Apesar da seca e do calor debilitante, dos mendigos, dos refugiados e da sujeira, [a cidade] é exatamente tudo pelo que eu estava esperando."

Quando Doug, que media mais de 1,90 metro e pesava mais de cem quilos, entrou no apartamento, toda a família de Bruce recuou um passo e engoliu em seco. "Nós já tínhamos visto sujeitos ingleses muito altos antes", recorda-se Robert, "mas era como se um gigante tivesse vindo nos visitar. Precisávamos de um tempinho para nos acostumarmos com a ideia." No jantar, na sala principal do apartamento, Bruce começou a ensiná-lo sobre a etiqueta chinesa. O primeiro prato foi uma sopa, e Doug sentou-se ereto, levando a colher à boca e tomando cuidado para não fazer barulho. Ele não se dera conta de que comer em silêncio é interpretado como um sinal de que não se apreciou o sabor da comida. Bruce inclinou-se e sussurrou em seu ouvido: "Faça um pouco de barulho".

Bruce levou Doug para visitar Ip Man em seu apartamento, no topo de um edifício alto. "Ele era um homem sorridente, com um brilho nos olhos, magro e de idade avançada, mas ainda em plena forma", lembra-se Doug. Antes de chegarem, Bruce fez Doug prometer que não faria nem diria nada que revelasse que ele era seu aluno. Ip Man era da velha escola, e acreditava que o *kung fu* não deveria ser ensinado a estrangeiros. Sentado a um canto fingindo não entender nada, Doug teve a oportunidade de assistir a dois dos mais famosos artistas de *kung fu* do século XX praticarem o *chi sao* por horas, vestidos com camisetas. Aquela foi a primeira vez que Doug viu Bruce ser incapaz de dominar alguém.

Uma semana antes de Doug e Bruce voltarem para os Estados Unidos, Bruce voltou para o apartamento mancando, com as pernas arqueadas e trocou as calças justas que vestia por um par de calças pretas de luta, largas como pijamas, que ele pegou emprestadas de seu pai.

"O que há de errado?", perguntou Robert.

"Eu fui circuncidado", respondeu Bruce.

"O que é circuncisão?", indagou Robert.

Bruce baixou suas calças, e todos os homens da família reuniram-se à sua volta para inspecionar o trabalho feito por um cirurgião. À medida que Bruce descrevia o procedimento, sem poupar os detalhes grotescos, Robert só conseguia gritar: "Por quê? Por quê?".

"É isto o que eles fazem na América", disse Bruce. "Eu sou americano, e quero me parecer com a maioria."

"Isso não dói muito?", perguntou Robert apontando para as suturas e bandagens. "Você terá de repousar por alguns dias?"

"Não, não é nada demais", replicou Bruce, com máscula segurança. "Vou caminhar amanhã, para fazer um pouco de exercício."

No dia seguinte, ele saiu de casa mas voltou, quinze minutos depois, sangrando e sentindo dores intensas. Gostasse disso ou não, Bruce teve de repousar por alguns dias até se recuperar. Todas as manhãs, seu pai, seu irmão e seu primo iam fazer uma inspeção para avaliar os progressos.

No final de julho, quando Doug e Bruce faziam as malas para partir, Bruce e Hoi Chuen abraçaram-se, completando sua reconciliação. Aquela seria a última vez que Bruce veria seu pai com vida.

Linda, Bruce e Brandon Lee, por volta de 1965. (*Photo 12 / Alamy Stock Photo*)

7
O Lado Ensolarado da Baía

Linda Emery nasceu em Everett, Washington, no dia 21 de março de 1945, em uma família batista de ascendência sueca, irlandesa e inglesa. Seu pai, Everett, morreu quando ela tinha 5 anos e sua mãe, Vivian, teve de lutar para criar Linda e sua irmã mais velha sozinha. Vivian arranjou um emprego na Sears e, mais tarde, casou-se novamente com um homem que não era, nas palavras de Linda, "nada parecido com um pai. Ele não era uma boa pessoa". Linda foi uma criança calada mas determinada: tímida, pensativa, introvertida, humilde e propensa a duvidar de si mesma; não obstante, ferrenhamente leal, confiável em meio a crises e inquebrantável. Com cabelos castanhos e olhos azuis, ela era a típica garota que marcava pela beleza física, embora jamais tenha se considerado atraente.

Tendo crescido pobre em Seattle, Linda frequentou o Garfield High, um colégio de nível médio onde a convivência não era fácil, na parte decadente do centro da cidade, cuja frequência era constituída por cerca de 40% de negros, 40% de brancos e 20% de asiáticos. Era uma boa aluna, que levava seus estudos muito a sério, e planejava ser a primeira das mulheres de sua família a frequentar uma faculdade. Vendo como sua mãe sofria em empregos mal remunerados, Linda sonhava em se tornar médica. Ela sentia-se orgulhosa por integrar a equipe de *cheerleaders* da escola, e sua melhor amiga era Sue Ann Kay, uma extrovertida garota sino-americana. Linda teve alguns poucos encontros com um garoto mestiço japonês no colégio, até sua mãe descobrir e proibi-la. A mãe de Linda aceitava que ela tivesse *amigas* asiáticas, mas não namorados.

Certo dia, durante seu último ano no colégio, Linda estava no corredor, próxima dos armários dos alunos em companhia de Sue Ann e outras amigas *cheerleaders*, quando uma ex-aluna, muito popular na escola, entrou: era Amy Sanbo. Ela estava de braços dados com um jovem rapaz muito atraente, que vestia um terno preto feito sob medida, uma gravata muito estreita, igualmente preta, uma brilhante camisa roxa, um chapéu de aba curta e um longo sobretudo bege. A visão de Amy e seu belo e ousado novo namorado fez disparar as línguas felinas, sobretudo entre a equipe de *cheerleaders* no final do corredor.

"Quem é aquele?", perguntou Linda.

"Oh, aquele é Bruce Lee", respondeu Sue Ann Kay. "Ele não é lindo?"

"Ahh, sim", suspiraram as *cheerleaders* em uníssono.

"Parece que ele acabou de sair diretamente de *West Side Story*", disse uma delas, dissimulando um risinho.

"É, ele se parece com George Chakiris", disse Linda. "Elegante, confiante, charmoso, cosmopolita..."

"Ele veio dar uma palestra na aula de Filosofia Chinesa do sr. Wilson", disse Sue Ann.

"Como é que você o conhece?", perguntou Linda.

"Eu tenho aulas de *kung fu* com ele."

As outras garotas romperam em risos: "Aposto que sim!". "É assim que vocês chamam isso, agora?"

Os olhos de Linda seguiram Bruce enquanto ele caminhava pelo corredor, rindo, conversando e trocando golpes de brincadeira com alguns outros rapazes. Ela estava muito mais do que apenas bem impressionada.

Naquele verão, Linda arranjou um emprego na Sears, junto com sua mãe, enquanto se preparava para entrar para a Universidade de Washington no outono. Seus pensamentos voltavam-se constantemente para Bruce Lee. Ela provocava sua amiga quanto ao professor de *kung fu* "dos sonhos" que tinha. "É por causa dele que você estuda todas aquelas esquisitices de defesa pessoal?".

"Por que você não vem assistir a uma aula comigo para ver como é?", Sue Ann desafiou-a.

Em uma manhã de domingo, em agosto de 1963, Linda acompanhou Sue Ann a Chinatown. As duas jovens adentraram um prédio malconservado na King Street por uma porta meio aberta que dava para a calçada, desceram por uma escadaria suja e escura e chegaram a um porão com paredes de concreto, lâmpadas nuas que pendiam do teto e nenhum outro elemento decorativo. Linda pensou consigo mesma: "Ai, ai, ai! Em que eu me meti agora?". Essa não seria a última vez que ela teria pensamentos semelhantes.

A despeito do ambiente, a atmosfera no local era calorosa e receptiva. Uma dúzia de estudantes conversavam e faziam alongamentos antes do início da aula. Sue Ann cumprimentou Bruce, que havia acabado de chegar de Hong Kong, quando ele se aproximou para cumprimentá-las. No início, Linda achou-o um pouco arrogante; mas, não fosse por outro motivo, isso só o tornava ainda mais atraente para uma jovem que lutava contra a própria insegurança. Ela se matriculou e tornou-se mais um rostinho bonito regular nas aulas de Bruce. "Não sei se eu estava mais interessada no *kung fu* ou no professor", diz ela.

Depois das aulas nas manhãs de domingo, Bruce costumava levar um grupo de alunos para um longo e alegre almoço chinês. "Bruce me fazia ter dor de barriga de tanto rir", recorda-se Linda. Muitas vezes a refeição era seguida por um filme; em geral um filme de samurais. "Durante o tempo todo, Bruce fazia comentários relativos à ação", nota Linda, sarcasticamente. Certo fim de semana, Bruce emocionou a todo o grupo ao levá-los para assistir ao seu último filme, *The Orphan* (1960). Nenhum dos alunos sabia que Bruce fora um astro mirim em Hong Kong. Depois que todos entraram na sala de exibição, Bruce disse, como se fosse algo sem importância: "Oh, sim. Eu estou no filme". Bruce pode ter fingido que tal coisa não fosse importante, mas a experiência "virou a cabeça" de Linda: "Vê-lo na tela, numa sala de cinema na Chinatown de Seattle fez com que eu me desse conta de que havia mais naquele homem do que eu imaginara".

No início do ano letivo de 1963 na Universidade de Washington, Linda matriculou-se no curso preparatório para Medicina e em alguns cursos científicos intensivos. Mas, em vez de debruçar-se sobre os livros, ela passava a maior parte do tempo na companhia de Bruce e seus seguidores. Logo Linda começou a faltar a tantas aulas que seu primeiro ano na faculdade por pouco não foi um completo desastre. "Estudar e me apaixonar por Bruce eram coisas incompatíveis", diz ela. Contudo, por mais que estivesse muito interessada nele, Linda jamais considerou-se encantadora o bastante para ter sua afeição retribuída. "Ele era tão atraente e charmoso que podia escolher com quem quisesse sair", diz ela.

Mal sabia ela que Bruce estava se recuperando de um caso de amor não correspondido com uma mulher exuberante. Ser paparicado era uma bela mudança de ritmo para um jovem orgulhoso com grandes planos. Assim que o ano letivo começou, Bruce mudou o endereço do Instituto Jun Fan Gung Fu do escuro porão em Chinatown para o nº 4750 da University Way, próximo ao *campus*. Era o maior e mais caro lugar que ele já tinha alugado, com cerca de quase 280 m², ocupando todo o térreo de um edifício. Nos fundos, havia um pequeno dormitório. Depois de três anos limpando mesas, Bruce comunicou oficialmente sua demissão a Ruby Chow e mudou-se de seu armário de vassouras. Agora ele se dedicava por completo ao seu sonho de tornar-se o Ray Kroc* do *kung fu*. Ele precisaria de alguém para ser seu "braço direito". Quem melhor do que uma discípula embriagada de paixão?

Certa tarde, no gramado usado para concertos da Universidade de Washington, limitado por árvores e colunas gregas a uma extremidade, Bruce e seus alunos de *kung fu* corriam de uma ponta a outra. Quando Linda ficou para trás de todos os outros alunos, Bruce interceptou-a e a derrubou no chão. Ela pensou que ele estivesse demonstrando-lhe uma nova manobra de *kung fu*, mas ele a manteve imobilizada. Quando, por fim, ela parou de rir, ele perguntou se ela gostaria de jantar com ele no restaurante no topo da famosa torre *Space Needle*.

Ela fez uma pausa, pensando que aquele era um lugar muito caro para levar a classe toda, e perguntou: "Você quer dizer todos nós?".

"Não. Apenas você e eu", respondeu ele.

Perplexa, ela conseguiu apenas menear a cabeça afirmativamente.

Na tarde de 15 de outubro de 1963, Linda, sabendo que sua mãe não aprovaria seu encontro com um rapaz chinês, disse-lhe que passaria a noite na casa de uma amiga. Lá chegando, Linda tomou emprestados um dos vestidos e um casaco "da moda", porque não tinha nada adequado para usar no restaurante mais "descolado" da cidade. A Space Needle fora recentemente construída, para a Feira Mundial de Seattle de 1962, e seu restaurante giratório proporcionava uma vista da cidade inteira.

Naquela noite, Bruce estacionou seu possante Ford 1957 preto diante da casa da amiga de Linda. Ele vestia o mesmo traje que havia usado na Garfield High na primeira vez que Linda o vira: o terno preto feito sob medida e a

---

* Raymond Albert "Ray" Kroc (05/10/1902-14/01/1984) foi o empresário norte-americano que adquiriu uma pequena franquia de lanchonetes – com apenas seis lojas – dos irmãos McDonald, em 1955. Os irmãos, desde 1940, tentavam expandir seus negócios a partir de sua base inicial na cidade de São Bernardino, na Califórnia. Sem grande sucesso, decidiram vender o empreendimento. Depois da aquisição, Ray Kroc transformaria o McDonald's numa marca de alcance mundial. (N. dos T.)

brilhante camisa roxa. Mais uma vez, ele a fez lembrar-se de seu ídolo das telas, George Chakiris, o líder dos *Sharks* em *West Side Story*. "Eu fiquei encantada no instante em que o vi", recorda-se.

Antes do encontro, Linda estava com medo de não saber como manter uma conversa com o objeto de seu desejo quando estivesse sozinha com ele, uma vez que não poderia contar com a segurança do grupo. Bruce se encarregou de dissipar essa preocupação. "Ele sempre falou por nós dois", recorda-se ela. Ele a deleitou com a história de sua vida, mas mostrou-se mais entusiasmado ao falar sobre seus planos futuros para uma cadeia de escolas de *kung fu*. Linda quis perguntar por que ele a havia escolhido para discutir seus planos, mas era tímida demais para isso. Na ocasião, ela não percebeu que Bruce estava tentando convencê-la de que valia a pena apoiá-lo em seus sonhos. "Eu estava totalmente cativada por seu magnetismo e pela energia que emanava dele."

Depois do jantar, Bruce a presenteou com uma recordação daquele momento: uma pequenina boneca *kewpie** escandinava. Bruce havia atado os cabelos da boneca em duas marias-chiquinhas, porque Linda muitas vezes chegava ao edifício da União Estudantil com os cabelos molhados e presos dessa maneira, após suas aulas de natação. Quando a deixou a um quarteirão de sua casa, ele a beijou levemente na boca. "Assim terminou uma noite perfeita", diz Linda.

Cinco dias depois, ele lhe escreveu o seguinte bilhete amoroso: "Para a garota mais doce, do homem que muito a aprecia: Para que viva feliz com poucos meios; para que busque a elegância em vez do luxo, e o refinamento em vez da moda, para que seja valorosa, não respeitável, e próspera, não rica; para que se aplique nos estudos, pense em silêncio, fale de maneira gentil, aja de modo franco; para tudo suportar com alegria, tudo fazer com coragem, esperar pelas ocasiões e jamais se apressar. Em outras palavras, para que se permita elevar-se espiritualmente, inadvertidamente e sem esforço consciente em meio aos demais. Bruce".

Linda havia sido conquistada.

Sem que sua mãe soubesse, logo ela passou a dividir seu tempo entre as aulas de *kung fu* de Bruce e seu dormitório sem janelas. "Você poderia dormir

---

* As bonecas *kewpie*, ou *kewpie dolls* (termo que também é uma marca comercial registrada nos Estados Unidos), caracterizam-se por ter a cabeça e o olho desmesuradamente grandes para o tamanho do corpo, por suas bochechas extremamente carnudas e uma massa de cabelos encaracolados, às vezes amarrados num coque no alto da cabeça. O nome seria uma alusão à maneira infantil de dizer a palavra *Cupid* – ou "Cupido" –, a divindade romana do amor, sempre representada como uma criança. (N. dos T.)

para sempre naquele quarto, pois a luz do sol não entrava para que se pudesse calcular as horas do dia", diz Linda. Muitas vezes, ela ia apanhar Bruce pela manhã e constatava que ele ainda estava dormindo, sem a menor ideia de que horas eram. Os dois tornaram-se grandes fãs de telenovelas. Todos os dias, após as aulas, eles corriam para o quarto de Bruce para assistirem a *Hospital Geral*. Depois, Bruce a levava ao restaurante chinês do outro lado da rua, onde o cozinheiro, Ah Sam, preparava a refeição favorita dele: bife ao molho de ostras e camarões ao molho de feijão-preto. Linda tinha então de voltar para casa e tentar jantar de novo com sua família. "Minha mãe estava começando a achar que eu era anoréxica, porque eu comia muito pouco", diz ela.

Seu primeiro ano na faculdade tornou-se uma operação clandestina para namorar secretamente e não levantar muitas suspeitas de sua mãe desconfiada. "Isso exigia muitas manobras e alguma ajuda das minhas amigas", recorda-se Linda. Nesse processo, ele se perdia em seus deveres escolares. "É por sua culpa que não consigo fazer meus trabalhos", queixava-se para Bruce. Ele apenas ria e a ajudava com os trabalhos de inglês. Ele não foi de muita ajuda em química ou cálculo, mas era um escritor prolífico, capaz de escrever textos durante os intervalos comerciais.

Agora que Bruce tinha uma namorada que investia em seus sonhos, ele voltou suas atenções para a profissionalização de suas operações. Ele preparou um planejamento para seu Instituto Jun Fan Gung Fu. A taxa mensal era de US$ 22 para adultos e US$ 17 para menores de 18 anos. O prospecto ilustrado previnia que o *kung fu* não poderia ser aprendido em "três lições simples". Era preciso inteligência e trabalho duro. Enfatizando a simplicidade de seu estilo baseado no *wing chun*, ele prometia que "as técnicas são suaves, curtas e extremamente rápidas; elas são diretas, precisas e resumidas aos seus propósitos essenciais, sem qualquer desperdício de movimentos". Em um apelo dirigido a um mercado de classe mais elevada, ele anunciava que o *kung fu* desenvolveria a autoconfiança, a humildade, a coordenação, a adaptabilidade e o respeito pelo próximo. Ele não fazia qualquer menção a brigas de rua.

Bruce Lee era tão bom como vendedor quanto como *showman*. Por ter sido um ator mirim, ele havia aprendido desde cedo a lidar com a mídia. Quando chegara aos Estados Unidos, um dos primeiros trabalhos avulsos que desempenhara fora como "intercalador" (inserindo anúncios avulsos entre as páginas de um jornal impresso), para o diário *The Seattle Times*. Dentro de um ano, ele estaria inserindo palavras suas nas páginas do *The Seattle Times*, em perfis publicados sobre ele – um feito notável, considerando quanto o jornal era preconceituoso àquela época. Na chocante manchete em "chinglês" que encabeçava sua primeira entrevista para o jornal, lia-se: *"Lee Hopes for Rotsa Ruck"* (uma tentativa de imitar o sotaque chinês ao dizer que "Lee espera por muita sorte"). O repórter, Weldon Johnson, assim iniciava sua matéria: "A princípio, *kung fu* pode soar como uma variedade de *chow mein*. E quando se pensa sobre isso, quase se tem certeza de que, de fato, é – mas, na verdade, não é". No artigo, Bruce faz um apelo público explicando por que a Universidade de Washington deveria incluir o *kung fu* como parte de seu currículo. Weldon, que, aparentemente, achava o "chinglês" hilariante, concluía assinalando que se tal coisa viesse a acontecer, faria Lee, o *kung fu* e os produtores de *chow mein* "*velly happy*".*

Bruce logo percebeu que a melhor maneira de deixar os repórteres norte-americanos à vontade era contar-lhes, ele mesmo, velhas piadas sobre orientais. "Eu não bebo nem fumo, mas masco chicletes, porque Fu Man Chu", ele dizia como provocação aos seus entrevistadores. Outra de suas piadas favoritas era dizer que "setecentos milhões de chineses não podem estar Wong."** A estratégia funcionou. Ele passou a receber uma cobertura positiva para suas aparições na televisão e apresentações em público. Os repórteres o achavam encantador, não ameaçador.

A boa publicidade e seu trabalho duro contribuíram para colocar a contabilidade de seu Instituto Jun Fan Gung Fu no azul. Ao final de seu primeiro ano de existência, ele já contava com mais de cinquenta alunos – o bastante para cobrir suas despesas e ainda colocar algum dinheiro no bolso. Sua namorada estava entusiasmada com a ideia de apoiar sua carreira. "Eu era o *yin* para o *yang* dele, geralmente mais silenciosa e mais calma", relembra Linda. "Era natural que eu, vez ou outra, o ajudasse para que pudesse dedicar todo seu tempo ao trabalho. Seu instrutor-assistente, Taky Kimura, era confiável e respeitado – alguém nas mãos de quem Bruce podia deixar seus negócios quando tivesse que se ausentar. Já era tempo de expandir seu império. Seattle era muito

---

* Uma piada racista com o termo "*very happy*", ou "muito felizes", buscando fazer troça com a forma como os orientais pronunciam erradamente alguns sons em inglês. (N. dos T.)

**Trocadilhos em inglês com nomes chineses. "Fu Man Chu" soa como *few men chew*, ou "poucos homens mascam"; e "Wong", um nome muito comum entre os chineses, é, aproximadamente, como se pronuncia a palavra *wrong* – "errado" ou "errados" – com um acentuado sotaque chinês. (N. dos T.)

provinciana e tinha pouco mercado para justificar a abertura de uma nova escola. Se ele quisesse deixar sua marca e ganhar a vida ensinando artes marciais, teria de abrir uma segunda unidade no epicentro do *kung fu* na América: São Francisco. Para isso, Bruce precisaria de um sócio.

Aos quarenta e poucos anos de idade e soldador de profissão, James Yimm Lee era um homem durão, beberrão e lutador. Em sua adolescência, fora ginasta, halterofilista e boxeador amador. Entre os 20 e os 40 anos de idade, estudara *jiu-jítsu* e *kung fu* Sil Lum. Sua especialidade era a Palma de Ferro. Ele era capaz de empilhar cinco tijolos, perguntar a alguém qual deles gostaria de ver ser quebrado e, em seguida, quebrar o tijolo escolhido com um só golpe, deixando os outros intactos. Contudo, por trás de sua aparência exterior casca grossa estava oculto seu lado mais gentil e intelectual. Ao dar-se conta da pequena quantidade de livros sobre artes marciais em inglês disponíveis para os entusiastas, ele começou a publicar, por meio de sua própria empresa, suas obras, vendendo-as pelo correio. Seu primeiro trabalho foi *Modern Kung Fu Karate: Iron, Poison Hand Training* – o qual Bruce Lee comprou e leu inteiro, de uma só vez.

Depois do modesto sucesso de seu primeiro título, James decidiu publicar um livro sobre o *kung fu* Sil Lum em parceria com seu professor, T. Y. Wong, um dos mais venerados mestres de São Francisco. Eles se desentenderam ao longo dos procedimentos. Mestre Wong acusou James de estar lhe devendo US$ 10. Jimmy negou a acusação, ficou furioso e abandonou a *kwoon* de Wong para sempre. Com seu novo parceiro de negócios, Al Novak, um dos poucos brancos com conhecimento e extenso treinamento de *kung fu* à época, James decidiu estabelecer sua própria escola. Ambos já estavam cansados da sofisticação das formas tradicionais de *kung fu*, as quais acreditavam ser impraticáveis em confrontos na vida real, e concordaram em oferecer um currículo mais adequado àqueles tempos, aplicando alguns elementos de boxe de academia às suas instruções de *kung fu*. Eles inauguraram o *East Wing Modern Kung Fu Club* [Clube de *Kung Fu* Moderno da Ala Oriental] em um espaço dilapidado na esquina das ruas Broadway e Garnet, em Oakland. Tal como sucedera com Bruce em Seattle, seus primeiros alunos eram, em sua maioria, não chineses em busca de um treinamento mais adequado às suas realidades do dia a dia: policiais, seguranças de clubes noturnos e brigões de rua.

A escola não conseguiu atrair frequentadores suficientes para cobrir as despesas, e eles se mudaram para a garagem da casa de James, no nº 3.039 da avenida Monticello. Era um espaço menor e menos conveniente, e a esposa de James, Katherine, queixava-se dos buracos que ele e seus companheiros acidentalmente faziam nas paredes ao socá-las e chutá-las durante os treinamentos. James precisava encontrar uma maneira de atrair mais alunos e transferir seu clube para outro lugar que não a sua residência. Ele considerou a possibilidade de trazer um novo professor.

Nos últimos anos, James vinha ouvindo muitas pessoas próximas a ele elogiando Bruce Lee. Seu cunhado, Robert, e seu amigo George Lee já haviam tido aulas de chá-chá-chá com Bruce quando este chegara aos Estados Unidos, em 1959, e ficado maravilhados com suas demonstrações de *wing chun*. Em 1962, outro amigo, Wally Jay, visitara a escola de Bruce em Seattle, enquanto viajava com sua equipe de judô, e voltara impressionado com o que havia testemunhado. As palavras de Wally tinham muito valor para James. Além de ser um dos mais respeitados instrutores de artes marciais da região de São Francisco, Wally também tinha um dom para identificar talentos. O *luau* que ele promovia a cada dois anos servia como uma vitrine para alguns dos melhores praticantes de artes marciais da região.

James telefonou para seu velho amigo da época do ensino secundário, Allen Joe. Os dois compartilhavam de um interesse pelo fisiculturismo e pelas artes marciais, e costumavam treinar juntos. Allen estava planejando uma viagem com sua família para Seattle, por ocasião da Feira Mundial de 1962.

"Quando estiver lá, você poderia dar uma sondada nesse garoto, Bruce Lee, para mim?", pediu James. "Acompanhe-o, e veja se ele é mesmo tão bom quanto todo mundo diz."

Allen e sua família chegaram à cidade no auge da euforia pela Feira Mundial. Seattle fervilhava de turistas; havia engarrafamentos no trânsito, as filas eram longas e os hotéis estavam todos lotados. Por acaso, mas afortunadamente, o hotel que Allen havia reservado estava localizado apenas a meio quarteirão do restaurante de Ruby Chow. Depois de um dia inteiro conduzindo seus filhos através das colossais multidões atraídas pelas exposições das "Ciências e o Mundo" e "O Mundo do Século XXI", Allen Joe desabou sobre uma banqueta no bar de Ruby Chow e pediu um uísque escocês de puro malte.

"Bruce Lee está aqui?", perguntou Allen à garçonete que lhe trouxe a bebida.

"Ele está de folga esta noite", respondeu ela. "Mas provavelmente estará de volta depois das onze horas."

Já bem encaminhado em seu segundo drinque, Allen viu a garçonete apontar para um jovem muito elegante, bem-apessoado e usando óculos. Avaliando sua compleição franzina, dentro de um terno cinzento de flanela impecavelmente bem passado, Allen Joe, incrédulo, disse para si mesmo: "Aquele... é Bruce Lee? Ele se parece mais com um modelo de passarela".

"Você é Bruce Lee?", perguntou Allen Joe quando Bruce aproximou-se do bar.

"Quem quer saber?", respondeu ele um tanto desconfiado.

"Ouvi falar muito sobre você, por Robert e Harriet Lee. Eles tiveram algumas aulas de dança com você, em Oakland", explicou Allen, tentando deixar Bruce à vontade.

"Eles também disseram que você é muito bom no *Gung Fu*."

Essas foram as "palavras mágicas". O semblante de Bruce iluminou-se com entusiasmo, quando ele perguntou: "Você também pratica *Gung Fu*?".

"Sim; com o cunhado de Robert, James Lee."

Agora, Bruce era todo sorrisos. "Venha, vamos comer alguma coisa."

Bruce conduziu Allen para fora do restaurante de Ruby Chow, quarteirão abaixo, até uma lanchonete de hambúrgueres, contando-lhe toda a história de sua vida em alguns instantes. Explicou como havia ensinado *kung fu* em Seattle pelos últimos três anos e também falou sobre seu encontro com Wally Jay e a admiração que tinha pelo mestre de *jiu-jítsu*.

Quando Bruce fez uma pausa em sua narrativa, Allen Joe aproveitou para esclarecer que estava ali por recomendação de James Lee, um praticante sério que dirigia sua própria escola, construía seus próprios equipamentos e ainda publicava seus próprios livros sobre artes marciais.

"Você quer dizer O James Lee?", engasgou-se Bruce. "Eu tenho todos os livros dele!"

"Você gostaria de conhecê-lo?", perguntou Allen.

"Com certeza", disse Bruce.

Assim que chegaram à porta da lanchonete, Bruce deteve Allen na calçada.

"Antes de entrarmos", disse Bruce, "quero que você tente me golpear com toda a força que puder."

No dia seguinte, Allen Joe telefonou a James Lee para contar-lhe sobre o encontro. Ele fez sua apreciação de maneira simples e sucinta: "James, o garoto é fantástico".

Com essa confirmação, James telefonou para Bruce e convidou-o para se hospedar em sua casa, na próxima vez que visitasse a cidade. Assim que Bruce conseguiu rearranjar sua agenda de trabalho e de aulas, saltou para o volante de seu Ford preto e dirigiu por doze horas, rumo ao sul, até Oakland.

Os dois homens cumprimentaram-se ainda na soleira da porta da casa de James. Tratava-se de uma dupla improvável: James tinha idade suficiente para ser pai de Bruce, mas ambos haviam sido adolescentes brigões de rua obcecados por artes marciais e desdenhavam a abordagem clássica do ensino delas. Eles pretendiam criar algo novo.

James recebeu Bruce calorosamente e convidou-o a entrar, para apresentá-lo a esposa e filhos enquanto tomavam chá na sala de estar. Quando as formalidades terminaram, James conduziu Bruce à sua garagem californiana, cheia de suas invenções: equipamentos para o treinamento de artes marciais feitos por ele mesmo, artesanalmente, com madeira. Bruce apontou para uma prancha de socar cheia de molas e perguntou, com o entusiasmo de um menino: "Então, como esta coisa funciona?". Logo a casa inteira estremecia enquanto os dois golpeavam as várias invenções na garagem.

Depois de "suar a camisa", Bruce voltou-se para James e disse: "Tente me golpear com toda a força que puder".

Bruce dominou James tão facilmente quanto o fazia com qualquer um em Seattle. No dia seguinte, James Lee telefonou para Allen Joe para contar-lhe sobre o encontro. Ele também fez sua apreciação de maneira breve e sucinta: "Allen, o garoto é fantástico".

Ao longo do ano seguinte, Bruce e James consolidariam uma forte amizade, e, pouco a pouco, reconheceram os benefícios de trabalharem em equipe. Para Bruce, James era uma figura estabelecida, com muitas conexões por todo o cenário da região de São Francisco. Para James, Bruce era um jovem gênio, que estava inventando um novo estilo de arte marcial que modificaria a tradição para as realidades dos combates de rua. Ele também via em Bruce alguém que poderia ser capaz de atrair alunos suficientes para abrir uma *kwoon* adequada.

Na primavera de 1963, James concordou em transformar sua escola, que funcionava em sua pequena garagem para dois carros, na segunda unidade do Instituto Jun Fan Gung Fu de Bruce. Para Bruce, o plano era, tão logo terminasse seu primeiro ano de faculdade, viajar a Oakland para passar o verão e auxiliar James a abrir uma nova franquia, em um novo lugar. Bruce seria o instrutor principal e James seria seu assistente. A força do talento e da personalidade de Bruce haviam tornado um praticante de artes marciais muito mais velho e estabelecido em um de seus alunos. "A superioridade de seu *gung fu* é mais refinada e efetiva do que tudo quanto aprendi em todos os meus anos de prática", declarou James. "Eu troquei todas as minhas técnicas de *gung fu* pelos métodos dele."

Para consolidar o relacionamento, divulgar o futuro empreendimento de ambos e gerar o tão necessário capital inicial, James e Bruce concordaram em publicar um livro em parceria. Foi o primeiro e único livro do qual Bruce Lee participou como autor na vida. Em 1963, havia poucos livros sobre as artes marciais chinesas em inglês. A ideia de James e Bruce era que sua obra conjunta – *Chinese Gung Fu: The Philosophical Art of Self-Defense* – fosse a primeira de uma série: uma espécie de cartilha introdutória e um manual de treinamento para iniciantes. Na primeira parte, o livro continha testemunhos de James Lee, Wally Jay e Ed Parker, sendo este último um dos mais influentes praticantes de artes marciais do país. Bruce enfatizava sua perspectiva filosófica sobre o *kung fu* com um breve ensaio sobre os princípios taoistas do *yin* e *yang*, mas a parte essencial do livro era uma compilação de ilustrações e fotografias que demonstravam as técnicas básicas do *kung fu* – a maioria delas referentes a outros estilos que não o *wing chun*.

Para a realização das fotos que ilustrariam a obra, Bruce convidou os membros originais de sua turma de Seattle – Jesse Glover, Charlie Wu e Taky Kimura – para que posassem enquanto praticavam no estacionamento vizinho ao restaurante de Ruby Chow. Bruce dirigiu toda a ação, encenando as poses para o fotógrafo. Tudo correu bem, até o momento de fazer a fotografia para a capa. Na cena, em que Bruce se posicionava com uma das pernas flexionada e a outra estendida, a câmera apresentou um defeito. Enquanto o fotógrafo ansiosamente tentava corrigir o problema, Bruce – para grande divertimento de sua plateia – gritou: "Ande logo e conserte essa porcaria, antes que minha perna caia!".

A impressão de mil exemplares do livro custou US$ 600, e James oferecia cada exemplar por US$ 5, através de seu negócio de vendas por correspondência. Os lucros advindos da venda dos livros contribuíram para que Bruce pagasse várias despesas. "Sua motivação principal para fazer o livro foi o dinheiro", diz Jesse.

Uma motivação secundária era a de declarar guerra aos estilos tradicionais de *kung fu*. James ainda estava furioso com seu antigo mestre, T. Y. Wong, que o acusara de tê-lo enganado. Mas James estava ainda mais furioso devido ao fato de que tudo quanto aprendera com T. Y. Wong provara-se inútil frente a abordagem mais moderna de Bruce. "Jimmy passara anos treinando o *gung fu* clássico", diz Gary Cagaanan, discípulo de James por muito tempo, "e, depois de ter conhecido Bruce e treinado com ele, sentia que havia desperdiçado anos preciosos aprendendo posicionamentos e formas, em vez de aprender como lutar."

Em um ataque direto aos estilos clássicos ensinados em São Francisco, Bruce e James incluíram em seu livro uma seção intitulada "Diferenças entre os Estilos de *Gung Fu*", que começava da seguinte forma: "A técnica de um sistema superior de *Gung Fu* é baseada na simplicidade. Somente os sistemas semi-incultos são repletos de movimentos desnecessários e desperdiçados". O texto era seguido de um estudo ilustrado com fotografias do tipo "passo a passo", no qual Bruce desmantelava exatamente as mesmas técnicas que T. Y. Wong defendia no livro que publicara com James. O insulto não passou despercebido por T. Y. Wong, nem pela comunidade do *kung fu* de São Francisco. Assim que o livro foi publicado, Mestre Wong disse aos seus alunos que Bruce Lee era "um dissidente com maus modos".

No início, Bruce tinha muito orgulho por ser um autor publicado. Ele enviou um exemplar autografado ao seu velho amigo e mentor do *wing chun*, William Cheung, em Hong Kong. William, que se recordava de Bruce como um adolescente meio rebelde, ficou chocado diante do fato de seu "irmãozinho", agora, apresentar-se como um mestre na América. Para colocá-lo de volta em seu devido lugar, William, um tanto por inveja, desdenhou a qualidade do livro. "Sua carta, de certa maneira, põe em dúvida a nossa amizade", respondeu Bruce, ofendido pela crítica. "A obra que você leu é apenas um livro básico, que escrevi em algum momento de 1963; e estou em vias de concluir uma obra muito mais abrangente sobre o *Tao* do *Gung Fu*."

Bruce nunca chegou a concluir essa obra subsequente, embora tenha continuado a fazer extensas anotações para ela, pelo resto de sua vida. Algumas dessas anotações foram publicadas postumamente sob o título *The Tao of Jeet Kune Do*. Com o passar dos anos, Bruce sentiu-se cada vez mais envergonhado com a publicação de seu primeiro livro, pois sua estreia como escritor, ainda não lapidado, transmitia a impressão de que ele era um praticante tradicional de *kung fu*. "Tão grande era sua necessidade de libertar-se das formas clássicas das artes marciais que, em anos posteriores, ele pediu aos editores que deixassem de publicar seu livro", diz Linda.

※

Com todas as viagens a Oakland durante seu primeiro ano de faculdade, Bruce tornava-se cada vez mais desatento aos estudos e à beira de um naufrágio acadêmico. Estava cursando apenas duas matérias por semestre, afastando-se do caminho para graduar-se no tempo normal, mesmo que conseguisse melhorar suas péssimas notas. Ansioso para lançar seu império de *kung fu*, ele decidiu abandonar a Universidade de Washington assim que terminasse seu primeiro ano letivo e mudar-se para morar com James e sua família em Oakland. Ele disse aos seus amigos que pretendia completar seu curso universitário na Califórnia.

Bruce pediu a Taky Kimura para que dirigisse a unidade de Seattle do Instituto Jun Fan Gung Fu enquanto ele estabelecia a franquia em Oakland. Bruce prometeu visitar Seattle sempre que fosse possível, para ministrar seminários e atualizar Kimura quanto a novas técnicas, mas ele planejara estabelecer-se na região de São Francisco até que surgisse uma oportunidade de iniciar uma nova franquia em outra cidade.

Bruce programou sua chegada a Oakland bem a tempo para o luau de Wally Jay. Era esperado que mais de mil pessoas comprassem ingressos para a festa havaiana, promovida no Colombo Hall, que iriam até lá pela comida, pela música e pelas exibições de artes marciais. No cartaz que anunciava as atrações constavam os nomes do "pássaro canoro havaiano" Lena Machado e de um pouco conhecido instrutor de *kung fu* de Seattle. Aquela seria a primeira oportunidade para que Bruce e James divulgassem sua parceria.

Abrindo caminho em meio a pratos de porco assado, enormes bandejas de arroz integral com frango, jarros de quarenta litros de *poi* e bandejas de salmão *lomi-lomi* e fatias de abacaxi, Bruce conseguiu chegar ao palco. Ele ignorou as escadas e saltou diretamente para a plataforma elevada. Sem fazer nenhuma pausa, ele iniciou sua apresentação com uma demonstração de uma forma tradicional de *kung fu*. Seus movimentos eram fluidos, mas pipocavam com um poder contido. A multidão assistiu com polidez, pensando que aquele jovem certamente mostrava algum potencial, mas não era nada de especial.

Como se sentisse o ânimo da multidão, Bruce estacou no meio da apresentação, voltou-se para a plateia e perguntou, com uma voz arrogante e condescendente: "Como é que vocês esperam que alguém possa lutar assim?". A abrupta mudança de tom de voz pegou a todos "com a guarda baixa", especialmente os praticantes das artes marciais tradicionais ali presentes. "É impossível encontrar alguém disposto a brigar com você na rua que siga um padrão fixo." Dando um passo para trás, ele iniciou uma sequência de golpes estilo Shaolin do Norte, incluindo chutes em meia-lua acima da cabeça. Mais uma vez, ele parou no meio da apresentação para criticar o que havia demonstrado com tanta maestria. "Métodos clássicos como esses são uma forma de paralisia. Muitos praticantes só fazem repetir cegamente essas sequências e golpes ensaiados."

Rostos ruborizaram e ouviu-se um murmúrio ressentido vindo da multidão. Aquelas pessoas esperavam assistir a uma demonstração dinâmica, talvez entremeada com piadas inocentes; não a uma palestra repleta de comentários depreciativos. "Sua demonstração da ineficácia das formas tradicionais de artes marciais aborreceu e deixou constrangidos os praticantes tradicionalistas da plateia", recorda-se Leo Fong, um amigo e aluno de James.

"A minha é uma abordagem científica das brigas de rua", declarou Bruce ao liberar uma sucessão de socos ao estilo *wing chun*. "Estas técnicas são suaves, curtas e extremamente rápidas – dissecadas até seu propósito essencial, sem movimentos supérfluos. Algum de vocês acha que seria capaz de bloquear um dos meus socos?"

Imediatamente, dois voluntários – sujeitos grandalhões, parecidos com jogadores de futebol americano – adiantaram-se até as escadas. Sorrindo quanto ao tamanho deles e fazendo piada sobre o entusiasmo dos rapazes, Bruce puxou o primeiro voluntário para perto de si e explicou, para ele e para a plateia: "Vou começar a pouco mais de dois metros de você, me aproximar e tocar sua testa sem que você consiga bloquear a minha mão. Entendido?".

"Entendido", replicou o primeiro voluntário.

"Você está pronto?"

"Sim."

Num piscar de olhos, Bruce lançou-se através do tablado e tocou a testa do jogador de futebol antes que este pudesse bloqueá-lo.

"Próximo", disse Bruce, em meio ao riso geral.

Tendo visto o que acontecera ao seu amigo, o segundo voluntário ergueu as mãos ao se posicionar à frente de Bruce, com tensa antecipação. Assim que Bruce começou a mover-se, o sujeito ergueu a guarda diante de seu rosto. Bruce se recompôs numa fração de segundo, esperando que o bloqueio baixasse, e tocou a testa de seu oponente.

Um misto de aplausos e olhares reprovadores seguiu Bruce enquanto ele deixava o tablado. Embora seu talento fosse evidente, muitos sentiram-se insultados. A etiqueta das artes marciais asiáticas exige cortesia em demonstrações públicas; críticas a outros estilos devem ser reservadas às conversas privadas. "Bruce tinha velocidade e coordenação como eu jamais vira em ninguém", recorda-se Leo Fong. "Mas eu me preocupava com o fato de que suas atitudes pudessem trazer problemas para ele."

James não estava nem um pouco preocupado. Ele adorava que seu jovem parceiro tivesse conseguido provocar os classicistas. Depois da apresentação, James convidou seus alunos e amigos mais próximos para que fossem à sua casa na segunda-feira, para uma reunião particular com Bruce.

Reunidos naquele fim de tarde estavam muitos dos alunos de James e alguns outros, abertos a uma abordagem mais moderna das artes marciais: Al Novak, Leo Fong, George Lee, e um recém-chegado de Stockton, chamado Bob Baker. James informou ao grupo que ele e Bruce iriam inaugurar uma nova escola juntos. James estaria transferindo suas atividades da garagem para um novo local, na Broadway Avenue, na região da via onde havia muitas lojas de carros, conhecida como "Auto Row", e esperavam inaugurá-la dali a um mês.

Para garantir que tinham conquistado o grupo, Bruce demonstrou uma técnica que nenhum deles tinha visto antes: seu soco de uma polegada. Ele afastou a mesinha de café para um lado, e deu uma grossa lista telefônica de Oakland a Bob Baker, o homem mais alto no recinto, instruindo-o para que segurasse o volume contra o próprio peito. Postando-se diante de Bob, Bruce estendeu sua mão direita até que o dedo médio tocasse a lista telefônica, e, então, fechou sua mão em punho, à distância de 3 ou 5 centímetros do alvo. Naquele momento, todos pareceram inspirar em uníssono, enquanto Bruce torcia os quadris, estendia uma das pernas para trás e lançava seu punho – mais rápido do que os olhos pudessem ver – sobre a lista telefônica.

Todo o grupo estava perplexo. "Bruce jogou ele no sofá;", recorda-se Leo Fong, "e as pernas de Baker ficaram estendidas para cima. Eu achei que ele fosse sair voando pela janela."

Bruce explicou que a verdadeira potência de um soco não era gerada apenas pela musculatura dos ombros e dos braços, mas, sim, quando todo o corpo trabalha em uníssono. Quanto mais os músculos estiverem relaxados, disse ele, mais potência podem gerar – a suavidade combinada com a dureza, tal como *yin* e *yang*. "As artes marciais devem ser funcionais e práticas", disse Bruce. "A confusão clássica não me motiva."

O desempenho de Bruce e sua perspectiva moderna cativaram toda a plateia. "Aquele jovem praticante de artes marciais estava muito adiante de seu tempo", diz Leo Fong.

Vendo o efeito que o talento de Bruce exercia sobre todos, James sorriu e informou ao grupo sobre as mudanças na agenda. "Até que a nova escola esteja pronta, continuaremos a praticar na garagem", esclareceu ele. "As aulas recomeçam amanhã."

No dia 24 de julho de 1964, James e Bruce preencheram um formulário municipal para a abertura do Instituto Jun Fan Gung Fu, o qual descreveram como uma "escola de defesa pessoal chinesa", localizada no nº 4.157 da Broadway. Anteriormente abrigando uma tapeçaria, aquele era um endereço humilde e um espaço pequeno, no primeiro piso de um edifício de tijolos à vista de dois andares. Bruce pretendia que aquele fosse um clube exclusivo. Nenhuma placa foi afixada sobre a fachada: a única maneira de saber de sua existência seria através do boca a boca. Quem quisesse associar-se teria de inscrever-se e ser avaliado por Bruce. Ele aceitava apenas alunos avançados e dedicados, com elevados princípios morais. Quem respondesse à pergunta "Por que você deseja aprender artes marciais?" com alguma afirmação violenta, do tipo "Porque quero dar uma surra no meu vizinho", era rejeitado de imediato. Tratava-se de uma maneira incomum de lançar um novo empreendimento; e, devido ao rigor do processo de admissão e à relativa obscuridade de Bruce, a escola teve dificuldades para angariar novos membros.

À medida que aprimorava suas habilidades, Bruce se convencia cada vez mais de que não se deve ensinar um estilo único para todos. Lutadores mais altos, por exemplo, requeriam técnicas diferentes das que seriam adequadas para lutadores mais baixos; alunos mais velozes seriam diferentes dos mais lentos, e personalidades mais agressivas, diferentes das mais reservadas. Bruce adaptava suas instruções aos pontos fortes específicos de cada aluno. "Bruce me ensinou alguns movimentos que não eram ensinados à maioria da classe, e disse-me para que os guardasse para mim mesmo", diz George Lee. "Ele achava que, uma vez que nenhuma pessoa é igual a outra, cada indivíduo demanda instruções diferentes."

Bruce não acreditava que os alunos devessem curvar-se à tradição, mas que a tradição devia ser amoldada a cada indivíduo. Como resultado disso, suas aulas, embora rigorosas, eram informais. Às vezes, ele usava exercícios e outras vezes apenas ministrava palestras. Ele não alinhava as pessoas para que praticassem um conjunto de movimentos em uníssono, como no karatê japonês, mas dispunha os alunos em pares para que praticassem as técnicas. Seu lema era "Desenvolva as ferramentas, refine as ferramentas, então se desfaça das ferramentas".

Embora Bruce tivesse estabelecido a segunda unidade de sua escola de acordo com suas preferências enquanto instrutor, aquele não era um bom modelo comercial. Eles cobravam apenas US$ 15 mensais pelo treinamento; e sete ou oito alunos não eram suficientes para cobrir a despesa com o aluguel. Para atrair mais frequentadores e sobreviver como instrutor, ele teria de tornar mais conhecido – e teria de fazer isso rápido, pois suas responsabilidades estavam prestes a se tornar muito mais pesadas.

Uma forma testada e comprovada para um jovem rapaz engravidar sua namorada é dizer a ela que está partindo para um lugar muito perigoso, do qual poderá jamais retornar. Vietnã, talvez; ou, ainda pior, Oakland. As precauções de praxe tendem a ser deixadas de lado, e foi isso que aconteceu com Bruce e Linda. Eles vinham se encontrando em segredo havia oito meses, e, à medida que a data de sua partida, em julho de 1964, se aproximava, semanas de sexo e despedidas cheias de lágrimas levaram à constatação de que Linda estava grávida.

Linda afirma que Bruce "ficou feliz" com a notícia. Porém, embora demonstrasse estar animado, ele estava incerto quanto ao que fazer. Linda estava perdidamente apaixonada, mas a carreira profissional de Bruce mal havia começado. Aquilo era o oposto do relacionamento que mantivera com Amy Sanbo. Dessa vez, era ele quem tinha dúvidas. "A ideia de compromisso o assustava mortalmente", relembra Linda. "Ele queria estar financeiramente seguro antes de assumir as responsabilidades de ter uma esposa e uma família."

A situação ainda estava sem solução quando Taky Kimura levou Bruce e sua muito preocupada, triste e grávida namorada de carro ao aeroporto. Diante do portão de embarque para Oakland, Bruce viu as lágrimas nos olhos de Linda. Ele só disse "eu voltarei" e se foi.

Era como se Linda tivesse perdido o chão sob seus pés. Seu estômago "deu um nó". Temores assaltaram sua mente. "O que vai acontecer se eu nunca mais vê-lo?", pensou. "E se ele estiver se sentindo aprisionado? E se ele mudar de ideia? E se ele encontrar coisas mais importantes e melhores para fazer e me esquecer?"

Através de várias conversas pelo telefone, Bruce buscou aconselhamento com Taky Kimura, o amigo e conselheiro em quem mais confiava. Taky disse a Bruce que ele deveria se casar com ela, pois jamais encontraria uma esposa melhor. "Eu tinha muito respeito por Linda", diz Taky. "Ela era sincera, dedicada e tinha muita energia."

Depois de dois meses e meio de agonia, Bruce por fim tomou uma decisão. Ele escreveu para Linda e disse-lhe que a queria ao seu lado e que retornaria a Seattle para buscá-la. Linda ficou exultante. Bruce assimilou a ideia aos poucos. Por anos ele havia se preocupado com a possibilidade de seu testículo mal descido tê-lo tornado infértil. Ele estava maravilhado com a ideia de ser pai. "Ele desejava ter um filho", diz Linda. "Aquilo era muito importante para ele, e essa criança seria dele." Ele ficou ainda mais entusiasmado quando convenceu-se de que seria um menino. "Nós escolhemos apenas nomes masculinos para o bebê antes de nascer", disse Bruce, tempos depois. "Nós sequer nos preocupamos em escolher nomes de meninas." Uma vez que herdeiros masculinos eram altamente valorizados na sociedade chinesa, essa era a chance de Bruce deixar seu pai orgulhoso. Embora Peter possa ter sido o filho favorito de seu pai, Bruce tinha certeza de que seria ele quem daria a Li Hoi Chuen seu primeiro neto do sexo masculino.

O obstáculo que o jovem casal teria de superar era a família de Linda – especialmente sua mãe, que nada sabia sobre o relacionamento, bem como da existência de Bruce. Para manter tudo em segredo, Linda chegou a alugar uma caixa postal na agência do correio de Seattle para receber cartas de Bruce. "Bruce e eu nos decidimos pela saída mais covarde", diz Linda. "Nós nos casaríamos, fugiríamos para Oakland e, então, telefonaríamos para minha mãe e contaríamos tudo a ela. Uma amiga minha havia feito isso alguns meses antes e, quando a poeira baixou, todo mundo havia sobrevivido."

Como não tinha dinheiro para comprar uma aliança de casamento, a esposa de James Lee, Katherine, emprestou a aliança dela a Bruce para a cerimônia. Ele retornou a Seattle na quarta-feira, 12 de agosto, com a aliança emprestada. Bruce e Linda foram à corte de King County para obter uma licença de casamento. A lei exigia exames de sangue e uma espera de três dias, antes que o casamento fosse realizado. Isso foi a ruína da operação secreta dos dois. O jovem casal não poderia imaginar que o jornal local publicava os nomes dos candidatos a casamentos em sua seção de dados estatísticos da comunidade nem muito menos que a tia solteirona de Linda, Sally, era uma leitora fiel da seção. Antes que seus velhos olhos pudessem arregalar-se diante de um escândalo na família, ela já estava telefonando para a mãe de Linda, para comunicar-lhe que Linda C. Emery e um certo Bruce J. F. Lee haviam declarado a intenção de se casarem. Vivian marchou para o quarto de Linda, brandiu o jornal diante do rosto dela e berrou: "O que é isto?! Esta é você?".

A mãe de Linda convocou uma reunião familiar para tentar fazer sua filha desistir da ideia. Duas tias, um tio, uma avó e seu padrasto compareceram ao encontro, no estilo de uma tentativa de conversão religiosa. "Eles chegaram no sábado e sentaram-se todos na sala de estar, como se tivesse ocorrido uma morte na família", diz Linda. "Foi horrível."

A ideia de manter o relacionamento em segredo sempre desagradara Bruce; ele havia concordado com isso apenas devido à insistência de Linda. E, com certeza, odiava receber ordens quanto ao que podia ou não fazer.

"Eu quero me casar com sua filha. Partiremos na segunda-feira", declarou Bruce à hostil família dela. "A propósito, eu sou chinês."

A brincadeira não aliviou o clima. A questão racial era um tema sensível para a família e para o país. Naquela época, a miscigenação era o equivalente ao casamento homossexual na atualidade. Embora o estado de Washington permitisse casamentos inter-raciais havia muito tempo, eles ainda eram ilegais em dezessete outros Estados. Foi apenas em 1967 que a Suprema Corte proscreveu todas as leis antimiscigenação no país, graças a um caso oportunamente chamado "Loving *versus* Virgínia".

"Se você se casar com ele, você sofrerá preconceito", argumentou uma das tias. "Assim como seus filhos."

"Os tempos estão mudando", respondeu Linda.

"Não tão rápido."

"Talvez não, mas eu não ligo."

"Há quanto tempo isso vem acontecendo?", exigiu saber a mãe de Linda.

"Um ano."

"Você esteve mentindo para mim por um ano?", gritou a sra. Emery. "Depois de tudo o que eu fiz por você, como você pôde fazer isso comigo?"

"Sinto muito, mas eu sabia que você não entenderia."

O tio dela voltou-se para Bruce. "Como você irá sustentá-la? O que você faz para ganhar a vida?"

"Eu ensino *gung fu*", respondeu Bruce orgulhosamente.

"Você ensina *o quê*?"

"E quanto à faculdade?", perguntou Vivian a Linda. "Você é uma boa aluna de Medicina. E quanto ao seu sonho de tornar-se médica?"

"A escola pode esperar", disse Linda.

"Então, por que a pressa? Por que isso não pode esperar?"

Nem Bruce nem Linda responderam a essa pergunta.

Ao perceber que havia um segredo, o padrasto enfurecido correu para o quarto de Linda e vasculhou-o até encontrar uma caixa de sapatos cheia com a correspondência trocada entre o casal. Assim que terminou de ler as cartas, ele voltou à sala de estar e anunciou à mãe dela: "Sua preciosa filha está grávida".

Surpreendentemente, essa revelação não fez a família mudar de opinião. "Por que você não adia o casamento por um ano?", perguntaram-lhe os familiares reunidos. "Tenha o seu bebê e, então, veja como você se sente." Eles preferiam ver Linda criar um filho bastardo sozinha a que vê-la casada com um china imprestável.

"Eu não vou esperar", declarou Linda.

Enquanto as horas passavam e lágrimas e recriminações rolavam, seu tio ofereceu-se para levar Linda a um passeio de carro, para que pudesse conversar com ela de maneira racional. O tio dela se considerava um cristão devoto. "Isso vai contra as palavras de Deus", disse ele no carro. "Deus não quer que as raças se misturem. Você está cometendo um pecado.

"Deus ama a todos os seus filhos", respondeu Linda.

Seu tio citou o Deuteronômio 7:3-4: "Nem contrairás matrimônio com os filhos dessas nações; não darás tuas filhas a seus filhos, nem tomarás suas filhas para teus filhos; pois elas fariam desviar teus filhos de mim, para que servissem a outros deuses; e a ira do Senhor se acenderia contra vós outros e depressa vos destruiria".

"Não acredito nisso", replicou ela em voz baixa. "Todo mundo é igual aos olhos do Senhor, e Deus ordena que tratemos a todos igualmente."

"Se fizer isso", preveniu-a seu tio, "você será expulsa da família."

Se o sábado fora ruim, o domingo foi ainda pior. "Um dia perfeitamente horrível", recorda-se Linda. "Foi o dia das lágrimas." Qualquer pretensão de persuasão havia-se desvanecido. Todos os argumentos haviam sido empregados muitas vezes, e sempre os mesmos argumentos. Agora, tratava-se de uma batalha entre vontades. A família ameaçou-a com o banimento, mas Linda insistiu que nada a faria mudar de ideia. Ela lutara muito para conquistar Bruce e não estava disposta a desistir dele por ninguém, nem mesmo por sua família. "Eu estava decidida a não me deixar ser convencida a desistir", relembra ela.

Exausta e frustrada, a mãe de Linda tentou dissuadir Bruce com seus argumentos mais fortes: "Você não vai querer casar-se com Linda. Ela não sabe cozinhar, não sabe limpar a casa, passar roupas ou costurar. Ela não sabe fazer nada".

"Ela aprenderá", disse Bruce.

E isso foi tudo. Percebendo que havia perdido a luta e não desejando perder o contato com sua amada filha, Vivian desistiu. "Se vocês vão mesmo se casar, terá de ser em uma igreja."

Vivian deixara de frequentar a igreja havia anos, mas, se sua filha fosse se casar, o matrimônio teria de ser santificado. Vivian se considerava a historiadora da família: ela mantinha registros detalhados de nascimentos, casamentos e falecimentos. O casamento de sua filha deveria ser adequadamente registrado.

Linda e Bruce concordaram em casar-se em uma igreja e os arranjos foram feitos rapidamente junto ao ministro da Igreja Congregacional de Seattle. No dia 17 de agosto de 1964, o ministro presidiu uma cerimônia apressada. Não havia flores; Linda usava um vestido sem mangas, marrom, com padrões florais, e Bruce vestia seu terno preferido, confeccionado por um alfaiate de Hong Kong. Taky Kimura foi o padrinho de Bruce, mas apenas a mãe e a avó de Linda a representavam ali. O tio cristão conservador retornara a Everett e se recusara a comparecer à cerimônia, tal como o restante da família (quando Linda voltou a ver seu tio, cerca de dez anos depois da morte de Bruce, ele a abraçou e disse: "Bem-vinda de volta à família".) Quando a cerimônia terminou, Vivian queixou-se: "Bruce poderia pelo menos ter trazido algumas flores".

Assim como Linda havia previsto, a poeira baixou e todos sobreviveram. Bruce conseguiu encantar a mãe de Linda e ela chegou mesmo a querê-lo muito bem. Ele brincava: "Sabe, mamãe, você tem as pernas mais bonitas que eu já vi em uma mulher da sua idade!". Linda impressionava os irmãos e os amigos de Bruce com a força de seu equilíbrio e sua calma. "Quando solteiro, Bruce gostava de ter casos com garotas bonitas e chamativas, mas ele se casou com uma garota silenciosa e sensível, que sabia como ouvi-lo e deixá-lo ser ele mesmo", disse Peter. "Ele sabia o que era a verdadeira beleza, e sabia que ela cuidaria da família. Embora Linda seja americana, ela é muito, muito parecida com muitas garotas chinesas, em termos de personalidade e caráter." Bruce concordava com essa opinião, tendo declarado a um repórter, em 1966: "Linda é mais oriental do que alguns chineses que eu conheço. Ela é tranquila, calma e não fica de blá-blá-blá o tempo todo".

Bruce evitara um conflito com seus pais ao contar a eles que Linda não era chinesa só depois do casamento. Seu pai e sua mãe não gostaram da ideia, e ele teve de passar vários meses convencendo-os de que tudo estava bem, antes que concordassem que Linda seria bem recebida em Hong Kong. "Se ela é a sua escolha", cedeu, por fim, a mãe dele, "então também será a nossa escolha."

Talvez sem ter a intenção de fazer isso, Bruce seguira os passos de seu pai e se casara com uma mulher muito parecida com sua mãe. Tanto Linda Emery quanto Grace Ho eram *wenrou* (温柔) – tranquilas, gentis e ternas. Ambas apaixonaram-se por atores depois de terem assistido às suas apresentações carismáticas. As duas perseguiram vigorosamente os objetos de sua adoração, e ambas desafiaram suas famílias para se casarem com chineses sem nenhum dinheiro, mas com grandes sonhos.

A principal diferença entre elas foi a gravidez inesperada. O fato de Bruce ter concordado em se casar com Linda a despeito de suas reservas tornou-a ainda mais dedicada a ele. "Eu, com certeza, não era o tipo de garota com quem Bruce costumava se encontrar antes de nos casarmos", diz ela. "Mas eu podia oferecer-lhe confiança, tranquilidade, compreensão e amor verdadeiro." Ela aprendeu como ser a parceira perfeita para um homem tão brilhante, volátil e extrovertido, e ele a amou por isso. "Nós somos duas metades que perfazem um todo", disse Bruce aos seus amigos.

Casar-se com Linda provou ser a melhor decisão que Bruce tomou em sua vida. "Ninguém jamais deu a Linda o crédito que ela merece. Essa mulher foi um pilar de força", diz Taky Kimura, expressando um ponto de vista amplamente aceito. "Não acho que Bruce aspiraria chegar às alturas a que chegou não fosse pelo apoio dela."

Mas ele só chegaria às alturas mais tarde. Naquele momento, os recém-casados eram dois fugitivos da faculdade, com um bebê a caminho e quase nenhum centavo para gastar. Para economizar dinheiro, eles se mudaram para a casa da família de Jimmy. Em troca, Linda servia como babá para os filhos de Jimmy e como enfermeira para sua esposa, Katherine, que havia pouco fora diagnosticada como um caso terminal de câncer.

Esta fotografia de Wong Jack Man ilustrou uma matéria sobre a luta em que ele desafiou Bruce Lee, na primeira página do *Chinese Pacific Weekly*, em 28 de janeiro de 1965. (*Cortesia de Robert Louie*)

Bruce e James Yimm Lee, que confeccionou artesanalmente a "lápide" e o "escudo de chutes", em novembro de 1967. (*David Tadman*)

8
Confronto Direto em Oakland

O ano de 1964 foi um ano de apogeu para as artes marciais japonesas. O judô foi aceito como esporte de competição nas Olimpíadas de Tóquio. O karatê foi um dos modismos mais importantes na América. Elvis Presley e Sean Connery foram alunos e praticantes dedicados. Em todas as feiras da Costa Oeste havia demonstrações dos estilos japoneses, junto com apresentações de danças típicas e concursos de Miss Adolescente. Até mesmo a realeza adotou o karatê. Na Europa, os reis da Espanha e da Grécia gabavam-se de haverem conquistado suas faixas pretas.

Ed Parker tinha 33 anos, era um mórmon nativo do Havaí, instrutor de karatê *kenpo*, proprietário de várias escolas em Utah e no sul da Califórnia e era um dos que estavam surfando na onda de popularidade do karatê. Parker logo percebeu que a melhor maneira de promover as artes marciais, seus *dojos* (escolas) e a si mesmo seria atender a comunidade cinematográfica. Em 1956, Parker abriu franquias em Pasadena e em Beverly Hills, onde terminaria instruindo várias celebridades – entre elas, Robert Wagner, Blake Edwards, Robert Conrad, Natalie Wood, George Hamilton, Warren Beatty e Elvis Presley –, a ponto de a revista *Time* referir-se a ele como o "Sumo-Sacerdote e Profeta da Seita de Hollywood". Parker fez também uma carreira menor no cinema, tendo atuado como dublê ou em papéis secundários em *The Lucy Show* (1963), de Lucille

Ball, em *A Vingança da Pantera Cor-de-Rosa* (*Revenge of the Pink Panther*, 1978), de Blake Edwards, e em *Kill the Golden Goose*.*

No verão de 1964, Parker tentava unir seus dois mundos com os Campeonatos Internacionais de Karatê de Long Beach. O objetivo era reunir os melhores praticantes do país para que fizessem demonstrações e competissem diante de uma plateia de entusiastas das artes marciais e alguns nomes influentes de Hollywood. Parker passou os meses que antecederam o evento enviando convites para gente de fama já consolidada e buscando novos talentos. Seu amigo James Lee pediu a Parker que fosse a Oakland para conhecer Bruce Lee. "Jimmy sabia que tão logo eu observasse o talento extraordinário de Bruce, usaria minha influência para ajudar Bruce a conquistar reconhecimento", diz Parker. As habilidades de Bruce ("ele fazia o ar deslocar-se e explodir quando golpeava") e seus controversos pontos de vista renderam-lhe uma passagem para Long Beach. "Bruce era totalmente anticlássico", diz Parker. "Então, eu disse a ele que sua participação no torneio permitiria que as pessoas tivessem uma visão mais abrangente do mundo das artes marciais." Era como se depois de anos apresentando-se em teatros de bairro, Bruce por fim tivesse sua oportunidade de apresentar-se na Broadway.

Quando Bruce chegou a Long Beach, Parker designou Dan Inosanto, seu principal instrutor, para que servisse como guia e tutor dele. "O sr. Parker me deu US$ 75 e disse: 'Certifique-se de que o rapaz se alimente adequadamente e apresente a região a ele'", recorda-se Inosanto. Apenas alguns momentos depois de ter conhecido Inosanto, Bruce fez-lhe seu pedido costumeiro: "Golpeie-me tão forte quanto puder". Dan lançou seu melhor soco. "Fiquei muito surpreso!", diz Inosanto. "Ele me controlou como a um bebê. Eu nem consegui dormir naquela noite. Parecia-me que tudo que eu tinha feito até então tinha se tornado, de um momento para outro, obsoleto."

Na noite anterior ao torneio, vários dos praticantes e lutadores convidados reuniram-se em um salão desocupado no hotel onde estavam hospedados para um intercâmbio informal de técnicas. Bruce adentrou o recinto vestindo uma jaqueta preta de couro e calças *jeans*. Ninguém ali sabia quem ele era, mas bastou um olhar de relance para que Tsutomo Ohshima, o primeiro japonês a ensinar karatê nos Estados Unidos, analisasse a maneira como Bruce caminhava

---

* Dirigido por Elliott Hong e lançado em 1979, os créditos iniciais do filme exibem o título *Kill the Golden Ninja*. Sem lançamento no Brasil, o título pode ser traduzido como "Matar o Ganso Dourado", ou o "Ninja de Ouro". (N. dos T.)

para que dissesse a um dos seus alunos: "Aquele ali é o único sujeito aqui presente que pode fazer qualquer coisa".

Os Campeonatos de Long Beach, que ocorreram no Auditório Municipal, com 80 mil lugares, no dia 2 de agosto, foram um grande sucesso. Milhares de pessoas compareceram para assistir a mestres de todos os estilos e sistemas fazerem suas demonstrações e para competirem entre si. A apresentação de Bruce, ainda relativamente desconhecido, era uma das atrações menos importantes, programada para acontecer nas horas de menor movimento da tarde. Quando ele subiu ao palco, usando um uniforme de *kung fu* negro com punhos brancos, o ar-condicionado estava desligado e a multidão começava a inquietar-se por conta do calor, depois de assistir a horas de competições.

Parker apresentou Bruce como um praticante da pouco conhecida arte chinesa do *kung fu*. Taky Kimura juntou-se a Bruce no centro do auditório para servir-lhe como assistente. A demonstração de Bruce era uma versão modificada da que apresentara no luau de Wally Jay. Ele fez um voluntário voar com seu soco de uma polegada. Ele fez suas flexões sobre dois dedos e demonstrou técnicas de *wing chun* de defesa pessoal e um exercício de "mãos pegajosas", realizado à velocidade da luz, com Kimura.

Todas essas coisas agradavam o público, mas a peça central de sua apresentação era uma palestra que ele proferia criticando os sistemas clássicos e advogando uma abordagem mais moderna. "Ele começou a simular com perfeição todos os outros estilos", recorda-se Barney Scollan, um competidor de 18 anos de idade que, no torneio daquela manhã, fora desclassificado por chutar seu oponente na virilha. "Então, um por um, ele começou a dissecá-los, explicando por que não funcionavam. Tudo quanto ele dizia fazia muito sentido. Ele até mesmo fez uma encenação ridicularizando a postura do cavalo."

Diante de uma plateia lotada de tradicionalistas do karatê, que já haviam passado milhares de horas treinando a postura do cavalo, Bruce destemidamente argumentou pela libertação: "Professores jamais devem impor seus padrões favoritos aos seus alunos. Devem, sim, descobrir o que funciona e o que não funciona para cada um deles. Os indivíduos são mais importantes do que o estilo".

Tal como ele pretendia, esse desempenho provocador polarizou a plateia. "Uma grande parte das pessoas estava reverentemente maravilhada", recorda-se Dan Inosanto, "mas também havia outro grupo que se sentia verdadeiramente indignado."

Clarence Lee, um instrutor de karatê de São Francisco, diz: "Os caras praticamente começaram a fazer fila para lutar com Bruce Lee depois de sua apresentação em Long Beach". Tal como na Hong Kong de sua juventude, o comportamento rude de Bruce dividia o mundo entre os que eram a favor ou contra ele. "Bruce fez muitos inimigos naquela noite", diz Scollan, "mas também conquistou muitos seguidores."

Ed Parker, que filmou a apresentação de Bruce com uma câmera de 16 mm, não se deixou abalar pela controvérsia. Ao contrário, ela o divertiu muito. Naquela noite ele convidou Bruce para que o acompanhasse a um jantar VIP em um restaurante chinês, com Jhoon Rhee, o "Pai do *tae kwon do* Americano", e Mike Stone, que derrotara Chuck Norris no torneio de karatê. No restaurante, a primeira coisa que Bruce fez foi arregaçar as mangas de sua camisa e pedir a todos para que tocassem seus antebraços, que eram duros como canos de ferro. "Minha primeira impressão, obviamente, foi a de que ele era muito arrogante, pois seu discurso havia rebaixado a comunidade do karatê", recorda-se Mike Stone, "mas acabei gostando muito dele."

O torneio de Long Beach foi como um rito de iniciação de Bruce, fazendo-o ingressar na sociedade. Mike Stone se tornaria o primeiro aluno famoso de Bruce; Jhoon Rhee, um aliado e apoiador; e Ed Parker um modelo a ser seguido. Seu desempenho naquela tarde foi responsável pelo lançamento de sua carreira em Hollywood.

Quando Bruce retornou a Hong Kong, no verão de 1963, não conseguiu obter nenhum papel em um filme, mas suas tentativas o colocaram de volta no radar da indústria. O estúdio Shaw Bros. contratou Bruce para acompanhar Diana Chang Chung-wen durante a promoção na Califórnia do filme mais recente dela, *The Amorous Lotus Pan*. O trabalho de Bruce consistia em dançar chá-chá-chá com Diana – cuja figura voluptuosa e comportamento *sexy* renderam-lhe a alcunha de "Marilyn Monroe Mandarim" – todas as noites sobre um palco e servir como uma espécie de guarda-costas informal por toda a duração da turnê. Para Bruce, a excursão era uma oportunidade para promover suas escolas de *kung fu* na América. Ele só aceitaria o papel de "escada" para Diana se pudesse fazer demonstrações de artes marciais em todas as paradas.

Depois de várias apresentações em Los Angeles, a dupla tomou o caminho de volta para São Francisco no final de agosto. Em seu retorno para casa, Bruce tinha muita coisa em mente. James Lee estava no hospital acompanhando sua esposa moribunda, Katherine; Linda, que estava grávida, cuidava dos entristecidos e preocupados filhos de James e Katherine; e a filial de Oakland lutava para sobreviver. Além de tudo isso, ele fora escalado para apresentar-se no Teatro Sun Sing, no mesmo palco onde seu pai se apresentara duas décadas antes. Aquela era a melhor chance de Bruce para recrutar mais alunos para sua nova escola, mas ele sabia que teria de enfrentar uma plateia hostil. Notícias sobre as críticas que fizera às artes marciais tradicionais no luau de Wally Jay e nos Campeonatos Internacionais de Karatê de Long Beach já haviam se espalhado por toda Chinatown de São Francisco. Muitos alunos do *kung fu* tradicional e velhos mestres haviam comprado ingressos apenas para ver se esse arrogante praticante de *wing chun* ousaria insultá-los na presença deles.

Para aliviar a atmosfera tensa, Bruce abriu a apresentação com uma piada, baseada no sistema de escrita chinês, no sentido vertical, contraposto ao sistema de escrita ocidental, no sentido horizontal. "Honoráveis convidados, meu novo livro encontra-se à venda no *lobby*. Isso me faz lembrar que, ao contrário dos chineses, os ocidentais não apreciam o que leem. Quando as pessoas leem no Oriente, vocês podem ver que elas fazem assim", explicou Bruce, meneando a cabeça para cima e para baixo, como se pretendesse dizer *sim*, "mas quando um ocidental lê, faz assim", meneando, então, a cabeça de um lado para outro, como se dissesse *não*, "porque eles realmente não gostam do que leem."

A multidão riu, aparentemente à vontade, esperando que Bruce seria conciliador. Mas estava enganada.

Bruce chamou seu novo parceiro de palco, Dan Inosanto, que viajara com ele desde Los Angeles. Usando Inosanto como alvo, Bruce enfatizou a praticidade e eficiência do *wing chun*, assinalando como o sistema era isento de muitos dos movimentos supérfluos encontrados em outros estilos tradicionais de *kung fu*. Para sublinhar sua afirmação, ele imitou alguns dos amplos chutes do Shaolin do Norte. "Por que você chutaria alto, deixando sua guarda aberta?", disse ele, pausando em pleno movimento para permitir que Inosanto contra-atacasse. "Em vez disso, você pode chutar baixo e socar alto."

Ignorando o desconforto da plateia, Bruce prosseguiu em sua crítica. "Oitenta por cento do que ensinam na China não tem sentido. Aqui, na América, esse número chega a noventa por cento." Murmúrios enraivecidos elevaram-se da plateia. "Esses velhos tigres", disse ele, referindo-se claramente aos mestres tradicionais de São Francisco, "não têm dentes."

Aquele insulto foi demais.

Um cigarro aceso foi furiosamente arremessado na direção do palco. Outros se seguiram. Isso é o equivalente chinês a atirar-se uma fruta podre.

"Bruce estava dizendo essas coisas que são ofensivas às artes marciais chinesas", explica Inosanto, "e os chineses não gostavam desse tipo de atitude partindo de um jovem *sifu*.

Um homem nas fileiras do fundo levantou-se e gritou: "Isso não é *kung fu*!".

"Senhor, se importaria de juntar-se a mim sobre o palco para que eu possa demonstrar?", pediu Bruce, sorrindo.

O homem abanou sua mão em sinal de desprezo, antes de dirigir-se para a saída. "Você não sabe o que é *kung fu*."

"Alguém mais gostaria de ser voluntário?", perguntou Bruce, ansioso para recuperar a empatia da plateia.

Uma mão ergueu-se de um dos assentos próximos ao palco. Era a mão de Kenneth Wong, um adolescente, aluno de um dos "velhos tigres" de São Francisco. Bruce rapidamente sinalizou para que Kenneth se juntasse a ele.

"Quando Bruce chamou Kenneth, nós começamos a gritar, saudando-o e encorajando-o", recorda-se Adeline Fong, que comparecera à apresentação junto com um grande grupo de colegas da classe de Kenneth nas aulas de *kung fu*.

Tal como Bruce, Kenneth era considerado um prodígio e um fanfarrão, tão arrogante quanto talentoso. Em vez de usar as escadas, Kenneth saltou para o centro do palco, arrancando uivos de seus amigos e risos do restante da plateia.

Depois de agradecer ao adolescente por sua participação, Bruce explicou o desafio. "Vou ficar a uns dois metros de você, fechar a distância e dar um tapinha na sua testa", disse ele. "Você pode usar qualquer uma das mãos ou ambas para tentar me bloquear. Você entendeu?"

"Sim", respondeu Kenneth, com um sorriso tão largo quanto o de Bruce.

Enquanto os dois jovens confiantes se encaravam, a multidão berrava em apoio a Kenneth. Como uma bala, Bruce saltou para a frente e lançou seus dedos visando tocar a testa de Kenneth. Com a mesma velocidade, fazendo um movimento limpo, Kenneth bloqueou a mão de Bruce. A plateia urrava e vaiava Bruce, que deu dois ou três passos para trás e fez menção de tornar a lançar-se para a frente. Contrariado com seu surpreendente fracasso, Bruce lançou-se com mais força e mais rápido. No último milissegundo, Bruce simulou o movimento, provocando o erro de Kenneth, e, então, golpeou a testa de Kenneth com tanta força que o fez recuar um passo. Furioso, Kenneth recuperou-se e ergueu os punhos diante dele, assumindo uma postura ofensiva. Por um momento, pareceu que ia acontecer uma luta de verdade.

A multidão entrou em alvoroço. Vaias choviam dos balcões. Alguém gritou: "Isso não foi justo!". Dúzias de cigarros acesos foram arremessados ao palco. Percebendo que a multidão estava à beira de um motim, Bruce afastou-se de Kenneth, sorriu e disse: "Obrigado pela sua participação". Mais tocos de cigarros cruzaram sobre o palco.

Com o rosto crispado e os olhos faiscando, Bruce foi até a beira do palco, pisando sobre a ribalta, e fez uma afirmação cujo sentido exato tornou-se tema de acalorados debates: "Eu gostaria de deixar claro, meus irmãos de Chinatown, que se desejarem *pesquisar* sobre o meu *wing chun*, todos serão bem-vindos a qualquer momento na minha escola, em Oakland".

Tão logo essas palavras foram proferidas, Bruce deixou o palco pela esquerda. Na plateia, as pessoas olhavam umas para as outras totalmente surpresas: teria ele realmente lançado um desafio aberto a toda Chinatown?

Notícias sobre a controvertida apresentação de Bruce correram à toda velocidade, ganhando novos elementos a cada vez que a contavam. Ele havia insultado toda Chinatown! Tão desrespeitoso! Temos de dar uma lição nesse dançarino de chá-chá-chá, galãzinho de cinema de Seattle! Em pouco tempo, gente que sequer estivera lá sentia-se ainda mais ultrajada do que os presentes naquela noite.

Um desses ultrajados era David Chin. Ele tinha 21 anos e já era um aluno graduado de *kung fu*, de um dos venerados mestres de São Francisco que Bruce Lee havia insultado. Por semanas, ele exigira uma resposta. O desafio não poderia ficar sem uma resposta. Mas os praticantes mais antigos o aconselharam a esquecer esse assunto. O sangue quente dos homens jovens conduzia à violência, e a violência atrairia a indesejável atenção das autoridades brancas. Os mais idosos ainda se lembravam dos *pogroms* organizados contra os chineses. Eles sabiam que a sobrevivência de Chinatown dependia de parecerem inofensivos, manterem seus semblantes inescrutáveis e o pescoço curvado. Alguns até mesmo ponderaram que o pronunciamento final de Bruce não significava um desafio. O jovem estaria apenas fazendo propaganda de sua escola, convidando alunos em potencial para que estudassem com ele. Além do mais, por que alguém em São Francisco ligaria para um instrutor de *kung fu* insignificante de Oakland? Sua escola provavelmente iria à falência e, quando isso acontecesse, teria sido a última vez em que se ouviria falar sobre ele.

Mas David não seria dissuadido. Ele se reuniu com dois amigos, Bing Chan e Ronald "Ya Ya" Wu, no popular Jackson Street Café, onde se encontraram com um dos garçons da casa, chamado Wong Jack Man. A intenção deles era redigir uma carta formal aceitando aquilo que haviam compreendido como um desafio aberto lançado por Bruce. Os três amigos haviam crescido em Chinatown, mas Wong recém-chegara de Hong Kong e tinha apenas 23 anos. Muito asseado, discreto, alto, magro e com uma aparência serena, Wong mais parecia um aplicado estudante acadêmico do que um praticante de artes marciais; mas ele era um habilíssimo praticante do *kung fu* Shaolin do Norte. Suas recentes demonstrações das intrincadas formas e técnicas de chutes haviam impressionado a comunidade local. Wong alimentava sonhos de abandonar o emprego como garçom e iniciar sua própria escola de *kung fu*. Diferentemente de Bruce Lee, ele reverenciava o *kung fu* tradicional e pretendia transmitir aos estudantes de Chinatown exatamente o que havia aprendido com seus mestres.

Quando a carta foi concluída, Wong Jack Man insistiu em assinar seu nome ao pé da página. David Chin afirma que ele objetou: "Esperem um minuto. Eu que vou desafiar o cara".

"Bem, eu vou abrir uma *kwoon*", replicou Wong. Ele acreditava que derrotar Bruce Lee lhe garantiria o prestígio necessário para atrair alunos suficientes para iniciar sua própria escola de *kung fu*.

Se foi um insulto que fez com que a bola começasse a rolar, foi a ambição que a fez continuar a mover-se pelo campo. Wong Jack Man e Bruce Lee eram dois homens jovens, ambos com 20 e poucos anos, que queriam vencer na vida sendo parte de uma minoria em uma terra hostil. Um era tradicionalista, o outro rebelde; para que um tivesse sucesso, o outro teria de fracassar.

David Chin dirigiu seu Pontiac Tempest bege através da Bay Bridge rumando para Oakland, para entregar em mãos a carta do desafio com a assinatura de Wong Jack Man. Quando entrou no estúdio e perguntou pelo sr. Lee, Bruce respondeu: "Ei, você está me procurando?". Ele pôs de lado a novela chinesa *wuxia* que estava lendo. Tratava-se de *The Legend of the Condor Heroes*, a história de dois irmãos praticantes de *kung fu* que protegem a China de Gênghis Khan e seus invasores mongóis. Os irmãos acabam se desentendendo e tornam-se rivais.

"Ele era realmente arrogante", relembra Chin. "Ele olhou para mim e, então, pôs os pés sobre a mesa. Quando entreguei-lhe a carta, ele olhou para ela, riu e disse: 'Está bem, sem problemas. Marque a data'."

O que David não imaginava era que Bruce podia ser um garoto bonito e arrogantemente autoconfiante, mas não fingia ser alguém que não era. Além dos livros, lutar era a única coisa que parecia acalmar Bruce Lee. Ele encontrava uma espécie de paz em meio ao caos daquilo que ele chamava de "a fresca, viva e constantemente mutável natureza do combate". O fluxo de adrenalina forçava seu cérebro hiperativo a funcionar num estado de hiperconcentração.

Não, ele não estava com medo; estaria mais para entusiasmado. Tampouco estava surpreso. No Teatro Sun Sing, ele enfiara um dedo no olho da comunidade do *kung fu* de Chinatown. Bruce Lee tinha 24 anos e pretendia revolucionar as artes marciais.

Ainda que mais tarde viesse a afirmar que não pretendera lançar abertamente um desafio público naquela oportunidade, ele era esperto o bastante para saber que a plateia poderia interpretar suas palavras dessa forma. Esse não seria seu primeiro duelo de desafio. Ele sabia que quando alguém sobe num palco diante de uma plateia de praticantes de artes marciais e diz que seu estilo é o melhor, sempre surgirá um voluntário para pôr sua teoria à prova.

Negociações sobre a data, a hora e o local do embate foram realizadas ao longo das semanas seguintes entre Bruce e David Chin, que atuava como um empresário de lutas para Wong Jack Man. Bruce não se importava quanto à data, mas insistiu quanto ao local. Se o pessoal de Chinatown queria testá-lo, teriam de vir a Oakland e fazer isso no território dele. "A única condição é que você terá de lutar na minha escola", disse Bruce a David. "Eu não saio daqui."

À medida que as conversações se arrastavam de setembro para outubro, Bruce sentia-se cada vez mais frustrado e irritado. Foram tempos de ansiedade em sua vida. Sua nova filial de Oakland atraíra apenas alguns poucos alunos – talvez uma dúzia deles, num bom dia. Seu sócio nos negócios, James Lee, estava deprimido e bebendo demais, depois de ter sepultado Katherine, no dia 5 de outubro. A esposa grávida de Bruce, Linda, fora incumbida de cuidar dos dois filhos profundamente entristecidos de James, Greglon e Karena.

O resultado da luta determinaria o destino de Bruce. Se ele perdesse, seu pequeno grupo de alunos provavelmente se dissiparia e não surgiriam novos alunos dispostos a aprender com um jovem mestre que acabara de ser humilhado. Ele seria forçado a fechar sua escola e voltar para seu antigo emprego, lavando pratos em um restaurante chinês.

Para evitar a desistência de um dos lutadores, David Chin, como intermediário, mantinha elevado o nível de hostilidade com comentários altamente provocativos. "David dizia uma coisa para Wong Jack Man e outra para Bruce, até que Bruce ficou a ponto de enlouquecer e dizer 'tudo bem, traga ele aqui agora!'", recorda-se Leo Fong, um dos alunos de Bruce.

Quando a data da luta finalmente chegou – um dia de semana no início de novembro –, o pavio curto de Bruce já estava aceso. "Poucos homens tinham um temperamento tão explosivo", diz Linda.

Por volta das seis horas da tarde, depois do crepúsculo, Wong Jack Man, David Chin e quatro outros amigos de David chegaram à *kwoon* de Bruce. Lá dentro, encontraram Bruce, Linda e James. Bruce estava se aquecendo no centro do recinto.

Vendo que o grupo de Oakland estava em menor número e sem saber se mais gente viria, James dirigiu-se à porta e trancou-a, prendendo a todos no interior da sala. Então, ele foi para a parte dos fundos do estúdio para posicionar-se ao lado de Linda. Era ali que ele mantinha escondida uma pequena arma de fogo, para o caso de as coisas saírem do controle. "Aquela não era uma atmosfera amigável", recorda-se David. "O desafio era real."

Os dois combatentes jamais haviam se encontrado. David Chin adiantou-se para apresentá-los um ao outro. "Bruce Lee, este é..."

Bruce sinalizou para que David se afastasse, dirigindo sua pergunta a Wong Jack Man: "Você estava no Teatro Sun Sing?".

"Não", replicou Wong Jack Man, "mas eu ouvi sobre o que você disse lá."

David interveio: "Esta deve ser uma competição amistosa. Somente um treinamento leve, para demonstrar quem possui uma técnica superior...".

"Cale a sua boca", sibilou Bruce para David, em cantonês. "Você já matou o seu amigo."

Essas palavras ameaçadoras fizeram crescer a apreensão do grupo de São Francisco. O nível de hostilidade era muito maior do que eles esperavam. Eles se reuniram em um círculo e ficaram conversando. Quando o círculo se desfez, David Chin tentou estabelecer algumas regras básicas: "Nada de golpes no rosto, e nada de golpes na virilha...".

"Não quero saber de nada disso!", declarou Bruce. "Vocês propuseram o desafio; então, eu faço as regras. E não há regras. Vale tudo."

Assistindo a tudo do fundo do ginásio, Linda deu um leve sorriso. Ela não falava cantonês, por isso não podia acompanhar o vaivém dos diálogos, mas acreditava em seu marido. "Eu deveria estar nervosa", relembrou ela, tempos depois. "Mas a verdade é que eu não poderia estar mais calma. Não me sentia nem um pouco preocupada com Bruce. Eu tinha total certeza de que ele poderia cuidar de si mesmo."

"Vamos, venha", disse Bruce, impacientemente, para Wong Jack Man.

Quando Wong Jack Man adiantou-se para encarar Bruce Lee, os dois representavam o confronto entre a tradição e a modernidade. O que Bruce Lee desprezava era o mesmo que Wong Jack Man desejava preservar. Ousado e falastrão, Bruce vestia uma camiseta regata branca e calças *jeans*. Introvertido e pensativo, Wong Jack Man usava um tradicional uniforme negro de *kung fu*, com mangas longas e calças muito folgadas. Nenhum dos dois participantes nem a pequena plateia que assistia a eles tinham condições de saber que o que aconteceria a seguir se tornaria o mais famoso combate de desafio da história do *kung fu*, recontado e reinventado incontáveis vezes, em livros, peças teatrais e filmes.

Por um tenso momento, os dois jovens apenas se encararam. Em teoria, aquele seria um clássico embate chinês: os chutes altos ao estilo do norte de Wong Jack Man *versus* os "punhos em fúria" do sul de Bruce Lee. Medindo cerca de 1,75 metro de altura e pesando quase o mesmo que Bruce, Wong Jack Man era mais alto e mais esguio; era esperado que usasse a vantagem do alcance e sua habilidade superior com os chutes para manter a luta a distância e atacar as laterais de seu oponente. Bruce teria de se aproximar muito e transformar a luta num embate ruidoso para vencer.

Wong Jack Man inclinou a cabeça enquanto Bruce assumia uma postura de *wing chun*. Então, Wong deu um passo à frente buscando pela mão direita dele. Mais tarde, ele afirmaria que pretendia apenas trocar um aperto de mãos ("tocar as luvas") como ocorre antes do início do combate. Quaisquer que tenham sido suas intenções, esse foi um erro que lhe custou caro. Cheio de energia como uma mola fortemente comprimida, Bruce saltou para a frente com um chute baixo nas canelas e uma "lança de quatro dedos" aplicada diretamente sobre os olhos de Wong Jack Man. O ataque atingiu o osso em uma das cavidades orbitais, quase atingindo o globo ocular. Wong ficou temporariamente aturdido e cego, e Bruce imediatamente aplicou-lhe uma série de socos encadeados típica do *wing chun*. Sua intenção era a de reencenar a derrota que impusera em onze segundos ao lutador de karatê japonês em Seattle. "Se você envolver-se numa luta, é preciso dominar seu oponente nos primeiros dez segundos", diz James, explicando a filosofia de Bruce. "Você não pode dar a ele nenhuma chance. Apenas o destrua."

"Aquele movimento de abertura", recorda-se Wong, "estabeleceu o tom para o restante da luta. Ele realmente pretendia me matar."

Tentando sobreviver ao massacre inicial de Bruce, Wong Jack Man recuou e começou a mover seus braços defensivamente, em amplos círculos. "Wong Jack Man recuava, enquanto Bruce Lee continuava avançando. Ele avançava com golpes rotativos", recorda-se David Chin. "Wong Jack Man continuava a recuar, bloqueando os golpes, dados em rápida sucessão." No meio do ataque, Bruce mudou sua postura e lançou um chute visando a virilha de Wong, que usou os joelhos para bloquear o golpe.

Foi uma sequência de abertura caótica, agressiva e muito veloz. Wong Jack Man agia de maneira extremamente evasiva, afastando os golpes de Bruce com movimentos defensivos com os braços, semelhantes aos das pás de um moinho de vento, com as mãos abertas.

Porém, incapaz de conter a agressividade de Bruce e temendo por sua vida, Wong Jack Man entrou em pânico, ativando seu instinto de lutar ou fugir. Ele se virou e começou a correr, ainda agitando os braços num amplo arco para proteger a parte traseira de sua cabeça dos socos de Bruce, que continuavam a atingi-lo. "Wong tentou fugir", diz Chin. "Ele deu as costas para Bruce."

Anexo à sala principal da escola havia um depósito. Tentando escapar, Wong Jack Man correu para a porta com Bruce em seu encalço, lançando socos na parte de trás da sua cabeça. Os dois correram pela sala estreita e saíram, por uma segunda porta, voltando à sala principal. Quando Wong saiu correndo da sala do depósito, um tanto inclinado, com Bruce perseguindo incessantemente, na sala principal ele de repente estacou, deu meia-volta e acertou um golpe de karatê no pescoço de Bruce, com um movimento de giratório. O golpe fez Bruce titubear. Aquela era a arma secreta de Wong Jack Man.

Antes da luta, Wong havia atado em seus pulsos um par de braceletes de couro cravejados com pinos metálicos pontiagudos, os quais ele cuidadosamente ocultou de todos – inclusive de seus próprios apoiadores – sob as longas mangas de seu uniforme. "Fiquei surpreso", diz Chin. "Eu tampouco esperava por isso." Wong mantinha tal coisa em segredo por um bom motivo: em combates de desafio, armas ocultas – lâminas de barbear incrustadas em sapatos, socos-ingleses dentro de luvas etc. – são expressamente proibidas. Se alguém tivesse sabido disso com antecedência, Wong teria sido forçado a remover seus braceletes.

Quando Bruce sentiu o sangue correr-lhe pelo pescoço e percebeu a trapaça, ficou furioso. "Bruce estava realmente louco da vida", recorda-se Chin. "A dor causada por um daqueles braceletes... Wong usava mangas longas somente para ocultá-los." Bruce urrou e atacou. Seus socos frenéticos empurraram Wong Jack Man para trás, na direção de um ponto perigoso no salão principal. Antes de Bruce instalar seu estúdio de *kung fu*, funcionava no local uma loja de móveis estofados e uma tapeçaria, e havia ali duas plataformas elevadas com janelas de vidro que haviam servido como expositores ou mostruários. Na defensiva, Wong Jack Man recuou andando de costas na direção de uma das plataformas. Não conhecendo o ambiente em que se encontrava, ele tropeçou na plataforma e caiu de encontro à janela da vitrine. Tombando pesadamente com o corpo num ângulo de 45 graus, Wong foi apanhado numa armadilha, incapaz de se levantar ou rolar para escapar.

Bruce saltou para cima de Wong e submeteu-o a uma chuva de socos. "Você se rende!", exigiu Bruce. "Desista!"

David Chin e os outros sujeitos de São Francisco correram para separar os dois combatentes, gritando "Chega! Chega!". Wong Jack Man combinara previamente com eles para que interviessem se as coisas corressem mal para ele. "Antes que houvesse um acordo, nós interrompemos a luta, entende?", diz Chin.

Bruce berrava, em cantonês: "Admita que você perdeu! Diga isso! Admita que você perdeu!". Wong se manteve em silêncio e seus amigos o levantaram do chão, zonzo e confuso.

Depois, mais calmo, Bruce Lee caminhou até Wong Jack Man. Tal como fizera na luta de desafio com o lutador de karatê japonês, Bruce pediu a Wong que não comentasse a respeito da luta. Ele não queria que a história circulasse. Wong meneou a cabeça em concordância.

A luta durou cerca de três minutos.

Desmoralizados, os integrantes da turma de São Francisco deixaram o estúdio com a cabeça baixa. O estado de ânimo durante a viagem de volta era sombrio. "Ninguém falou muita coisa", recorda-se David Chin, com um sorriso discreto.

No dia seguinte, Ben Der, um amigo de Bruce, foi à Chinatown de São Francisco, ansioso para saber o que acontecera. "No dia anterior, todo mundo estava falando nisso", relembra ele, "sobre quão empolgante iria ser o combate e tal. Então, eu fui propositalmente a Chinatown, na tarde seguinte, para ouvir o que todos estariam dizendo. E só o que havia era um silêncio sepulcral. Ninguém falava coisa alguma. Foi assim que eu soube que Bruce Lee havia vencido a luta."

Tendo sido banido de Hong Kong por causa das brigas, Bruce tinha consciência de como o resultado de uma luta pode causar ferimentos mais profundos do que os causados pelo combate em si. Ele fez uma visita ao Jackson Street Café depois da luta, para amenizar as coisas com Wong Jack Man. Um relacionamento hostil com toda Chinatown não ajudaria Bruce a alcançar seus objetivos.

"Ei, cara, eu estava apenas tentando fazer propaganda porque tenho uma nova escola", disse Bruce, como forma de explicar seu rompante no Teatro Sun Sing. "Não tive a intenção de lançar um desafio público. Veja, você e eu compartilhamos de uma linhagem do *kung fu*. Nós somos como primos nas artes marciais. Além disso, nós dois somos chineses vivendo em um país de brancos. Nós deveríamos trabalhar juntos; e não um contra o outro. Não há motivo para ressentimentos. Por que estamos brigando, afinal?"

Wong Jack Man, que ostentava um olho roxo e ainda tentava recuperar-se da derrota, limitou-se a olhar para Bruce, recusando-se a lhe responder. Bruce, então, acabou indo embora.

Bruce pretendera manter a luta em segredo, mas um combate de desafio que estivesse associado – não importando quão tangencialmente – com a atriz mais atraente de Hong Kong, Diana Chang, era um assunto quente demais para ser ignorado. No final de novembro, uma coluna de fofocas no diário *Ming Pao Daily*, de Hong Kong, publicou uma versão extremamente fantasiosa do evento, sob o título "Diana Chang Atrai Enxame de Borboletas, Bruce Lee Luta e Sofre Ferimentos Leves". No criativo texto do jornal, Wong Jack Man – referido como um "irmão no além-mar" – estaria assediando Diana Chang, forçando Bruce Lee a desafiá-lo para defender a honra dela. Nessa versão, a luta teria sido disputada em condições de igualdade entre os dois – até o *round* final, quando Bruce teria sido nocauteado e derrotado.

> Diana Chang encontra-se em São Francisco, e sua beleza tem encantado e impressionado profundamente nossos jovens irmãos no além-mar. Entre estes, um a perseguiu com particular empenho, sem temer a própria morte, tal qual uma sombra segue a forma que a projeta. Diana Chang foi perseguida por essa pessoa até não saber mais o que fazer. [...]
>
> Inesperadamente, Bruce Lee, com um estranho brilho em seus olhos e *qi* em seu coração, certa noite convidou a este jovem no além-mar para lutar. O resultado do embate é que os dois lutaram em pé de igualdade, tendo ambos sofrido ferimentos, mas Bruce Lee foi nocauteado no último assalto. [...]

Depois desse incidente, o irmão no além-mar deu-se conta de que sua vitória sobre Bruce Lee se devia apenas à sorte e fugiu, para esconder-se em algum lugar, no dia seguinte, não tendo ousado voltar a perturbar Diana Chang novamente.

Uma vez que o *Ming Pao Daily* é o equivalente de Hong Kong ao *The New York Times* nos Estados Unidos, o jornal local de São Francisco editado em chinês, o *Chinese Pacific Weekly*, republicou o artigo em 26 de novembro de 1964. Quando Bruce ficou sabendo, ficou furioso. Não somente alguém teria quebrado a palavra e "dado com a língua nos dentes" sobre a luta, como o jornal local ainda afirmava que ele a perdera! Ele procurou o *Chinese Pacific Weekly* para contar sua versão dos fatos, e, em 17 de dezembro de 1964, o jornal publicou sua resposta.

Bruce disse que a luta não tivera nada a ver com Diana Chang. Ele culpou David Chin por ter convencido Wong Jack Man de que Bruce teria lançado um desafio aberto a toda Chinatown, quando, na verdade, teria apenas feito propaganda da sua nova escola. Bruce manteve a afirmação de que vencera a luta depois de aplicar uma sucessão de golpes que deixaram Wong Jack Man em choque, a ponto de fazê-lo fugir em disparada. Depois de ter lançado Wong sobre o chão e o imobilizado, Bruce disse ter erguido um punho e perguntado: "Você se rende?". Wong Jack Man teria exclamado, por duas vezes: "Eu me rendo! Eu me rendo!".

Tendo sido apontado como o instigador da luta, David Chin respondeu com uma carta ao *Chinese Pacific Weekly*, em 7 de janeiro de 1965. Ele manteve sua afirmação de que a causa do duelo fora o desafio aberto lançado por Bruce no Teatro Sun Sing. Wong Jack Man teria ido a Oakland apenas para uma troca de experiências (ou seja: um treinamento leve), mas Bruce, que estava muito furioso e agitado, teria trancado a porta e insistido na realização de "uma competição para decidir quem tinha mais habilidade" (ou seja: sem regras, contato total). Chin afirmou que nenhum dos dois lados havia vencido ou perdido – teria havido um empate. "Os dois foram separados por pessoas que assistiam à disputa, para evitar quaisquer ferimentos físicos ou sentimentos feridos."

Agora que a história já havia se transformado em um caso clássico de polêmica em jornais diários, foi inevitável que mesmo o introvertido Wong Jack Man se sentisse no dever de responder. Ele concordou em ser entrevistado para uma matéria de primeira página da edição de 28 de janeiro de 1965

– completa, com uma fotografia dele em seu uniforme de *kung fu* desempenhando uma parada com abertura de pernas e dois sabres em punho.

> Wong Jack Man, que vive e trabalha nesta cidade, admitiu ser o "Irmão Chinês no Além-Mar" que lutou com Bruce Lee numa escola de artes marciais em Oakland. [...] Wong Jack Man também admitiu não estar presente quando, sobre o palco, Bruce Lee "desafiou a comunidade chinesa no além-mar", mas diz que vários dos seus amigos foram testemunhas oculares, e todos dizem que Lee, de fato, convidou a comunidade chinesa para que "viesse quando quisesse para 'pesquisar'".
>
> [...] Wong Jack Man diz que, por volta das 6h05 da tarde, Lee se encontrava no centro da sala principal da escola e chamou-o para que fosse confrontá-lo. Wong diz que, de acordo com as regras do mundo das artes marciais, estendeu a mão em sinal de amizade, mas que Lee começou a atacá-lo. [...] Wong afirma que nenhum dos dois oponentes jamais foi lançado ao chão, mas ambos dominaram e foram dominados alternadamente, e que os dois atingiram-se mutuamente.
>
> Wong Jack Man nega que Bruce Lee o tenha socado até que estivesse contra a parede, ou que tivesse sido lançado ao chão e forçado a implorar por "misericórdia".
>
> [...] Ele diz que, no futuro, não discutirá mais sobre este caso no jornal, e se for levado a lutar novamente, o fará em uma exibição pública, para que todos possam ver com os próprios olhos.

No entendimento de Wong Jack Man, esta última frase se constituía num desafio aberto a Bruce: se ele discordasse da versão de Wong dos fatos, ambos poderiam lutar novamente – em público. Bruce ignorou a provocação e recusou-se a respondê-la publicamente (em seu círculo particular, ele apelidara Wong Jack Man de "O Fujão"). Ele não via qualquer motivo para conceder uma revanche a um lutador que trapaceara e perdera.

⁂

Logo após o término da luta com Wong Jack Man e do grupo de São Francisco ter partido, Linda esperava encontrar seu marido exultante. Em vez disso, ele estava sentado nos fundos da escola com a cabeça entre as mãos, desalentado e fisicamente esgotado. Sempre um perfeccionista, Bruce Lee estava furioso com seu desempenho, exatamente como ficara depois de ter vencido o torneio de boxe em Hong Kong, quando ainda adolescente. Para Bruce, uma vitória feia era quase tão ruim quanto uma derrota. "Seu desempenho não fora impecável, nem eficiente", recorda-se Linda. "A luta, ele imaginava, deveria terminar em poucos segundos, depois que ele desferisse seus primeiros golpes; mas, em vez disso, ela se arrastara por três minutos. Além disso, no final, Bruce se sentira muito mais cansado do que de costume, o que provava que ele estava longe de uma condição física perfeita. Assim, ele passou a dissecar a luta, analisando em que ponto ele teria errado, tentando encontrar uma maneira de melhorar seu desempenho. Não demorou muito para que Bruce percebesse que a base de sua arte, o estilo *wing chun*, não era o bastante.

Tempos depois, Bruce diria a um dos seus amigos: "Aquilo me deixou realmente incomodado depois da luta. Foi a primeira vez que senti que havia algo errado com o modo como eu vinha lutando. A luta durou tempo demais e eu não sabia o que fazer quando ele fugiu. Ter ferido meus punhos ao socar a cabeça do filho da puta foi uma estupidez. Eu soube, naquele momento, que tinha de fazer alguma coisa quanto à minha maneira de lutar".

Nos últimos anos, ele havia criticado publicamente as artes marciais tradicionais, mas, ao mesmo tempo, agarrava-se ao *wing chun* tradicional como o caminho a ser seguido. Mas seu estilo original o decepcionara. Suas técnicas de sucessivos golpes curtos e rápidos eram inúteis contra um oponente que se pusesse fora de seu alcance ou se recusasse ao combate corpo a corpo. E seus métodos de treinamento – o boneco de madeira, as mãos pegajosas – eram uma preparação inadequada para um confronto mais duradouro. Apesar de uma década de prática diligente e incansável, para Bruce Lee, cujo corpo era basicamente uma mola muscular contraída, faltava a resistência cardiovascular para mais do que um *round* de três minutos de combate.

O confronto com Wong Jack Man acabou sendo um momento de epifania para Bruce. Aquele foi o "ponto de mutação" que o levaria a abandonar seu estilo tradicional de *kung fu*. Por anos, ele havia pregado que o indivíduo é mais importante do que o estilo. Depois de sua "vitória feia", ele finalmente aceitou que essa verdade também valia para si mesmo. Modificar algumas poucas técnicas não seria suficiente. Ele precisaria começar do zero e formular sua própria arte marcial.

Mas Bruce também começara a questionar seus objetivos de carreira. A controvérsia nos jornais e a publicidade negativa resultante da sua luta com Wong Jack Man prejudicaram suas relações e pretensões na cena das artes marciais na região metropolitana de São Francisco. Ele fizera um grande número de inimigos poderosos; e, com suas escolas em Oakland e em Seattle lutando para sobreviver, ele refletiu se queria, mesmo, passar o resto de sua vida ensinando artes marciais.

Ensinando *kung fu* a Brandon, no apartamento do Barrington Plaza, 1966
(*Moviestore Collection Ltd / Alamy Stock Photo*)

9
Hollywood Está Chamando

Antes da Internet, os salões de beleza de Hollywood eram as centrais de informação da indústria cinematográfica, onde o pessoal do meio artístico, mesmo aqueles que já tinham bons contatos, ia para ficar atualizado. Jay Sebring foi o primeiro cabeleireiro a perceber que o mesmo serviço que as grandes damas de Hollywood utilizavam havia muito tempo também poderia ser oferecido – a preços diferenciados – aos seus poderosos maridos. Em um tempo no qual barbeiros cobravam US$ 2 dos homens por um corte com máquina e uma aplicação de brilhantina, Sebring cobrava até US$ 50 para ajeitar-lhes os cabelos com uma tesoura, um secador e uma aplicação de fixador em *spray – além de abastecer-lhes com as mais recentes fofocas da indústria*. Logo uma hora em sua cadeira de barbeiro tornou-se o agendamento mais cobiçado de Hollywood. Entre seus clientes célebres estavam Warren Beatty, Steve McQueen, Paul Newman, Frank Sinatra e Kirk Douglas. Ele chegou até mesmo a criar o *design* das madeixas livremente esvoaçantes de Jim Morrison.

Certa tarde, no início de 1965, Sebring estava "estilizando" os cabelos de William Dozier, um elegantíssimo produtor de televisão, do tipo executivo estiloso. Dozier estava trabalhando em uma série de episódios da série televisiva de Charlie Chan intitulada *Charlie Chan's Number One Son*. O enredo: depois do assassinato de Charlie Chan, o personagem que era um detetive de Honolulu, seu filho mais velho deveria vingar sua morte e dar continuidade ao seu legado. Dozier pretendia fazer da série um *thriller* de ação – uma espécie de James Bond chinês. Sua ideia radical era escalar um ator chinês, de verdade, para interpretar o papel de um... chinês! Anteriormente, nos tempos em que vigorava a hipocrisia, eram sempre atores brancos que interpretavam papéis de asiáticos, com olhos puxados com fitas adesivas e rostos pesadamente maquiados. Em dezesseis filmes, Charlie Chan foi interpretado por Warner Oland, um ator sueco. Como resultado disso, havia um pequeno número de atores asiáticos com uma experiência considerável – a maioria dos quais interpretava vilões em dramas sobre a Segunda Guerra Mundial, ou *coolies* com os cabelos presos em longas tranças em *westerns*.

"Preciso encontrar um ator oriental que fale inglês e saiba atuar em filmes de ação", queixou-se Dozier para Sebring. "Alguém com o carisma de um líder."

Sebring, que era um dos alunos de karatê de Ed Parker e comparecera aos Campeonatos Internacionais de Karatê de Long Beach em 1964, respondeu imediatamente: "Eu tenho o cara de que você precisa".

"Quem é ele?"

"Bruce Lee."

"Nunca ouvi falar dele."

"Há uma filmagem da apresentação dele em Long Beach", disse Sebring. "Ele vai eletrizar você."

"Posso vê-la?", perguntou Dozier, entusiasmando-se.

No dia 21 de janeiro de 1965, Jay Sebring e Ed Parker levaram o filme para uma exibição particular nos escritórios de Dozier na 20th Century Fox. Assim que assistiu a ele, Dozier soube que havia encontrado o ator que buscava. Imediatamente, ele telefonou para a casa de James Lee, em Oakland.

E foi assim que Bruce Lee foi descoberto por Hollywood.

"Bruce havia saído quando recebi o telefonema e falei com Dozier", recorda-se Linda. "Embora eu jamais tivesse ouvido falar dele e ele não me dissesse qual o motivo da chamada, algo parecia muito promissor. Quando Bruce retornou a ligação, Dozier explicou que estava interessado nele para atuar numa nova série de TV. Nós dois ficamos muito animados, claro."

Aquela era uma oportunidade extraordinária. Antes daquele dia, a única estrela asiática a integrar o elenco de uma série televisiva fora a atriz sino-americana Anna May Wong, em *The Gallery of Madame Liu-Tsong* (1951). Nenhum ator asiático do sexo masculino havia sido protagonista de qualquer programa televisivo. Havia tão poucos papéis para asiáticos em Hollywood que Bruce Lee, embora veterano de vinte filmes em Hong Kong, sequer considerara a possibilidade de atuar na América. "Eu sequer pensei nisso quando voltei aos Estados Unidos. Quero dizer, eu dizia a mim mesmo: 'Aqui estou eu, com este rosto chinês'. Não quero parecer preconceituoso, mas é apenas uma questão de pensar de maneira realista com que frequência um chinês é necessário em um filme", explicou Bruce em uma entrevista à revista *Esquire*. "E quando ele é necessário, é sempre para ser rotulado como o típico chinês caricato. Você sabe a que tipo eu me refiro, não é? Então, eu disse: 'Pro inferno com isso'."

Se Bruce conseguisse o papel, estaria desempenhando um feito histórico. Ele seria o Jackie Robinson* dos atores asiáticos. E, o que talvez fosse mais importante para Bruce é que ele poderia afinal sair da sombra de seu pai e superar seu velho. "Eu sentia que tinha de conquistar algo pessoalmente", disse Bruce a um repórter da revista *TV and Movie Screen*. "O que eu teria feito se tivesse voltado para Hong Kong? Nada. Eu poderia dizer 'Traga chá', e um servo teria trazido chá. Apenas isso; e eu poderia ficar sem fazer nada o dia todo. Eu queria fazer alguma coisa por mim mesmo, para trazer honra ao meu próprio nome. Em Hong Kong, se eu rodasse num carrão, as pessoas apenas diriam 'Lá vai Bruce Lee, no carro do pai dele.' O que quer que eu fizesse não passaria de um reflexo do que a minha família já conquistara."

Apesar de Linda estar no nono mês de gravidez, Bruce estava tão empolgado que concordou na mesma hora em ir para Los Angeles para fazer um teste.

No dia 1º de fevereiro de 1965, o primeiro dia do Ano Novo Chinês, Linda deu à luz, no East Oakland Hospital. Seu filho era um menino, tal como Bruce predissera. Seus pais deram-lhe o nome de Brandon Bruce Lee, em inglês, e o nome chinês de *Gok Ho*, que significa "Herói Nacional". "Bruce estava muito orgulhoso por ter um filho", diz Linda. "O primeiro neto de sua família." Brandon veio a este mundo com saudáveis três quilos e 971 gramas e cabelos negríssimos, que logo caíram e foram substituídos por uma cabeleira loiro-platinada. "Nosso primeiro filho é um chinesinho loiro de olhos acinzentados", dizia Bruce, orgulhosamente, a todo mundo. "Talvez o único desse tipo que exista por aí." Tal como seu pai fora para Grace Ho, Brandon logo se tornou

---

* Jack Roosevelt "Jackie" Robinson (31/01/1909-24/10/1972) foi o primeiro jogador de beisebol afro-americano da era moderna a romper a "barreira da cor", a partir de abril de 1947, e jogar pelo Brooklyn Dodgers, time da *major league*, a primeira divisão do esporte nos Estados Unidos. (N. dos T.)

um fardo pesado para sua mãe inexperiente. "Brandon só dormiu a primeira noite inteira com um ano e meio. Ele jamais aceitou uma chupeta ou um cobertorzinho em especial; ele apenas berrava o tempo todo", recorda-se Linda, "o que, ironicamente, parece ter marcado o início do que seria o padrão de sua vida."

Um indicativo do quanto Bruce queria agarrar a oportunidade com que Hollywood lhe acenava foi que não reagendou seu teste cinematográfico. Três dias após o parto, deixou para trás sua esposa e filho recém-nascido e embarcou em um avião. "Bruce era um superpai, mas não era do tipo que trocava fraldas ou se levantava no meio da noite", explica Linda. "Ele tinha coisas mais importantes em mente, tais como construir uma carreira e pagar as contas."

Jay Sebring apanhou o exausto novo pai no aeroporto de Los Angeles. Logo nesse primeiro encontro eles criaram um vínculo de amizade, graças ao potente carro de Jay, um Shelby Cobra. Além de carros velozes e artes marciais asiáticas, Jay e Bruce também tinham em comum o interesse por roupas masculinas da última moda, cortes de cabelo estilosos e mulheres bonitas. Sebring – um *playboy* do *jet-set* que estava saindo com a atriz Sharon Tate – era o Guardião do Portal do Culto ao *Cool* de Hollywood (Steve McQueen era o Rei). O teste cinematográfico na 20th Century Fox foi o primeiro passo na iniciação de Bruce.

Bruce encontrou-se com William Dozier, no escritório deste, para uma pré-entrevista em que foram discutidos os tópicos que seriam abordados e as demonstrações que seriam feitas. Em seguida, Dozier e a equipe de filmagem conduziram Bruce até um estúdio onde estava montado um cenário de uma sala de estar de uma casa rica de subúrbio e fizeram-no sentar-se numa cadeira dobrável, diante de um elegante sofá. Usando um terno preto justo, camisa branca e uma gravata preta estreita com um nó diminuto, Bruce mais se parecia com um vendedor de Bíblias ou com um assessor de um congressista em um funeral. Seus cabelos estavam cuidadosamente repartidos do lado esquerdo e penteados para trás, revelando-lhe a testa e um dramático par de sobrancelhas. Bruce cruzou as pernas e entrelaçou as mãos sobre o colo. Ele estava visivelmente nervoso.

Quando o filme começou a rodar, Dozier, fora do campo de abrangência da câmera, deu a primeira instrução: "Agora, Bruce, olhe para a câmera e nos diga seu nome, sua idade e onde você nasceu".

"Meu sobrenome é Lee – eu sou Bruce Lee. Nasci em São Francisco e tenho 24 anos de idade."

"E você trabalhou em filmes em Hong Kong?"

"Sim, desde os 6 anos de idade", respondeu Bruce, movendo incessantemente seus olhos com perceptível ansiedade.

Tentando amenizar um pouco o clima, Dozier disse: "Sei que você acabou de ter um filho e que tem perdido algumas horas de sono por isso, não é?".

Bruce sorriu sarcasticamente: "É... Três noites".

"E, diga à equipe, aqui", continuou Dozier, em tom claro, "a que horas eles costumam rodar filmes em Hong Kong?"

"Bem, principalmente de madrugada, porque Hong Kong é um lugar muito barulhento, sabe. Cerca de 3 milhões de pessoas vivem lá. Então, se você tem de fazer uma filmagem é melhor fazê-la entre meia-noite e cinco horas da manhã."

"Estes caras iriam adorar esse lugar", brincou Dozier. "E você entrou para uma faculdade nos Estados Unidos?"

"Sim."

"O que você estudou?"

"Ah..." Bruce fez uma pausa, seus olhos voltando-se para cima e para a direita. "Fi... Filosofia."

"Você me disse hoje, mais cedo, que o karatê e o *jiu-jítsu* não são as mais poderosas ou as melhores formas orientais de luta. Qual seria, então, a forma mais poderosa, ou a melhor?"

"Bem... eu não diria 'a melhor', mas... Há..." Bruce riu. "Na minha opinião, acho que o *gung fu* é bastante bom."

"Fale-nos um pouco a respeito do *gung fu*."

"Bem, o *gung fu* foi originado na China. Ele é o ancestral do karatê e do *jiu-jítsu*. Trata-se de um sistema mais completo. E é mais fluido; com isso quero dizer que flui melhor. Há uma continuidade nos movimentos, em vez de um movimento, dois movimentos e, então, tudo para."

"Você poderia nos explicar como os princípios de um copo d'água se aplicam ao *gung fu*?", pediu Dozier, trazendo à baila um dos tópicos discutidos na pré-entrevista.

"Bem, para explicar o *gung fu*, o melhor exemplo seria um copo d'água", sorriu Bruce, sentindo-se por fim mais confortável. "Por quê? Porque a água é a substância mais suave do mundo, no entanto ela pode penetrar a rocha mais dura, granito, ou qualquer outra coisa. A água também é insubstancial. Com isto eu quero dizer, você não pode agarrá-la, não pode socá-la ou feri-la. É assim que cada praticante de *gung fu* tenta ser: suave como a água; flexível e capaz de adaptar-se ao seu oponente."

"Compreendo... E qual é a diferença entre um golpe de *gung fu* e um golpe de karatê?"

"Bem, um golpe de karatê é como um golpe aplicado com uma barra de ferro – *blam!* Um golpe de *gung fu* é como o de uma corrente de ferro com uma bola de ferro acoplada à extremidade", Bruce sorriu, passando a língua pelos lábios. "Ele faz *vup, vup, bang!* – e machuca por dentro."

"Está bem, agora teremos de fazer um corte", instruiu Dozier, "e logo mais gostaríamos que você se levantasse e nos demonstrasse alguns movimentos de *gung fu*."

"Está bem", concordou Bruce.

Depois que um novo rolo de filme foi colocado, Dozier pediu a Bruce para que representasse alguns personagens e tipos clássicos da Ópera Chinesa. Apelando para sua experiência de assistir a seu pai nos palcos, Bruce reproduziu com sucesso os modos de andar de um guerreiro e de um acadêmico. "O acadêmico é um fracote, um Charles Atlas* de 45 quilos", sorriu Bruce, dando passinhos curtos e rápidos, meneando os quadris diante da câmera. "Ele caminha exatamente como uma garota, com os ombros elevados e tudo."

"Então, pela maneira como caminham, você pode dizer de imediato quem eles são", disse Dozier.

"Sim; o personagem que eles representam."

"Agora, mostre-nos alguns movimentos de *gung fu*."

"Bem, é um tanto difícil demonstrá-los sozinho", Bruce encolheu os ombros, de maneira dramática, "mas vou tentar fazer o melhor que puder."

"Ora, talvez algum dos companheiros aqui se ofereça para ajudar", disse Dozier, fazendo seu papel na trama. "Vocês, rapazes, gostariam de..."

A equipe começou a rir e a chamar por alguém. "Vá em frente, vamos, vá até lá", diziam todos, enquanto empurravam o diretor-assistente – um homem calvo, que andava pelo final da casa dos 50 anos, com o que lhe restava de cabelos totalmente brancos e óculos com uma armação grossa e preta – para diante da câmera. Ele claramente não esperava ser o objeto da piada.

"Acidentes acontecem", provocou Bruce.

---

* [2] Angelo Siciliano (Acri, Itália, 30/10/1892 – Nova York, 24/12/1972), mais conhecido como Charles Atlas, foi um famoso fisiculturista e autor de um método de exercícios isométricos para a modelagem do corpo masculino. Anúncios que vendiam seu curso por correspondência ilustravam, quase invariavelmente, as contracapas de revistas em quadrinhos durante o final dos anos 1940, ao longo de toda a década de 1950 e parte da década de 1960. (N. dos T.)

"Há vários tipos de luta", explicou Bruce para a câmera. "Tudo depende da parte do corpo em que você bate e da arma que emprega para fazer isso. Para os olhos, você usaria os dedos." Bruce lançou um golpe com os dedos em riste detendo-se a milímetros dos olhos do homem e os retirou, antes que o diretor-assistente pudesse reagir. "Não se preocupe, eu não...", disse Bruce assegurando-o, e, então, lançou outro golpe na direção dos olhos dele. "Ou diretamente no rosto", acrescentou Bruce, como se fosse aplicar-lhe um soco no nariz. O diretor-assistente recuou instintivamente.

"Espere só um minuto", disse Dozier enquanto entrava na frente da câmera e agarrava o braço do diretor-assistente. Vamos mover este cavalheiro desse modo, para que fique com o perfil mais voltado para a câmera. Tudo bem, ótimo."

Enquanto eles ajustavam as posições, Bruce disse: "E também há os golpes aplicados com o braço flexionado, usando o movimento da cintura para impulsioná-los". Imediatamente ele lançou uma série de três socos, de maneira tão veloz que fizeram a cabeça do diretor-assistente oscilar para a frente e para trás como a cabeça de um boneco de mola.

"Vamos fazer com que o diretor assistente se afaste só um pouquinho...", provocou Dozier. Risinhos disfarçados da equipe tornaram-se gargalhadas e Bruce tentava encobrir o próprio riso com uma das mãos. Por fim, sentindo-se confortável e no controle de todo o ambiente, Bruce brincou: "Você sabe, o *kung fu* é muito dissimulado. Você conhece os chineses, eles sempre dão golpes baixos". Bruce fingiu que golpearia o rosto do homem, mas agachou-se e lançou um soco na direção de sua virilha. Todo o corpo do diretor-assistente oscilava para trás e para a frente, como reação a golpes rápidos demais para que seu cérebro pudesse registrar. "Não se preocupe", disse Bruce, dando-lhe tapinhas no braço.

"São apenas reações naturais", defendeu-se o diretor-assistente.

"Certo, certo", sorriu Bruce.

"Não olhe para a câmera e nos mostre mais uma vez", instruiu-lhe Dozier.

"Há o golpe com os dedos, há o soco, há o golpe aplicado com o dorso do punho... Então, para baixo!", exclamou ele, conectando os quatro golpes numa sequência tão veloz que fez o diretor-assistente tremer de medo. "Depois, há os chutes... Desde a virilha, até em cima!" E, tão rapidamente quanto aplicara os golpes com a mão, Bruce simulou um chute contra a virilha, fazendo estalar suas juntas e lançando uma série de chutes que o acertariam por todo o tronco até a cabeça. "Ou, se eu puder me afastar um pouco...", disse Bruce enquanto recuava um pouco e lançava um chute lateral, detendo-o a poucos centímetros do rosto do diretor-assistente.

A equipe por trás da câmera ria abertamente, admirada com a velocidade, a precisão de movimentos e o controle de Bruce Lee. A eles havia sido demonstrado algo que jamais haviam visto.

Dando tapinhas no braço do diretor-assistente, Bruce sorriu: "Ele parece um tanto preocupado…".

"Ele não tem nada com que se preocupar", declarou Dozier.

Com isso, o nervosismo de Bruce se fora. Cinco anos de trabalho sobre os palcos, em apresentações ao vivo para plateias da Costa Oeste por fim eram recompensados.

No dia seguinte, Bruce embarcava no avião, de volta para a sua esposa e seu filho recém-nascido.

Três dias depois – sete dias após o nascimento de Brandon –, Bruce Lee recebeu um telefonema informando-o sobre o falecimento de seu pai. O *timing* não foi visto como mera coincidência pela família. Hoi Chuen estava doente havia muito tempo, sofrendo com terríveis acessos de tosse. Os médicos disseram a ele que os anos de consumo de ópio tinham enfraquecido seu coração e seus pulmões. Quando soube que tinha um neto para continuar a linhagem da família, o patriarca do clã finalmente sentiu que poderia partir.

Linda enfrentava dificuldades para recuperar-se do parto, que a deixara muito enfraquecida. Bruce estava dividido entre a preocupação com o estado de saúde de sua esposa e seu dever confucionista de comparecer ao funeral de seu pai. Por fim, foi decidido que Brandon e Linda ficariam com a mãe dela em Seattle, enquanto Bruce iria para Hong Kong por três semanas, entre 15 de fevereiro e 6 de março.

Segundo um costume chinês, se um filho não estiver presente quando da morte de seu pai, ele deve voltar engatinhando para pedir-lhe perdão. Na porta do velório, Bruce caiu de joelhos e foi engatinhando até o caixão de seu pai, chorando incontrolavelmente, tal como exige a tradição. Bruce descreveu o serviço funerário como "um cruzamento entre os costumes chineses e a regulação católica; foi tudo muito confuso". De acordo com a tradição chinesa, Bruce não poderia cortar os cabelos ou barbear-se: "Eu parecia um pirata, com cabelos longos e costeletas".

A primeira carta que Bruce escreveu para Linda estava carregada com suas preocupações com o bem-estar da esposa: "Me sinto ansioso com a sua saúde. Espero que você faça um *check-up*. Não se preocupe com as despesas, sua saúde é o mais importante. [...] Não se esqueça de ir ao médico e, acima de tudo, não se esqueça de informar-me quanto aos resultados (tais como seus exames de sangue etc.). Se houver qualquer coisa que precise ser feita, faça-a! Não se preocupe com as despesas. Eu poderei pagar por todas".

Enquanto o filho mais velho, Peter, ajudava Grace a lidar com o testamento e as propriedades de Hoi Chuen, Bruce tratou de gastar sua parte da herança com presentes para si mesmo (três ternos confeccionados sob medida, além de um sobretudo), para a mãe de Linda (uma bolsa e joias de jade) e para Linda (uma peruca, e, mais importante, uma aliança de casamento, para substituir a que havia emprestado da esposa de James, Katherine). "Espero que eu consiga passar com tudo, sem que os oficiais da alfândega descubram alguma coisa. Eu não posso pagar as taxas para tudo isso", escreveu Bruce para Linda. "Na verdade, estarei duro a partir de amanhã. Você saberá por que quando me vir, com uma peruca, a aliança etc., etc., etc."

Bruce voltou à América em meados de março. Peter preferiu permanecer em Hong Kong, lecionando em uma escola e cuidando da família.

Pouco depois de chegar em casa, Bruce recebeu um telefonema de William Dozier. Todos haviam adorado seu teste. Planos para *Number One Son* já estavam em curso, mas os progressos só seriam notados dentro de dois ou três meses. Dozier queria que Bruce assinasse um contrato de exclusividade por US$ 1.800 (o equivalente a US$ 14 mil em valores de 2017). Bruce, que ganhava cerca de US$ 100 por mês ensinando *kung fu*, não precisou ser indagado duas vezes. Era o maior valor que já tinha recebido em toda sua vida.

Com todo aquele dinheiro no bolso, Bruce decidiu levar sua esposa e filho para conhecerem sua família em férias prolongadas em Hong Kong. Bruce deixou Linda entusiasmada, ao dizer que aquela seria a viagem de lua de mel pela qual, antes, eles não teriam tido como pagar. "Meu bem, eu prometo que você se recordará dessa viagem pelo resto da sua vida! Nós vamos comprar toda Hong Kong." Eles planejaram partir no início de maio, quando Brandon já teria idade suficiente para viajar.

Bruce e James concordaram em fechar a escola de Oakland. Seis meses após o início das atividades, eles ainda não haviam conseguido um número suficiente de alunos para cobrir a despesa com o aluguel. Ao menos por enquanto, Bruce abandonaria seus planos de construir uma rede de escolas de *kung fu* e voltaria ao negócio familiar de atuar. "Na mesma época em que descobri que não queria ensinar defesa pessoal pelo resto da minha vida", explicou Bruce, "fui ao Campeonato Internacional de Karatê de Long Beach e acabei sendo descoberto por Hollywood."

Antes da partida da família Lee, Bruce teve de passar por um ritual familiar a todos os novos atores em Hollywood: encontrar um agente. Em 22 de abril, William Dozier escreveu uma carta de recomendação para Bruce: "Estou tomando a liberdade de sugerir um agente bem conceituado e honesto para você: William Belasco, presidente da Progressive Management Agency, aqui em Hollywood". Junto com a carta, Dozier incluiu material de apresentação de *Number One Son*. Poucos dias depois, Bruce se encontraria com Belasco e assinaria um contrato com ele – seu primeiro (e último) agente em Hollywood. Durante a conversa, Belasco informou a Bruce que *Number One Son* estaria em suspenso até julho. Bruce concordou em voltar de Hong Kong tão logo o projeto fosse retomado.

"Depois de ler a apresentação, fiquei muito entusiasmado com o projeto, e acrescentei várias ideias minhas para contribuir com o caráter descolado e a sutileza do personagem do filho de Charlie Chan", escreveu Bruce respondendo a Dozier, em 28 de abril. "Este projeto tem um tremendo potencial, e sua unicidade se baseia na fusão do que há de melhor nas qualidades orientais e americanas, além das nunca antes vistas técnicas de luta de *Gung Fu*. [...] Sinto que essa versão de Charlie Chan pode vir a ser outro sucesso ao estilo de James Bond, se trabalhada adequadamente."

Preocupado com a possibilidade de sua família não aceitar totalmente sua esposa branca, que não falava chinês, e seu bebê de cabelos claros, Bruce telefonou à mãe e disse a ela que esperasse para ver "o único chinesinho loiro, com olhos acinzentados, do mundo." Ele também elogiou as muitas maravilhosas qualidades de Linda, sobretudo suas habilidades como cozinheira.

Eles chegaram no dia 7 de maio, e encontraram uma família que ainda pranteava seu luto. A mãe de Bruce encontrava-se profundamente deprimida. A família foi muito educada com Linda, mas distante, aceitando-a desde que se mantivesse à margem. "Não houve paparicação", recorda-se Linda. "Eles preferiam que Bruce se casasse com uma garota chinesa." Todo amor e as atenções da família eram dedicados ao pequeno Brandon, como se Linda fosse apenas sua "ama de leite".

Para tornar o desconforto de Linda ainda maior, o apartamento da Nathan Road, embora espaçoso para os padrões de Hong Kong, parecia-lhe pequeno e superlotado. Havia pouca privacidade e nenhuma maneira de escapar ao opressivo calor do verão de Hong Kong (entre 26 °C e 30 °C, em média) e a umidade do ar (entre 85% e 90%, em média). A mudança climática fez Brandon adoecer. Mas, mesmo depois de recuperado, Brandon sempre foi um caso difícil. "Brandon foi um bebê terrível", diz Linda. "Ele chorava o tempo todo. Não porque estivesse doente; era apenas manha."

Sendo o primeiro neto da família, Brandon era tratado como um pequeno imperador. Qualquer sinal do menor desconforto fazia com que todas as mulheres chinesas interviessem. Não importando o horário do dia ou da madrugada, a mãe de Bruce, ou uma irmã, ou uma tia, pularia da cama ao primeiro suspiro para atendê-lo. "Como vivíamos todos muito próximos uns dos outros", diz Linda, "Brandon não podia chorar, nem mesmo dar um suspiro, sem que fosse imediatamente resgatado por uma bem-intencionada avó ou tia." A superproteção delas tinha o efeito de uma reprovação às habilidades de Linda como mãe. Para manter sua posição, Linda descia as escadas do prédio com o bebê em seus braços nas primeiras horas da manhã. O calor insuportável, as condições de vida num ambiente superlotado, a desajeitada dinâmica familiar, a barreira do idioma e a privação do sono levaram Linda à exaustão. Pior ainda, Brandon estava se tornando "a criança mais mimada do mundo".

Para provar aos seus parentes que a esposa americana não era inútil, Bruce se gabava acerca das habilidades culinárias dela. "Ela sabe cozinhar qualquer coisa. É só pedir. Vocês têm de experimentar o molho de macarrão dela. É só pedir. É o melhor molho de macarrão da face da Terra." Ele continuou com essa arenga até que todo mundo começasse a pressionar Linda para que fizesse seu "mundialmente famoso" espaguete. Ela tentou contorná-los, mas, por fim, cedeu à pressão.

O problema é que Linda não sabia fazer molho de espaguete. Seu "ingrediente secreto" era o molho pronto *Lawry's Original Style Spaghetti Sauce Spice & Seasonings*, do qual ninguém jamais ouvira falar em Hong Kong. A colônia não dispunha de nenhum supermercado com produtos ocidentais nem ela jamais havia cozinhado para mais de cinco pessoas. Bruce havia convidado mais de vinte de seus parentes e amigos mais próximos para um banquete. À medida que a noite se aproximava, uma sensação de desalento tomou conta de Linda.

Embora tivesse encontrado tomates e alguns temperos semelhantes aos que conhecia, ela jamais havia cozinhado em um fogão a gás e logo descobriu como os tomates queimavam com facilidade. "Foi horrível", recorda-se ela. "Um desastre irremediável. O espaguete ficou impregnado com o gosto de tomates queimados. A família dele comeu e sorriu, emitindo sons murmurantes; mas eu percebia que eles lamentavam muito por Bruce ter se unido a mim."

Aquela não era a lua de mel que Bruce havia prometido, mas em uma coisa ele estava certo: foi uma viagem da qual Linda se lembraria pelo resto da vida.

Enquanto Linda cuidava de Brandon, Bruce buscava aperfeiçoar suas habilidades nas artes marciais e ampliar sua credibilidade como instrutor de *kung fu*. Ele pediu a seu mestre, Ip Man, para que o auxiliasse no projeto para seu próximo livro, um manual de instruções para o *wing chun*. Bruce havia contratado o estúdio Mount Tai Photography House para que fossem feitas duzentas fotografias de Ip Man demonstrando as técnicas do *wing chun* ao longo de uma semana. "Ip Man não gostava de ser fotografado, mas Bruce pediu para que ele abrisse uma exceção", diz Robert Chan. "Bruce era um dos alunos favoritos de Ip Man, devido à sua dedicação às artes marciais."

Embora já estivesse em Hong Kong, Bruce continuava com sua obsessão com a luta contra Wong Jack Man. "Quanto mais eu pensava nele tendo lutado comigo sem ter sido aniquilado, mais eu ficava irritado!", escreveu Bruce a James Lee. "Se eu tivesse levado apenas o tempo necessário... Mas a raiva me fez ferrar com tudo. Aquele vagabundo não vale nada!" Quanto mais ele pensava no assunto, mais certo se tornava de que o *wing chun* havia feito ele falhar. "Já me decidi a criar um sistema inteiramente meu", escreveu ele a Taky Kimura. "Estou me referindo a um sistema completo, que abarque tudo, mas que ainda seja guiado pela simplicidade." Ao longo daquele verão, ele enviou a James descrições detalhadas, com desenhos, que demonstravam seu novo estilo. Resumidamente, combinava os princípios básicos do *wing chun* com táticas da esgrima e do boxe."

Quando não estava desenvolvendo seu novo estilo, com foco na simplicidade, ele buscava por instrutores do *kung fu* tradicional, para que lhe ensinassem técnicas complexas que pudessem auxiliá-lo na carreira que seguiria em Hollywood. "Aprenderei durante esta viagem algumas formas rebuscadas [de *kung fu*] e outras coisas desse tipo que podem ser adequadas para um programa de televisão", escreveu Bruce para Taky. "Os espectadores gostam de coisas extravagantes." Em sua prática das artes marciais, ele estava desenvolvendo uma distinção entre o que era efetivo, enquanto lutador (o aspecto marcial), e o que era atraente (o aspecto artístico). Chutes baixos, por exemplo, eram bons para lutas, enquanto chutes altos serviam bem para serem filmados.

À medida que julho se aproximava, Bruce esperava ser chamado de volta à Califórnia para começar as filmagens de *Number One Son*; mas ele estava apenas começando a compreender que, em Hollywood, muitas promessas são feitas, mas poucas são cumpridas. Seu agente, Belasco, informou-o de que *Number One Son* estava em suspenso até que Dozier tivesse concluído um outro projeto televisivo. "Bem, acho que não estarei na revista *Life*, ainda", brincou Bruce, com Taky Kimura, "porque eles estão se concentrando em *Batman* primeiro."

Nesse meio-tempo, Belasco fazia o possível para manter seu novo cliente feliz, encontrando novos papéis para que ele pudesse representar. Uma oportunidade de ouro surgiu com *O Canhoneiro do Yang-Tsé* (*The Sand Pebbles*, 1966) – um filme sobre marinheiros americanos com uma tripulação de *coolies* chineses que patrulhavam o rio Yangtze, na China dos anos 1920. Havia um papel de destaque para um tripulante chinês, chamado Po-Han, que é levado a lutar boxe com um marinheiro americano briguento. Belasco disse a Bruce que o diretor do filme, Robert Wise, ficou muito interessado, mas Wise acabou dando o papel a um ator nipo-americano veterano, Mako Iwamatsu. Esse foi um golpe terrível, uma vez que o papel seria perfeito para Bruce e o filme seria estrelado por um futuro aluno e amigo, Steve McQueen. Se Bruce tivesse pegado o papel, teria enveredado por um caminho completamente diferente em sua carreira. *O Canhoneiro do Yang-Tsé* viria a conquistar oito indicações para o *Oscar*, inclusive a de melhor ator coadjuvante, para Mako.

Desapontado com o atraso do projeto televisivo em que seria a estrela e com a perda de um grande papel cinematográfico, Bruce decidiu retomar o contato com seus amigos de infância que ainda integravam a indústria do cinema de Hong Kong. Ele não apenas pretendia gabar-se sobre *Charlie Chan's Number One Son*, mas, também, esperava obter um contrato que equiparasse os padrões de Hollywood aos de Hong Kong – uma técnica que ele utilizaria, com grande efeito, alguns anos depois. Seu discurso nas conversas com os produtores era simples: "Estou a ponto de me tornar o ator chinês mais famoso da América. Contrate-me agora, enquanto você ainda pode". Aparentemente, a tática rendeu-lhe algum sucesso. Vários executivos demonstraram interesse. Nada parecia muito definitivo, mas no momento em que Bruce e sua família embarcaram em um avião para a América, no aeroporto Kai Tak, ele acreditava que uma carreira cinematográfica em Hong Kong podia ser uma opção viável.

Bruce, Linda e Brandon aterrissaram em Seattle no início de setembro de 1965, e foram morar com a mãe, o padrasto e a avó de Linda. Ninguém deixou claro por quanto tempo eles planejavam permanecer ali. Bruce esperava ansiosamente pelo sinal verde para o início de *Number One Son*. As notícias de Dozier eram sempre boas: "Em breve, muito em breve" – mas havia constantes adiamentos enquanto Dozier se dedicava por inteiro a *Batman*.

À medida que as semanas se transformavam em meses, a vida doméstica ia ficando cada vez mais desconfortável. "Brandon berrava o tempo todo", diz Linda. "Por essa época, ele já estava demasiado mimado. Ele gritava e incomodava minha avó, e eu tinha de me levantar e dar atenção a ele, a toda hora, para que não a perturbasse."

Com tanto tempo ocioso, Bruce dava algumas aulas ocasionais em Seattle e ainda fez algumas viagens a Oakland; mas, na maior parte do tempo, dedicava-se ao treinamento e ao desenvolvimento de seu novo estilo. "Havia muita autoanálise", diz Linda. "Ele se tornara muito autocrítico, porque achava que isso o faria mover-se para a frente, outra vez." Ele releu toda a sua biblioteca – constituída principalmente de livros sobre boxe e esgrima, mas também sobre filosofia, em busca de inspiração. Ele assistia a filmes de 16 mm sobre boxeadores como Jack Dempsey e Cassius Clay, que recentemente havia mudado seu nome para Muhammad Ali. Bruce adorava o gingado de Ali, e era obcecado pelo "soco fantasma" que levara Sonny Liston a nocaute em 25 de maio de 1965. "Se não foi uma armação", escreveu Bruce para Taky Kimura, "Liston deveria ter previsto que seu ataque contra Ali seria respondido com a força de Ali, que o teria deitado na lona."

Durante a estada deles, Linda afirma que sua mãe "realmente veio a conhecer Bruce e a amá-lo". Embora a sra. Emery possa tê-lo achado encantador, ela se preocupava com sua falta de empenho em encontrar um trabalho fixo. Todos os dias, quando chegava em casa, de volta de seu emprego na Sears, ela encontrava seu genro lendo, assistindo a um filme ou se exercitando.

"Quando é que o seu marido vai encontrar um emprego *de verdade*?", dizia ela, em voz alta.

"Eu tenho esse trabalho com as filmagens, começando a qualquer momento", insistia Bruce, referindo-se tanto à série de TV de Charlie Chan, quanto aos produtores de Hong Kong, que estariam "loucos" para assinarem um contrato com ele.

"Ah, claro, claro!", responderia a sra. Emery, encerrando a discussão.

Depois de morar por quatro meses com a sogra, ficara claro que chegara o momento de se mudar; e Bruce, temporariamente, realocou-se para a casa de James Lee, em Oakland. Sua situação financeira se tornara precária. Com os presentes e as férias, ele havia "torrado" todo o dinheiro do contrato que assinara em Hollywood, e a perspectiva de *Number One Son* parecia cada vez mais incerta. "Pode ser esse projeto de *Charlie Chan*; ou, talvez, outro projeto", dizia Dozier, para tranquilizar Bruce. "Mas, tenha certeza, ofereceremos a melhor oportunidade possível para você." Dozier estava à espera de uma boa reação do público para *Batman*, que estava programado para estrear na ABC em 12 de janeiro de 1966. Se fosse um sucesso, a rede quase certamente daria o sinal verde para um novo projeto de Dozier.

Bruce escreveu para um dos seus alunos da região de São Francisco, em 18 de dezembro de 1965: "Linda e eu estamos indo para Oakland, onde passaremos um mês antes de irmos para Hollywood ou Hong Kong. O negócio com a 20th Century Fox está 85% garantido; mas, se não der certo, temos dois contratos à nossa espera em Hong Kong".

O futuro de Bruce Lee estava em uma encruzilhada, e dependia do Cruzado de Capa de Gotham City.

Bruce Lee, caracterizado como Kato, visitando Thordis Brandt no set de filmagem de *Flint – Perigo Supremo* (*In Like Flint*), no qual ela interpretava a "Amazona nº 6", por volta de agosto de 1966. (*David Tadman*)

10
Cidadão Kato

Para surpresa de todos (inclusive de Dozier e da ABC), *Batman* tornou-se um fenômeno. Com sua sensibilidade afetadíssima, diálogos saturados de trocadilhos, figurinos de cores primárias ao estilo da *pop art* de Andy Warhol, vilões exageradamente caricatos e coloridas onomatopeias ("Biff!", Zlonk!", "Kapow!") que explodiam na tela, *Batman* atraía um público de garotos fãs de histórias em quadrinhos, estetas urbanos e universitários maconheiros. Dozier a descrevia como a única *sitcom** a ir para o ar sem uma trilha sonora de risadas gravadas. No início de março de 1966, *Batman* foi capa da revista *Life*, com a seguinte manchete: "O País Inteiro Fica Superlouco".

Em uma cidade onde o sucesso improvável imediatamente gera imitações, os executivos da ABC passaram a assediar Dozier para que produzisse outra série de sucesso. No final de fevereiro de 1966, Dozier submeteu-lhes um primeiro rascunho de roteiro para *Charlie Chan's Number One Son*. Poucas semanas depois, a ABC recusou o projeto. Não se sabe ao certo por quê, mas não é muito difícil de adivinhar. Em 1966, nenhum executivo de TV estava disposto a arriscar seu emprego ao dar carta branca para um programa estrelado por um ator chinês completamente desconhecido.

---

* *Sitcom* ou *situation comedy* é um gênero norte-americano de séries radiofônicas ou televisivas nas quais um mesmo elenco de personagens fixos se envolve em diferentes situações cômicas a cada episódio. (N. dos T.)

Embora a fachada exclusivamente branca da programação de TV aberta estivesse começando a desmoronar (no ano anterior, *Os Destemidos* (*I Spy*) se tornara a primeira série televisiva coestrelada por um ator negro, Bill Cosby), o descaso de Hollywood com atores asiáticos já era algo observado havia muito tempo. O primeiro e último ídolo das matinês asiático fora Sessue Hayakawa, ainda nos tempos do cinema mudo, nas décadas de 1910 e 1920. As plateias norte-americanas e europeias – particularmente as mulheres brancas – achavam seus traços japoneses exóticos e muito sugestivos. Com o filme *The Cheat** (1915), ele se tornou um superastro do dia para a noite, alcançando algo equivalente à popularidade de Charlie Chaplin e Douglas Fairbanks Jr. Era uma história ao estilo de *Cinquenta Tons de Cinza* (*Fifty Shades of Grey*), no qual a mercenária esposa de um corretor de ações na bolsa de valores (Fannie Ward) incorre em dívidas e toma dinheiro emprestado de um comerciante de antiguidades japonês (Hayakawa) em troca de sua virtude. Quando ela tenta pagar a dívida com dinheiro, ele recusa a oferta e a marca no ombro como sua propriedade. "O efeito de Hayakawa sobre as mulheres americanas era ainda mais eletrizante do que o exercido por Valentino", registrou o crítico cinematográfico DeWitt Bodeen. "Envolvia tons mais intensos de masoquismo." Um jornalista norte-americano citou o que teria sido uma fala de Hayakawa: "Minha clientela são as mulheres. Elas gostam que eu seja forte e violento."

Elas também gostavam porque ele não pronunciava uma única palavra. O advento do cinema falado, em 1927, expôs o acentuado sotaque japonês de Hayakawa, o qual as donas de casas suburbanas achavam significativamente menos estimulante do que as pronunciadas maçãs de seu rosto, e isso fez sua carreira como ídolo romântico declinar, até que Pearl Harbor pôs fim a ela. Depois da Segunda Guerra Mundial, os únicos papéis que Hayakawa conseguia eram os de honoráveis vilões, tal como o Coronel Saito em *A Ponte do Rio Kwai* (*The Bridge on the River Kwai*, 1957).

O que aconteceu a Hayakawa refletia uma tendência mais abrangente na cultura norte-americana do pós-guerra: personagens asiáticos masculinos eram dessexualizados. Como resultado disso, atores asiáticos não eram escolhidos

---

* *The Cheat* não foi lançado no Brasil ou mesmo em língua portuguesa. O filme (cujo título poderíamos traduzir livremente como "A Traição", ou "A Trapaça"), dirigido por Cecil B. deMille, obteve grande êxito quando de seu lançamento e, em 1993, foi selecionado para preservação no Registro Nacional de Filmes dos Estados Unidos. Fannie Ward, a atriz principal, era casada na vida real com o ator que interpretava seu marido no filme, Jack Dean. (N. dos T.)

para papéis românticos. *Number One Son* representou uma oportunidade única para que um ator asiático desempenhasse um protagonista heroico em uma série de televisão destinada ao grande público. A recusa da ABC foi uma oportunidade perdida para minar esse estereótipo emasculado dos asiáticos, e levou com um sopro as esperanças de Bruce Lee de alcançar o estrelato da noite para o dia.

Tal como qualquer bom produtor, William Dozier evitava comprometer-se quando se deparava com uma situação delicada. Ele tinha vários projetos para apresentar aos executivos da televisão, em diversos estágios de desenvolvimento. Ele planejava comprar os direitos para adaptações televisivas de vários títulos de histórias em quadrinhos, séries radiofônicas e obras literárias, entre elas *Charlie Chan*, *Batman*, *A Mulher Maravilha* (*Wonder Woman*) e *Dick Tracy*. Ele trabalhara por um ano inteiro para garantir os direitos de *O Besouro Verde* (*The Green Hornet*), um seriado radiofônico muito popular durante os anos 1930.

Criado por George W. Trendle, a premissa da série era simples: Britt Reid era o milionário editor de um jornal sensacionalista durante o dia, e um mascarado combatente do crime – o Besouro Verde – à noite. O coadjuvante de Reid era seu fiel mordomo japonês, Kato (os produtores da série radiofônica mudaram a nacionalidade de Kato para filipina após a invasão da China pelo Japão, em 1937). Trendle concebera a série como uma transposição para a época atual de sua criação mais popular, *The Lone Ranger*.* Assim, Britt Reid seria um sobrinho-neto do Lone Ranger, enquanto Kato faria as vezes de Tonto, como representante de uma minoria étnica, e o carro potente e cheio de truques de Reid, o "Beleza Negra", serviria como uma versão repaginada do "grande cavalo Silver".

No verão de 1965, Dozier e Trendle começaram a conversar sobre os direitos autorais para a produção televisiva de *O Besouro Verde*. "Tenho um esplêndido

---

* O personagem Lone Ranger é equivocamente conhecido no Brasil como Zorro, seguido de vários epítetos tais como "com revólveres", "o pistoleiro das balas de prata", "o cavaleiro mascarado" entre outros. Devido ao sucesso alcançado desde muito antes pelo *Zorro* original (criado em 1919, pelo escritor norte-americano Johnston McCulley), o de "capa e espada", e ao fato de ambos usarem máscaras e viverem suas aventuras no oeste dos Estados Unidos – ainda que ambientadas em períodos históricos diferentes –, os editores e produtores nacionais tentaram aproveitar-se do êxito de um para alavancar o do outro, criando a confusão. (N. dos T.)

ator oriental para o papel de Kato no meu celeiro", vangloriou-se Dozier em uma carta para Trendle datada de 16 de novembro de 1965. "Ele é, na verdade, um chinês nascido nos Estados Unidos, mas pode representar qualquer personagem oriental ou filipino. De qualquer forma, não acredito que devêssemos jamais especificar a nacionalidade de Kato: apenas deixemos que ele seja o que aparenta ser – um oriental. Por acaso, o ator que tenho em mente para o papel é faixa preta em karatê, e sabe desempenhar todos os truques descritos no manual de karatê."

Em março de 1966, no mesmo mês em que *Number One Son* fora recusado, a 20th Century Fox anunciou que *O Besouro Verde* chegaria à TV no outono. Essa reviravolta nos acontecimentos obrigou Dozier a fazer uma embaraçosa ligação telefônica para Oakland. Em vez de ser o herói de sua própria série televisiva, representando uma espécie de James Bond chinês, o que Bruce acharia de interpretar o mordomo oriental de um combatente do crime rico e branco? A resposta foi não. "A princípio, a coisa soou para mim como o típico papel do empregado doméstico", explicou Bruce ao *The Washington Post*. "Eu disse a Dozier, 'Olhe, se você quer me contratar para ficar rodopiando e saltitando ao som de *jazz*, pode esquecer'."

Mas Bruce não tinha escolha, pois estava sob contrato com Dozier. Ainda que, legalmente, pudesse passar adiante o papel, ele tinha uma jovem esposa, um filho ainda bebê e uma conta bancária vazia. Embora não tivesse nenhum poder de influência, Bruce insistiu na ideia de que só aceitaria o papel se o personagem fosse melhorado e modernizado em relação à versão radiofônica, na qual os grandes momentos de Kato surgiam quando Britt Reid, o editor, rosnava "Meu carro, Kato", e este respondia "Sim, Sr. Blitt". Tal como qualquer bom produtor, Dozier tratou de tranquilizar seu ator: Kato não seria um mero servo, mas um parceiro. Na verdade, Kato seria a "arma" mais importante do Besouro Verde, e dominaria quase todas as cenas de luta. Aquela também seria a primeira oportunidade para as plateias norte-americanas assistirem ao *kung fu* chinês em uma rede nacional de televisão.

Dozier ganhou Bruce no *"kung fu"*. Embora o papel de Kato fosse uma decepção comparado ao de o filho de Charlie Chan, ainda seria uma oportunidade única para que um ator desconhecido pudesse demonstrar seus talentos e sua adorada forma de arte nativa. E, ao contrário da maioria dos produtores, Dozier cumpria o que prometia. No entanto, ele omitira um detalhe importante: ele não teria o controle completo sobre a série. Para assegurar os direitos autorais para o programa de televisão, ele fora forçado a conceder a George Trendle a aprovação final dos roteiros.

⁎

Por todo o ano anterior, Bruce, Linda e Brandon haviam residido com familiares e amigos em Hong Kong, Seattle ou Oakland. Mas haviam se mudado recentemente para um pequeno e antiquado apartamento na esquina do Wilshire Boulevard com a Avenida Gayley, nas vizinhanças de Westwood, em Los Angeles. Foi a primeira vez desde o casamento em que o jovem casal pôde viver sob um teto todo seu.

Assim que Bruce chegou a Los Angeles, Dozier tratou de matriculá-lo nas aulas de interpretação ministradas por Jeff Corey, um ator que teve papéis coadjuvantes e cujo nome fora incluído na "lista maldita" nos anos 1950. Para seus amigos, Bruce o descrevia como "o melhor instrutor de arte dramática aqui, em Hollywood". A clientela de celebridades de Corey incluía nomes como James Dean, Kirk Douglas, Jane Fonda, Jack Nicholson, Leonard Nimoy, Barbra Streisand e Robin Williams. As lições que recebera naquele momento viriam a ser o único treinamento formal em dramaturgia que Bruce recebeu na vida. Corey ensinou a Bruce sobre tomadas de câmera, iluminação, posicionamento, harmonização e outros fatores envolvidos na produção televisiva, mas seu objetivo principal era o melhoramento da dicção e a redução do sotaque de Hong Kong de Bruce. "As pessoas simplesmente não conseguiam compreendê-lo", diz Van Williams, que fora escalado para o papel de Britt Reid, o Besouro Verde. "Ele tinha um sotaque muito carregado, e quando tentava falar mais devagar ou mais rápido, as coisas ficavam piores ainda." Os vários meses de instrução intensiva valeram a pena. Tempos depois, Bruce brincaria com os jornalistas: "Vocês sabem como eu consegui aquele trabalho para interpretar Kato? O nome do herói era Britt Reid, e eu era o único chinês em toda Califórnia que sabia pronunciar Britt Reid. Foi por isso!".

A produção de *O Besouro Verde* teve início em junho. Bruce recebia US$ 400 por semana (na verdade, US$ 313, líquidos), e seu primeiro contracheque chegou quando as coisas começavam a ficar complicadas. "Nós não tínhamos dinheiro para pagar o aluguel e outras contas vencidas", diz Linda. Para um jovem casal acostumado a viver com algo entre US$ 100 e US$ 200 semanais, a sensação era a de que eles tinham ganhado na loteria. "Nós achávamos que aquele era todo o dinheiro do mundo", recorda-se Linda.

E eles agiam como se assim fosse. Bruce comprou um reluzente Chevy Nova 1966 azul, zero quilômetro, por US$ 2.500, e mudou-se com a família para um apartamento espetacular de dois dormitórios, no 23º andar do Barrington Plaza. Aquilo estava além do que Bruce podia pagar, mas ele havia recebido uma dica de Burt Ward, que interpretava Robin no seriado *Batman* e também morava no edifício: de que o administrador era propenso a fazer acordos escusos com atores de Hollywood e outros locatários especiais. Em troca de aulas de artes marciais, o administrador havia reduzido o valor do aluguel de Bruce pela metade. Esse arranjo durou três meses – com Bruce ensinando *kung fu* para o administrador e para Burt Ward –, até que os proprietários descobriram a tramoia e todos foram despejados. Bruce, Linda e Brandon mudaram-se por um breve período para uma casa alugada em Inglewood, antes de se transferirem para outra, em Culver City, em 30 de agosto de 1967. Em nove anos de casamento, essa família nômade se mudaria onze vezes.

Bruce pode ter se sentido rico, mas estava sendo trapaceado. Ele cometera o clássico erro dos atores iniciantes: o de assinar um contrato com o agente recomendado por seu chefe. No final, constatou-se que seu agente, Belasco, era um grande amigo de Dozier e fechou um acordo muito mais vantajoso para Dozier do que para Bruce. Os salários semanais dos cinco atores permanentes do elenco eram: Bruce Lee (Kato) US$ 400; Walter Brooke (Promotor Distrital Scanlon) US$ 750; Wende Wagner (Srta. Case) US$ 850; Lloyd Gough (Mike Axford) US$ 1.000; Van Williams (Britt Reid/O Besouro Verde) US$ 2.000. Apesar de desempenhar o segundo papel mais importante do programa, o ator chinês ganhava muito menos do que os atores brancos. Felizmente para a integridade física de Belasco, Bruce jamais descobriu que ganhava cinco vezes menos do que Van Williams. Talvez por um sentimento de culpa, Dozier elevou o salário de Bruce para US$ 550 por semana, em 30 de novembro de 1966.

No final de maio, Bruce e Van Williams se encontraram pela primeira vez, durante um evento para a imprensa realizado para promover *O Besouro Verde*. A apresentação aconteceu durante um almoço formal, ao qual compareceram hordas de executivos da televisão e do cinema, além de sessenta profissionais da imprensa. O evento ocorreu no elegante e estiloso salão de baile do Beverly Hills Hotel, e os proprietários fizeram com que todos os drinques fossem tingidos com uma tonalidade verde-clara em homenagem aos seus convidados.

Dozier iniciou seu discurso com uma piada infame sobre Batman: "O que aconteceria se Batman e Robin fossem atropelados por um rolo compressor? Eles se tornariam Flatman e Ribbon".* A multidão riu polidamente. Dozier disse à imprensa que planejava lucrar com a moda de *Batman* fazendo um filme de longa-metragem com o Cruzado de Capa, e esperava fazer outro com o Besouro Verde, também. "O que pretendemos fazer com *O Besouro Verde*", esclareceu Dozier, "é empregar uma técnica semelhante à de *O Arquivo Confidencial* (*The Ipcress File*), [um filme britânico de espionagem de 1965, dirigido por Sidney J. Furie e estrelado por Michael Caine] com ritmo, estilo, originalidade e muitos truques e artifícios tecnológicos. O carro do Besouro Verde, o Beleza Negra, será tão repleto de traquinagens tecnológicas que fará o carro de James Bond parecer um carrinho de bebê."

Dozier chamou Adam West, o astro de *Batman*, ao microfone. Depois de fazer piadas sobre a cobertura de *Batman* pela mídia, West apresentou Van Williams e Bruce Lee. Van Williams, um texano alto e bonitão de 32 anos que havia coestrelado o seriado televisivo *Surfside 6* (1962), se disse surpreso por estar ali. Ele havia assinado seu contrato de participação na série apenas dois dias antes. Bruce estava tão feliz que parecia um menino numa manhã de Natal. Ele agradeceu à plateia em cantonês.

Durante a sessão de perguntas e respostas, um dos repórteres perguntou a Van Williams: "Você realmente acredita que interpretar o Besouro Verde representará um progresso nas suas aspirações dramáticas?".

"O sucesso de *Batman* fez com que muita gente se sentasse e parasse para pensar", replicou Van Williams, "que há muitos excelentes atores shakespearianos morrendo de fome."

Outro repórter perguntou a Bruce: "Nos primórdios da era do rádio, Kato era identificado como um japonês; mas, durante a guerra, ele repentinamente mudou de nacionalidade e emergiu como um filipino. Como você vê Kato?".

"Falando por mim mesmo, eu sou chinês", respondeu Bruce, enfaticamente.

"Mas não seria esperado que alguns orientais mais bem informados protestem, uma vez que Kato é um nome japonês?", prosseguiu o repórter.

"Eu sou um especialista em karatê; faixa preta", explicou Bruce, com gravidade. "Quem quer que faça qualquer objeção, eu farei cair deitado de costas."

---

* Trocadilho em inglês. *Flatman* – aludindo a *Batman* – é, literalmente, "homem achatado"; e *Ribbon* – fazendo referência a *Robin* – significa "fita". (N. dos T.)

Dozier saltou e pôs-se em pé para intervir: "Na verdade não importa se Kato é japonês ou chinês, uma vez que o programa não se empenhe, especificamente, para retratar a realidade".

Quando as formalidades foram encerradas, Adam West e Van Williams sentaram-se para conceder uma entrevista para a televisão, leve e bem-humorada, com um correspondente da ABC. A ameaça de Bruce de derrubar qualquer um que objetasse quanto a um ator chinês interpretar um personagem japonês havia, claramente, causado uma impressão. O entrevistador perguntou a Van Williams: "Kato emprega uma forma de karatê, não é?".

"Sim; é uma forma chinesa, chamada *gung fu*", respondeu Van Williams. "Cometi o erro de espirrar quando estava muito próximo dele e terminei estendido no chão. Ele é rápido; muito rápido."

Adam West, mudando sua voz para a inflexão de Batman, indagou: "Mais rápido do que Robin?".

"Mais rápido do que Robin", sorriu Van Williams. "Mais rápido do que uma bala."

"Eu duvido muito", objetou Adam West com fingida indignação.

"Você tem em vista algum tipo de competição?", perguntou o entrevistador.

"Nós resolveremos isso a portas fechadas", declarou West.

Quando as filmagens começaram, em junho, *O Besouro Verde* teve de encarar dois grandes desafios. Primeiro, havia um conflito entre Dozier e George Trendle – o criador de o Besouro Verde, que tinha 82 anos de idade – quanto ao estilo do programa. Esperando poder pegar uma carona no sucesso da extravagância teatral de *Batman*, Dozier pretendia fazer de *O Besouro Verde* uma vaga imitação. Dozier havia contratado o principal redator de *Batman*, Lorenzo Semple Jr., para escrever o roteiro do episódio-piloto e escrevera para Trendle para explicar-lhe o ponto de vista de ambos. "Estou certo de que você concordará que, hoje em dia, não podemos reproduzir fielmente as histórias do Besouro Verde tal como se fazia nos tempos do rádio."

Mas George Trendle ficara horrorizado com *Batman,* e se recusara a permitir que seus adorados personagens fossem transformados em palhaços. "Eu pensei que, quando discutimos sobre o assunto de *O Besouro Verde*, havíamos concordado em interpretar as histórias fielmente", replicou Trendle. "Temo que você esteja planejando fazer do Besouro Verde um personagem fantástico, irreal – o que, na minha opinião, mataria o programa em seis meses."

Incapaz de fazer com que Trendle mudasse de ideia, foi Dozier quem teve de mudar *O Besouro Verde* de uma comédia para um drama. Essa decisão contribuiria para a segunda desvantagem do programa. *Batman* dispunha de uma hora no horário nobre uma vez por semana (além de duas meias horas, em noites consecutivas, para reprises), mas a ABC decidiu dedicar apenas meia hora por semana para *O Besouro Verde*. Dozier foi forçado a comprimir um drama policial – que geralmente era apresentado em uma hora – num formato de *sitcom* de trinta minutos. "Quando começamos e disseram que disporíamos de apenas meia hora", recorda-se Van Williams, "eu disse 'Oh, oh... Temos um problema'." Dozier encomendou a produção de um episódio-piloto para *Dick Tracy* e outro para *A Mulher Maravilha* como possíveis substitutos para o meio da temporada, caso *O Besouro Verde* viesse a ser cancelado precocemente.

A produção conturbada era um ambiente que fomentava a ansiedade dos atores, compelidos a competir entre si por um tempo limitado de exposição na tela. Bruce ainda se ressentia de seu "rebaixamento" a um papel coadjuvante, mas permanecia determinado a não ser tratado como um servo doméstico. Enquanto o restante do elenco esperava por seu momento diante das câmeras, Bruce desempenhava atos de espetacular habilidade. Ele colocava uma moeda de dez centavos sobre um pedestal cenográfico de 1,80 metro de altura, saltava no ar e, com um chute lateral, mandava a moeda voando para o lado oposto do palco. Ele fazia flexões de braços com apenas dois dedos apoiados no chão e desafiava os dublês para competições de braço de ferro. Afetuosamente, Van Williams via Bruce "Nunca Para Quieto" Lee como um incontrolavelmente exuberante e hiperativo irmão mais novo. "Ele era um bom garoto. Eu sabia o que ele estava fazendo", recorda-se Williams. "Ele realmente queria mostrar o que podia fazer. Ele não tinha tempo de fazer isso na tela, porque quando entrava em cena, fazia uma tomada e tudo já estava acabado. Ele passou a correr por todo estúdio, desferindo chutes e fazendo isso, aquilo e aquilo outro, para exibir-se."

Uma das maneiras com as quais Bruce mais gostava de exibir-se era saltar e desferir um chute acertando "de raspão" os lóbulos das orelhas de pessoas que não esperavam por isso. "Eu senti apenas um sopro", diz Williams. "Ele havia saltado no ar, projetado seu dedão do pé e tocado a minha orelha." Isso continuou até Bruce ferir acidentalmente um dos decoradores do *set*. "Ele virou a cabeça para falar com outro sujeito no exato momento em que Bruce o chutaria para acertar o lóbulo da orelha", recorda-se Williams. "Ele deslocou a mandíbula do rapaz. Isso pôs fim aos chutes de Bruce Lee no *set*."

Além da ansiedade gerada pelo rebaixamento de seu *status*, parte do que conduzia a energia nervosa de Bruce no *set* devia-se à "síndrome do impostor". Ele era um fantástico praticante de artes marciais, mas toda a experiência que possuía advinha de suas apresentações sobre palcos, diante de plateias, ao vivo. Ele jamais desempenhara elaboradas cenas de luta coreografadas em filmes. Os filmes dos quais participara desde a infância, em Hong Kong, eram melodramas, não filmes de ação. Sobre um palco, Bruce lidava com um espaço tridimensional e uma plateia que podia vê-lo por todos os ângulos. Ao desferir um soco ou um chute, era preciso deter o golpe a milímetros do alvo, na modalidade que ele chamava de "*gung fu* sem contato". Mas os dublês que atuavam em *O Besouro Verde* eram todos veteranos de *westerns*. "Era uma coisa bidimensional, na qual você tinha uma câmera rodando sobre o seu ombro", diz Van Williams. "Você poderia ficar a um metro de distância de seu oponente e lançar o golpe; e, se o sujeito reagisse da maneira certa e os efeitos sonoros fossem adequados, tudo pareceria perfeito. Bruce jamais se acostumou a trabalhar em cena a uma distância tão grande do adversário."

Bruce insistia no combate corpo a corpo. Os dublês odiavam isso. Eles não eram velozes o bastante para reagir a ele, e, como resultado, às vezes alguém era golpeado. "Eles chegaram ao ponto de não querer mais trabalhar no programa", recorda-se Williams. "Eles estavam cansados de serem machucados." A missão de acalmar Bruce foi dada a "Judô" Gene LeBell, um lendário lutador profissional de luta livre, judoca de nível internacional e coordenador dos dublês no *set*. "Bruce o acertaria em dez lugares diferentes, e, como dublê, você não saberia se deveria agarrar sua mandíbula com as mãos e dizer que estava doendo ou se segurava seu estômago", diz LeBell. "Nós fazíamos o melhor que podíamos para conter Bruce, porque a maneira de fazer *westerns* era a maneira de John Wayne, em que você entra em cena vindo da esquerda, diz alguma coisa e, então, ataca o homem. Bruce gostava de desferir 37 chutes e 12 socos nesse mesmo intervalo de tempo."

Quando a argumentação não surtiu efeito, LeBell decidiu passar a provocar Bruce, jocosamente. "No jargão da luta livre profissional, isso se chama 'divergir'. Trata-se de saber quão longe você pode ir com as provocações e ainda sair ileso", explica LeBell. "Eu dizia que ele havia engomado demais a minha camisa."*

---

* Alusão preconceituosa ao fato de os chineses dominarem o ramo de lavanderias e tinturarias nos Estados Unidos, ao menos àquela época. (N. dos T.)

Certo dia, como contribuição para a atmosfera geral de gozação e brincadeiras rudes, os dublês instigaram LeBell a "pegar o sujeitinho de jeito". LeBell apanhou Bruce e atirou-o por sobre o ombro, num movimento de imobilização conhecido na luta livre como *Crouching Nelson* – apanhando-o pelas costas, segurando-o com uma das mãos, de cabeça para baixo, e agarrando suas costas com a outra. Então, ele caminhou lentamente, com Bruce imobilizado, por todo o *set*.

"Ponha-me no chão!", berrou Bruce. "Eu vou matar você!"

"Eu não vou colocar você no chão."

"Por quê?"

"Porque você vai me matar."

Apesar das diferenças de temperamento, os dois homens tornaram-se amigos. "Reconheço que eu o provocava tanto, que, de vez em quando, permitia que ele extravasasse um pouco", diz LeBell. Para crédito de Bruce, ele era tão obcecado com o aperfeiçoamento de suas habilidades com as artes marciais que decidiu tolerar o assédio e aprender com LeBell. Bruce ofereceu-se para trocar ensinamentos: *kung fu* por judô e luta livre. "Eu mostrei a ele algumas finalizações legítimas, travamentos de pernas e de braços", recorda-se LeBell. "Ele disse que usou uma das minhas pegadas em Chuck Norris, no filme *O Voo do Dragão*."

O que por fim convenceu Bruce a mudar sua técnica de lutas coreografadas sem contato foi ver o resultado destas no filme. O episódio-piloto, *The Silent Gun* [A Arma Silenciosa] era concluído com uma grande cena de luta entre o Besouro Verde, Kato e os bandidos em um mal iluminado pátio de estacionamento subterrâneo. Em vez de tentar corrigir Bruce, Van Williams e os dublês decidiram deixar que ele fizesse as coisas à sua maneira. No dia seguinte, disseram a ele: "Bruce, por que você não vem conosco para assistirmos às tomadas que filmamos ontem?".

"Oh, claro! Eu quero muito ver como ficou", respondeu Bruce animadamente. "Aquele foi um dos meus melhores desempenhos."

Um grande grupo se reuniu para assistir às filmagens, ainda não editadas, do dia anterior. Quando chegou o momento da grande cena de Bruce, só era possível ver um borrão indistinto. O único elemento que sugeria que estava sendo travada uma luta eram os ruídos de *kung fu*. Os dublês gargalharam. Bruce correu para o seu camarim, bateu a porta com força e recusou-se a sair de lá.

Depois de algumas horas, Van Williams dirigiu-se para lá e bateu na porta. "Bruce, o que você está fazendo aí?"

"Eu estou louco da vida", disse Bruce. "Estou tão desapontado que nem sei o que fazer. Estou arruinado. Eu não consigo fazer nada direito."

"Bruce, era isso que eu vinha tentando lhe dizer. Você tem de ir mais devagar. Você não pode fazer as coisas que faz com uma velocidade maior do que a câmera é capaz de captar."

Williams e Lee tiveram uma longa conversa e conseguiram decidir em que pontos Bruce precisaria mudar. "Ele conseguiu desacelerar e realmente melhorou o que já sabia fazer", relembra Williams. "Assim que ele se acalmou durante as filmagens e deixou de sair quicando por todo o *set*, passou a se dar muito bem com todo mundo. Ele era um amigo muito leal. Ele jamais falava mal de alguém pelas costas ou fazia qualquer coisa desse tipo."

Depois de lidar com a coreografia das lutas, a batalha seguinte de Bruce foi travada com a profundidade de seu papel. Nos primeiros episódios da série, ele fora incumbido de apenas algumas poucas linhas de diálogos. "É verdade que Kato seja o criado de Britt; mas, enquanto combatente do crime, Kato é um 'parceiro ativo' do Besouro Verde e não um 'seguidor mudo'", escreveu Bruce a Dozier. "Jeff Corey concorda, e eu mesmo acho que ao menos algumas falas ocasionais certamente fariam com que me 'sentisse' mais à vontade com meus colegas atores."

Ele não precisou convencer Dozier quanto a isso, mas este replicou que fora Trendle quem insistira para que Kato permanecesse ao fundo, como um aliado, mas não como um companheiro; tal como Tonto, representando uma minoria sem voz. Mas Dozier prometeu que negociaria com Trendle e que pediria aos roteiristas para que incluíssem mais material envolvendo Kato, esperando que isso pudesse proporcionar alguma satisfação a Lee.

No episódio "The Preying Mantis" [no Brasil, somente Mantis],* os roteiristas criaram uma situação em que Kato estava no centro das atenções. Um restaurante chinês é alvo de um esquema de venda de proteção de uma *tong* (máfia chinesa). O ponto culminante do episódio é uma competição entre o líder da *tong* e Kato – a primeira vez que a televisão norte-americana mostrou

---

* Trocadilho em inglês. *Praying mantis* é o nome do inseto predador conhecido como "louva-a-deus" no Brasil; enquanto *prey* é o verbo "predar". O sentido do título do episódio, que fica subentendido, trata da história de alguém que se faz passar por "santo" quando, na verdade, tem intenções predatórias. (N. dos T.)

um duelo de desafio de *kung fu*. A rápida luta, que durou apenas trinta segundos, incluía alguns espetaculares chutes voadores de Bruce e era concluída com uma série de golpes mortais aplicados sobre todo o corpo do adversário. Isso deve ter sido particularmente gratificante para Bruce, uma vez que o líder da *tong* era interpretado por Mako, o ator japonês que havia roubado de Bruce o papel que ele tanto desejara no filme indicado para o Oscar, *O Canhoneiro do Yang-Tsé*. Para a filmagem da sequência, Bruce contratara seu discípulo, Dan Inosanto, para servir como dublê para Mako – a primeira de muitas vezes que ele empregaria seus alunos para que participassem de projetos para a TV ou o cinema.

Embora "Mantis" tenha contribuído para aumentar a relevância do personagem de Kato, ainda havia muito a ser melhorado. No início do episódio, o líder da *tong* arma uma emboscada para Kato e o golpeia na cabeça com a tampa de um latão de lixo – uma indignidade contra a qual Bruce se levantou, mas acabou sendo subjugado pela autoridade de Dozier. Apesar de o programa todo ambientar-se em Chinatown, o Besouro Verde recebeu a maioria das falas. E, na cena final, todos se reúnem para jantar e celebrar no restaurante chinês onde a ordem fora restaurada – exceto Kato. Sua ausência levou alguns fãs a fazerem piadas com Bruce, dizendo que ele provavelmente estava nos bastidores servindo como criado.

A experiência com *O Besouro Verde* ensinou a Bruce que ele não poderia confiar em Hollywood para que lhe desse o que quisesse, mesmo que pedisse educadamente. Ele começou a apresentar suas próprias ideias para episódios a Dozier. Em um dos seus enredos, *The Cobra from the East* [A Serpente do Oriente], o Besouro Verde é posto fora de combate, logo no início, pela ação de um veneno mortífero, deixando Kato sozinho para correr por toda a cidade, derrubando portas e surrando guarda-costas em busca de um antídoto. Sua proposta de treze páginas jamais seria usada, mas ele aproveitaria alguns elementos nelas contidos inserindo-os em projetos posteriores.

O sucesso de *Batman* transformou seus atores principais, Adam West e Burt Ward, em dois improváveis símbolos sexuais. Alguma coisa relacionada aos diálogos com duplo sentido, fantasias confeccionadas com elastano e suspensórios escrotais dava à série uma vibração erotizada de *cosplay*. A Dupla Dinâmica era quase tão assediada por fãs quanto os Beatles. O livro de memórias de Burt Ward mais se parece com uma antologia das famosas histórias eróticas publicadas na revista *Penthouse*. Adam West, embora mais discreto, refere-se a quanto ele e o Menino Prodígio costumavam se divertir, dentro e fora do *set*. Entre uma cena e outra, Batman e Robin competiam para ver quem levaria para a cama a Mulher Gato, ou quem quer que fosse a nova *femme fatale* apresentada em dada semana.

Embora o *set* do Besouro Verde fosse, em todos os sentidos, muito menos licencioso, cada semana trazia consigo uma nova e bela *estrela*. No quinto episódio foi Thordis Brandt, uma estonteante loira nascida na (antiga) Alemanha Ocidental e treinada como enfermeira no Canadá. Ela se mudara para Santa Monica, onde tornou-se uma das *glamour girls* dos agitados anos 1960, interpretando pontas como garotas de *saloons*, espiãs sensuais e garçonetes, em seriados de TV como *The Girl from U.N.C.L.E.*, *I Spy* e *Dragnet*. No primeiro ano de sua breve carreira, ela foi selecionada para interpretar a namorada de um *gangster* mafioso no episódio de O Besouro Verde "The Frog is a Deadly Weapon" [O Sapo é uma Arma Letal].

Antes de sua aparição no programa, o agente de Brandt a preveniu de que ela era o tipo de garota de que Van Williams gostava. "Eu adentrei o *set* e Van, que era tão bonito, aproximou-se para dizer olá", recorda-se Brandt. "Eu vi Bruce mantendo-se a distância, muito tímido. Caminhei até ele e me apresentei, porque eu realmente me sentia atraída por ele. Ele disse que eu me parecia com uma deusa. Fiquei tão surpresa que perdi a fala, pois Bruce era absolutamente lindo!"

Segundo Brandt, os dois se entenderam de imediato, e começaram a sair juntos. "Ele tinha um magnetismo indescritível", diz Brandt. "Bruce era muito calado e tímido, mas podia ser muito agressivo, se quisesse. Ele gostava de se exibir, e sempre queria ostentar seu físico."

Certo dia, durante um intervalo entre cenas de *O Besouro Verde*, ele telefonou para Thordis, que estava trabalhando em outro estúdio de som, dentro das dependências dos estúdios da 20th Century Fox. Ela estava interpretando a "Amazona nº 6" no filme *Flint – Perigo Supremo* (1967), estrelado por James Coburn.

"Você quer almoçar no refeitório do estúdio?", perguntou Bruce.

"Claro."

Bruce caminhou até o estúdio de som onde ela se encontrava, ainda vestido com o uniforme negro usado por Kato. Ele acenou para Thordis e dirigiu-se para o local onde ela trabalhava. Um dos produtores, ao avistar um rapaz chinês vestindo um uniforme de mordomo, o interceptou: "Ei, você não pode entrar aqui. Você deve estacionar o carro ali em frente!".

Thordis correu até os dois e berrou para o produtor: "Você sabe quem é ele? Ele é Kato, de *O Besouro Verde*. Não fale assim com ele. Ele pode te chutar para fora daqui!".

No mesmo instante, o produtor passou a se desculpar. "Eu sinto muito, sr. Lee. Foi um erro terrível! Por favor, aceite as minhas desculpas." Bruce deu de ombros e acenou para que o produtor se afastasse.

Mais tarde, durante o almoço, Thordis perguntou a Bruce: "Essa merda toda não atinge você?".

"Não, porque eu sei para onde estou indo", disse Bruce, apontando para a própria cabeça com um dedo. "Eu vou por este caminho. Eles voltam por aquele caminho."

O "caso" entre Thordis e Bruce durou poucos meses, até que o passado de ambos os alcançasse. Brandt estava envolvida num relacionamento do tipo "vai e volta" com James Arness, o astro de *Gunsmoke*, então com 43 anos de idade e dois metros de altura. Quando ele descobriu que ela estava saindo com um ator chinês, contratou detetives particulares para que investigassem Bruce Lee. Logo descobriram que ele era casado e tinha um filho pequeno – o que Arness não demorou a informar a Brandt. Ela ficou chocada. Bruce, que não usava uma aliança de casamento, deixara de contar a ela. "Por que estragar uma coisa boa?", disse Thordis com pesar. Ela terminou sua relação com Bruce e voltou para Arness, com quem viria a se casar. Bruce não contou a Linda sobre o caso, e ela jamais descobriu nada.

Parte da estratégia da campanha de *marketing* de *O Besouro Verde* era apresentar Bruce Lee à América como uma novidade exótica. A reação inicial da imprensa foi a criação de um confronto extraoficial com a popularidade de *Batman*, colocando Kato como um rival de Robin. "O mais recente desafio para Robin, o Menino Prodígio, é Bruce Lee, um jovem ator e especialista em karatê, que interpretará Kato, o fiel parceiro do Besouro Verde", publicou o *The Washington Post*. Bruce insistiu em que não interpretaria Kato como um criado subserviente, mas como um igual a seu patrão, embora com habilidades superiores. "O Besouro Verde e Kato formam uma parceria", disse Bruce. "Na verdade, graças à minha bagagem de *gung fu*, eles fizeram de mim uma arma. Eu farei todas as cenas de luta. Ocasionalmente, o Besouro Verde poderá dar alguns socos; mas, quando fizer isso, ele o fará ao velho estilo americano. Eu vou dar todos os golpes no estilo de artes marciais e todos os chutes."

A imprensa, por fim, preferiu concentrar-se na abordagem do interesse das pessoas pelo casamento inter-racial de Bruce com Linda, e no filho mestiço de ambos. Isso aconteceu menos de um ano antes da decisão da Suprema Corte quanto ao caso "Loving *versus* Virgínia" (1967), que acabou por legalizar os casamentos inter-raciais em todo o país. Um marido chinês e uma esposa branca eram uma novidade não ameaçadora por trás da qual a grande mídia podia postar-se. Algumas das manchetes para esses perfis foram: "Bruce Lee: 'O Amor Não Conhece Geografia'", "Bruce Lee: 'Nosso Casamento Misto nos Trouxe um Milagre do Amor'" e "Bruce Lee: 'Eu Quero que meu Filho Seja um Garoto Misturado!'".*

Uma dessas reportagens começava com uma hipérbole irônica não intencional: "Há somente uma coisa de errado com Bruce Lee – ele é perfeito! Ele é um marido perfeito, um pai perfeito e foi perfeitamente selecionado para o papel de Kato". Outra resenha elogiosa começava com um questionamento profundo: "Como pode acontecer de duas pessoas de extremidades opostas da Terra se encontrarem, se apaixonarem, estabelecerem uma união verdadeira e feliz, e produzirem uma criança como um triunfo da graça humana?" Outro artigo enfocava a criança como se fosse uma espécie de Cristo: "Bruce Lee e sua esposa, Linda, são os pais de um dos filhos do destino. Seu nome é Brandon; ele é oriental e ocidental; ele tem olhos escuros como cerejas negras maduras; seus cabelos são loiros; sua personalidade é uma mescla fascinante da profunda meditação do Oriente com o vigor físico do Ocidente".

As críticas ao episódio de estreia de *O Besouro Verde* – "A Arma Silenciosa", em 9 de setembro de 1966 – foram muito menos positivas do que a pré-publicidade. Comparando impiedosamente o seriado a *Batman*, os críticos foram severos quanto à decisão de tratar *O Besouro Verde* como um drama sombrio em vez de uma comédia espalhafatosa. O *The New York Times* publicou esta cortante avaliação: "A mais recente adaptação de um personagem de histórias em

---

* *"A Mixed-Up Kid"*, no original. Embora literalmente a expressão *mixed-up* signifique "misturado(a)", em sentido informal também significa "amalucado(a)". Assim, a manchete poderia ser lida como: "Quero que meu filho seja um menino maluquinho". (N. dos T.)

quadrinhos é propositalmente interpretada ao pé da letra, em vez de tentar arrancar algumas risadas; e o programa, em consequência, é morosamente velho em vez de divertidamente horrível. Van William interpreta o Besouro como um combatente do crime que estivesse cumprindo uma sentença de prisão". A *Variety* registrou: "*O Besouro Verde* é um melodrama careta e monótono, sem quaisquer das tiradas humorísticas *pop* que, para o bem ou para o mal, são salpicadas pelos roteiros de *Batman*, e responsáveis, ao menos até certo ponto, pelo sucesso inicial da série".

Por um breve momento, houve a impressão de que o programa poderia se tornar um sucesso, a despeito das críticas negativas. Os índices de audiência de *O Besouro Verde* na ABC superaram os de seus rivais na mesma faixa horária – *James West* (*The Wild Wild West*), na CBS, e *Tarzan*, na NBC – durante as primeiras três semanas; mas, em seguida, o programa logo foi ultrapassado pela concorrência. "Acho que havia uma grande curiosidade pela série, a princípio, devido ao estrondoso sucesso de *Batman*", explicou Dozier, "e, aparentemente, agora que a audiência havia provado *O Besouro Verde*, parecia tender a preferir o que via em *James West* e em *Tarzan*."

Apesar do desapontamento generalizado, havia um brilho no horizonte para Bruce Lee. Kato provou ser mais popular do que o Besouro Verde. O personagem recebia muito mais cartas de fãs de garotos, como Ricky McNeece, de Clinton, Iowa, que pedia por uma máscara de Kato para apresentar em um trabalho escolar, na esperança de que o professor lhe desse um "A". Mesmo as críticas negativas tinham algo de positivo a dizer sobre a habilidade de Kato nas lutas: "Aqueles que assistiram a ele apostariam que Lee deixaria Cassius Clay sem sentidos se ambos fossem trancados em uma sala e lhes dissessem que valia tudo". O mais importante para o futuro de Bruce e Kato era que eles vinham sendo abraçados pela pequena mas crescente comunidade norte-americana das artes marciais, que jamais havia visto sua arte nas telas, executada por um de seus próprios membros. Da noite para o dia, Bruce Lee tornou-se o praticante de artes marciais mais famoso do país, tendo perfis publicados na revista *Black Belt* e recebendo convites para promover torneios de karatê – bem diferente do que ocorreu nos Campeonatos Internacionais de Karatê de Long Beach de 1964, apenas dois anos antes, quando ele era praticamente desconhecido.

Apesar dos fracos índices de audiência, a ABC não cancelou nem substituiu *O Besouro Verde* no meio da temporada, mas permitiu que o programa se arrastasse, na esperança de que seu público pudesse melhorar. Dozier fez tudo quanto pôde para salvar o programa. Ele implorou à ABC para que lhe dessem um segmento de uma hora e, quando o pedido foi recusado, passou a filmar episódios em duas partes. Ele também escreveu a Trendle pedindo permissão para que o Besouro Verde e Kato fizessem alguns *cross-overs*, aparecendo como "heróis visitantes" em *Batman*, como uma última tentativa desesperada. A transmissão das duas partes do episódio foi programada para os dias 1º e 2 de março de 1967, pois a decisão da rede quanto à renovação de *O Besouro Verde* seria tomada no final de março.

Na história, Britt Reid vai a Gotham City para uma convenção de editores, onde reencontra Bruce Wayne. Os dois ricos e notáveis WASPs* haviam sido colegas num colégio interno, embora desconhecessem as identidades secretas um do outro. Besouro Verde e Kato entram em ação quando se deparam com um crime envolvendo a falsificação de selos, mas as autoridades de Gotham acreditam que a dupla faça parte da conspiração. Ao confrontarem-se com Batman e Robin, o Besouro Verde e Kato envolvem-se numa grande luta, até que todos se dão conta de que estão do mesmo lado. A partir daí decidem unir forças para deter os verdadeiros criminosos.

No roteiro original, o Besouro Verde e Kato perdem a briga para Batman e Robin – afinal, era o programa deles. Mas quando Bruce leu isso, atirou o *script* no chão e abandonou o *set*. "Eu não vou fazer isso", declarou ele. "Não há maneira de eu entrar numa briga com Robin e perder. Isso me faz parecer um idiota!" Sua queixa chegou aos ouvidos de Dozier, que saiu de seu escritório para ouvi-la pessoalmente. Bruce estava irredutível: "Não há jeito de alguém acreditar que eu pudesse perder uma luta contra Robin. Eu me recuso a fazer isso. Isso me tornará motivo de risadas no mundo inteiro".

Dozier pediu a opinião de Van Williams. Pessoalmente, Williams não se importava se o Besouro Verde perdesse uma luta contra Batman, mas ele apoiou lealmente o seu parceiro: "Eu concordo com Bruce".

"Está bem, será um empate", decidiu Dozier. "Ninguém ganha, nem perde; será como um impasse mexicano. Você aceita isso, Bruce?"

"Tudo bem", Bruce respondeu.

---

* Termo cunhado e muito difundido pela imprensa nos anos 1960, criado a partir da sigla para *white, anglo-saxon, protestant* ("branco, anglo-saxão, protestante"), usado para fazer referência à classe média branca norte-americana, que via a si mesma como o mais poderoso segmento social da nação. Hoje em dia, embora muito mais raramente empregado, o termo foi adotado pelos supremacistas brancos, manifestamente segregacionistas e racistas, como autorreferente. O substantivo comum *wasp*, no entanto, significa meramente "vespa". (N. dos T.)

Bruce e Burt Ward (Robin) eram amigos. Quando moraram no mesmo edifício, Bruce havia ensinado a ele algumas técnicas básicas de *kung fu*. Mas Bruce ouvira que Ward estaria dizendo a todo mundo que era faixa preta, como Bruce, e isso o ofendera. "Bruce era muito popular com os garotos, e estes estavam perguntando a Robin: 'Você sabe fazer aquilo que o Kato faz?'", recorda-se Van Williams. "E o Robin dizia: 'Oh, sim, eu sou faixa preta. Olhem só: IIIHH, HA-HA!' e ele assumia aquela postura, que mais parecia uma piada".

Antes de a filmagem começar, Bruce disse, em voz alta, para que todo mundo ouvisse: "Vou partir para cima do Robin e mostrar como são as coisas, de verdade; então, todos veremos que grande faixa preta você é, rapaz!". Quando o filme começou a rodar, Burt Ward tremia dentro de sua roupa de elastano. Para garantir sua integridade, ele implorou para que os dublês de *Batman* interviessem se Bruce o atacasse para valer.

Bruce adentrou o *set* caminhando arrogantemente, com uma expressão muito séria. Em silêncio, ele caminhou para cima e para baixo, recusando-se a brincar com os integrantes da equipe de filmagem, o que era muito incomum. "Bruce estava sempre contando piadas e fazendo brincadeiras", diz Williams. Depois de algum aquecimento, ele assumiu uma postura de luta, trincou os dentes, semicerrou os olhos e encarou Robin diretamente, por trás de sua máscara de Kato. Ward, como Robin, manteve-se a uma boa distância dele e tentou puxar conversa. Bruce o ignorou. Por fim, o diretor gritou: "Ação!".

Com sua expressão assassina e olhos mortiços, Bruce avançou na direção de sua presa. Ward afastou-se lentamente, berrando: "Bruce, lembre-se, isso não é para valer. É apenas um programa de TV!".

Quando Kato encurralou Robin em um canto, Ward começou a agitar seus cotovelos, como se quisesse bater asas, e a saltitar em círculos. Um dos dublês, ao fundo, sussurrou: "É a pantera negra contra o frango amarelo".*

Ao ouvir isso, Bruce explodiu numa gargalhada. "Eu não conseguia mais manter um semblante sério", recordou-se Bruce. Van Williams, Adam West e toda a equipe de filmagem rolaram de rir com a piada. Rumores de que Ward teria urinado em sua fantasia de elastano nunca foram confirmados. "Para sorte de Robin, aquilo não foi de verdade", disse Bruce. "De outro modo, ele seria um passarinho morto."

---

* *Yellow chicken*, no original. Além de significar, literalmente, "frango", a palavra *chicken* também possui a conotação informal de "covarde", e o verbo *chicken out* significa "acovardar-se". A conotação "avícola" é reforçada pelo fato de *robin* ser o nome da ave passeriforme conhecida em português como pisco-de-peito-ruivo, ou pintarroxo. (N. dos T.)

Quando o programa foi ao ar, o apresentador declarou tratar-se de "um impasse mexicano, um empate na linha de chegada"; mas Bruce assegurou-se de ajustar a coreografia das lutas para que aparecesse melhor. Depois de algumas mudanças no padrão de seus socos e chutes, a disputa ruidosa terminava com Kato desferindo um chute giratório em gancho contra o rosto de Robin, que era lançado pelos ares e aterrissava sobre uma mesa.

A transmissão do *cross-over* não gerou o volume de cartas de fãs nem o salto nos índices de audiência que Dozier e Trendle esperavam. "Aquilo foi uma estupidez", diz Van Williams. "Em *Batman* o objetivo era fazer as coisas para arrancar risos, e nós interpretávamos uma coisa séria; por isso, não funcionou." Em abril de 1967, a ABC anunciou que não renovaria o contrato de *O Besouro Verde* para uma segunda temporada.

"Confúcio diz '*O Besouro Verde* não irá zumbir mais'", escreveu Dozier para Bruce, em sua casa em Inglewood. "Eu sinto muito, como sei que você deve sentir também. Você trabalhou com muito afinco, e muito bem, e acredito que tenha conquistado muitos amigos, bem como admiradores de respeito. Foi uma grande alegria para mim, pessoal e profissionalmente, ter trabalhado com você."

De maneira elegante, Bruce respondeu a Dozier: "Gostaria de aproveitar essa oportunidade para agradecer a você, pessoalmente, por tudo quanto fez para iniciar minha carreira no *show business*. Não fosse por você, eu jamais pensaria em estar em Hollywood. Eu ganhei uma tremenda experiência com *O Besouro Verde*, e acredito vir melhorando de maneira consistente desde o primeiro programa, quer seja minimizando ou eliminando o que não fosse essencial. Minha atitude para com este ramo de trabalho é a de aceitar as coisas tal como elas são, e olhar para o céu 'com os pés firmemente plantados no chão sólido'".

Assim, de um momento para outro, Bruce Lee passou a ser um espécime da fauna mais comum do sul da Califórnia: o ator desempregado. "Quando o seriado terminou, perguntei a mim mesmo: 'O que eu vou fazer agora?'."

No centro: Dan Inosanto, Kareem Abdul-Jabbar e, sem camisa, Bruce Lee. Foto da turma de Chinatown de Los Angeles, por volta de 1968. (*David Tadman*)

Mike Stone, Joe Lewis, Bruce Lee e Ed Parker no *set* de filmagem de *Arma Secreta Contra Matt Helm* (*The Wrecking Crew*), verão de 1968. (*David Tadman*)

11

Jeet Kune Do

Com sua carreira como ator sem rumo definido, Bruce Lee voltou a lecionar *kung fu*. Com as esperanças de uma filmagem de um longa-metragem de *O Besouro Verde* minguando, ele inaugurou a filial de Los Angeles do Instituto Jun Fan Gung Fu, em Chinatown, no nº 628 da College Street. O seminário de abertura para o público transcorreu entre as oito e as nove horas da noite do dia 9 de fevereiro de 1967. Dan Inosanto – um dos instrutores-assistentes de Ed Parker, que vinha treinando em segredo com Bruce havia um ano – discretamente convidara um grande grupo de estudantes veteranos de Parker para o evento. Por uma hora, Bruce explicou sua filosofia e o que ele os ensinaria. Vez ou outra, ele chamava alguém para fazer demonstrações. "Era possível perceber a superioridade dele, e tornava-se óbvio que ele estava *à frente* de um bocado de gente", diz Bob Bremer, um dos alunos de Parker. "Eu então embarquei imediatamente."

Ao término do seminário, todo mundo também embarcara. Isso causou alguns ressentimentos. "Eles nos apelidaram de 'os vira-casacas'", diz Bremer. O grupo de desertores incluía Dan Lee, Jerry Poteet, Bob Bremer, Larry Hartsell, Richard Bustillo, Pete Jacobs e Steve Golden. "Parker não ficou nada feliz com a situação", diz Golden. "Mas durante todo o ano anterior, antes que eu saísse, Ed passou cada vez mais tempo lidando com Hollywood, trabalhando como guarda-costas de Elvis Presley. Ele não estava me ensinando. Então, quem abandonou quem?" Bruce nomeou Inosanto como seu instrutor-assistente.

Dan tentou manter os laços, lecionando seis dias por semana tanto para Parker quanto para Bruce; mas, depois de alguns meses, a carga tornou-se muito pesada, e ele passou a trabalhar com Bruce em tempo integral.

Tal como fizera com sua primeira *kwoon* em Seattle, Bruce concebera sua filial de Los Angeles mais como um clube privado exclusivo do que como uma escola comercial. Novos alunos tinham de ser "apadrinhados" por algum membro ativo, e os primeiros seis meses foram uma experimentação. A *kwoon* de Chinatown não tinha uma placa indicativa sobre a fachada, os vidros das janelas eram cobertos com o rosado creme limpador *Glass Wax*, a porta da frente permanecia trancada e havia uma batida secreta como senha para a entrada: três toques, uma pausa, mais dois toques. "Eu não queria muita gente na minha organização", explicou Bruce. "Quanto menos alunos eu tivesse e quanto mais difícil fosse a admissão de alguém, maior prestígio e importância seriam atribuídos ao meu clube. Tal como com qualquer outra coisa, se for muito popular e fácil de fazer parte, as pessoas não darão muito valor."

Bruce dirigiu a escola como um campo de treinamento durante os primeiros meses. Ele se concentrava no condicionamento físico: boa forma, flexibilidade e exercícios básicos de socos e chutes. Os membros treinavam quatro vezes por semana. As sessões de duas horas eram extenuantes e muito exigentes. Algumas pessoas deixaram a escola após poucas semanas. "Bruce estava testando nossa sinceridade e nossa vontade de treinar duro", diz Dan Lee (que não tinha relação de parentesco com Bruce). "O programa de obtenção de boa forma física por fim foi amenizado no quarto mês, quando ele passou a treinar os membros remanescentes."

O clube de Bruce era o oposto dos "Karatês McDojo" existentes nos *shopping centers*. Não havia uniformes, nem graduações, nem faixas coloridas, nem cumprimentos respeitosos ou títulos. Todos eram tratados por seus primeiros nomes: Bruce era Bruce, e Danny era Danny. Em parte como uma piada, mas principalmente para dramatizar sua filosofia quanto à forma física, Bruce mantinha sobre uma mesinha próxima à porta de entrada uma lápide em miniatura, sobre a qual estavam gravados os seguintes dizeres: "Em memória dos homens uma vez flexíveis, forçadamente conformados e distorcidos pela bagunça clássica".

As aulas, que tinham uma frequência média de 12 alunos, começavam com uma sessão de alongamento e exercícios calistênicos, seguida pelas técnicas básicas: movimentação dos pés, socos, chutes, aparelhos e muitas perguntas e respostas. "Ele enfatizava a movimentação dos pés; movimentação dos pés, movimentação dos pés e mais movimentação dos pés", diz Jerry Poteet. "Ele tentava nos tornar mais móveis." A segunda meia hora de cada aula de duas horas era dedicada ao treinamento pesado de luta. "A atividade era sempre intensa e combativa", diz Bustillo.

Durante os intervalos, ele projetava filmes de 16 mm de confrontos clássicos de boxe para os alunos, reduzindo a velocidade da projeção nos momentos-chave. "Atenção, agora vejam de onde vem o soco", narrava Bruce. "Não se trata da mão ou do braço: é a cintura, e BUM!" Com frequência, as aulas incluíam música. Joe Torrenueva, que trabalhava como cabeleireiro para Jay Sebring, tocava seu atabaque para demonstrar o ritmo e o *timing*. E Bruce permanecia sempre muito ativo. Ele se assegurava de que todos estivessem fazendo tudo direito – era absolutamente necessário ser exato. Ele analisava cada aluno cuidadosamente, testava-os e registrava seus progressos num caderno. Depois de alguns meses, ele entregava suas notas e observações datilografadas, além de um programa de treinamento suplementar para cada estudante. "Para minha surpresa, esses programas eram todos diferentes um dos outros", diz Dan Lee.

O objetivo de Bruce era melhorar o nível de habilidade de seus alunos até o ponto em que eles estivessem bons o bastante para lutarem com ele. Uma vez atingida essa meta, ele passava a maioria dos treinamentos cotidianos da escola para a responsabilidade de Inosanto, que era melhor ao lidar com grupos maiores, e assumia as aulas particulares para um grupo seleto de alunos veteranos – Ted Wong, Dan Lee, Jerry Poteet, Herb Jackson, Mito Uyehara, Bob Bremer e Peter Chin. Ted Wong, que falava cantonês, tornou-se o "protegido" de Bruce. Herb Jackson cuidava da manutenção dos equipamentos e servia o chá para Bruce. Bruce esperava até que Jackson saísse da sala e, então, brincava: "Eu sempre quis ter um criado branco".

Todas as noites de quarta-feira, a equipe se reunia na cozinha da casa alugada por Bruce em Culver City. Ali, todos eram saudados pelo amigável cão dinamarquês Bobo – um animal salivante e dasajeitado com mais de setenta quilos, que esbarrava e derrubava tudo o que estivesse em seu caminho, incluindo cadeiras, luminárias e até mesmo Brandon, então com 4 anos de idade. Nem Bruce, nem Linda conseguiam controlá-lo. "Nós chegamos até mesmo a inscrevê-lo em uma escola de adestramento", sorria Linda. "Ele foi o único cachorro que foi reprovado, até hoje."

A casa, no estilo "rancho", tinha uma sala muito ampla, com um teto tão alto que Bruce a convertera numa espécie de ginásio de esportes, com um *speed bag*, um saco de pancada e outros equipamentos específicos. Depois de aquecer-se um pouco com os sacos de pancada dentro da casa e de explicar os fundamentos, tais como a quebra de ritmo e a cobertura da distância, toda a equipe se dirige ao quintal cercado dos fundos para fazer treinamento de luta. Bruce fora um dos primeiros instrutores de artes marciais a introduzir o uso de equipamentos de proteção: luvas de boxe, capacetes, protetores de peito e caneleiras. Nos *dojos* tradicionais de karatê, os alunos treinavam luta com as mãos nuas, detendo seus golpes a poucos centímetros antes do contato com o alvo, ou apenas tocando-o de leve. Bruce acreditava que esse formato não era uma coisa realística, referindo-se a ele como "nadar em terra firme", e insistia no contato total. "A maneira de treinar de Bruce era muito intensa", recorda-se Mito Uyehara. "Quando ele me cansava, voltava-se para Ted Wong. Bruce jamais desistia antes de nós. Ele gostava de nos ver desistir."

Bruce não cobrava nenhum valor por essas sessões de treinamento no quintal, porque não se tratavam exatamente de lições. Ele estaria experimentando novos métodos, táticas e técnicas para criar seu próprio sistema de artes marciais; e seus alunos eram, segundo a própria avaliação deles, seus "bonecos de treino".

No dia 9 de julho de 1967, Bruce deu à sua nova abordagem das artes marciais um nome cantonês: *jeet kune do*. Ele cunhou o termo em chinês antes e, depois, pediu a um professor linguista da UCLA para que o traduzisse para o inglês: "caminho de deter o punho" [*stop fist way*] ou, de modo mais abrangente, "o caminho para interceptar o punho" [*the way of the intercepting fist*].

"O que isso significa?", perguntou Dan Inosanto a Bruce, enquanto viajavam de carro.

"Existem três oportunidades para golpear um oponente: antes que ele ataque, enquanto ele ataca, e depois que ele ataca", explicou Bruce. "*Jeet kune do* significa interceptá-lo antes que ele ataque – interceptar seu movimento, seus pensamentos ou sua motivação."

Apropriadamente para um eurasiático nascido na América e criado na Hong Kong colonizada pelos britânicos, o *jeet kune do* era um sistema híbrido, que mesclava o Oriente e o Ocidente. "Você tem de sair de seu ambiente para conquistar algo melhor", disse ele a Dan. "Algumas pessoas dirão: 'Ei, esse é um chute coreano. Não podemos usar esse chute'. Mas eu não me importo. Tudo pertence à humanidade."

Do boxe, Bruce apropriou-se do jogo de movimentação dos pés; e do *kung fu,* dos chutes. Mas o que tornava a sua fusão única, em vez de ser outra das tantas amalgamações do *kickboxing,* eram os principais elementos que ele adaptara da esgrima. Seu irmão, Peter, a quem Bruce reverenciava e invejava, fora um esgrimista de elite em seus dias de colégio, e ensinara a Bruce algumas noções básicas. Mas Bruce tomara o esporte a sério somente após mudar-se para a América. "Eu me lembro de, na época em que apresentei a ele a arte da esgrima, ele não conseguir sequer chegar perto de mim com a espada", recorda-se Peter. "Quando ele voltou, em 1965, para o funeral de meu pai, nós retomamos os exercícios e, então, era eu que não conseguia tocá-lo. Esse era o jeito de Bruce fazer as coisas: sempre praticando em segredo." Bruce também ficou fascinado pela parte teórica da esgrima. Sua biblioteca contava com 68 livros sobre o tema – sendo seus favoritos os de autoria de Aldo Nadi, Julio Martinez Castello e Roger Crosnier. O termo *jeet kune do*, ou "caminho de deter o punho" foi derivado da técnica de esgrima cujo nome pode ser traduzido como "deter o golpe" [*stop hit*]. Em suas anotações, Bruce descreveu o *jeet kune do* como [uma maneira de] "esgrimir sem uma espada".

Ao contrário dos boxeadores, que projetam o lado mais fraco para a frente, Bruce empregava a posição de um esgrimista, com o lado mais forte postado adiante, a mão direita estendida como se empunhasse uma espada e o calcanhar esquerdo erguido e com o pé flexionado, pronto para destruir os bloqueios ao cobrir a distância entre ele e o adversário. Seu ataque preferido era o golpe com os dedos nos olhos do oponente – a técnica que ele empregara contra Wong Jack Man. "Se tiver de escolher entre socar seu oponente na cabeça ou golpeá-lo nos olhos, prefira sempre os olhos", escreveu Bruce em seus apontamentos. "Tal como a espada de um esgrimista é sempre uma extensão de seu braço, o golpe com os dedos é uma ameaça constante para o seu oponente." No *wing chun*, Bruce fora ensinado a lutar a curta distância e a empregar técnicas de contenção (*chi sao*, ou "mãos pegajosas") para controlar o oponente. Com o *jeet kune do*, ele se postava a distância que um esgrimista ficaria de seu adversário, saltava para a frente para atacá-lo e então recuava um passo para trás para uma posição segura.

O *jeet kune do* foi a expressão pessoal de Bruce Lee das artes marciais. Tal como um terno feito sob medida, ele a confeccionou para tirar vantagem de sua agressividade inata, seus reflexos extraordinários e sua incrível habilidade para "ler" um oponente. "Treinar luta com Bruce era muito frustrante, porque ele já estava em cima de você antes que pudesse pensar em reagir", diz Jhoon Rhee, o "pai" do *tae kwon do* americano. Certa noite, quando Bob Bremer queixou-se de que Bruce era veloz demais para ele, Bruce explicou que não se tratava de velocidade: "Há uma fração de segundo em que você não está me acompanhando; e, de algum modo, parece que eu sei quando isso acontece". Jesse Glover, seu primeiro aluno nos Estados Unidos, diz: "O que fazia com que ele fosse tão eficaz era o fato de que ele era capaz de perceber um movimento em potencial antes que se realizasse. Muitos de seus conceitos mais avançados eram baseados nesse tipo de percepção. A questão é quanto de seu pensamento nesse estágio de desenvolvimento pode ser transferível para uma pessoa comum". O problema de Bruce enquanto instrutor é que ele podia passar adiante suas ideias, mas não o seu talento; e ambas as coisas são necessárias para que o *jeet kune do* funcione.

Bruce sabia de cor a Ave-Maria e outras orações católicas. Ele era capaz de recitar longas passagens bíblicas de memória. Apesar de sua resistência, os Irmãos Católicos da La Salle haviam incutido o cristianismo em sua mente. Mas, ao contrário de sua mãe, ele não era um crente. Ele era ateísta – talvez porque não fosse capaz de tolerar a noção de uma autoridade maior do que a sua própria. Quando perguntado pela revista *Esquire* se acreditava em Deus, Bruce replicou: "Ah, para ser totalmente sincero, eu não acredito". Se algum dos seus amigos trouxesse o assunto à baila, ele brincaria: "Eu não acredito em nada. Eu acredito em dormir". Ele era prático por natureza e um tanto materialista – traços característicos da tradição de Hong Kong.

Contudo, Bruce tinha um lado espiritual, até mesmo místico. Ele era um buscador e um bibliófilo. Ele rondava as seções de livros de filosofia em livrarias à procura de respostas. Um dos seus primeiros sonhos de carreira, antes de dar-se conta de que poderia ganhar a vida como instrutor de *kung fu*, era o de ser proprietário de uma loja de livros usados. Sua biblioteca particular chegou a ter mais de 2.500 volumes. "Bruce levava um livro consigo para onde quer que fosse", diz Linda. "Muitas vezes eu o via sentar-se calmamente e ler um livro enquanto havia um turbilhão doméstico à sua volta – crianças chorando, portas batendo, conversas sendo travadas por toda parte. Bruce era capaz de ler um livro enquanto praticava uma série de extenuantes exercícios físicos." Em seus blocos de anotação, Bruce transcrevia passagens de seus autores favoritos: Platão, Hume, Descartes e Tomás de Aquino, pela tradição ocidental; Lao-Tsé, Chuang-Tzu, Miyamoto Musashi e Alan Watts, pela oriental.

Uma de suas influências mais importantes foi a do renegado místico indiano Jiddu Krishnamurti. Selecionado aos 14 anos de idade pela ocultista Sociedade Teosófica como o predestinado "Professor do Mundo", Krishnamurti foi criado para tornar-se seu líder e para "dirigir a evolução da humanidade no rumo da perfeição". Em 1929, aos 34 anos de idade, ele chocou seu culto adotivo renunciando ao papel de Professor do Mundo, argumentando que as doutrinas e organizações religiosas se interpõem no real caminho da verdade. "Eu sustento que a verdade seja uma terra sem trilhas, da qual não é possível aproximar-se através de nenhuma religião. Uma crença é tão somente um assunto de interesse individual, que vocês não devem [tentar] organizar. Se fizerem isso, ela [a crença] se tornará morta, cristalizada; se tornará um credo, uma seita, uma religião a ser imposta aos outros."

Os ensinamentos de Krishnamurti reforçaram a rejeição instintiva de Lee às verdades universais e às tradições em favor dos valores individuais. Em uma entrevista para a televisão com Pierre Berton, em 1971, Bruce adaptou as palavras de Krishnamurti às artes marciais: "Eu não acredito mais em estilos. Os estilos separam os homens, porque cada um tem sua própria doutrina e, então, a doutrina se torna o evangelho da verdade. Mas, se você não adotar estilos, se você disser apenas: 'Aqui estou eu, como um ser humano. Como posso me expressar total e completamente?'. Dessa maneira, você não criará um estilo – pois um estilo é uma cristalização – e seguirá um caminho de crescimento perene".

A ironia era que Bruce havia criado um estilo diferente de artes marciais. Sua resposta era insistir na ideia de que o *jeet kune do* era seu estilo pessoal, e que seus alunos deveriam seguir seus próprios caminhos. Ele seria um guia, não um professor. "*Jeet kune do* é apenas um nome usado; um barco para atravessar um rio", disse Bruce, "o qual, uma vez cruzado o rio, deve ser descartado, e não carregado às costas por ninguém." Empregando a estruturação paradoxal dos *koans* zen,* ele chamava o *jeet kune do* de "o estilo sem estilo" e criara o *slogan*

---

* Na filosofia zen, um *koan* é uma proposição aparentemente ilógica ou absurda destinada a fazer com que a mente racional dela se ocupe, permitindo que a mente intuitiva possa fluir livremente, talvez surgindo com uma nova solução para um determinado problema. Por exemplo: "todo mundo conhece o som produzido por duas mãos ao bater palmas; mas qual é o som de apenas uma das mãos que bate palmas?". (N. dos T.)

de sua escola: "Use Nenhum Caminho como Caminho; Não Tenha Limitações como Limite".

"Estávamos nos anos 1960", brinca Dan Inosanto. "Todo mundo falava desse jeito."

Bruce não se interessava por política, mas ele sentia o clima da contracultura que permeava todo o país e o aplicava às artes marciais. "Todo mundo estava questionando o nosso governo. Nós não acreditávamos que ele estivesse nos conduzindo pelo caminho certo", explica Inosanto. "Bruce era contrário ao *establishment* – tal como a voz dos anos 1960. Ele questionava tudo. Ele dizia: 'Se você não questiona, não pode crescer'."

Com o passar do tempo, o *jeet kune do* tornou-se menos relativo a posturas específicas e a técnicas de luta e mais a uma abordagem filosófica das artes marciais e da vida. Questione a tradição, mas seja prático: "Adapte o que é útil, rejeite o que é inútil". Encontre a sua verdade pessoal: "Acrescente o que é especificamente seu". E continue a evoluir. "Certa vez ele me disse que o *jeet kune do* de 1968 seria diferente em 1969", recorda-se Inosanto. "E o *jeet kune do* de 1969 será diferente do de 1970." Contrastando com a reverência confucionista chinesa pelo passado e a deferência para com o coletivo, Bruce mergulhou fundo no ideal americano do individualismo, a filosofia do pragmatismo e o foco no futuro – tudo para contribuir com a formação de uma pessoa mais perfeita.

Punhos e pés seriam armas a serem empregadas fisicamente contra um oponente, e espiritualmente contra o próprio ego, a ganância e a ira – meios de autodefesa e de autoiluminação. "Nesse contexto, o *jeet kune do* é dirigido para a própria pessoa", disse Bruce. Krishnamurti assim estabelecera o seu objetivo: "Minha única preocupação é tornar os homens livres, incondicionalmente livres". De maneira semelhante, Bruce declarou: "O objetivo último do *Jet Kune Do* é voltado para a libertação pessoal. Ele aponta o caminho para a liberdade individual e a maturidade".

No que se referia a treinamento, Bruce Lee representava a vanguarda da revolução da boa forma física. Ele foi o primeiro praticante de artes marciais a treinar como um atleta moderno. Àquela época, os praticantes tradicionais acreditavam ser suficiente a repetição de algumas técnicas básicas como forma primária de exercício. Essa era uma visão muito disseminada. Jogadores profissionais de futebol americano, na década de 1960, consideravam o levantamento de pesos perigoso e prejudicial – muitas equipes da Liga Nacional de Futebol baniram essa prática. Bruce reconheceu que a força e o condicionamento eram cruciais para que um lutador chegasse ao seu melhor possível.

Depois de sua exaustiva luta com Wong Jack Man, Bruce redobrou os esforços para melhorar sua resistência. "Um atleta fora de forma, quando cansado, não pode ter um bom desempenho", explicou Bruce. "Você não é capaz de desferir seus socos e chutes de maneira adequada, e você sequer consegue esquivar-se de seu oponente." Do boxe, ele tomou de empréstimo os exercícios de pular corda e de correr pelas estradas. Todas as manhãs ele corria entre 6 e 8 quilômetros pelas vizinhanças de sua casa, acompanhado por seu enorme cão dinamarquês, Bobo. "Para mim, a corrida não é apenas uma forma de exercício", disse Bruce. "É, também, uma forma de relaxamento. É a minha hora, todas as manhãs, quando posso estar sozinho com os meus pensamentos."

Desde a adolescência, Bruce praticava o levantamento de pesos, mas ele jamais levara isso a sério até os anos que passou em Oakland. Seus alunos James Yimm Lee e Allen Joe foram pioneiros no início da era do fisiculturismo e mostraram a ele as técnicas básicas de levantamento e exercícios genéricos envolvendo pesos. Bruce estava interessado na força, não no tamanho; ele queria ser ágil, e não corpulento, reconhecendo que a velocidade é mais importante para a força do que a massa. "James e eu treinávamos com pesos muito pesados", diz Allen Joe, "mas Bruce preferia usar pesos menores e fazer mais repetições." Em sua garagem, Bruce instalara uma máquina isométrica, um aparelho para fazer agachamentos, uma prancha para levantamento de pesos, halteres e um aparelho de pegada, para os seus antebraços.

Bruce era fanático por treinamentos, e dispunha de tempo livre para fazê-lo. Tal como um dos seus alunos de Los Angeles invejosamente notou, "para Bruce, todo dia parece ser fim de semana, porque ele jamais teve um emprego fixo, como a maioria de nós". De segunda-feira a domingo, ele tinha uma rotina fixa: corrida pela manhã, e, depois, dedicar-se ao aperfeiçoamento de suas técnicas marciais, com quinhentos socos, quinhentos golpes com dedos, e quinhentos chutes. Ele passava as tardes em sua biblioteca, lendo livros de filosofia e telefonando para o seu agente ou para seus amigos. No início da noite, ele praticava o levantamento de pesos, três vezes por semana.

Mesmo quando não estava "oficialmente" treinando, ele treinava. Enquanto assistia à televisão, ele flexionava os braços levantando pequenos halteres. Enquanto dirigia seu carro, ele socava repetidamente uma pequena prancha *makiwara* – para desespero e ansiedade dos seus eventuais passageiros. Ele transformava todas as atividades cotidianas em várias modalidades de treinamento de artes marciais. "Quando estou vestindo as minhas calças", disse Bruce, "estou praticando o equilíbrio."

Todo esse exercício físico acarretava um tremendo desgaste à sua frágil constituição. Toda semana, ele passava horas praticando um rápido chute lateral, mesmo quando seus joelhos doíam. Como resultado disso, seus joelhos sempre estalavam quando ele projetava seus pés. Ele transpirava copiosamente, como se estivesse sempre à beira de um superaquecimento. "Bruce Lee parecia estar sempre molhado. Mesmo em um ambiente com ar-condicionado, tão logo ele começasse a gesticular, ele passava a transpirar", diz Mito Uyehara. "Certa noite, ele pedalou sua bicicleta ergométrica por 45 minutos sem parar. Quando, por fim, parou, ele estava encharcado. Até mesmo o chão em torno do aparelho estava tão molhado que teve de ser seco com um pano."

Para ajudar seu corpo a recuperar-se, ele passou a usar um aparelho elétrico de estimulação muscular. O campeão de karatê Mike Stone, que conhecera o aparelho enquanto ensinava karatê aos jogadores de futebol americano do Los Angeles Rams, apresentou-o a Bruce. "É esse tratamento com choques elétricos leves que atinge seus músculos, elevando-lhes a pulsação e a capacidade de repetição de movimentos", diz Mike Stone. "A NFL usava máquinas de eletroestimulação para regenerar regiões lesionadas. Bruce acreditava que aquilo poderia melhorar sua destreza e sua habilidade. Mas ele exagerava. Em uma escala de um a dez, ele girava o seletor até sete ou oito, uma intensidade capaz de fazer enrolar seus cabelos." Bruce continuou a usar a máquina de eletroestimulação pelo resto de sua vida – para espanto de seus amigos e colegas, em particular os chineses em Hong Kong. "Quando cheguei à porta de seu escritório, não ousei entrar, porque ele estava usando uma faixa em torno da cabeça, com uma porção de fios conectados a ela", recorda-se Bolo Yeung, o musculoso e robusto vilão de *Operação Dragão*. "Minha reação imediata foi a de dizer 'Você está maluco?'."

Bruce era igualmente ousado quanto à sua dieta. Ele confiava nas propriedades curativas do *ginseng* e da geleia real. Ele era assinante de todas as revistas de boa forma da época – *Strength & Health*, *Ironman*, *Muscle Builder*, *Mr. America*, *Muscular Development* e *Muscle Training Illustrated* – e comprava muitos dos suplementos para atingir a "boa forma física" anunciados nessas publicações. Várias vezes ao dia ele tomava uma bebida com elevado teor proteico, preparada com o pó *Rheo Blair Protein Powder*, água gelada, leite em pó, ovos

– e cascas de ovos –, bananas, óleo vegetal, farinha de amendoim e sorvete de chocolate. Ele rondava as lojas de alimentos saudáveis e comprava toneladas de vitaminas, em particular qualquer coisa promovida por Jack LaLanne. Às vitaminas preparadas com frutas e leite, iogurte ou sorvete, ele acrescentava carne crua de hambúrgueres antes de bebê-las. "Eu fiquei assustado de verdade quando ele começou a beber o sangue de bifes de carne bovina", recorda-se James Coburn, o astro do cinema.

Sua obsessão pelo treinamento e a nutrição não se devia apenas a uma questão de desempenho, mas, também, à estética. Sua grande paixão pode ter sido pelas artes marciais, mas sua profissão era a de ator. Àquela época, quem tivesse um grande peitoral, como William Holden ou Robert Mitchum, estaria qualificado para representar um homem grande, forte e sexualmente atraente (certa vez, ao ser perguntado sobre como mantinha seu invejado físico, Mitchum respondeu: "Eu respiro, inalando e exalando o ar, o tempo todo. E, de vez em quando, eu levanto alguma coisa; uma cadeira, por exemplo"). Bruce pretendia interpretar heroicos protagonistas, e ele sabia que, como um asiático de baixa estatura e compleição delgada, ele teria de superar seus concorrentes criando uma musculatura que imediatamente sugerisse poder e força na mídia visual dos filmes.

"Ele era um pouco gorducho e tinha umas gordurinhas quando o vi pela primeira vez", recorda-se Van Williams, o ator principal de *O Besouro Verde*. "Ele não tinha uma musculatura definida, e queria muito tê-la. O que o motivou a trabalhar duro para isso foi a obtenção do papel de Kato." Da pouca definição mostrada em *O Besouro Verde* (1966), ele criou um corpo hipertrofiado que mais parecia ter sido esculpido em mármore, exibido em *O Voo do Dragão* (1972). "Da época de Oakland até os dias em Hollywood, quando fui vê-lo, seu corpo havia mudado", diz George Lee, um dos alunos dele em Oakland. "Ele estava muito mais desenvolvido, era fantástico o modo como ele havia desenvolvido seu físico tão rapidamente."

A mudança em seu físico havia sido tão dramática que levou algumas pessoas a especularem quanto ao uso de esteroides. Embora seja possível que ele os tenha tomado, não existem evidências que sugiram o uso habitual. Bruce adorava exibir suas novas experiências alimentares, mesmo que envolvessem sangue de carne bovina, mas ninguém se recorda dele sequer mencionar esteroides. Eles foram aprovados para o consumo humano pela FDA (Food and Drug Administration) em 1958, e foram considerados seguros até a década de 1980. Os esteroides anabolizantes fazem aumentar a massa muscular de maneira dramática, e, como resultado, provocam grandes ganhos de peso. Mas o peso de Bruce permaneceu estável, jamais ultrapassando os 65 quilos e alguns gramas. Ele era esguio, não "bombado" como Arnold Schwarzenegger. Sua incrível definição muscular era resultado de treinamentos incessantes e da eliminação da gordura subcutânea de seu corpo até quase zero.

O grande público norte-americano pode ter sido indiferente a *O Besouro Verde*, mas a série foi adorada pela comunidade das artes marciais, que reconheceram Bruce como seu primeiro representante a alcançar o estrelato. Mito Uyehara, o editor da revista *Black Belt*, rapidamente percebeu as vantagens de associar sua revista à celebridade de Bruce. Em outubro de 1967, Mito publicou um perfil incensador: "Uma personalidade vibrante, com penetrantes olhos negros e um rosto muito harmonioso, pleno de animação e nada propenso a expressões inescrutáveis que os ocidentais geralmente associam aos semblantes orientais". De sua parte, Bruce via a *Black Belt*, a principal revista sobre artes marciais do país, como uma excelente plataforma para promover a si mesmo e a sua mensagem: "Os métodos clássicos, que considero uma forma de paralisia, apenas fazem solidificar e condicionar o que uma vez foi fluido". À medida que sua amizade mutuamente benéfica se aprofundava, Mito passou a divulgar os talentos de Bruce como instrutor.

Certo dia, em 1968, os escritórios da redação da *Black Belt* subitamente pararam quando o melhor jogador de basquete universitário do país adentrou o local para procurar alguns livros. Medindo 2,19 metros de altura, seu nome era Lew Alcindor – embora mais tarde ele viesse a mudá-lo para Kareem Abdul-Jabbar. Alcindor acabara de voltar a Los Angeles, vindo de Nova York, para cursar seu último ano de universidade na UCLA. Em Nova York, ele estudara *aikido* e queria continuar seu treinamento.

"Vocês têm livros sobre *tai chi*?", perguntou ele.

"Sinto muito, não temos", respondeu Mito. "Mas, se você quiser saber sobre artes marciais chinesas, conheço alguém que pode ajudá-lo."

"Quem é?"

"Você já ouviu falar de Bruce Lee?", perguntou Mito. "Ele era Kato, na série de TV *O Besouro Verde*."

"Não... Eu nunca assisto a esses programas."

Naquela noite, Mito dirigiu até a casa de Bruce para contar-lhe a grande novidade: "Adivinhe quem será o seu próximo aluno?".

"Quem?"

"Lew Alcindor!", exclamou Mito, como se desembrulhasse um presente caro.

"Quem é esse?"

"O quê? Todo mundo conhece Lew Alcindor", disse ele, incrédulo. "Ele é o atleta universitário mais disputado do país, hoje em dia."

"Como eu poderia conhecê-lo?", disse Bruce, dando de ombros. "Ora, eu não sei nada sobre basquete, beisebol ou futebol americano. A única vez que cheguei perto de um atleta americano foi quando tive de cruzar um campo de futebol, na faculdade." Por um momento, Bruce fez uma pausa e encarou Mito. "O que há de tão especial quanto a esse sujeito, esse Alcindor?"

"Ele é o atleta universitário mais bem pago do país", replicou Mito. "E, para alguém tão alto, ele é realmente muito ágil e veloz."

"Qual é a altura dele?"

"Ele afirma medir 2,19 metros, mas muita gente acha que está mais para 2,24 metros."

Bruce ergueu-se em seu 1,70 metro, puxou uma cadeira e pôs-se em pé sobre ela. "Linda, traga uma fita métrica", gritou Bruce. Ela segurou a fita sobre o piso enquanto Bruce a esticava até alcançar 2,19 metros. Então, ele largou a fita mas manteve sua mão estendida no ar, avaliando a distância que havia entre esta e o chão.

"Ora, ele não é tão alto assim", disse Bruce, com desdém. "Eu gostaria de conhecê-lo. Imagino como seria treinar luta com um sujeito alto assim. Você pode arranjar um encontro entre nós?"

Cerca de uma semana depois, Lew e Bruce se encontraram. Bruce ficou atônito ao se dar conta de como eram 2,19 metros em carne e osso. Ele estava tão admirado com a estatura de Alcindor que começou a gaguejar. "Rapaz, jamais imaginei que alguém pudesse ser tão alto."

Alcindor disse que estava interessado em *tai chi*. "Esqueça o *tai chi*. Isso é coisa para velhos nos parques", declarou Bruce. "Você deveria aprender *jeet kune do*."

Alcindor perdeu todo o interesse pelo *tai chi* e tornou-se um aluno de aulas particulares de Bruce, durante seu último ano na UCLA. "Eu via Bruce como um monge taoísta renegado", diz um Abdul-Jabbar com um sorriso discreto. "Ele era muito ligado em espiritualidade e muito influenciado pelo taoismo. Mas não é possível aplicar esse rótulo a ele; ele estava além disso. Ele trabalhava sobre pontos específicos; movimentação dos pés, por exemplo, ou como usar um boneco de treino ou golpear um saco de pancadas."

Eles também treinaram luta. Lew era muito lento. Ele jamais conseguiu me tocar", disse Bruce a Mito. "Mas ele tinha braços e pernas tão longos que era impossível, para mim, golpear seu rosto ou seu tronco. Os únicos alvos acessíveis eram seus joelhos e suas canelas. Em um combate real, seria preciso imobilizar suas pernas." Bruce estava fascinado pelas habilidades físicas de Alcindor: "O desgraçado tem pernas poderosas. Ele chuta como uma mula. E, é claro, ele sabe saltar. Ele salta na direção de um aro de basquete e o acerta com um chute frontal".

Quando os Milwaukee Bucks contrataram Alcindor em 1969, por US$ 1,5 milhão, ele foi buscar a ajuda de Bruce. Ele desejava acrescentar sete quilos à sua massa muscular para competir com centrais mais corpulentos, como Wilt Chamberlain. Bruce submeteu-o a uma dieta especial e deu-lhe um programa de levantamento de pesos. "Estando em sua melhor forma, você poderá melhorar radicalmente todos os aspectos do seu jogo dentro de uma quadra de basquete", disse Bruce a Lew.

Bruce permaneceu em contato com Alcindor depois que ele se mudou. No fundo de sua mente, Bruce ficava imaginando como seria coreografar uma cena de luta com Lew em um filme. "Comigo lutando com um sujeito de mais de dois metros de altura, meus fãs chineses lotariam qualquer cinema", disse Bruce a Mito. "É algo que eles jamais viram. Posso ver a reação deles quando eu acertasse um chute lateral bem no rosto de Lew."

Embora o papel de Bruce como Kato tivesse rendido a ele uma marca característica junto à comunidade das artes marciais de Hollywood, os praticantes de artes marciais mais prestigiados eram os campeões de karatê que venciam torneios disputados por pontos. Nessas competições, que ocorriam por todo o país, eram permitidos apenas os golpes aplicados acima da linha da cintura; não nas pernas, nem nas virilhas. Ataques ao torso podiam ser desferidos com toda força, mas qualquer golpe direcionado à cabeça deveria ser contido antes de atingir o alvo, e os concorrentes podiam ser penalizados se atingissem o rosto do adversário com muita violência. Tão logo um competidor acertasse um golpe contra o torso ou o rosto de seu adversário, um árbitro entraria em cena e separaria os lutadores, declararia um ponto e reiniciaria o combate.

Bruce não tinha qualquer interesse em competir por pontos, sob regras restritivas, no que se poderia chamar de um "jogo de tocar e correr". Ele crescera lutando em competições de desafio de *kung fu*, nas quais os combatentes socavam-se até que alguém ficasse inconsciente ou admitisse verbalmente sua derrota. Porém, para conquistar o respeito da comunidade das artes marciais era preciso que ele de algum modo associasse seu nome aos dos campeões de karatê.

Bruce Lee fora apresentado a Mike Stone durante os Campeonatos Internacionais de Karatê de Long Beach, em 1964, depois de Stone ter derrotado Chuck Norris e vencido o torneio. Quando Bruce inaugurou sua escola em Chinatown, em 1967, convidou Stone para visitá-la. Depois de demonstrar os conceitos e técnicas básicas do *jeet kune do*, Bruce disse a Mike: "Esta escola fica muito distante de onde você mora. Você poderia ficar na minha casa. Eu tenho um pequeno ginásio montado, e nós poderíamos treinar juntos no quintal dos fundos. Digamos, uma vez por semana, ou algo assim".

Mike estava interessado, mas hesitante. Ele tinha perdido alguns combates recentemente e estava ansioso para aprender novos técnicas que lhe ajudassem voltar a vencer. E, tal como todo sujeito bonito em Los Angeles, ele também estava ansioso para entrar para o ramo cinematográfico, vendo Bruce como um bom contato para isso. Mas Stone era um dos três melhores lutadores de karatê do país – ao lado de Joe Lewis e Chuck Norris – e não queria que ninguém pensasse que Kato era melhor do que ele. Sabendo que Stone não poderia aceitar publicamente uma relação formal entre professor e aluno, Bruce teve o cuidado de formular a frase ao dizer "treinarmos juntos", em vez de "aulas particulares". Depois de chegarem a um acordo sobre um modo de preservar sua imagem, Mike finalmente concordou.

Na primeira sessão de ambos, no dia 30 de setembro de 1967, Bruce tratou de estabelecer sua superioridade. Ele desafiou Mike para um duelo de braço de ferro. Então, ele pediu a Mike para que segurasse um pesado saco de areia. "Fique em pé com as costas contra ele e eu irei chutá-lo", disse Bruce. "Quero mostrar a você a força que tenho." As coisas seguiram nesse tom pelo resto da noite.

Mike continuou comparecendo aos encontros. Houve sete lições num período de seis meses. Bruce admirava a habilidade de Stone com a aplicação dos golpes de karatê (*katas*) e ensinou-lhe a aplicar um golpe de *wing chun*. Eles também estudavam antigos filmes de boxe e livros sobre artes marciais. Cada sessão podia durar entre quatro e cinco horas, e a parte favorita de Stone era a conversa que eles mantinham diante de tigelas de *noodles*.

É interessante notar que eles jamais lutaram um contra o outro. Bruce muitas vezes simulava lutas reais com seus outros alunos, mas não com Mike. Em vez disso, os dois homens competitivos e orgulhosos trabalhavam juntos, enquanto estudavam um ao outro – procurando por pontos fracos e traçando estratégias para superarem-se mutuamente. "Quando me encontro diante de outro homem ou o vejo lutar, eu, como lutador, já o estou dissecando", diz Stone. "Em minha mente, estou procurando por oportunidades, por aberturas, pelas coisas que ele faz habitualmente."

Ambos tinham certeza de que podiam vencer o outro. Da perspectiva de Stone, Bruce era um talentoso praticante de artes marciais, com algumas ideias interessantes; mas não um verdadeiro lutador, porque ele não competia em torneios de combates de karatê por pontos. No canto oposto, Bruce não tinha em alta conta os lutadores de karatê por pontos, pois o karatê seria uma derivação e um estilo inferior de *kung fu*, e um combate por pontos era pouco mais do que uma brincadeira de tocar o adversário um tanto mais agressiva. Mas nenhum deles poria suas certezas à prova, pois não haveria nada a ganhar. Se Mike vencesse, Bruce deixaria de treiná-lo e ele perderia um contato valioso com Hollywood. Se Bruce vencesse, Mike deixaria de treinar com ele, que perderia um "aluno" de alta classe e com potencial para melhorar sua reputação.

Apesar dos egos de ambos, as sessões eram muito divertidas, pontuadas por risos. "Bruce era como um garoto com seu entusiasmo e sua personalidade calorosa", recorda-se Stone. "Ele estava sempre fazendo palhaçadas, contando piadas e mantendo todo mundo de alto-astral. Ele era muito bom nessas coisas."

Enquanto treinava com Bruce, Stone foi ficando cada vez mais interessado em transferir sua popularidade como campeão de karatê para uma carreira na indústria do entretenimento. Para essa finalidade, ele criou um número para ser apresentado em casas noturnas, junto com Joe Lewis, o melhor lutador por pontos peso pesado, e Bob Wall, que viria a interpretar o vilão O'Hara em *Operação Dragão* (1973). Ao término do ato, Lewis e Stone faziam uma demonstração de karatê. Certa noite, Lewis notou que o estilo de luta de Stone havia mudado.

"Estou treinando com aquele sujeito chinês, chamado Bruce Lee", explicou Stone. "Ele quer trabalhar com você, também. Você deveria ir até lá e começar a tomar algumas lições com ele."

Joe Lewis encontrou-se com Bruce Lee pela primeira vez na redação da *Black Belt*. Lewis, que também tinha um ego tão grande quanto sensível, estava lá para queixar-se de que a *Black Belt* havia grafado seu nome de maneira errada na edição anterior. Quando ele estava saindo, Bruce o perseguiu pelo pátio do estacionamento: "Ah, Joe, Joe, Joe, deixe-me falar com você um segundo". E, pelos trinta minutos seguintes, Bruce proferiu um discurso sobre os motivos pelos quais o *jeet kune do* seria superior ao estilo de Lewis e como poderia ajudá-lo a melhorar seus resultados nos torneios de karatê. Lewis, que já era um campeão, permaneceu ali, educadamente, em pé, ignorando tudo quanto Bruce dizia. "Eu era um lutador americano e não tinha os lutadores de *kung fu* em muito alta conta, porque a maioria deles não luta. Em vez disso, eles se dedicam à prática constante de seus muitos longos movimentos, desenhando no ar com os dedos", esclarece Lewis. "Além disso, eu não respeito muito sujeitos baixinhos."

Apesar dessa má primeira impressão, Stone conseguiu convencer Lewis de que valeria a pena treinar com Bruce. Tal como Stone, Lewis também queria entrar para o ramo do cinema. Ele telefonou para Bruce e agendou uma aula para o dia 25 de janeiro de 1968. "Passei a fazer aulas uma vez por semana com Bruce e, no restante dos dias, eu praticava o que aprendera com ele. Realmente, aquilo melhorou de maneira drástica o meu estilo de lutar", diz Lewis. "Ele me ajudou a acelerar minha carreira. Em 1968, enquanto trabalhávamos intensamente, eu venci onze campeonatos consecutivos, sem sofrer uma única derrota. O que Bruce me ensinou capacitou-me a fazer isso. Ele era um verdadeiro mestre e um excelente professor. Mas eu diria que sua principal qualidade era o charme. Ele encantava qualquer pessoa."

O sucesso dos Campeonatos Internacionais de Karatê de Long Beach de 1964 levaram a uma explosão de torneios de karatê por todo o país. Depois de *O Besouro Verde*, todos os promotores desses eventos queriam ter Kato como sua atração principal. Para os Campeonatos de Long Beach de 1967, Ed Parker assegurou-se de ter Kato sempre figurando em seus anúncios. Mais de 10 mil espectadores compareceram – uma multidão-recorde para um torneio de karatê –, dentre os quais muitos eram garotos que arrastavam seus pais consigo. Depois da apresentação de Bruce (demonstrando o soco de uma polegada, cobrindo uma distância, lutando com equipamento de proteção completo), a multidão o ovacionou em pé; em seguida, metade da plateia foi-se embora. Aquelas pessoas não estavam interessadas em karatê; apenas em Kato.

Em um torneio em Fresno, ele foi cercado por uma multidão descontrolada de fãs, que se arranhavam, chutavam-se e forçavam a passagem para chegar perto dele. A experiência o deixou apavorado. Havia tanta gente que ele se sentiu indefeso. "Havia uma quantidade surpreendente de mulheres jovens", ressalta Linda.

No All American Karate Championships, em 1967, a Bruce foi reservado um lugar à beira do ringue, no Madison Square Garden, para uma das lutas seminais no concurso por pontos: o peso médio Chuck Norris *versus* o peso pesado Joe Lewis, pela disputa do grande campeonato. Tal como Lewis e a maioria das estrelas do karatê norte-americano da época, Chuck Norris começara a estudar artes marciais quando integrara as forças armadas, servindo no leste da Ásia. Norris, que crescera com um pai alcoólatra, nada tinha de atlético, era um estudante medíocre e uma criança tímida. As artes marciais deram a ele um senso de estrutura, disciplina e autoconfiança; e ele se atirou às competições com uma capacidade de foco singular.

O introvertido Norris usava um *gi* de karatê inteiramente branco, com uma faixa preta. Lewis usava um jaleco branco e calças de karatê pretas, com uma faixa vermelha. Eles se encararam, assumindo a postura do cavalo, com as pernas esquerdas estendidas para a frente e os punhos cerrados à altura da cintura. Pelos primeiros segundos, os únicos movimentos foram feitos por Norris, jogando os ombros da esquerda para a direita. Assim que Lewis ergueu seu pé esquerdo para desferir um chute, Norris saltou para a frente lançando um chute lateral, que foi bloqueado por Lewis. Pelos dez segundos seguintes, Lewis aproximou-se gradativamente na direção de Norris, levando-o para a beira do tatame. De repente, Lewis saltou para cima de Norris com um chute lateral, que Norris conseguiu bloquear. Imediatamente, Norris contra-atacou com outro chute lateral, seguido por um soco e mais um chute lateral, que, desta vez, acertou o torso de Lewis. O árbitro marcou um ponto para Norris, que se esquivou de Lewis pelo restante do combate para garantir uma vitória de um ponto.

Quando o torneio terminou, às onze horas da noite, Chuck Norris e Bruce Lee foram apresentados um ao outro. Enquanto se dirigiam ao *lobby* principal, eles se depararam com uma horda de fãs que os aguardavam e foram forçados a sair por uma porta lateral. Depois de descobrirem que estavam hospedados no mesmo hotel, eles caminharam juntos, conversando sobre artes marciais e suas filosofias. Norris estava exausto – ele havia disputado treze combates nas últimas onze horas –, mas a conversa era tão envolvente que ele acompanhou Bruce até o quarto dele, onde ambos começaram a se exercitar e a intercambiar técnicas. "Quando olhei para o meu relógio, eram sete horas da manhã! Nós havíamos nos exercitado por sete horas!", recorda-se Norris. "Bruce era tão dinâmico que me pareceu que haviam se passado apenas uns vinte minutos."

Quando Norris deixou o quarto para um sono muito necessário, Bruce disse a ele: "Quando voltarmos para Los Angeles, vamos começar a nos exercitar juntos".

Norris começou a treinar com Bruce, no quintal cercado de sua casa modesta em Culver City, no dia 20 de outubro de 1967. Como Norris era – assim como Mike Stone – sensível quanto ao seu *status*, tempos depois ele insistiria em que aqueles eram "exercícios de treinamento", e não "aulas particulares": eram dois iguais, intercambiando técnicas, não um relacionamento do tipo professor-aluno ou treinador-lutador. "Bruce não gostava de chutes altos. Ele chutava somente abaixo da cintura. Por fim, eu o convenci de que era importante ser versátil o bastante para chutar em qualquer ponto. Dentro de seis meses, ele já era capaz de chutar com precisão, força e velocidade qualquer área do corpo de um adversário", declarou Norris. "Em retribuição, ele me ensinou algumas técnicas de *kung fu*, incluindo os socos lineares, ou diretos, que pude incluir em meu repertório." Na verdade, Bruce aprendera a chutar alto na adolescência em Hong Kong; Norris pode tê-lo ajudado a refinar sua técnica.

Uma das lembranças mais vívidas de Norris era a de chutar um saco de areia com o formato de um ser humano na garagem de Bruce. "Chute o cara", instava-o Bruce. "Chute-o na cabeça." "Bem... Eu não sei, não...", relutou Norris. "Minhas calças são muito justas." Bruce continuou a insistir até Chuck, por fim, ceder. Ele lançou um chute alto e rasgou suas calças, até os fundilhos. As calças caíram-lhe até os tornozelos, e ele se apressou a erguê-las quando Linda entrou na garagem. "Eu tive de voltar para casa segurando minhas calças", recordou-se Norris. "Desde então, eu só uso calças com costuras duplas!"

Bruce continuou a fazer demonstrações e a aparecer como atração principal em torneios de karatê por todo o país. Ele se tornou um amigo próximo de Jhoon Rhee e comparecia aos campeonatos promovidos por ele, em Washington D.C., todos os anos. "Em 1967, nós tivemos um público de 8 mil pessoas, um número sem precedentes", recordou-se Rhee. "Bruce realmente me ajudava a atrair multidões." Rhee era tão grato a Bruce que o convidou para se juntar a ele, em uma excursão com todas as despesas pagas, para uma turnê de demonstração pela República Dominicana, em fevereiro de 1970.

Todas essas viagens grátis fizeram expandir os horizontes de Bruce. E suas aulas particulares para alunos famosos fizeram sua reputação crescer. Mas nem os promotores de torneio, nem os campeonatos de karatê pagavam as despesas de Bruce. Sua escola em Chinatown, nos melhores dias, rendia apenas o bastante para manter suas próprias atividades, e ele estava tendo dificuldades para emplacar outro lucrativo trabalho como ator. Ele e sua família haviam-se acostumado a um estilo de vida durante o período afluente de *O Besouro Verde*, e, agora, ele lutava para manter o padrão. Bruce Lee precisava desesperadamente de outra fonte de renda.

Bruce Lee bebericando uma cerveja *Presidente* na República Dominicana, 1970. (*David Tadman*)

Encontrando-se com James Coburn no Aeroporto Kai Tak, em Hong Kong, abril de 1973. (*David Tadman*)

12
Sifu para as Estrelas

A popularidade de Kato como personagem permitiu que Bruce Lee complementasse sua renda com aparições pagas por todo o país. Ele foi convidado para apresentar-se em feiras, *shopping centers* e parques públicos. Ele participou de inaugurações de lojas e andou em plataformas montadas sobre veículos motorizados usados para promover alguma coisa – usando muitas vezes o terno escuro de Kato, um quepe de motorista e a máscara negra. O preço pelos convites logo subiu para até US$ 4 mil por uma tarde de trabalho. Mas, depois que *O Besouro Verde* foi cancelado, os convites a Kato, que rendiam muito dinheiro, lentamente minguaram, até cessarem.

Enquanto as oportunidades para ganhar dinheiro com Kato pareciam estar terminando, vários homens de negócios se aproximaram de Bruce com uma oferta para que fosse aberta uma franquia, de abrangência nacional, de "Escolas de Karatê Kato". Eles financiariam todo o projeto, e ele emprestaria seu nome, prestígio e *expertise* ao empreendimento. Aquilo era seu sonho de carreira dos tempos de faculdade servido em uma bandeja de prata. Em vez de passar anos acrescentando novas escolas em uma cidade por vez, ele poderia ter todo um império instantaneamente.

O problema era que isso ia contra tudo em que ele passara a acreditar sobre as artes marciais. O *jeet kune do* era a expressão física da individualidade de alguém em combate, não hambúrgueres homogeneizados para o consumo das massas. Desde os uniformes até os currículos uniformizados, Bruce odiava tudo quanto sugerisse a existência dos "Karatês McDojo". Ele gostava apenas de ensinar para grupos pequenos de alunos muito talentosos e altamente motivados – principalmente porque estes o ajudavam a tornar-se melhor. Ele também sabia, por tentar equilibrar suas três escolas, em Los Angeles, Oakland e Seattle, quanto tempo e esforços uma cadeia nacional consumiria. Isso implicaria o fim de sua carreira como ator e o transformaria em um executivo de negócios.

Contudo, também representaria muito dinheiro – suficiente, talvez, para assegurar uma boa situação financeira para ele e sua família por toda a vida. O processo de decisão foi torturante, mas ele, por fim, recusou a oferta. "Eu poderia ter ganhado uma fortuna", disse aos seus amigos. "Mas eu não quis prostituir a minha arte apenas pelo dinheiro." Tratava-se de uma vultosa aposta em Hollywood, feita num momento em que os prognósticos não pareciam bons. Mas Bruce tinha uma estratégia alternativa, que se adequava à sua filosofia pessoal e faria avançar sua carreira de ator. Em vez de transformar sua arte em uma *commodity* para o mercado das massas, destinando-a a adolescentes suburbanos adoradores de Kato, ele a tornaria um artigo de luxo para celebridades.

Jay Sebring, o cabeleireiro dos famosos, era o elemento-chave para o seu plano. Vendo como Sebring fazia pequenas alterações em cortes de cabelo de US$ 2 e os vendia para os famosos por US$ 50, Bruce percebeu que poderia fazer o mesmo com aulas particulares de *kung fu*. Ele pediu a Sebring para que falasse sobre elas com seus clientes célebres, pois um obscuro ator chinês não tem cacife suficiente para conectar-se com a elite de Hollywood. Ele precisava de Sebring, que sussurrava aos ouvidos dessa elite enquanto aparava suas madeixas, para interceder por ele.

Assim que Bruce e sua família mudaram-se para Los Angeles, em meados de março de 1966, dois meses antes do início das filmagens de *O Besouro Verde*, ele começou a dar aulas particulares de *kung fu* para Sebring. Como retribuição, Sebring ajudou-o a elaborar uma lista de nomes sobre os quais poderia lançar seu *marketing* com provável sucesso. "Darei aulas particulares até que a série comece", escreveu Bruce a um dos seus alunos de Oakland. "Os alunos em potencial, até este momento, são Steve McQueen, Paul Newman, James Garner e Vic Damone. A taxa será algo em torno de US$ 25 por hora (o equivalente a US$ 190, em valores de 2017).

Porém, apesar dos esforços sinceros de Sebring, não houve inscrições. Ninguém na indústria do cinema jamais ouvira falar de Bruce Lee ou sobre o *kung fu*. Quando por fim começaram as filmagens de *O Besouro Verde*, Bruce concentrou-se no desempenho da tarefa extremamente exigente que tinha em mãos, e deixou que a ideia de tornar-se um *sifu* para os astros de cinema cozinhasse em fogo brando. Talvez Kato fosse a sua passagem para a fama, a fortuna e uma fabulosa carreira no cinema. Mas quando Dozier o informou que "*O Besouro Verde* não zumbiria mais" o ânimo de Bruce ficou muito abatido. Ele se deu conta de que teria de tomar algumas decisões sérias, mas estava incerto quanto ao que fazer.

Certo dia, ele foi ao escritório de Dozier em busca de aconselhamento quanto à sua estagnada carreira de ator. Lá, encontrou-se com Charles Fitzsimons, coprodutor de *O Besouro Verde*.

"Você conseguiu algum trabalho como ator?", perguntou Fitzsimons.

"Nada", disse Bruce, sentando-se. "Estou preocupado."

"Por que você não usa o seu talento para ensinar *kung fu* às celebridades?"

"Eu tentei arranjar alguns clientes antes de *O Besouro Verde*", disse Bruce. "Mas ninguém se mostrou interessado."

"Quanto você estava cobrando?"

"US$ 25 por hora. Isso seria caro demais?"

"Isso é muito barato", disse-lhe Charles. "Você é Kato, agora. Você tem crédito nas telas. Você deveria cobrar US$ 50."

"Cara, você é louco!", exclamou Bruce.

"Se você vende um cachorro-quente por US$ 2, ninguém achará que ele é especial; mas, se você cobrar US$ 8,50, as pessoas irão pensar que aquele é o melhor cachorro-quente do mundo; e elas o comprarão, se puderem pagar por ele."

"Quem gastaria tanto dinheiro assim com *kung fu*?"

"Seus clientes potenciais são todos os roteiristas, atores, diretores e produtores desta cidade que sofrem de uma crise de macheza na meia-idade. Sujeitos ricos, que querem parecer durões e viris. Eles têm dinheiro para torrar, e se você não pegar esse dinheiro, eles o gastarão para aprender *karatê* com alguém."

"Eu não sei...", disse Bruce. "Você realmente acha que eles pagariam US$ 50 por hora?"

"Você tem de cobrar uma quantia absurdamente excessiva, porque essa é a única coisa que irá impressioná-los."

No dia 29 de fevereiro de 1968, Bruce mandou imprimir novos cartões de visita, nos quais lia-se: "Bruce Lee, *jeet kune do*, Consultoria Profissional e Instrução: $150 por hora; Taxa para Treinamento Não Profissional: $500 por

Dez Sessões". Ele entregou os cartões a Jay Sebring e pediu-lhe que os repassasse aos seus clientes. Dentro de algumas semanas, Kato, de *O Besouro Verde*, recebia seu primeiro cliente célebre: Vic Damone.

Vic Damone era um *crooner* ítalo-americano no estilo de Frank Sinatra e Dean Martin. Cantor de uma *big band*, ator e apresentador de televisão, Damone era mais conhecido por canções tais como "On the Street Where You Live", da trilha sonora de *My Fair Lady*, e "You're Breaking My Heart". Tal como a maioria dos garotos ítalo-americanos do Brooklyn, Damone havia lutado um pouco de boxe durante seus anos de ensino secundário. Agora, todo mundo falava sobre *karatê*. Elvis Presley lançava chutes altos nos palcos, entre uma canção e outra. Sebring, que cortava os cabelos de Damone, louvou os talentos de Bruce como instrutor de defesa pessoal, e Damone resolveu tentar.

Sebring e Bruce viajaram até Las Vegas para assistir ao *show* de Damone, no Sands. Damone reservou uma suíte para eles e patrocinou sua estadia. Durante as tardes, os três exercitavam-se juntos sobre o palco vazio do Sands. Enquanto expunha as técnicas básicas, Bruce explicava sua estratégia de combate, em três partes. "Se alguém confronta você, primeiro você o deixa atordoado com uma pancada. Bum! Agora, se ele vier novamente na sua direção, você o aleja, quebrando suas rótulas. Se ele ainda continuar, então você ataca a garganta dele e o mata. Então, você o deixa atordoado, aleja e, então, o mata."

Damone ficou intrigado com a simplicidade e a franqueza da abordagem de Bruce. Seus instrutores de boxe haviam-lhe ensinado a "preparar" um oponente – *jab*, *jab*, finge, finge, *jab* –, até que ele baixe a guarda e você possa, por fim, golpeá-lo. "Mas no *kung fu* você não passa por tudo isso", diz Damone. "Você parte direto para matar."

De todas as coisas que Bruce ensinou a Damone, a mais útil tinha a ver com o relaxamento. "Você tem de relaxar", insistia Bruce. "Uma vez que seu corpo esteja relaxado, quase tão maleável como um trapo velho, você pode lançar qualquer coisa; e ficará surpreso com quão letal isso é. Se você estiver tenso ao desferir um soco, este sairá fraco. Mantenha seu corpo relaxado e ele será como um chicote." Damone jamais precisou deixar atordoado, aleja nem matar ninguém, mas as técnicas de relaxamento de Bruce aperfeiçoaram o seu canto. "Sempre que tinha de lidar com uma peça difícil, como 'McArthur Park', eu relaxava como Bruce me ensinou a fazer", diz Damone. "As cordas vocais funcionam e a voz simplesmente flui, tão belamente. Bruce me ajudou de várias maneiras. Ele era realmente um sujeito doce e maravilhoso."

As lições prosseguiram, de maneira errática, por cerca de um ano. Damone ia à casa de Bruce sempre que estava em Los Angeles, e Bruce fez algumas viagens a Las Vegas. Foi durante uma dessas idas a Las Vegas que Bruce tornou-se uma lenda ainda em vida.

Depois de terminar uma aula, Bruce, Jay e Vic decidiram ir ao restaurante chinês do Sands para jantar. Enquanto caminhavam pelo cassino, eles encontraram o gigantesco guarda-costas de Sammy Davis Jr., Big John Hopkins. Damone e Big John começaram a conversar sobre diversos assuntos. Big John, que estava fumando um cigarro, ergueu a mão para coçar a cabeça, ainda segurando o cigarro aceso. De repente, Big John estendeu a mão para acenar a alguém que caminhava atrás de Bruce. Antes que Damone pudesse sequer piscar, Bruce, que interpretara mal o aceno como um ataque, fez voar o cigarro da mão de Big John, lançou um chute em uma de suas pernas para desequilibrá-lo, travou seus braços ao longo do corpo e dobrou-o para trás até que ele ficasse indefeso, e partiu para um ataque direto à sua garganta, usando as pontas de seus dedos.

"Oh, meu Deus!", gritou Damone, interpondo-se entre eles. "Ôa! Ei! Ôa! O que você está fazendo?"

"O que você está dizendo?", perguntou Bruce olhando para Damone, estupefato. "Ele estava tentando me acertar."

Agora, Big John, grande e durão como um guarda-costas deve ser, tornara-se muito gentil. "Não, não, não, eu não ia acertar você. Eu estava acenando para uma pessoa que estava atrás de você."

"Ah, tudo bem", disse Bruce, libertando Big John. "Eu sinto muito."

Enquanto recuperava a compostura, Big John disse: "Jesus Cristo, quem diabos é você?".

"Este é Bruce Lee", disse Damone. "E este é Jay Sebring."

"Sou eu quem sente muito", disse Big John, antes de fazer uma pausa para refletir. "Que diabos você fez comigo? Porque, de repente, eu estava parado aqui e, em seguida, estava completamente indefeso."

Para acalmar as coisas, Damone deu tapinhas no ombro de Big John e convidou-o para que se juntasse a eles no jantar. Durante a refeição, Big John bombardeou Bruce com tantas perguntas lisonjeiras sobre o *jeet kune do* que Damone, por fim, inclinou-se para Sebring e sussurrou-lhe: "Eu nunca tinha visto Big John puxar tanto o saco de alguém assim".

Esta era uma boa história, e Damone adorava contá-la a todos os seus amigos, que adoravam contá-la a todos os seus próprios amigos. Tal como no jogo do telefone sem fio, a história aumentava a cada vez que era recontada, até tornar-se mitológica.

Em versões posteriores da história, teria sido Frank Sinatra quem convidara Bruce para que fosse a Las Vegas, para aprender mais sobre *kung fu*. Quando Bruce chegou à cidade, foi levado à suíte de Frank Sinatra por Vic Damone. Sinatra tornara-se muito interessado por artes marciais por causa do filme *Sob o Domínio do Mal* (*The Manchurian Candidate*, 1962), embora tivesse achado que grande parte da mística fosse exagerada. Um bom lutador de rua americano, ele insistia, sempre poderia vencer um oriental lutador de *karatê*, porque os asiáticos são mais baixos e mais magros. Polidamente, Bruce discordou. "Bem, como podemos testar isso?", perguntou Frank. "Quero dizer, sem que ninguém saia ferido." Bruce olhou para os dois enormes guarda-costas de Sinatra e disse: "Por que não colocamos um dos guarda-costas à porta e o outro no lado oposto do quarto, fumando um cigarro? Vamos ver se eles conseguem me deter antes que eu chute o cigarro de sua boca, Isso seria um teste aceitável do que as artes marciais podem fazer?". Sinatra assentiu, entusiasmado. Depois que Bruce saiu do quarto, o astro disse aos seus guarda-costas: "Olhem, eu não quero que vocês o machuquem, porque ele é pequenino e chinês, mas eu não me importaria se um de vocês o deixasse com o rabo no chão. Deem-lhe uma boa sova. Vamos resolver isso de uma vez por todas". Todos estavam esperando e, então, BLAM! A porta não apenas se abriu por completo, mas se desprendeu das dobradiças, estourando sobre o primeiro guarda-costas em seu caminho. Zarpando através do quarto, Bruce aplicou um chute alto, arrancando o cigarro dos lábios do segundo guarda-costas, que passou zunindo a poucos milímetros do rosto de Sinatra. "O que você acha, agora?", perguntou Bruce. "Puta merda!", exclamou Sinatra.

O fato de essa história ter pouca semelhança com a verdade, ou mesmo sua plausibilidade, não parece importar. Ninguém jamais confirmou os fatos com Sinatra, nem com Damone. Quando a lenda se torna fato, não é mais mito. Essa história exagerada fez de Bruce Lee o instrutor de artes marciais mais procurado de Hollywood.

"Se essa história é verdadeira ou não, eu jamais soube", recorda-se Stirling Silliphant, roteirista ganhador de um *Oscar*. "Mas essa foi a história que eu ouvi em uma festa em Hollywood. Ela circulava por toda Hollywood, àquela época. E parecia boa o bastante para mim e eu decidi que treinaria com Bruce Lee."

Stirling Silliphant foi o Aaron Sorkin de sua época, tão bem-sucedido na televisão quanto no cinema. Ele acabara de ser indicado para o Prêmio da Academia por *No Calor da Noite* (*In the Heat of the Night*, 1967). Ele havia sido esgrimista quando cursava a faculdade, e agora estava, aos 50 anos de idade, sofrendo de uma crise de meia-idade. Ele tentara por semanas localizar Bruce Lee sem sucesso, até ir ao salão de Sebring para seu corte de cabelo mensal.

Em 18 de março de 1968, Silliphant telefonou para Bruce e disse: "Eu sou Stirling Silliphant e estou procurando por você há semanas. Eu gostaria de estudar com você".

"Na verdade, eu não ensino. Instruo apenas a um ou dois estudantes", disse Bruce, bancando o "difícil".

"Poderíamos nos encontrar para falar sobre isso?", perguntou Silliphant ansiosamente. "Eu realmente quero estudar com você. Assim como meu amigo, Joe Hyams. Você o conhece? Ele é o colunista mais importante da cidade. Ele escreve para *The Saturday Evening Post*, e é casado com Elke Sommer. Ele acaba de publicar um *best-seller*, a biografia de Humphrey Bogart. Nós queremos comprar seu pacote de dez lições."

"Onde você quer que nos encontremos", perguntou Bruce, ainda sem comprometer-se.

"Na Columbia Pictures", disse Silliphant, esperando que isso convencesse o jovem ator a aceitá-lo como estudante.

"Estou livre para o almoço, no dia 20 de março."

Quando se encontraram, Bruce olhou para Silliphant, com 50 anos de idade, e para Hyams, com 44, e disse: "Esqueçam. Vocês nunca estudaram artes marciais antes, e estão velhos demais para começar agora".

Silliphant ficou chocado. Como um dos maiores roteiristas e produtores de Hollywood, responsável pela contratação de muitos atores, ele presumira que Bruce agarraria com unhas e dentes a chance de tê-lo como aluno. Mas essa recusa só tornou Silliphant ainda mais desejoso. "Você não sabe nada sobre mim", bufou ele. "Na USC, eu tinha os reflexos mais rápidos do que qualquer um, em todos os testes já realizados. Eu tenho uma visão incrível. Testes comprovaram que eu tenho uma atitude altamente competitiva. Eu sou um vencedor. Eu integrei a equipe de esgrima da USC por três anos, e nós ganhamos o campeonato da Costa do Pacífico. Tudo o que você tem a fazer é me ensinar a direcionar minhas capacidades. Em vez de golpear com uma espada, eu golpearei usando o meu corpo."

"Você foi esgrimista?", sorriu Bruce erguendo uma sobrancelha. "Mostre-me."

Silliphant projetou-se para a frente e para trás empunhando uma faca de mesa como se fosse uma espada. Depois de um minuto, ele perguntou: "O que você acha?".

Bruce inclinou-se para trás, parecendo considerar. "Você é muito velho, mas sua postura, com ligeiras alterações, é quase como a do *jeet kune do*. Depois de ver sua movimentação, acho que posso ensinar você."

Bruce voltou-se para Hyams: "Por que você quer estudar comigo?".

"Porque eu vi sua apresentação nos campeonatos de Ed Parker e fiquei muito impressionado com sua demonstração, e porque ouvi dizer que você é o melhor."

"Você já estudou outras artes marciais?"

"Por muito tempo", respondeu Hyams. "Eu servi no Pacífico Sul durante a Segunda Guerra Mundial, e comecei a estudar artes marciais para impedir que os outros caras batessem em mim por eu ser judeu. Mas eu abandonei há algum tempo e, agora, pretendo recomeçar."

"Você poderia demonstrar um pouco da sua técnica?"

Hyams saltou para fazer seu teste e desempenhou vários *katas*, ou posturas, de outras disciplinas.

"Você compreende que terá de desaprender tudo quanto aprendeu e começar do zero, outra vez?"

"Não", disse Hyams, desapontado.

Bruce sorriu, colocou sua mão sobre o ombro de Hyams e disse: "Deixe-me lhe contar uma história que meu *sifu* me contou. Um professor, certa vez, procurou um mestre zen para perguntar-lhe sobre o zen. À medida que o mestre zen explicava, o professor interrompia sua fala com frequência. 'Oh, sim, nós temos isso também...', e assim por diante. Por fim, o mestre zen parou de falar e começou a servir chá para o professor. Ele encheu a xícara completamente, mas continuou a despejar chá até fazê-la transbordar. 'Chega!', o professor disse. 'Não cabe mais chá na xícara!' 'De fato', respondeu o mestre zen. 'Se você não esvaziar a sua xícara primeiro, como poderá saborear o meu chá?'".

Bruce analisou o semblante de Hyams. "Você compreende o sentido da lição?"

"Sim", disse ele. "Você quer que eu esvazie minha mente de todo conhecimento adquirido no passado e me livre dos velhos hábitos, para que eu possa estar aberto para um novo aprendizado."

"Sim", disse Bruce, dirigindo-se agora para Hyams e Silliphant. "Acho que posso ensinar vocês dois."

Hyams e Silliphant começaram sua série de duas aulas por semana no dia 25 de março, na casa de Hyams. Bruce concentrou-se nas noções básicas, mas logo ambos estavam lutando entre si. "É provável que tenha sido uma cena ridícula: dois homens de meia-idade, usando proteções para a cabeça e luvas de boxe, socando-se na passagem para carros de uma casa suburbana", recorda-se Hyams. Bruce, atuando como árbitro e treinador, fazia observações e críticas: "Foco! Relaxem!".

Os momentos favoritos de Hyams eram as conversas depois das aulas, no quintal de sua casa, diante de uma jarra de suco de frutas. "Aqueles poucos momentos eram preciosos para mim", diz Hyams, "porque eu sempre passava a conhecer um pouco mais os meus amigos."

Hyams fez dezessete aulas, ao longo de dois meses. Silliphant continuou a fazer treinos particulares com Bruce pelos três anos seguintes. "Foi um tempo muito gratificante e maravilhoso", recorda-se Silliphant. "Aquilo realmente começou a fazer com que eu me abrisse em termos de artes marciais e de contato físico. Silliphant estava fascinado com Bruce – uma paixão masculina. "Eu devo minha espiritualidade a Bruce Lee", diz Silliphant. "Em toda a minha vida, jamais encontrei outro homem que tivesse alcançado, sequer remotamente, seu nível de consciência. Por causa de Bruce, eu abri todas as minhas janelas."

Ainda no início de seu treinamento, Bruce criticou Silliphant por seu excesso de timidez. "Suas defesas são boas, mas sua ofensiva é fraca. Falta conteúdo emocional aos seus ataques."

"Quando eu praticava esgrima na faculdade, conseguia 90% dos meus toques em contra-ataques", disse Silliphant. "Eu prefiro reagir."

"Besteira", replicou Bruce. "Isso é uma racionalização técnica. Há alguma coisa em você, algo profundamente arraigado em sua mente, que o impede de atacar. Você tem de racionalizar que o outro sujeito está atacando você, então estará tudo bem se você o nocautear. Mas você não tem o instinto assassino; você não o persegue. Por quê?"

Silliphant pensou sobre isso por semanas a fio. Por fim, ele disse a Bruce: "Meu pai, um anglo-americano puro, nem uma única vez em sua vida segurou-me em seus braços ou me deu um beijo. Na verdade, eu jamais toquei um homem em toda a minha vida, nem tive qualquer espécie de contato corporal com outra pessoa do sexo masculino. Eu não sou homofóbico, nem nada disso, mas, ah... Eu apenas... há... jamais fiz isso".

Nesse momento, os dois homens estavam suados e haviam tirado suas camisas após se exercitarem durante a tarde inteira. Vestiam apenas calças pretas chinesas, semelhantes a pijamas.

Bruce deu passo na direção de Silliphant e disse: "Me abrace".

"Ei, Bruce", protestou Silliphant. "Você está todo suado, cara!"

"Faça isso", exigiu ele.

Então, Silliphant abraçou seu *sifu*.

"Puxe-me para mais perto de você", disse Bruce.

"Jesus, Bruce!"

"Mais perto!"

Silliphant podia sentir a vibrante força vital de Bruce. Ele se sentia bem e vivo, e foi como se uma muralha de aço entre eles houvesse explodido. Quando Silliphant abriu os braços, Bruce deu um passo para trás, estudando-o.

"Você tem de amar a todos", disse Bruce, "não apenas as mulheres, mas os homens também. Você não tem de fazer sexo com um homem, mas tem de ser capaz de relacionar-se em separado com a corporalidade dele. Se não fizer isso, você jamais será capaz de lutar com ele, de dirigir seu punho contra o peito dele, de quebrar-lhe o pescoço, de arrancar-lhe os olhos."

Na adolescência, em La Salle, Bruce recrutara uma gangue dentre seus colegas de escola. Em Seattle, ele formara uma equipe dentre seus alunos de *kung fu*. Stirling Silliphant se tornaria o mais importante patrocinador e divulgador de Bruce – o homem que mais faria por sua carreira.

James Coburn – junto com Steve McQueen e Charles Bronson – era um dos caras durões que estrelavam os grandes filmes de ação da época. Ele já aparecera em papéis coadjuvantes em filmes como *Sete Homens e Um Destino* (*The Magnificent Seven*,1960) e *Fugindo do Inferno* (*The Great Escape*, 1963), até que a paródia de James Bond *Flint Contra o Gênio do Mal* (*Our Man Flint*, 1966) fez de Coburn um astro. Como preparação para desempenhar o papel de Flint, ele começou a estudar karatê.

Sabendo da crescente fascinação de Coburn pelas artes marciais asiáticas, Stirling Silliphant chamou-o para exaltar seu novo mestre: "Veja, eu conheci um jovem chinês que é realmente sensacional – ele tem um chute mágico; ele tem a magia!". Depois de várias semanas, Silliphant, por fim, teve a oportunidade de apresentar Bruce a Coburn, em uma festa de Hollywood. Tratava-se da reunião de um grupo pequeno, mas impressionante: quase todos os convidados eram nomes-chave da indústria cinematográfica. Com Bruce presente, a conversa logo enveredou para o tema das artes marciais.

"Eu recebi algumas poucas lições enquanto filmava *Flint*", disse Coburn a Bruce. "O que você acha do instrutor que o produtor arranjou para mim?"

"Eu sei a quem você está se referindo", disse Bruce, hesitando antes de responder. "Permita-me colocar as coisas dessa maneira: se eu fosse classificar todos os instrutores do país, colocaria o nome dele bem próximo do fim da lista."

"Você devia mostrar a James o seu famoso soco de uma polegada", disse Silliphant, maliciosamente.

"Claro", disse Bruce, com um largo sorriso no rosto. "Fique em pé."

Bruce posicionou Coburn vários metros à frente de uma poltrona e pediu para que ele segurasse uma almofada junto ao peito, para sua proteção. Coburn era tão alto que Bruce decidiu adicionar uma polegada extra ao soco. Assim que Bruce o atingiu, Coburn voou de costas, estatelou-se sobre a poltrona, tombou-a e rolou até parar em um canto da sala. O choque estampado no semblante de Coburn enquanto ele agitava seus pés de um lado para o outro era tão avassalador que toda a sala explodiu numa gargalhada.

Foram necessários alguns segundos para que Coburn recuperasse a compostura e se desse conta do que havia acontecido. De repente, seu rosto iluminou-se e ele disse, de um só fôlego: "Vamos! Vamos ao trabalho!".

"Quando você quiser", disse Bruce. "Mas devo informá-lo de que não é barato."

"Eu não me importo. Quero começar imediatamente. Que tal amanhã?"

"Claro", aquiesceu Bruce. "Posso iniciar com você mesmo que seja domingo."

No dia 1º de novembro de 1968, Bruce foi à mansão de Coburn para a primeira aula. A residência parecia um museu, pois Coburn colecionava antiguidades; vasos, estátuas e pinturas, da Índia, do Japão e da China. Eles trabalharam com as técnicas básicas: alguns socos e chutes, para avaliar o nível de Coburn. Na semana seguinte, Coburn foi à casa de Bruce e eles começaram o treinamento a sério: duas sessões por semana, pelos seis meses seguintes.

"Bruce sempre teve essa energia", recorda-se Coburn. "Ela estava sempre explodindo nele. Nós nos exercitávamos juntos por uma hora e meia e, ao fim desse período, ele estava cheio de força. Você realmente se sentia com uma energia especial quando terminava de se exercitar com Bruce." Coburn gostava do aspecto físico, mas estava mais interessado no lado esotérico das artes marciais. Depois de exercitarem-se, eles descansavam e conversavam sobre filosofia, psicologia e misticismo.

"Nós fazíamos uma coisa a que Bruce chamava 'cobrir a distância'", diz Coburn. "Trata-se da distância que se mantém do oponente, que você tem de controlar, é quão próximo você pode chegar dele e ainda ser capaz de esquivar-se com suficiente velocidade para evitar ser golpeado em resposta. Isso exige uma observação constante do seu oponente e de si mesmo, de modo que você e seu oponente tornem-se um; um todo não dividido. E, enquanto você cobre a distância fisicamente, ao mesmo tempo aprende a superar certas barreiras psicológicas."

Coburn estava tão entusiasmado que converteu um dos cômodos de sua mansão em um ginásio de esportes, semelhante ao de Bruce. À medida que os meses passavam, mais os dois se tornaram inseparáveis. Coburn tornou-se o aluno mais dedicado de Hollywood, tendo recebido 106 aulas particulares em um período de três anos.

Steve McQueen e Jay Sebring eram os melhores amigos: dois sujeitos diretos, com a malandragem das ruas, que haviam vencido a partir de seus próprios esforços. Para a Hollywood dos anos 1960, eles encarnavam o ideal de masculinidade: caras legais, "durões" e perigosos, com um ligeiro traço de vulnerabilidade. Quando Sebring declarou que Bruce Lee era o melhor instrutor de lutas que ele jamais conhecera, McQueen, aos 37 anos de idade, mostrou-se ansioso para conhecê-lo também. A primeira sessão de treinamento dos dois ocorreu na mansão de McQueen, apelidada de "castelo", no dia 25 de agosto de 1967.

Bruce ficou impressionado com a determinação e a resiliência de McQueen. "Aquele cara não conhece o significado do verbo desistir", disse Bruce a um amigo. "Ele persiste por horas – socando e chutando por horas a fio, sem intervalo – até que esteja completamente exausto." Durante uma das aulas, os dois treinavam no amplo pátio da casa de McQueen, pavimentado com ásperas pedras de quartzo, quando Steve tropeçou e abriu um grande corte no dedão do pé. O ferimento sangrou abundantemente, deixando um pedaço de carne exposto. "É melhor pararmos", sugeriu Bruce.

"Não", disse McQueen. "Vamos continuar a treinar."

Ao longo do primeiro ano, as aulas particulares foram esporádicas. McQueen era o astro que rendia as maiores bilheterias de Hollywood, e muitas vezes ausentava-se da cidade. "Steve seria muito bom, se pudesse exercitar-se com mais assiduidade; mas o desgraçado nunca para em casa", disse Bruce. "Se ele está filmando, permanece na locação por uns cinco meses, voltando apenas para passar alguns dias nos intervalos. Se não estiver trabalhando, ele estará em algum lugar no deserto, dirigindo seu *buggy* nas dunas ou pilotando sua motocicleta."

Mais do que a agenda sempre lotada de Steve, a maior dificuldade que Bruce teve de enfrentar como seu instrutor foi conquistar a confiança dele. "Quando o vi pela primeira vez, não consegui compreender aquele sujeito", disse Bruce a um amigo. "Ele tinha muitas dúvidas a meu respeito." McQueen provinha de um lar desfeito. Seu pai abandonara a família quando Steve tinha seis meses de idade. Sua mãe alcoólatra conviveu com diversos namorados abusadores. Ela enviou Steve para que vivesse com parentes, a princípio; e, depois, quando ele se tornou um adolescente rebelde, para reformatórios.

Com o passar do tempo, Bruce e Steve aos poucos tornaram-se amigos. "Eles realmente tinham uma conexão", diz Linda, "porque eram pessoas do mesmo tipo: durões, que caem e se levantam, vindos de meios sociais semelhantes." Ambos tinham um dos pais viciados; ambos eram inteligentes, mas não se davam bem na escola; e ambos haviam sido adolescentes problemáticos, que rondavam as ruas com suas gangues. "Se não tivesse encontrado as artes dramáticas", admitiria McQueen a um repórter, tempos depois, "eu teria me tornado um criminoso violento." Eles eram furiosos, agressivos e supercompetitivos machos-alfa: Lee, do tipo charmoso e vaidosamente ostentador; e McQueen do tipo durão, solitário e estoico. "Levou um tempo para que eu chegasse a conhecê-lo", disse Bruce a respeito de McQueen. "Mas, uma vez que me aceitou como amigo, nós nos tornamos realmente próximos."

"Às vezes eu me sentia péssimo, o telefone tocava e era Bruce", recordou-se McQueen. "Não sei por que ele havia telefonado. Ele dizia apenas 'Achei que devia ligar para você'."

Steve McQueen tornou-se como um irmão mais velho para Bruce em Hollywood. O relacionamento entre os dois se resumia a uma espécie de admiração e inveja mútuas. McQueen desejava ter a habilidade para lutar de Bruce, enquanto Lee desejava tornar-se um grande astro como McQueen. Mais do que qualquer outro na superficialmente glamorosa de Hollywood, McQueen servia de modelo para Bruce Lee. Com Steve ele aprendeu que era o ator principal, não o diretor, tal como ocorria na China, quem mandava. McQueen substituía diretores aos quais não respeitasse e ignorava solenemente os produtores. Ele submetia todo mundo no *set* à sua vontade. E ele fazia muito sucesso com a população feminina de atrizes, fãs, assistentes de produção, maquiadoras, donas de casa, caronistas, garçonetes e recepcionistas de chapelarias.

Como conselheiro da carreira de Bruce, McQueen disse para que ele não se preocupasse com aulas de interpretação ou em juntar-se a um grupo dramático: "Você desenvolverá seu próprio estilo de atuação com o tempo. A coisa mais importante é conhecer as pessoas certas na indústria e impressioná-las".

Bruce tinha dificuldades para estabelecer uma rede de contatos porque não gostava de frequentar as festas de Hollywood. Sendo um ator de televisão relativamente obscuro e, muitas vezes, o único asiático presente, ele costumava sentir-se como um forasteiro. "Bruce e eu fomos juntos a algumas festas, durante o período em que ele estava inativo; em parte porque nunca se sabe que oportunidades podem surgir, do nada", diz Linda Lee. "O problema com essas festas para promover filmes é que os astros querem ser sempre o centro das atenções, e Bruce era um homem muito reservado, muito consciente de seu próprio valor, para juntar-se ao coro de servis aduladores que tende a cercar a grande estrela. E Bruce, ao ser apresentado a alguém, era sempre tão polido e cortês que eu acho que a maioria daquelas pessoas tinha a impressão de que ele estava ali para recolher os pratos."

Quando se cansava de ser ignorado ou tratado como um criado chinês, Bruce chamava a atenção fazendo alguma apresentação. "Inevitavelmente, a certa altura da noite, quando eu procurava por Bruce, ele estava no centro de um grupo, fazendo flexões ou seu truque com uma moeda, ou, ainda, dominando a plateia com uma palestra sobre filosofia ou artes marciais", recorda-se Linda. "Eu ficava maravilhada ao ver as expressões de surpresa no rosto das pessoas que o cercavam: elas simplesmente não estavam preparadas para Bruce."

Outros motivos que faziam com que os frequentadores das festas de Hollywood confundissem Bruce com um serviçal era o fato de ele não fumar cigarros e raramente tocar em bebidas alcoólicas. "Eu não sou esse tipo de sujeito", disse Bruce à revista *Fighting Stars*. Enquanto os farristas fumavam e engoliam coquetéis, ele se mantinha totalmente sóbrio, com uma xícara de chá nas mãos. Isso levou muita gente a acreditar que ele fosse um abstinente, um mito que permanece até os dias de hoje. Na verdade, ele bebia ocasionalmente, mas jamais em excesso, nem com muita frequência. O álcool não lhe caía muito bem.

"Eu tentei levá-lo a beber umas vinte vezes", diz Bob Wall, que coestrelou *Operação Dragão*. "Certa vez eu o fiz experimentar um gole de vinho, e ele cuspiu tudo. Simplesmente não era algo que ele curtia." Andre Morgan, que trabalhou com Bruce em Hong Kong, confirma isso: "Bruce não era um bebedor. Ele bebia um pouco de vinho de arroz no jantar, mas não se embebedava como o povo de Hollywood fazia." Joe Lewis complementa a história: "Houve certa vez, por volta de 1969, que Bruce foi à minha casa e minha esposa preparou-lhe um drinque – com alguma coisa doce e viscosa. Bruce bebeu aquilo e ficou incrivelmente enjoado. Ele ficou vermelho e começou a transpirar, com o suor escorrendo por todo o seu rosto. Nós o ajudamos a ir até o banheiro, onde ele vomitou muito".

Com base nessas histórias, parece provável que Bruce sofresse com uma reação violenta à absorção de álcool. A disfunção é coloquialmente mais conhecida como rubor asiático, porque mais de 35% dos nativos do leste de Ásia sofrem desse problema. Às pessoas afetadas falta uma enzima necessária à metabolização do álcool. Depois de ingirirem um ou dois drinques, essas pessoas ficam com o rosto vermelho, começam a transpirar em abundância e sentem-se nauseadas.

Estando em um país estrangeiro, na festiva Hollywood do final dos anos 1960, Bruce precisava adaptar-se. Como não era possível beber com os rapazes, ele tinha de encontrar outra maneira de socializar-se. Felizmente, havia outra droga de uso social que estava se tornando popular àquela época, que Bruce podia metabolizar e seu cérebro podia curtir.

Quando o ídolo em ascensão Robert Mitchum foi preso, em 1948, no que os agentes da Divisão Federal de Narcóticos alegaram ser uma festa de consumo de maconha, ele declarou sua ocupação como *ex-ator*. Ele acreditava que sua carreira cinematográfica estaria acabada. Encarando a imprensa, ele disse: "Acho que tudo acabou, agora. Estou arruinado. Este é o amargo fim". Ele estava certo em ser tão pessimista. Por décadas, o governo norte-americano vinha patrocinando a má fama da *cannabis* como uma droga que serviria como porta de entrada para o consumo de outras, eventualmente mais potentes; e estigmatizando-a ao associá-la racialmente aos trabalhadores mexicanos e aos músicos negros de *jazz*. Mesmo Hollywood, um duradouro bastião para os chapados, havia endossado a campanha de propaganda com filmes como *Reefer Madness* (algo como "A Loucura do Baseado", de 1936) e *The Devil's Weed* ("A Erva do Diabo", 1949).

Mas a prisão de Mitchum provou servir como um impulso para a sua carreira, rotulando-o como um rebelde, tanto nas telas quanto na vida real. Na outra costa, os *Beats*, um grupo composto principalmente por intelectuais e escritores brancos que frequentavam os clubes de *jazz* da cidade de Nova York, começou a endeusar o uso da maconha como um recurso para realçar as visões literárias. Os livros mais famosos a registrá-las foram *Howl and Other Poems* (1956), de Allen Ginsberg, e *On the Road* (1957), de Jack Kerouac. Na edição de novembro de 1966 da revista *Atlantic Monthly*, Ginsberg escreveu que "a maconha é um catalisador útil para percepções estéticas ópticas e auditivas específicas". Os profetas *Beat* deram origem aos prosélitos *Beatniks*, que levariam à contracultura dos *hippies*. Entre a metade e o final dos anos 1960, a maconha tornou-se amplamente disseminada, sobretudo em Hollywood.

Foi Steve McQueen quem apresentou a maconha a Bruce Lee. Rapidamente, esta tornou-se a droga dele – Puff, o Dragão Mágico. Depois de uma sessão de treinamento com um de seus clientes célebres, Bruce acendia um "baseado" e começava a falar sobre filosofia. "Ele queria ficar chapado e dançar, ouvir música", recorda-se James Coburn. "Fumar um baseado era uma de suas atividades favoritas." Herb Jackson, um dos alunos veteranos de Bruce, diz que ele mantinha uma caixa com cigarros de maconha na garagem de sua casa.

"Foi algo diferente e assustador" disse Bruce a respeito de sua primeira experiência ao ficar chapado. "Eu já estava me sentindo bem alterado quando Steve me deu uma xícara de chá quente. Assim que levei a xícara aos lábios, senti como se um rio estivesse desaguando na minha boca. Foi estranho. Tudo parecia tão exagerado. Até mesmo o ruído dos meus lábios sorvendo o líquido era tão alto que parecia o som de ondas quebrando na praia. Quando entrei no meu carro e comecei a dirigir, a rua parecia mover-se velozmente na minha direção. A linha branca central na rua e os postes pareciam voar na minha direção. Eu percebia tudo com mais nitidez. Você se torna consciente de tudo quanto há à sua volta. Para mim, trata-se de uma consciência artificial. Mas, você sabe, isso é o que tentamos atingir com a prática das artes marciais; a 'consciência', mas de uma maneira mais natural. É melhor atingi-la por meio das artes marciais, pois essa é mais permanente. Não faz sentido ficar chapado o tempo todo."

Joe Lewis recorda-se de uma história que demonstra como a maconha ajudou Bruce a socializar-se nesse novo ambiente: "Ora, em Hollywood eu vi Bruce consumir drogas na minha frente. Certa vez, ele caminhou até onde eu estava e começou a distribuir enormes cigarros de maconha, do tamanho de charutos grandes. Eu disse a ele: 'Bruce, não é assim que se faz essas coisas. Você enrola apenas um cigarrinho fino e passa-o aos outros, de mão em mão'. Ele me disse: 'Não é preciso dividir. Quero que cada um fume o seu'. Então ele golpeava o próprio peito, como fazia nos filmes, realmente orgulhoso. Todo mundo achava isso engraçado. Assim era Bruce, tudo bem, ele era exatamente desse jeito. Mas não que alguém pensasse que houvesse algo de errado quanto a isso tudo. Eram os anos 1960 e 1970. Nós achávamos que essas eram coisas inocentes. Todo mundo usava drogas".

Todo mundo na indústria cinematográfica pode ter usado drogas, mas muitos praticantes de artes marciais – grande parte deles ex-militares – não faziam isso. Para eles, homens de verdade ficavam bêbados, não ficavam chapados. "Judô" Gene LeBell lembra-se de certa vez ter ido à casa de Bruce para uma aula e sentir-se contrariado por conta da quantidade de fumaça de maconha. "Eu nunca mais voltei à casa dele", disse LeBell, ainda furioso, cinquenta anos depois. Quando o assunto da maconha foi trazido à baila em uma conversa com Dan Inosanto, ele olhou para as mãos, meneou a cabeça negativamente e suspirou: "Bruce me disse: 'Isso expande o nível de consciência'". Mas, sempre como um discípulo leal, ele achou necessário acrescentar: "Não acho que Bruce tenha usado tanto como as pessoas dizem".

Além do apelo da "expansão da consciência", o gosto de Bruce pela maconha – a princípio, ele usava apenas maconha; mais tarde, mudaria para haxixe – deve ter envolvido algum elemento relativo à automedicação. O "Nunca Para Quieto" tinha sido hiperativo e impulsivo desde a infância. A maconha e o haxixe funcionavam para ele como pílulas tranquilizantes. Bob Wall lembra-se de ter se exercitado com Bruce em sua casa, em Kowloon Tong, em Hong Kong, em 1972. "Ele era muito engraçado, porque no momento em que terminávamos a sessão, ele comia um *brownie* preparado com haxixe", diz ele. "Nós estaríamos filosofando e conversando, e ele terminava tudo. Imediatamente, eu podia vê-lo lambendo os dedos. Em seguida, ele apanhava outro *brownie*. Como não conseguia ficar sentado por muito tempo, ele logo saía pela porta.

Ele era hiperativo como um demônio. Mas, depois de uns dois *brownies*, ele ficava calmo. Ele se tornava um ser humano normal."

⁕

Por volta do final de 1968, Bruce era o instrutor de defesa pessoal mais famoso de Hollywood. Ele estava tão sobrecarregado por pedidos de inscrições que mandou imprimir novos cartões de visita, nos quais lia-se: "*Jet Kune Do* de Bruce Lee – Instrução e Consultoria Profissional: US$ 275 por hora; Curso de Dez Sessões: US$ 1.000; Instrução Ministrada no Exterior: US$ 1.000 por semana, mais despesas". "Eu cobrava US$ 500 por um curso de dez horas, e muita gente me procurava", contou Bruce a um repórter, tempos depois. "Eu cheguei a dobrar os preços, e as pessoas continuavam a vir. Eu não tinha ideia de que tanta gente se interessava por luta chinesa. Era uma atividade muito lucrativa."

Ao núcleo formado por Stirling Silliphant, James Coburn e Steve McQueen, Bruce acrescentou dois diretores de grande renome, Blake Edwards (*Bonequinha de Luxo* [*Breakfast at Tiffany's*], *A Pantera Cor-de-Rosa* [*The Pink Panther*]) e Roman Polanski (*O Bebê de Rosemary* [*Rosemary's Baby*], *Chinatown*), um bem-sucedido produtor de televisão, Sy Weintraub (*Tarzan*) e um magnata dos cassinos, Beldon Katleman. Esses nomes de primeira linha forravam sua conta bancária, e também lhe proporcionavam um olhar privilegiado dos estilos de vida dos ricos e famosos. "Na primeira vez em que fui à casa de Katleman, fui recebido e saudado por seu mordomo, que tinha um carregado sotaque britânico e vestia-se exatamente como os mordomos britânicos dos filmes", recordou-se Bruce. "Ele me conduziu através da enorme mansão até o quintal, onde havia uma quadra de tênis e uma piscina olímpica. Aquele era o maior quintal que eu já vira. Eu não sabia que alguém pudesse ser tão rico."

Quando Steve McQueen estava começando sua carreira, andou por uns tempos em companhia de Frank Sinatra e conheceu os jatinhos particulares, as limusines, eventos com tapetes vermelhos, fãs aos berros, portas sendo abertas e admiração servil. "Eu quero um pouco disso", suspirou McQueen à sua esposa. Agora era a vez de Bruce sentir-se assim.

O que Lee desejava mais do que qualquer outra coisa era um novo carro esporte. Ele negligenciara seu velho Chevy Nova, mal chegando sequer a cuidar da limpeza do carro. A única coisa de que ele gostava naquela "lata velha" era o adesivo aplicado sobre o vidro traseiro com a inscrição: "Este Carro é Protegido pelo Besouro Verde". "Somente umas poucas centenas foram impressos", disse ele orgulhosamente. "Tentei obter mais alguns, mas nem mesmo eu consegui."

Jay Sebring deixava Bruce guiar em alta velocidade seu Shelby Cobra pela Mulholland Drive, a sinuosa estrada de duas pistas ao longo das cristas das Montanhas Santa Monica. "Não sei a que velocidade", ri-se Linda, "mas eu não queria mesmo saber." Bruce admirava o Cobra, mas o que ele de fato desejava era um Porsche 911S Targa, porque McQueen tinha um. No dia 26 de agosto de 1968, ele visitou a concessionária Volkswagen-Porsche, de Bob Smith, em Hollywood, para fazer um *test-drive*. Assim que chegou de volta em casa, ele telefonou para McQueen em Palm Springs.

"Steve, vou comprar um Porsche igual ao seu", declarou Bruce.

"Olha, Bruce, deixa eu te levar para dar um passeio no meu Porsche quando eu voltar", disse Steve com uma nota de cautela em sua voz. "É um carro realmente potente, mas se você não souber exatamente o que está fazendo pode arranjar muitos problemas com ele."

"Tudo bem", disse Bruce com entusiasmo.

McQueen era um piloto de alta categoria, que poderia ter ganhado a vida como um corredor de *Grand Prix*, mas Bruce, segundo todas as opiniões, era uma ameaça atrás de um volante ("Ele dirigia rápido demais para o meu gosto, diz Dan Inosanto. "Ele me assustava."). Bruce esperava ter um passeio agradável, mas McQueen queria dissuadi-lo da ideia de comprar o Porsche. Steve apanhou Bruce e subiu pelo Vale de San Fernando até a Mulholland Drive.

"Tudo bem Bruce, você está pronto?", disse Steve, concentrando sua atenção na estrada.

"Sim, estou pronto. Vamos lá!"

Steve partiu fazendo cantar os pneus, mudando as marchas furiosamente enquanto serpenteava pela tortuosa e perigosa trilha no alto das montanhas.

"O que você acha dessa potência, Bruce?", gritou Steve para superar o ruído do motor.

Bruce não disse nada.

"Agora veja isso!", berrou Steve enquanto deslizava lateralmente pelo lado da montanha até quase a beira de um precipício. "Não é demais, Bruce? Vê como ele responde? Agora veja só como o faço derrapar. Steve fez o carro retroceder em marcha a ré como se fosse lançar o carro diretamente para o abismo. "Não é demais, Bruce?"

Não houve resposta.

"Agora, olhe só, Bruce. Vou fazer o danado derrapar 180 graus", anunciou Steve enquanto fazia o veículo girar em torno de si mesmo e, por fim, parou-o. Ele olhou para o lado e disse: "Bem, o que você achou, Bruce?". Mas Bruce não se encontrava mais no banco do passageiro. Steve olhou para baixo e viu Bruce encolhido no assoalho do carro, com as mãos sobre a cabeça. "Bruce?"

"McQueen, seu desgraçado!", berrou Bruce enquanto voltava a ocupar o assento. "McQueen, eu vou te matar! Vou te matar, McQueen! Vou te matar!"

Steve viu a expressão de ira incontida no semblante de Bruce e ficou apavorado. Ele sabia quão mortífero Bruce podia ser quando se enfurecia. Então, Steve acelerou e voltou pela Mulholland Drive tão velozmente quanto pôde.

"Bruce, acalme-se!", gritou Steve.

"Steve, vá mais devagar", berrou Bruce. "Mais devagar!"

"Você não vai me bater, vai, Bruce?", indagou Steve.

"Não, não."

"Você não vai tocar em mim, vai?"

"Não, não."

"Você não vai me machucar, vai?"

"Não, não! Apenas pare o carro. Pare o carro!"

Por fim, Steve parou o carro no acostamento e Bruce disse: "Eu nunca mais vou andar de carro com você, McQueen. Nunca mais!".

Depois, Bruce diria a um amigo: "Se você acha que eu dirijo muito rápido, deveria dar um passeio com Steve. Certa tarde, enquanto descia a Mulholland, ele deve ter pensado que estava em uma pista de corrida, porque vinha contornando as curvas a quase cem por hora. Você sabe que eu não me assusto com facilidade, mas Steve fez com que eu me borrasse todo naquela vez. Eu só rezava para que ele não acertasse uma pedra, ou não haveria amanhã".

Não foi o passeio do terror que assustou Bruce e o demoveu da ideia de adquirir o Porsche imediatamente. O motivo foi a informação dada por Linda, de que estava grávida mais uma vez. Um segundo filho significava preocupações de ordem mais prática. Linda e Bruce decidiram que deveriam elevar o padrão das condições de vida da família. No dia 27 de agosto de 1968, Bruce foi ao Castelo de McQueen pedir-lhe aconselhamento. Ele jamais adquirira uma casa antes. McQueen ofereceu-se para apresentá-lo ao seu administrador de negócios para que ajudasse a ele e Linda com a procura.

Com sua renda das aulas particulares e algum dinheiro que sobrara de *O Besouro Verde*, Bruce e Linda foram conversar com um corretor para que lhes arranjasse uma boa casa por cerca de US$ 20 mil. "Nós não conhecíamos muita coisa sobre o mercado imobiliário do sul da Califórnia", diz Linda. "Eu não estava preparada para aquele tipo de locação ou aquisição de uma casa por aquela quantia. Logo nos demos conta de que precisaríamos de mais dinheiro para a moradia."

O corretor de imóveis recomendou uma casa no nº 2.551 da Roscomare Road, na afluente vizinhança de Bel Air. A princípio, Bruce e Linda sentiram-se um pouco inseguros. A casa de 66 m², três dormitórios e dois banheiros era uma edificação ao estilo "rancho", construída em 1951 e precisando de muitas reformas. Além disso, ela custava US$ 47 mil, o que a colocava muito acima das possibilidades do casal. Mas Bruce havia adorado a exclusividade de Bel Air e o administrador de negócios de McQueen disse-lhes que se tratava de uma pechincha: "Com a restituição dos impostos, é melhor comprar em Bel Air do que alugar em Culver City". Quando Bruce telefonou a Steve para pedir a opinião do amigo, McQueen ofereceu-se para cobrir os US$ 10 mil da entrada. "Cara, aquilo era muito dinheiro, e ele simplesmente iria dá-lo a mim, sem garantias", disse Bruce tempos depois. "Tive de recusar a oferta porque eu me sentiria com uma dívida de gratidão. Mas foi uma atitude bacana da parte dele e eu fiquei muito tocado com a oferta. Aquele Steve é demais."

Bruce e Linda solicitaram um empréstimo imobiliário no dia 9 de setembro, e o pedido foi aprovado em 13 de setembro de 1968. "Com os pagamentos da hipoteca, taxas de propriedade e seguro, nós estávamos endividados muito acima das nossas posses", diz Linda. "Não adianta ter a possibilidade de deduzir algum dinheiro dos seus impostos em abril se você não conseguir pagar sua hipoteca em outubro."

Os alunos de Bruce de sua escola em Chinatown ajudaram a fazer a mudança, nos dias 28 e 29 de setembro. Ele teve problemas para dormir nas primeiras noites. "Ali era tão silencioso que eu podia ouvir um alfinete cair", disse Bruce. "Eu ouvia barulhos estranhos no quintal dos fundos e em cima do telhado da minha casa, à noite. Na manhã seguinte, encontrava rastros de animais. Eu não sabia que eram rastros de animais selvagens até que um vizinho me contou. Era meio engraçado; durante todos os anos que vivi em Los Angeles jamais pensei que animais selvagens pudessem rondar por tão perto das casas." Bruce logo apaixonou-se pela localização de sua nova casa: "Este lugar é fantástico. Estou longe do tráfego intenso da cidade, mas ainda posso chegar a qualquer ponto de Los Angeles rapidamente. Às vezes eu apenas me sento no quintal e contemplo o oceano, assistindo ao sol se pôr, lentamente. A civilização parece estar tão distante".

Tal como ocorreu em Culver City, Bruce converteu sua casa em Bel Air em um centro de treinamento de artes marciais. Na varanda, sob as vigas da casa, ele instalou enormes sacos de chutar vermelhos, um saco para ser acertado em cima e em baixo, uma prancha de socar quadrada presa por cordões elásticos, um aparelho para agachamento, um dispositivo para distender as pernas, diversos pesos e muitas pranchas para chutar e socar. Ele enchera a garagem com tantos equipamentos para treinamento que tinha de estacionar seu Chevy Nova na rua. Quando tudo foi instalado, ele passou a dar aulas particulares na casa para seus antigos alunos de Chinatown e seus clientes de Hollywood. Toda aquela movimentação fez com que algumas sobrancelhas se erguessem na vizinhança sofisticada. Brandon, com 4 anos de idade, fez amizade com um garoto do quarteirão seguinte chamado Luke. Com frequência ele convidava Brandon para que fosse à sua casa, mas recusava-se a visitar o amigo na casa deste. Quando Linda perguntou à mãe de Luke a razão disso, ela confessou-lhe que Luke sentia medo de todo aquele equipamento estranho e das pessoas que gritavam e golpeavam umas às outras.

Para Bruce, um dos atrativos da casa era sua proximidade com a Mulholland Drive ("Bom para os rapazes", diz Linda, "mas ruim para crianças"). Se não por outro motivo, o passeio com McQueen só fizera aumentar o desejo de Bruce por um Porsche. Quanto mais Bruce olhava para o seu dilapidado Chevy Nova, com sua pintura desbotada, parado diante de sua casa novinha em folha, na distinta vizinhança de Bel Air, mais constrangido se sentia por tamanha feiura. Mas a "máquina" já se tornara uma extensão da paisagem da casa. Então, inesperadamente, Bruce recebeu uma herança. Sua mãe vendera um dos apartamentos em Hong Kong que seu pai adquirira depois da guerra. A parte de Bruce nos proventos correspondia a US$ 7 mil. Um Porsche 911S Targa 1968 custava, então, US$ 6.990. Aquilo foi como uma manifestação do destino: um sinal dos céus. No dia 7 de dezembro de 1968, apenas dois meses depois de ter-se mudado para uma casa pela qual mal podia pagar, Bruce adquiriu um Porsche 911 vermelho de Bob Smith.

Imediatamente, ele correu para a escola de karatê de Chuck Norris, em Sherman Oaks. Ele freou ruidosamente no pátio de estacionamento, travando o freio de mão e fazendo o carro deslizar até encostá-lo ao meio-fio. No interior da escola, Norris, seu parceiro comercial, Bob Wall, e seu instrutor-chefe, Pat Johnson, ao ouvirem o ruído ensurdecedor do que pensaram ser uma colisão, correram para fora, esperando depararem-se com um acidente. Em vez disso, eles viram um Porsche novinho em folha parado em um ângulo um tanto estranho junto ao meio-fio e Bruce Lee, ao lado do carro, com os braços cruzados sobre o peito, orgulhosamente inspecionando-o.

"Rapazes, vejam só o meu carro novo", disse Bruce.

"Bruce, é uma beleza", disse Norris, "mas nós pensamos que algo tivesse acontecido..."

"Não, nada. Está tudo bem. Chuck, venha. Vou levar você para dar um passeio em meu novo Porsche."

Norris congelou, em pânico: "Ah, Bruce, eu tenho de voltar à minha outra escola. Tenho aulas para dar. Vejo você depois. Mas, lembre-se: você me deve um passeio".

"Pat, pule para dentro do carro."

"Bem, minhas aulas estão para começar, agora", esquivou-se Pat Johnson. "Outra hora, está bem?"

"Bob, venha."

"Bruce, eu tenho um compromisso", mentiu Bob Wall. "Tenho de vender um curso para uma pessoa."

"Tudo bem, fica para a próxima vez", disse Bruce, tão maravilhado com seu novo carro que sequer percebera que eles não tinham nenhuma intenção de passear em companhia dele. "Vou ver se Lewis está em casa."

"Ótimo, Bruce, ótimo", disseram eles, enquanto Bruce saltava para o volante de seu Porsche e fazia cantarem os pneus.

A aquisição do Porsche "apertou" a situação financeira da família até o limite, mas Bruce queria mostrar a McQueen que era um seu igual. "Foi um excesso", admite Linda, "em um momento em que nós mal conseguíamos fazer os pagamentos da hipoteca. Aquilo foi uma extravagância, mas deixou Bruce feliz."

No sábado, 19 de abril de 1969, a chegada de uma saudável garotinha fez Bruce ainda mais feliz: Shannon Emery Lee nasceu no Santa Monica Hospital. "Na segunda vez, eu decidi que seria uma menina", disse Bruce a todo mundo, "então nós só escolhemos um nome feminino." Em sua agenda diária, Bruce anotou o peso e a altura de Shannon: 2,907 quilos e 48,26 centímetros. Shannon não demorou a ter seu extremamente amoroso pai "na palma de sua mãozinha". Seus amigos notaram uma mudança nas atitudes dele: ele se tornara mais consciencioso.

Certo dia, quando ele visitava a redação da *Black Belt* parecendo deprimido, Mito Uyehara perguntou-lhe: "O que há de errado, Bruce?".

"Eu me sinto muito mal, hoje", confidenciou Bruce. "Eu estava aparando as unhas da minha filha e acidentalmente cortei o dedinho dela. Quando ela começou a chorar e eu vi o sangue pingar, fiquei maluco. Eu não sabia o que fazer. Por sorte Linda estava por perto. Cara, eu me senti mesmo muito mal. Ela é tão pequenina e eu a machuquei."

No dia 30 de maio de 1969, Grace Ho desembarcou no Aeroporto Internacional de Los Angeles para conhecer sua neta mais nova. Ela viajara em companhia de Robert, que iniciaria sua faculdade no outono. Do outro lado do terminal, Bruce avistou seu irmão mais novo e correu para cumprimentá-lo. Depois de terem se abraçado, Bruce deu um passo para trás e examinou Robert de cima abaixo.

"Jesus, você está *muito magro*!", rugiu Bruce. "Não diga a ninguém que você é meu irmão. Você me deixaria constrangido!"

"Não o provoque", intercedeu Grace.

"Quanto você pesa?"

"49."

"49 quilos? Isso não é nada bom. Preciso treinar você."

Enquanto Bruce estivera longe, Robert havia se tornado um dos maiores ídolos adolescentes de Hong Kong, junto com sua banda de garotos, os Thunderbirds. Eles gravaram alguns sucessos para a EMI, em compactos que chegaram a figurar nas listas dos mais tocados, sendo o mais popular dentre estes o *hit* "Baby Baby, You Put Me Down" ["Meu Bem, Meu Bem, Você me Arrasou]. Anders Nelsson, figura principal de uma banda rival, diz: "Ele era como o David Cassidy de Hong Kong. Belo rapaz, belo rapaz". Quando rumores se espalharam de que ele estaria partindo para cursar uma faculdade nos Estados Unidos, suas apaixonadas fãs ficaram arrasadas. Robert declarou ao *China Mail*: "Espero que minhas fãs compreendam que eu tenho de pensar no meu futuro".

Robert era mais famoso do que Bruce jamais havia sido quando ator mirim, mas, como seu irmão mais novo, ele deveria obedecer aos mais velhos. No dia seguinte à sua chegada, Robert foi arrancado da cama por seu irmão mais velho, que lhe entregou um par de tênis. "Vamos correr uns cinco quilômetros", disse-lhe Bruce.

Robert suportou menos de um quilômetro e meio antes de cair exausto. Ele olhou para trás, para a casa de Bruce em Bel Air, e vomitou, com o rosto completamente lívido. Pelas duas semanas seguintes, Bruce convocou Robert para seu campo de treinamento. Ele o obrigava a engolir seu *shake* de proteínas especial – feito com ovos, manteiga de amendoim e bananas – três vezes por dia. Ele o fazia levantar pesos todos os dias. Com isso, o peso de Robert saltou de 49 para 56,2 quilos, mas Bruce deu-se conta de que havia poucas esperanças de transformar seu irmão caçula, o romântico cantor de voz doce, em um lutador de rua.

"Uma vez que você não tem talento para as artes marciais, nem força suficiente para bater em ninguém", Bruce disse a ele, por fim, "há somente uma habilidade que quero ensinar a você: como fugir."

Robert estava chateado, mas não pôde evitar cair na gargalhada.

Grace e Robert permaneceram até o final do verão. Aos olhos deles, Bruce deve ter parecido ser um grande sucesso. A julgar por todas as aparências externas, Bruce Lee era um imigrante-modelo: proprietário de um imóvel em Bel Air, dono de um Porsche, pai de duas lindas crianças e marido de uma adorável esposa branca. Que tudo isso tenha sido obtido graças a uma montanha de dívidas e de um equilíbrio precário à beira do colapso fez da vida de Bruce uma típica história americana. "Aquela foi uma época muito difícil para nós", diz Linda. A chegada de Shannon fez de Bruce um homem incrivelmente feliz e muito ansioso. "Devo me preocupar mais com minha família, agora", admitiu Bruce a um amigo. "Pela primeira vez na minha vida estou preocupado por não saber de onde virá o dinheiro se alguma coisa acontecer comigo."

Sharon Tate e Bruce Lee no set de *Arma Secreta Contra Matt Helm* (*The Wrecking Crew*), verão de 1968. (*David Tadman*)

Steve McQueen e Sharon Farrell em *Os Desgarrados* (*The Reivers*), outubro de 1968 (*Bernd Lubowski/ullstein bild/Getty Images*)

13
Ator Coadjuvante

O fim de *O Besouro Verde* rebaixara Bruce de um intérprete assalariado em uma série regular um ator mal posicionado, um *freelancer*, que se sustentava fazendo pontas enquanto sonhava com o grande papel que estaria à sua espera ao dobrar a próxima esquina. Ao contrário de seus colegas brancos, que podiam interpretar facilmente um motorista de ambulância, ou um peão de fazenda, ou o suspeito criminoso nº 3, Bruce, muitas vezes, tinha de esperar por meses para competir por alguns poucos papéis escritos especificamente para atores asiáticos, oportunidades que raramente surgem.

Depois de seis meses sem quaisquer perspectivas sérias, Bruce conseguiu emplacar seu primeiro papel pós-Kato em *Ironside*, uma série policial morna e rotineira estrelada por Raymond Burr, que interpretava um detetive preso a uma cadeira de rodas. No episódio intitulado "Tagged for Murder" [Marcado para Ser Morto] (exibido em 26 de outubro de 1967), Bruce interpretou um instrutor de karatê, filho de um ex-soldado cujas plaquetas de identificação são as pistas para a solução de um misterioso assassinato. Com apenas alguns poucos minutos de aparição na tela e menos de uma dúzia de linhas de falas, não era um papel suficiente sequer para fazer com que seu nome fosse mencionado como ator convidado, sendo citado somente na lista de nomes sob a rubrica "coestrelando", nos créditos finais.

Na cena em questão, um detetive aparece na escola de Bruce e assiste a uma demonstração básica de artes marciais entre Bruce e "Judo" Gene LeBell

– um toque de exotismo forçadamente encaixado no enredo. O ponto alto da cena é quando LeBell pega Bruce pelos quadris para fazê-lo cair de costas no chão, mas Bruce dá um salto mortal por sobre os ombros de Gene e ataca-lhe os quadris pelas costas. Essa sequência de golpes da luta livre profissional foi coreografada por LeBell, que ficara impressionado com as habilidades atléticas de Bruce. "Eu podia apanhá-lo, fazê-lo girar sobre si mesmo, mas Bruce sempre terminava em posição de contra-ataque", recorda-se LeBell. "Eu disse a ele: 'Você é tão bom que poderia ser um dublê de alto nível. Nós poderíamos usar você como dublê de todos os caras'. Então, ele ficou maluco."

O ano seguinte, 1968, assistiu a uma longa e estéril interrupção na carreira televisiva de Bruce. Ele foi chamado para apenas um bom teste. "Meu agente telefonou para me informar de uma proposta da CBS para uma série com episódios de uma hora de duração – uma espécie de 'I Spy' [Espião], chamada 'Havaí 5-0'", escreveu Bruce a um amigo. "Parece bom. Manterei você informado quanto ao desenrolar das coisas." Bruce candidatou-se para representar o papel do Detetive Chin Ho Kelly; mas, para seu grande desapontamento, perdeu a vaga para Kam Fong Chun, um policial veterano, com dezoito anos de serviços prestados ao Departamento de Polícia de Honolulu, e ator de teatro amador de sua comunidade. *Havaí 5-0* foi a única série dramática da televisão norte-americana a contar com vários personagens asiáticos nos papéis principais (infelizmente, o mesmo não pode ser dito de sua refilmagem, lançada mais de quatro décadas depois, no final de 2010). Se Bruce tivesse conseguido o papel, sua carreira teria enveredado por um rumo muito diferente. Kam Fong Chun interpretaria o Detetive Chin Ho Kelly pelos dez anos seguintes, de 1968 a 1978.

Foram necessários quatorze meses para que Bruce aparecesse outra vez nas telas de televisão – como um coadjuvante em *Blondie*, uma *sitcom* que não teve vida longa, baseada na tira em quadrinhos homônima.* No episódio "Pick on Someone Your Own Size" [Meta-se com Alguém do seu Tamanho], lançado no dia 9 de janeiro de 1969, Bruce novamente interpreta um instrutor de karatê, que ensina ao protagonista da série, Dagwood Bumstead, a defender-se de um

---

* A tira em quadrinhos *Blondie*, criada em 1930 pelo cartunista Chic Young, que retrata de maneira cômica a vida de um típico casal suburbano de classe média, foi publicada no Brasil como *Belinda*. Dagwood foi rebatizado como Dagoberto, em português. Curiosamente, no início da publicação da série, Dagwood/Dagoberto era retratado como um jovem milionário, herdeiro de uma imensa fortuna, e Blondie/Belinda era apenas sua namorada. Com o passar do tempo, os dois se casam, têm filhos, e a "imensa fortuna" desaparece (ou é dissipada) "misteriosamente". (N. dos T.)

brigão. A piada: quando Dagwood finalmente se vê cara a cara com o brigão que o ameaçava, assume uma suposta postura de karatê e grita "Yosh!". O brigão imita a mesma pose e grita em resposta "Yosh!". Então, Dagwood olha para a câmera e, desalentado, suspira: "Oh-oh".

Toda a sequência do treinamento foi filmada na escola de Bruce, em Chinatown. O diretor, Peter Baldwin, questionou Bruce quanto a um chute particularmente perigoso que ele planejara desferir contra o astro do programa.

"Isso é seguro?", Baldwin perguntou. "Você tem tudo sob controle?"

"Você confia em mim?", perguntou Bruce.

"Sim", respondeu Baldwin, ingenuamente.

"Fique parado aí, onde está; não faça nenhum movimento", disse Bruce, antes de saltar girando no ar e, repentinamente, desferir um chute de costas. Seu pé parou a milímetros do nariz de Baldwin.

"Ele me conquistou com aquele movimento", recorda-se o diretor. "Nós gravamos uma cena maravilhosa."

Nesse período, Bruce negou uma série de papéis em *westerns*, porque se recusava a usar uma trança ou um rabo de cavalo pendendo sobre as costas, ao suposto estilo chinês. "Na maioria desses programas eles queriam que eu usasse um rabo de cavalo e eu não faria isso. Não ligo a mínima para quanto me pagariam para fazê-lo. Usar os cabelos dessa maneira é degradante", explicou ele. "Quando os Manchus tomaram o poder na China, eles forçavam os chineses nativos a usar essas malditas tranças para marcá-los como mulheres."

O único *western* a permitir que ele mantivesse seu corte de cabelo – criado e mantido por Jay Sebring – seria Here Come the Brides. Baseada em *Sete Noivas para Sete Irmãos* (*Seven Brides for Seven Brothers*, 1954), dirigido por Stanley Donen, tratava-se de uma série cômica, cuja ação transcorria nos anos 1870 e era sobre lenhadores que trabalham na cidade fronteiriça de Seattle, que recebe cem mulheres "importadas" da Costa Leste para evitar que os homens fujam dali. No episódio "Marriage, Chinese Style" [Casamento, ao Estilo Chinês]; exibido em 9 de abril de 1969, uma sociedade secreta chinesa arranja para que uma noiva importada da China, Toy Quan, se case com um de seus membros, Lin Sung, interpretado por Bruce Lee. Mas Lin Sung, que tinha intenção de romper com os costumes tradicionais, recusa-se a casar com uma mulher que nunca havia visto. Essa decisão põe o roteiro complexo e intrincado em movimento.

O papel era realmente especial, pois essa foi a única vez na carreira cinematográfica adulta de Bruce em que ele não interpretou um mestre em artes marciais. Na verdade, seu personagem era até mesmo um tanto covarde, sendo constantemente ameaçado ou importunado pelos outros. Graças a isso, Bruce teve a oportunidade de trabalhar com a expressão de uma gama de emoções diversas: alerta, humilhação e medo.

Nos bastidores, ele foi ajudado a incorporar o personagem com sua primeira experiência como cavaleiro. Antes da filmagem, o diretor chamou Bruce de lado e perguntou-lhe: "Você já montou a cavalo alguma vez?".

"Não, nunca", respondeu Bruce, com alguma insegurança. "Jamais sequer vi um cavalo de perto."

"Não se preocupe", disse o diretor, tentando tranquilizar o nervoso ator. "O animal que arranjamos é muito manso."

Quando um dos tratadores trouxe o cavalo, Bruce, quase engasgando, exclamou: "Minha nossa! Eu não vou montar nessa coisa. É muito grande!".

"Não há por que ter medo", disse o diretor, calmamente. "Ele é muito obediente; totalmente inofensivo. Um excelente profissional."

Foram necessários vários minutos de apelos e palavras asseguradoras do diretor e do resto da equipe para persuadir Bruce a subir à sela. O cavalo permaneceu imóvel enquanto o tratador explicava como manejar as rédeas para controlar o animal. "Mas é provável que você nem precise delas", disse o tratador, "porque ele é muito afável."

No momento em que o tratador terminou de passar suas instruções e afastou-se alguns passos, o cavalo disparou. O chapéu de *cowboy* de Bruce voou de sua cabeça, enquanto ele puxava as rédeas como se estivesse se agarrando à própria vida. "Eu comecei a berrar 'Ôa! Ôa!', mas o maldito cavalo não me deu ouvidos", recordou-se Bruce. "Quando ele finalmente parou, eu já estava bem longe, no meio do campo. Desci rapidamente e estava pronto para atirar pedras nele. Caminhei de volta ao local da filmagem e, quando cheguei, o desgraçado do cavalo já estava lá, à minha espera. Quando os caras me viram e perceberam quão puto eu estava, começaram a rir. Eu estava tão louco da vida que não conseguia rir. Jurei que eu nunca mais montaria um cavalo, mas o diretor me obrigou a isso, para fazer mais algumas tomadas. Ele disse que não conseguira encontrar um substituto para mim. O desgraçado."

Mas Bruce não voltaria a figurar em nenhum outro *western*, nem a montar um cavalo.

No verão de 1968, a reputação de Bruce como *sifu* das estrelas rendeu-lhe sua primeira participação em grandes produções de Hollywood, como "consultor de karatê", no filme *Arma Secreta contra Matt Helm* (1968). A terceira de uma série de paródias de filmes de espionagem, o filme era estrelado por Dean Martin – como Matt Helm – e coestrelado por Sharon Tate, Elke Sommer e Nancy Kwan, como as mortíferas mulheres que tentavam ajudar ou prejudicar o personagem de Martin, moldado à imagem e semelhança de James Bond. O estúdio pagou US$ 11 mil a Bruce para que ensinasse karatê ao elenco e coreografasse as cenas de luta (Bruce usou o dinheiro para pagar a entrada de sua casa em Bel Air).

Todas as coestrelas femininas já haviam ouvido falar sobre seu novo instrutor. Sharon Tate costumava sair com Jay Sebring; Elke Sommer era casada com Joe Hyams, um ex-aluno de Bruce; e Nancy Kwan, que estrelara *O Mundo de Suzie Wong* (1960), era a mais famosa atriz de Hong Kong a trabalhar em Hollywood. Bruce logo encantou-as. Nancy Kwan e Bruce desenvolveram um relacionamento do tipo irmã mais velha-irmão mais novo. Ele pedia aconselhamento a ela quanto à sua carreira como ator. Sharon Tate, que então estava casada com Roman Polanski, convidou Bruce para jantar, dizendo a seu marido: "Vocês dois vão se dar muito bem, como uma casa em chamas". Assim foi: Polanski se tornaria um dos clientes mais regulares de Bruce. "Sharon e Nancy foram alunas muito boas", disse Bruce. "Elas já eram capazes de dar bons chutes laterais após poucos treinos."

Mas Bruce teve menos sucesso com Dean Martin. "Eu tentei ensinar-lhe como chutar", disse Bruce, "mas ele era muito preguiçoso e muito desajeitado." Ele também era muito beberrão. O assistente pessoal de Martin carregava nos ombros um bar portátil, pendente de uma alça, para mantê-lo "bem lubrificado" durante a filmagem. Bruce se deu conta de que Martin precisaria de alguém para dublá-lo nas cenas de luta. Como consultor de karatê, Bruce tinha autoridade e autonomia para idealizar as cenas de luta e para contratar os extras necessários para fazê-las. Essa era a sua chance de unificar os dois mundos em que vivia, e ainda recompensar seus amigos altamente qualificados do karatê.

Ele contratou Mike Stone para que fosse o dublê de Dean Martin, Ed Parker para representar um guarda, Joe Lewis para fazer o papel de um bandido que ataca o personagem de Martin, e Chuck Norris para dizer uma linha de diálogo e desferir um chute alto. Quando telefonou a Norris, Bruce disse: "Há um pequeno papel que acho ser bom para você. Você irá representar um guarda-costas de Elke Sommer, lutar com Dean Martin e terá um breve diálogo. Você está interessado?". Bruce não precisou pedir duas vezes a Norris – nem a nenhum dos outros campeões de karatê.

Um dia antes da estreia de Chuck Norris nas telas, 4 de agosto de 1968, ocorreriam os Campeonatos Internacionais de Karatê de Long Beach de 1968 – organizados por Ed Parker. O mundo das artes marciais estava fervilhando com a possibilidade de um quinto confronto entre Chuck Norris e Joe Lewis. Nos quatro combates anteriores, Norris vencera os três primeiros, mas Lewis o derrotara na quarta disputa. Iria Norris vingar sua derrota e reconquistar seu título de melhor lutador de karatê dos Estados Unidos ou teria sido a gloriosa marca passada às mãos de Lewis?

Contudo, o tão propalado duelo jamais aconteceu. Lewis foi desclassificado, ainda nos *rounds* iniciais, por ter ferido intencionalmente a um de seus oponentes. Na final, Norris enfrentaria Skipper Mullins, o lutador classificado na terceira posição do *ranking* nacional. Os dois eram bons amigos e, no vestiário, antes da luta, Norris disse a Skipper: "Vou fazer minha primeira participação em um filme, amanhã. Por isso, você pode golpear meu corpo, mas tente não atingir o meu rosto. Não quero chegar no *set* parecendo ter acabado de sair de um quebra-pau".

"Tudo bem", sorriu Skipper, "mas você me deve uma."

Para mesclar ainda mais sua vida nos mundos do cinema e das artes marciais, Bruce Lee chegou para assistir às finais com um convidado especial a tiracolo: Steve McQueen. Enquanto a multidão aplaudia a chegada de ambos, Lee e McQueen acomodaram-se em seus lugares de honra na primeira fileira. Quando Norris caminhava para o ringue, Bruce o chamou para apresentá-lo a McQueen.

"Boa sorte na luta", disse-lhe McQueen, "e com a sua cena, amanhã."

"Obrigado", disse Norris, quase reverentemente.

Skipper e Norris foram para o centro do ringue e se cumprimentaram, inclinando ligeiramente a cabeça. Logo depois, Skipper desferiu um chute direto – um dos seus movimentos favoritos. Norris antecipou-se e bloqueou-o; mas, dessa vez, Skipper fez seguir o golpe com um soco de revide – técnica que ele jamais empregara antes. O movimento inesperado apanhou Norris de surpresa e acertou-lhe em cheio sobre o olho esquerdo. Depois de um combate intenso, Norris conseguiu vencer a luta por um ponto, saindo do torneio com um troféu e um olho roxo.

Foram necessárias duas horas para que o maquiador conseguisse ocultar a mancha roxa ao redor do olho de Norris. Na sua estreia no cinema, Norris precisava dizer somente: "Permita-me, sr. Helm?". Dean Martin, que estaria entrando em um clube noturno, entregaria a arma que portava a Norris e se encaminharia para uma cabine reservada. Norris havia passado duas semanas praticando sua fala, mas quando as câmeras começaram a rodar e Dean Martin caminhou na sua direção, ele sentiu sua garganta apertar-se e as palavras saíram de sua boca quase como um sussurro. Ele presumiu que sua carreira cinematográfica estivesse acabada, mas, felizmente, o diretor achou que tudo saíra bem.

Chuck Norris, Joe Lewis e Ed Parker fizeram apenas breves aparições e filmaram por um dia ou dois, mas Mike Stone, como dublê de Dean Martin, teve de permanecer no *set* por nove semanas, pelas quais recebeu US$ 4.500. Apesar dos hábitos etílicos de Martin, Stone achou-o "um bom companheiro de trabalho, muito agradável e sempre acessível". Bruce também causava "sensação" no *set*. "Esse sujeito era um verdadeiro palhaço", diz Stone. "Com um maravilhoso senso de humor e brincalhão como um garoto. Entre uma tomada e outra, ele demonstrava sua habilidade para fazer flexões, surgia com brincadeiras usando moedas, truques de mágica e tantas outras coisas."

Stone gostava da presença de Bruce no *set*, mas ouvira um boato que o desagradara muito. Ainda antes das filmagens, Mito Uyehara, que publicava a *Black Belt*, alertara Stone de que Bruce estaria dizendo às pessoas que ele, Bruce, seria um dos motivos pelos quais Stone, Lewis e Norris venceriam torneios. Stone não podia acreditar no que ouvia. "Eu já era um campeão antes de ter conhecido Bruce."

Bruce e Mike dividiam o mesmo quarto durante as filmagens, cujas locações ficavam em Idyllwild, na Califórnia. Certa noite, pouco antes da hora de dormir, Stone trouxe à baila o que ouvira de Uyehara.

"Ouça, Bruce, eu ouvi uma coisa que está me deixando um tanto chateado", começou Stone. "Quero dizer apenas que não acredito que isso seja verdade, mas tenho de dizer, mesmo assim."

"Bem, o que é?", perguntou Bruce.

"Veja... Mito um dia me disse que você estaria dizendo às pessoas que Chuck, Joe e eu vencemos torneios de karatê porque treinamos com você. Não acho que seja bem assim, porque nós já éramos campeões bem-sucedidos quando conhecemos você."

Apanhado de surpresa, Bruce tornou-se defensivo: "É nisso que você realmente acredita, Mike? É nisso que você acredita?".

"Não, mas eu ouvi isso e quis perguntar a você, diretamente."

"Mike, é nisso que você realmente acredita?", Bruce tornou a perguntar, furioso.

"Não, Bruce, eu não acredito que você tenha dito tal coisa", disse Mike, tentando suavizar a situação. "É provável que tenha sido um mal-entendido."

"Mas é nisso que você realmente acredita?", repetiu Bruce, nada disposto a deixar passar.

Mike e Bruce continuaram a trabalhar juntos no filme, mas a discussão "esfriou" a amizade entre os dois. Bruce parou de treinar com Stone e nunca mais o contratou para um projeto cinematográfico. Na visão de Bruce, ele dera a Stone inúmeras aulas particulares gratuitamente e, mesmo assim, Mike se recusava a demonstrar qualquer gratidão. Bruce não tinha dito a ninguém que fizera de Stone, Norris e Lewis campeões; ele dizia que os ajudara a se tornarem campeões *melhores*. Ele estava furioso por Stone "realmente não acreditar" que Bruce merecesse uma parte do crédito por seu sucesso.

Quando voltou a Los Angeles, Bruce fez questão de dizer a Mito Uyehara como se sentia: "Esses sujeitos, só porque são rotulados como campeões não querem ser considerados como meus alunos. Eles querem aprender comigo, mas querem que os outros achem que eles são iguais, ou quase iguais, a mim. E eles querem que eu diga que estão treinando comigo. Para mim, treinar seria se eles também contribuíssem, mas isso eles não fazem; é uma relação totalmente unilateral. Eu tenho de *ensinar* a eles, e isso não é *treinar*".

Ao contrário de Mike Stone, Joe Lewis jamais teve qualquer problema em dar a Bruce o crédito por sua instrução, ou em chamar Bruce de seu "professor". A amizade entre Lewis e Lee terminou por um motivo diferente.

A esposa de Joe era esteticista. No dia 1º de dezembro de 1969, ela foi à casa de Bruce para fazer mechas no cabelo dele. Quando voltou para sua casa, ela disse a Joe que Bruce teria lhe passado uma cantada agressiva. Lewis ficou furioso. Ele dirigiu imediatamente até a casa de Bruce, para confrontá-lo. Ele foi até a porta dos fundos e a esmurrou. Quando Bruce a abriu, Joe o acusou: "Minha mulher disse que você lhe passou uma cantada".

Bruce olhou bem para Joe, virou-se para sua própria esposa e disse: "Linda, venha cá. Quero que você ouça isto".

No momento em que ele chamou Linda, Joe se deu conta de que sua esposa havia mentido e que ele fora enganado. "Ela tinha muito ciúmes dos relacionamentos que eu mantinha com meus amigos homens. Meticulosamente, ela tramou para acabar com todas as minhas amizades", recorda-se Lewis. "Eu me senti um tolo. Minha esposa já havia me enganado dessa forma antes desse incidente, e eu soube de imediato que ela havia me apanhado outra vez. Eu me senti usado, enganado, traído. Senti que não haveria jeito de me desculpar por isso com Bruce." Lewis deixou pender a cabeça, envergonhado, virou as costas e partiu. Quando voltou para casa, sua esposa lhe disse que Bruce estava mentindo, mas ele não lhe deu crédito. O breve casamento dos dois terminou pouco tempo depois.

Em sua agenda diária, Bruce escreveu: "Joe Lewis esteve aqui, por um assunto relativo à sua esposa. Fim da amizade!". Quando, tempos depois, Bruce decidiu contratar um campeão de karatê norte-americano para participar de *O Voo do Dragão* (1972), escolheu Chuck Norris, porque era o único de quem ele ainda gostava. Este filme lançaria a carreira cinematográfica de Norris, transformando-o em um nome familiar. Stone e Lewis tentaram, mas jamais conseguiram entrar para o mundo do cinema.

Antes de *A Família Soprano* (*The Sopranos*) e do advento da Era de Ouro da Televisão, a telinha era considerada uma vasta terra desolada. Enquanto os astros de hoje em dia oscilam entre a TV e o cinema como se fossem plataformas de conteúdo intercambiáveis, nos anos 1950 até o início dos anos 1960 os atores cinematográficos costumavam preferir o desemprego ao trabalho na televisão. E os atores de TV praticamente não tinham chance de brilhar no cinema. Ao longo dos seis anos de duração da série *Rawhide* (1959-1965), Clint Eastwood talvez tenha sido o ator televisivo mais famoso a migrar para as telonas; e, mesmo assim, teve de ir à Itália e fazer vários *westerns spaghetti* (*The Good, The Bad, and The Ugly* – lançado no Brasil com o título *Três Homens em Conflito*) para provar a Hollywood que era um ator cinematográfico capaz de estrelar filmes rentáveis.

Mesmo se fosse branco e falasse um inglês impecável, o sonho de Bruce Lee de tornar-se um astro cujos filmes renderiam as maiores bilheterias do mundo era algo bastante improvável. Ele fora apenas um coadjuvante em uma série de TV que, devido aos insuficientes índices de audiência, mal durara uma temporada. Nos dois anos desde então, sua carreira estagnara. Sua única esperança era sua clientela de celebridades. Cada aula que ele dava era como se estivesse recebendo dinheiro para apresentar seu talento diante dos homens mais poderosos e influentes da indústria cinematográfica. Era preciso que algum deles depositasse sua confiança nele a ponto de forçarem os estúdios a dar-lhe um papel em algum filme.

Foi Stirling Silliphant quem, afinal, veio em socorro de Bruce. Com um Oscar recém-conquistado por *No Calor da Noite* (1967), ele fora contratado para adaptar o romance *noir* de Raymond Chandler *A Irmãzinha* (*The Little Sister*). O título foi mudado para *Detetive Marlowe em Ação* (*Marlowe*) e James Garner foi escalado para interpretar o detetive epônimo que Humphrey Bogart tornara famoso em *O Sono Eterno* (*The Big Sleep*, 1946). Para encaixar Bruce no filme, Silliphant inventou o personagem de Winslow Wong, um capanga da máfia encarregado de fazer o serviço sujo. "À época de *Detetive Marlowe em Ação*, eu já tinha assistido a tantas paródias com um sujeito magro, com cara de fuinha, e um sujeito gordo vestindo um terno preto adentrando um escritório para ameaçar pessoas que a mera visão de tipos assim me provocava ataques de riso", recorda-se Silliphant. "Então, eu pensei: 'Vamos enviar o maior praticante de artes marciais do mundo e fazê-lo destruir por completo o escritório de Marlowe'."

Essa foi a primeira participação de Lee em um filme de Hollywood – a grande oportunidade pela qual ele passara os dois anos anteriores buscando ardorosamente.

No dia 21 de agosto de 1968, Bruce começou a filmar suas duas breves aparições no filme. Na primeira, uma cena de três minutos, Lee, como Winslow Wong, entra calmamente no escritório de Marlowe, vestindo um terno marrom e uma blusa de gola alta. Winslow fora enviado por seu chefão mafioso para deter a investigação de Marlowe sobre um caso de chantagem. Para obter a atenção do detetive, ele desfere um chute lateral que abre um buraco na parede e vários golpes de karatê com as mãos que transformam um suporte de casacos em gravetos. Marlowe saca um revólver. Desdenhosamente, Winslow Wong diz: "Você não irá precisar disso", e, caminhando lentamente até a mesa do detetive, joga cinco notas de 100 dólares sobre ela.

"Por essa grana, você pode chutar até o teto", diz Marlowe em uma de suas típicas falas espirituosas.

Winslow diz a Marlowe para que recue: "Você não está procurando por ninguém, você não consegue encontrar ninguém, você não tem tempo de trabalhar para ninguém, você não ouviu nada, nem viu coisa alguma".

"E o que é que eu faço quando me pedirem novamente?", pergunta Marlowe.

"Nada. Continue a fazer nada por um bom intervalo de tempo e eu voltarei, para colocar mais cinco iguais a essas sobre a sua mesa, lado a lado."

"E para quem eu estaria fazendo todo esse nada?"

"Winslow Wong. Sou eu."

"Aprecio um homem que faz bom uso da gramática", replica Marlowe.

Silliphant pretendera dar ao seu *sifu* algumas falas estilosas para que ele pudesse demonstrar suas habilidades dramáticas. O tiro quase saiu pela culatra. No vaivém do diálogo, Bruce emitiu uma fala dura e nervosa, superarticulando certas palavras e pronunciando outras de maneira dificilmente compreensível. Sharon Farrell, que interpretava Orfamay Quest, lembra-se das dificuldades de Bruce com a cena. "Bruce era tranquilo e relaxado na vida real, mas ele tinha problemas quando estava diante de uma câmera", diz Farrell. "Ele se esforçava demais."

Qualquer que tenha sido sua dificuldade com os diálogos, Bruce conseguiu destruir o escritório de Marlowe – o principal motivo da sua contratação. Quando Marlowe recusa o suborno oferecido por Winslow, ele estraçalha uma estante de livros, espatifa uma porta e – o mais espetacular de tudo – desfere um chute no ar e acerta uma luminária pendente do teto, a uns dois metros e meio de altura. "Como Bruce era capaz de fazer a sequência de golpes inteira, em uma espécie de balé de violência direcionada, eu não quis que a cena tivesse cortes", diz Silliphant. "O diretor, Paul Bogart, concordou e, é claro, eu a considero uma das melhores cenas de artes marciais já mostradas em filmes americanos."

Bruce contou a um amigo: "Quebrar a luminária não foi fácil. Aquele foi o movimento mais difícil do filme. Tive de saltar realmente alto e não contei com nenhuma ajuda, tendo apenas um curto espaço para tomar impulso e atingir o ponto lá em cima. Mas foi espetacular, não foi? Ah, o vidro não era de verdade. Trata-se de um velho truque de Hollywood. Sim, ele é feito de açúcar".

Na segunda e última cena de Bruce, Winslow Wong confronta Marlowe em um edifício muito alto e o incita a sair para um terraço açoitado por fortes ventos. Dessa vez usando um terno branco e botas com saltos elevados, Winslow ataca com uma série de saltos e chutes "voadores", enquanto Marlowe se esquiva e o insulta, chamando-o de "tigre de papel". Marlowe termina encurralado contra uma balaustrada, contemplando a cidade lá embaixo, e o provoca: "Você tem pés ligeiros, Winslow. Você é um tantinho *gay*, não é?". A câmera corta para um *close-up* do rosto enraivecido de Bruce. Ele ataca Marlowe com um chute lateral "voador". Marlowe, que estava até então armando a situação para Winslow, se esquiva no último segundo e a força do ataque de Winslow o projeta sobre a balaustrada na lateral do edifício, enviando-o para uma queda mortal. "Toda a cena não passou de um truque", contou Bruce a amigos. "Eu saltei apenas sobre uma mureta de um metro de altura."

Detetive Marlowe em Ação proporcionou a Bruce sua primeira oportunidade de interpretar um vilão nas telas. Ele esperava que os movimentos espetaculares apresentados convencessem os estúdios a escalá-lo na próxima vez como um herói.

Se o desafio de Bruce era inventar para si mesmo um papel que ainda não havia existido em Hollywood (o de herói asiático do *kung fu*), o problema de Sharon Farrell era mais comum: contornar o excesso de oferta para uma escassez de demanda. Ano após ano, milhares de vencedoras de concursos de rainha da beleza provenientes de cidadezinhas insignificantes espalhadas por todo o país, chegavam a Hollywood na esperança de obterem sua grande chance. Um exemplo perfeito desse arquétipo, Farrell provinha de Cedar Rapids, Iowa, e passara a década de 1960 escalando lentamente sua trajetória como atriz, desempenhando desde papéis de *starlet* em séries televisivas – tais como em "The Actress [A Atriz], episódio de *Cidade Nua* (*Naked City*, 1961), e como "Kitty Devine", em *A Família Buscapé* (*The Beverly Hillbillies*, 1965), até chegar a interpretações mais relevantes. Em *Detetive Marlowe em Ação,* ela interpretou seu segundo papel significativo no cinema. Embora não fosse a atriz principal, sua personagem, Orfamay Quest, era a "Irmãzinha" do livro original de Raymond Chandler, e era ela quem punha o enredo em movimento, ao contratar Marlowe para que encontrasse seu irmão. Era um papel muito maior do que o de Bruce.

Quando Sharon viu Bruce pela primeira vez, não fazia ideia de quem ele fosse. Ela planejara apanhar seu carro, no pátio de estacionamento da MGM, depois de ter feito uma prova de figurino, quando notou Bruce caminhando em sua direção, meio dançando, cerca de seis metros à sua frente. "Ele estacou e aquilo foi um tanto assustador, a princípio; então, ele abriu um sorriso e, em seguida, começou a rir e a caminhar na minha direção. Seu sorriso fazia parecer que ele tinha engolido o sol", recorda-se Sharon. "Foi como se ele tivesse me reconhecido. Eu não conseguia me mover. Eu apenas comecei a sorrir, e ele também estava sorrindo. Foi um momento muito divertido e engraçado. Foi algo como 'Oh, meu Deus'."

Bruce aproximou-se e encantou Farrell, que andava às voltas com um casamento ruim e buscava um pouco de diversão. "Eu estava simplesmente péssima", diz Sharon, que pouco tempo antes havia se casado com seu agente, Ron DeBlasio, acreditando que isso pudesse contribuir para o progresso de sua carreira – tendo descoberto, logo depois de ambos fazerem seus votos matrimoniais, que ele queria que ela fosse uma esposa tradicional.

Bruce ofereceu-se para dar uma carona a Sharon e levá-la até onde seu carro estava. Ela aceitou. Mas, em vez de fazer isso, Bruce, com Sharon ao seu lado, deu várias voltas em torno do estacionamento, maliciosamente recusando-se a parar diante do carro dela.

"Bem, o que é que você ia fazer?", perguntou ele.

"Eu queria fazer umas compras."

"Tudo bem, vamos fazer compras juntos", disse ele.

Bruce estava usando calças pretas *jazz stretch* – muito justas, da cintura às coxas, e muito largas dos joelhos até os tornozelos. Sharon disse a Bruce que gostava delas. "Bem, vamos comprar umas para você", disse Bruce. Eles se dirigiram à Capezio, onde ela comprou alguns pares. Então, eles voltaram para o pequeno apartamento dela, de um dormitório, na Harper Avenue, logo abaixo da Sunset Strip, onde ela vivera antes do casamento.

Bruce passou em revista sua coleção de discos, procurando por músicas de chá-chá-chá. "Eu fui campeão de chá-chá-chá em Hong Kong", disse ele. "Deixe-me ensinar você."

"Eu sei dançar chá-chá-chá", disse ela, sorrindo.

Eles dançaram na pequena sala, até que Sharon tropeçou em uma cadeira e machucou a perna.

"Oh, eu dou um jeito nisso", disse Bruce. "Sei fazer uma ótima massagem." Em seguida, ele a apanhou em seus braços e carregou-a até a cama. Quando ele começou a massagear a perna dela, uma coisa acabou por levar a outra.

"Eu nunca havia estado com um homem com um corpo tão bonito. Aqueles abdominais... Seus músculos eram tão bem definidos que pareciam ter sido esculpidos", recorda-se Sharon. "Bruce foi o amante mais incrível com quem eu já estive. Ele conhecia muito bem o corpo de uma mulher."

Quando ela acordou no dia seguinte, encontrou Bruce preparando sua bebida matinal: ovos crus, batidos com uma pitada de sal e molho Worcestershire. Sharon imaginou no que haveria se metido. Ela desejava apenas uma xícara de café e alguns minutos para terminar de despertar, mas Bruce já estava assobiando alegremente.

"Onde estão as suas vitaminas?", perguntou Bruce. Quando ela disse que não tomava vitaminas, Bruce começou a dizer-lhe quais tipos de vitaminas e suplementos ela deveria tomar. Depois de convencê-la a beber sua batida de ovos, eles foram a uma conhecida loja de alimentos saudáveis na Sunset Strip, onde Bruce encheu um carrinho de compras com um sortimento de vitaminas, explicando o que era cada uma delas e por que, exatamente, Sharon deveria tomá-las.

Sharon e Bruce continuaram com seu caso ao longo de toda a filmagem de *Detetive Marlowe em Ação*. "Nós éramos quentes e fazíamos loucuras sempre que podíamos dar uma escapadinha", recorda-se Sharon. "Ele dizia, 'Estou chegando aí', e logo surgia à porta e me arrastava para o quarto."

Quando não estavam juntos na cama, Sharon tentava desenhá-lo. "Mas ele não parava sentado, de jeito nenhum. Ele estava sempre em movimento, se exercitando", lembra-se ela. "Ele era como um bicho-carpinteiro. Isso me deixava louca da vida. Então, eu pulava e tentava bater nele. Ele era muito divertido." A única coisa em Bruce que a entediava era seu costume de filosofar. "Quando ele assumia aquela postura meio monástica e começava a falar sobre fluir como a água, eu não aguentava", diz Sharon. "Ele se sentava e começava a falar esse tipo de coisas e, às vezes, eu simplesmente me desligava."

Esse período de lua de mel não durou muito. Bruce era feliz em seu casamento; Sharon, não. Bruce não tinha intenção de abandonar sua esposa; Sharon pretendia deixar seu marido. Certa noite, enquanto ele falava afetuosamente sobre sua família, Sharon começou a chorar.

"O que foi?", perguntou Bruce, envolvendo-a em seus braços.

"Eu sei que você tem uma família adorável e uma esposa muito doce, e que nós estamos errados em fazer o que estamos fazendo, mas eu só queria que isso durasse por mais algum tempo", disse Sharon, envergonhada por sentir-se tão envolvida no relacionamento. "Eu não espero qualquer tipo de comprometimento, nem promessas, e não quero fazer 'confidências' hoje. Eu sei que é por esse rumo que a nossa conversa irá enveredar."

Quando as filmagens de *Detetive Marlowe em Ação* foram concluídas, em setembro, eles concordaram em parar de se encontrar, mas essa era uma promessa difícil de ser mantida. Eles tentaram concentrar-se em seus trabalhos. Sharon fazia vários testes para um grande papel em um filme prestes a ser rodado, e Bruce estava muito ocupado lecionando para sua clientela de celebridades. "Eu sentia muito a falta dele, mas estava tentando fazer a coisa certa", relembra Sharon. "Eu não telefonei para ele, nem pedi para vê-lo."

No dia 19 de setembro de 1968, Steve McQueen convidou Bruce para assistir a uma exibição prévia de *Bullitt*, o filme que consolidaria a reputação do amigo de Bruce como o "Rei do *Cool*". Uma semana depois, McQueen voou para uma locação em Carrollton, no Mississippi – um lugarejo com 250 habitantes –, para ser a estrela de *Os Desgarrados*, como Boon Hogganbeck. Era uma comédia baseada no romance homônimo de William Faulkner, ganhador do Prêmio Pulitzer.

Depois de vários telefonemas para arranjar a viagem, Bruce seguiu McQueen até o Mississippi para servir como seu *personal trainer* de *kung fu*, no dia 12 de outubro. McQueen precisava estar no auge da forma até o dia 18 de outubro, para a estreia de *Bullitt*. Mas Bruce tinha um motivo secreto para estar presente no *set* de filmagem: Sharon Farrell. Ela conseguira obter o papel do par romântico de McQueen em *Os Desgarrados*, Corrie, uma prostituta com um coração de ouro.

Quando Bruce avistou Sharon ao lado de seu *trailer*, esgueirou-se por trás dela e tapou-lhe a boca com uma das mãos. "Por que você não retornou os meus telefonemas?", perguntou ele. "Acaso achou que eu não fosse capaz de encontrar você?" Bruce puxou-a para dentro do camarim dela e ali os dois fizeram amor tão silenciosamente quanto possível, esperando que ninguém os ouvisse.

Depois, Sharon teve de fazer uma confissão. Ela já teria se envolvido com Steve McQueen. "Eu o estava usando para chegar até você", disse ela. "Mas nós não podemos fazer isso de novo, Bruce. Eu sinto muito."

"Eu compreendo", suspirou Bruce, sorrindo tristemente. "Ele é um superastro. Eu compreendo, mas também serei um. Você não pode esperar por mim?"

"Não tem nada a ver com esperar por você, ou com você tornar-se um astro", protestou ela. "Não é porque ele é um astro e você o está treinando enquanto faz algumas pontas. Eu estou fazendo uma ponta, também."

"Ora, Sharon. Este é um grande filme, *Os Desgarrados*", rosnou Bruce por entre os dentes cerrados. "Você é uma grande estrela, agora."

Com um esgar, Sharon disse: "Ainda que eu seja o par romântico de Steve nesse filme, o de Winton Flyer é um papel mais importante do que o meu. O garotinho, Mitch, e até mesmo Rupert Crosse, todos têm papéis maiores do que o meu".

Bruce a encarou raivosamente.

"E quanto à sua relação com Steve? O que aconteceria se ele descobrisse tudo, hoje? Ele poderia incluir o seu nome em todas as listas negras da cidade", apelou Sharon. "Oh, Bruce... Estou tão confusa. Vá para casa, volte para a sua esposa. Mas, primeiro, me abrace e me beije; então, vá."

Bruce deixou o *trailer* de Farrell. Ele a evitou pelo resto da semana. Sharon não voltou a vê-lo, e sua decisão a atormentou. "Eu quase fui com Bruce. Se ele tivesse insistido um pouco mais, eu poderia ter saído daquele camarim em sua companhia sem nem mesmo olhar para trás", recorda-se Sharon. "Bruce me levou à lua e trouxe-me de volta. Ele simplesmente me virou pelo avesso. Mas ele era casado e não tinha sequer onde cair morto, enquanto Steve era tão bem-sucedido. Ele foi o meu protetor. Ele me ajudou a afastar-me de Bruce. Eu sentia uma enorme atração por Steve, mas Bruce foi o amor da minha vida."

Cada casamento é único e lida com a questão dos casos extraconjugais à sua própria maneira. A abordagem de Bruce era a de trazer à baila esse assunto delicado de forma hipotética.

"Se alguma vez eu tivesse um caso com uma mulher", disse Bruce a Linda, certa vez, "seria porque alguma coisa teria acontecido espontaneamente. Eu jamais planejaria ou decidiria ter uma amante ou nada desse gênero."

"An-hã", respondeu Linda, chocada.

"Se isso alguma vez acontecer", apressou-se Bruce para acrescentar, "e você vier a descobrir, queria que você soubesse que seria algo absolutamente sem qualquer importância. Tudo quanto me importa é você e as crianças. A infidelidade não tem, na verdade, nenhuma relevância em um casamento. Uma atração passageira por outra mulher não tem qualquer significado no contexto de algo tão fundamental quanto um casamento."

"É mesmo?", indagou ela, mostrando-se cada vez mais contrariada.

"Os homens são assim", disse ele.

"Hummm." Linda fez uma pausa, antes de afirmar, firme e enfaticamente, seu limite. "Se você me deixar por outra mulher, eu não vou ficar à toa, desconsolada, esperando pela sua volta. Eu vou me mandar no mesmo momento, como um *flash*."

"Você faria isso?", perguntou Bruce, um tanto perplexo.

"Pode estar certo de que eu faria, sim", disse ela. E Bruce sabia que sim.

Nenhum dos amigos que Bruce tinha em Hollywood era fiel às suas esposas. O padrão de infidelidade dos anos 1950, ao estilo *Mad Men*, entrara em ebulição com a ética do "amor livre" dos loucos anos 1960. Stirling Silliphant se casara quatro vezes. A esposa de Steve McQueen, Neile Adams, tinha plena consciência de seus muitos casos amorosos: "Eu disse a ele que conseguiria lidar com a situação contanto que ele não alardeasse isso por aí". A segunda esposa de Roman Polanski, a atriz Sharon Tate, confidenciou a uma das suas amigas que ela e Polanski tinham um bom acordo: "Roman mente para mim e eu finjo acreditar nele". Até mesmo Chuck Norris, o "cristão evangélico de direita" da turma, tinha um filho ilegítimo, cuja existência ele confessou em um capítulo de sua autobiografia intitulado "A Sin That Became a Blessing". É evidente que Bruce tinha alguns de seus amigos em mente quando respondeu à pergunta de um jornalista sobre o mau comportamento endêmico entre o pessoal do *show business* ao dizer, meio jocosamente: "Bem, deixe-me colocar dessa maneira: para ser honesto, eu não sou tão mau quanto alguns deles. Mas, definitivamente, não estou dizendo que eu seja um santo".

Para grande desapontamento de Silliphant e de Bruce, *Detetive Marlowe em Ação* não impulsionou a carreira cinematográfica de Bruce. Lançado em 31 de outubro de 1969, o filme foi um fracasso de bilheteria e massacrado pelos críticos. A *Variety* sentenciou: "*Detetive Marlowe em Ação* é uma arrastada e insegura tentativa de – se assim pode-se chamar – história de detetive, na qual James Garner não consegue se decidir se interpreta um personagem de comédia ou de *film noir*." Roger Ebert reservou seu único comentário elogioso para as duas cenas de Bruce Lee, embora não as considerasse importantes o bastante para citar seu nome, nem para ser preciso quanto à sua etnicidade: "Em algum ponto da história, no momento em que o mestre japonês de karatê destrói seu escritório (em uma cena muito engraçada), percebemos que Marlowe também está irremediavelmente perdido em meio ao enredo. *Detetive Marlowe em Ação* é agradável somente em um nível básico: é divertido assistir às sequências de ação – sobretudo quando o mestre de karatê, muito irritado, cai do topo de um prédio".

Apesar de ter sido um fracasso nos Estados Unidos, a MGM decidiu lançar *Detetive Marlowe em Ação* na Ásia três anos depois, quando Bruce havia se tornado muito famoso em Hong Kong. "Eles vão me colocar no topo da lista", gabou-se Bruce para um jornalista. "Realmente, não sei como vou explicar isso a Garner quando eu voltar a Hollywood."

Ele jamais teve uma chance de provocar James Garner, mas tentou reavivar seu relacionamento com Sharon Farrell. Os dois se encontraram acidentalmente em um consultório médico em Beverly Hills, em 1973. Lee Marvin também se encontrava ali, na mesma sala de espera, naquela ocasião. "Ele me deu o número de telefone dele", diz Sharon. "Lee Marvin olhou para o outro lado quando Bruce me agarrou e me beijou." Bruce, afinal, era o grande astro que prometera a Sharon. Mas Sharon perdeu o pedaço de papel em que ele anotara o número do telefone. "Eu pensei que o havia colocado em minha bolsa, mas não consegui encontrá-lo, depois", diz ela. "Devo tê-lo deixado cair no chão."

Stirling Silliphant e Bruce trabalhando no roteiro de
A Flauta Silenciosa (*The Silent Flute*) nos escritórios da
Pingree Production, de Silliphant, por volta de maio de 1970. (*David Tadman*)

Stirling Silliphant, Bruce Lee e James Coburn são saudados com leis florais na Índia, fevereiro de 1971. (*David Tadman*)

14

A Flauta Silenciosa

Steve McQueen podia ter roubado a garota de Bruce, mas Bruce ainda precisava dele. Por meses ele vinha tentando convencer Steve a fazerem um filme de artes marciais juntos. Bruce não conhecia nenhum estúdio de Hollywood disposto a bancar um filme de *kung fu*, a menos que algum astro de primeira linha estivesse envolvido na produção. Em resposta às súplicas de Bruce, McQueen tinha se mostrado cauteloso, não se comprometendo com a ideia.

O plano de Bruce era fazer com que McQueen se comprometesse com a ideia no *set* de *Os Desgarrados*, no Mississippi. Depois de seu encontro íntimo secreto com Sharon Farrell no *trailer* dela – seguido pelo rompimento –, Bruce aproximou-se de McQueen e disse-lhe que Stirling Silliphant estava ansioso para escrever o roteiro. "Você estrelaria esse filme?", perguntou ele.

"Antes, você deveria falar com o meu empresário, Robert Relyea", esquivou-se McQueen.

Bruce reuniu-se com Relyea, que também era o produtor executivo de *Os Desgarrados*, e fez o seu lance: Steve McQueen para estrelar, Stirling Silliphant para escrever o roteiro e Bruce Lee para coestrelar o primeiro filme de artes marciais feito nos Estados Unidos. Para ilustrar a proposta, Bruce mostrou a Relyea sua coleção – zelosamente guardada, desde a infância em Hong Kong – de revistas em quadrinhos sobre *kung fu*. "Esta vai ser a nova tendência no cinema", disse Bruce. "Nós só precisamos do financiamento."

Robert Relyea não achou que aquele fosse um bom movimento para a carreira de McQueen. Polidamente, ele tentou demover Bruce, mas como este pareceu não entender o recado e continuou a insistir, Relyea, por fim, explodiu: "Pare de me encher o saco, Kato, e esqueça essa bobagem de estrelar filmes. Concentre-se em manter o nosso astro em forma. E faça um favor a si mesmo: jogue fora esses gibis estúpidos. Eles são uma perda de tempo!".

Alguém menos determinado poderia ter desistido nesse momento, mas, assim que voltou do Mississippi, Bruce encontrou-se com Silliphant e argumentou que ambos deveriam abordar McQueen juntos. Ele estava seguro de que os dois poderiam convencer Steve a dizer "sim".

Assim que McQueen concordou com uma reunião, eles foram ao Castelo para explicar-lhe o enredo da história: Cord, o Buscador, embarca em uma jornada para descobrir a verdadeira natureza das artes marciais. Ao longo do caminho, Cord precisa derrotar vários inimigos – o Homem Cego, o Homem Ritmado, o Homem Macaco e o Homem Pantera –, que representam a ganância, o medo, a ira e a morte. Haveria inúmeras cenas de luta, e McQueen, é claro, seria o herói, Cord, enquanto Bruce interpretaria todos os quatro inimigos.

"Humm..." Steve fez uma pausa. "Vocês já têm um roteiro?"

"Não", disse Bruce, "mas Stirling é o melhor roteirista de Hollywood."

"Se você topar", disse Silliphant a McQueen, "eu o escreverei."

"Não sei... Minha agenda está bem lotada no momento", disse McQueen, tentando ser cortês. "Eu não poderia me envolver agora. Mas, assim que vocês tiverem um roteiro, eu o lerei."

À medida que McQueen tentava se esquivar, Bruce tentava manter a calma. Esse projeto seria o seu ingresso para uma carreira cinematográfica em Hollywood; e ele estava desesperado para realizá-lo. Ele tinha uma casa em Bel Air, um Porsche e uma jovem família – coisas que ele não poderia manter com seu nível de renda. Sem McQueen a bordo, Silliphant abandonaria o projeto e Bruce voltaria à estaca zero.

Bruce pressionou Steve para que aceitasse o acordo – o que se revelou um erro tático. McQueen era um amigo leal, mas não era um ator generoso. Ele demitia diretores que não fizessem com que ele ficasse bem nas telas, roteiristas que não escrevessem os melhores diálogos para ele e atores que fossem mais altos do que ele. Ele roubava cenas dos outros atores do sexo masculino e transava com as atrizes principais de seus filmes. Bruce pode ter acreditado que era o mestre de *kung fu* de Steve, mas McQueen o via mais como um caro *personal trainer* que se esquecera de seu devido lugar.

"Vamos admitir, Bruce. Isso é um veículo para fazer de você um superastro; e tenho de ser honesto com você: eu não estou nesse ramo de negócios para fazer com que outras pessoas se tornem astros", replicou, por fim, McQueen. "Eu adoro você, cara; mas você está andando no meu vácuo, e eu não vou tomar parte no seu projeto. Não vou carregar você nas minhas costas."

Tendo sido rechaçado, Bruce deixou a mansão enfurecido. Enquanto estava no jardim com Silliphant, ele olhou para as janelas do alto, ergueu um punho cerrado e gritou: "Eu serei maior do que ele. Quem, diabos, ele é para me dizer que não fará esse filme comigo? Eu serei um astro maior do que Steve McQueen!".

Depois da recusa de McQueen, Bruce caiu em depressão. Ele começou a ler avidamente livros de autoajuda, tais como *Pense e Fique Rico!*, de Napoleon Hill; *O Poder do Pensamento Positivo*, de Norman Vincent Peale; e *Como Fazer Amigos e Influenciar Pessoas*, de Dale Carnegie. Seu autor favorito era Hill, que aconselhava seus leitores a escrever determinada meta e a recitá-la várias e várias vezes todos os dias, de manhã até a noite.

No dia 7 de janeiro de 1969, Bruce escreveu a meta da sua vida. Intitulada "Meu Objetivo Principal Definido", sua ambiciosa e estranha "profecia" diz: "Eu, Bruce Lee, serei o primeiro e mais bem remunerado superastro oriental dos Estados Unidos. Como retribuição por isso, darei os desempenhos mais excitantes e de melhor qualidade dentro da minha capacidade como ator. No início de 1970, eu conquistarei fama internacional e, dali em diante, até o final de 1980, terei amealhado US$ 10 milhões. Viverei da maneira que mais me agrada e conquistarei a harmonia interior e a felicidade".

A primeira parte de sua predição era uma reação à rejeição de McQueen, enquanto o restante não era mais do que mera projeção de desejos íntimos. Mas, a despeito de seus muitos benefícios colaterais, a fama e a fortuna raramente favorecem à harmonia interior e a felicidade – tal como Bruce logo descobriria. McQueen envergonhara Lee diante de Silliphant. Por isso, o lado americano de Bruce lia livros de autoajuda, estabelecia metas e olhava para o futuro; enquanto seu lado chinês exigia vingança.

Paul Newman era para Steve McQueen o que McQueen era para Bruce Lee: o irmão mais velho, adorado e invejado, ao qual ansiava por derrotar. "Era uma bizarra 'rivalidade profissional-fraternal'", escreve Marshall Terrill, o melhor biógrafo de McQueen. "Ao longo de toda sua carreira, McQueen usou Newman como padrão de medida para seu próprio sucesso, e jurou um dia equiparar-se a Newman. O pronunciado senso de competitividade de Steve levou-o a seguir sempre além."

Se McQueen não queria estar em seu filme, Bruce ofereceria o papel a Paul Newman. Ele pediu a Jay Sebring, que cortava os cabelos de Newman, para que recrutasse Paul como aluno de *kung fu*. Uma vez que começassem a treinar juntos, Bruce planejava apresentar-lhe seu projeto. Mas isso não aconteceu. Por motivos desconhecidos, Newman jamais se tornou um dos alunos de Bruce. Sem McQueen ou Newman, o projeto cinematográfico de Bruce parecia ter morrido antes de nascer.

Vendo que Bruce se encontrava em um estado emocional e uma situação financeira terríveis, Silliphant concordou em manter-se vinculado ao projeto. "Bruce fora abandonado", recorda-se Silliphant. "Aquele filme maluco não era apenas uma fantasia passageira: ele tornou-se uma obsessão. Seria sua estrada para o estrelato." Eles ainda precisavam de um astro; assim, no dia 13 de janeiro de 1969, Bruce e Silliphant encontraram-se para almoçar e convidaram James Coburn. Ambos ofereceram a ele o papel de Cord – e, para tornar a oferta mais tentadora, a oportunidade para que ele dirigisse seu primeiro filme. Coburn, que adorava Bruce e sempre quisera dirigir, agarrou a oportunidade. Os três homens rapidamente estabeleceram um organograma: Silliphant e Coburn co-produziriam o filme; Coburn o dirigiria e interpretaria o papel principal; e Bruce protagonizaria todos os outros quatro papéis relevantes e coreografaria as cenas de luta.

"Você escreverá o roteiro?", perguntou Bruce ansiosamente a Silliphant.

"Não. Estou até as orelhas de tanto trabalho e não tenho tempo para fazer isso", disse Stirling, que acabara de assinar um contrato para escrever um filme japonês sobre samurais. "Eu poderia falar com meu sobrinho, Mark. Ele é um roteirista jovem e descolado, além de muito talentoso. Ele fará isso."

Bruce sentiu-se hesitante. Coburn era um ator bem-sucedido, mas não estava no mesmo nível de Steve McQueen. Para conseguir que um estúdio financiasse o projeto, eles precisariam contar com um roteirista de primeira linha.

"Vamos nos encontrar com Mark na semana que vem e discutiremos o projeto", sugeriu Coburn.

"Você já tem um título provisório, Bruce?"

"Ainda não. Vamos chamá-lo de 'Projeto *Leng*', por enquanto", disse Bruce. "*Leng* significa 'belo' em cantonês."

Sete dias depois, Bruce, Jim e Stirling encontraram-se com Mark Silliphant para discutir o Projeto *Leng*. Bruce deixou a reunião seriamente preocupado quanto à capacidade de Mark para fazer o trabalho. Depois de considerar a questão, Bruce decidiu escrever, ele mesmo, um esboço geral. Ao longo de todo o mês seguinte, Bruce seguiria a mesma rotina: pelas manhãs, ele ouvia fitas motivacionais, lia em voz alta o "Meu Objetivo Principal Definido" e visualizava a si mesmo tornando-se o mais bem pago superastro oriental dos Estados Unidos. Às tardes, ele escrevia o detalhamento do Projeto *Leng*.

No dia 28 de fevereiro de 1969, Bruce reuniu-se com Stirling e Coburn no escritório de Silliphant para apresentar suas novas ideias para a história e para discutir que Mark deveria ser substituído por um roteirista veterano. Stirling e James gostaram da apresentação, mas mostraram-se menos entusiasmados quanto a remover Mark. Ele estava trabalhando de graça, enquanto um roteirista mais experiente exigiria ser pago adiantadamente. Uma vez que Bruce não tivesse nenhum dinheiro, a conta caberia a Silliphant e Coburn. Depois de algumas idas e vindas, eles por fim concordaram com Bruce, que, mais tarde, escreveria a um amigo: "Nós aceleraremos o processo tão logo o profissional surja com sua proposta de tratamento do roteiro. Tudo está indo de vento em popa".

A perspectiva de ser lançado como roteirista por seu tio famoso tinha feito com que Mark estivesse trabalhando de forma muito dedicada no projeto, e ele implorou para não ser substituído. Stirling "aliviou", um pouco. Mark poderia continuar a trabalhar no projeto em segredo. Se o que ele escrevesse fosse bom, Stirling mostraria a Coburn e Lee. Mas ele aconselhou seu sobrinho para que trabalhasse com rapidez: havia apenas um pequeno intervalo durante o qual Bruce estaria afastado de sua obsessão pelo Projeto *Leng*. Stirling havia encontrado outra maneira de ajudar Bruce a fazer os pagamentos de sua hipoteca.

Depois de *Detetive Marlowe em Ação*, o roteiro seguinte de Silliphant foi para *Caminhando Sob a Chuva da Primavera* (*A Walk in the Spring Rain*), uma história romântica protagonizada por Ingrid Bergman e Anthony Quinn. Ele enxertou uma cena de luta no roteiro e convenceu a Columbia Pictures a contratar Bruce como coordenador de lutas. "Uma vez que a história transcorria nas montanhas do Tennessee, eu não podia incluir nenhum oriental na luta, simplesmente porque não há orientais lá em Gatlinburg", explica Silliphant. "Mas eu trouxe Bruce ao Tennessee para que coreografasse a luta."

No dia 17 de abril de 1969, Bruce chegou a Gatlinburg para ensaiar a cena com dois dublês locais – dois caipiras grandalhões, que se ressentiram por Silliphant ter trazido um sujeito "de fora". Eles olharam para o chinesinho de pouco mais de 60 quilos, que usava óculos, e riram zombeteiramente. "Um ventinho mais forte pode soprar esse sujeitinho para longe."

"Esse sujeitinho é capaz de arrancar o rabo de um leão", disse-lhes Silliphant. "Por isso, é melhor que vocês não mexam com ele."

"Bobagem", replicaram eles.

"É melhor deixarmos isso claro", disse Silliphant, "porque ele é o chefe e vocês estão trabalhando para ele."

Silliphant explicou a situação a Bruce e sugeriu uma demonstração. Sem hesitar, Bruce apanhou uma prancha de chutar de uma das suas bolsas.

"Tudo bem, um de vocês dois, segure essa prancha", disse Bruce aos dois dublês. "Vou dar um pequeno chute nela. Mas sugiro que você segure firme, porque, sabe, eu chuto bem forte."

"Claro, amigo, claro", sorriram os dois.

"Ei, vamos fazer com que isso fique mais interessante", interveio Silliphant, "e posicioná-los ao lado da piscina."

"Legal, cara, legal", disseram os dublês.

O primeiro sujeito segurou a prancha frouxamente contra o peito e sorriu para o amigo. Sem mover-se de onde estava, sem correr para tomar impulso nem nada disso, estando apenas parado diante do sujeito, Bruce lançou um chute lateral que catapultou o dublê para o meio da piscina.

O segundo dublê não podia acreditar no que via. "Sem chance. É um truque. Algum tipo de mágica chinesa", disse ele, apanhando a prancha e postando-se defensivamente como um zagueiro de futebol americano. "Tente fazer essa merda comigo."

O chute seguinte de Bruce mandou o segundo dublê para perto da extremidade oposta da piscina, quase fazendo-o aterrissar além da água. Quando os dois dublês saíram da piscina, massageando seus peitorais, suas atitudes estavam totalmente diferentes. "Os caras emergiram da água como cristãos! Batismo instantâneo!", relembra Silliphant. "Eles se tornaram escravos de Bruce, e Bruce adorou aquilo."

Enquanto estavam no Tennessee, Stirling informou Bruce de que dera ao seu sobrinho uma segunda chance de trabalhar no projeto. Quando retornaram a Los Angeles, Stirling, Bruce e James encontraram-se com Mark para almoçar, no dia 12 de maio de 1969, e disseram a ele o que queriam que fizesse. Seis semanas depois, Mark enviou-lhes seu roteiro para o projeto. Ninguém gostou do que ele fizera. No dia 25 de julho, Mark foi demitido – pela segunda vez –, e os três principais responsáveis concordaram que deveriam encontrar um roteirista profissional. Sua busca, no entanto, foi suspensa em função dos acontecimentos da noite de 8 de agosto de 1969.

No dia 7 de agosto de 1969, Jay Sebring foi visitar Steve McQueen, para aparar um pouco os cabelos de seu amigo, na sala de estar do Castelo. Sebring passaria a noite do dia seguinte na casa de campo de sua ex-namorada, Sharon Tate, e convidou McQueen para que o acompanhasse. Steve, que também já namorara Sharon, aceitou o convite. Tate estava grávida, de oito meses e meio, e seu marido, Roman Polanski, ficara retido em Londres para concluir um roteiro. Sharon vinha queixando-se a todos os seus amigos, mais ou menos a sério, que seu marido a deixara sozinha com dois hóspedes incômodos: Voytek Frykowski, um velho amigo de Polanski desde a Polônia, e a namorada dele, Abigail Folger, herdeira da fortuna da marca de café Folger.

Na noite seguinte, Sebring planejara apanhar McQueen em sua casa, mas Steve cancelou o encontro no último momento, quando inesperadamente encontrou uma antiga amante e decidiu passar a noite com ela. Sebring, então, dirigiu-se sozinho para a casa de Tate.

No Spahn Movie Ranch, nos arredores do Condado de Los Angeles, Charles Manson disse aos seguidores de sua seita *hippie*: "Agora chegou o momento do *Helter Skelter*". Tomado emprestado o título de uma canção dos Beatles, este era o termo empregado por Manson para descrever o que, segundo ele "profetizara", seria uma guerra racial apocalíptica entre negros e brancos. Ele tencionava incitar a revolução ao matar algumas pessoas brancas e ricas e imputar a culpa a militantes negros. Manson disse aos seus jovens seguidores Tex Watson, Susan Atkins, Patricia Krenwinkel e Linda Kasabian: "Vão à antiga casa de Terry Melcher e matem todos que estiverem na propriedade" (Melcher, um conhecido produtor musical, havia desdenhosamente rejeitado Manson, um aspirante a músico). Manson não sabia exatamente quem vivia ali, mas dissera tratar-se de "aquela gentinha da indústria do entretenimento". Tarde da noite do dia 8 de agosto de 1969, os quatro membros da seita de Manson dirigiram-se para a antiga casa de Melcher – então alugada por Sharon Tate e Roman Polanski.

Pouco depois da meia-noite, Tex Watson, Susan Atkins e Patricia Krenwinkel entraram na casa, enquanto Linda Kasabian ficou à espera deles, do lado de fora. Em uma frenética combinação de tiros, facadas, espancamentos e enforcamentos, eles assassinaram Sharon Tate e seu bebê, um menino não nascido, Jay Sebring, Abigail Folger, Voytek Frykowski e Steven Parent, um visitante de 18 anos de idade. Antes de partirem, Susan Atkins ainda ensopou uma toalha no sangue de Sharon Tate e usou-a para escrever de forma tosca a palavra *pig* [porco] sobre a porta da frente, em uma vã tentativa de fazer com que os crimes parecessem ter sido obra de militantes negros.

O horrendo massacre abalou a nação, aterrorizou Hollywood e marcou o fim da era de "paz e amor" dos anos 1960. Os assassinatos de Sharon Tate e seus quatro amigos tornaram-se a mais marcante história de um crime desde o rapto e subsequente assassinato do bebê Lindbergh, em 1932. Em poucas horas, a chacina nas Colinas de Hollywood já estava nas primeiras páginas dos jornais do mundo inteiro, rivalizando com o triunfal retorno da lua dos astronautas da Apollo 11 e a investigação do misterioso acidente envolvendo o senador Edward Kennedy, em Chappaquiddick. "Aquele episódio atingiu a comunidade cinematográfica muito profundamente", recorda-se Warren Beatty. "A reação coletiva àqueles assassinatos foi a mesma que se poderia esperar se um pequeno artefato nuclear tivesse explodido." O escritor Dominick Dunne diz: "As pessoas estavam convencidas de que a comunidade dos ricos e famosos estava em perigo. Crianças foram enviadas para fora da cidade. Seguranças foram contratados".

A proximidade pessoal e física dos assassinatos abalou Bruce de forma muito profunda. Jay Sebring fora um dos seus amigos mais chegados em Hollywood, e responsável em grande parte pelo lançamento de suas carreiras como ator e professor particular de *kung fu*. Bruce havia ensinado técnicas de luta a Sharon Tate para a filmagem de *Arma Secreta Contra Matt Helm*, e Roman Polanski era um dos seus clientes. Bruce e Linda haviam visitado a casa deles como convidados. "Aquele foi um período horrível e muito assustador, porque nossos amigos haviam sido assassinados", recorda-se Linda. "E havia apenas alguns desfiladeiros entre o lugar onde vivíamos e onde os crimes aconteceram. O sentimento era de que havia gente louca lá fora, matando outras pessoas aleatoriamente."

No dia 13 de agosto de 1969, Bruce compareceu ao funeral de Sharon Tate, acompanhado por John Hyams, às 11 horas da manhã. Depois do almoço, eles foram ao funeral de Jay Sebring, às 14h30. Aquele foi um dia triste e aterrador para todos os que compareceram aos funerais, entre os quais incluíam-se Paul Newman, Henry Fonda e James Coburn. Ao fim de tudo, Bruce disse a um amigo: "A casa deles ficava a apenas alguns poucos quilômetros da minha. Cara, quando coisas assim acontecem praticamente no seu quintal, você fica muito assustado, principalmente se você tem uma família. Pelo que eu pude entreouvir no funeral, o que fizeram com as vítimas foi horrível. Nem mesmo os jornais puderam descrever. Foi simplesmente brutal".

Por três meses, a polícia investigou os assassinatos sem chegar a qualquer suspeito. Bruce permaneceu hipervigilante, adotando precauções extraordinárias em torno da casa. Polanski, enlouquecido pela dor, tentou capturar os assassinos. Ele estava convencido de que o responsável era alguém de seu próprio círculo pessoal – possivelmente um marido enciumado. A polícia havia encontrado no chão, próximo dos corpos de Sharon e Jay, um par de óculos que não pudera ser identificado como pertencente a nenhuma das vítimas. Teria o assassino – ou os assassinos – os deixado cair? Polanski foi a uma ótica na Beverly Drive e comprou um medidor de lentes Vigor – um aparelho do mesmo tamanho e formato de um relógio de bolso – para auxiliá-lo em sua investigação particular.

Para sua proteção, Polanski continuou a tomar lições de defesa pessoal com Bruce. Várias vezes por semana, eles treinavam juntos no ginásio esportivo da Paramount. Certa manhã, Bruce casualmente mencionou: "Perdi os meus óculos".

"Eu nunca gostei dos seus óculos antigos mesmo", disse Polanski. "Depois da aula, por que você não vai comigo até uma ótica que conheço e comprarei uma nova armação para você, como um presente."

Enquanto percorria o trajeto em seu carro, Polanski sentia o coração disparado. Bruce se incluía no seu círculo de amizades, mas ele também era, como o único asiático, um *outsider*, que assistia a tudo "de fora". Ele sabia usar uma arma de fogo e era especialista em armas brancas. Ele tinha força e habilidade para sobrepujar múltiplas vítimas. Talvez Sebring o tivesse convidado e algo tivesse dado muito errado. Talvez ele estivesse secretamente apaixonado por Tate e não conseguira mais conter-se.

Quando chegaram à ótica, Bruce escolheu uma nova armação e disse ao atendente os graus de suas lentes. Polanski soltou um suspiro de alívio. "Tal como eu esperava", recorda-se Polanski, "os graus das lentes dele não tinham qualquer semelhança com os das lentes encontradas na cena do crime." Polanski jamais revelou a Bruce suas suspeitas. Em seus lutos mútuos, os dois homens tornaram-se muito próximos. Mais tarde, Polanski convidaria Bruce para uma semana de férias em seu chalé em Gstaad, na Suíça, esquiando e ministrando um seminário de treinamento de *jeet kune do*.

Um mês depois do crime, Silliphant e Coburn desembolsaram US$ 12 mil (o equivalente a US$ 80 mil em 2017) para contratar um roteirista chamado Logan. Ele levou três meses para finalizar um roteiro para o Projeto *Leng*. Mais uma vez, ninguém gostou do resultado. "Ele produziu um roteiro", recorda-se Silliphant, "que continha principalmente ficção científica e sexo. Nada a ver com o nosso argumento. Então, nós o demitimos."

Após duas tentativas fracassadas, Bruce e Coburn resolveram implorar para que Silliphant escrevesse o roteiro. Ele, por fim, concordou – mas sob uma condição. "Tudo bem, eu escreverei esse maldito roteiro", disse Silliphant. "Mas não vou fazer isso sozinho, enquanto vocês dois saem para pescar. Nós iremos nos reunir três vezes por semana, no meu escritório, entre às 17h e 19h. Nós ditaremos as cenas e as ideias que tivermos à minha secretária e vamos produzir esse negócio."

Então, depois de mais de um ano dedicando-se ao projeto, eles passaram a encontrar-se religiosamente ao longo de março, abril e maio de 1970, totalizando vinte reuniões para a produção do roteiro. "Bruce e Jimmy contribuíram, e muito, para enriquecer a estrutura do roteiro, a ponto de ser possível perceber a presença deles no texto", recorda-se Silliphant. "Afinal, ali estava o resultado, e nós ficamos muito entusiasmados." Os três homens adicionaram temperos radicalmente diferentes ao texto. Bruce recheou-o com taoismo, zen-budismo e sua filosofia do *jeet kune do*; Coburn salpicou algumas místicas parábolas do sufismo islâmico; e Silliphant acrescentou algumas meditações sobre o atemporal estado mental dos *Quatro Quartetos* de T. S. Eliot.

O resultado – que eles intitularam como *A Flauta Silenciosa* – foi o roteiro do filme de *kung fu* mais ambicioso e vanguardista jamais escrito. Em vez do típico enredo cuja motivação é a vingança, tratava-se de uma meditação metafísica sobre o significado das artes marciais. Coburn explicou: "A arte marcial é usada como uma ferramenta para descrever a autoevolução do homem".

Na versão final, o herói, Cord, busca pela Bíblia das Artes Marciais, que conteria os segredos do combate desarmado. Em sua jornada, ele deve lutar para passar por três provações, representando o Ego, o Amor e a Morte. Seu guia é Ah Sahm, um homem cego que simboliza seu inconsciente e toca uma flauta que somente Cord pode ouvir. Ao final de sua sangrenta trajetória, Cord rejeita a Bíblia, que representa a religião organizada, torna-se uno com Ah Sahm e desparece em meio ao nirvana.

A estruturação do roteiro é praticamente a mesma do livro *O Herói de Mil Faces*, de Joseph Campbell, os diálogos são bastante metafísicos, uma grande viagem impregnada de fumaça de maconha, e o nível de sexo e violência é extremo, mesmo para os padrões atuais. A crueldade dos assassinatos de Sharon Tate e Jay Sebring permeia cada uma das páginas. Uma cena inclui uma mulher crucificada e decapitada, de cujo pescoço projeta-se uma rosa; outras cenas retratam os intestinos de um gigantesco homem negro sendo arrancados e o cérebro de um belo jovem gotejando de seu crânio esmigalhado. A segunda provação de Cord (o Amor) envolve uma elaborada lição de sexo tântrico com uma linda concubina. Em uma descrição parcial da cena, lê-se: "Deitados juntos e completamente relaxados, com seus dedos ela separa os lábios de sua vulva e insere parcialmente o pênis dele". A concubina, então, diz: "Estes dois lábios são o fogo no meio. Nós permaneceremos assim por enquanto, até que estejamos preparados para a inexprimível experiência da unidade a que chamamos *samsara*, quando o tempo e a eternidade se tornam uma coisa só".

Mas ainda há mais. Os autores pretendiam que o filme fosse rodado em três locações diferentes (na Tailândia, no Japão e em Marrocos), gravado em seis idiomas (tailandês, cantonês, árabe, japonês, urdu e inglês). Com o roteiro finalizado, eles só precisavam encontrar um estúdio em Hollywood maluco o bastante para financiar e bancar a realização de um filme de artes marciais multimilionário, falado em diversos idiomas, místico e com cenas que envolveriam sexo explícito.

Antes que tivesse a chance de oferecer o roteiro a algum estúdio, Bruce Lee foi posto fora de combate por uma lesão que tinha grandes chances de pôr fim à sua carreira. No dia 13 de agosto de 1970 – exatamente um ano depois dos funerais de Tate e Sebring –, ele repousou um haltere de 56,7 quilos sobre seus ombros e flexionou seus músculos abdominais enquanto mantinha as costas retas – um mero exercício matinal de rotina. Nesse dia em particular, por qualquer motivo, Bruce não se aquecera de modo adequado, e alguma coisa estalou nas suas costas. De início, ele sentiu apenas uma dorzinha localizada, uma sensação ligeiramente desconfortável. Mas, ao longo dos dias seguintes, a dor tornou-se cada vez mais severa, obrigando-o a procurar um médico. Depois de uma extensa série de exames, o diagnóstico final foi o de que ele havia lesionado o quarto ligamento sacrociático, e de maneira irreversível.

Os médicos lhe prescreveram três meses de cama, em repouso absoluto, seguidos por mais três meses de fisioterapia. Ele lhes perguntou se voltaria ao normal após seis meses. Eles lhe disseram para que esquecesse o *kung fu*: "Você jamais voltará a chutar alto". Para Bruce Lee, isso soava como uma sentença de morte. As artes marciais tinham sido toda a sua vida, e agora eram seu meio de vida. Como ele realizaria o seu "Objetivo Principal Definido"? Qual seria o seu trabalho, então? Como sua família sobreviveria?

Por três meses, Bruce viu-se confinado a uma cama – uma excêntrica forma de tortura para alguém tão hiperativo quanto o "Nunca Para Quieto". Ele só saía de casa para comparecer às sessões semanais de seu tratamento com injeções de cortisona. Aquilo foi um inferno de angústia mental, agonia física e estresse financeiro. "Fiquei realmente assustado, porque Shannon era um bebê de colo e eu estava gastando muito dinheiro com médicos para o meu tratamento", contou Bruce a um amigo. "Não temo por mim mesmo, porque sempre poderei me virar, mas quando se tem outras pessoas a quem alimentar, isso me assusta muito."

Enquanto ele permanecia deitado, incapaz de representar ou de ensinar, as contas se avolumavam. Mesmo antes da lesão, Bruce sempre vivera "até o limite", sem poupar um único centavo para os dias difíceis. Ele "apostara todas as suas fichas" em *A Flauta Silenciosa*, um projeto inteiramente dependente de sua boa saúde física. Com as perspectivas financeiras da família cada vez piores, Linda tomou uma decisão.

"Eu vou trabalhar", disse ela a Bruce.

"Absolutamente não", replicou seu orgulhoso e patriarcal marido chinês. "Você já tem um trabalho, como esposa e mãe. Seria uma desgraça e uma vergonha para mim que minha esposa tivesse de trabalhar."

"Vou arranjar um emprego", ela insistiu. Essa foi uma das poucas vezes em que ela enfrentou o marido. Linda sempre deixara que Bruce fizesse as coisas ao seu modo, a menos que sua obstinação pudesse pôr as crianças em risco. Protegê-las era sua prioridade número um.

Sem uma graduação universitária, um histórico profissional ou qualificações de qualquer tipo, ela se candidatou a um emprego em uma empresa de coleta e registro de mensagens. No formulário de candidatura, no campo reservado para "experiência anterior na função" ela escreveu: "trabalhos como secretária para a empresa do meu marido". "Aquilo era verdade o bastante", reflete Linda. Ela conseguiu o emprego, que pagava um salário mínimo, e trabalhava todos os dias, das quatro horas da tarde até as onze horas da noite, além de uma hora de condução para chegar lá e outra hora para voltar para casa. Ela servia o "jantar" para Brandon, com 5 anos de idade, e Shannon, com 16 meses, às três horas da tarde, antes de deixar as crianças a cargo de Bruce. Foi a primeira vez que ele teve de trocar uma fralda. Para manter as aparências, Bruce insistia em que eles jamais deixassem alguém saber que sua esposa estaria trabalhando. Ele criou um elaborado conjunto de desculpas para explicar a ausência de Linda, caso alguém telefonasse ou fosse visitá-los em casa: ela teria ido fazer compras ou visitar amigos. Linda voltava para casa depois da meia-noite, e encontrava Shannon, Brandon e Bruce dormindo havia algum tempo. "Mas Bruce sempre deixava lindos bilhetinhos de amor e reconhecimento que faziam tudo valer a pena", diz ela.

Ao vê-lo tão desalentado e preocupado, Linda disse ao marido: "Talvez tivesse sido mais fácil para você alcançar seus objetivos se não tivesse assumido a responsabilidade de ter a mim e às crianças".

"Não importa o que, nem como ou quão ruins as coisas estejam, nem quão piores possam vir a ficar", respondeu Bruce, "quero que você saiba que a coisa mais importante da minha vida é ter você e as crianças ao meu lado."

Com seu corpo aprisionado a uma cama, a mente de Bruce vagava livre. Para inspirar-se, ele leu toda a obra de Krishnamurti. Então, começou a escrever. Ele encheu oito cadernos com ideias para roteiros, citações de seus autores favoritos e comentários sobre o caminho das artes marciais. Ele escrevia constantemente, pondo em palavras seus métodos de treinamento e a filosofia do *jeet kune do*. Mais tarde, ele consideraria a possibilidade de transformar essas anotações em um livro, mas acabou ficando sem tempo para fazê-lo. Depois de sua morte, Linda publicou algumas de suas notas em *O Tao do jeet kune do*, o livro sobre artes marciais campeão de vendas de todos os tempos.

Quando conseguiu voltar a caminhar, Bruce começou lentamente a reabilitar-se ao tentar fazer um mínimo treinamento de resistência para fortalecer seus músculos. Ele também recorreu a alguns procedimentos da medicina oriental, tais como a acupuntura. Bruce decidiu que os médicos estavam enganados. Ele voltaria a praticar artes marciais, e conseguiria fazer isso por meio de trabalho duro e pensamento positivo. No verso de um dos seus cartões de visita, ele escreveu: "Siga em frente!" e colocou-o sobre uma mesinha ao lado de sua escrivaninha, para motivar-se.

Depois de cinco meses, Bruce começou a exercitar-se moderadamente e retomou um treinamento leve. Para assombro de seus médicos, logo Bruce era capaz de fazer tudo o que fazia antes, até mesmo desferir chutes altos. Ele era tal como o velho Bruce, apenas por uma exceção: suas costas continuariam a ser uma crônica fonte de desconforto pelo resto de sua vida. Mas ele decidira que isso não ficaria em seu caminho; empurrou a dor para longe e outra vez parecia, para quem o visse apenas externamente, viver seu estilo de vida de maneira normal.

Depois de muita discussão, Silliphant e Coburn concordaram que o único executivo de estúdio audacioso o bastante para bancar um filme de artes marciais místico com cenas de sexo explícito seria Ted Ashley, o novo presidente da Warner Bros. Ele fora contratado recentemente para "virar a mesa" do estúdio decadente ao concentrar-se nas tendências contraculturais do mercado jovem, e obtivera grande sucesso com o documentário *Woodstock* (1970). Silliphant pretendia lançar *A Flauta Silenciosa* como o *Sem Destino* (*Easy Rider*, 1969), dos filmes de luta.

Sendo um dos roteiristas mais famosos da cidade, Silliphant conseguiu convencer Ashley a convidá-lo, junto com Bruce Lee, para um jantar exclusivo em sua mansão em Beverly Hills. "Tratava-se de um evento reservado estritamente para as pessoas mais importantes da indústria do cinema", gabou-se Bruce para os seus amigos. "Aqueles homens detinham um poder enorme, sendo capazes de fazer de um filme um grande sucesso ou matá-lo completamente. Alguns atores dariam o braço direito para serem convidados." Para ilustrar o conceito do filme, Silliphant pediu a Bruce que fizesse uma pequena demonstração de *kung fu* para a plateia VIP ali presente. Imediatamente, ele assumiu o controle do recinto. "Eu me lembro nitidamente de Bruce ter assombrado a todos nós com suas demonstrações de vários chutes e golpes", recorda-se Ted Ashley. "Eu perdi o fôlego! Uma coisa era saber que existia algo chamado 'artes marciais'; outra coisa, totalmente diferente, era estar a um metro de distância de uma demonstração ao vivo."

Tendo impressionado o chefão, Silliphant submeteu o roteiro à Warner Bros. "Eles amaram o roteiro, instantaneamente", afirma Silliphant. Talvez, mas em Hollywood falar é fácil – e barato. O amor verdadeiro é medido em dinheiro. A Warners toparia fazer o filme, mas sem gastar um dólar sequer. O filme teria de ser inteiramente rodado na Índia, onde a Warner Bros. possuía enormes somas em fundos congelados. O governo indiano não permitia que os estúdios cinematográficos norte-americanos enviassem para os Estados Unidos o dinheiro que arrecadavam nas bilheterias indianas. Esses recursos poderiam ser utilizados somente para que fossem feitos filmes na Índia, se quisessem fazer isso. O problema era que nenhum produtor ou diretor norte-americano se mostrava disposto a filmar em um país tão miserável quanto a Índia; assim, o dinheiro ficava ali "aprisionado". Ted Ashley disse a Silliphant: "As rupias estão lá na Índia. Vocês vão até lá e apanhem-nas".

No dia 29 de janeiro de 1971, eles voaram – na primeira classe – de Los Angeles para Bombaim (Mumbai), para procurar locações pelas duas semanas seguintes. Coburn e Silliphant desembarcaram com muitas e sérias reservas. Ambos já haviam estado na Índia e não achavam que a região fosse o lugar certo para o filme. Bruce, porém, sentia-se ansioso e cheio de esperanças. Durante o voo de Bombaim para Nova Delhi, Bruce tentava exercer algum controle sobre sua energia nervosa golpeando repetidamente um grosso bloco de anotações que trazia sobre o colo.

"Ei, cara, você está fazendo isso há uma hora", queixou-se Coburn, por fim. "Será que poderia parar um pouco?"

"Tenho de me manter em forma", desculpou-se Bruce.

Partindo de Nova Delhi, eles foram levados de carro pelo deserto, na fronteira com o Paquistão. Sendo o astro, Coburn sentou-se à frente, enquanto Silliphant e Lee viajaram no banco traseiro. "A estrada é horrível!", escreveu Bruce para Linda. "E dirigir por ela é um pesadelo." As precárias estradinhas de terra foram extremamente ruins para as costas de Bruce após tantas horas. Para distrair-se, Bruce começou a cantarolar canções *pop* em voz muito baixa, por quilômetros a fio. Por fim, Coburn virou-se para trás e disse: "Pelo amor de Deus, você quer parar com isso?! Você está me deixando louco!". Quando Coburn voltou a olhar para a frente, Bruce agitou um punho cerrado na direção de sua nuca.

Eles pararam em uma espelunca para almoçar, mas a comida era intragável. Bruce pediu costeletas de carneiro, mas não conseguiu mastigá-las. Ele atirou a comida a um cachorro magro e esfomeado que os observava. No mesmo instante, três atendentes indianos saíram da cozinha com bastões e vassouras e começaram a bater no cachorro e a apanhar a carne. Bruce levantou-se, indignado, com vontade de atirar os atendentes ao chão e fazê-los comer poeira. Coburn agarrou o braço de Bruce e meneou a cabeça negativamente. O cozinheiro veio até eles e disse: "Perdoe-me, *Sahib*, mas o senhor não entende. Nossos filhos não têm comida, e dá-la a um cão é errado". Lágrimas afloraram aos olhos de Bruce. "Eu achei que já tinha visto a pobreza em Hong Kong, na minha infância. Mas aquilo não era nada comparado à Índia", contou Bruce, mais tarde, a um amigo. "Jamais tinha me dado conta de como vivemos bem até ter ido para lá. Moscas voejavam por todo lugar. A fome é algo muito comum. Adultos e crianças imploram por comida, e alguns deitam-se ao longo de estradas limitando-se a esperar pela morte certa, por falta de alimento."

Do norte da Índia, eles voaram para o sul, até Madras (Chennai). Bruce apontou pela janela do avião: "Ei, é lindo lá embaixo. Nós poderíamos filmar lá".

"Você não pode levar uma equipe até lá", disse Coburn. "Como faríamos isso? Nós os lançaríamos de paraquedas no meio da selva? Onde instalaríamos um gerador? Onde nós viveríamos?"

Além de locações adequadas, eles também esperavam poder encontrar talentosos praticantes locais de artes marciais para as cenas de luta, para evitar o custo de trazer dublês estrangeiros. Em Madras, eles fizeram testes com lutadores nativos. Nove praticantes de artes marciais indianos se candidataram. Bruce postou-se diante do grupo e disse: "Vamos ver em que estágio vocês estão – o que vocês sabem fazer". De repente, instaurou-se o caos. Os nove sujeitos simplesmente passaram a surrar-se. Em poucos segundos, já havia um deles sangrando pela boca. Bruce ergueu uma das mãos e gritou: "Não, não! Parem por um minuto! Vejam, é isso que tenho em mente". Sem ter feito qualquer aquecimento e com as costas em más condições, Bruce fez uma breve demonstração que deixou a todos assombrados. Eles jamais tinham visto algo como aquilo. Quando ele terminou, todos prostraram-se de joelhos.

"O que você acha?", perguntou-lhe Coburn, então. "Podemos usar alguns deles?"

"De jeito nenhum", disse Bruce. "Eu precisaria ao menos de três anos para treinar qualquer um desses caras até o nível necessário."

No aeroporto, enquanto aguardavam o voo para Goa, Bruce notou um grupo de garotos indianos que olhava fixamente para ele. Eles nunca tinham visto, pessoalmente, um chinês antes. Ele chamou os garotos e começou a fazer truques de mágica, apanhando moedas de suas mãos ou fazendo um garfo desaparecer. Mais garotos vieram juntar-se aos primeiros. Bruce demonstrou chutes, socos e posturas de *kung fu* aos garotos, que riram e aplaudiram. Coburn, que preferia viajar com tranquilidade, emitiu um suspiro de enfado.

Eles chegaram às praias de Goa, as quais encontraram completamente tomadas por *hippies* ocidentais, vindos dos Estados Unidos, da Alemanha, da França e da Inglaterra; belos jovens cabeludos deitados nus sob o sol. "Não sei como, mas toda a garotada *hippie* sabia quem era Bruce Lee", recorda-se Silliphant. "Eles devem tê-lo visto em *O Besouro Verde*. Ele era mais conhecido do que Coburn. Os *hippies* os convidaram para que ficassem com eles. Por dois dias inteiros, Silliphant, Coburn e Lee fumaram haxixe nepalês e conversaram sobre como adaptar seu roteiro à Índia. Coburn não achava que tal coisa fosse possível, Silliphant mostrava-se ambivalente, e Bruce ansiosamente tentava convencê-los de que poderiam filmar em locações ruins. "A Warner Bros. quer fazer o filme. Por que nós não o faríamos?", argumentava Bruce. "Para o diabo com as locações. Nós podemos fazer a roda girar. Nós faremos esse filme."

A Warner Bros. pagara por toda a viagem com as rupias bloqueadas, e fizera todos os arranjos necessários. Em todos os hotéis, James Coburn, sendo o diretor e o ator principal, hospedava-se na maior suíte; enquanto Silliphant, o roteirista de pouca importância, e Lee, o ator chinês desconhecido, eram alojados em quartos adjacentes com as dimensões de um *closet*. A cama encalombada do Goa Hotel agravou o estado das costas de Bruce. Ao chegarem a Bombaim para passar a última noite antes de voltarem para casa, Bruce sentia dores excruciantes. Um motorista os levou do aeroporto ao hotel Taj Mahal Palace. Para Coburn havia sido reservada uma suíte do tamanho de uma casa. "Aquilo era embaraçoso. Seria possível alojar uma equipe de produção inteira naquele espaço", recorda-se Silliphant. "Naturalmente, Coburn não disse sentir muito pela situação. Ele era um grande astro e essa deveria ser sua postura, não é?" Mais uma vez, para Lee e Silliphant foram destinados quartos minúsculos. Bruce ficou indignado. Esse foi o golpe final e ele ficou enfurecido.

"Um dia eu serei um astro maior do que McQueen e Coburn", declarou Bruce a Silliphant.

"Você é um chinês em um mundo de homens brancos", disse Silliphant a Bruce. "Não há como isso acontecer."

No dia 11 de fevereiro de 1971, eles partiram de Bombaim, divididos. Coburn estava convencido de que a Índia seria absolutamente inadequada para o projeto. Silliphant não achava que a Índia fosse o lugar ideal, mas tinha certeza de que os filmes de *kung fu* seriam a próxima grande tendência, e acreditava que valeria a pena experimentar nesse mercado. Bruce não podia dar-se ao luxo de deixar que o projeto morresse. Coburn e Silliphant ofereceram-se para ajudá-lo com seus problemas financeiros, mas Bruce era orgulhoso demais e recusou a oferta.

Quando Coburn disse à Warner Bros. que o filme não poderia ser feito na Índia, o estúdio descartou o projeto. Ou este seria realizado com as rupias bloqueadas ou não seria realizado. Bruce ficou furioso, amargurado e magoado. Ele se sentia traído por seus amigos mais chegados de Hollywood. "Coburn pôs tudo a perder", declarou Bruce com a voz embargada pela raiva. "Ele não queria voltar para a Índia, então disse à Warner Brothers que a Índia não contava com boas locações. Ele matou o projeto. Eu estava contando tanto com esse filme. Era a oportunidade da minha vida. Merda, se eu soubesse que ele iria fazer uma coisa dessas, jamais teria me associado a ele."

Mesmo depois de Coburn e a Warner Bros. haverem se retirado, Bruce recusava-se a desistir de *A Flauta Silenciosa*. Ele não podia admitir a derrota e deixar que a fantasia se fosse. "*A Flauta Silenciosa* está indo bem", assegurou ele ao seu aluno de Oakland, Leo Fong. "Tivemos alguns problemas com a locação, mas muito em breve deveremos saber quanto à data oficial." Bruce encontrou-se com outros produtores. Ele ofereceu o projeto a Roman Polanski: "Se você quiser dirigir um filme realmente significativo sobre artes marciais...". Por meses ele insistiu nessa toada, sem resultados. "Nada de novo surgiu quanto a *A Flauta Silenciosa*", escreveu ele ao seu aluno de Los Angeles Larry Hartsell, em 6 de junho de 1971. "É uma questão de tempo."

Lentamente, pouco a pouco, o sonho morreu.

James Franciscus (Mike Longstreet) e Bruce Lee (Li Tsung) entre uma tomada e outra em *Longstreet*, junho de 1971.
(*ABC Photo Archives/ABC/Getty Images*)

Praticando *chi sao* (mãos pegajosas) em *Longstreet*, junho de 1971.
(*ABC Photo Archives/ABC/Getty Images*)

15

O Caminho de Longstreet

Enquanto Bruce Lee tentava desesperadamente levar Hollywood a fazer seu primeiro filme de *kung fu*, ele recebeu uma inesperada concorrência vinda da Costa Leste, da mais improvável das fontes: um jovem e batalhador redator de comédias chamado Ed Spielman, um judeu do Brooklyn. Ed escrevia e vendia piadas a Phyllis Diller e Johnny Carson; mas, desde que assistira, ainda adolescente, ao clássico de 1956 de Akira Kurosawa, *Os Sete Samurais*, a verdadeira paixão de Spielman passou a ser a cultura asiática. Na mesma época em que Bruce estudava filosofia na Universidade de Washington, Ed era um dos cinco alunos do Departamento de Língua Chinesa da Brooklyn College. Como atividade extracurricular, ele estudava o karatê japonês; depois de graduar-se, ele passou ao *kung fu* chinês.

Ainda obcecado por Kurosawa, Spielman decidiu escrever um roteiro para um filme sobre Miyamoto Musashi, o samurai mais famoso do Japão. Na versão preliminar deste, Musashi viaja até o Templo Shaolin, na China, e faz amizade com um dos monges, que ensina a ele o *kung fu*. Em algum momento de 1967, Spielman deu o manuscrito para que fosse lido por seu parceiro e também redator de comédias Howard Friedlander, formado no curso de cinema pela Universidade de Nova York.

"A história daquele monge realmente mexeu comigo. Eu adorei o personagem", diz Friedlander. "De repente, eu tive uma ideia que simplesmente explodiu no meu cérebro: virei-me para ele e disse: 'Ed, isso é um *western*'. E ele disse: 'O quê?'. Então eu disse: 'Um *western*. O monge shaolin; leve-o para o Velho Oeste'. Ele abriu a boca e deu-se conta de que era aquilo mesmo." Eles foram ao apartamento de Friedlander e começaram a escrever o argumento. Spielman surgiu com a ideia de retratar o monge shaolin Kwai Chang Caine como um mestiço, metade norte-americano, metade chinês. "Esse cara sou eu", disse Spielman. "O personagem Caine sou eu, de certa maneira; tal como Siegel e Shuster criaram o Super-Homem. Ele sempre foi eurasiano; ele nunca se encaixava." Quando o texto foi concluído, eles o intitularam *The Way of the Tiger, The Sign of the Dragon* (algo como "O Caminho do Tigre, a Marca [ou o Signo] do Dragão").

Em 1969, Spielman e Friedlander apresentaram um portfólio de suas piadas a Peter Lampack, um jovem agente a serviço da empresa William Morris. Entre as páginas, Spielman inseriu intencionalmente uma cópia do roteiro cinematográfico com a história de um monge shaolin eurasiano que vagava pelo Velho Oeste americano da década de 1880, corrigindo maus feitos com a pacifista filosofia oriental; e, caso isso falhasse, dando surras em *cowboys* durões. "Para falar a verdade, eu não gostei muito do material cômico", recorda-se Lampack, "mas fiquei muito envolvido com a história deles de um rapaz meio chinês, meio branco, porque era uma ideia totalmente nova."

Cheio de entusiasmo juvenil, Lampack tentou vender a ideia dentro da própria William Morris, mas não conseguiu despertar interesse na empresa. Sem deixar-se intimidar, ele levou pessoalmente a ideia ao mercado, oferecendo-a a todo estúdio ou produtor de Hollywood com que pudesse estabelecer contato. "Eu recebi cinquenta recusas", diz Lampack. "Eu era jovem e idealista o bastante para não me dar conta de que um protagonista mestiço não estava no topo das listas de prioridades dos estúdios, porque havia, então, um preconceito substancial nos Estados Unidos pós-Segunda Guerra Mundial; e nas décadas que se seguiram imediatamente a isso, havia um sentimento – quando não ostensivo, sutil – antioriental."

A única pessoa a mostrar algum interesse pelo argumento foi Fred Weintraub, um executivo da Warner Bros., então com 41 anos de idade. Ex-proprietário do clube noturno Bitter End, no Greenwich Village, Weintraub era um amigo muito chegado de Ted Ashley. Quando Ashley foi contratado para revitalizar a Warner Bros., encarregou Weintraub da administração de um fundo destinado ao financiamento de projetos contraculturais que tivessem grande apelo junto à juventude, tal como *Sem Destino* (1969), da Columbia Pictures. O primeiro ato de Weintraub foi uma aposta de US$ 1 milhão para a produção de um documentário sobre um festival de música que aconteceria no interior do estado de Nova York. Lançado no dia 26 de março de 1970, *Woodstock: 3 Dias de Paz, Amor e Música* (*Woodstock: 3 Days of Peace and Music*) rendeu tanto dinheiro que salvou a Warner Bros. da falência.

Entre seus projetos subsequentes, incluía-se o argumento de Spielman e Friedlander para *The Way of the Tiger, The Sign of the Dragon*. "Eu gostei da ideia e dei aos rapazes algo como US$ 3.800 para que escrevessem um roteiro", recorda-se Weintraub. Eles me apresentaram o roteiro no dia 30 de abril de 1970. Assim que Weintraub terminou de lê-lo, o trabalho já estava vendido. "Então, eu tinha apenas de vender aos chefões da Warner Bros. o conceito de um *western* de *kung fu*", diz Weintraub.

Durante a viagem para Los Angeles, ele decidiu estudar o material que serviria como "fonte" para o roteiro, cujo título excessivamente longo havia sido mudado para uma expressão chinesa que pouquíssimos norte-americanos já tinham ouvido antes: *Kung Fu*. Ele "acampou" nos arquivos da Warner para assistir a "alguns daqueles filmes chineses cheios de brigas que estavam se tornando populares na Ásia, mas que, até então, quase não eram vistos nos Estados Unidos". Apesar de sua execução risível, Weintraub deixou-se inspirar por seu potencial. "Os filmes eram, em sua maior parte, uma bagunça: insuportavelmente longos, com histórias incompreensíveis, custos de produção de fundo de quintal e diálogos insípidos e mal dublados. Mas, nos dez minutos finais de cada filme, havia sempre algum tipo de batalha, nas quais o heroico e solitário mestre das artes marciais, vestido de branco, derrotava um enxame de atacantes vestidos de preto, com chutes, piruetas e socos velozes como raios – fazendo com que eu me contorcesse na cadeira durante as lutas."

Fred partilhava seu entusiasmo pelo potencial dos filmes de *kung fu* com seu velho amigo Sy Weintraub (sem relação de parentesco). Sy, que fizera fortuna produzindo filmes e a série televisiva de Tarzan, era um dos alunos particulares de Bruce Lee. Ele disse que Fred precisava conhecer seu jovem instrutor chinês. "Foi assim que, pela primeira vez, eu fiquei cara a cara com Bruce Lee. Embora seja mais preciso dizer 'cara a peito', porque, com 1,88 metro de altura, eu me elevava como uma torre diante do mestre de artes marciais e ator eventual de 1,70 metro", diz Weintraub. "À época que conheci Bruce Lee, eu jamais vira quaisquer de seus trabalhos para a televisão. Para mim, ele era apenas um jovem doce, brilhante, bem-falante e um profundo conhecedor de seu ramo de atividade – as artes marciais, não as artes dramáticas –, ansioso para aplicar suas habilidades a uma carreira cinematográfica."

Depois de conversar com Bruce, Weintraub se convencera de que encontrara o ator perfeito para o papel, difícil de escalar, de Kwai Chang Caine, o mestre de *kung fu* eurasiano. Vários nomes já haviam sido cogitados em associação ao projeto. O escolhido de Spielman era James Coburn. "Ele caminhava belamente para dentro da cena", diz Spielman. "Ele era um rei em termos de dramaturgia. Acho que ele teria sido um golaço." Mas aquele era o projeto de Weintraub, e ele queria Bruce. "Conversamos muito sobre isso", diz Weintraub.

Por um breve momento, tratou-se de um projeto prestes a entrar em produção – "Eles decidiram que nos enviariam a Durango, no México, para as cenas do Oeste", diz Friedlander, "e para Taiwan para as sequências chinesas" –; mas só até 1º de março de 1970, quando Richard Zanuck e seu parceiro, David Brown, foram contratados como executivos *seniores* na Warner. Tal como em quase todas as mudanças nos estúdios de Hollywood, a primeira coisa que esses "padrastos" faziam era matar no berço os "bebês" de executivos rivais antes que eventualmente pudessem tornar-se grandes sucessos e que seus "pais biológicos" levassem os créditos pelo sucesso. "Assim que Zanuck e Brown chegaram, eles cancelaram o projeto", diz Friedlander. "Eu jamais esquecerei isso." Mesmo com o sucesso de *Woodstock*, Weintraub não foi capaz de salvar *Kung Fu*. Ele apelou contra a decisão por toda a hierarquia, até o topo, mas "nem mesmo Ted Ashley, meu melhor amigo e chefe do estúdio, aprovou a produção do filme. O consenso era o de que o público não estaria propenso a aceitar um herói chinês". Com um argumento racista, *Kung Fu* foi mandado para o "Inferno dos Novos Projetos", para onde muitos projetos promissores já haviam sido enviados, para tormento das esperanças e dos sonhos de seus criadores.

Com o cancelamento de *Kung Fu*, Fred Weintraub passou a procurar por outro projeto no qual Bruce – que ele julgava possuidor de um talento especial – pudesse ser inserido. O argumento para um filme chamado *Kelsey* chamou sua atenção. "Essa foi uma história que eu adorei, de uma tribo indígena em Dakota do Norte, chamada Mandan, cujos indivíduos têm, predominantemente, olhos azuis. Mas alguns deles se parecem com chineses", diz Weintraub. "Eu estava tentando encontrar alguma coisa que pudesse funcionar para Bruce. Foi maluquice."

Passada em 1792, a história gira em torno de um alto e robusto caçador de peles (Kelsey) que busca por uma trilha oculta no território dos Dakotas, a qual, segundo uma lenda, atravessa as terras dos Mandan. Na primeira parte, Kelsey é traído por um rival franco-canadense (Rousseau) e abandonado, sendo dado como morto. Ele cambaleia de volta à feitoria, onde recruta um velho amigo das forças armadas (Woody) e um mercenário chinês (Lee) para seguir os passos de Rousseau. Na segunda parte, os três descobrem os Mandan, combatem em várias lutas ritualizadas ao lado dos bravos da tribo, e deitam-se para passar o inverno em companhia de várias *squaws* (mulheres) de olhos azuis. Na terceira parte, Kelsey, Woody e Lee enfrentam Rousseau e seu bando de foras da lei. No final, em uma reviravolta característica da contracultura (por volta de 1971), os três heróis recusam-se a retornar à feitoria – e à civilização branca – e passam a viver entre os Mandan.

Kelsey foi a fonte primária do material para *Operação Dragão* (1973). Em *Kelsey*, Lee é chinês, Kelsey é branco, e seu velho amigo, Woody, é negro. "Para o papel principal, eu tinha em mente o ator Woody Strode", diz Fred. Os três heróis de *Operação Dragão* também são um branco (Roper), um negro (Williams) e um chinês (Lee, que, convenientemente, tem o mesmo nome do ator que o interpreta). Em *Operação Dragão* as inter-relações dos personagens também são as mesmas: Roper e Williams são dois amigos veteranos de guerra, enquanto Lee é um guerreiro a quem eles encontraram pelo caminho.

A diferença está na hierarquia dos heróis. Em *Kelsey*, Lee tem 13 linhas de diálogo, enquanto Woody tem 31 e Kelsey 115. Não apenas não é o personagem principal, mas não é sequer o segundo mais importante. Apresentado como "um especialista em artes marciais", a primeira missão de Lee é trazer um chá para Kelsey. Em outras palavras, Lee era, mais uma vez, Kato – o quase mudo especialista em *kung fu* e mordomo asiático do herói branco. Weintraub acreditava no talento de Bruce, mas ele ainda achava que um ator chinês não seria capaz de alavancar um filme de Hollywood.

No final, nada disso teve importância. Weintraub submeteu o roteiro de *Kelsey* aos chefões da Warner em 26 de março de 1971. O texto voltou com extensas anotações. Uma segunda versão foi apresentada em 28 de abril, mas, apesar das modificações, *Kelsey* foi rejeitado. Tratava-se de algo muito estranho, mesmo para a Warner Bros. "Eu jamais cheguei a lugar algum com aquilo", diz Weintraub.

Com o fracasso de *Kelsey*, *Kung Fu* e, ainda mais dolorosamente, de *A Flauta Silenciosa*, Bruce ficou tão desiludido com Hollywood que começou a perder a fé. Ele se sentia desamparado, incapaz de direcionar seu próprio destino. "Bruce começou a acreditar no que vivíamos dizendo a ele: que ele jamais seria um superastro", diz Stirling Silliphant. "Será sempre assim: 'Bruce Lee, aguente firme e nós arranjaremos alguma coisa em que você poderá ser encaixado'." Certo dia, Bruce apanhou Brandon, então com 6 anos de idade, e preveniu-o para que jamais se tornasse um ator: "Quando você crescer, será o maior produtor de Hollywood. Você irá comandar o jogo e dirá a todo mundo quem poderá e quem não poderá ser um astro. Ninguém lhe dirá que, por ser chinês, você não pode ser um líder".

Vendo a frustração de seu *sifu* e preocupado com a possibilidade de Bruce abandonar Hollywood, Silliphant traçou uma nova estratégia para fazer de Bruce Lee um astro do cinema. "Achei que se conseguíssemos para ele o papel de protagonista em uma série de TV", diz Silliphant, "ele poderia fazer muito sucesso e isso serviria como ponte para o cinema." Uma oportunidade para pôr esse plano em prática surgiu quando Tom Tannenbaum, o chefe da Paramount TV, contratou Silliphant para adaptar os romances de mistério de Baynard Kendrick com o personagem Duncan Maclain, um detetive particular cego, que trabalhava com seu cão pastor-alemão e seus assistentes domésticos para solucionar assassinatos. O plano para o trabalho com a série – rebatizada como *Longstreet* – consistia-se em exibir o primeiro episódio, com duas horas de duração, na faixa "Filme da Semana da ABC" e, se a audiência respondesse bem, transformá-lo no primeiro de uma série, com duração indeterminada.

Tempos depois, Bruce reivindicaria o crédito pela ideia original, dizendo a Mito Uyehara que "a ideia de *Longstreet* partiu, indiretamente, de mim. Eu gostaria de atuar em um filme no qual interpretaria um lutador cego. Mencionei isso a Silliphant várias vezes, e foi assim que ele teve a ideia de usar um detetive cego como personagem principal. Minha ideia veio do filme japonês *Zatoichi: The Blind Swordsman* [Zatoichi: O Espadachim Cego].

Silliphant arranjou um almoço para apresentar Bruce Lee a Tom Tannenbaum, no dia 30 de setembro de 1970.

Bruce certamente encantou Tannenbaum, pois, quatro dias depois, o chefe da Paramount TV fez a seguinte anotação em sua agenda: "Farei uma série de TV".

Silliphant não tentou fazer de Bruce o astro de *Longstreet*. Ainda que tenha alterado bastante o material original – praticamente a única coisa que a série de TV tem em comum com os romances é que o personagem principal, rebatizado como Mike Longstreet, é um detetive cego –, Silliphant não transformou

Longstreet em um lutador chinês privado da visão. Ele nem mesmo incluiu Bruce no piloto para a televisão. Tal como acontecera com *A Flauta Silenciosa*, Silliphant não acreditava que Bruce estivesse pronto para encarregar-se de um projeto, ainda. Bruce tinha o carisma e a energia em estado bruto de um astro, mas esse magnetismo não passava às telas. Seu Kato era insípido, e sua atuação em *Detetive Marlowe em Ação* se revelara demasiadamente contida. Bruce precisava do veículo certo, mas também precisava aprofundar-se muito como ator. Ele precisava de um desempenho espetacularmente popular.

Depois que o piloto de *Longstreet* foi ao ar, em 23 de fevereiro de 1971, Tannenbaum determinou que quatro episódios fossem filmados antes da estreia da série, marcada para 16 de setembro de 1971. Silliphant, que era o produtor-executivo, decidiu dedicar o terceiro episódio a Bruce e seu estilo pessoal de artes marciais. Ele chegou ao ponto de intitular o episódio como "O Caminho do Punho Interceptador", a tradução da expressão *jeet kune do*. Seu objetivo era exibir os talentos de Bruce sob as melhores luzes possíveis, para que servissem como um cartão de visita e contribuíssem para que Bruce estrelasse sua própria série televisiva.

A estratégia de Silliphant era brilhante em sua simplicidade: ele faria Bruce Lee interpretar Bruce Lee. Silliphant, com a ajuda de Bruce, criou o personagem Li Tsung, um comerciante de antiguidades e mestre de *kung fu*. Li Tsung termina por ensinar *kung fu* a Mike Longstreet, interpretado por James Franciscus.

Na abertura de "O Caminho do Punho Interceptador", o cego Longstreet é atacado por três estivadores que pretendiam fazê-lo parar com as investigações sobre os roubos que estavam acontecendo no porto de Nova Orleans. Surgindo do nada, Li Tsung (Bruce Lee) intervém, dispersando os malfeitores com golpes de *kung fu* e chutes giratórios de costas.

"O que você fez a eles?", pergunta Longstreet.

"Eles o fizeram a si mesmos", responde Li Tsung.

"Quem é você?"

"Li. Li Tsung", diz ele, à maneira de James Bond, e cumprimenta Longstreet com tapinhas no ombro.

"Tudo de bom para você."

Quando Longstreet pede a Li Tsung que lhe ensine essa antiga e venerável arte de surrar pessoas, Li Tsung recusa-se a fazê-lo.

"Estou disposto a esvaziar minha xícara para experimentar o seu chá", insiste Longstreet.

"Ter a mente aberta é muito bom, mas isso não muda nada. Eu não acredito em sistemas, sr. Longstreet, nem em um método. Sem um sistema e sem um método, o que há para ensinar?"

Silliphant deve ter se divertido ao escrever esse episódio, colocando Longstreet como seu porta-voz. Tal como ele mesmo disse, tempos depois: "O que eu fiz foi simplesmente pegar muitas das coisas que Bruce havia me ensinado e colocá-las no roteiro". Depois de todas aquelas aulas particulares muito caras, Stirling deve ter-se deliciado ao poder escrever o que nelas aprendera e cobrar por isso.

Na primeira sessão de treinamento de Longstreet, Li Tsung pede a ele que chute uma prancha. Então, ele passa a prancha às mãos de Longstreet. "Quero que você perceba a diferença quando eu ponho minha força nisso." Li Tsung chuta a prancha e manda Longstreet para uma cadeira posicionada a mais de um metro e meio atrás de si, a qual vira devido ao impacto e faz com que ele aterrisse de pernas para o ar.

O amigo de Longstreet, Duke Paige (interpretado por Peter Mark Richman), que estivera observando a tudo com ceticismo, pergunta: "O que é isso que você faz?".

Li Tsung começa a falar, no que mais parece um comercial meio velado do *jeet kune do*. "Em cantonês, *jeet kune do* significa: 'O Caminho para Interceptar o Punho'. Venha, toque-me onde você conseguir", diz Li Tsung e, em seguida, aplica um chute lateral no joelho de Duke. "Para me alcançar, você precisa mover-se na minha direção. Seu ataque oferece-me uma oportunidade para interceptar você. Nesse caso, estou usando minha arma mais longa – meu chute lateral, contra o alvo mais próximo, sua rótula. Isso pode ser comparado ao *jab* de esquerda, no boxe – exceto pelo fato de que é muito mais danoso."

Bruce está energizado e dinâmico ao longo de todas essas sequências de treinamento, encarnando por completo o personagem que ele passara os últimos vários anos criando. Em resumo, ele é um astro. Bruce não era um tipo de ator polivalente que se transforma no personagem que interpreta; ele atuava mais nos moldes dos clássicos protagonistas de Hollywood, que transformavam os personagens em versões de si mesmos. "Eu sou uma personalidade, e cada papel que interpreto tem um pouco dessa personalidade", disse Bruce, tempos depois, à imprensa de Hong Kong. "Acho que o ingrediente responsável pelo sucesso disso [sua atuação em *Longstreet*] foi o fato de que eu estava sendo Bruce Lee. Eu era livre para expressar a mim mesmo." Ele explicou essa concepção a outro entrevistador: "Quando cheguei lá [em Hollywood] pela primeira vez, eu fiz *O Besouro Verde*. Olhando à minha volta, eu vi uma porção de seres humanos; quando olhei para mim, notei que era o único robô ali, porque não estava sendo eu mesmo".

Pelo restante do episódio, Silliphant fez com que Longstreet proferisse as citações favoritas de Bruce. Quando, depois de muitas tentativas, Longstreet consegue desferir um chute decente, Li Tsung grita, em sinal de aprovação: "Sim! Agora, qual foi a sua sensação ao fazer isso?".

"Foi como se eu não tivesse chutado. O *chute* saiu por si mesmo", responde Longstreet, articulando uma fala que Bruce repetiria, mais tarde, em *Operação Dragão*: "Quando uma oportunidade se apresenta, eu não golpeio. O golpe desfere-se por si mesmo".

À medida que a confiança de Longstreet cresce, ele decide desafiar os estivadores que lhe bateram para uma revanche. Ele vai até um bar nas docas e lança seu desafio: "Estarei no Pier 6 em uma semana, a contar de hoje. Ao meio-dia, em ponto. E vou chutar vocês para dentro do rio".

Li Tsung objeta a intenção de Longstreet de usar sua arte para propósitos violentos e se recusa a continuar com suas lições. "Você tem uma mente agressiva, sr. Longstreet. A menos que aprenda a acalmá-la, jamais poderá ouvir o mundo exterior."

Longstreet faz um apelo: "Li, quero que você acredite que faço isso mais do que apenas para aprender a me defender. Houve algumas vezes que, enquanto você me ensinava, eu senti que meu corpo e minha mente estavam verdadeiramente unificados. É engraçado que através de uma arte marcial, de uma forma de combate, eu pudesse sentir algo pacífico, algo sem hostilidade, quase como se eu achasse que conhecia o *jeet kune do*. Seria fácil conhecê-lo e, ao conhecê-lo, saber que nunca teria de usá-lo".

"Você sempre sabe qual é a coisa certa a ser dita?", brinca Li Tsung, concordando em prepará-lo para o desafio proposto aos estivadores.

À medida que a data marcada se aproxima, Longstreet tenta desesperadamente absorver anos de experiência e treinamento de defesa pessoal em algumas poucas horas. Quando ele se queixa de que haveria coisas demais para lembrar-se, Li Tsung profere a fala mais famosa de Bruce Lee: "Se você tentar lembrar-se, você perderá. Esvazie sua mente. Seja sem forma, sem contornos definidos, como a água. Se você colocar a água em uma xícara, ela se tornará a xícara; ponha-a em uma chaleira, e ela se tornará a chaleira. A água pode fluir, infiltrar-se, gotejar ou colidir violentamente contra algo. Seja água, meu amigo".

Com o passar dos anos, esta passagem – "Seja água, meu amigo" – tornou-se a frase favorita de todos os fãs de Bruce Lee; sua fala icônica. Depois que *Longstreet* foi ao ar, Bruce Lee concedeu uma entrevista a Pierre Berton, então o mais importante jornalista da TV canadense. Como essa foi a única entrevista de Bruce Lee para a televisão cujas gravações ainda existem, todos os documentários sobre Bruce Lee utilizaram trechos dela. Durante a conversa, Berton perguntou a Bruce: "Você consegue se lembrar das falas principais escritas por Stirling Silliphant? Você escreveu que algumas dessas falas expressariam sua filosofia. Não sei se você se lembra delas...". Bruce responde: "Oh, sim. Eu me lembro delas. Eu disse: 'Esvazie sua mente. Seja sem forma, sem contornos definidos, como a água. Se você colocar a água em uma xícara, ela se tornará a xícara; se colocada em uma garrafa, ela se tornará a garrafa; ponha-a em uma chaleira, e ela se tornará a chaleira. A água pode fluir ou colidir violentamente contra algo. Seja água, meu amigo'. Era assim, está vendo?". Desde então, todos os documentários sobre Bruce Lee editam a pergunta de Berton e exibem apenas a partir da parte em que Bruce diz "Esvazie sua mente...", como se ele fosse um místico zen, e não um ator dizendo uma fala escrita por um roteirista vencedor do Oscar.

Na cena do treinamento final, na noite anterior à grande luta, Li Tsung diz a Longstreet que ele jamais estará pronto a menos que mude sua atitude: "Tal como todo mundo, você quer aprender a maneira de vencer, mas nunca aceita a maneira de perder. Aceitar a derrota, aprender a morrer, é libertar-se disso. Assim, quando amanhã chegar, você precisará livrar-se de sua mentalidade ambiciosa e aprender a arte de morrer".

Para escrever esta cena, Silliphant baseou-se em uma das aulas com Bruce. "Ele me fazia correr até cinco quilômetros por dia", recorda-se Silliphant. "Então, certa manhã, ele me disse que correríamos oito quilômetros. Eu disse: 'Bruce, eu não aguento correr oito quilômetros. Sou bem mais velho do que você, e não consigo correr por oito quilômetros'. Ele disse: 'Quando chegarmos aos cinco, vamos trocar as marchas e, então, serão apenas mais três; e você conseguirá'. Eu disse: 'Tudo bem, vamos embora. Estou nessa'. Então, chegamos aos cinco quilômetros e começamos o sexto; eu estava bem, pelos primeiros três ou quatro minutos, quando realmente comecei a fraquejar. Eu estava cansado, com o coração disparado e não aguentaria mais; então, eu disse a ele: 'Bruce, se eu correr mais', e nós ainda estávamos correndo, 'se eu correr mais, é provável que eu tenha um ataque cardíaco e morra'. Ele disse: 'Então, morra'. Aquilo me deixou tão louco da vida que eu corri os oito quilômetros."

※

Tal como fizera em *Detetive Marlowe em Ação*, Bruce também coreografou as lutas para aquele episódio de *Longstreet*. "Bruce era o consultor, e dava instruções sobre como tudo devia ser feito", diz Peter Mark Richman. "Ele não era apenas um sujeito que ficava por ali fazendo nada, ele estava constantemente treinando."

Durante as filmagens do episódio, entre 21 de junho e 1º de julho de 1971, Bruce também estabeleceu uma rotina de aulas diárias para ensinar *jeet kune do* a toda a equipe. "Bruce Lee estava sempre na sala ao lado, ensinando karatê, durante as filmagens de *Longstreet*. Todos os atores estudaram com ele. Ele estava em uma forma física incrível e era muito popular. Ele fazia *splits* no ar e aterrissava com uma das pernas sobre uma mesa e a outra estendida, sem nada sobre que se apoiar; fazia várias coisas incríveis", diz Louis Gossett Jr., que interpretava o Sargento Cory. O fato de haver um ator asiático-americano e outro afro-americano representando papéis proeminentes em um programa televisivo era algo tão incomum que a resenha publicada pelo *The New York Times* ressaltava esse ponto ao mencionar que "o chinês empresta um ligeiro toque de exotismo. [...] O detetive da polícia, interpretado por Lou Gossett, é negro". James Franciscus mostrava-se particularmente grato pela instrução de Lee: "Bruce me ensinou o suficiente acerca dos aspectos básicos, por isso parecia que eu sabia o que estava fazendo. Eu realmente não sabia, mas...".

Para manter-se em sintonia com a temática da série, Bruce não apenas dava instruções físicas aos atores, mas também lhes oferecia alguns ensinamentos filosóficos. Marlyn Mason, que interpretava a assistente de Mike Longstreet, Nikki Bell, lembra-se da sabedoria de Bruce com ternura: "Ele era simplesmente o homem mais adorável. Ele mudou minha vida com quatro palavras. Ele me disse: 'Não diga uma só palavra; apenas ouça e pense a respeito'. E eu ouvi. Ele disse: 'O que é, é.' Eu pensei 'Isso é simples demais', mas não disse nada e comecei a pensar a respeito. Desde então, não creio que passe um dia sem que eu pense nele, porque isso literalmente mudou a minha vida".

Peter Mark Richman ficou menos impressionado. Quando perguntado sobre o que achava que Bruce estaria tentando transmitir através do programa, ele respondeu: "Algum tipo de filosofia fajuta. O roteirista Stirling Silliphant tinha essa ideia de que ele seria um profundo conhecedor de filosofia oriental". A diferença entre as reações de Marlyn e Peter reflete a divisão entre as pessoas quanto à filosofia de Bruce. Algumas a acham profunda; outras, apenas um apelo de *marketing*. E é inteiramente possível que ela seja um pouco de cada uma dessas coisas. Bruce era muito sério quanto à filosofia, mas, para alguém tão autoconsciente quanto ele era, é possível que tenha se dado conta do benefício que isso acrescentava à sua *persona*, em uma época em que os Beatles estavam aprendendo Meditação Transcendental em *ashrams* indianos.

A qualidade que os atores mais apreciam em seus colegas de profissão é a habilidade para ouvir e reagir. Tais habilidades ainda faltam a Bruce em *Longstreet*. Quando ele participa de uma cena em que dois outros atores estejam falando e ele não seja o centro das atenções, é possível notar seu visível desconforto. Mas, quando está ministrando as lições de *jeet kune do* e toda a cena gira em torno dele, ele a domina por completo. Não é possível afastar os olhos dele. Essa é a diferença entre um ator que interpreta personagens e um astro. Em *Longstreet*, Bruce teve seu desempenho seminal: o momento em que percebeu seu potencial de representação nas telas. Ele ainda teria muito trabalho a fazer, mas as cenas em que Bruce Lee estava apenas sendo "Bruce Lee" são eletrizantes.

Com um olhar afetuoso, Silliphant finalmente conseguira capturar na tela o que o cativara tanto no Bruce da vida real. E o plano de Silliphant de usar esse episódio como um cartão de visita para conseguir que Bruce viesse a estrelar sua própria série parecia bem encaminhado. A excitação na Paramount quanto ao episódio era palpável. No dia 10 de julho de 1971, Bruce escreveu a um amigo, para partilhar as boas-novas: "Concluímos a filmagem de 'Longstreet' – não deixe de assisti-lo, em setembro. Fiz um bom trabalho, ali. Na verdade, Tom Tannenbaum, chefe do departamento de TV da Paramount, acaba de entrar em contato comigo, para desenvolver uma série televisiva para mim. Além disso, ele quer que eu apareça como um personagem recorrente em 'Longstreet'. Tudo isso aconteceu tão rápido que eu nem sei o que pensar. Devo ter feito um bom trabalho!? Bem, não sei o que mais posso dizer, senão que as coisas estão finalmente começando a dar certo para mim".

Ato III

O Retorno

"Neste mundo, há apenas duas tragédias: uma a de não satisfazermos os nossos desejos, e a outra a de os satisfazermos."

– Oscar Wilde

Run Run Shaw com suas estrelas, no pátio dos fundos da Shaw Bros., 1976. Ao centro, com os cabelos curtos, Betty Ting Pei. (*Dirck Halstead/Getty Images*)

Andre Morgan, John Saxon, Raymond Chow e Bruce Lee, fevereiro de 1973. (*Stanley Bielecki Movie Collection/Getty Images*)

16
O Último Magnata

Um ano antes de *Longstreet*, enquanto ainda escrevia *A Flauta Silenciosa*, com Coburn e Silliphant, Bruce recebeu um telefonema surpreendente, muito cedo, de uma estação de rádio de Hong Kong, pedindo-lhe que concedesse uma entrevista, ao vivo. Naquela manhã de meados de março de 1970, sua reação inicial foi amaldiçoar quem o havia acordado tão cedo; mas, sendo um especialista na arte de ser encantador, rapidamente concordou, sem se dar conta da importância do fato. Tempos depois, ele diria ao seu amigo, Mito Uyehara: "Você sabe quanto custa uma ligação telefônica de uma hora de Hong Kong para a minha casa? Cara, deve ter custado uma grana para eles! Mas eles mereceram, por terem me acordado tão cedo. Você consegue me imaginar falando para milhares de pessoas, tão longe? Acho que foi a primeira vez que uma estação de rádio fez algo parecido".

Mito perguntou: "Sobre o que vocês conversaram?".

"Oh, nada importante", respondeu Bruce. "Primeiro, o sujeito me perguntou se eu voltaria a Hong Kong, e eu respondi: "Em breve". Então, ele me perguntou se eu estaria fazendo algum filme naquele momento e se já tinha planejado fazer algum outro em Hong Kong. Eu disse a ele que faria, se o valor a ser pago fosse acertado de antemão. Você sabe, meu chinês está bem ruim, agora; mas se estava bom o bastante para o apresentador de rádio, também seria bom o bastante para os ouvintes dele.

Uma semana depois, Bruce tinha uma curta viagem marcada para Hong Kong. Ele não visitava a colônia havia mais de cinco anos. Mas o verdadeiro motivo da visita era arranjar um visto para que sua mãe pudesse viver nos Estados Unidos. Ela já havia alcançado uma idade avançada e queria estar mais próxima da maioria de seus filhos: Robert, Agnes e Phoebe viviam em São Francisco e Bruce morava em Los Angeles; apenas Peter permanecia em Hong Kong.

No dia 27 de março de 1970, Bruce desembarcou no Aeroporto Kai Tak, em companhia do pequeno Brandon, com 5 anos de idade. Tão surpreendente quanto a entrevista radiofônica que concedera pelo telefone, a recepção que o aguardava atingiu-lhe de maneira completamente chocante. A princípio, Bruce achou que alguém muito importante tinha viajado no mesmo avião que eles, até ouvir seu nome sendo gritado em coro: "Sr. Lee! Sr. Lee!". A imprensa o cercou, fazendo-lhe as mesmas perguntas que ele respondera ao radialista. Estupefato, Bruce respondeu a todas com gentileza e polidez, e até mesmo concordou em posar com duas atrizes, uma de cada lado, enquanto os fotógrafos disparavam suas câmeras freneticamente.

"Cara, eu não sabia o que estava acontecendo", disse ele a Mito, depois. "Mas eu não estava me queixando. Jamais recebera tanta atenção assim desde os tempos de *O Besouro Verde*. Aquilo fazia bem para o meu ego, mas eu mal podia acreditar que ter falado uma hora no rádio fizera de mim uma celebridade em Hong Kong."

Foram necessárias algumas horas para que ele descobrisse o verdadeiro motivo de tamanha atenção. *O Besouro Verde* fora recentemente levado ao ar na televisão de Hong Kong e se tornara tão popular entre os habitantes locais que apelidaram a série de *O Show de Kato*. "Quando descobri isso, ficou claro para mim por que fora entrevistado pela rádio e por que aquela multidão estava ali. Minha mãe falara à imprensa sobre minha chegada próxima e os jornais a haviam noticiado. *O Besouro Verde* era um grande sucesso entre as pessoas de lá", contou Bruce alegremente, "e elas o reprisaram por meses. Quando assisti pela primeira vez eu não conseguia parar de rir, especialmente ao ver Van [Williams] dublado em chinês. Era engraçado! Acho que fui o único sujeito a ter se aventurado a sair de lá e tornar-se ator. Para muita gente – inclusive atores e atrizes –, Hollywood é como um reino encantado. É um lugar além do alcance de todos e, quando eu cheguei lá, eles acharam que eu havia realizado um feito incrível."

O filho pródigo havia retornado como o garoto local que havia se dado muito bem. Todos queriam um pouco da atenção dele. "Eu me diverti muito, ainda que tenha sido um período muito agitado. A casa da minha mãe era incessantemente assediada por gente da televisão e dos jornais", disse Bruce. "E eles a procuravam não apenas por minha causa. Pela primeira vez em sua vida, minha mãe também teve um pouco de publicidade. Ela adorou isso."

O melhor convite partiu de um *talk show*, exibido tarde da noite, chamado *Enjoy Yourself Tonight* – a versão de Hong Kong de *The Tonight Show Starring Johnny Carson*, um dos programas mais populares da TV dos Estados Unidos. Pelos primeiros quinze minutos, o apresentador e Bruce fizeram piadas. Depois dos anos de prática com a mídia norte-americana, Bruce estava em seu melhor momento: relaxado, encantador e irreverente. "*Talk shows* como aquele eram fáceis de fazer", disse Bruce, tempos depois. "Não é preciso memorizar nada e você pode brincar e contar piadas a noite inteira. Não há discussões sérias; todos os assuntos são leves."

Depois do bloco da entrevista, Bruce fez uma das suas bem treinadas demonstrações de *kung fu*. Ele estava ansioso para exibir tudo o que havia aprendido desde que deixara seu lar. Ele fez algumas flexões apoiando-se apenas sobre dois dedos e, aplicando um chute com um salto, partiu ao meio uma pilha de quatro tábuas de 2,5 centímetros de espessura suspensas do teto por uma corda – um número particularmente difícil. Enquanto a multidão ainda uivava em aplausos, Bruce trouxe Brandon, com 5 anos de idade, dos bastidores e ele quebrou algumas tábuas também. Então, a plateia chinesa, que adora crianças, foi à loucura. Tal como o pai de Bruce, que fizera com que ele participasse de um filme aos 2 meses de idade, agora era o próprio Bruce quem apresentava seu pequeno filho ao ramo de negócios da família.

Para o grande final, dois assistentes foram trazidos ao palco. "A emissora estava tão entusiasmada com a minha participação no programa que se dispôs a arranjar qualquer coisa que eu precisasse", recordou-se Bruce. "Eu só pedi para trazerem dois faixas pretas de karatê." Bruce disse a um dos lutadores para que segurasse um aparador de chutes e posicionou o outro atrás do primeiro, instruindo-o para que apoiasse seu companheiro caso o chute o projetasse para trás. "O palco era pequeno, mas achei que haveria espaço suficiente para gerar a força necessária ao meu chute", relatou Bruce com grande satisfação. "Eu tive de me posicionar a menos de um metro e meio dele, mas consegui aplicar um chute perfeito, levantando o sujeito do chão e lançando-o para trás com muita força. O segundo sujeito não esperava que o primeiro voasse para cima dele e não se segurou de maneira adequada. Mas mesmo que estivesse preparado para isso não havia como ele conter o primeiro sujeito, que voou com muita velocidade. Você precisava ver as expressões no rosto das pessoas presentes. Foi engraçado quando os dois sujeitos desabaram contra as vigas de sustentação do palco, derrubando tudo. Os auxiliares de palco estavam atônitos e correram de todos os lados para ajudar os faixas pretas a se levantarem. Mas ver os dois caras no chão me fez rir a valer. Eles estavam totalmente chocados e tinham as expressões mais aturdidas do mundo. Cara, o lugar virou uma bagunça cômica."

As plateias de Hong Kong já haviam assistido a incontáveis demonstrações de *kung fu,* mas jamais tinham visto algo assim antes. E, é claro, jamais tinham visto alguém como Bruce nas telas de suas televisões, com seu carisma, sua energia e seus movimentos quase arrogantes, que ele aperfeiçoara com o estudo dedicado dos modos de Steve McQueen, o Rei do *Cool*. "Ele era tão natural, mesmo quando aparecia nas telas", recorda-se Michael Hui, um colega de classe de Bruce na La Salle. "Dava a impressão de que ele poderia saltar da televisão diretamente para a sala da sua casa." O que as plateias chinesas estavam acostumadas a ver eram atores submetidos a contratos rígidos, impecavelmente bem-vestidos e enviados para dizer apenas o que os estúdios lhes dissessem para dizer, sob pena de punição caso errassem alguma coisa. O que viam em Bruce era um homem livre das amarras de quaisquer instituições e mesmo, aparentemente, livre das limitações de dois mil anos de confucionismo. "Ele era um sujeito muito direto, muito ocidentalizado e um espírito muito dinâmico, para quem nada parecia impossível de ser feito", diz Ang Lee, diretor de *O Tigre e o Dragão* (*Crowching Tiger, Hidden Dragon*), "cujas atitudes eram muito diferentes da tipicamente reprimida e hesitante forma de atuação chinesa."

Bruce Lee era algo novo. E ninguém reconhece algo novo mais rapidamente do que as crianças. O garoto mais importante que assistiu ao programa naquela noite viria a ser David Lo, filho do diretor Lo Wei. Enquanto Bruce brincava na entrevista, David correu ao quarto de seu pai, que trabalhava para os estúdios Golden Harvest, buscando-o para que visse aquilo que o deixara tão impressionado. Em seguida, este telefonaria a seu chefe, Raymond Chow, sugerindo-lhe para que também assistisse. Bruce poderia ser alguém interessante, a quem valeria a pena sondar. Chow levou uma ou duas semanas para conseguir uma cópia do programa. "Fiquei muito impressionado não somente com sua técnica e excelente forma física. Fui mais atraído por seus olhos", recorda-se Chow. "Aqueles olhos expressavam muita intensidade."

Raymond via Bruce como uma perspectiva interessante; um ator com potencial suficiente para justificar uma tentativa. Ele tentou localizar Bruce, mas era tarde demais. Bruce já havia retornado à América no dia 16 de abril de 1970. Por ora, Chow teria de prosseguir em seu amargo combate contra Run Run Shaw, o último magnata do cinema de Hong Kong, sem a ajuda de Bruce Lee.

Na década seguinte à mudança de Bruce para a América, o cenário da indústria cinematográfica de Hong Kong foi transformado por completo. Durante os anos 1950, tratava-se apenas de uma indústria mais amadora, com poucos estúdios maiores e dezenas de empresas de produções independentes. Por volta de 1970, todo o mercado era dominado por um único homem: Run Run Shaw.

Nascido no dia 23 de novembro de 1907, perto de Xangai, Run Run era o sexto de sete filhos de um rico comerciante de tecidos que também era proprietário de um antigo teatro de *vaudeville*. Run Run e dois de seus irmãos mais velhos, Run Me e Run Je, sentiam-se mais entusiasmados com as possibilidades da indústria do entretenimento do que com as da indústria têxtil e decidiram reativar o teatro, encenando suas próprias peças. Run Je escreveu um melodrama ao estilo de Robin Hood, *O Homem de Shanxi*, e encenou-o no teatro dilapidado. Na noite da estreia, as tábuas podres do palco se esfacelaram sob o peso do ator principal, que desapareceu na frente do público. Mas a plateia riu, pensando tratar-se de algo intencional. Os rapazes deram-se conta disso e reescreveram todo o roteiro para incluir a cena da queda como parte do espetáculo. E o espetáculo foi um grande sucesso e, em 1924, transformaram *O Homem de Shanxi* em seu primeiro filme.

Com a China continental tornando-se cada vez mais instável ao longo da década de 1930, os irmãos decidiram transferir sua base de atividades para Cingapura. "Nós estávamos mais interessados em distribuir filmes do que em fazê-los", recorda-se Run Run. "Nós adquirimos uma sala de cinema e, posteriormente, expandimos nossos interesses nessa direção, até chegarmos a ser proprietários de 120 salas, somente em Cingapura e na Malásia." A cadeia de salas de cinema deles tornou-se conhecida como o "Circuito Mandarim", estendendo-se desde Hong Kong através de Taiwan, Vietnã, Laos, Tailândia,

Mianmar, Coreia, Malásia, Cingapura, Filipinas, Indonésia, chegando até mesmo a algumas cidades ocidentais que contavam com grandes comunidades chinesas, tais como São Francisco.

Quando os japoneses tomaram Cingapura, no dia 15 de fevereiro de 1942, os Shaw Brothers provaram estar mais bem preparados para o desastre iminente do que o Exército Britânico. Eles já haviam liquidado a maior parte de seu patrimônio e enterrado mais de US$ 4 milhões em ouro, joias e dinheiro em espécie no quintal de sua casa. Depois da libertação de Cingapura, eles desenterraram seu tesouro escondido e o empregaram para restabelecer seu império. "As pérolas estavam um tanto pardacentas, os relógios haviam enferrujado, as cédulas meio úmidas e mofadas, mas o ouro ainda estava em perfeitas condições e amarelinho", recordou-se Run Run Shaw. "Nós ainda éramos ricos."

Tendo assegurado o virtual monopólio da distribuição cinematográfica, os irmãos voltaram suas atenções para a produção de conteúdo. Com a queda da China continental para os comunistas, Hong Kong era, então, a nova capital cinematográfica do mundo que falava chinês, e Run Run mudou-se para lá em 1957 para expandir o império familiar. Em 1961, dois anos depois de Bruce ter sido enviado para a América, ele concluiu a construção de seu estúdio cinematográfico no topo da colina açoitada pelo vento que contemplava a Baía Clearwater, em Hong Kong. Tratava-se do maior estúdio de propriedade de um único dono do mundo, e ele o chamou Movietown (literalmente, "Cidade do Cinema", mas também um trocadilho com expressão *movie tone*, algo como "tom cinematográfico" em inglês). O terreno de mais de dezoito hectares e meio continha todas as fases de uma operação completa. Todos os filmes dos Shaw Brothers foram planejados, escritos, encenados, dirigidos, editados, dublados e despachados de um dos dez estúdios, dezesseis locações externas e três estúdios de sonorização das dependências. Os filmes eram revelados no laboratório da Movietown e os cenários eram confeccionados na fábrica da Movietown. Nada era comprado se pudesse ser manufaturado, e nada do que era manufaturado era usado apenas uma vez.

O mesmo princípio se aplicava aos atores do estúdio. Tal como a MGM e outros estúdios da era de ouro de Hollywood, a Movietown também contava com sua própria academia de arte dramática, a Southern Dramatic School, que ensinava os aspirantes a atores e atrizes como dançar, beijar e lutar. Milhares se candidatavam, algumas centenas eram admitidas, dos quais apenas um dentre cada cinquenta formava-se no curso. A esses que se formavam era oferecido um contrato blindado com os Shaw Brothers. Uma vez que o assinassem, o poder de Run Run sobre os atores da casa teria feito Darryl Zanuck* engasgar de inveja com seu charuto. Os contratos os prendiam por até seis anos, com um salário-base de US$ 200 mensais, sem quaisquer outros benefícios adicionais ou assistência médica. Aos atores não era permitido que dissessem sequer uma palavra quanto aos roteiros, diretores ou seus coadjuvantes. Quase todos tinham de morar nos altos prédios de dormitórios da Movietown. Confraternização entre os sexos, bebedeiras e o consumo de drogas eram estritamente proibidos, sob pena de perderem seus empregos. Praticamente, a única maneira de romper o contrato seria abandonar a profissão ou o próprio país.

Com seu monopólio da distribuição e mantendo quase todos os talentos locais aprisionados, Run Run começou a lançar filmes – mais de quarenta por ano – sobrepujando a todos os produtores independentes. "A indústria cinematográfica chinesa estava em seu nível mais baixo, então", explicou Run Run. "Os filmes eram feitos em sete ou dez dias, mas eram de qualidade muito ruim e o retorno que proporcionavam era pequeno. Aferrei-me à noção de que nessa parte do mundo, onde a população chinesa era tão grande, teria de haver mercado para filmes de boa qualidade." Embora os filmes de Run Run fossem de qualidade superior, a verdadeira chave para seu sucesso era algo que ele havia aprendido ainda muito jovem, quando a plateia riu do ator que despencou através das tábuas apodrecidas do palco de seu teatro: o cliente tem sempre razão. Ao contrário do didatismo das mensagens sociais dos filmes da infância de Bruce, nos anos 1950, os filmes de Shaw não tentavam "vender" nenhuma agenda política. "Se eles querem violência, nós lhes damos violência. Se eles querem sexo, nós lhes damos sexo", declarou Run Run como lema de seu empreendimento. "O que quer que as plateias queiram, nós lhes daremos. Eu, particularmente, gosto de filmes que rendam dinheiro."

Tendo estudado os frequentadores de cinemas do ponto de vista de proprietário de um deles, Run Run concluiu: "Todo tipo de filme tem seu período de popularidade. Depois de algum tempo, as pessoas se cansam do mesmo tipo de filme". Quando Run Run chegara, em 1957, os musicais eram o gênero preferido, estrelados por personagens masculinos afetadamente românticos. Já

---

* Darryl Francis Zanuck (1902-1979) foi um produtor, roteirista e cineasta norte-americano. Junto com Joseph Schenck, ele fundou o estúdio de cinema 20th Century Fox. Antes, Zanuck era proprietário da Fox Film Corporation, que, em 1935, se fundiu com uma próspera produtora, a Twentieth Century Pictures, liderada Schenck. Fumante inveterado de enormes charutos, a figura de Zanuck praticamente definiu o arquétipo do magnata da indústria cinematográfica do século XX. (N. dos T.)

no final de 1964, a predileção do público cinéfilo havia migrado para os sangrentos filmes japoneses de samurais (*chambara*). Run Run logo começou a soltar seus próprios filmes com violentas lutas entre espadachins (*wuxia*), repletos de super-heróis vingativos, capazes de dar saltos altíssimos, saltos mortais e desafiar a lei da gravidade ao levitarem. "Às vezes, nós exagerávamos um pouco [na violência], especialmente nos filmes com espadas", admitiu Run Run. "Mas, na verdade, as plateias chinesas – e, de fato, a maioria das outras plateias também – adoram violência."

A popularidade dos filmes de lutas com espadas *wuxia* declinou em 1968 depois do premiê comunista Chou En-lai ter declarado que o Japão era a nova força imperialista no Oriente. De repente, tornou-se algo fora de moda imitar os filmes de samurais. Tal como fizera antes, Run Run Shaw mudou o foco. Com o nacionalismo chinês como a nova tendência, os Shaw Bros. apenas mudaram a temática de seus filmes para a arte exclusivamente chinesa do *kung fu*. O cinema de Hong Kong contava com uma tradição de filmes de *kung fu*, dentre eles a longa série de filmes de Wong Fei-hung. Os Shaw Bros. fizeram reviver essa tradição, com um distinto traço antijaponês, para se adequar melhor ao espírito da época, com *A Morte em Minhas Mãos* (*The Chinese Boxer*, 1970) – o primeiro grande filme a dedicar-se inteiramente à arte do *kung fu*.

A concepção de *A Morte em Minhas Mãos* deveu-se inteiramente ao maior astro de filmes de ação de Hong Kong – e um graduado pela academia de Shaw –, Jimmy Wang Yu, que escreveu o roteiro, dirigiu e estrelou o filme. "Aquele filme foi ideia minha, e eu escrevi o roteiro. Nele eu sou o ator principal porque eu tive uma boa ideia", diz Jimmy. "Todo mundo dizia que o karatê era tão poderoso, e que o *kung fu* era tão poderoso; então, por que não colocar ambas as modalidades em um mesmo filme?" No filme, Wang Yu interpreta um estudante de *kung fu* cujo professor é morto por lutadores de karatê japoneses. O personagem de Wang Yu usa uma máscara e desafia os japoneses para um combate, derrotando-os em uma série de duelos sangrentos até a morte com sua técnica da "Palma de Ferro". A feliz combinação resultante de chauvinismo étnico e *kung fu* tradicional foi um esmagador sucesso de bilheteria, tornando-se o segundo filme chinês mais popular da história de Hong Kong. Seu sucesso marcou a mudança dos filmes *wuxia*, com suas sobrenaturais lutas com espadas, para os filmes de *kung fu*, que enfatizavam os combates corpo a corpo sem o emprego de armas – e preparou o palco para a ascensão à fama de Bruce Lee.

Bruce conhecia bem *A Morte em Minhas Mãos*. Ele compareceu a uma exibição especial do filme na Chinatown de Los Angeles acompanhado por

Steve McQueen e Kareem Abdul-Jabbar. Victor Lam, um produtor chinês que também assistiu à exibição em companhia deles, afirma: "Foi assistindo a Wang Yu que Bruce aprendeu como exibir sua técnica nos filmes". Embora seja discutível se Wang Yu, cujo passado atlético era vinculado à natação, tivesse algo a ensinar a Lee quanto à coreografia do *kung fu*, o sucesso de Jimmy parece ter despertado a natureza hipercompetitiva de Bruce. Do mesmo modo como Bruce sonhava desbancar Steve McQueen como o maior astro de bilheteria de Hollywood, ele logo tentaria eclipsar Jimmy Wang Yu em Hong Kong. Qualquer coisa que Jimmy tivesse feito primeiro, Bruce se empenhava em fazer maior e melhor.

Mas, antes que isso pudesse acontecer, o jugo de Shaw sobre a indústria cinematográfica de Hong Kong teria de ser rompido. Por volta do final da década de 1960, Run Run já havia conquistado quase o monopólio da produção chinesa de filmes ao derrotar seu maior rival, a Cathay Films. Não tendo inimigos externos a enfrentar, tudo parecia seguro. Mas seria um homem de confiança de Shaw que poria fim ao seu império.

Raymond Chow graduara-se em jornalismo pela Universidade St. John, de Xangai, em 1949, no mesmo ano em que Mao Tsé-Tung e seus revolucionários comunistas tomaram o país. Acertando ao prever que o novo governo não seria particularmente amigável com uma imprensa independente, Raymond – bem como a maioria dos talentos criativos de Xangai – fugiu para Hong Kong, onde passou a trabalhar como um repórter iniciante para o recém-lançado *Hong Kong Tiger Standard*. O salário era muito baixo, e ele era forçado a fazer diversos bicos para sobreviver. "Eu cheguei a ter sete empregos diferentes", diz Chow.

Em 1951, Chow arranjou um emprego com salário melhor, no escritório de Hong Kong do Voice of América [Voz da América], que era o "braço" da propaganda norte-americana contra o comunismo na Ásia. Os Estados Unidos haviam apoiado o pretenso ditador generalíssimo Chiang Kai-shek contra Mao Tsé-Tung durante a guerra civil na China. Quando o generalíssimo perdeu forças e refugiou-se em Taiwan, os Estados Unidos estabeleceram sua base de operações de retaguarda em Hong Kong. Raymond foi contratado para criar um programa radiofônico transmitido em mandarim para a *Voz da América*.

Em 1958, ele decidiu transferir as habilidades que adquirira como porta-voz dos interesses americanos para um emprego como chefe de publicidade do estúdio Shaw Brothers. O trabalho para o mercado cinematográfico provou ser ainda mais desonesto do que a propaganda governamental. Depois de dois meses no exercício de suas funções, Raymond pediu demissão a Run Run porque não conseguia vender os abacaxis que os Shaw Brothers produziam. Impressionado com sua ousadia, Run Run disse ao jovem publicitário: "Você acha que pode fazer um trabalho melhor? Vou fazer de você o nosso produtor executivo".

Junto com seu parceiro, Leonard Ho, Raymond Chow tirou a sorte grande. Foi ele quem assinou o contrato de aquisição dos direitos de *A Morte em Minhas Mãos* com Jimmy Wang Yu. "Eu mostrei o roteiro ao sr. Raymond Chow", diz Jimmy. "Ele permitiu que eu começasse a trabalhar – enquanto o sr. Run Run Shaw não deu a mínima atenção para o filme."

No final dos anos 1960, os Shaw Brothers enfrentavam a mesma ameaça que quase levara à falência vários estúdios cinematográficos norte-americanos: a televisão em cores. A frequência às salas de cinema começava a diminuir ao mesmo tempo que aumentavam os custos de produção dos filmes. Então, Run Run – sendo um homem de negócios durão, do tipo capaz de arrancar as obturações de ouro dos dentes de um devedor e ainda cobrar pelo serviço – decidiu migrar para a televisão, fazer filmes mais curtos e reduzir os custos de produção. "Shaw pensava em fazer cortes nas operações usando apenas a metade da mão de obra e do capital necessários para um filme comum e partir para o mercado televisivo", diz Raymond. "Eu não concordava com isso."

Raymond propôs um acordo a Run Run. Ele fundaria uma companhia produtora, a Golden Harvest, sob a tutela do estúdio Shaw Brothers Studio. A Golden Harvest se encarregaria da elaboração da metade dos filmes, enquanto os Shaw Brothers cuidariam da distribuição destes e, no final, ambas as empresas dividiriam os lucros. Uma vez que os filmes da Golden Harvest circulariam através da cadeia de cinemas dos Shaw, Run Run poderia reduzir seus custos de produção e Raymond não teria de se preocupar com as vendas e a distribuição do que produzisse.

Ainda que a Golden Harvest fizesse, de fato, parte do Shaw Brothers, a nova companhia produtora tinha de competir internamente com a antiga divisão cinematográfica dos Shaw em busca de talentos. Como ex-chefe de produção da empresa, Raymond sabia quando os contratos extremamente restritivos de cada pessoa estariam para expirar. Então, ele começou a sussurrar discretamente aos ouvidos dos melhores diretores e atores dizendo-lhes para que não renovassem com os Shaw e que mudassem para a Golden Harvest. Não tendo seu próprio dinheiro envolvido nas eventuais transações, Raymond sentia-se confortável para prometer-lhes porcentagens nos lucros.

Muitos diretores a quem Raymond abordara secretamente procuraram Run Run dizendo-lhe: "Meu contrato está prestes a expirar, e é bom que você me proponha um acordo melhor do que a oferta que recebi da Golden Harvest". Run Run foi tomar satisfações com Raymond quanto a este estar roubando-lhe seus melhores talentos. Raymond negou estar fazendo tal coisa: "Não, não seja ridículo". Embora ainda suspeitando, Run Run decidiu acreditar em Raymond, cujo apelido era "Tigre Sorridente". As coisas teriam ficado por isso mesmo, não fosse por um homem: Jimmy Wang Yu.

O sucesso de *A Morte em Minhas Mãos* fizera de Jimmy Wang Yu o astro mais lucrativo e o maior galã da colônia. Jimmy queria juntar-se à Golden Harvest e ter condições de receber a parte que lhe cabia do seu sucesso na arrecadação, mas ele ainda tinha vários anos de contrato com os Shaw Brothers para cumprir. Para solucionar esse dilema, Jimmy decidiu romper publicamente com Run Run. Raymond tentou dissuadi-lo da ideia, mas Jimmy levou seu plano adiante. Shaw ficou furioso. Sentindo-se traído por seu protegido em quem mais confiava, Run Run cancelou seu acordo com a Golden Harvest, demitiu dois dos mais graduados executivos de Raymond e forçou este a comparecer religiosamente ao trabalho por mais uma semana, antes de demiti-lo, também. Por fim, ele despediu outros dois executivos inocentes, apenas para enfatizar seu ponto de vista: a rebelião não seria tolerada.

Nesse meio-tempo, Jimmy Wang Yu voou para Taiwan. Para cortar as fontes de renda do ator e forçá-lo a voltar, Run Run providenciou uma restrição judicial junto a uma corte de Taiwan e fez publicar anúncios na imprensa local prevenindo produtores de que Jimmy não poderia trabalhar legalmente.

Raymond, sem emprego e sem nenhum tostão, foi procurar a todos quantos tivessem desacordos com Run Run Shaw – uma lista de nomes nada pequena. Dentre estes, o mais significativo era o da inimiga de longa data de Shaw, a Cathay Films. Esta companhia cedeu a Raymond seu estúdio de produção, dotado de equipamentos para sonorização. Tais instalações, porém, encontravam-se em um velho barracão abandonado, inicialmente destinado a abrigar uma modesta tecelagem, encarapitado de forma precária no topo de uma colina na Hammer Hill Road. Em breves três meses, Raymond já havia levantado fundos suficientes para reativar a Golden Harvest.

Mas não havia muito trabalho. Os Shaw Brothers ainda controlavam as melhores salas de exibição do Circuito Mandarim, e a Golden Harvest tinha de contentar-se com as espeluncas de segunda classe. Run Run também conseguira manter a maioria dos melhores diretores, e o melhor que Raymond pudera obter fora Lo Wei, um competente – mesmo que não particularmente brilhante – técnico, que, mais tarde, viria a dirigir os dois primeiros filmes de Bruce Lee. O maior astro da Golden Harvest, Jimmy Wang Yu, ainda estava sob contrato com os Shaw Brothers e não poderia trabalhar legalmente para mais ninguém em Hong Kong. Assim, Raymond enviou Jimmy para o Japão, para que fizesse um filme com o maior astro local de filmes de ação, que estrelara a série de *Zatoichi, o Espadachim Cego*, e, também – o ator favorito de Bruce Lee –, Shintaro Katsu. O filme que eles coproduziram foi *Zatoichi Meets the One-Armed Swordsman* (filme de 1971, que não foi lançado no Brasil, mas cujo título poderia ser traduzido como "Zatoichi Encontra o Espadachim de Um Só Braço").

O problema era que o "espadachim de um só braço" também era uma valiosa "propriedade" dos Shaw Brothers. Jimmy Wang Yu já havia interpretado o papel em dois grandes sucessos dos Shaw Brothers, *The One-Armed Swordsman* (1967) e *Return of the One-Armed Swordsman* (1969). "Aquilo foi como botar sal na ferida", diz Andre Morgan, que trabalhava para a Golden Harvest, "pois confirmava para Run Run que Raymond era o Benedict Arnold* do *showbiz* chinês." Run Run processou a Golden Harvest por infringir seus direitos autorais, com claras intenções de provocar a insolvência do estúdio recém-reerguido de Raymond, fazendo-lhe pagar por todas as despesas jurídicas.

Para resumir, o dinheiro era curto, a distribuição era difícil, os talentos disponíveis eram escassos, seu maior astro era um homem com problemas com a justiça e ele enfrentava a ira jurídica do estúdio que detinha o monopólio da produção cinematográfica da cidade. Raymond Chow precisava desesperadamente de um salvador.

Depois da partida de Bruce de Hong Kong, no final de abril de 1970, Raymond Chow conseguiu obter o número de seu telefone em Los Angeles. Bruce ficou surpreso ao receber a chamada. Ele não conhecia Chow pessoalmente, mas já

---

* Benedict Arnold (1741-1801) foi um general durante a Guerra de Independência dos Estados Unidos que inicialmente lutou pelo Exército Continental, mas acabou desertando para o Exército Britânico. (N. dos T.)

ouvira falar dele. Eles começaram a conversar e tudo indica que se deram muito bem. Raymond perguntou-lhe se ele consideraria a possibilidade de fazer um filme em Hong Kong. Tal como respondera na entrevista para o rádio, Bruce brincou: "Se o dinheiro for bom". Eles continuaram a conversar, mas Bruce estava mais concentrado nos projetos que tinha em andamento em Hollywood. Era evidente que ele não se interessava particularmente pela oferta de Chow: naquela época Bruce estava totalmente comprometido com *A Flauta Silenciosa*.

Um ano depois, em 10 de abril de 1971, Bruce retornou a ligação para Raymond. *A Flauta Silenciosa*, *Kung Fu* e *Kelsey* haviam naufragado. Ele não tinha dinheiro para pagar as parcelas da hipoteca. A lesão em suas costas ainda o incomodava. Ele precisava do dinheiro.

"Qual você acredita ser o seu melhor filme?", perguntou Bruce a Raymond.

"Gosto da maioria dos meus filmes, mas não diria que eles são os melhores. Quando os revejo, sempre encontro alguma coisa que poderia ser melhorada", respondeu Raymond, "mas estou contente."

"E quanto a *A Morte em Minhas Mãos*, de Jimmy Wang Yu?", perguntou Bruce.

"Esse é um dos filmes de ação mais bem-sucedidos que jamais fizemos."

"Eu posso fazer melhor", afirmou Bruce.

"Oh, é mesmo?", disse Raymond, encantado.

"Sim. Se você realmente quiser fazer bons filmes de *kung fu*, você deveria...", e Bruce começou a explicar detalhadamente todas as coisas que faria de maneira diferente.

"Sim, sim", disse Raymond calmamente. "Se você me ajudasse, tenho certeza de que, juntos, poderíamos fazer alguma coisa." Com um sentimento positivo com relação à conversa, Raymond concluiu dizendo: "Bem, vou enviar alguém para assinar um contrato com você".

"Você mesmo não virá?", perguntou Bruce, sentindo-se ligeiramente decepcionado.

"Bem, eu estou muito ocupado com outras coisas. Mas, você sabe, uma vez que concordamos com quase tudo por telefone, enviarei um produtor para falar com você."

Ambos concordaram quanto a muitas coisas, mas Bruce não estava certo se queria assinar um contrato com a Golden Harvest, um estúdio estabelecido a duras penas, com uma situação financeira tão incerta quanto a dele. Tendo a oferta de Raymond Chow sobre a mesa, Bruce decidiu sondar o inimigo mortal de Chow, Run Run Shaw. Ele fez contato com seu amigo de longa data, o também ator infantil Unicorn Chan, que trabalhava para os Shaw Brothers, para que intermediasse o contato com Run Run. "Unicorn e Bruce trocaram cartas nos anos 1960 e trouxeram à baila a ideia de ele voltar", diz Robert, o irmão de Bruce.

Bruce enviou uma carta a Unicorn, escrita em um misto de inglês e chinês, para que a entregasse a Run Run Shaw, na qual detalhava seus interesses e ditava suas condições. "Bruce fazia três exigências", recorda-se Unicorn Chan: "(1) O salário seria de US$ 10 mil por filme; (2) ele teria o direito de fazer mudanças nos roteiros que lhe fossem apresentados; e (3) ele teria total controle da coreografia das lutas". Para um ator relativamente desconhecido e não submetido a qualquer teste, essa era uma aposta inicial muito agressiva. "Bruce Lee queria muito dinheiro para fazer um filme conosco", explica Lawrence Wong, um produtor que trabalhava para os Shaw Brothers. "Se pagássemos o que ele estava pedindo, teríamos de elevar correspondentemente os salários de todos os outros astros do nosso elenco."

Depois de algumas discussões internas, a contraproposta de Run Run foi a oferta de US$ 5 mil por filme, sem fazer qualquer menção a aprovações de roteiros ou ao controle de coreografias. Linda diz que Bruce riu ao receber a resposta, mas não rejeitou a oferta de imediato. Ele telegrafou a Shaw para perguntar-lhe sobre suas exigências ignoradas. Para Bruce, ter controle da qualidade do produto final era mais importante do que o dinheiro. A resposta paternalista de Run Run foi: "Apenas diga a ele para voltar para cá e tudo ficará bem". Isso deixou Bruce furioso. Ele podia estar financeiramente "quebrado", mas era um homem livre e não se submeteria a tornar-se propriedade de Run Run Shaw.

Se Raymond Chow não fora a primeira opção de Bruce Lee, Bruce também não tinha sido a primeira escolha de Raymond. Àquela época, Bruce não representava para Raymond mais do que uma perspectiva interessante; um rapaz encantador, com impressionantes habilidades como praticante de *kung fu*, que aparecera como o motorista de um ricaço em uma medíocre série de TV americana, quatro anos antes. Ele queria mesmo era assinar um contrato com a mais famosa estrela dos filmes de ação de Hong Kong, a atriz Cheng Pei Pei – a "Rainha das Espadas". Ela alcançara o estrelato como esgrimista com sua aparição no filme *O Grande Mestre Beberrão* (*Come Drink with Me*, 1966), do diretor King Hu. Segundo o folclore cinematográfico de Hong Kong, Run Run Shaw apaixonou-se perdidamente por sua atriz principal, mas ela resistiu às suas investidas. Isso apenas intensificou seu ardor e ele passou a assediá-la com mais intensidade. Para se livrar das garras do poderoso Run Run, Cheng Pei Pei primeiro voou para Taiwan e, depois, para Los Angeles, onde se casou. Para Raymond Chow, Cheng Pei Pei era não apenas uma estrela que lhe garantiria sucesso e lucros – algo que Bruce Lee não podia garantir –, mas trazê-la para integrar seu elenco, junto com Jimmy Wang Yu, representaria a vitória em uma batalha na sua guerra contra Run Run Shaw.

A produtora encarregada de trazê-la de volta foi Liu Liang Hwa (ou Gladys, para os amigos). Ela mesma uma ex-atriz, Gladys era a esposa do diretor Lo Wei. Enquanto esteve em Los Angeles, Gladys permaneceu hospedada na casa de Cheng Pei Pei. Bruce, o ator com possibilidade de contrato, foi convidado para visitá-las. "Bruce veio à nossa casa para falar com Gladys. Ele tinha os cabelos muito longos e estava sempre cheirando a incenso", recorda-se Cheng Pei Pei, empregando um eufemismo polido para referir-se ao cheiro de maconha. "Meu marido achava que Bruce era meio *hippie*!"

Gladys não conseguiu fazer com que Cheng Pei Pei assinasse um contrato. Ela ainda não se sentia preparada para voltar a fazer filmes – embora, depois, viesse a ter uma longa e diversificada carreira cinematográfica, que incluiu o papel de Jade Fox em *O Tigre e o Dragão* (2000). E quando Gladys retornou a Hong Kong não era certo que Bruce assinasse um contrato com ela. Raymond estava oferecendo mais dinheiro do que Shaw – US$ 15 mil por um acordo para dois filmes –, mas aquele ainda seria um acordo arriscado, com uma empresa instável. A Golden Harvest poderia ir à falência antes mesmo que os filmes fossem realizados, ou Raymond poderia recusar-se a pagar, ou os filmes poderiam sair tão ruins que Bruce se arrependeria de ter participado deles.

Bruce foi aconselhar-se com Stirling Silliphant.

"Não entre nessa", disse-lhe Silliphant. "Não vá."

"Eu preciso do dinheiro", replicou Bruce.

"Veja, se você vai fazer isso, peça o dinheiro adiantado, e insista em receber uma passagem de ida e volta, na primeira classe", argumentou Silliphant. "Não preciso falar para você como são os produtores chineses. Você vai até lá e não recebe o seu dinheiro; e, sem uma passagem, não consegue nem mesmo voltar para casa. Você ficará preso lá, enquanto sua família estará aqui."

"Não. Eu confio em Raymond Chow", disse Bruce. "E eu voltarei."

No dia 28 de junho de 1971, Bruce assinou um contrato com a Golden Harvest para fazer dois filmes: *O Dragão Chinês* e *King of Chinese Boxers*, mais tarde renomeado como *Fist of Fury* (*A Fúria do Dragão*, quando lançado no

Brasil). Assim que as filmagens terminassem, ele pretendia voltar para casa. Ao contrário do que muitos acreditam, a partir de um mito popularmente difundido, Bruce não desistira de Hollywood. Apesar dos seus muitos desapontamentos, a experiência positiva de *Longstreet* havia reacendido seu otimismo quanto às perspectivas de uma carreira futura na América. Ele acreditava que poderia até mesmo ressuscitar o projeto de *A Flauta Silenciosa*. Dois dias antes de sua partida, ele escreveu para um amigo: "Estou partindo para Hong Kong neste domingo, pela manhã, para fazer dois filmes. Estarei por lá pelos próximos quatro meses. Quando voltar, estarei ocupado com a possível filmagem de *A Flauta Silenciosa*, um filme (com Fred Weintraub), e com uma série de TV para a Paramount na qual trabalharemos durante meus quatro meses de estadia em Hong Kong".

Bruce não alimentava grandes esperanças nos dois filmes da Golden Harvest. Antes que assinasse o contrato, ele se preparou assistindo a diversos filmes de *kung fu* produzidos em Hong Kong. "Eram horríveis", disse Bruce. "É possível atuar e lutar ao mesmo tempo, mas a maioria dos filmes chineses são muito superficiais e unidimensionais." Embora estivesse certo de ser capaz de fazer algo melhor, Bruce não esperava que os dois filmes pudessem produzir qualquer efeito sobre sua carreira em Hollywood. Seu acordo com Raymond Chow não era parte do caminho que sua carreira percorreria, mas somente um desvio momentâneo para reabastecer sua conta bancária. Ele assinara aquele contrato apenas por dinheiro. Simples assim.

Atirando para longe o Chefão, interpretado por Han Ying-Chieh, em *O Dragão Chinês*, agosto de 1971.
(*Michael Ochs Archives/Getty Images*)

O diretor Lo Wei e Bruce em uma locação na Tailândia, agosto de 1971.
(*David Tadman*)

17

O Dragão Chinês

Não era para Bruce ser a estrela do filme que o transformou em uma estrela. Quando assinou o contrato de duas páginas com a Golden Harvest, em 28 de junho de 1971, a pré-produção de *O Dragão Chinês* já havia sido iniciada, e James Tien, que vinha sendo preparado para ser a nova sensação do cinema, já havia sido escalado para o papel principal. Raymond Chow ofereceu-se para produzir outro filme diferente, especificamente para Bruce, mas ele não podia dar-se ao luxo de esperar. Relutantemente, Chow concordou em encaixá-lo no filme.

Assim que terminou de filmar o episódio de *Longstreet* intitulado "O Caminho do Punho Interceptador", Bruce deu US$ 50 a Linda – todo o dinheiro que lhe restava, depois de pagar algumas dívidas antigas – e embarcou em um voo da Pan Am para Hong Kong, no dia 12 de julho. Raymond Chow queria que Bruce voasse diretamente para a Tailândia, onde *O Dragão Chinês* estava sendo filmado, e evitar que ele fizesse uma escala em Hong Kong, porque temia que Run Run Shaw pudesse roubar Bruce da Golden Harvest. "Bruce recusou-se a obedecê-lo; ele estava determinado a imprimir, desde o início, sua autoridade sobre as produções de que participasse, até onde isso fosse razoável. Não se tratava de uma questão de ego; era uma questão de deixar claro, desde o princípio, que ele era o dono de si mesmo", diz Linda. "Ele permaneceu no aeroporto apenas o tempo necessário para cumprimentar um amigo e para mostrar que não seria movido como um peão em um jogo de xadrez."

Depois dessa demonstração de independência, Bruce voou para Bangkok, onde permaneceu por alguns dias, antes de ser levado de carro, no dia 18 de julho, a Pak Chong, um minúsculo e empobrecido vilarejo à margem de um parque nacional. Para um garoto da cidade grande como Bruce, foi uma descida bem *íngreme de Bel Air a Pak Chong. Ele escreveu para sua esposa a primeira de* uma série de 14 cartas saudosas de casa: "Os mosquitos são terríveis, e há baratas por toda parte. [...] A comida é horrível; neste vilarejo não existe carne de vaca e há pouca disponibilidade de carne de galinha ou de porco. Estou feliz por ter trazido as minhas vitaminas. [...] Sinto muito a sua falta, mas Pak Chong não é lugar para você nem para as crianças. É um vilarejo absolutamente subdesenvolvido e um grande nada". Seu peso caiu de 66 quilos para apenas 58 quilos. Para tentar manter sua energia, ele tomava tantas pílulas de vitaminas que um boato começou a circular, chegando até os tabloides sensacionalistas, de que Bruce teria se chapado com drogas durante toda a filmagem.

O maior perigo que ele teria de enfrentar, porém, não provinha da ação da natureza, mas, sim, dos homens. A maioria do elenco e da equipe era composta por amigos de James Tien, e a impressão geral era a de que Bruce fora trazido de Hollywood para roubar-lhe as luzes dos holofotes. Se alguém ali se lembrava do Pequeno Dragão, teria sido pelos chorosos filmes em preto e branco que ele fizera quando criança, interpretando pequenos órfãos determinados. *O Dragão Chinês* era um violento filme de ação. Seria como se Macaulay Culkin desaparecesse depois de ter feito *Esqueceram de Mim* e, de repente, surgisse como adulto para interpretar Jason Bourne. Além disso, havia a questão do salário de Bruce. O orçamento do filme não chegava a US$ 100 mil. Todos os atores do elenco ganhavam cerca de US$ 400, no máximo, mas Bruce recebia US$ 7.500. O único item do orçamento que superava o salário de Bruce era a despesa com sangue falso. "Nós ouvíamos dizer que eles estavam gastando toda aquela grana com Bruce Lee e nos perguntávamos, 'Quem *é* esse sujeito?'", recorda-se Zebra Pan, um dublê da Golden Harvest.

Antes que tivesse uma chance de conquistar seus colegas com seu charme, Bruce teve de lidar com o diretor, Wu Chia-Hsiang, que já vinha filmando com James Tien havia uma semana. Querendo saber o que justificaria tamanha agitação e tanto dinheiro envolvido, Wu Chia-Hsiang atirou-o em uma cena de luta contra os capangas do Chefão. O diretor Wu exigia que Bruce se envolvesse em extensas rotinas de socos, bloqueios, chutes, rasteiras, travamentos e saltos acrobáticos. Os filmes de *kung fu* de Hong Kong baseavam a coreografia de suas lutas nos movimentos da Ópera Cantonesa, que costuma apresentar cenas de combate com cinquenta ou mais movimentos diferentes.

Mas, ao contrário dos dublês no *set*, Bruce jamais estudara a Ópera Cantonesa. Ele era um brigador de rua, e via a coreografia de uma luta tradicional de *kung fu* como algo excessivamente prudente, estático e irrealista. Aquela era a maneira antiga; a maneira de seu pai. Bruce era o novo. Quando tinha de enfrentar três oponentes, Bruce aplicava um chute frontal no queixo do primeiro, girava no ar para aplicar um chute de gancho no segundo e um chute circular no terceiro. A cada chute, ele produzia um nocaute, como um dervixe rodopiante de destruição. "Nos filmes 'Mandarim', todo mundo luta o tempo todo; mas o que de fato me incomodava era que todos lutavam exatamente do mesmo jeito", queixava-se Bruce. "Ora, ninguém é assim na vida real!"

O diretor Wu estava chocado. As plateias chinesas esperavam assistir a longas e elaboradas cenas de luta; elas não queriam realismo. Ele acreditava que Bruce fosse um enganador – ele só sabia dar três chutes! O diretor Wu, que crescera no sistema cinematográfico chinês, onde o diretor é o chefe supremo e os atores são como os operários de uma fábrica, dos quais se espera obediência cega, disse a Bruce para que ele fosse mais combativo. "Eu quero que você lute mais. Quero mais ação. Isso não é o bastante." Bruce, que viera do sistema de astros de Hollywood, nos moldes de Steve McQueen, disse ao diretor Wu que dirigiria ele mesmo suas próprias cenas de luta.

Diante desse impasse, ambos telefonaram para Raymond Chow, em Hong Kong.

"Esse diretor é uma porcaria", disse Bruce. "Quando eu enfrento esses capangas, devo me livrar deles com três chutes. Se eu levar muito tempo para despachar esses peões, o que acontecerá quando tiver de enfrentar o Chefão? Terei de lutar com ele por uma hora inteira?"

"Você foi enganado", queixou-se o diretor Wu a Chow. "Você me disse que esse sujeito era muito bom, mas ele não sabe lutar. Tudo que ele sabe fazer é dar três chutes. Eu o chamo de 'Lee Três Pernas'."

Os dois lados tinham sua razão. Tendo vivido no Oriente e no Ocidente, Bruce pretendia fazer uma ponte entre os dois extremos. Com sua atuação em *O Besouro Verde*, ele vira o uso excessivo de socos ao estilo de John Wayne tornar-se algo enfadonho, e soube que poderia animar a audiência ao apimentar as cenas de luta com alguns chutes. Bruce fez da coreografia ocidental de lutas algo um tanto mais elaborado. Mas ao assistir a filmes chineses ele se deu conta de que precisavam ser simplificados. As lutas eram tão intrincadas que a elas faltava realismo e, portanto, qualquer senso de perigo ou de envolvimento visceral das plateias. O diretor Wu também estava certo ao dizer que Bruce não era um graduado em Ópera Cantonesa, com treinamento clássico. Bruce conhecia muito mais do que três chutes, mas ele – ao contrário dos dublês e de outros astros de filmes de ação da época – não havia passado sua juventude treinando dúzias e dúzias de posturas tradicionais de *kung fu*, do amanhecer ao anoitecer.

Chow tinha uma decisão difícil a tomar. O filme precisava de um diretor, mas ele já havia investido US$ 7.500 em Bruce Lee. Antes de decidir a quem demitir, Chow assistiu às tomadas diárias. Ele viu na movimentação de Bruce a *expertise* que escapara ao olhar do diretor Wu. "Na verdade, as 'três pernas' dele eram fantásticas; muito boas, mesmo", diz Chow. Ele ficou tão impressionado que decidiu transformar o insulto em um cumprimento. O material publicitário da Golden Harvest para *O Dragão Chinês* alardeava o "Fantástico Lee Três Pernas" (tempos depois, quando Bruce conquistou uma reputação de mulherengo, os tabloides sensacionalistas deitaram e rolaram com esse seu apelido).

Raymond chamou sua produtora-executiva, Liu Liang Hwa (Gladys) – a mesma mulher que recrutara Bruce em Los Angeles, esposa do diretor Lo Wei –, para pedir a opinião dela. Gladys disse a Raymond que o Wu era um homem irascível, que já se indispusera com a maioria do elenco. Ela tinha uma sugestão para solucionar a crise – ainda que alimentada por interesse próprio. Seu marido terminara recentemente de fazer um filme para a Golden Harvest, em Taiwan. Por que não trazer Lo Wei para a Tailândia para que substituísse Wu? Chow concordou. Bruce sentiu-se aliviado por ter se livrado de Wu, mas Lo Wei, então com 52 anos de idade, representaria um desafio ainda mais difícil.

Quando jovem, Lo Wei fora um ídolo das matinês em Xangai. Depois da tomada do poder pelos comunistas, em 1949, ele se refugiou em Hong Kong – junto com toda a comunidade cinematográfica de Xangai –, onde se reinventou, passando a dirigir, e acabou sendo contratado pela Shaw Brothers. Embora lhe faltasse o gênio visual do melhor diretor de Hong Kong, King Hu, ele era um técnico altamente valorizado, que produziu 17 filmes lucrativos para os Shaw Brothers em menos de seis anos. Tê-lo roubado dos Shaw Brothers foi uma grande vitória para Raymond Chow. Se havia alguém que pudesse salvar um filme problemático, esse seria Lo Wei.

Como diretor, Lo Wei conservava toda arrogância e narcisismo de um ex-astro das telas. Seu apelido no estúdio era Orson Welles, devido à sua ribombante voz de barítono, seu peso, seu ego, seu temperamento e sua tendência para sempre atuar em seus próprios filmes (ele seria o inspetor-chefe no filme seguinte de Bruce, *A Fúria do Dragão*). Tendo passado toda a vida em *sets* cinematográficos, Bruce era perfeitamente capaz de conviver com isso. Escrevendo à sua esposa ele disse: "Outro diretor (um amante da fama) acaba de chegar, para assumir o posto do diretor atual. Isso realmente não importa, desde que ele seja capacitado e cooperativo".

Lo Wei não acreditava na cooperação com seus atores. Ele exigia deles deferência e obediência. Lo We também deve ter esperado que Bruce se mostrasse grato. Afinal de contas, fora seu filho quem notara Bruce na televisão, ele mesmo dissera a Raymond Chow para que contratasse Bruce e sua esposa fora a Los Angeles para recrutá-lo.

Mas curvar-se diante de figuras de autoridade não era o forte de Bruce. Tal como fizera com Ruby Chow, Bruce recusava-se a empregar o título de tratamento quando se dirigia a Lo Wei – uma chocante quebra de etiqueta em um *set* de filmagens de Hong Kong. Em vez disso, ele o chamava apenas de "Lo Wei". Essa atitude irritava muito Lo Wei. A esposa de Lo Wei, Gladys, tentou interceder. "Nossos conflitos começaram com pequenas coisas", recordou-se Lo Wei, em uma entrevista concedida em 1988. "Ele gostava de me chamar pelo meu nome quando estávamos no *set*. Ele gritava 'Lo Wei! Lo Wei!'. Então, minha esposa disse a ele, 'Como você pode chamá-lo pelo nome? Ele é muito mais velho do que você. Se você quiser parecer mais íntimo e familiar, chame-o de Tio Lo'. Se quiser parecer mais polido ou formal, chame-o simplesmente de Diretor Lo."

Lo Wei sentiu-se ainda mais ultrajado quando Bruce tentou se intrometer em assuntos relativos à direção e à produção. Bruce achava – acertadamente – que os filmes de Hong Kong estavam muito aquém dos filmes produzidos no Japão e nos Estados Unidos, e queria torná-los melhores. Lo Wei preferia fazer as coisas do jeito que sempre tinham sido feitas. Segundo a maioria dos testemunhos, Lo Wei era um diretor que não se envolvia muito com seus trabalhos, nem investia muito tempo no tocante aos detalhes de seus filmes. Enquanto os atores filmavam suas cenas, ele costumava ligar seu rádio portátil e ouvir às transmissões de corridas de cavalos e cachorros. Se alguém o perturbasse durante uma corrida ou seu cavalo perdesse, ele explodia em acessos de fúria. Para um perfeccionista como Bruce, essa abordagem negligente da direção era ofensiva. Em uma carta para sua esposa, Bruce escreveu: "Este filme que estou fazendo é amador. Um novo diretor substituiu o vacilante anterior; mas este novo diretor é outro medíocre, mas com um quase insuportável ar de superioridade".

Bruce "Três Pernas" Lee também bateu de frente com o veterano diretor de dublês, Han Ying-Chieh. Além de coreografar as cenas de luta, Han também interpretava o vilão do filme, o Big Boss [Chefão]. Enquanto Bruce e Han lutavam diante das câmeras, por trás destas os dois travavam batalhas para ter o controle sobre o estilo da coreografia das lutas. Han Ying-Chieh queria movimentos teatrais que mimetizassem a Ópera Cantonesa, enquanto Bruce insistia em ser tão realista quanto possível, chegando a ponto de realmente golpear seus coadjuvantes. Han lembra-se de ter recebido um chute do Pequeno Dragão: "Sua compreensão do *timing* e do espaço era excelente, mas ele desferia seus socos e chutes com muita violência. Na vez em que meu rosto foi atingido levemente por um dos chutes dele, embora tivesse doído, ainda pude considerar-me um sujeito de sorte".

O resultado final acabou sendo uma série de concessões de ambos entre as alternativas conflitantes de seus estilos. Bruce conseguiu introduzir certos elementos que se tornariam parte de sua imagem icônica: chutes altos aplicados enquanto girava no ar, nocautes rápidos e até mesmo provar o gosto de seu próprio sangue (um de seus alunos, Larry Hartsell, contara a Bruce sobre um episódio durante uma briga de bar, quando provara seu próprio sangue e deixara apavorados os seus oponentes. Bruce adorou a história, e incluiu o gesto em seu repertório). Han Ying-Chieh incluiu certo gestual estereotipado dos filmes de ação de Hong Kong, tais como saltos acrobáticos e um punhado de sequências clássicas de *kung fu*, do tipo "vai e volta", um tanto estendidas.

Diante do desafio de encarar um ator contestador, Lo Wei não sabia muito bem o que fazer como diretor. Ele não podia demiti-lo. Seu único recurso foi alimentar a competição entre Bruce e James Tien para ver quem seria o astro do filme. Quando Bruce insistiu em participar de um filme que já contava com um ator principal, Raymond Chow percebeu que teria em mãos um plano B se faltasse a Bruce o carisma necessário para sustentar o filme. "Era aí que estava a sutileza da coisa", diz Andre Morgan. "Se você assistir ao filme atentamente, verá que ele começa com dois atores principais, porque eles queriam testar a presença de Bruce na tela, para ver se ele era real ou não. Então, quando a filmagem já ia pela metade, eles tomaram uma decisão quanto a quem iriam matar e quem deixariam viver."

Antes que a decisão fosse tomada, Lo Wei conseguiu fazer com que os dois decidissem o "desempate" entre si. Desde o início, Lo Wei tivera conflitos com Bruce quanto aos exageros pantomímicos das técnicas da Ópera Cantonesa, as quais Bruce tanto desprezava. "Lee faria três ou quatro cenas de luta. Eu disse a ele para que fizesse isto e aquilo. Disse-lhe como queria que ele lutasse, mas ele não tinha mais vontade de lutar", recorda-se Lo Wei. "No dia seguinte, nós realmente precisávamos filmar ele lutando. Os poucos movimentos de Lee em cena não seriam suficientes! Então, eu tive uma ideia. Quando cheguei no *set*, pela manhã, disse a Lee para que se sentasse ao meu lado e descansasse. Então, chamei James Tien e decidi filmá-lo lutando, em vez de Lee. Fiz com que Tien saltasse sobre uma cama elástica, fizesse quedas e giros para a câmera. Lee sentou-se ao meu lado a manhã toda. Ele achava que aquilo não estava certo. Tien estava lutando demais. É provável que Lee tenha pensado que Tien tomaria seu lugar como astro do filme. Assim, depois daquele dia, Lee mostrou-se um pouco mais cooperativo; com um pouco mais de vontade de lutar diante das câmeras."

Por essa época, Bruce parece ter adquirido uma apreciação ligeiramente mais favorável por Lo Wei. Em uma carta à sua esposa, ele escreveu, com certa dose de ressentimento: "A filmagem está ganhando força e as coisas se encaminham muito melhor do que antes. O novo diretor não é nenhum Roman Polanski, mas, de modo geral, é muito melhor do que o anterior". E Lo Wei deve ter aprendido a apreciar o potencial de Bruce Lee como astro, pois decidiu matar James Tien no final do primeiro ato e dar o restante do filme para Bruce.

Lo Wei afirma que, quando chegou à Tailândia, o roteiro de *O Dragão Chinês* consistia de apenas três folhas de papel – o que parece ser uma afirmação exagerada, mas não tão exagerada assim. Os filmes de Hong Kong costumavam ser iniciados a partir de uma mera noção do enredo, com o diretor e os produtores improvisando livremente ao longo de toda a filmagem. Com detalhes aparentemente extraídos de sua própria biografia, Bruce interpreta Cheng Chao-an, um encrenqueiro reabilitado, que é enviado a um país estrangeiro (a Tailândia) para trabalhar em uma fábrica de barras de gelo. A promessa que ele fizera à sua mãe de não voltar a arranjar brigas é incorporada em um pingente de jade que ele usa pendente do pescoço. Ele é saudado pelo personagem de James Tien, o líder dos trabalhadores, que, logo em seguida, dá uma surra em alguns brigões, enquanto Bruce assiste a tudo manuseando seu pingente e controlando sua frustração. A fábrica de gelo é, na verdade, uma fachada para uma operação de tráfico de drogas. Quando dois trabalhadores descobrem pacotes de heroína escondidos dentro de barras de gelo, eles são secretamente executados e têm seus corpos ocultos em meio ao gelo. James Tien confronta o Chefão perguntando sobre os dois trabalhadores desaparecidos e ameaça contar tudo à polícia. Então, os capangas do Chefão o matam em uma batalha sangrenta.

A partir desse ponto, Bruce passa de coadjuvante para protagonista e herói do filme. Ao contrário do que ele era na vida real, seu personagem é um caipira, uma pessoa fácil de ser enganada. O Chefão faz dele seu capataz e, durante um banquete, oferece a ele muita bebida e prostitutas tailandesas, levando Bruce a fazer sua primeira cena de sexo em um filme. Ao adentrar um quarto, porém, ele inocentemente desmaia, enquanto a prostituta se despe e aconchega-se junto ao seu corpo adormecido. Só depois que descobre partes dos corpos dos trabalhadores desaparecidos conservadas em meio aos blocos de gelo é que ele se dá conta de que fora enganado. Mais tarde, Bruce diria a alguns repórteres: "O personagem que interpretei era de um sujeito muito simples e direto. Tipo, se você dissesse qualquer coisa a esse cara, ele acreditaria em você. Então, quando por fim percebe no que estava metido, ele fica furioso".

Tendo se decidido a confrontar o Chefão, mesmo com isso representando sua morte quase certa, o personagem de Bruce, Cheng Chao-an, atira todas as suas posses materiais ao rio. Na versão original do filme – a versão do diretor –, Cheng Chao-an retorna ao bordel para alguns últimos momentos de diversão. Ele escolhe uma prostituta, atira-a sobre uma cama e se despe (a cabeceira da cama oculta suas partes íntimas). Essa foi a única cena de sexo com nudez que Bruce fez em toda sua carreira cinematográfica. Depois que a prostituta adormece, Cheng Chao-an rouba um pacote de biscoitos de arroz do criado-mudo dela e se dirige à sede da propriedade do Chefão.

Esta cena, junto com cerca de cinco minutos de material de cunho sexual, foi cortada das versões em cantonês e da destinada à comercialização internacional, lançadas em Hong Kong e no Ocidente, visando apaziguar os censores. Mas isso também fazia sentido do ponto de vista comercial: plateias para as quais o filme foi exibido como teste mostraram-se contrariadas com o fato de o herói do filme adiar sua vingança por um pouco de sexo e um pacote de biscoitos. Na versão editada, o personagem de Bruce aparece de repente diante da propriedade do Chefão inexplicavelmente comendo biscoitos de arroz.

A batalha final foi filmada durante os três últimos dias de estadia da equipe em Pak Chong. As filmagens foram muito difíceis para Bruce. Primeiro, ele teve de encarar o pastor-alemão do Chefão. Bruce adorava cães, mas tinha verdadeiro pavor de cães de ataque. Lo Wei parecia gostar de ver o desconforto a que submetia seu astro. "Nós tomamos o cão emprestado de um acampamento militar. Todo mundo tinha medo dele. Era um cão malvado", recorda-se Lo Wei. "Lee tentava lutar, mas não estava se saindo bem. Ele se recusava a ser filmado. 'Não estou brincando! Vocês não podem me filmar!' No final, não houve nada que pudéssemos fazer. O cão o encarava, e Lee tinha o medo estampado em seu rosto. Todos ríamos dele. Ele, o grande herói, com medo de um cão? Então, trouxemos um segundo cão, ao qual aplicamos um anestésico durante a filmagem. Aquilo foi cruel da nossa parte. O cão desmaiava, e precisamos de sete ou oito pessoas para atirá-lo diante das câmeras."

Bruce sofreu alguns ferimentos leves durante a filmagem – ele cortou um dedo em um caco de vidro, por exemplo –, mas o que levou mais tempo para curar foi uma torção no tornozelo. Ele escreveu para Linda: "Passei por dois dias de inferno. Torci meu tornozelo, de modo bem feio, durante um salto muito alto – o que exigiu uma viagem de duas horas até Bangkok para ver um médico. Em consequência disso, contraí um resfriado (Bangkok é quente e abafada, e o trânsito é um congestionamento perene, 24 horas por dia). De qualquer modo, devido à febre, resfriado, dores e sofrimento, tivemos de usar *close-ups*, enquanto eu arrastava uma perna, para concluir a última cena de luta". Para efeito do filme, eles adicionaram um momento em que o Chefão, estrelado pelo diretor de luta Han Ying-Chieh, faz um corte na perna de Bruce, para justificar sua dificuldade de movimentos.

∽

Enquanto Bruce estava filmando no remoto vilarejo de Pak Chong, a Paramount TV enviava seguidos telegramas para os escritórios da Golden Harvest, em Hong Kong, na tentativa de localizá-lo. Antes de ele partir de Los Angeles, quatro episódios de *Longstreet* haviam sido filmados. Segundo o plano original, o episódio com a participação de Bruce, "O Caminho do Punho Interceptador", seria o terceiro na ordem de exibição. Porém, Tom Tannenbaum, o diretor da Paramount TV, havia gostado tanto do episódio que resolvera utilizá-lo para abrir a temporada, durante a semana tradicionalmente usada para as estreias de outono, no dia 16 de setembro de 1971. Tal decisão criou um dilema para Tannenbaum. Com o personagem de Bruce, Li Tsung, desempenhando um papel tão proeminente no episódio-piloto, os espectadores naturalmente esperariam que ele viesse a ser uma presença recorrente na série. Mas Bruce não havia assinado o acordo para múltiplas aparições nos episódios que Tannenbaum lhe oferecera antes de sua partida. A Paramount estava desesperada para colocá-lo sob contrato e trazê-lo de volta aos Estados Unidos para filmar mais episódios.

Depois de várias tentativas fracassadas de contatá-lo por telefone, Tannenbaum por fim conseguiu localizar Bruce em Bangkok. Para convencê-lo a voltar, ele ofereceu a Bruce US$ 1.000 por episódio, para mais três episódios de *Longstreet*, e prometeu a ele desenvolver um seriado televisivo a ser estrelado por Bruce, chamado *Tiger Force*. "*Longstreet* é um sucesso tão grande que a reação do público é instantânea quando meu personagem aparece", escreveu a Linda um entusiasmado Bruce, "Então, a Paramount pediu-me para que reaparecesse e permanecesse, como um personagem fixo. Enquanto isso, Tannenbaum estará trabalhando em *Tiger Force*."

Bruce concordou em voltar para Hollywood, depois que *O Dragão Chinês* estivesse terminado, para filmar mais episódios de *Longstreet*; mas achava que US$ 1.000 não era o suficiente. Ele enviou um telegrama a Tannenbaum pedindo US$ 2 mil por episódio. "Quem sabe o que o futuro me reserva?", explicou Bruce a Linda em uma carta. "Chega um momento em que você tem de avançar ou recuar. Dessa vez, eu sempre poderei recuar para o meu acordo de Hong Kong, se necessário."

À medida que as semanas passavam e ele seguia esperando por uma resposta, suas cartas para Linda tornavam-se cada vez mais carregadas de ansiedade. "A despeito das consequências, mantenho-me firme em minha decisão de que 'está na hora de aumentar meu valor' –, escreveu Bruce. "Diga a Brandon que, quando eu for a Bangkok, comprarei alguns brinquedos e os enviarei para ele – a menos que o acordo com a Paramount não se realize. Quem sabe o que acontecerá? De qualquer modo, de um jeito ou de outro, eu não me importo muito. O futuro parece extremamente brilhante, mesmo. Como diz a canção, 'Nós estamos apenas começando'."

Quando ele finalmente recebeu notícias da Paramount, o alívio foi nítido. Tannenbaum concordara em lhe pagar US$ 2 mil por episódio, por três episódios, e a presença de Bruce seria necessária no *set* por nove dias, no máximo. Então, Bruce pôde comprar presentes para seus filhos e sua esposa.

"Você verá o meu presente pelo nosso sétimo aniversário de casamento: será um presente tipo 'ele e ela'", escreveu para Linda. "Deverei ter por volta de US$ 1.500 quando voltar; assim espero." O presente de aniversário "ele e ela" foi um par de anéis que combinavam. "Às vezes, Bruce esquecia do meu aniversário", diz Linda, "mas ele era muito bom para lembrar-se do nosso aniversário de casamento."

Todos os telegramas da Paramount e os telefonemas de longa distância para a Golden Harvest acabaram rendendo um bom efeito colateral. Aos olhos de Raymond Chow, eles transformaram Bruce Lee em uma valiosa propriedade de Hollywood. "É engraçado", disse Bruce a alguns repórteres, mais tarde, "mas quando a Paramount enviou telegramas e telefonou para Hong Kong procurando por mim, cara, os produtores de lá pensaram que eu fosse um astro importante. Meu prestígio deve ter aumentado umas três vezes."

Mas não era apenas Hollywood que fazia aumentar sua importância. Espiões no *set* de *O Dragão Chinês* informavam a Run Run Shaw que Bruce Lee era, de fato, um astro. Percebendo que cometera um erro ao deixar Bruce escapar, Run Run tentou roubá-lo de Raymond. "A Golden Harvest está terrivelmente abalada, porque a Shaw Brothers tem me chamado e escrito para mim, querem que eu trabalhe para eles", escreveu Bruce para Linda. "Eles estão usando todos os meios para me conquistar. Uma coisa é certa: eu sou um superastro em Hong Kong."

Nos últimos dias de filmagem em Pak Chong, Raymond Chow foi visitar o *set* para encontrar-se com seu "superastro" pela primeira vez. Ele estava ansioso para reafirmar o relacionamento entre ambos. À sua maneira autoconfiante, Bruce disse a Raymond: "Você não perde por esperar; eu serei o maior astro chinês do mundo".

A confiança de Bruce era contagiante. A Golden Harvest fez de *O Dragão Chinês* o principal símbolo de sua iniciativa de reformulação. Raymond pôs a maior parte do capital que ainda lhe restava em uma campanha de *marketing* para o filme, comprando grandes espaços publicitários em jornais e revistas e dando uma monumental festa de boas-vindas para Bruce e a equipe quando retornaram a Hong Kong, recebendo a todos no aeroporto Kai Tak no dia 3 de setembro de 1971. Repórteres se aglomeraram para ver o novo talento de Raymond Chow pela primeira vez. Tendo passado anos aperfeiçoando a arte de seduzir repórteres ocidentais, não foi preciso muito esforço para que Bruce logo conquistasse a imprensa de Hong Kong. Quando lhe perguntaram como ele se comparava ao maior astro dos filmes de ação de Hong Kong, Jimmy Wang Yu, esperando despertar uma rivalidade, Bruce cuidadosamente contornou a questão: "Eu sei que todo mundo já viu o desempenho de Wang Yu em outros filmes. *O Dragão Chinês* logo estará nos cinemas; assim, eu convido a todos para que assistam e façam suas próprias comparações. Isso não é melhor do que ouvir eu me gabar?".

Então, ele habilmente ganhou a simpatia de todos com uma história divertida sobre o preconceito que tivera de enfrentar sendo um chinês na América. "Certo dia, eu estava aparando o gramado da minha casa quando um americano passou e me perguntou quanto eu cobrava pelo serviço. Eu disse a ele: 'Estou fazendo isso de graça, mas quando terminar de cortar a grama, vou dormir com a mulher que mora na casa.'" Em seguida, ele apelou para o senso de patriotismo chinês dos repórteres: "Na América, eu sempre interpreto papéis secundários ou vilões, usando as artes marciais orientais como uma espécie de atração menor. Mas, aqui, em Hong Kong e Taiwan, acho que nossos filmes de artes marciais têm sido muito marcadamente influenciados pelos japoneses, a ponto de me fazer sentir sufocado. Quero mostrar a eles o que nós podemos fazer!".

Mesmo perguntas sobre seu conflito com Lo Wei não conseguiram destituir Bruce de sua "ofensiva de charme". "É verdade que Lo Wei e eu discutíamos com frequência no *set*, mas era tudo no sentido de fazer de *O Dragão Chinês* o melhor filme possível", disse Bruce aos repórteres. "Como nós dois temos personalidades fortes, era inevitável que houvesse alguns desencontros; mas eram sempre assuntos relativos ao trabalho, nada em nível pessoal. Acredito que não haverá problemas se viermos a trabalhar juntos novamente no futuro."

Lo Wei foi um pouco menos diplomático. Ele declarou à imprensa que Bruce era mimado e arrogante, dizendo que ele agia como se todo mundo estivesse abaixo dele. Além disso, ele começou a sugerir à imprensa que teria sido ele quem de fato ensinara a "Lee Três Pernas" como lutar nos filmes.

Felizmente, Bruce não chegou a ler nos jornais o que Lo Wei disse a seu respeito. Com a Paramount e a Shaw Brothers competindo por ele, Bruce se concentrou em usar esse bom momento em proveito próprio. Bruce exigiu que Raymond adiasse a produção de seu próximo filme para que pudesse voltar a Hollywood para filmar três episódios de *Longstreet*. Chow também concordou em trazer a família de Bruce para Hong Kong e instalar a todos em um apartamento, sem impor quaisquer condições. Originalmente, Chow insistira para que Bruce figurasse num curta-metragem sobre o *jeet kune do* em troca das passagens para Linda. Pelo restante de sua carreira, Lee empregaria essa estratégia simples para manipular seus vários pretendentes, fazendo-os lutarem entre si: Chow *versus* Shaw e Hong Kong *versus* Hollywood. Ao embarcar em um avião para voltar a Los Angeles, em 6 de setembro de 1971, Bruce tinha todos os motivos para acreditar que, afinal, tornara-se senhor de seu próprio destino.

⁂

No dia seguinte à sua chegada a Los Angeles, Bruce já estava de volta ao *set* de filmagem, representando seu personagem em três episódios de *Longstreet*: "Spell Legacy Like Death" (episódio 6, "Soletre Herança como Morte"), "Wednesday's Child" (episódio 9, "Filho de uma Quarta-Feira") e "'*I See*', Said the Blind Man" (episódio 10, "'Estou Vendo', Disse o Homem Cego"). Nenhum deles fora escrito por Silliphant, que estava muito ocupado escrevendo o roteiro para *O Destino do Poseidon* (*The Poseidon Adventure*, 1972). Os roteiros foram confiados a outros escritores menos talentosos e concluídos antes da volta de Bruce. Os escritores fizeram algumas revisões de última hora para dar ao personagem de Bruce uma participação menos importante, mantendo-o sempre ao fundo, dizendo apenas algumas falas triviais.

A abertura do sexto episódio, "Spell Legacy Like Death", salta diretamente para uma sessão de treinamento entre o personagem de Bruce, Li Tsung, e Mike Longstreet, interpretado por James Franciscus – sem fazer qualquer referência a onde poderia ter estado Li Tsung nos últimos cinco episódios. Os dois até mesmo apareciam usando as mesmas roupas de treinamento que vestiam no episódio-piloto. Corria uma piada interna entre os roteiristas sobre se Bruce voltaria a juntar-se permanentemente ao elenco. Quando Longstreet recebe um telefonema de um chantagista que ameaça bombardear uma grande ponte, Li Tsung se oferece para ajudar. "Você está se juntando ao time, Li?", pergunta Longstreet. Li Tsung responde: "É sempre mais gratificante ser um participante do que um observador". Quando o criminoso exige que Longstreet vá sozinho entregar o dinheiro da chantagem, ele deixa para trás o seu mestre de *kung fu*. Ao sair, Longstreet repete a piada interna dos roteiristas: "Você vai ficar por aqui mais um pouco, Li?".

O episódio seguinte de *Longstreet*, "Wednesday's Child", se parece com um *flashback* de *O Besouro Verde*. Li Tsung faz o papel de motorista do detetive cego. No final do filme, Li Tsung irrompe em meio aos bandidos com uma série de giros e chutes voadores. Comparado a quatro anos antes, as habilidades de Bruce como praticante de artes marciais haviam melhorado de maneira dramática, e sua habilidade para pronunciar claramente os diálogos em inglês fora muito aperfeiçoada. No entanto, ele ainda representava o papel do servo de um rico homem branco.

Em "Spell Legacy Like Death", Bruce tem 19 falas; em "Wednesday's Child", são 12; e no terceiro e último de seus episódios de *Longstreet*, "'I See', Said the Blind Man", ele tem apenas cinco falas. Ele segura um saco de pancadas enquanto Longstreet dá vazão a alguma frustração. Seu papel não tem qualquer importância no enredo. Depois de um início tão promissor, Li Tsung, enquanto personagem, representava um passo atrás com relação a Kato. Nas tramas, ele era menos importante do que o cão-guia de Longstreet. Na maioria das cenas, Bruce é visto apenas reagindo às falas dos outros personagens, e ele geralmente aparece com os braços cruzados, na defensiva. Linda diz que Bruce achou seu papel nesses três episódios algo "decepcionante" (mas é provável que ele tenha empregado um adjetivo mais "expressivo".)

Bruce lutava por cada linha de diálogo. Como forma de fazer uma brincadeira física, ele se escondia atrás da porta do escritório de Joel Rogosin, o roteirista-chefe da série, e, quando Rogosin entrava, Bruce o agarrava por trás, prendendo-o entre seus braços, e dizia: "Eu preciso de mais falas nesse roteiro!". Rogosin se recorda: "Ele era menor do que eu, mas era muito forte. Se ele o agarrasse, você permaneceria à mercê dele, até que decidisse soltá-lo. Eu dizia: 'Será feito como você quiser'. Ele era uma ótima pessoa".

Apesar do desapontamento com a quantidade de falas que lhe davam, Bruce continuava sendo um vivaz e divertido membro do elenco, sempre fazendo palhaçadas entre uma tomada e outra. "Ele fazia sair todo o ar de seu corpo e, então, começava a inflar a si mesmo. Ele começava a tomar ar, até ficar como um balão", diz Marlyn Mason, que interpretava Nikki Bell. "Nós nos divertíamos a valer vendo-o fazer aquilo. Nós dizíamos: 'Exploda, exploda!'."

O episódio-piloto de *Longstreet* foi levado ao ar em 16 de setembro de 1971. O *The New York Times* publicou sua opinião três dias depois. A opinião era um tanto confusa quanto ao programa de forma geral, mas elogiava abertamente o desempenho de Bruce.

No primeiro episódio, "The Way of the Intercepting Fist" [O Caminho do Punho Interceptador], Longstreet é atacado logo no começo por sequestradores nas docas. Ele é resgatado por um jovem chinês, Li Tsung, que acaba com os bandidos com uma espetacular demonstração de algo que se parece com uma espécie de superkaratê. A prática se revela como uma antiga forma de arte chinesa de defesa pessoal e, naturalmente, Longstreet mostra-se interessado em tomar algumas lições.

Li – bem interpretado por Bruce Lee – mostra-se um tipo de supergaroto muito disciplinado, proporcionando um "Robin" para o "Batman" representado por Longstreet, proferindo falas profundas, tais como "Que tudo esteja bem com você". A paz interior é a arma secreta de Li: "Você tem uma mente belicosa, sr. Longstreet. A menos que aprenda a acalmá-la, jamais poderá ouvir o mundo exterior".

Há, em outras palavras, um pouco de cada coisa para todo mundo. O herói cego desperta simpatia instantaneamente. [...] O chinês (que emerge de maneira tão impressionante que justificaria uma série dedicada a ele) empresta um hábil toque de exotismo com seus conselhos sobre "aprender a arte de morrer".

Bruce estava em êxtase. Ele disse a um amigo: "Cara, estou feliz que [a crítica] tenha sido tão favorável". Em uma entrevista, concedida um ano depois, Bruce repetiu orgulhosamente, de memória e quase palavra por palavra: "O *The New York Times* disse algo, como 'Incidentalmente, o chinês surgiu de maneira convincente o bastante para merecer sua própria série televisiva', e assim por diante".

O público também adorou a *performance* de Bruce. "Nós recebemos mais cartas de fãs por aquele episódio do que por qualquer outro da série", diz Silliphant. "E a enxurrada de cartas de fãs era totalmente devida a Bruce."

Depois de ter filmado os três episódios de *Longstreet*, Bruce encerrara sua participação no programa. Ele havia servido ao seu propósito. O piloto havia atraído a atenção do público e ele ganhara o aval do *The New York Times* para sua própria série de TV. E Bruce já tinha duas propostas consistentes para projetos televisivos em desenvolvimento: *Tiger Force*, para a Paramount, e – para surpresa de todo mundo, inclusive Bruce – *Kung Fu*, para a Warner.

※

Enquanto Bruce estava na Tailândia, filmando *O Dragão Chinês*, Fred Weintraub teve uma ideia para fazer reviver *Kung Fu*: em vez de um filme cinematográfico, iria transformá-lo em um filme para ser apresentado no programa semanal de filmes feitos para a TV *ABC Movie of the Week* [Filme da Semana da ABC]. Se a divisão cinematográfica da Warner não soubera apreciar o brilhantismo de *Kung Fu*, ele daria o projeto para o pessoal da TV, como se fossem roupas de segunda mão. Assim, Weintraub levou o roteiro de *Kung Fu* para Tom Kuhn, chefe da divisão de TV da Warner Brothers.

Quando estava sentado em seu escritório, Kuhn ouviu sua secretária dizer a alguém: "Você não pode ir entrando aí assim!".

Kuhn ergueu a cabeça e viu um sujeito grandalhão marchar em direção à sua mesa. "Quem é você?", perguntou Kuhn.

"Eu sou Fred Weintraub", respondeu ele, deixando cair ruidosamente o roteiro de *Kung Fu* sobre a mesa.

Lendo o título, Kuhn brincou: "Eu nunca ouvi falar em *kung fu*, mas soa como algo que comi no almoço. Acho que um pouco dele pingou na minha gravata".

"Apenas leia", replicou Weintraub. "Você vai gostar."

Na verdade, Tom Kuhn adorou; mas tratava-se do roteiro de um filme cinematográfico – muito longo e caro demais para uma produção televisiva. Kuhn telefonou para Weintraub. "Fred, isto é fabuloso", disse ele. "Eu adoraria fazê-lo, mas não posso pagar por uma produção como essa para a televisão."

"Vá arrancando uma página sim, outra página não", sugeriu Fred.

Kuhn começou a rir. "Fred, nós seremos amigos pela vida toda."

A ABC adorou o roteiro, também. A Warner Bros. e a ABC anunciaram o acordo para a produção de *Kung Fu* no dia 22 de julho de 1971.

Enquanto isso, em Nova York, Howard Friedlander, que escrevera o roteiro original para o filme junto com Ed Spielman, ouvira falar sobre o acordo de produção para televisão, ao encontrar com um amigo na rua. "Eu me lembro disso muito claramente, como se tivesse acontecido apenas há alguns minutos. Eu vinha caminhando sentido leste pela rua 54, em Manhattan. Eu tinha US$ 2 no bolso. Eu estava quebrado e sozinho. Encontrei um amigo e ele me disse: 'Ei! Eu vi que eles estão fazendo o seu filme'. Olhei para ele como se ele estivesse maluco. Eu disse: 'Que filme?'. Ele respondeu: 'Oh, aquele negócio de *Kung Fu*. Está nos jornais'. Corri até a banca de jornais mais próxima e comprei um exemplar da *Variety*. Folheei ansiosamente, até encontrar a notícia de que a Warner Bros. estava produzindo *Kung Fu*. Então, saí à procura de um telefone. Um telefone público, pois não havia celulares naquele tempo. Telefonei para Ed e para [o nosso agente, Peter] Lampack, e marcamos uma reunião.

Lampack ligou para a Costa Oeste e descobriu que eles estavam produzindo o roteiro, mas como um filme para a televisão."

Bruce ouviu falar sobre o acordo para produzir *Kung Fu* para a televisão quando voltou à América, em setembro. A ABC havia programado a estreia para 22 de fevereiro de 1972. Kuhn planejara iniciar a produção em 15 de dezembro de 1971. O processo de seleção do elenco já estava em curso, mas eles ainda não haviam encontrado o ator certo para interpretar Kwai Chang Caine, o mestre de *kung fu* eurasiano.

Rumores sobre o desempenho de Bruce em *Longstreet* já haviam chegado aos ouvidos de Ted Ashley, o presidente da Warner Bros. Assim que soube que Tom Tannenbaum, da Paramount, estaria desenvolvendo uma série de TV especificamente para Bruce, Ashley decidiu que roubaria Bruce dele. "Foi por causa de *Longstreet* que Ted Ashley e a Warner Bros. ficaram interessados nele", diz Silliphant.

Dois dias depois, a resenha do *The New York Times* sobre *Longstreet* chegou às bancas. Bruce foi chamado para uma reunião com um dos assistentes diretos de Ashley, Jerry Leider. Depois da reunião, Ashley, pessoalmente, telefonou para Kuhn para fazer *lobby* para Bruce. "Ashley telefonou-me para me parabenizar pela venda de *Kung Fu* e pediu-me para que considerasse Bruce uma possibilidade para o papel principal", recorda-se Kuhn. "Ted estava procurando fazer a carreira de Bruce avançar." O escritório de Kuhn agendou um encontro com Bruce para as 15h30 do dia 24 de setembro de 1971. Não se tratava de uma reunião formal, mas apenas de um encontro casual de apresentações. Sob todos os aspectos relevantes, o papel já era de Bruce. Tudo o que ele teria a fazer seria convencer Kuhn.

Um espírito mais prudente teria optado por uma abordagem mais discreta, mas o impulsivo Bruce fez uma escolha ousada para sua apresentação. Ele adentrou o escritório de Kuhn, fechou a porta com um chute, atirou ao chão sua bolsa de equipamentos atléticos, retirou dela um *nunchaku* e começou a brandi-lo na direção de Kuhn.

"O que você está fazendo?", perguntou Kuhn aterrorizado, com os bastões zunindo pelos lados de seu rosto.

"Não se mova", disse Bruce.

"Não se preocupe. Eu não vou a lugar nenhum", disse Kuhn. "Baixe essa maldita coisa."

Bruce parou de agitar o *nunchaku* e estendeu seu antebraço. "Sinta o meu braço", ordenou ele.

Tom fez o que ele pedia. O braço parecia feito de pedra. "Tudo bem. Por favor, sente-se", disse Kuhn. "Acalme-se."

Assim que Kuhn conseguiu fazer com que Bruce guardasse o *nunchaku*, os dois iniciaram uma reunião de trinta minutos, tratando de negócios tanto quanto de assuntos pessoais. Apesar da apresentação assustadora, Kuhn foi conquistado pelo charme, o carisma e o senso de humor de Bruce. "Eu apenas queria conhecer o sujeito e sacar qual era a dele. Nós falamos sobre o filme que ele fizera em Hong Kong, *O Dragão Chinês*", recorda-se Kuhn. "Ele tinha uma presença simplesmente hipnótica. Eu gostei do tempo que passamos juntos. A energia dele era fantástica. Ele era um sujeito divertido e original."

À primeira vista, Bruce parecia perfeito para o papel. Afinal de contas, ele era o único ator em Hollywood que, além de eurasiano, era um mestre de *kung fu*. Mas o papel de Kwai Chang Caine, o monge budista meio americano, meio chinês, tal como fora escrito, pressupunha uma personalidade muito diferente da de Bruce. "A série concebia um homem que não se envolvia com as coisas; um homem que evitava entrar em ação quase a qualquer preço. Um homem muito silencioso e, aparentemente, passivo", diz John Furia, um dos produtores da série. Caine não seria, por exemplo, o tipo de homem que irromperia em uma reunião para seleção de atores brandindo um *nunchaku*. "Ocorreu-me, então, que este seria um papel muito cerebral", diz Kuhn. "Um sujeito que luta somente quando se sente absolutamente acuado." Até mesmo Fred Weintraub, que fizera *lobby* para que Bruce conseguisse o trabalho, notou que os Warners precisariam de um ator "que retratasse o senso de silenciosa serenidade que Caine possuía; uma qualidade pela qual o agitado e intenso Bruce não era conhecido".

Porém, para Kuhn, o maior problema quanto a ter Bruce interpretando Kwai Chang Caine era seu sotaque. "Depois de meia hora eu já tinha simpatia pelo sujeito; mas, para ser franco, eu tive dificuldades para compreendê-lo", diz Kuhn. "Foi divertido, mas minha conclusão foi a de que teríamos muito trabalho para fazer o público televisivo americano compreendê-lo. Você até pode fazer isso com um filme, mas não com um episódio a cada semana para a televisão. É preciso lembrar que estávamos em 1971; a televisão era muito primitiva naquela época. Havia apenas três grandes redes e, se o material apresentado não fosse de fácil absorção pelas massas, quer em termos visuais ou auditivos, a tendência era a de que as pessoas simplesmente trocassem de canal."

Depois da reunião, Kuhn telefonou para Fred Weintraub. "Que diabos foi aquilo?", disse Kuhn, rindo. "Ele quase rachou meu crânio com um par de porretes."

"Aquilo é Bruce Lee", replicou Weintraub. "O que você acha dele para *Kung Fu*?"

"Ele é fantástico", disse Tom, efusivamente. "Eu jamais vi nada como aquilo. Mas daí a tê-lo como protagonista há um longo caminho. Talvez ele seja autêntico demais."

Depois de ponderar um pouco mais, Kuhn concluiu que Bruce não seria o homem certo para o papel. Ele telefonou a Ted Ashley para informá-lo.

"Eu compreendo", disse Ashley. "O *show* é seu; a escolha é sua."

Com o nome de Bruce riscado do topo da lista e sem outros atores eurasianos viáveis em Hollywood em 1971, os produtores tinham de decidir entre empoar o rosto de um ator asiático ou aplicar maquiagem aos olhos de algum ator branco – tal como Hollywood fizera tantas outras vezes, segundo sua tradição de "amarelecer" semblantes. Porém, em uma época cada vez mais carregada de tensões raciais, os produtores e executivos brancos sabiam que isso seria problemático. Kuhn diz: "Nós consideramos todos os asiáticos de Hollywood, porque não era preciso ser especialmente brilhante para saber o que teríamos de enfrentar". Entre os atores asiáticos considerados estavam Mako, que atuou como ator coadjuvante com Bruce em *O Besouro Verde*, e George Takei, que interpretava Sulu em *Jornada nas Estrelas* (*Star Trek*). "Nós analisamos todos, mas nenhum estava, realmente, à altura. Não havia nenhum sujeito que tivesse se apresentado de quem nós pudéssemos dizer 'Esse cara pode levar a série adiante'", diz Kuhn. "Mako tinha um sotaque supercarregado, e Takei não tinha o tipo físico adequado."

Tendo descartado a metade asiática da ascendência de Caine, eles se voltaram para sua metade americana e começaram a testar atores brancos. "David Carradine veio para fazer uma leitura e ele estava muito alterado. Não sei o que ele havia tomado naquele dia, mas certamente ele tomara muito. Liguei para o agente dele e disse: 'Você sabe, mesmo que ele fosse fabuloso – e, na verdade, ele fez uma leitura muito boa – você não pode fazer uma série com um sujeito que está chapado o tempo todo'", recorda-se Kuhn. "Mas nós ainda não havíamos encontrado ninguém, estávamos a cerca de duas semanas da produção e não tínhamos o ator principal. Todos os outros papéis já haviam sido escalados e, na próxima vez que seu agente telefonou, eu disse: 'Quer saber de uma coisa? Mande ele vir. O que temos a perder?'. Então, David veio, completamente sóbrio, fez uma leitura incrível e, como resultado, nós o contratamos. E essa foi a última vez que vi David Carradine sóbrio."

Carradine assinou o contrato para fazer o papel no final de novembro de 1971. Quando a notícia correu, George Takei e a Association of Asian Pacific American Artists (AAPAA, ou aproximadamente Associação dos Artistas Americanos da Ásia-Pacífico) registraram uma queixa formal por práticas injustas de contratação. Kuhn diz: "Ele tentou organizar os atores asiáticos contra o que estava acontecendo com *Kung Fu*". Eles queriam que David Carradine fosse substituído por um ator asiático e que um consultor de História chinesa fosse contratado. Kuhn concordou com a segunda exigência, mas não com a primeira. "Nós teríamos um consultor asiático, um praticante de *kung fu*, David Chow, e isso era tudo quanto podíamos permitir em termos de envolvimento asiático com a produção; mas David Carradine teria de ser o astro da série." A comunidade de atores asiáticos não ficou satisfeita com esse comprometimento, mas o pragmatismo venceu a ideologia. Havia tão poucas oportunidades para atores asiáticos em Hollywood que eles decidiram que seria melhor ter uma série no ar com vários papéis secundários para atores asiáticos, mesmo com um protagonista branco, do que não ter oportunidade alguma. James Hong, que era o presidente da AAPAA, disse: "Conforme a série prosseguiu, nos demos conta de que ela representava uma grande fonte de empregos para a comunidade de atores asiáticos".

Kuhn estava certo na avaliação que fizera de Carradine: ele era o ator perfeito para o papel e, também, um grande risco. Com seu enredo afeito às temáticas da contracultura, com pacíficos orientais constantemente ameaçados por brancos agressivos, *Kung Fu* foi um surpreendente sucesso cultural, especialmente entre os estudantes universitários que protestavam contra a Guerra do Vietnã. Carradine foi indicado para o prêmio *Emmy* de Melhor Ator de 1973 e para o *Golden Globe* de 1974. Porém, apesar de seu sucesso de crítica e de público, a série foi cancelada pouco depois de Carradine ter sido preso por tentativa de arrombamento e agressão dolosa, em 1974. Totalmente alterado por haver consumido peiote, e completamente nu, Carradine invadiu a casa de um vizinho, onde encurralou duas mulheres jovens – tendo supostamente agredido fisicamente uma delas, enquanto perguntava-lhe insistentemente se ela era uma bruxa. A jovem o processou em US$ 1,1 milhão, mas acabou recebendo apenas US$ 20 mil. De todo modo, não era o tipo de publicidade que uma rede de televisão desejava para um ator que interpretava um sábio e sensível monge budista.

⁶⁄⁹

A despeito da objeção de Tom Kuhn quanto ao sotaque de Bruce, Ted Ashley viu o astro em potencial que havia nele e – o que talvez fosse mais importante – não queria perdê-lo para a Paramount. Ele se preocupava com a possibilidade de Bruce dedicar-se exclusivamente a fazer *Tiger Force* assim que descobrisse que não ganharia o papel de Kwai Chang Caine. No início de outubro de 1971, um mês antes de David Carradine ser oficialmente escalado para *Kung Fu*, Ashley propusera a Bruce um acordo de desenvolvimento exclusivo para que ele criasse sua própria série de TV. O adiantamento seria de polpudos US$ 25 mil (o equivalente a US$ 152 mil, em valores de 2017) – dinheiro suficiente para que ele pagasse a maior parte da hipoteca de sua casa.

Bruce já tinha uma ideia pronta. Ele vinha registrando ideias para filmes e produções televisivas em seus cadernos desde os tempos de *O Besouro Verde*. Em uma dessas páginas ele esboçou vários possíveis heróis chineses, situando-os em diferentes épocas e exercendo diversas profissões e atividades: "Velho Oeste: (1) Xerife de São Francisco (parceiro de um homem cego?). Moderno: (1) Caçador de recompensas, (2) agente, (3) detetive, (4) intriga em uma embaixada?". Na página seguinte, ele expandiu um pouco a ideia para o Velho Oeste: "São Francisco: (1) Xerife X, a autoridade, (2) Ah Sahm, um *ronin** (substituto não oficial do Xerife X, que se encarrega da delegacia)".

Mais tarde, ele desenvolveria essa ideia em sete páginas datilografadas que serviriam como uma proposta para a TV. O título da série seria *Ah Sahm* – o mesmo nome do personagem principal. Ah Sahm seria um mestre chinês de *kung fu* que viajaria para os Estados Unidos com a intenção de libertar os trabalhadores chineses que eram explorados pelas *tongs*, as máfias chinesas. A cada episódio, Ah Sahm ajudaria aos fracos e oprimidos, enquanto viajaria através do Velho Oeste.

As notáveis semelhanças entre *Ah Sahm* e *Kung Fu* (ambos são "*westerns* orientais") levaram alguns biógrafos de Bruce Lee a presumirem erroneamente que os dois se tratavam do mesmo projeto, ou que Bruce tivesse sido o autor

---

* No Japão feudal, um *ronin* era um samurai andarilho solitário, que não devia obediência a nenhum mestre ou senhor. (N. dos T.)

de *Kung Fu*. Na verdade, eles são diferentes. Ah Sahm é inteiramente chinês – e não meio americano, meio chinês, como Kwai Chang Caine – e Ah Sahm não é um monge *shaolin*: ele é um guerreiro. Infelizmente, a proposta para *Ah Sahm* não está datada, por isso é impossível saber se Bruce a datilografou antes ou depois de ter lido o roteiro para *Kung Fu*, o filme, escrito por Ed Spielman e Howard Friedlander.

Quando Ashley ofereceu a Bruce o acordo para o desenvolvimento de um projeto, Bruce apresentou sua proposta à Warner Bros., com uma única alteração: ele mudou o título de *Ah Sahm* para *Warrior*. Segundo Linda, Bruce não assinou um contrato para o desenvolvimento do projeto com a Warner antes de retornar a Hong Kong. Ele queria esperar para ver como *O Dragão Chinês* se sairia em termos de bilheteria. Se o filme fosse bem, fortaleceria sua posição nas negociações. E *O Dragão Chinês* acabou fazendo muito mais sucesso do que ele poderia esperar, mesmo em suas previsões mais otimistas.

Esmagando os bandidos japoneses em *A Fúria do Dragão*, março de 1972.
(*National General Pictures/Getty Images*)

Salto final sob fogo cerrado em *A Fúria do Dragão*, março de 1972.
(*Bettmann/Getty Images*)

18
A Fúria do Dragão

Bruce, Linda, Brandon, com 6 anos de idade, e Shannon, com apenas 2 anos, voaram para Hong Kong no dia 11 de outubro de 1971. Todos mudaram suas roupas antes que o avião pousasse, porque Bruce esperava que alguns repórteres viessem cumprimentá-los. Eles não podiam imaginar que Raymond Chow tinha arranjado para que os atores de *O Dragão Chinês* fizessem uma procissão com lanternas para recepcioná-los, assim que desembarcassem. Essas boas-vindas dignas de um herói deram a Bruce a sensação de uma volta triunfal.

Muito mais do que Bruce, Raymond Chow precisava de um grande sucesso. Seus primeiros cinco filmes haviam fracassado nas bilheterias. Com seu estúdio sob enorme pressão da Shaw Brothers, o futuro de Chow dependia grandemente do sucesso de *O Dragão Chinês*. Desde eventos encenados para publicidade até a superexposição na mídia, Chow lançou mão de todos os recursos disponíveis para promover o filme. Até o dia da estreia, 29 de outubro, a vida de Bruce foi um turbilhão de entrevistas para a imprensa escrita, radiofônica e televisiva. Chow pretendia reapresentar o Pequeno Dragão às plateias mais velhas que talvez ainda se lembrassem dele como o destemido e determinado ator mirim dos dramalhões em preto e branco dos anos 1950. Tendo feito tudo que era possível para a promoção do filme, tanto Raymond quanto Bruce confiaram seus destinos ao resultado da noite de estreia.

Raymond, Bruce e Linda estavam agitados quando entraram no cinema. As plateias de Hong Kong eram notoriamente difíceis de agradar. Elas execrariam verbalmente, em voz alta, um filme ruim. Algumas pessoas chegavam até mesmo a levar facas para retalhar os assentos de suas poltronas, caso se sentissem desapontadas com o que viam. "À medida que o filme avançava, estávamos atentos à reação dos fãs", recordou-se Bruce. "Eles mal faziam qualquer som, no início; mas, já pelo final, estavam exaltados, aplaudindo e ovacionando. Aqueles fãs eram muito emotivos: se não gostassem de um filme, eles praguejariam e deixariam a sala de projeção." Quando Bruce ouviu a plateia aclamar as aparições de seu personagem durante todo o filme, sentiu-se cada vez mais relaxado e confiante. No momento de sua primeira cena com algum conteúdo sexual, ele se inclinou para Linda e brincou: "Isso faz parte dos benefícios trabalhistas".

Em meio à plateia da estreia encontrava-se Mel Tobias, o famoso crítico e historiador cinematográfico de Hong Kong. "Eu não sabia quem era Bruce Lee. Foi apenas por acidente que eu vi seu primeiro filme. Eu estava com um convidado de Manila, e ele quis assistir a uma sessão da meia-noite; e, naquele dia, o filme da meia-noite era *O Dragão Chinês*", recorda-se Tobias. "Quando o filme terminou, houve cerca de dez segundos de silêncio. Ninguém sabia ao certo o que os havia atingido; então, todos começaram a aplaudir ruidosamente. Quando avistaram Bruce Lee, todos ficaram absolutamente perplexos. E os aplausos continuaram, estrondosos. Tive a sensação de que aquele sujeito logo seria uma grande sensação. O modo como ele projetou os orientais e os asiáticos nos deu um senso de identidade."

Bruce começara sua noite com expectativas modestas. "Eu não esperava que *O Dragão Chinês* quebrasse qualquer espécie de recorde", confessou ele. "Mas eu esperava que o filme pudesse render um bom dinheiro." A reação da multidão o surpreendeu. "Naquela noite, todos os sonhos de Bruce tornaram-se realidade, quando a plateia o saudou, aplaudindo-o em pé", diz Linda. "Em menos de duas horas de ação na tela, Bruce tornou-se um astro de brilho flamejante; quando saímos do cinema, fomos cercados pelas pessoas."

Os números da bilheteria foram surpreendentes e promoveram uma completa virada na sorte da Golden Harvest. Exibido somente em 16 cinemas de Hong Kong, *O Dragão Chinês* arrecadou 372 mil dólares de Hong Kong no primeiro dia, e ultrapassou a cifra mágica de 1 milhão em apenas três dias. Em três semanas de exibição, *O Dragão Chinês* rendeu 3,2 milhões de dólares de Hong Kong. O diário *The China Mail* estimou o número de pagantes em 1,2 milhão, dentre uma população de 4 milhões de habitantes da colônia. Para acrescentar um toque de orgulho local e patriótico ao sucesso, *O Dragão Chinês* também deixou muito para trás o até então maior sucesso de bilheteria, pertencente a *A Noviça Rebelde* (*The Sound of Music*, 1965). Um jornal chinês local gabou-se: "Até então, o filme de Julie Andrews era o sonho delirante dos distribuidores cinematográficos quanto à rentabilidade das bilheterias, desde que chegou às telas, em 1966". O marido de Julie Andrews, Blake Edwards, era uma das celebridades treinadas por Bruce – que, agora, passara de instrutor de celebridades a, ele próprio, uma celebridade.

Desde os três meses de idade, Bruce atuara em 23 filmes. Nenhum deles, nem de perto, obtivera o fantástico sucesso de *O Dragão Chinês*. A maioria deles, aliás, havia fracassado. O que fazia deste filme algo diferente? Certamente, não era a qualidade da produção. Em uma entrevista concedida em 1988, o diretor Lo Wei refletiu: "Agora que penso a esse respeito, considero *O Dragão Chinês* uma porcaria de filme. Eu não dispunha de muito tempo, e só queria que o filme ficasse pronto, não importava quão desleixado ou como quer que fosse".

Um dos aspectos-chave para a popularidade do filme eram as sequências de luta protagonizadas por Bruce. Ao contrário da maioria dos astros de filmes de ação, que costumavam treinar por alguns meses antes de fazerem um filme, Bruce era um especialista na prática das artes marciais – na verdade, um mestre. Todo o restante do elenco de *O Dragão Chinês* parece representar de maneira corriqueira e banal, enquanto Bruce é um redemoinho diabólico. As plateias de Hong Kong, criadas em meio ao *kung fu*, sabiam reconhecer lutas reais. Para provar que as cenas de luta não eram forjadas por meio de truques fotográficos, Lee e Lo Wei optaram por empregar sequências de ação muito longas, algumas estendendo-se por vinte segundos ou mais. "O que Lee fazia era coreografar uma luta e deixar a câmera rodar, de modo que você sabia que aquilo não era uma montagem", diz Michael Kaye, outro diretor da Golden Harvest. "Lembre-se de que Lee estava lidando com uma plateia nativa, que conhecia o *kung fu* e saberia dizer se tudo não passasse de um truque."

Mas ser fiel à técnica não era o bastante. Muitos dos grandes praticantes de artes marciais haviam produzido fiascos na tela. O que funciona em um ringue raramente fica excitante quando transposto para um filme. Bruce tinha adquirido muita experiência em Hollywood como coreógrafo de lutas, e sabia como fazer sua habilidade individual ficar espetacular no celuloide. Pode-se chamar a isso de "realismo realçado". No filme, ele põe a nocaute três bandidos aplicando-lhes três chutes giratórios na cabeça – algo que nem mesmo Bruce Lee podia fazer na vida real; mas, no filme, ele levou as plateias a acreditarem que podia. Tal como afirmou um crítico do diário *The Washington Post*, "Bruce Lee em movimento é uma visão extremamente estimulante de contemplar: explosivo, gracioso e divertido. Lee obtém das plateias uma resposta que eu não testemunhava desde a fuga de motocicleta de Steve McQueen em *Fugindo do Inferno*. Seu desempenho tem a irreverência arrogante de um James Cagney e a tranquila indolência de um Steve McQueen dos primórdios".

Depois de 25 anos de trabalho como ator, Bruce afinal aprendera a permear suas ações com emoções. A transformação do afável servo Kato, em *O Besouro Verde*, para o irrequieto e incontrolável personagem de *O Dragão Chinês* fora dramática. Pela primeira vez desde quando tinha 18 anos de idade, em *The Orphan*, Bruce interpretava um papel principal. Ao longo desse período de lutas, rejeições e muito trabalho duro, ele conseguira obter aquele ingrediente misterioso, aquela qualidade indefinível que colocava Marilyn Monroe – uma "estrela" – acima de *Sir* Laurence Olivier – meramente um "grande ator". Paul Heller, coprodutor de *Operação Dragão*, diz que "Bruce tinha uma intensidade que a câmera captava. Alguns atores podem ser brilhantes, mas a câmera não os ama. A câmera amava Bruce. A energia, o talento em estado bruto e o entusiasmo dele passavam através da câmera diretamente para a tela". Bruce encontrou uma maneira de acessar a tremenda força vital que possuía – "Eu posso senti-la, como se borbulhasse e se agitasse dentro de mim", disse ele a alguns amigos – e traduzi-la para a tela. "Eu adquiri mais confiança quando terminei de fazer *Longstreet*", explicou ele.

O desempenho eletrizante de Bruce tocou os anseios inconscientes do público. Em 1842, a população de Hong Kong era formada por 7 mil habitantes; em 1971, eram 4 milhões de almas. Eram em sua imensa maioria chineses continentais que haviam fugido de sucessivas ondas de desastres. Hong Kong era, em essência, um campo de refugiados altamente funcional, dirigido por homens de negócios britânicos. Se havia um grupo de pessoas que necessitasse de um incentivo étnico, eram os chineses de Hong Kong, que sofriam não apenas de um complexo de inferioridade, mas, também, de uma crise de identidade: eles eram chineses migrantes, súditos britânicos coloniais, eram ambas as coisas ou o quê? Robert Clouse, que dirigiu *Operação Dragão*, argumenta: "Bruce fez mais pela psique chinesa do que dúzias de políticos e mártires. O que ele fez funcionou como uma forma de terapia visceral para milhões de pessoas sobrecarregadas de trabalho e destituídas de privilégios. Bruce reavivou um sentimento de orgulho e, literalmente, fez seus compatriotas levantarem-se gritando e saudando-o em centenas de salas de cinema. De um momento para outro, eles se sentiam melhor consigo mesmos e podiam enfrentar mais um dia, sofrendo um pouco menos devido aos preconceitos".

O sucesso fenomenal de *O Dragão Chinês* também foi consequência de um chocante acontecimento alheio ao filme, que, pouco antes de seu lançamento, fez desencadear um furacão de nacionalismo chinês. Este episódio envolveu, dentre outros fatores, uma disputa territorial por algumas pequenas ilhas abandonadas ao sul do Mar da China. As Ilhas Diaoyu, junto com Taiwan, haviam sido ocupadas e tomadas pelos japoneses durante a Primeira Guerra Sino-Japonesa, em 1895, e renomeadas como Ilhas Senkaku. Depois do fim da Segunda Guerra Mundial, essas ilhas desabitadas passaram a ser controladas pelos Estados Unidos. Em 1969, uma inspeção das Nações Unidas identificou possíveis jazidas de petróleo na região. Imediatamente, a China, Taiwan e o Japão reivindicaram para si a posse das ilhas esquecidas, reavivando amargas lembranças. Em 7 de junho de 1971, Richard Nixon anunciou sua decisão de ceder as ilhas ao Japão. *O Dragão Chinês* foi lançado no dia 30 de outubro; em 29 de novembro, o Senado dos Estados Unidos aprovou uma emenda ratificando que o país defenderia o Japão no caso de um eventual ataque às Ilhas Senkaku.

Os chineses sentiram-se profundamente traídos. Houve protestos e editoriais indignados. "Eu me lembro disso como se tivesse acontecido ontem", diz Marciano Baptista, um eurasiano colega de classe de Peter, o irmão de Bruce, na La Salle. "Os americanos cometeram uma tremenda estupidez ao cederem as Ilhas Senkaku para o Japão. Chineses de qualquer parte, qualquer denominação, qualquer crença ou convicção política, todos, sem exceção, apoiavam a posição da China quanto às Ilhas Senkaku. Um dos problemas relativos a Hong Kong era que nós jamais havíamos tido uma identidade até 1971, quando fomos forçados a escolher. Nós começamos a formar uma identidade chinesa porque eles [os americanos] deram as nossas ilhas a outras pessoas."

Em um ambiente de crescente nacionalismo étnico, Bruce defendeu heroicamente seus companheiros trabalhadores chineses em *O Dragão Chinês*, e as plateias chinesas o adoraram por isso. Em seu filme seguinte, *A Fúria do Dragão*, ele tornaria esse nacionalismo explícito, fazendo com que o público o adorasse ainda mais. Mas, antes disso, ele teria de suportar sua humilhação pessoal pública por obra dos americanos.

❦

Bruce não desperdiçou tempo para usar o sucesso de *O Dragão Chinês* para alavancar seu retorno a Hollywood. No dia seguinte à estreia do filme, ele escreveu uma carta para Ted Ashley, na qual ampliava suas exigências para o acordo de desenvolvimento de *Warrior*. "Além do estipulado em nosso acordo [anterior], eu devo ter, no mínimo, quatro meses por ano de afastamento, para fazer filmes em Hong Kong", escreveu ele, "e devo ter participação direta na própria série de TV e em seu *merchandising*."

Em uma entrevista concedida ao *Sunday Post-Herald*, editado em inglês, datada de 21 de novembro de 1971, Bruce discutia o projeto de *Warrior*. "Saberei com certeza, dentro de uma semana, se esse negócio é para valer ou não. Se for, voltarei imediatamente para Hollywood", disse Bruce. "É uma série de aventuras realmente muito louca, sobre um sujeito chinês que acaba indo parar no Velho Oeste americano, em 1860. Você pode imaginar isso? Todos aqueles *cowboys*, armados e montados em cavalos, e eu, com uma longa vara de bambu verde, certo? Demais! O que está emperrando o andamento das coisas agora é um monte de gente sentada, lá em Hollywood, tentando decidir se o público da televisão americana está preparado para um herói oriental. Nós poderemos ter de enfrentar algumas reações bastante peculiares de alguns lugares, como o extremo sul dos Estados Unidos."

Bruce recebeu uma ligação telefônica internacional da Warner Bros. no dia 25 de novembro de 1971 que trazia duas más notícias. A primeira era que, uma vez que os Warners poderiam justificar somente a produção de um "*western* oriental", eles haviam optado pela produção de *Kung Fu* e rejeitado *Warrior*; e a segunda era que eles escalariam David Carradine como protagonista, não Bruce Lee. A perda de um papel principal e de seu projeto em desenvolvimento em apenas um telefonema foi uma pílula difícil de engolir. "Ele ficou extremamente desapontado", diz Linda. "Nós não estávamos em situação financeira muito boa naquela época. Assim, aquela teria sido uma grande oportunidade de mudança."

A imprensa de Hong Kong vinha se referindo a Bruce como "o ideal do Homem Transpacífico", um termo empregado para designar um chinês ocidentalizado. Tratava-se de uma expressão adequada. Bruce pretendia ter um pé em cada hemisfério do globo, trazendo o profissionalismo ocidental para os filmes de Hong Kong e levando a cultura chinesa para a televisão norte-americana. Para ele, o perigo consistia em ser apanhado em meio ao oceano sem ter um lugar para chamar de lar. Ele fora rejeitado para estrelar *Kung Fu* devido ao seu acentuado sotaque chinês; e ele se preocupava quanto a parecer "demasiadamente ocidental" para as plateias de Hong Kong. "Houve algumas cenas em *O Dragão Chinês* nas quais eu acredito não ter sido chinês o bastante", disse Bruce. "Seria preciso fazer muitos ajustes."

O fato de Bruce estar no ponto intermediário entre duas culturas foi o que atraiu o jornalista mais popular da televisão canadense, Pierre Berton, quando viajou a Hong Kong em busca do sujeito apropriado para entrevistar, em 9 de dezembro de 1971. Berton logo descobriu que todo mundo estava falando sobre um ator até então desconhecido que acabara de quebrar o recorde de bilheteria de Hong Kong e andava se vangloriando de que estaria prestes a se tornar o primeiro oriental a estrelar uma série de televisão norte-americana.

Para fazer a apresentação, Berton definiu Bruce como um homem dividido entre o Oriente e o Ocidente: "Bruce Lee encara um verdadeiro dilema. Ele se encontra à beira do estrelato nos Estados Unidos, com um projeto para uma série de TV no horizonte, mas ele acaba de alcançar o superestrelato como ator cinematográfico aqui mesmo, em Hong Kong. Assim, ele escolherá o Oriente ou o Ocidente? Este é o tipo de problema que a maioria dos atores iniciantes adoraria ter de enfrentar".

A essa altura, Bruce deve ter percebido que enfrentava outro dilema. Sem saber que *Warrior* já havia sido rejeitada, Berton tentou fazer desse tópico o foco central dos 25 minutos de sua entrevista – enquanto Bruce teve de decidir se admitia que não tinha uma série de TV americana em seu horizonte ou se tentaria desviar-se deliberadamente do assunto.

Durante a primeira metade da entrevista, Berton tratou de outros tópicos, antes de retomar seu tema principal: "Há grandes chances de que você venha a estrelar uma série televisiva nos Estados Unidos, chamada *Warrior*. É nela que você empregará técnicas de artes marciais num cenário do Velho Oeste?".

A princípio, Bruce tentou evitar essa pergunta trazendo à baila outro projeto televisivo: "Bem, essa era a ideia original. A Paramount – você sabe, eu fiz *Longstreet* para a Paramount, e a Paramount queria que eu fizesse uma série televisiva. Por outro lado, a Warner Brothers queria que eu fizesse outra série. Mas ambas, eu acho, queriam que eu fizesse um tipo de coisa modernizada, e acharam que o conceito de Velho Oeste não seria adequado. Mas eu queria...".

"Você queria fazer um *western*", admirou-se Berton, completando a frase, antes de voltar a pressionar Bruce com seu tema favorito: "Você vai permanecer em Hong Kong e ser famoso, irá para os Estados Unidos para ser famoso ou tentará fazer as duas coisas?".

"Vou tentar fazer as duas coisas, porque, você sabe... Eu já formei minha opinião quanto a, nos Estados Unidos, pensar de certa maneira sobre os orientais; quero dizer, os verdadeiros orientais têm de ser mostrados como de fato são."

"Hollywood certamente ainda não conseguiu fazer isso", concordou Berton. "Mas, deixe-me perguntar quais são os problemas que você enfrenta como um herói chinês em uma série televisiva norte-americana. Algumas pessoas da indústria cinematográfica já chegaram a dizer algo como, 'Veja bem, nós sabemos como o público irá receber um protagonista não americano'?"

"Bem, tais questões chegaram a ser levantadas, sim. Na verdade, este assunto está sendo discutido; e é por isso que *Warrior* provavelmente jamais seja levado ao ar, eu acho. Porque, infelizmente, tais coisas existem nesse mundo, sabe?", disse Bruce, admitindo, por fim, a verdade. "Eles acham que, do ponto de vista comercial, é um risco; e eu não os culpo por isso. Quero dizer, essas coisas aconteceriam da mesma maneira em Hong Kong, se um estrangeiro se tornasse um astro. Se eu fosse o investidor que colocaria dinheiro no filme, provavelmente me preocuparia quanto à aceitação que tal ator teria, aqui."

Berton, então, formulou sua última pergunta a Lee: "Você ainda vê a si mesmo como um chinês, ou já pensou em você como um norte-americano?".

"Você sabe como eu quero pensar sobre mim?", contestou Bruce. "Como um ser humano; porque, olha, eu não pretendo soar como Confúcio, sabe, mas sob o céu, abaixo do Paraíso, cara, há somente uma única família. Apenas acontece, cara, de as pessoas serem diferentes."

Uma semana depois de conceder sua entrevista a Berton, Bruce escreveu uma gentil carta de reconhecimento a Ted Ashley. "Senti muito ao saber sobre o desfecho de '*Warrior*'. Bem, não se pode ganhar todas, não é? Mas, dane-se: eu vou ganhar uma, um dia desses", escreveu Bruce, antes de sugerir algumas possibilidades para que os dois ainda pudessem trabalhar juntos. "Creio que a Warner pode, definitivamente, criar um roteiro envolvendo artes marciais, de preferência para um filme de longa metragem sob medida para mim. E talvez a Warner possa ajudar ao lançar meus filmes [de Hong Kong] nos Estados Unidos. Dia após dia, tenho melhorado como ator e como ser humano, e minha dedicação certamente me levará até o meu objetivo. Qualquer assistência justa e correta da sua parte será muito apreciada."

Bruce havia se vangloriado muito para a imprensa de Hong Kong sobre seu acordo com a Warner Bros. para a produção de *Warrior*, e agora ele precisava de alguma coisa para salvar as aparências, sem ter de admitir abertamente o fato de ter sido rejeitado. Para tal empreitada, ele seria apoiado pela imprensa escrita em língua chinesa, com a qual ele ainda desfrutava de um período de lua de mel. No dia 18 de dezembro de 1971, o jornal *The Hong Kong Standard* – que fora lançado em 1949 "para dar uma voz chinesa ao mundo" – estampou a seguinte manchete: "Bruce Lee Pode Permanecer em Hong Kong". Sob uma fotografia do ator sorridente, havia uma legenda: "Bruce Lee [...] um oriental, antes de qualquer coisa". A matéria afirmava: "Bruce Lee recebeu permissão da Warner Brothers of America para permanecer em Hong Kong por mais seis meses. A Warner Brothers planeja o lançamento de uma série televisiva, *Warrior*, que terá Bruce Lee como protagonista – a primeira vez que tal honra é concedida a um ator oriental. É sabido que a Warner decidiu adiar a estreia de *Warrior*". Quando se passaram seis meses do "adiamento", a imprensa de Hong Kong não tocou no assunto *Warrior* – e nunca mais voltou a fazê-lo.

Antes da estreia de *O Dragão Chinês*, Bruce planejara fazer mais um filme para a Golden Harvest e, então, retornar definitivamente para os Estados Unidos, para estrelar *Warrior* ou *Kung Fu*. "Seu contrato com Raymond Chow previa a atuação em um segundo filme, *A Fúria do Dragão*", diz Linda. "Ainda que vagamente, suas intenções eram concluir esse filme para Chow e, depois, retornar para Hollywood e considerar as várias propostas que recebera da televisão." Contudo, a rejeição da Warner Bros. e o incrível sucesso de *O Dragão Chinês* o levaram a refazer os cálculos. Decidindo prolongar sua estadia em Hong Kong, em dezembro de 1971, Bruce vendeu sua casa em Bel Air e seu Porsche, realocando sua família na vizinhança de Waterloo Hill, em Kowloon.

O filme seguinte de Bruce, *A Fúria do Dragão*, quase foi por água abaixo devido a desentendimentos com o diretor Lo Wei. Tudo começou com a primeira versão do "roteiro" de Lo Wei, que o diretor havia rabiscado à típica maneira descuidada do cinema de Hong Kong. Tendo passado meses redigindo cuidadosamente o roteiro de *A Flauta Silenciosa*, com Coburn e Silliphant, Bruce ficava profundamente incomodado com o que considerava uma falta de profissionalismo. Ele se recusou a iniciar as filmagens até que um roteiro detalhado fosse escrito, levando a produção a uma parada brusca. Bruce era apenas um ator sob contrato, mas já começava a agir como se fosse Steve McQueen. "Raymond passou o fim de semana reescrevendo o roteiro", diz Andre Morgan. "Quando Bruce viu o novo roteiro e convenceu-se de que poderia funcionar – e de que ele teria mais destaque nas cenas de luta –, concordou em fazer o filme."

A história com a qual Raymond Chow, Lo Wei e Bruce concordaram baseava-se na vida e na lenda do Mestre Huo Yuanjia, o fundador da famosa escola *Jing Wu* ("Excelência em Artes Marciais") de *kung fu*. Huo Yuanjia tornou-se um herói nacional em 1902, quando desafiou um lutador russo que se referira à China como "O Homem Doente da Ásia". Logo depois do duelo, o russo teve de desculpar-se pelos comentários que fizera. Em um país ávido por heróis, Huo Yuanjia foi alçado ao *status* de lenda viva da noite para o dia. Primeiramente, sua vida foi novelizada no romance seminal *Modern Chivalry Heroes*, de autoria do patriarca fundador do gênero das artes marciais, Ping Jiang. No romance, Huo derrota campeões de artes marciais da Rússia, do Japão e da Inglaterra – restaurando o orgulho de seu povo. No final, ele é morto pela ardileza dos japoneses.

De maneira inteligente, *A Fúria do Dragão* evitou recontar essa história – o que os chineses chamam de "requentar o arroz de ontem" –, preferindo concentrar-se nas consequências adversas de sua morte. Em vez de Huo Yuanjia, como seria de se esperar, Bruce Lee foi designado para representar o papel de seu aluno mais destacado, Chen Zhen. Bruce explicou essa decisão da seguinte forma aos repórteres: "Isso é mais interessante, porque, enquanto personagem, Huo Yuanjia é um tanto limitado no filme, que deve ater-se fielmente ao desenvolvimento de sua história".

No filme, como Chen Zhen, Bruce chega atrasado para o funeral de seu mestre. Depois do sepultamento, uma delegação de estudantes de judô japoneses aparece com um presente escarnecedor: um cartaz, no qual se leem as palavras "Homem Doente da Ásia". Por temerem pelas consequências (afinal, a escola se encontrava localizada na concessão de Xangai, controlada pelos japoneses), os discípulos chineses de *kung fu* se retraem. Mas Bruce, apropriadamente representando o cabeça quente" da turma, vai sozinho até a escola japonesa e retribui o "presente", com a ajuda de seus punhos furiosos. Depois de surrar todos os presentes, ele rasga o cartaz em pedacinhos e diz, na versão chinesa: "Agora, vocês me ouçam bem, porque vou falar só uma vez: os chineses não são os homens doentes da Ásia!".

Enquanto um filme de Hollywood provavelmente terminasse neste momento triunfal, o fatalismo chinês transforma a fita em uma fábula de advertência quanto a um ciclo de violência. Depois que Bruce espezinha e humilha os japoneses, estes atacam a escola dele, ferindo gravemente a alguns de seus amigos. Enquanto Bruce está matando o *sensei** japonês que envenenara seu mestre, os discípulos do *sensei* estão massacrando os amigos dele. Ao retornar à sua escola e constatar o horror que sua justa vingança provocara, Bruce é cercado pela polícia. Em vez de fugir ou deixar-se ser levado sob custódia, ele investe contra a polícia com um chute voador. Armas de fogo são disparadas. A cena congela. Fim.

Bruce orgulhava-se muito dessa cena final. "No fim, eu morri sob fogo cerrado", disse ele. "Mas essa é uma morte muito digna e honrosa. Eu caminho diretamente para eles e digo: 'Danem-se, caras! Aqui vou eu!'. Bum! E eu salto bem alto no ar, então eles congelam a imagem e rá-tá-tá-tá – Bang! Como em *Butch Cassidy*."**

Bruce pode ter se recusado a começar a filmar até que um roteiro formal fosse finalizado, mas ele jamais foi do tipo que se sentaria à espera de que algo acontecesse. Enquanto a produção era postergada, ele ousadamente empreendeu uma viagem, sozinho, ao Japão, para pedir ao seu ídolo das matinês que figurasse em seu filme. Chegando ao distrito de Roppongi, em Tóquio, o

---

* *Sensei*, em japonês, é um termo empregado como um título honorífico para tratar com respeito um professor ou um mestre. A tradução literal dessa palavra é "aquele que nasceu antes", uma vez que o *kanji* (caractere) correspondente a *sen* significa "antes" e o *kanji sei* significa "nascimento". Assim, chamar alguém de *sensei* é reconhecer que a pessoa é muito experiente na sua área de atuação. O termo é muito utilizado no âmbito do karatê e de outras artes marciais como uma forma de tratamento dispensada aos instrutores, em sinal de reconhecimento e respeito. Em muitas artes marciais, o aluno deve fazer uma vênia ao seu *sensei* antes de começar uma aula ou competição. O termo não deve ser confundido com *sansei*, que designa um membro da terceira geração de japoneses radicados em um país estrangeiro. (N. dos T.)

**Butch Cassidy (Butch Cassidy and The Sundance Kid); filme de 1969, dirigido por George Roy Hill e estrelado por Paul Newman e Robert Redford, Considerado uma das melhores produções do gênero *western* de todos os tempos, o filme recebeu várias indicações para o Oscar e celebrizou Burt Bacharach, autor da canção-tema "Raindrops Keep Fallin' on my Head", interpretada por B. J. Thomas. (N. dos T.)

Pequeno Dragão dirigiu-se ao escritório de Shintaro Katsu, o astro de 40 anos de idade que protagonizara a série de filmes de *Zatoichi*.

"Senhor Katsu, eu o tenho em alta consideração, tanto cinematograficamente quanto em qualquer outro sentido", principiou Bruce de maneira aduladora. "Quero contracenar com o senhor, e quero aprender com o senhor." Então, ele começou a bombardear Katsu com dúzias de perguntas sobre como ele fazia seus filmes.

Além da oportunidade de estar próximo de seu ídolo, Bruce pretendia trabalhar com Katsu porque ele estrelara com Jimmy Wang Yu em *Zatoichi Encontra o Espadachim de Um Só Braço*. Bruce considerava Jimmy um rival indigno – apenas um ator que fingia ser um sujeito durão; jamais um praticante que levasse as artes marciais a sério –, por quem ele alimentava um sincero desprezo. Se Bruce conseguisse fazer com que Shintaro Katsu figurasse em *seu* filme e fizesse um trabalho melhor do que o de Jimmy Wang Yu, estabeleceria definitivamente quem era o melhor entre os dois.

Isso seria particularmente importante, porque muito da temática de *A Fúria do Dragão* fora, em grande parte, baseada em outro filme de Jimmy Wang Yu, *A Morte em Minhas Mãos*, produzido pela Shaw Bros. Nesse filme, tal como em *A Fúria do Dragão*, nobres estudantes chineses de *kung fu* precisam defender-se de perversos praticantes japoneses de karatê e mestres de judô. Se *A Fúria do Dragão* fosse um sucesso, Bruce teria conseguido atingir tanto Jimmy Wang Yu quanto Run Run Shaw "com uma mesma cajadada".

Infelizmente, porém, Katsu recusou o convite. "Eu sinto muito, mesmo, mas não posso contracenar com você", disse Shintaro Katsu a Bruce. "Estou preso a um contrato." Como consolo, Katsu ofereceu a Bruce dois atores de sua trupe: Riki Hashimoto, um ex-jogador profissional de beisebol – que terminaria interpretando o vilão *sensei* –, e Jun Katsumura, um ex-lutador profissional, que seria escalado para representar o guarda-costas do *sensei*.

Mesmo nas melhores circunstâncias, o relacionamento entre japoneses e chineses pode, com frequência, ser espinhoso. *A Fúria do Dragão* marcou a primeira vez que um estúdio cinematográfico de Hong Kong contratou atores japoneses para interpretar vilões em um filme abertamente antinipônico. Para evitar a hesitação ou mesmo a recusa diante do que seria solicitado aos dois atores japoneses convidados, os chineses optaram por uma solução simples: jamais deram a eles uma cópia do roteiro completo. "Nós representávamos, mas não tínhamos um roteiro em mãos", recorda-se Jun Katsumura. "Não havia um planejamento, mas eu ouvira alguma coisa sobre o assunto de que a história tratava. Eu compreendi o que tinha de fazer."

O bisavô judeu holandês de Bruce Lee, Mozes Hartog Bosman, por volta de 1880. (*Cortesia de Andrew E. Tse*).

A bisavó chinesa de Bruce, Sze Tai, por volta de 1890. (*Cortesia de Andrew E. Tse*).

O tio-avô de Bruce, Sir Robert Hotung, com a rainha Maria de Teck, em Wembley, 1924. (*Cortesia de Andrew E. Tse*).

O avô de Bruce, Ho Kom Tong com suas condecorações, 1925. (*Cortesia de Andrew E. Tse*).

In re:

LEE JUN FON, alias BRUCE LEE,
native born citizen of the
United States, for citizen's
Return Certificate, Form 430.
(Male)

....

State of California)
City and County of) ss
San Francisco   )

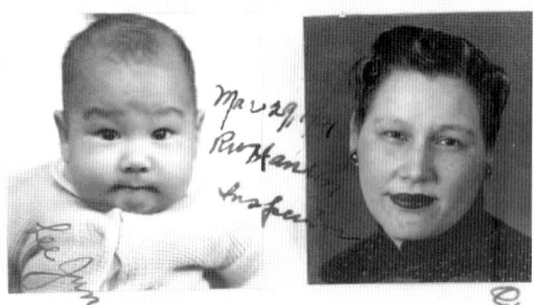

Photo of
LEE JUN FON

Photo of
HO OI YEE

HO OI YEE, being first duly sworn, deposes and states as follows:

That she is a temporary resident of the United States; that she was duly admitted to the United States by the United States Immigration Authorities at the Port of San Francisco, California, incident to her arrival from China, ex SS "President Coolidge", on the 8th day of December, 1939, No. 39707/8-25;

That she is the mother of LEE JUN FON, alias BRUCE LEE, who is applying for a citizen's Return Certificate, Form 430, at the Port of San Francisco, California; that the said LEE JUN FON, alias BRUCE LEE, was born in the United States;

That affiant has attached her photograph and that of her said son, LEE JUN FON, alias BRUCE LEE, hereto for the purpose of identification;

That your affiant makes this affidavit for the purpose of aiding her said son, LEE JUN FON, alias BRUCE LEE, in obtaining a citizen's Return Certificate, Form 430.

_____Ho Oi Yee_____

Subscribed and sworn to before me
this 5th day of March, 1941.

_____Alfred K. Chow_____
Notary Public in and for the
City and County of San Francisco,
State of California.

Pedido de Certificado de Retorno de Cidadão para Bruce Lee, então com três meses de vida, com a foto colocada ao lado da foto de sua mãe, Grace Ho, março de 1941.
(*Cortesia do National Archives de São Francisco*).

Bruce Lee, por volta de 1946.
(Cortesia do Hong Kong Heritage Museum).

Peter, Agnes, Grace, Phoebe, Robert e Bruce, por volta de 1956.
(Arquivo de Michael Ochs/Getty Images).

Bruce, na fila de baixo, à direita do seu professor. Foto da classe da La Salle, por volta de 1950. (*Ng Chak Tong*).

Bruce, na fila de baixo, o quarto da esquerda para a direita, de óculos. Foto da classe da St Francis Xavier, por volta de 1958. (*Cortesia de Johnny Hung*).

Com Robert Lee, nos campeonatos de chá-chá-chá, 1958. (*David Tadman*).

Caderno de Bruce com anotações dos passos de chá-chá-chá, 1958. (*Cortesia do Hong Kong Heritage Museum*).

Representando um adolescente encrenqueiro no filme *The Orphan*, 1960. (*Arquivo de Michael Ochs/Getty Images*).

Bruce e Peter Lee com o cachorro de Ruby Chow, em Seattle, por volta de 1960. (*David Tadman*).

Treinando *chi sao* ("mãos pegajosas") com seu pai, Li Hoi Chuen, em Hong Kong, verão de 1963. (*David Tadman*).

Com Jesse Glover, por volta de 1960. (*David Tadman*).

Bruce apresentando sua técnica de "cobrir a distância" uma noite antes do Torneio de Long Beach, 1º de agosto de 1964. (*Cortesia de Barney Scollan*).

Com Van Williams, em
O Besouro Verde, 1966.
(*ABC Photo Archives/ABC/Getty Images*).

Com Thordis Brandt em *O Besouro Verde*,
setembro de 1966. (*David Tadman*).

Burt Ward, Adam West, Van Williams e Bruce Lee em um episódio que uniu as series *Batman*
e *O Besouro Verde*, 1 e 2 de março de 1967. (*ABC Photo Archives/ABC/Getty Images*).

Lápide exposta na escola de Bruce na Chinatown de Los Angeles, 1967.
(*Cortesia of Hong Kong Heritage Museum*).

Com Dan Inosanto segurando o saco de pancadas, por volta de 1968. (*David Tadman*).

Jay Sebring em Joshua Tree, por volta de 1966. (*Cortesia de Anthony DiMaria*).

A primeira e última vez em que Bruce subiu em um cavalo. Com Linda Dangcil e Robert Brown em *Here Come the Brides*, 9 de abril de 1969.
(*ABC Photo Archives/ABC/Getty Images*).

Com Brandon, Linda e Shannon, por volta de 1970.
(*Cortesia do Hong Kong Heritage Museum*).

My Definite Chief Aim

I, Bruce Lee, will be the first highest paid Oriental super Star in the United States. In return I will give the most exciting performances and render the best of quality in the capacity of an actor. Starting 1970 I will achieve world fame and from then onward till the end of 1980 I will have in my possession $10,000,000. I will live the way I please and achieve inner harmony and happiness.

Bruce Lee
Jan. 1969

O Objetivo Principal Definido de Bruce, janeiro de 1969.
(*Cortesia do Hong Kong Heritage Museum*).

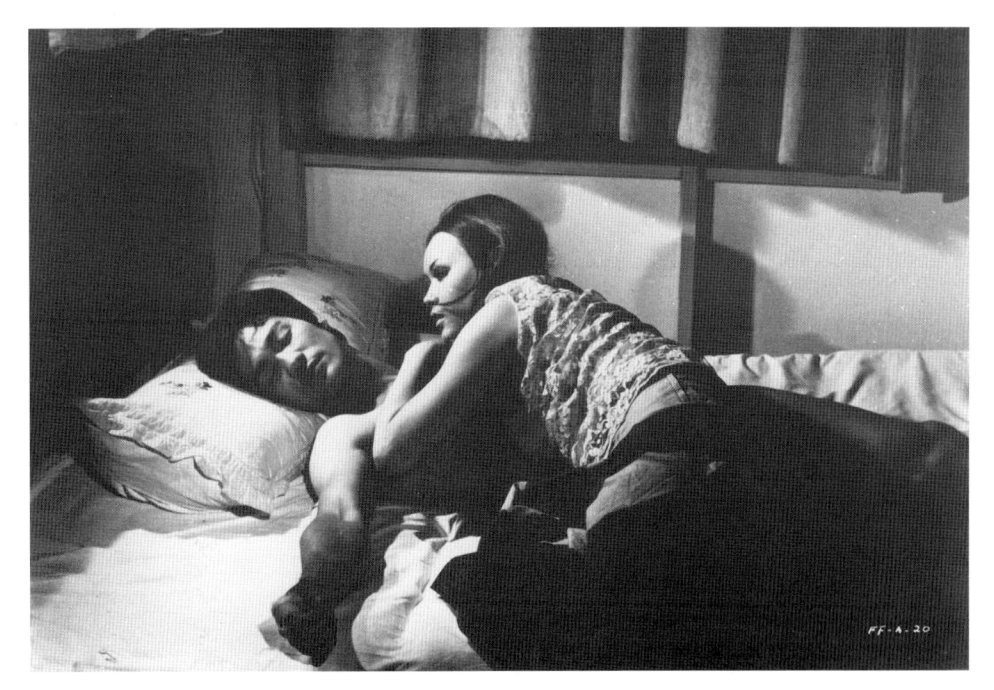

A única cena de sexo da carreira de Bruce, no filme *O Dragão Chinês*, 1971. (*Arquivos de Michael Ochs/Getty Images*)

Com Bob Wall, em *A Fúria do Dragão*, 1972. (*Entertainment Pictures/Alamy Stock Photo*).

Com Chuck Norris em *O Voo do Dragão*, 1972. (*Concord Productions Inc./Golden Harvest Company/Sunset Boulevard/Corbis/Getty Images*).

Com o produtor Fred Weintraub no set de *Operação Dragão*, fevereiro de 1973. (*Stanly Bielecki Movie Collection/Getty Images*).

Brandon Lee em *O Corvo*, março de 1993. (*Entertainment Pictures/Alamy Stock Photo*).

Shannon e Linda Lee no evento de lançamento da estrela em homenagem a Bruce Lee na Calçada da Fama de Hollywood, em 6933 Hollywood Boulevard, 28 de abril de 1993. (*Ron Galella, Ltd./WireImage/Getty*).

Filme do gênero *Bruceploitation*, estrelando Bruce K.L. Lea, 1976.
(*Everett Collection/Alamy Stock Photo*).

A primeira estátua em homenagem a Bruce Lee foi erguida no Zrinjevac City Park, Mostar, na Bosnia-Herzegovina, 27 de novembro de 2005. (*kpzfoto/Alamy Stock Photo*).

O diretor Lo Wei deu a Hashimoto e Katsumura as ordens sobre a conduta que esperava de ambos. "Ele nos disse para que fôssemos odiosos. Foi isso que ele ordenou que fizéssemos". diz Riki Hashimoto. "Eu havia interpretado principalmente vilões em filmes japoneses; assim, estava acostumado com esse tipo de experiência. Tentei fazer meu personagem tão mau quanto pude." Os dois atores haviam decidido abordar o projeto com o maior distanciamento possível e limitar-se a cumprir seus deveres, consolando-se com a ideia de que ninguém no Japão jamais assistiria voluntariamente a um filme que mostrasse seu povo sob luzes tão negativas.

Tal como Bruce ficara chocado com as condições de pobreza da zona rural da Tailândia, os japoneses sentiram que filmar para a Golden Harvest era como chafurdar no Terceiro Mundo. "As locações eram paupérrimas, e eu pensei comigo mesmo: 'Será que é realmente possível filmar aqui?'. As coisas eram bem ruins", recorda-se Katsumura.

Os atores japoneses também ficaram chocados com a desorganização e a total ausência de regras na coreografia das cenas de ação. "Quando você faz uma cena de luta no Japão, é como se tivesse de dançar em determinado ritmo. Há uma fluidez, e a cena se torna fácil de entender", diz Hashimoto. "Lá [no cinema chinês] eles fazem as cenas com tomadas de primeira, eles vão direto, e não se importam se alguém sente dor ou sai ferido. Eu admiro isso. Faz com que as coisas sejam feitas com sangue quente." Jun Katsumura aprendeu essa lição da maneira mais difícil, enquanto coreografava uma cena com Bruce. "Ele nos falou sobre a forma de arte marcial que praticava e tirou a camisa. Ele brincou com seus músculos e mostrou-me alguns de seus truques", diz Katsumura. "Então, eu fiz o meu *karame*. *Karame* é uma técnica empregada para restringir os movimentos de um atacante. Porém, ele se pôs em pé e começou a chutar e socar para valer! Eles realmente se golpeiam mutuamente nos filmes de Hong Kong. Eu percebi que teria de ser muito cauteloso."

A única coisa que não os surpreendeu foi o conflito entre Bruce e Lo Wei. "Isso é algo comum, mesmo no Japão, que o diretor e o ator principal discordem e discutam. Não era nada estranho", pondera Katsumura.

Com o fenomenal retorno proporcionado por *O Dragão Chinês*, tanto Bruce quanto Lo Wei passaram a reivindicar na imprensa total responsabilidade pelo sucesso do filme. Lo Wei cunhou para si mesmo o apelido de "O Diretor de

Um Milhão de Dólares". Ele também disse aos repórteres que ensinara Bruce a lutar diante das câmeras. Quando leu as falas de Lo Wei nos jornais, Bruce irrompeu no *set* para confrontar seu diretor, na presença de todo o elenco e da equipe de filmagem, incluindo um jovem dublê chamado Jackie Chan.

"Você chamou a si mesmo de 'o mentor do Dragão'", berrou Bruce, meneando a cabeça furiosamente.

"A citação estava fora do contexto", disse Lo Wei.

"Bem, ela está no jornal, não está?", vociferou Bruce, com um tom perigosamente ameaçador.

"Eu jamais disse que ensinei você a lutar", disse Lo, agitando as mãos na tentativa de acalmar seu astro. "Eu disse apenas que mostrei a você como lutar *diante das câmeras*. A habilidade e o talento sempre foram seus. Eu, no máximo, dei a você... ahn... algum polimento."

Jackie Chan e os outros dublês assistiam a tudo apreensivamente, temendo que a discussão pudesse chegar às vias de fato. Enquanto os dois homens se encaravam mutuamente, a esposa do diretor, Gladys Lo, postou-se entre eles. Ela gentilmente pousou sua delicada mão sobre o ombro de Bruce.

"Por favor, Pequeno Dragão", disse ela, "não leve muito a sério o que meu marido diz. Não há insultos nas palavras dele. Todo mundo sabe que você é o mestre, enquanto todos nós somos apenas estudantes!"

O olhar de Bruce suavizou-se e seus ombros se descontraíram. Discretamente, Lo Wei deu um passo para o lado e posicionou seu corpanzil atrás da figura delgada de sua mulher.

"Tudo bem, Madame Lo", disse Bruce, afinal. "Por respeito à senhora, vou esquecer que isso aconteceu. Mas se o seu marido voltar a falar com repórteres a meu respeito, eu darei a *ele* uma lição sobre como lutar."

Bruce afastou-se, caminhando para um lado do *set*, meneando negativamente a cabeça. Quando Bruce estava longe o suficiente para ser incapaz de ouvi-lo, Lo Wei gesticulou ansiosamente para o restante da equipe. "Isso foi uma ameaça?", perguntou ele, com o semblante denunciando um misto de temor e contrariedade. "Ele me ameaçou? Todos vocês são testemunhas."

Vendo Lo Wei esconder-se atrás de sua esposa, a equipe afastou-se dele, muito decepcionada, e todos retomaram suas conversas anteriores.

Depois dessa discussão, Bruce baniu Lo Wei da direção de todas as cenas de luta remanescentes em *A Fúria do Dragão*. Ele decidiu que se encarregaria delas completamente, para assegurar-se de que ninguém mais pudesse levar os créditos por seu trabalho. Essa atitude criou um problema. Han Ying-Chieh, que servira como diretor das cenas de ação e interpretara o vilão em *O Dragão Chinês*, havia sido contratado como coreógrafo de lutas para *A Fúria do Dragão*. "Tecnicamente, Han Ying-Chieh ainda era o coreógrafo-chefe", recorda-se Zebra Pan, que era um dos dublês presentes no *set* de filmagem. "Então, todos nos posicionamos para filmar a cena de abertura, aquela em que Bruce bate em todos os japoneses no *dojo* deles. Han Ying-Chieh disse: 'Tudo bem, Bruce, vamos tentar fazer assim...'; e Bruce disse: 'Não. Que tal assim...?' e, pela primeira vez, ele passou a agir realmente como Bruce Lee; a fazer todas aquelas coisas, desferindo múltiplos chutes, manejando o *nunchaku* e tudo mais. Nós ficamos simplesmente estupefatos com aquilo e, depois, Han Ying-Chieh limitou-se a ficar calado."

Tal como Hashimoto e Katsumura logo descobriram, Bruce queria que as lutas filmadas ficassem tão semelhantes a lutas reais quanto possível, eliminando toda a afetação da representação. Ele não queria usar certos ângulos de câmera ou profundidades de campo para criar a ilusão de um soco sendo desferido: ele queria realmente golpear quem contracenasse com ele, como um tipo de cinema direto de ação. Por disso, Bruce preferia recrutar praticantes de artes marciais a atores para figurar em seus filmes. Para representar o papel do vilão lutador russo, ele escolheu Bob Baker, um de seus alunos em Oakland. Baker não possuía qualquer experiência em atuação cinematográfica, mas sabia desferir e receber socos. "Nós realmente nos golpeávamos, na maioria das cenas de luta", recorda-se Baker. "Nós estávamos lutando de verdade, como em um treinamento."

Essa criteriosa busca pelo realismo estendia-se aos mínimos detalhes. Bruce coreografou um momento em que é imobilizado entre as pernas de Bob e tem de mordê-lo para livrar-se do aperto. Esse foi um momento pedagógico da filosofia do *jeet kune do* de Bruce: faça o que for necessário para vencer. O problema com a cena era que Baker não estava demonstrando uma reação realista o bastante à mordida de Bruce. Baker diz: "Eu não era um ator. Eu não sabia como responder àquilo. Ele teve de me morder de verdade". Bob ficou tão surpreso que retirou sua perna com toda a força. "Eu quase arranquei os dentes de Bruce. Ele pôs a mão na boca."

Talvez como forma de "retribuição", Bruce preparou para seu aluno um teste de habilidade na "vida real". Ao final de uma filmagem, tarde da noite,

Bruce deixava o *set* de filmagem com Bob ao seu lado. Um dos dublês chineses aproximou-se de Bruce e o desafiou, dizendo-lhe que não acreditava que seu *kung fu* fosse tão bom quanto os filmes faziam parecer. Seguindo a tradição do *kung fu* chinês, Bruce disse: "Eu sou o mestre. Se você quiser lutar comigo, antes terá de lutar com meu discípulo". Infelizmente para Bob, a conversa era travada em cantonês e ele não compreendia uma palavra do que era dito. De repente, o dublê investiu contra Bob, que, apesar da surpresa, reagiu imediatamente e nocauteou o atacante, pondo fim à luta com um único golpe.

Em *A Fúria do Dragão*, Bruce beijou uma atriz coadjuvante com quem contracenou pela primeira e única vez nas telas: a jovem Nora Miao, então com 22 anos de idade. Ela havia sido contratada pela Golden Harvest um ano antes, depois de responder a um anúncio de jornal que recrutava atores e atrizes. Havia somente outras duas atrizes sob contrato com a incipiente empresa cinematográfica, e os executivos desta pretendiam formar Nora para desempenhar papéis de espadachins do sexo feminino (os dois papéis mais estereotipados para jovens atrizes eram os de passivos objetos de interesse amoroso dos heróis ou o de espadachins). Lo Wei acolheu Nora sob sua proteção, chegando mesmo a adotá-la como sua afilhada.

Ela aparecera pela primeira vez ao lado de Bruce em *O Dragão Chinês*, e estava visitando casualmente o *set* durante um intervalo na filmagem de outra produção da companhia quando Lo Wei decidiu dar-lhe um papel secundário, como a vendedora de picolés a quem Bruce protege quando é assediada por alguns bandidos. Aquela seria a primeira vez que ela encontraria Bruce pessoalmente, embora ambos já tivessem ouvido falar muito um do outro. Enquanto Bruce estivera nos Estados Unidos, Nora havia se tornado uma amiga de adolescência muito próxima de seu irmão, Robert. "Eu conhecia bem a família dele", diz Nora. "Robert e eu costumávamos sair para dançar, íamos a festas e passeávamos em companhia da mãe e da irmã dele. Eu visitava sua casa com frequência, onde todos costumavam falar muito de Bruce Lee." Quando por fim se encontraram, Nora diz que os dois se sentiram "como se nos conhecêssemos por todas a vida, mesmo que à primeira vista. E é claro que ele ouvira falar de mim. Algo como 'Oh, uma amiga do meu irmão mais novo tornou-se uma estrela de cinema'".

Quando Robert se tornou uma sensação do *pop* adolescente, segundo a imprensa ele estaria romanticamente conectado a Nora. Jamais foi esclarecido se ambos eram um casal de namorados ou apenas amigos chegados; mas, depois do lançamento de *A Fúria do Dragão*, os tabloides ficaram fascinados com a história de um possível triângulo amoroso: irmão mais velho volta para casa e conquista a namorada de seu irmão mais novo. Bey Logan, historiador do cinema de Hong Kong, disse jocosamente: "Talvez tenha sido uma coisa parecida com a que houve com os Kennedy, envolvendo Marilyn Monroe, Robert e Jack".

Se houve qualquer centelha de atração sexual entre Bruce e Nora, esta jamais ficou evidente no celuloide. O beijo dos dois nas telas talvez tenha sido o menos convincente da história do cinema.

⁂

Enquanto Bruce Lee estava nos Estados Unidos aprimorando sua *persona* dramática, uma nova geração de futuros astros de ação de *kung fu* aperfeiçoava suas habilidades artísticas da maneira chinesa tradicional. Garotos cujos pais eram tão pobres a ponto de não ter meios para criá-los vendiam-nos para a Academia Dramática da China, onde eles estudavam a Ópera Cantonesa, sob condições incrivelmente severas. O treinamento podia estender-se por até dezoito horas diárias, e abrangia o manejo de armas, acrobacias, *kung fu*, canto e representação.

Os jovens estudantes mais talentosos da Academia Dramática da China eram designados para integrar uma trupe teatral chamada "Sete Pequenas Fortunas". À medida que os garotos cresciam e ficavam menos "bonitinhos", eram substituídos por outros e tinham de arranjar trabalho em algum outro lugar. Muitos deles migraram para a indústria cinematográfica, para trabalharem como dublês.

Os "Pequenas Fortunas" eram ressentidos e sentiam-se enciumados por toda a agitação que cercava Bruce Lee, até que assistiram *O Dragão Chinês*. "Nós estávamos preparados para odiar o filme. Nós queríamos odiar o filme", diz Jackie Chan. "Afinal de contas, esse sujeito chinês 'importado', que surgira do nada, ganhava centenas de vezes o nosso salário e havia feito Hong Kong comer na palma de sua mão. Nós queríamos fazer a mesma coisa, mas não conseguíamos. O filme dele era tudo o que os filmes que fazíamos não era. E, ainda que *O Dragão Chinês* possa não parecer tão impressionante hoje em dia, para nós, àquela época, foi como uma revelação. Quando nos reuníamos nos fins de tarde para beber alguma coisa e conversar, o assunto sempre acabava voltando ao mesmo tópico: o que Bruce tinha que nós não tínhamos? Qual seria o segredo de seu sucesso?"

Quando correu a notícia de que a Golden Harvest estaria procurando por dublês para o segundo filme de Bruce, os *Pequenas Fortunas*, acorreram em peso com o objetivo de estudar de perto o segredo de seu sucesso. Jackie foi contratado como dublê "multiuso"; Yuen Wah, outro ex-integrante dos *Pequenas Fortunas*, atuou como dublê das cenas de luta de Bruce, fazendo todos os saltos acrobáticos que ele jamais aprendera a fazer; e Sammo Hung – o "irmão maior" da trupe, tanto em termos de *status* quanto de porte físico – foi contratado como coordenador de dublês da Golden Harvest. Arrogantemente orgulhoso e brigão, Sammo Hung não se contentava apenas com a contemplação das coisas a distância. Em uma história que se tornou lendária, Sammo teria cruzado com Bruce pelos corredores da Golden Harvest durante uma filmagem. Enquanto ambos conversavam sobre *kung fu*, emergiu uma discussão mais acalorada sobre certas minúcias e, como costumam fazer os praticantes de artes marciais, os dois passaram a demonstrar fisicamente certas técnicas, um para o outro. Não se tratava, exatamente, de uma luta de desafio, mas houve algum contato físico; e Sammo saiu convencido de que Bruce era realmente um mestre. Seu orgulho, porém, não lhe permitiria dizer que Bruce era melhor do que ele mesmo. "Sammo disse que foi um empate, mas como não houvesse testemunhas, quem poderia confirmar ou negar tal afirmação?", assinala Jackie Chan, diplomaticamente.

Hong Kong estava anos-luz atrás de Hollywood em termos de roteirização, direção e produção; mas sua vantagem competitiva era o grupo de dublês que, além de fortes fisicamente, eram muito corajosos. Tal como fizera quando adolescente em Hong Kong e, mais tarde, quando jovem em Seattle, Bruce começou a admitir os dublês em sua gangue, conquistando-os com seu carisma, lealdade e generosidade.

Em vez de sentar para almoçar com os chefes, ele se juntava aos dublês, encantando-os com suas piadas ligeiramente obscenas e sua recusa em receber qualquer tratamento especial. "Às refeições, Lee era sempre servido com pratos mais *gourmet*. Então, ele perguntava ao coordenador de produção: 'Por que aquela pessoa está comendo arroz de porco marinado enquanto eu recebo fígado de galinha marinado?'", recorda-se Henry Wong, um assistente de produção. "A pessoa encarregada do controle de produção dizia: 'Oh, porque você é da chefia'. Isso fez Lee ficar nervoso com o encarregado e dizer a ele: 'Não diga nada quanto a eu ser da chefia ou não. Eu posso comer o que todos comem. Não há necessidade de tratar-me de maneira diferente. Na próxima vez – e que esta, agora, seja a última vez –, não me trate como se eu fosse especial'."

Mesmo depois da conclusão das filmagens, continuou a confraternizar com os dublês. Certo dia, ele se encontrou com Jackie Chan nas ruas de Tsim Sha Tsui. "Aonde você vai?", perguntou Bruce.

"Oh, Bruce, eu vou jogar boliche", respondeu Jackie.

"Posso ir com você?"

"O quê? Sim, é claro!"

Jackie pretendia tomar um ônibus, mas imediatamente acenou para um táxi, para conduzir o mais novo superastro de Hong Kong. Ao desembarcarem do táxi, Jackie sentiu-se um herói. Uma multidão logo se formou, gritando "Bruce Lee! Bruce Lee!", e Jackie passou a agir como se fosse um guarda-costas de Bruce. "Afastem-se! Vão embora!", gritou Jackie para o turbilhão de pessoas. "Nada de autógrafos! Nada de fotos!"

Na cancha de boliche, Bruce sentou-se, com seus *jeans* boca de sino e botas de *cowboy* com saltos altos, e assistiu a Jackie fazer um *strike* após outro.

"Você quer jogar?", perguntou-lhe Jackie.

"Jackie, acho que vou embora", disse Bruce, nada disposto a ser derrotado por um dublê. "Tenho de encontrar uma pessoa."

"Ah, tudo bem", respondeu Jackie, desapontado.

Jackie Chan não foi o único dublê a servir como guarda-costas não oficial de Bruce. Ip Chun, filho do mestre de Bruce, Ip Man, recorda-se: "Lee sempre fazia um pouco de corrida pela manhã e antes do cair da noite. Mas ele jamais ia sozinho, procurando sempre a companhia de alguns dublês, porque ele encontrava com frequência alguém que o desafiasse; então, ele pediria aos dublês que dessem conta dos desafios, enquanto ele voltava para casa".

Como qualquer bom líder de gangue, Bruce oferecia sua proteção e apoio aos dublês. Era ele quem pagava as contas dos médicos quando necessário. "Se um lutador se ferisse e a empresa não lhe pagasse uma compensação adequada, Bruce daria mil ou 2 mil dólares de Hong Kong a ele – o que era uma quantia vultosa, à época", recorda-se Ip Chun. Ele também lutava para que todos recebessem bons salários. "Quando a situação apertava, ele falava pessoalmente com o chefe, e todos recebiam aumentos", diz Angela Mao Ming, uma das atrizes que contracenaram com Bruce em *Operação Dragão*. E ele chegou até mesmo a prometer que levaria alguns deles consigo para a América. "Ele disse que levaria dez de nós para Hollywood", relembra Yuen Wah, seu dublê oficial.

Tal como para qualquer líder de gangue, os dublês oferecem a Bruce sua lealdade eterna. "Todos os dublês de *kung fu* em Hong Kong realmente o adoravam", diz Robert Chan, um amigo de infância.

Se os dublês eram como seus companheiros colegas de escola, então seus superiores seriam como os professores a quem ele desafiava quando adolescente. "Ele realmente se dava muito bem com as pessoas do escalão mais baixo no *set*. Mas era extremamente grosseiro com seus chefes", diz Bolo Yeung, que contracenou com Bruce em *Operação Dragão*. "Na vida real é sempre o contrário: bajule os superiores e aja como um tirano com as pessoas que estão abaixo de você. Lee era exatamente o oposto disso. Ele era gentil com os que estivessem abaixo dele e detestável para os que estivessem acima." Raymond Chow era uma espécie de diretor da escola. "Bruce costumava rugir para seus superiores. Ele gritava: 'Raymond Chow, venha até aqui!'. E Bruce sequer o olhava nos olhos dele enquanto falavam". Lo Wei seria o professor de Educação Física que batera em Bruce com a vara de madeira. Lo Wei fustigava Bruce com palavras, referindo-se a ele – pelas costas – como o "Mestre da Ansiedade". Bruce muitas vezes confrontava Lo Wei e desafiava sua autoridade. "Depois que Lo Wei dava a todos as instruções básicas para uma cena, ele gostava de ouvir a transmissão das corridas pelo rádio", diz Lam Ching Ying, um dublê. "Ele se sentava em sua cadeira de diretor, e vibrava intensamente se o cavalo no qual tivesse apostado ganhasse ou perdesse. Por fim, Bruce se enfurecia e falava-lhe diretamente: 'O que é que você está fazendo? Tudo bem, todo mundo pode ir para casa!'. Na verdade, nós não íamos embora, mas Bruce deixava claro o seu ponto de vista."

Bruce se sentia tão frustrado em relação a Lo Wei que começou a tramar um plano para se ver livre dele. Enquanto atuava ou coreografava suas cenas de luta, ele também encontrava tempo para estudar cada aspecto do processo de realização de um filme, fazendo incontáveis perguntas. Ele queria ter total controle sobre cada particularidade de sua carreira. "Seu objetivo final era se tornar um produtor cinematográfico, como Raymond Chow, diz Chaplin Chang, que atuou em *O Voo do Dragão* e em *Operação Dragão*.

A Fúria do Dragão foi o último filme feito por Bruce sob contrato com a Golden Harvest. Seu plano era dirigir, produzir e estrelar o próximo filme que fizesse em Hong Kong. Porém, para realizar suas ambições um tanto desmedidas seria preciso que *A Fúria do Dragão* quebrasse o recorde de bilheteria de *O Dragão Chinês*.

A sala de exibição do Queen's Theatre estava lotada para a estreia de *A Fúria do Dragão*, no dia 22 de março de 1972. Se *O Dragão Chinês* havia tocado na insegurança dos chineses quanto ao lugar deles no mundo, *A Fúria do Dragão* foi como uma injeção de adrenalina pura no patriotismo que alimentavam em seus corações. Quando Bruce profere a fala "Os chineses não são os homens doentes da Ásia", a plateia inteira pôs-se em pé e urrou, em uníssono, em sinal de aprovação. "Oh, meu Deus, em uma exibição do filme, eles arrancaram os assentos das poltronas e os atiraram pela sala de projeção, tamanha era a excitação coletiva", recorda-se Nancy Kwan.

A Fúria do Dragão apresentou vários elementos que se tornariam inseparáveis da imagem icônica de Bruce. Aquela foi a primeira vez que ele demonstrou sua habilidade com o *nunchaku*, a arma à qual a imprensa passaria a referir-se como "os mortíferos bastões cantantes de Bruce Lee". Foi também a primeira vez que ele introduziu os característicos berros, semelhantes a miados aflitos de um gato sendo torturado, como acompanhamento de seus ataques. Ele adotara o estilo de atuação exagerado, típico dos filmes japoneses de samurais (*chambara*), e aperfeiçoara seu estilo de luta, desferindo séries de chutes altos em sequência, pontuadas por pausas dramáticas para criar tensão.

É interessante notar que nenhuma dessas coisas era particularmente "chinesa": *nunchakus* são armas tipicamente empregadas na cultura de Okinawa, e, até então, eram desconhecidos na China; o estilo *chambara* era essencialmente japonês; e sequências de chutes altos são empregadas no *tae kwon do* coreano, e não no *kung fu* chinês. Quanto aos berros animalescos, foram uma invenção dele mesmo. "Quando as pessoas perguntavam por que ele berrava daquele jeito", recorda-se um de seus dublês, "ele dizia: 'É assim que eu faço durante uma luta real'." Isso, porém, não fazia qualquer diferença para as multidões chinesas. Ele havia defendido sua honra nas telas, e, consequentemente, em seus corações. Ele representava algo novo – a maneira como os chineses gostariam de ser: fortes, poderosos, um tanto arrogantes e absolutamente destemidos.

O filme dominou as bilheterias de Hong Kong. Em treze dias, ele superara a arrecadação-recorde de *O Dragão Chinês*, de 3,5 milhões de dólares de Hong Kong; e, ao final do primeiro mês de exibição, já havia arrecadado espantosos 4,3 milhões. A partir daquele ponto, o filme percorreu toda a Ásia. Nas Filipinas, ele foi mantido em cartaz por seis meses ininterruptos, e o governo local foi forçado a impor limites à importação de filmes como forma de proteger a indústria cinematográfica local. Na noite de estreia em Cingapura, fãs superexcitados lotaram as ruas ao redor de salas de cinema, causando enormes engarrafamentos de trânsito, o que levou as autoridades a postergar o lançamento do filme até que pudessem ser feitos arranjos para conter as multidões de maneira organizada. Quando afinal o filme estreou, cambistas vendiam ingressos que custavam US$ 1 por até US$ 15.

Dois anos depois, em 20 de julho de 1974, *A Fúria do Dragão* foi lançado até mesmo no Japão, onde o filme obteve resultados notavelmente bons, considerando seu conteúdo. Ninguém ficou mais surpreso com isso do que os coadjuvantes japoneses, Riki Hashimoto e Jun Katsumura. "O enredo de *A Fúria do Dragão*, em si, faz, a nós, japoneses, de bobos. Por isso eu pensei que ele jamais fosse sequer exibido no Japão. Mas *Operação Dragão* e *O Voo do Dragão* haviam sido grandes sucessos, por aqui; então, eles resolveram distribuir *A Fúria do Dragão*, também", diz Jun Katsumura. "Há muitos jovens japoneses que são loucos por Bruce Lee. Se eu soubesse que ele se tornaria um superastro, teria sido mais amigável com ele e levado as coisas menos a sério. Lamento não ter feito isso."

Bruce e Betty Ting Pei no *set* do estúdio Hong Kong Colosseum para a filmagem de *O Voo do Dragão*, junho de 1972. (*David Tadman*)

19

Concord

Se quiser saber o que se passa no coração de um homem pobre, observe o que ele compra quando se torna rico. Bruce não era rico, sob nenhuma hipótese, àquela altura. Ele era um ator sob contrato, a quem foi pago um valor de US$ 15 mil por seu trabalho em *O Dragão Chinês* e *A Fúria do Dragão*. A maior parte desse dinheiro foi usada para saldar dívidas antigas. Foi Raymond Chow – e a Golden Harvest – quem lucrou com a aposta em Bruce. Só *O Dragão Chinês* rendeu o equivalente a US$ 16 milhões pelo câmbio de 2017. Quando um repórter perguntou a Run Run Shaw sobre sua decisão de não assinar um contrato com Lee, ele deu de ombros, com evidente descontentamento. "Ele era apenas um ator. Como eu poderia saber?" Bruce não era rico, mas seu crédito era bom. "Estou gostando da posição em que me encontro, agora", gabou-se Bruce para seus amigos. "Eu posso ir a qualquer banco, nesse exato momento, e obter um empréstimo da quantia que quiser, até US$ 6 milhões, apenas com a minha assinatura."

A primeira coisa que ele quis comprar, com sua linha de crédito praticamente ilimitada, foi poder de controle. No dia 1º de dezembro de 1971, Bruce e Raymond assinaram um contrato que estabelecia uma nova empresa subsidiária, chamada Concord Productions. Bruce inspirou-se na deusa romana da harmonia, Concórdia, e não – como sugeriram alguns – no jato supersônico francês *Concorde*, que iniciara suas atividades em 1969. O logotipo e símbolo da empresa era um desenho do círculo que representa o princípio de *yin/yang*, em vermelho e dourado, que Bruce já utilizara para sua academia de *jeet kune do* em Los Angeles. Raymond Chow e Bruce Lee eram as duas metades de um todo taoista: Bruce seria responsável pelo lado criativo, enquanto Raymond cuidaria das operações comerciais. Os lucros seriam divididos meio a meio.

Tal acordo não foi o primeiro desse tipo fechado em Hong Kong. Raymond Chow já estabelecera companhias subsidiárias similares com Jimmy Wang Yu e Lo Wei, para encorajá-los a abandonar a Shaw Bros. em favor da Golden Harvest. Tais acordos, porém, eram mantidos em segredo, para evitar o agravamento no antagonismo com Run Run Shaw. O acordo celebrado com Bruce foi o primeiro a ser divulgado para o público. Quando outros astros ouviram falar a respeito, clamaram pelo estabelecimento de acordos similares, assinalando o início do fim do sistema de atuação sob contratos de Shaw. Tal como fizera com os filmes de *kung fu*, Bruce popularizava uma tendência que já havia se iniciado antes de seu retorno a Hong Kong.

Com a nova empresa, veio um novo escritório. Pela primeira vez na vida, Bruce usava terno e gravata para trabalhar. Seu escritório nos estúdios da Golden Harvest, na Hammerhill Road, foi montado em um antigo depósito de figurinos e adereços de cena, medindo pouco menos de quarenta metros quadrados. Ali ele instalou uma escrivaninha, cadeiras e um conjunto de acessórios de halterofilismo, para que pudesse praticar constantemente o levantamento de pesos. Para que se lembrasse sempre de seu passado de dificuldades financeiras, ele mantinha sobre sua mesa um velho par de óculos cuja armação quebrada fora consertada de improviso com fita adesiva, dos tempos em que era um jovem na América e não tinha dinheiro para comprar um novo par. Em uma das paredes, ele colocou um pôster de um *cartum*, no qual dois abutres conversam: "Paciência uma ova! Eu vou matar alguma coisa". Na parede oposta, ele instalou uma colagem digna da *Mansão da Playboy*, com centenas de desenhos de mulheres, de todas as etnias, com os seios à mostra.

Com Steve McQueen, Bruce aprendera que ser uma celebridade não é apenas fazer com que um filme seja um sucesso de bilheteria, mas, também, parecer-se com um astro na vida real. "A imagem é importante", dissera-lhe McQueen. "Para ter sucesso, você precisa parecer bem-sucedido." Sendo muito atento à moda desde a adolescência, Bruce permitiu-se um desabrido frenesi consumista. "Ele gostava de roupas, e gostava de comprá-las", diz Linda. Em Hollywood, ele gostava de evidenciar seu diferencial oriental usando túnicas longas, camisões muito folgados, de cores berrantes, e jaquetas com golas mandarim. Em Hong Kong, ele enfatizava sua *persona* ocidentalizada ao usar óculos de sol ao estilo de Elvis Presley, vistosas camisas floridas, jaquetas de couro com lapelas largas e calças *jeans* com bocas de sino, que contribuíam para ocultar parcialmente seus sapatos estilo plataforma, com saltos de dez centímetros de altura, que faziam com que ele parecesse mais alto. Para ocasiões especiais, ele comprara um longo casaco de *vison* que chegava aos seus tornozelos. Afinal, eram os anos 1970.

Muito ciosos de seu *status* social, os habitantes de Hong Kong – que, não raro, viviam em apartamentos minúsculos – ostentavam sua riqueza com carros de luxo. Ter vendido seu Porsche partira o coração de Bruce. Depois de *A Fúria do Dragão*, ele comprou um Mercedes 305SL vermelho conversível. Mas, para tanto, uma vez que Bruce não possuísse dinheiro próprio, Raymond Chow deu-lhe um adiantamento dos futuros lucros da Concord. "Raymond era o cofrinho de Bruce", diz Andre Morgan. Bruce se afundaria em muito mais dívidas com sua próxima grande aquisição.

No início, quando Bruce, Linda e as crianças mudaram-se para Hong Kong, a Golden Harvest instalou-os em um apartamento no nº 2 da Man Wan Road, na vizinhança de Sunlight Garden, em Kowloon – a quinze minutos, de carro, da casa em que Bruce passara a infância. Para os padrões de uma família de Hong Kong, em 1971, tratava-se de uma residência bastante espaçosa, com dois dormitórios, salas de jantar e de estar e uma cozinha chinesa. Mas, se comparado à sua casa em Bel Air, o apartamento era minúsculo. "Faltavam muitas conveniências modernas, como uma lavadora e uma secadora de roupas, coisas com as quais eu estava acostumada", diz Linda. "Nossas roupas tinham de ser lavadas à mão e estendidas para fora das janelas em varas de bambu, para secar." O apartamento ficava no 13º andar, e o elevador do prédio raramente funcionava. Linda e Bruce encaravam isso como oportunidades para que fizessem algum exercício físico, subindo e descendo as escadas correndo. "Nossos vizinhos nos achavam um tanto estranhos", diz ela.

Para aumentar a sensação de claustrofobia de Linda, havia Wu Ngan, um amigo de infância que Bruce instalara no apartamento para que trabalhasse como seu criado. Quando Wu Ngan se casou, sua esposa juntou-se a ele. Como os criados da casa, eles se encarregavam da limpeza, cozinhavam e lavavam as roupas à mão. Embora esse arranjo fizesse com que Linda se sentisse pouco à vontade, Bruce orgulhava-se muito da situação. "Ao longo de todos esses anos vivendo com Linda, ela esteve sempre muito atarefada", vangloriava-se Bruce aos seus amigos. "Agora que podemos pagar por ajuda profissional, finalmente consegui fazer com que ela descanse um pouco. Temos criadagem suficiente para cuidar do trabalho doméstico."

Viver em um apartamento congestionado poderia ser bom para um ator sob contrato, mas não para o maior fenômeno de bilheterias de Hong Kong. Depois do sucesso de *A Fúria do Dragão*, Raymond garantiu que Bruce obtivesse um empréstimo que lhe permitiria adquirir o que poderia ser considerado um palácio na densamente povoada Hong Kong: uma grande residência de 1.740 metros quadrados, com dois andares, 11 cômodos e acabamento em concreto armado no nº 41 da Cumberland Road, no estiloso subúrbio de Kowloon Tong – uma das poucas vizinhanças onde ainda havia casas, em vez de altos edifícios de apartamentos. Tal como todas as outras residências da área, a construção era cercada por um muro de pedras de quase dois metros e meio de altura e um robusto portão de ferro batido, como se a vizinhança se preparasse para uma invasão das hordas comunistas. A mobília na casa de Bruce e Linda era uma mistura de peças ocidentais e chinesas, ao estilo moderno, de cores brilhantes, reluzentes e chamativas, além de alguns objetos de arte chinesa cuidadosamente escolhidos. Bruce mantinha uma vasta coleção de armas empregadas na prática de diversas modalidades de artes marciais, as quais ele adorava exibir e demonstrar o modo de usar. A grande extensão da parte da frente do terreno da nova casa de Bruce contava com um jardim japonês e um grande passeio asfaltado, para que ele abrigasse seu Mercedes e outros automóveis que viesse a acrescentar à sua frota particular. Embora não fosse a maior residência do quarteirão, tratava-se de uma edificação palaciana para os padrões de Hong Kong (em 2011, a casa foi posta à venda por US$ 23 milhões).

Tendo ascendido na escala social, Bruce e Linda esforçavam-se para adaptar os filhos à nova cidade e à nova situação. Shannon, com 2 anos de idade, foi enviada para uma escola maternal de alto padrão, que a prepararia para os futuros testes de admissão para o jardim de infância. Aos 3 anos de idade, ela já estava vestindo um uniforme escolar, portando uma lancheira e aprendendo a escrever os primeiros caracteres chineses.

Bruce pretendia enviar Brandon, então com 6 anos de idade, para estudar em sua antiga escola, a La Salle. Mas teve receio de que Brandon fosse rejeitado porque ele mesmo havia sido expulso daquela instituição. Ele pediu a Raymond Chow para que o acompanhasse à La Salle e, se necessário, intercedesse a seu favor.

"Por que você simplesmente não vai até lá?", perguntou-lhe Raymond. "Quero dizer, você é muito conhecido."

"Sim, eu sou muito famoso", disse Bruce. "E muito mal-afamado."

"O que aconteceu?", indagou Raymond.

"Eu me tornei muito conhecido por arranjar brigas", admitiu ele, antes de suavizar um pouco a verdade. "Na realidade, a culpa não foi inteiramente minha. Muitas vezes, algumas pessoas me provocavam e eu era obrigado a lutar."

"Então, isso não tem nada a ver com a escolaridade de seu filho?"

"Não, não, não. Mas a La Salle é muito rigorosa. Os irmãos são muito inflexíveis", explicou Bruce. "Assim, se você vier comigo, meu filho terá mais chance."

Raymond concordou e foi com Bruce à La Salle. Os Irmãos Católicos mostraram-se muito felizes por revê-lo. Eles haviam ouvido falar sobre suas realizações e foram muito receptivos ao dar as boas-vindas ao filho pródigo. Brandon foi admitido na escola sem que fossem feitas quaisquer considerações sobre os pecados de seu pai. "Viu só? Toda essa gente me leva a sério, agora", disse Bruce, deliciado, para Raymond.

Não demorou muito, contudo, para que Brandon trilhasse os mesmos passos – e desferisse os mesmos golpes – de seu pai. Dentro de poucas semanas, ele já havia se envolvido em brigas. "Brandon é o maior e o único garoto branco de sua classe. E nós já estamos recebendo reclamações quanto a ele bater nos outros meninos", disse Bruce, com indisfarçável orgulho, ao seu amigo Mito Uyehara. Mito notou que Linda sentia-se "muito preocupada com a atitude de Bruce naquele momento."

Tendo alcançado o sucesso, Bruce convidou sua sogra para que viesse visitar a família em Hong Kong. "Ela tinha muito orgulho de mim", sorriu Bruce, "porque aonde quer que fôssemos, sempre recebíamos tratamento VIP. Acho que aquela foi a primeira vez na vida que ela recebeu esse tipo de atenção."

Bruce contemplava sua vida e a achava boa. Com uma filha na pré-escola, um filho na La Salle, uma esposa dedicada e uma florescente carreira dramática, ele havia, de certo modo, recriado sua própria infância – e superado a trajetória de seu pai, nesse processo. Seu pai fora um conhecido ator de Ópera Cantonesa; e Bruce era, agora, o maior astro de cinema de Hong Kong. Seu pai cuidara da família em um apartamento bem-proporcionado, com criados; Bruce vivia em uma mansão com seus próprios criados. "Ele costumava telefonar para mim às duas ou três horas da madrugada", diz Nancy Kwan, "apenas para me dizer o quanto estava se sentindo bem e sobre como, finalmente, estava ganhando dinheiro e podia comprar tudo o que quisesse."

Tudo corria bem para ele. Mas, se quisesse ser exatamente como todos os outros homens bem-sucedidos de Hong Kong – tais como seu pai e seu avô –, ele precisaria de mais uma coisa.

No dia 21 de março de 1972, Bruce, Linda e Raymond saíram para um jantar comemorativo no restaurante Hugo's, no Hyatt Regency Hotel. Era aniversário de Linda e véspera da estreia de *A Fúria do Dragão*. Todos estavam muito ansiosos, impacientes e alimentando grandes expectativas. Quando estavam saindo do restaurante do hotel, eles se depararam com a estonteante atriz taiwanesa Betty Ting Pei, então com 25 anos de idade.

Betty havia retornado recentemente de uma estada de seis meses na Suíça, onde se casara e rapidamente se divorciara de um atraente suíço. "Eu não estava muito feliz, mas tampouco me sentia desconsolada", diz Betty. "Isso aconteceu porque eu ainda não sabia o que era o amor."

Raymond, que assinara um contrato de cinco anos com Betty quando ainda trabalhava para a Shaw Bros., fez as apresentações. "Bruce ficou muito feliz ao me ver... bem, quando olhou para mim", sorri Betty. "O sentimento foi recíproco, logo à primeira vista."

Apesar das centelhas iniciais – ou, talvez, exatamente devido a elas –, o astro do cinema casado demorou quase duas semanas para voltar a fazer contato com ela. E não fez isso sozinho. "Raymond me chamou no President Hotel e disse: 'Bruce e eu estamos aqui embaixo, no Chin Chin Bar'", recorda-se Betty. "Eu fiquei muito agitada. Com certeza, ele tinha gostado de mim, certo? Mas é engraçado. Eu realmente não pretendia sair, porque não estava maquiada e não sabia o que vestir."

"Quando Bruce me abordou pela primeira vez, ofereceu-me um papel em seu novo filme, *Massacre em São Francisco* (*Yellow Faced Tiger*),* diz Betty. Aquela deve ter sido uma oferta muito tentadora, pois o contrato de Betty com a Shaw Bros. expirara e ela não trabalhara nos últimos seis meses, desde que partira para a Suíça; e tinha despesas. "Nós não ganhávamos muito dinheiro

---

* *Yellow Faced Tiger* (literalmente, "Tigre com o Rosto Amarelo", mas que também poderia significar "Tigre com um Semblante Acovardado") viria a ser dirigido por Lo Wei e lançado em 1974. Estrelado por Chuck Norris e Sylvia Chang, no Brasil o filme foi intitulado *Massacre em São Francisco*. (N. dos T.)

naquela época; mas eu vivia como uma estrela de cinema", diz Betty. "Eu dirigia um Mustang e todos sabiam quem eu era."

Tendo trabalhado no *show business* por muito tempo, ela diz que não era uma garota ingênua. "Eu não acreditei que ele estivesse realmente interessado no meu trabalho. Acho que ele apenas queria que fôssemos namorados." Um dos sinais disso pode ter sido dado através da linguagem corporal. "Nós estávamos conversando e, de repente, ele já estava segurando minha mão e me dizendo como eu era bonita." Betty diz que o carismático ator não precisou se esforçar muito. "Ele era tão famoso, e havia conquistado muito mais coisas do que eu. Senti que eu não poderia me comparar com ele", diz ela. "Não havia outro ser humano como Bruce. É algo difícil de explicar, mas eu sabia que ele já havia me conquistado. Ele me ganhou, como se pudesse me controlar desde o início. E eu me senti como 'vou embarcar na dele'."

Betty voltou ao quarto do hotel e telefonou para sua mãe. "Adivinhe quem eu conheci? Lee, o Pequeno Dragão!" Sua mãe, porém, não se mostrou impressionada. "Ela me ignorou, não deu a menor importância àquilo. Ela nem sabia quem era Bruce."

Tal como se Bruce fosse um garoto novo na escola cujo comportamento chamasse muita atenção, a mídia parecia nunca se satisfazer com matérias sobre ele. A cobertura da imprensa desse período de lua de mel foi tão intensa que levou a uma reportagem sobre as reportagens. Um artigo especial publicado pelo *The Daily News* relatava, com alguma melancolia, que, "em apenas duas breves semanas de dezembro [de 1971], foram publicadas quatro extensas reportagens especiais sobre Lee, o Pequeno Dragão, e seu rosto estampou capas de revistas por não menos de sete vezes. Ainda que muitas histórias e boatos sobre Lee, o Pequeno Dragão, tenham se tornado de amplo conhecimento público, ainda não parecem ser suficientes para satisfazer os fãs, que demonstram um interesse insaciável por mais e mais reportagens a respeito dele. Como resultado disso, quase qualquer assunto que seja vagamente relacionado a ele é visto como um artigo valioso".

Um dos assuntos que a mídia alardeava tratava de uma alegada antipatia entre Bruce Lee e Jimmy Wang Yu, os dois maiores astros de filmes de ação de Hong Kong, que trabalhavam e viviam sob o mesmo teto. Andre Morgan diz que "Wang Yu era a autoridade estabelecida, enquanto Bruce Lee era o novo pistoleiro recém-chegado à cidade". Os tabloides reportavam febrilmente como eles estariam prestes a marcar um duelo de desafio para estabelecer quem seria o melhor lutador. "Cada um deles é rei em sua própria selva", publicou o *Fanfare*, um jornal de Cingapura. "E lidar com essa situação é como persuadir dois tigres orgulhosos a conviverem em paz em uma mesma jaula." Raymond Chow, um promotor esperto, nada fez para desacreditar a história. "Toda aquela coisa de um ameaçar socar ao outro", diz Morgan, "quer eles realmente pretendessem fazer isso ou não, não tinha a menor importância, porque rendia boas matérias para os jornais, não é mesmo? Elas mantinham elevados os níveis de adrenalina dos leitores."

Nos bastidores, ambos realmente execravam-se pelas costas. "Bruce costumava desprezar Jimmy. Era sempre a mesma coisa: 'Ele não é realmente um praticante de artes marciais. Eu sou um verdadeiro praticante'", recorda-se Morgan. A fala depreciativa de Wang Yu era: "Eu sou o astro número um e um atleta muito bem formado. Eu fui um nadador olímpico. Eu sou esgrimista. Eu pratico artes marciais. Eu sou um equitador. Então, o que há? Eu faço tudo".

Enquanto Raymond sabia do valor de incentivar essa rivalidade, ele certamente não queria que seus dois astros mais rentáveis chegassem às vias de fato. Cuidadosamente, ele providenciou que Bruce e Jimmy jamais viessem a se encontrar em um mesmo recinto. "Raymond não queria que Bruce pudesse ver-se em posição de encarar Wang Yu, olhos nos olhos, e o confrontasse para saber quem seria o pistoleiro mais durão", diz Morgan. "Havia bastante testosterona no ar, naqueles dias."

Wang Yu contava com outro argumento para desmerecer Bruce. Embora *O Dragão Chinês* e *A Fúria do Dragão* tivessem garantido bilheterias muito melhores do que *A Morte em Minhas Mãos*, Jimmy havia escrito, dirigido e atuado em seu filme. Em contraste, Bruce fora meramente o ator em dois filmes que deviam muito ao trabalho de Jimmy. Do modo que Jimmy compreendia as coisas, Bruce estava se aproveitando de um caminho que tinha sido aberto por ele. "*A Morte em Minhas Mãos* foi ideia minha. Eu escrevi o roteiro. Foi o primeiro filme de *kung fu*", disse Jimmy. "Por causa dele, muitos diretores copiaram a minha ideia e escreveram roteiros muito semelhantes. Foi por isso que Bruce Lee teve a oportunidade de voltar para Hong Kong e fazer um filme de sucesso."

Um homem tão orgulhoso e competitivo como Bruce Lee não poderia deixar tal afirmação sem resposta. Depois do incrível sucesso dos primeiros dois filmes de Lo Wei e Bruce, Raymond Chow quis juntar ambos em um terceiro filme. O projeto que ele colocou em marcha chamava-se *Massacre em São Francisco*. Em *A Fúria do Dragão*, Bruce interpretara Chen Zhen, um discípulo do legendário mestre de *kung fu* Huo Yuanjia, cujo apelido era "Tigre com o Rosto Amarelo" devido ao fato de ele sofrer de icterícia. Inicialmente, Bruce concordou; mas, pouco tempo depois, começou a pensar melhor sobre voltar a trabalhar com Lo Wei. O diretor já dissera – a quem quisesse ouvir – que ele seria o responsável pelo sucesso de Bruce; e Jimmy Wang Yu estava dizendo – a quem quisesse ouvir – que ele seria um verdadeiro cineasta, enquanto Bruce não passava de um ator nada original. Fazer outro filme com Lo Wei só serviria para confirmar os comentários depreciativos dos dois.

A solução para isso era tão simples quanto ambiciosa: Bruce escreveria, dirigiria e estrelaria seu próprio filme. Para fazer completar o serviço e superar Jimmy, ele também comporia a trilha sonora. Como se isso não fosse suficiente, ele rodaria o filme em Roma, de modo a tornar aquele o primeiro filme de Hong Kong a ser realizado no Ocidente. Por óbvias razões mercadológicas, o Pequeno Dragão decidiu intitular sua estreia na direção como *Enter the Dragon* (algo como "O Dragão Entra em Cena", embora o filme tenha sido lançado no Brasil com o título *Operação Dragão*). Mas não foi senão quando Bruce passou a usar a expressão para referir-se ao filme que a Warner Bros. trocou o nome do longa para *The Way of the Dragon* (chamado *O Voo do Dragão*, no Brasil, e *A Fúria do Dragão*, em Portugal).

Primeiramente, Bruce teria de se livrar de *Massacre em São Francisco* e de Lo Wei. Segundo as recordações de Lo Wei dos acontecimentos, ele se preparando para fazer um filme com Sam Hui, um dos amigos mais próximos de Bruce, quando Raymond Chow ordenou que ele deixasse o projeto de lado e se dedicasse a filmar *Massacre em São Francisco* com Bruce. "Abandonei meus planos iniciais e me apressei a escrever o roteiro para Lee", afirma Lo Wei. Quando o roteiro foi concluído e os arranjos para as filmagens no Japão já estavam encaminhados, Raymond chamou Lo Wei e comunicou-lhe que Bruce não queria mais fazer o filme. Então, uma reunião entre o astro e o diretor foi marcada, no restaurante Her Ladyship.

"Nós logo embarcaremos", disse Lo Wei a Bruce. "Os vistos foram todos aprovados."

"A questão é que o roteiro não está muito bom", disse Bruce.

"Qual você acha que é o problema?", indagou Lo Wei.

"Acho que o roteiro é o problema."

"Bem, e qual parte do roteiro você achou problemática?"

"Tudo."

"Acho que você deveria pensar melhor sobre isso", disse Lo Wei, um tanto irritado. "Em *O Dragão Chinês,* eu tive de fazer as coisas de maneira desordenada. Em Bangkok, aquele lugar horrível, nós tivemos de montar o filme juntos – mas ainda ganhamos dinheiro! Em *A Fúria do Dragão*, nós estávamos no mesmo barco, e ganhamos ainda mais dinheiro. Nós sequer tínhamos um roteiro para *A Fúria do Dragão*! Tudo o que tínhamos eram três folhas de papel para fazermos o filme inteiro! Agora, *este roteiro* está muito bem escrito! Acho que dará um filme excelente; por isso, não estou preocupado quanto a ele."

"Eu ainda acho que o roteiro não funciona", disse Bruce.

"Então, vamos fazer assim: você me diz quais são as partes de que não gosta e nós podemos mudá-las. Você é o astro. Nós podemos mudar o roteiro até que você esteja satisfeito com ele. Eu também quero me sentir satisfeito com ele. Só precisamos conversar a respeito!"

"Eu ainda não consigo apontar as partes de que não gosto."

"Você ainda não consegue?!", explodiu Lo Wei. "A terceira cena? Ou a quinta cena? A sétima cena? A oitava? Onde está o problema com os diálogos? Será que é o enredo? A ambientação? O desenvolvimento da história? Ora, vamos, você tem de ter um motivo! Você não pode dizer apenas que há algo errado sem justificar-se."

"Tenho de ir para casa e dar uma nova olhada", disse ele. "Eu direi a você amanhã."

"Você terá de botar tudo no papel para mim", desafiou-o Lo Wei, tentando constranger Bruce. "Nós mudaremos o roteiro de acordo com o que você pensar."

"Eu o entregarei a você amanhã", disse Bruce. "Não. Não amanhã; em três dias. Me dê três dias."

Bruce levantou-se e saiu abruptamente, Lo Wei voltou para o seu escritório. Três dias se passaram; depois, uma semana e, por fim, duas. Bruce não foi ao escritório, nem telefonou a Lo Wei, que se deu conta de que havia algo errado. Ele falou com algumas pessoas e ficou sabendo que Bruce pretendia dirigir seu próprio filme. Furioso, ele decidiu abandonar o projeto, mas a Golden Harvest já havia investido dinheiro nele. Arranjos teriam de ser feitos; e Raymond insistiu para que Lo Wei encontrasse um substituto para Bruce.

"Eu quero Jimmy Wang Yu", disse Lo Wei, sem dúvida sabendo o quanto isso deixaria Bruce irritado.

"Wang está muito ocupado!", replicou Chow, tentando demover Lo Wei da ideia.

"Apenas tente falar com ele", insistiu Lo Wei. "Se você lhe disser que eu dirigirei o filme, é muito provável que ele aceite."

Chow voou para Taiwan, onde Jimmy estava fazendo um outro filme. Ele topou e assinou o contrato. Quando chegou aos ouvidos da imprensa que Lo Wei viajaria para o Japão com Wang Yu e não Lee, um repórter foi ao escritório de Lo Wei para obter detalhes a respeito desse acontecimento explosivo.

"Bruce Lee não viajará com você?", perguntou o repórter, que riu para Lo Wei. "Como você fará um filme sem Bruce Lee?"

"Eu já fazia filmes antes de conhecer Bruce Lee!", esbravejou Lo Wei, e a mídia alegremente publicou a história de uma separação litigiosa entre a "Dupla de Um Milhão de Dólares". Bruce Lee saía de cena e Jimmy Wang Yu entrava.

Quando leu os jornais, Bruce ficou furioso. Ele estava fazendo pouco-caso do projeto mas ainda não havia desistido por completo. Eles o haviam substituído pelas costas e tornado o caso público, desmoralizando-o. Ele não queria voltar a trabalhar com Lo Wei, mas também não queria que Jimmy Wang Yu fizesse isso. O filme deles concorreria com o que ele faria. O que aconteceria se *Massacre em São Francisco* arrecadasse uma bilheteria maior do que *O Voo do Dragão*? As pessoas diriam que Lo Wei era de fato o responsável pelo sucesso de Bruce.

Bruce decidiu que faria os dois filmes e minaria por completo a reputação de Jimmy Wang Yu. Ele telefonou para Lo Wei e lhe perguntou por que fora substituído.

"Não consegui falar com você. Você deveria entrar em contato comigo em três dias, lembra-se?", disse Lo Wei acusadoramente. "Essa é a primeira vez que ouço a sua voz em quase trinta dias!"

"Eu nunca disse que não queria fazer o filme."

"Mas faz um mês que você desapareceu!", vociferou Lo Wei.

"Por que você escolheu Jimmy Wang? Foi ideia de Chow?", perguntou Bruce começando a suspeitar das motivações de Raymond.

"Não! Você é uma celebridade! Eu? Sou um diretor famoso. E tenho amor-próprio. Você me disse três dias, e não falou comigo por quase um mês. Esse não é um comportamento apropriado. Não sabia o que você estava pensando; por isso, tudo quanto pude fazer foi substituir você."

"Você está tentando arruinar a minha imagem?", indagou Bruce.

"Não. Eu não estou tentando prejudicar a sua imagem, de forma alguma. Sei que você está para começar a fazer um filme de sua própria autoria. Eu sei.

No máximo, eu substituí você. Será que poderíamos esquecer tudo isso? Se ninguém mais tocar no assunto, não haverá problemas."

"Você não acha que você e Wang não se dão bem o bastante para trabalharem bem juntos?"

"É claro que não acho", respondeu Lo Wei.

"Acho que ter me trocado por Wang é um sinal de que você está fazendo um jogo sujo'", disse Bruce, empregando uma expressão insultuosa em cantonês. "E se fizéssemos assim: eu viajo com você para o Japão, você não me substitui, e eu faço o seu filme."

"Isso não vai acontecer. Você acha que pode simplesmente me ignorar por semanas? Eu já assumi compromissos com outras pessoas. Não posso voltar atrás, agora. O que as pessoas diriam de mim se eu fizesse isso?"

Segundo Lo Wei, Bruce perdeu então o equilíbrio pelo qual era conhecido e passou a insultá-lo.

"Bruce Lee, considere seu *status* social: você é um astro do cinema; um trabalhador cultural. Como você pode me insultar dessa maneira?", repreendeu-o Lo Wei, com um tom de voz paternal.

Bruce o insultou ainda uma vez mais, antes de bater o telefone com força.

Essa discussão pôs fim à mais bem-sucedida parceria entre um diretor e um ator da história do cinema de Hong Kong. Depois desse episódio, ambos passaram a evitar-se mutuamente e jamais tornaram a trocar olhares. Se acaso se encontrassem pelos corredores de algum *set* de filmagem ou nos escritórios de alguma companhia, ambos voltariam as costas um para o outro e caminhariam em direções opostas.

Lo Wei e Jimmy Wang Yu foram ao Japão rodar o filme deles. Bruce Lee viajou para Roma para fazer o seu. Era um duelo para provar quem era o maior astro da Golden Harvest.

Bruce e Nora Miao em Roma para as filmagens de *O Voo do Dragão*, maio de 1972. (*David Tadman*)

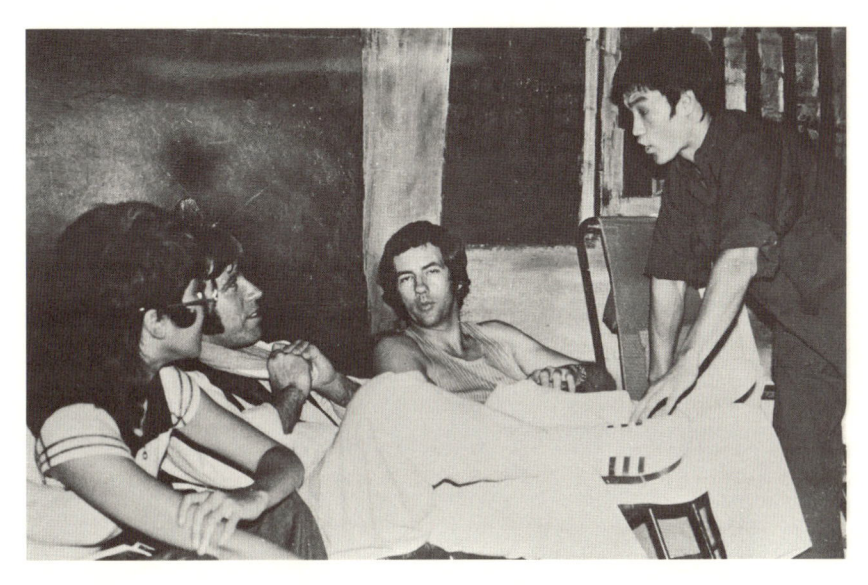

Betty Ting Pei, Chuck Norris, Bob Wall e Bruce Lee nos estúdios da Golden Harvest durante as filmagens de *O Voo do Dragão*, junho de 1972. (*David Tadman*)

20

Eastern Spaghetti*

O *Voo do Dragão* foi o primeiro filme roteirizado inteiramente por Bruce, e a maior dificuldade que ele enfrentou para escrever o roteiro foi de ordem linguística. "Ele constatou que deixara Hong Kong havia tanto tempo que estava com problemas para escrever o roteiro em chinês", diz Chi Yao Chang, o diretor-assistente do filme. Bruce ria-se de ter sido apanhado entre dois mundos: "É muito engraçado. Eu comprei esse dicionário inglês-chinês originalmente para encontrar as palavras certas em inglês ao viajar pela primeira vez aos Estados Unidos, aos 18 anos de idade. Agora, tenho de usá-lo para encontrar as palavras que tenho em mente em chinês". Para auxiliá-lo em seu processo criativo, Bruce, primeiro, ditava – quase totalmente em inglês – suas ideias em um gravador de fita magnética. Então, ele e Chi Yao Chang traduziam essas "anotações verbais" para as cenas descritas no roteiro que desenvolviam em chinês.

---

* O título deste capítulo, bem como algumas citações ao longo do mesmo, é um trocadilho envolvendo a expressão *western spaghetti* (faroeste espaguete, faroeste macarrônico, ou bang-bang à italiana), que passou a designar filmes do gênero "faroeste" realizados – principal, mas não unicamente – na Itália, a partir de fins dos anos 1960 e ao longo da década subsequente, por diretores como Sergio Leone (o grande responsável pelo sucesso do norte-americano Clint Eastwood), que impulsionaram as carreiras de vários atores tais como Giuliano Gemma, Terence Hill e Bud Spencer, entre muitos outros. A expressão *eastern spaghetti*, portanto, poderia ser livremente traduzida como "faroeste oriental". (N. dos T.)

A concepção inicial de Bruce para o enredo de *O Voo do Dragão* baseava-se em grande parte em *Warrior*, a série televisiva que ele tentara desenvolver com Ted Ashley; ou seja, um mestre chinês de *kung fu* do século XIX escapava do jugo da decadente Dinastia Qing indo para São Francisco, onde protegia os imigrantes chineses contra a exploração. Ironicamente, tal como fizera a Warner Bros., Bruce terminou por rejeitar sua própria ideia. Preocupações relativas aos custos das filmagens de um determinado período histórico na América o convenceram a mudar a ambientação do enredo para a época presente e procurar por locações mais baratas.

Nenhum diretor chinês jamais havia filmado no Ocidente até aquele momento. Determinado a ser o primeiro, Bruce começou a contemplar cidades europeias, decidindo-se, finalmente, por Roma. A cena da luta de Kirk Douglas no Coliseu, em *Spartacus* (1960), deu a Bruce a ideia para uma batalha final entre ele mesmo e um vilão ocidental. E, mais importante, a Itália caberia perfeitamente em sua estratégia para conquistar Hollywood à maneira de Clint Eastwood.

Quando não obteve sucesso na tentativa de migrar da televisão para os filmes de longa metragem, Clint Eastwood foi fazer vários *westerns spaghetti* na Itália. Bruce acreditava que Hong Kong seria para ele o mesmo que a Itália fora para Eastwood: um "trampolim" para seu retorno a Hollywood. "Eu irei para Hong Kong e serei grande, lá", confidenciou Bruce a um amigo norte-americano. "Depois, voltarei para cá e serei um superastro, como Clint Eastwood. Espere e você verá." Bruce pretendia que *O Voo do Dragão* fosse o seu *"eastern spaghetti"* – o filme que faria com que ele ganhasse terreno no Ocidente.

Foi preciso cerca de um mês para que Bruce concluísse uma versão preliminar do roteiro. Nessa moderna "atualização europeia" do conceito original de *Warrior*, um restaurante chinês, em Roma, é ameaçado pela máfia italiana. O proprietário apela a seu tio em Hong Kong para que lhe envie reforços. Este despacha para Roma um outro sobrinho seu, Tang Lung – nome que significa "Dragão da China" (aliás, o título chinês do filme é *O Poderoso Dragão Cruza o Oceano*). Baseando-se em suas próprias experiências como um imigrante recém-chegado aos Estados Unidos, Bruce concebeu o personagem Tang Lung como um ingênuo interiorano dos Novos Territórios. "Ele é um homem simples, mas que gosta de agir de maneira grandiosa", declarou Bruce a um repórter, durante as filmagens. "Ele não consegue compreender, de verdade, a vida em uma metrópole como Roma, mas finge que consegue." Tang Lung é um "peixe fora d'água"; e, com a construção de um personagem assim, Bruce inaugurou uma nova tendência no cinema de Hong Kong: a comédia de *kung fu* – gênero que Jackie Chan aperfeiçoaria, tempos depois. Tang Lung é visto como um ser inferior, não apenas pelos ocidentais, mas, também, pelos seus próprios primos chineses, mais sofisticados e com traços urbanos. Sua arma secreta é a maestria na prática do *kung fu*. "Bem, trata-se de uma história simples, sobre um rapaz do interior que vai para um lugar onde sequer conhece o idioma, mas que, no final, acaba se dando bem, porque consegue, de maneira honesta e igualmente simples, expressar a si mesmo surrando qualquer um que atrapalhar seu caminho", disse um sorridente Bruce à revista *Esquire*.

Enquanto Bruce trabalhava no roteiro, seu velho mentor na arte da escrita, Stirling Silliphant, desembarcou no aeroporto Kai Tak, no dia 10 de abril de 1972. Silliphant fazia pesquisas para um novo filme, mas ainda alimentava a esperança de reviver o projeto de *A Flauta Silenciosa*. Bruce, por sua vez, tinha esperança de impressionar Silliphant com a *persona* do grande astro em que se tornara. Bruce foi recepcioná-lo no aeroporto acompanhado por Raymond Chow, as belas atrizes da Golden Harvest Nora Miao e Maria Yi e um séquito de repórteres e equipes de televisão a reboque, para registrar como Hollywood visitava o reino cinematográfico da Ilha para "beijar o anel" do novo príncipe. "A todo momento saía uma reportagem na imprensa sobre algum sujeito negro ou branco que vinha dos Estados Unidos para trabalhar em um filme com Bruce Lee", diz Andre Morgan. "Uau! Isso representava um tremendo 'cartaz' para os chineses."

Bruce levou Stirling para um passeio pelas ruas, que logo transformou-se em uma passeata. "Ele era seguido por centenas de pessoas", recorda-se Stirling. "Elas se aglomeravam em torno dele, gritando e tentando aproximar-se. Bruce vestia um fantástico terno branco Brioni, de três peças, e caminhava como se fosse um rei, sorrindo para o povo. Era lindo, cara, aquilo era lindo." Bruce quis que Stirling assistisse a *A Fúria do Dragão* em um cinema lotado com uma plateia chinesa. "Você não acreditaria no modo como as pessoas assistiam àquele filme", diz Stirling. "Elas estavam todas em silêncio e, de repente, começavam a berrar histericamente. E quando ele chutava os japoneses, elas adoravam."

Quando voltou aos Estados Unidos, Silliphant escreveu uma carta para Bruce, datada de 20 de abril de 1972, na qual discute sobre *A Flauta Silenciosa*. Tudo indica que àquela altura tanto Stirling quanto Bruce estavam interessados em reviver o projeto. "Nem sei como começar a dizer quão gratificante foi constatar seu fenomenal sucesso. Espero, sinceramente, poder voltar a Hong Kong ainda neste ano, para que possamos colocar *A FLAUTA SILENCIOSA* diante das câmeras. Acredite, eu trabalharei para isso."

Embora Bruce e Raymond Chow fossem sócios igualitários na Concord, tratava-se de uma subsidiária da Golden Harvest. E, para todos os efeitos, Chow ainda era chefe de Bruce. Enquanto funcionário, o único poder de barganha de Bruce era o de ameaçar abandonar a companhia. Quando Bruce tentou convencer Raymond a permitir que ele dirigisse seu próprio filme, em vez de trabalhar com Lo Wei em *Massacre em São Francisco*, ele lançou um blefe, encontrando-se com Run Run Shaw. Os dois participaram de uma reunião que chegou ao conhecimento da imprensa, que publicou que a Shaw Bros. estaria oferecendo um lucrativo acordo a Bruce. O consequente furor provocado na mídia por essa razão forçou o assessor de imprensa da Shaw Bros. a fazer uma vaga negação: "Eu não descarto a possibilidade de que venhamos a assinar um contrato com Lee. Por certo, ele é comercialmente muito interessante. Mas, se a Shaw Bros. vier a contratar Lee, não será algo que acontecerá este ano". Temendo perder seu maior gerador de renda, Raymond recuou e permitiu que o ainda inexperiente Bruce Lee dirigisse seu primeiro filme. Desse momento em diante, sempre que Bruce tinha algum conflito mais significativo com Chow, ele se encontrava com Shaw.

Bruce começou a fazer testes com dezenas de atrizes e estrelas *pop* para selecionar quem representaria o papel feminino principal no filme. É interessante notar que jamais fora dada uma oportunidade a Betty Ting Pei. Bruce atribuía a responsabilidade por isso ao seu chefe.

"Ahn... Bem... Tudo já está arranjado", tentou explicar Bruce. "Raymond não ficou muito entusiasmado quanto a você representar o papel."

"Isso não importa", disse Betty. "Desde que permaneçamos juntos."

"Gosto do seu novo corte de cabelo. Você fica bem com os cabelos curtos", disse Bruce, tentando desviar o assunto. "Onde você os cortou? Eu também quero um novo visual para *O Voo do Dragão*."

"Foi Anthony Walker quem cortou meus cabelos", disse Betty. "Vou marcar um horário para você, antes de sua viagem para Roma."

A atriz escolhida por Bruce foi Nora Miao, coadjuvante em *A Fúria do Dragão*. Sua decisão foi tomada principalmente com o objetivo de sabotar o trabalho de Lo Wei. Raymond havia designado Nora para coestrelar, ao lado de Jimmy Wang Yu, *Massacre em São Francisco*, o filme que Bruce se recusou a fazer. Isso faria de *Massacre em São Francisco*, essencialmente, uma continuação de *A Fúria do Dragão*: contando com a mesma equipe de filmagem, exceto pelo fato de contar com Jimmy, em vez de Bruce, no papel principal. Bruce insistiu para que Raymond tirasse Nora do projeto de Lo Wei e a incluísse no seu; entre ficar ao lado do seu astro ou do seu maior diretor, Raymond optou pelo primeiro.

Lo Wei ficou louco quando soube da decisão. "Lo Wei ficou realmente furioso, até mesmo comigo", diz Nora. "Ele pensou que eu havia viajado para Roma apenas porque Bruce era famoso. Eu disse a ele que isso não era verdade, e que fizera apenas o que a empresa mandara que eu fizesse. Eu nem mesmo sabia por que eles haviam me mandado para lá." Como compensação pela perda de Nora, Lo Wei exigiu de Chow um dos melhores atores da companhia, também desejado por Bruce, Lee Kwan. Quando soube que Raymond havia cedido à exigência de Lo Wei, foi a vez do Pequeno Dragão enfurecer-se. "Bruce praguejava em cantonês e em inglês, no mais baixo linguajar das ruas", diz Chaplin Chang, que serviu como gerente de produção em *O Voo do Dragão*. "Ele jurou que um dia dirigiria seu próprio estúdio."

Ainda furioso por causa de Nora, Lo Wei decidiu vazar seu rancor para a imprensa. Ele declarou ao *New Nation*, um jornal de Cingapura, que o maior astro do cinema de Hong Kong era Jimmy Wang Yu – e não Bruce Lee. Bruce respondeu que seu sucesso nada tinha a ver com a direção de Lo Wei, e que provaria essa afirmação com *O Voo do Dragão*.

Depois de um voo da TWA que durou dezenove horas, Bruce, Raymond, o gerente de produção Chaplin Chang e o cinegrafista Tadashi Nishimoto aterrissaram no aeroporto Leonardo da Vinci, no dia 5 de maio de 1972. Todos hospedaram-se no Hotel Flora, na Via Veneto, durante toda sua estada, até o dia 17 de maio.

Os quatro homens tinham vários dias livres até que Nora Miao e o restante da equipe chegassem de Hong Kong. Então, decidiram sair para passear e fazer compras. O grupo viajou até Pisa, para contemplar a famosa torre inclinada; mas, no caminho, "paramos em uma butique da Gucci", recorda-se

Chaplin. "Bruce e Raymond ficaram fascinados com a moda de alta classe disponível e compraram várias peças de vestuário. Lembro-me de Bruce ter adquirido uma jaqueta de couro italiana de altíssima qualidade. E ainda me lembro de como aquele couro era suave ao toque."

O grupo não demorou muito para se cansar da culinária italiana, mas os péssimos restaurantes chineses de Roma não faziam nenhuma justiça à culinária asiática nativa dos quatro turistas. Foi Nishimoto quem encontrou, por acaso, um restaurante japonês, chamado The Tokyo, que logo se tornaria o lugar favorito de todos para comer e beber saquê. "Certo dia, depois de Bruce ter bebido três pequenas taças de saquê, um garçom ofereceu a ele uma toalha aquecida para que limpasse o rosto", recorda-se Nishimoto. "Notando que havia removido acidentalmente suas lentes de contato no gesto, Bruce limitou-se a colocar seus óculos escuros e continuou a conversar alegremente." O saquê tornou-se, então, o único tipo de bebida alcoólica que Bruce podia consumir em grande quantidade; o saquê passou a ser a bebida preferida dele para lidar com as pressões, que, conforme sua fama crescia, iam se tornando maiores.

Quando Raymond e Chaplin Chang reuniram-se pela primeira vez com a empresa italiana que proporcionaria todo o suporte à equipe chinesa, uma das primeiras perguntas formuladas por Raymond foi qual valor deveria pagar, como diária, aos assistentes em Roma. "A senhora disse que costumavam pagar a eles cerca de 70 mil ou 80 mil liras por dia", diz Chaplin. "Mas, ela acrescentou, como éramos todos homens e poderíamos desejar a companhia de algumas garotas, 100 mil liras eram uma quantia mais adequada. Assim, Raymond concordou em pagar 100 mil liras diárias."

Esse momento – ou, talvez, a subsequente "pesquisa de campo" relativa ao assunto – parece ter sido a inspiração para a cena da prostituta em *O Voo do Dragão*. Sendo repreendido por não ter demonstrado empenho suficiente para engajar-se e parecer amigável, o ingênuo personagem interiorano de Bruce, Tang Lung, é inadvertidamente fisgado por uma prostituta italiana na *Piazza* Navona. E só quando ela sai, nua, do banheiro do quarto de hotel onde estavam que ele se dá conta do erro que cometera e, apavorado, foge do local. Essa cena tornou conscientes as plateias de Hong Kong quanto à fama de Bruce fazer rir quem estivesse mais próximo dele.

Para o papel da prostituta, Bruce selecionou Malisa Longo, depois de ter visto uma fotografia dela em uma revista. "Honestamente, eu tinha dúvidas quanto a trabalhar naquele filme, porque o papel oferecido era muito pequeno", diz Malisa Longo. "Na Itália, o nome de Bruce era completamente desconhecido." A princípio, ela achou Bruce muito convencido, até que "ele me deu um sorriso, como se quisesse quebrar o gelo". Quando eles estavam filmando a cena de nudez no hotel, "Bruce estava muito nervoso e agitado, tal como se pode ver em cada enquadramento da cena", diz Longo. "Comigo Bruce foi sempre muito gentil e doce. Mesmo quando estava em meio a muita gente, ele sempre procurava os meus olhos. Eu sabia que o agradava muitíssimo."

Uma pessoa que talvez não tenha apreciado muito a mútua atração entre eles era Nora Miao. "Ela era muito reservada", diz Longo. "Assim que terminava seu trabalho no *set*, ela sempre desaparecia. Nora chegara junto com a segunda equipe de filmagem, vários dias antes. Sendo a única mulher do grupo, ela desenvolveu uma dinâmica lúdica com os rapazes. "Nós não tínhamos nada para fazer após o jantar; então, pensamos: 'Vamos nos divertir um pouco'", recorda-se Nora. "Eles me disseram para ficar parada na rua, para ver se alguém me passaria uma cantada, porque sabíamos que os jovens homens italianos gostavam de cantar as mulheres nas ruas. Eles me disseram: 'Apenas fique parada ali'. Eu estava disposta a me divertir, e não demorou muito para que um carro esporte passasse por mim e voltasse, de marcha a ré. Quando o carro estacionou e uma janela começou a ser aberta, eu corri para onde eles esperavam por mim. Nós fazíamos brincadeiras desse tipo e nos divertimos muito ao filmarmos com Bruce.

Segundo Nora, essas brincadeiras envolvendo simulações estenderam-se para o relacionamento entre eles. Um produtor italiano lançava constantes piscadelas para ela, durante as filmagens. "Por que ele faz isso o tempo todo?", perguntou ela a Bruce. "É revoltante."

"Sem problemas", disse-lhe Bruce, que daquele dia em diante passou a sentar-se ao lado de Nora durante as refeições. Ele segurava as mãos dela, dava-lhe comida na boca e a tratava ostensivamente muito bem. Quando caminhavam juntos, ele punha um braço sobre os ombros dela. O produtor logo parou com as piscadelas e com outras atitudes inconvenientes. "Ele pensou que eu fosse a namorada de Bruce", diz Nora. "E não ousou mais piscar para mim."

A história de Nora explica as fotografias dela e Bruce trocando afagos e beijinhos em Roma. Mas quando dois jovens e atraentes atores interpretam um par romântico em um filme, a linha tênue que separa a ficção da realidade pode desaparecer rapidamente. Todos os envolvidos na produção acreditavam que ambos já a tivessem cruzado. "Certo dia, quando descemos para tomar o café da manhã", recorda-se Chaplin Chang, "Bruce adentrou o salão, sendo logo seguido por Nora. Um garçom olhou fixamente para ambos, que pareciam ter acabado de fazer algo muito íntimo." Andre Morgan diz: "Foi um flertezinho. O que acontece em uma locação cinematográfica quase nunca é algo muito importante".

⁂

Homenageando o estilo visual dos *westerns spaghetti* de Sergio Leone, Bruce planejou uma apresentação dramática para o vilão do filme, Colt, tão logo desembarcasse do avião no aeroporto de Roma. Ele havia pedido a Chuck Norris para que representasse o papel. "Eu sabia que aparecer no filme – mesmo que fosse um filme de Hong Kong – ampliaria a minha exposição, o que poderia atrair mais estudantes para as nossas escolas [de karatê]", diz Norris. "Mas eu não tinha noção de que aquilo pudesse ser o início de uma nova carreira para mim."

Chuck trouxera consigo não apenas seu currículo como o maior campeão de karatê dos Estados Unidos, mas, também, um elemento surpresa na figura de seu instrutor-assistente e sócio nos negócios, Bob Wall. "Chuck desligou o telefone após falar com Bruce e disse que viajaria para Roma, para participar de um filme", recorda-se Wall. "Você não vai sozinho, de jeito nenhum. Nós somos sócios. Assim, arquei com os custos da minha viagem." Wall afirma que Bruce ficou "muito feliz" ao vê-lo, porque "ele me adorava". Segundo Chaplin Chang, Bruce não tinha ficado tão feliz com a presença do hóspede não convidado, com o qual não trocou mais do que algumas palavras essenciais. "A chegada de Bob causou algum incômodo. Quando voltamos ao hotel, Bruce disse: 'Por que Norris trouxe esse sujeito?'", relembra-se Chaplin. "A julgar pela maneira como ele se referia a Bob, ficava claro que Bruce não gostava dele." Mas, por fim, Chuck convenceu Bruce a dar um papel a Bob.

Como era ilegal filmar dentro do Coliseu, a equipe chinesa teve de subornar os oficiais certos e fazer-se passar por um grupo de turistas, escondendo suas câmeras dentro de bolsas. Os guardas permitiram que os cineastas trabalhassem apenas por poucas horas, registrando somente tomadas externas, a partir de ângulos determinados: Chuck olhando depreciativamente para Bruce, Bruce correndo e ambos se encontrando cara a cara. O mais importante foram as várias fotografias tiradas pelo cinegrafista Nishimoto, com sua câmera Hasselblad, que proporcionaram à equipe de produção em Hong Kong a perspectiva correta para recriar o Coliseu nos estúdios da Golden Harvest. A maior parte da cena de luta foi coreografada e filmada em três dias intensos de trabalho em Hong Kong.

<hr />

Tendo registrado de Roma o quanto foi possível em doze dias, Bruce, sua equipe chinesa, Chuck Norris e Bob Wall desembarcaram no aeroporto Kai Tak às quinze horas do dia 18 de maio de 1972. Linda e Shannon estavam lá para recepcionar Bruce, junto com um grupo de repórteres. Na entrevista coletiva concedida à imprensa, Bruce mostrou-se comunicativo e encantador como sempre. Havia rumores segundo os quais o ainda inexperiente cineasta estaria excedendo o orçamento. Quando perguntado sobre quanto já teria gasto no projeto, Bruce esquivou-se: "Eu ainda não fiz uma estimativa das despesas, mas nunca me preocupei com isso. Acredito que, se algo vale o dinheiro gasto, eu gasto o dinheiro necessário. Se não fosse assim eu não desperdiçaria dinheiro, uma vez que a prioridade é pensar no que é razoavelmente necessário e, depois, os lucros virão naturalmente".

"Quanto o seu próximo filme renderá nas bilheterias?", indagou um repórter. Tal como Muhammad Ali gostava de bravatear sobre suas lutas e em quantos assaltos derrotaria seus oponentes, Bruce gostava de predizer quanto dinheiro seus filmes renderiam. Em resposta à pergunta, Bruce imediatamente estendeu os cinco dedos de uma das mãos, para representar 5 milhões de dólares de Hong Kong.

Outro repórter deu sequência à indagação: "Em *O Dragão Chinês* você usou seu famoso chute triplo e o filme rendeu 3 milhões de dólares nas bilheterias. Então, você usou o *nunchaku* em *A Fúria do Dragão*, que alcançou a marca dos 4 milhões de arrecadação. Por isso eu pergunto a você que armas usará em seu próximo filme para justificar sua previsão de 5 milhões?".

"Guarde minhas palavras: você logo descobrirá", disse Bruce, fazendo suspense (ele planejara usar dois *nunchakus* ao mesmo tempo).

Vendo a diminuta figura oriental sentada entre os grandalhões ocidentais, um repórter perguntou: "Você e o sr. Norris têm uma cena de luta no filme?".

"Se eu e Chuck Norris lutaremos no filme?", sorriu Bruce. "Você achou que faríamos amor?"

Quase todos os presentes explodiram em gargalhadas, mas alguns jornalistas sentiram-se ofendidos. Referindo-se à piada, Kam Yeh Po, do *Starry Night News*, criticou Bruce por seu comportamento "arrogante" e por parecer ter sido "estragado pelo estrelato repentino". Esse editorial marcou o princípio do fim do período de lua de mel de Bruce com a mídia de Hong Kong. A bajuladora cobertura da imprensa passou a dar lugar a referências mais críticas.

Desde o lançamento de *O Dragão Chinês*, Bruce vinha sendo desafiado constantemente por dúzias de praticantes de *kung fu* que buscavam exposição na imprensa. A chegada de Chuck Norris a Hong Kong desencadeou uma onda patriótica de desafios ao lutador norte-americano. Desacostumado a ser desafiado publicamente, Norris sentiu-se contrariado; mas Bruce disse-lhe para que esquecesse tudo aquilo. "Nada de bom pode surgir de uma situação como essa", aconselhou Bruce. "Tudo o que esses sujeitos querem é publicidade." Enquanto isso, Bob Wall, um irlandês de temperamento esquentado, não estava recebendo nenhuma publicidade. Ele convocou uma entrevista coletiva à imprensa e disse que aceitaria qualquer desafio em lugar de Chuck, chegando a propor que os duelos fossem transmitidos no programa noturno de entrevistas da televisão *Enjoy Yourself Tonight*. "Meu instrutor, Chuck Norris, foi desafiado. Bem, Chuck é um lutador muito melhor do que eu, mas quero que vocês, quem quer que sejam, lutem comigo, para saber se são qualificados o bastante para enfrentá-lo. Nossas lutas serão transmitidas pela televisão, de modo que qualquer pessoa em Hong Kong possa assistir, porque eu vou surrá-los até a morte."

Não causa surpresa o fato de que não havia quaisquer desafiantes à espera de Bruce, Chuck e Bob quando eles entraram no estúdio de *Enjoy Yourself Tonight* na noite de 19 de maio de 1972. Assim, em vez de um combate mortal transmitido ao vivo, a plateia foi contemplada com uma demonstração das habilidades em karatê de Chuck Norris contra Bob Wall. Então, foi a vez de Bruce entrar em cena para demonstrar algumas sequências ultravelozes de chutes desferidos contra uma das mãos enluvadas de Chuck.

Em seguida, todos sentaram-se em um sofá para a entrevista. O apresentador, Josiah Lau, perguntou a Bruce, em cantonês: "É verdade o que dizem os jornais, que esses atores ocidentais também são seus aprendizes nos Estados Unidos, e que embora você os instrua no *kung fu* eles já venceram vários campeonatos de karatê? Eu acho que o seu *kung fu* deve ser muito poderoso".

Com um meio sorriso, Bruce gesticulou vagamente com a mão e evitou a armadilha. "Ora, não me venha com essas brincadeiras. Eu jamais disse a ninguém que eles fossem meus alunos. Nós somos bons amigos e, quando temos tempo, nos reunimos e conversamos sobre artes marciais."

Josiah Lau fez a pergunta a Chuck Norris, dessa vez em inglês. "Muita gente diz que vocês dois são alunos de Bruce, mas ele nega isso, dizendo que vocês são apenas amigos. Qual é a verdade?"

Chuck Norris deu uma resposta tão perfeita que é provável que ele tivesse conhecimento prévio da pergunta e que tenha preparado a resposta com cuidado. "O fato é que nós somos ruins demais para sermos alunos dele, e ele é bom demais para ser nosso professor. Chuck sorriu enquanto a plateia ria deliciada e aplaudia seu reconhecimento e tal demonstração de humildade tipicamente chinesa. "No entanto, nós admiramos sua prática do *kung fu* e ainda que ele não nos trate como discípulos, nós ainda o vemos como um instrutor."

"Qual é a sua opinião sobre Bruce Lee?", perguntou Josiah Lau.

"Ele é um homem muito amável e bem-educado", disse Norris. "E, além disso, dentre todos os praticantes de artes marciais que conheci, ele é o melhor."

Não é de admirar que, dentre todos os praticantes de artes marciais que conheceu, Bruce gostasse mais de Chuck Norris.

Este pode ter sido o período mais feliz da vida de Bruce, e com certeza foi o mais gratificante do ponto de vista profissional. Ele se encarregava completamente de seu próprio filme, em vez de trabalhar como um ator contratado; e, a julgar por todos os relatos, era muito bom no que fazia: um trabalhador rigoroso, justo e divertido. "Lembro-me de alguém dizer que Bruce não conseguia parar quieto, e eu concordo com isso. Ele era como um motor que não para de funcionar", recorda-se Chi Yao Chang, o assistente de direção. "Ele estava sempre em movimento, dirigindo e demonstrando golpes. Ainda que pudesse fazer alguns intervalos a qualquer momento, ele preferia usar o tempo livre mostrando a seus colegas como lutar e contando piadas – muitas vezes obscenas –, o que contribuía para suavizar a atmosfera às vezes tensa do *set* de filmagem. Em um momento Bruce colocava uma lata de refrigerante sobre um suporte de iluminação e praticava chutes, como preparação para a cena em que teria de saltar para chutar uma luminária no teto do cenário; no momento seguinte, ele pedia a Anders Nelsson, que também atuava no filme, para que apanhasse o violão e tocasse sua música favorita, "Guantanamera", enquanto ele cantava e dançava. "Certo dia eu toquei aquela mesma música dezessete vezes", diz Nelsson. Agora eu detesto essa música."

Tal como qualquer bom líder de gangue, Bruce recompensava a lealdade e compartilhava o sucesso com sua equipe. Ele deu a três de seus amigos de infância – Robert Chan, Unicorn Chan e seu criado Wu Ngan – papéis como garçons no restaurante. "Ele garantia que eu fosse tratado com respeito por todos os outros homens que trabalhavam a seu lado", diz Wu Ngan. Como Unicorn Chan ainda lutasse para ascender no ramo do cinema, Bruce creditou-o como "coreógrafo-assistente de lutas". Com Chuck Norris e seus amigos de infância ao seu redor, ele havia mesclado os dois mundos em que vivia – os Estados Unidos e a China. Tudo pelo que ele trabalhara tão arduamente para conquistar então rendia-lhe frutos. "Bruce era um sujeito muito divertido; sempre rindo e se divertindo. E ele gostava de exibir-se no *set*", diz Jon T. Benn, que interpretou o chefe mafioso. "Sempre havia garotas bonitas no estúdio, com as quais ele gostava de flertar e brincar. Mas quando estávamos prontos para filmar, ele agia como um perfeccionista."

Uma das garotas bonitas que costumava andar pelo *set* era Betty Ting Pei. Qualquer que tenha sido o relacionamento dele com Nora Miao na Itália – apenas de aparência ou um namoro nascido na locação –, ele terminou quando ambos voltaram a Hong Kong. E Bruce manteve seu caso com Betty. "Eu estava sempre com ele no estúdio", diz ela. "E todos sabiam que eu era sua namorada." O relacionamento estava se tornando tão sério que Bruce passou a ser muito menos discreto do que costumava ser. Ele saía em companhia dela em lugares públicos. "Eu encontrei com eles algumas vezes no Chin Chin Bar", diz Anders Nelsson. "Bruce estava envolvido com Betty. Era visível que havia certa magia. Eles formavam um casal que não podia manter-se separado: sempre se tocando carinhosamente e olhando-se nos olhos." Andre Morgan confirma: "Bruce estava realmente apaixonado por Betty. E ela era realmente encantadora".

Quando Bruce convidou Chuck Norris para participar em seu filme, este perguntou-lhe, jocosamente: "Quem vai ganhar?".

"Eu sou o astro", riu Bruce. "Mas prometo a você que a luta será a cena principal do filme."

"Tudo bem. Mas só dessa vez", brincou Norris. "Como você quer que eu me prepare?"

"Quanto você pesa?", indagou Bruce.

"Sessenta, ou sessenta e um quilos."

"Eu peso quase cinquenta e dois", disse Bruce. "Quero que você ganhe uns oito quilos."

"Temos apenas três semanas antes do início das filmagens!", protestou Norris. "Por quê?"

"Porque isso fará com que você pareça um oponente mais temível."

Ainda que possa ter havido alguma verdade nessa explicação, ela não fazia sentido para alguém como Bruce, que passou a vida atuando no cinema e na televisão. Bruce sabia que oito quilos de gordura a mais contribuiriam para suavizar a musculatura definida de Norris, causando um contraste com a esguia compleição física de Bruce. "Um dos motivos pelos quais Chuck não gosta de falar sobre *O Voo do Dragão* é porque ele acha que está parecido com um alce gordo na tela", diz Bob Wall. O peso adicional também teria tornado mais lentos os movimentos de Norris, quando comparados à "velocidade de um raio" de Lee. Sendo o astro, diretor e produtor, Bruce não hesitava em fazer arranjos a seu favor.

As treze páginas nas quais Bruce fez anotações detalhadas e desenhos toscos de figuras para a luta no Coliseu foram parcialmente inspiradas nos movimentos de Muhammad Ali durante o segundo e o terceiro assaltos de sua disputa contra Cleveland Williams, em 1966. "Bruce assistia incessantemente ao filme da luta de Williams em seu projetor super-8", diz Joe Lewis, um dos campeões de karatê que foram alunos de Bruce. "Ele estudava detalhadamente a maneira como Ali desferia os golpes e como ele se movimentava. Bruce atribuía uma importância especial à mobilidade. Os praticantes de karatê costumam enfatizar as posturas imóveis." A partir dessa ideia inicial, ele trabalhou ao lado de Chuck para incluir chutes, projeções, quedas e outras técnicas de artes marciais durante três dias de intensas filmagens no *set* da Golden Harvest em que o cenário recriava o Coliseu. Bruce explicou para Chuck as diferenças entre lutar no tatame e lutar no cinema – artes marciais como esporte *versus* artes marciais como entretenimento. "Aprendemos muito com Bruce", recorda-se Bob Wall. "Quando a luta é para valer, você não pode deixar que percebam que você foi atingido e sentiu o golpe. No caso de uma luta encenada, você não é atingido, mas precisa convencer o público de que foi golpeado. É exatamente o contrário."

Bruce tinha prometido a Chuck que a cena da luta entre os dois seria o ponto alto do filme, e ele estava certo quanto a isso. Qualquer que seja a opinião da pessoa sobre *O Voo do Dragão* (e as opiniões sobre esse filme variam muito), há praticamente um consenso quanto ao fato de que aquela foi uma das melhores cenas de luta já filmadas na história do cinema. Hoje é possível entender que grande parte do fascínio que ela exerce se deve ao fato de que ali estão, frente a frente, os dois artistas marciais mais famosos da sua geração. Mas a razão para seu apelo duradouro é mais profunda. Ao contrário de Jackie Chan e Jet Li, que cresceram no ramo do entretenimento, Bruce foi durante muitos anos instrutor de artes marciais e um inovador na sua área. Sua porta de entrada para o mundo do entretenimento foi sua atuação como professor, com um propósito pedagógico. No início da luta, ele está sendo derrotado por Norris porque está preso ao estilo clássico. À beira da derrota, ele se adapta às circunstâncias e começa a expressar-se livremente, se esquivando, movendo-se de forma aleatória, e com isso vira o jogo. A cena inteira é como um manual de *jeet kune do*. Ele não estava apenas filmando uma cena de luta. Ele estava desenvolvendo um raciocínio filosófico sobre a forma como as artes marciais devem ser ensinadas e praticadas.

Além da fusão do físico e do mental presente na cena, Bruce também foi capaz de colocar nela emoções raramente vistas em filmes de *kung fu*. Há um senso de humor lúdico quando eles trocam sinais negativos com o dedo indicador e quando Bruce arranca um chumaço de pelo do peito robusto de Chuck e depois tem dificuldade para limpar as mãos. Enquanto a maioria das cenas de luta *kung fu* que já haviam sido feitas até então eram movidas pela vingança e pelo ódio entre os combatentes, nesse caso os dois lutadores, que eram velhos amigos na vida real, enfrentam-se com respeito mútuo. No final, quando Chuck está com o braço e o joelho quebrados, os olhos de Bruce suplicam para que ele desista. Quando Chuck recusa-se a fazê-lo, o rosto de Bruce deixa claro o remorso por ter de matá-lo. Depois, Bruce cobre o corpo de Chuck com seu uniforme de karatê e ajoelha-se, num gesto de respeito e luto.

No dia 13 de junho, quando Norris deixou Hong Kong, apenas dois terços das filmagens haviam sido realizadas. Com o cronograma atrasado e gastos já ultrapassando o que havia sido orçado, Bruce não conseguiu cumprir a meta inicial de lançar o filme no verão. As gravações só foram concluídas no dia 23 de julho, quando foi possível iniciar a pós-produção.

A maioria dos filmes de Hong Kong fazia uso de trilhas sonoras já gravadas como forma de reduzir os custos da produção. Bruce fez questão de contratar músicos para criar uma trilha sonora original, inclusive com ele mesmo tocando um instrumento de percussão durante uma das sessões de gravação. O filme tinha sido filmado em 35 mm, sem captação de som. Todas as falas foram dubladas e adicionadas posteriormente, em vários idiomas: cantonês, mandarim, inglês. Bruce pediu para dublar suas próprias falas para a versão em inglês. "Nunca antes uma estrela de cinema havia feito isso", diz Ted Thomas, um locutor e dublador inglês. "Ele não conseguia fazer a dublagem direito, o que não me surpreendeu, porque não é uma técnica fácil. Os outros dubladores ficaram loucos da vida, porque ele estava atrasando o processo. E, para eles. Bruce não era uma pessoa especialmente importante. Ele perguntou: 'Vocês não vão me deixar fazer a dublagem?'. Eu disse: 'Não, nós temos dubladores profissionais que podem fazer isso'. Então ele ficou furioso." Para acalmar a grande estrela e diretor do filme, Thomas deixou Bruce dublar a voz do capanga afro-americano que ameaça os garçons chineses no restaurante.

Com a meta de lançamento no verão estourada e gastos 40% superiores ao previsto no orçamento, Raymond Chow convenceu Bruce a participar de um comercial para os cigarros Winston. Seria uma forma de cobrir parte dos gastos extras e promover o filme para o lançamento no inverno. O plano era que Bruce filmasse uma apresentação de artes marciais com duração de três minutos, que seria apresentada junto com uma exibição de levantamento de peso de Bolo Yeung, também com três minutos. O ano era 1972, e os cigarros ainda eram considerados saudáveis, mesmo para atletas.

Bruce telefonou para Bolo. "Ele me disse que estava planejando fazer um comercial dos cigarros Winston", diz Bolo. "No dia seguinte, eu fui até a Golden Harvest para filmar o comercial." Bruce nunca fumou cigarros – ele fumava maconha, mas não tabaco – acreditando, acertadamente, que eles prejudicavam os pulmões do lutador. Bruce pensou melhor e decidiu que não filmaria uma exibição de artes marciais exclusiva para o comercial. Como um meio-termo, ele concordou em editar trechos de *O Voo do Dragão* para serem usados no comercial. O *slogan* era: "Quando você fala de luta, você está falando de Bruce. Quando você fala de sabor, Winston é imbatível".

Bruce tinha apostado tudo – seu dinheiro, sua reputação e a sua nova empresa – no sucesso do filme que marcaria sua estreia como diretor. Ele tinha rompido com Lo Wei, contraído uma imensa dívida com Raymond e tinha se gabado para a imprensa, dizendo que seu filme arrecadaria 5 milhões de dólares de

Hong Kong. "O dinheiro que estávamos gastando era um adiantamento que recebemos com base em um faturamento que ainda não havia acontecido", diz Linda. "Isso fazia com que o sucesso *O Voo do Dragão* fosse duplamente importante." Apesar disso tudo, ele não participou de muitos dos eventos promocionais programados, algo que tinha feito de bom grado antes das estreias de *O Dragão Chinês* e *A Fúria do Dragão* porque a imprensa tinha começado a publicar matérias negativas sobre ele. Bruce se sentia menosprezado, e os meios de comunicação passaram a criticá-lo cada vez mais conforme a data de estreia de *O Voo do Dragão* – 30 de dezembro de 1972 – se aproximava.

No final das contas, não fez diferença a reduzida participação de Bruce nos eventos promocionais. Não fez diferença o atraso na produção do filme, impedindo sua estreia no verão. No final das contas, o que fez a diferença foi que Bruce Lee era o protagonista. Seus fãs lotaram as salas de exibição. No primeiro final de semana, o filme arrecadou mais de 1 milhão de dólares de Hong Kong, quebrando o recorde de *A Fúria do Dragão* no dia 13 de janeiro. Os valores continuaram subindo, ultrapassando a previsão de Bruce, totalizando 5,3 milhões de dólares de Hong Kong.

Mas essa não era a comparação que mais interessava a Bruce. O que ele queria mesmo era saber como o seu filme se sairia frente ao projeto que ele havia recusado. Um mês após a estreia de *O Voo do Dragão*, Lo Wei e Jimmy Wang Yu lançaram o filme deles, que não chegou a arrecadar 2 milhões de dólares de Hong Kong. A vitória deixou claro que Lee, o Pequeno Dragão, tinha superado Jimmy Wang Yu como o indiscutível campeão de bilheteira da Ásia Oriental.

"A resposta do público a *O Voo do Dragão* foi melhor do que esperávamos. Nós estávamos um pouco preocupados", diz Louis Sit, gerente de estúdio da Golden Harvest. "As pessoas gostaram porque Bruce Lee era um herói chinês lutando contra estrangeiros. Nessa época, Hong Kong estava começando a se tornar uma cidade internacional, e havia por isso esse sentimento de desafio aos estrangeiros em todas as áreas, como no setor produtivo e nas finanças. Por que não podemos ser melhores do que eles? Bruce lutou fisicamente contra os estrangeiros, mas a essa altura toda a Hong Kong e a Ásia estavam lutando contra os estrangeiros em todas as áreas. Era um sentimento compartilhado por todos."

Apesar do sucesso comercial de *O Voo do Dragão*, Bruce não ficou satisfeito com a qualidade do filme. Embora tivesse certeza de que era infinitamente melhor do que o filme de Lo Wei e Jimmy Wang Yu, ele temia que o sofisticado público ocidental considerasse *O Voo do Dragão* um trabalho amador. Bruce convidou Peter e a esposa dele, Eunice Lam, para assistirem a uma exibição especial. Quando a projeção terminou, Bruce perguntou calmamente ao seu irmão mais velho: "O que você achou do filme?".

"Ah, bem, a música é muito boa", disse Peter, deixando claro, nas entrelinhas, que não havia gostado.

Bruce afastou-se como se tivesse sido golpeado. Eunice pegou a mão dele, tentando pensar em algo gentil para dizer para suavizar o golpe. As palmas das mãos de Bruce estavam úmidas. Ela permaneceu em silêncio.

Bruce chegou à conclusão de que *O Voo do Dragão* não era bom o bastante para ser o seu *eastern spaghetti*, seu bilhete de regresso para Hollywood. Ele não queria lançar o filme no Ocidente. Quando descobriu que Raymond Chow tinha vendido os direitos de distribuição para a América do Norte sem o seu conhecimento, Bruce ficou furioso. "Um estrondoso grito irrompeu no estúdio quando Bruce descobriu", diz Andre Morgan. "Ele se sentiu traído por Raymond Chow."

Bruce era autocrítico o suficiente para perceber que tinha muito para melhorar como cineasta. Ele pretendia fazer o filme de artes marciais definitivo na sua próxima tentativa.

O Dragão Chinês, *A Fúria do Dragão* e *O Voo do Dragão* eram filmes comerciais, com enredos que giravam em torno de vinganças. No seu próximo filme, ele tinha a intenção de concentrar-se na sua filosofia – um filme sobre um caminho marcial, não sobre *artes* marciais. Ele já havia tentado fazer isso uma vez em Hollywood, com *A Flauta Silenciosa*. Ainda amargurado com o fracasso daquele projeto, Bruce reescreveu o roteiro com foco específico no público chinês. Ele retirou o simbolismo freudiano inserido por Silliphant e focou em referências culturais familiares às audiências asiáticas. Ele chamou essa versão adaptada à cultura chinesa de *Northern Leg Southern Fist* [algo como "Perna do Norte, Punho do Sul"]. Na China, os estilos de *kung fu* da região norte são famosos pelos golpes com as pernas, enquanto os estilos do sul são conhecidos pelos golpes com as mãos. Um mestre em ambos os estilos seria o artista marcial chinês completo.

Em um caderno de anotações com oitenta páginas, Bruce escreveu à mão o primeiro tratamento do roteiro de *Northern Leg Southern Fist*, com alguns diálogos, ângulos de câmera e desenhos. Seguindo de perto a estrutura da trama de *A Flauta Silenciosa*, o texto começa com um desafio entre o herói e seus colegas de *kung fu* contra alunos de um estilo rival. O herói e os seus amigos sofrem uma derrota esmagadora, porque lhes foi ensinada a "confusão clássica". O herói, desolado, sofrendo ao dar-se conta de que seu "estilo de luta é artificial e limitado" (tal como tinha acontecido com Bruce em relação ao *wing chun*), inicia uma jornada para encontrar a Bíblia das Artes Marciais e, com isso, tornar-se um verdadeiro mestre. Durante sua busca pelo Santo Graal, ele é acompanhado pela música-tema do filme, "Qual é a Verdade sobre as Artes Marciais?", e por uma garota apaixonada, chamada *Our Girl Friday*.* A moça é ignorada pelo herói, que ingenuamente acredita que sua busca é importante demais para que ele perca tempo com distrações românticas. Ele logo encontra um mestre do sul para treinar durante o dia e um mestre do norte para treinar à noite. Certo dia, em um restaurante, fanfarrões insultam os professores do herói. Ele os desafia para uma luta, usando primeiro o estilo de golpes do sul e, depois, o estilo de chutes do norte. Ele está aguentando firme, mas não está vencendo, até que um misterioso homem idoso sentado a uma mesa próxima sugere: "Use as mãos e os pés". Nosso herói combina os dois estilos e sai vitorioso. Depois, ele vai em busca do homem idoso e diz: "Eu criei um estilo próprio!".

Caso se tratasse de um filme patriótico de *kung fu* chinês, a história poderia ter terminado nesse ponto. O herói teria simbolicamente unificado o norte e o sul – a linha que divide a China em termos históricos. Mas Bruce tinha uma nova verdade para apresentar, um sermão que ele queria pregar. O velho homem serve como um porta-voz da filosofia do *jeet kune do* de Bruce. "Estilos separam as pessoas em vez de as unirem", diz o velho, enquanto uma flauta toca ao fundo. Quando o herói implora ao velho para que o instrua, ele diz: "Eu não sou um professor. Sou uma placa indicativa para um viajante que está perdido. Cabe a você decidir a direção que irá tomar".

A história avança no tempo e nosso herói chega à ilha onde a Bíblia das Artes Marciais é guardada por um monge famoso. Como em *A Flauta Silenciosa*, o herói precisa competir contra outros artistas marciais e passar por várias provas para se tornar o novo Guardião da Bíblia das Artes Marciais. Mas ele

---

* "Girl Friday" e "Man Friday" são termos usados para designar a função de um(a) assistente pessoal. Trata-se de alguém que executa com especial habilidade diversas funções para ajudar algum superior hierárquico, geralmente trabalhando em escritórios. (N. dos T.)

dominou a filosofia do *jeet kune do* do velho sábio e derrota facilmente seus professores dos estilos do sul e do norte. Ele recebe a Bíblia e a função de guardião do livro. Em *A Flauta Silenciosa*, o herói despreza a obra sem sequer abri-la, mas na versão reciclada de Bruce ele a examina. "Lentamente, o herói pega o livro, abre-o e folheia página por página, dando-se conta de que estão todas em branco. Na última página há um espelho, onde ele vê a própria imagem." Depois de aprender o segredo, o herói rejeita a função de guardião: "Uma pessoa viva é mais interessante do que este livro". Ao regressar, ele abraça e beija a *Our Girl Friday*. Os outros candidatos derrotados perguntam: "Qual é o segredo contido no livro?". O herói não responde à pergunta e encerra o filme com esta tirada: "Posso dizer para vocês uma coisa. Deem mais atenção às suas namoradas".

Northern Leg Southern Fist é a obra mais pessoal e autobiográfica de todo o legado de Bruce Lee, a essência de tudo o que ele havia experimentado e aprendido e de tudo em que ele acreditava. "Ele sempre falava que, se um dia abrisse outra escola, colocaria na entrada grandes cortinas vermelhas e, acima delas, uma placa onde estaria escrito: "Por trás desstas cortinas está o segredo", diz Bob Baker, que coestrelou *A Fúria do Dragão*. "E quando a pessoa abrisse as cortinas veria um espelho que iria do teto ao chão. Seria dessa forma que as pessoas entrariam na escola."

A ideia de *Northern Leg Southern Fist* era poderosa para um filme de *kung fu*, e até mesmo para a sua época, mas não tinha apelo comercial. De acordo com Andre Morgan, Bruce sempre discutia o roteiro desse filme com Raymond Chow. Quando perguntado sobre o uso de ideias de caráter doutrinário no cinema, o magnata de Hollywood Samuel Goldwyn gostava de dizer: "Se você tem uma mensagem, envie um telegrama". Chow era um pouco mais diplomático. "Raymond dizia que era um pouco intelectual demais para o público chinês", recorda Morgan, "e que seria preciso esperar até que Bruce se estabelecesse como uma estrela para fazer o filme".

Os argumentos de Chow convenceram Bruce de que *Northern Leg Southern Fist* era uma aposta ousada demais para o público chinês naquele momento da sua carreira. Bruce concordou em guardar a ideia para o futuro. "Eu não estou satisfeito com a expressão da arte cinematográfica em Hong Kong. Creio ter um papel a desempenhar nisso. O público precisa ser educado, e quem educa as pessoas precisa ser alguém responsável", Bruce disse em uma entrevista ao *Hong Kong Standard*. "Estamos lidando com as massas, e precisamos criar algo que seja acessível às pessoas. Temos de educá-las passo a passo.

Não é possível fazer isso de um dia para o outro. É isso que estou fazendo neste momento. Se eu terei sucesso nessa busca é algo que saberemos no futuro. Mas eu não apenas *me sinto* comprometido com esse objetivo, eu *estou de fato* comprometido com ele."

⁂

Com o projeto de *Northern Leg Southern Fist* adiado, Bruce seguiu em busca de formas para transmitir sua filosofia ao público chinês. Havia na sua mente uma vaga ideia para um filme. A parte mais bem-sucedida de *O Voo do Dragão* havia sido a luta entre ele e Chuck Norris, em cuja sequência de cenas estava embutida a filosofia de adaptação do seu *jeet kune do*. "Espero fazer filmes com várias camadas de entendimento aqui em Hong Kong", disse ele durante uma entrevista, "o tipo de filme que permite que a pessoa veja apenas a história mais superficial ou observe mais a fundo, se preferir." Se a cena da luta com Chuck tinha sido a sua maior realização até aquele momento, por que não multiplicar a ideia ali contida?

A ideia inicial de Bruce para o seu próximo projeto, batizado de *Jogo da Morte*, era a história de um grupo de cinco artistas marciais de elite contratados para recuperar uma relíquia chinesa roubada e que havia sido escondida no último andar de um pagode de madeira de cinco andares na Coreia do Sul. A grande ideia é que cada um dos níveis seria guardado por um especialista em artes marciais de um estilo diferente, sendo preciso ir derrotando cada um deles para subir de nível (se a ideia hoje soa banal, é porque desde então ela tem sido copiada por inúmeros filmes de ação e jogos eletrônicos). Em cada um dos andares, um dos companheiros de Bruce tentaria derrotar o guardião e acabaria morto por ser incapaz de libertar-se da confusão clássica. Bruce então surgiria, se adaptaria ao estilo do guardião e o derrotaria.

Para marcar sua temática filosófica, Bruce já tinha em mente a abertura do filme. "Quero mostrar a necessidade de nos adaptarmos às circunstâncias, que estão sempre mudando. A incapacidade de adaptação causa a destruição", explicou ele a um repórter do *New Nation*, um jornal de Cingapura. "Quando o filme começa, o público vê uma vasta extensão de neve. A câmera foca então em um agrupamento de árvores enquanto se ouve um forte vendaval. Há uma enorme árvore no centro da tela, toda coberta de neve. De repente, ouve-se um estalido alto, e um enorme ramo da árvore, incapaz de suportar o peso da neve, quebra e cai no chão. A câmera move-se para um salgueiro, que está se inclinando com o vento. Por adaptar-se ao ambiente, o salgueiro sobrevive. É o tipo de simbolismo que eu acho que os filmes de ação chineses deveriam procurar ter. Espero assim aumentar o alcance dos filmes de ação."

Bruce tinha a abertura, a temática e a conclusão. Mas ele não tinha a história. Muitos dos filmes de *kung fu* de Hong Kong daquela época começaram a ser produzidos com menos do que isso. O roteiro de *O Dragão Chinês* tinha apenas três páginas, mas tinha como pano de fundo, ao contrário de *Jogo da Morte* (*Game of Death*), uma vingança, uma motivação resultante de morte com a qual o público em massa se identificava de forma visceral. *Jogo da Morte* era um filme metafórico sobre uma busca, que tratava de algo desconhecido – uma busca pela verdade universal usando o *kung fu* como caminho para chegar até ela.

Os donos do dinheiro que estavam acima de Bruce não tinham a intenção de patrocinar um missionário. O que eles queriam era lucrar, não promover uma ideia. A reação de Raymond Chow ao projeto didático de Bruce foi, para colocar de forma educada, de "um otimismo cauteloso". Bruce deve ter percebido mais a parte da cautela do que a parte do otimismo, porque reagiu da forma como sempre reagia quando Chow se opunha aos seus planos: correu para Run Run Shaw. E, dessa vez, ele não realizou apenas uma reunião com o rival de Chow. Ele fez questão de dar publicidade à sua ida aos estúdios Shaw Brothers para um teste de guarda-roupa com figurino completo e maquiagem de um guerreiro chinês ancestral.

Quando as fotos de Bruce com o figurino vazaram propositalmente para a imprensa, a impressão era de que ele não apenas trocaria a Golden Harvest por Shaw, mas também que planejava fazer seu primeiro filme de época com seu novo estúdio. Os jornais relataram que Run Run havia oferecido a Bruce um valor espantoso pelo filme e que, quando o ator descartou a oferta, o empresário enviou-lhe um contrato aberto já assinado pedindo que Bruce o preenchesse com seus valores. Quando o jornal *The China Mail* perguntou a Bruce se ele faria o seu próximo filme com a Shaw Brothers, ele respondeu, soando mais como um mercenário do que como um missionário: "O filme pode ser produzido por Shaw, Golden Harvest ou qualquer estúdio. Nunca foi minha intenção estar preso a uma empresa específica".

Raymond Chow acreditava que Bruce estava apenas usando Shaw para ganhar força na negociação com a Golden Harvest, mas, com tanto dinheiro em jogo, ele não estava disposto a pagar para ver. "Quando um ator fica muito famoso", diz Raymond, "você não pode mais tratá-lo de qualquer maneira." A farsa de Bruce garantiu a luz verde de Chow para o *Jogo da Morte*.

Em vez de debruçar-se sobre o roteiro, Bruce começou imediatamente a filmar as cenas no pagode, porque seu ex-aluno Kareem Abdul-Jabbar estaria disponível por um curto período no final de agosto de 1972. Nos seus três primeiros anos jogando pelo Milwaukee Bucks, Abdul-Jabbar já tinha ganhado um campeonato da NBA e o prêmio de melhor jogador da liga e teria algumas semanas de folga antes do início da temporada seguinte. Bruce estava maravilhado – ele sempre quisera fazer um filme com Kareem, desde o episódio em que os dois haviam treinado juntos em Los Angeles. "O púbico chinês vai enlouquecer quando me vir lutando com um cara de 2,19 metros de altura", disse.

O que acontece quando um indivíduo de 1,70 metros luta com outro de 2,19 metros, ainda que o mais baixo deles seja Bruce Lee? "Eu estava tentando chegar ao chute perfeito para acertar o queixo de Kareem, e devo ter chutado pelo menos umas trezentas vezes naquele dia", disse Bruce. "Você sabe como aquele queixo é alto, não sabe? Eu tive que esticar muito minhas pernas, e acabei distendendo um músculo da virilha." Bruce quase se machucou novamente quando caiu durante uma manobra. "Tive que pegá-lo no ar", lembra Kareem, "e demos muita risada, porque ele acabou ficando nos meus braços, como um bebê." Kareem também fala de uma ocasião em que testemunhou Bruce sendo desafiado: "Um dublê desafiou Bruce enquanto ele estava no meio de uma conversa. Ele derrubou o cara instantaneamente. Ninguém mais desafiou Bruce depois disso".

No plano de Bruce para o filme, Kareem seria o guardião do quinto e último andar: o Chefão. Quanto a quem seriam os guardiões dos outros andares, Dan Inosanto diz que Bruce "mudava de ideia toda hora" com base em quem estivesse disponível. Bruce enviou uma passagem da China Airlines para Inosanto, que tirou uma licença de seu trabalho como professor para interpretar o defensor do terceiro andar. "Bruce fazia filmes da mesma forma como lutava", diz Inosanto. "Ele simplesmente fazia. Até a véspera, ele não sabia exatamente o que ia fazer. Então, ele organizava tudo. Ele foi criando os detalhes da história à medida que ia avançando, espontaneamente. *Jogo da Morte* foi feito assim."

Para representar o guardião do quarto andar, Bruce contratou o especialista coreano em *hapkido*, Ji Han Jae, que ele havia conhecido durante uma apresentação de artes marciais nos Estados Unidos, em 1969. Jae tinha acabado de começar a trabalhar para a Golden Harvest como ator de artes marciais e estava disponível. De acordo com vários relatos, Bruce ficou frustrado por trabalhar com o inexperiente Jae. "Bruce era um bom ator de cinema. Nossos níveis eram diferentes, e por isso havia um certo desequilíbrio", diz Jae, respeitosamente.

Diversos nomes foram aventados para os papéis dos guardiões dos dois primeiros andares, incluindo Taky Kimura (o instrutor de Bruce de Seattle) e Wong Shun Leung (seu professor de *wing chun* durante a adolescência). Ele tentou até mesmo convencer James Coburn a participar quando o ator visitou Hong Kong, mas Coburn educadamente recusou o convite.

Bruce só filmou as cenas nos três andares superiores e algumas cenas externas antes de colocar o projeto de lado. Foram cerca de noventa minutos de material bruto, que ele editou até obter cerca de trinta minutos finalizados.

No original, Lee e dois colegas artistas marciais – James Tien (que coestrelou *A Fúria do Dragão*) e Chieh Yuan (um dublê de Hong Kong) – chegam ao terceiro andar do pagode e encontram um mestre filipino de *eskrima** vestido com trajes tradicionais, interpretado por Dan Inosanto. Bruce está usando aquele que se tornou seu traje mais emblemático: um macacão amarelo colado ao corpo com faixas pretas nas laterais, que foi inspirado em um traje de esqui de Roman Polanski que Bruce usou durante um período de férias em Gstaad, na Suíça. Até mesmo o figurino do filme tinha como objetivo reforçar a tese central da obra, de que o artista marcial deve ser melhor do que a tradição marcial. "Eu apareço vestido com um traje tipicamente muçulmano. Todos estão vestidos com trajes tradicionais", diz Inosanto. "Mas a roupa de Bruce faz ele se parecer um membro do *jet set* internacional."

Quando o trio enfrenta Inosanto, Chieh Yuan ataca primeiro com um grande tronco de madeira, mas é derrotado. Bruce rapidamente desarma Inosanto usando um bastão de bambu curto. "A espada de bambu", ele ensina Chieh, "é muito mais flexível, e mais viva." Os dois protagonizam então um fascinante duelo de *nunchakus*, arma que Inosanto havia apresentado a Bruce na vida real. Após a vitória de Bruce, o trio corre para o quarto andar, onde encontra o mestre de *hapkido* Ji Han Jae, que dá uma surra em James Tien e Chieh Yuan. Enquanto Bruce avança para derrotar o guardião, seus dois companheiros correm para o quinto e último andar, onde são estrangulados até a morte pelo imponente Kareem Abdul-Jabbar e atirados de volta pelas escadas como

---

* Arte marcial mais popular nas Filipinas, que enfatiza o uso de armas, em especial o bastão, a espada e a faca. (N. dos T.)

bonecos de pano. Depois que Bruce derrota Ji Han Jae, ele passa por cima de seus compatriotas mortos e sobe as escadas para a luta de Davi contra Golias.

Ao contrário dos dois exemplos das artes marciais tradicionais – Inosanto (*eskrima* filipina) e Ji Han Jae (*hapkido* coreano) –, Kareem é um mestre da "negação do estilo" ou *jeet kune do*, assim como Bruce. Lee está, dessa forma, simbolicamente lutando contra sua sombra junguiana, e ele não consegue se impor na luta até que descobre a fraqueza dela: os olhos danificados de Kareem são supersensíveis à luz do sol. Ao atingir os painéis que protegem as janelas da torre, Bruce cega Kareem e quebra o pescoço do adversário com uma chave de braço. Depois de vencida a batalha, ele sobe, esgotado, até o nível mais alto, onde espera-se que esteja o misterioso objeto guardado na torre. A câmera não segue Bruce até o último andar e, portanto, não revela o segredo. O público apenas vê Bruce cambaleando de volta pela escada, atônito com sua incrível descoberta. Bruce brincou com várias ideias para qual seria o objeto – a Bíblia das Artes Marciais, um espelho –, mas não conseguiu chegar a um veredito. Ele planejou filmar a cena em que o segredo seria revelado depois que tomasse essa decisão.

Do ponto de vista da coreografia da luta, as batalhas em cada um dos níveis são elaboradas, únicas e convincentes, deixando claro o nível de domínio de Bruce sobre sua arte. Ele também consegue equilibrar melhor as doses de humor pastelão e de violência do que o fizera em *O Voo do Dragão*. Seus dois companheiros tolos servem de alívio cômico: é como se fosse Bruce e os Dois Patetas. A evolução de Lee como cineasta é evidente.

Do final de agosto até meados de outubro de 1972, o período durante o qual filmou, sem um roteiro, as cenas no templo para *Jogo da Morte*, ele se esforçou muito para conseguir desenvolver um roteiro completo. Bruce tentou contratar vários redatores e escritores, inclusive o famoso romancista e roteirista de *wuxia** Ni Kuang, para ajudá-lo a desenvolver os elementos da história, mas nenhum deles estava disponível. Ele estava sofrendo de um bloqueio criativo, sem dúvida agravado pelas pressões, distrações e tentações decorrentes da fama repentina.

---

* Gênero de ficção originário da China que mistura fantasia e artes marciais, principalmente com o uso de espadas, em um mundo medieval imaginário. O termo "*wuxia*" significa "heróis de artes marciais". (N. dos T.)

Esperando impacientemente para ser entrevistado, por volta de 1972.
(*David Tadman*)

21

A Fama e seus Dissabores

Quando *O Dragão Chinês* foi lançado, no dia 3 de outubro de 1971, Bruce tornou-se, de um dia para o outro, a pessoa mais famosa do sudeste asiático. No início, ele sentiu o prazer da vitória. Depois de uma vida inteira trabalhando no cinema, finalmente havia realizado o sonho do estrelato. "Em Hong Kong, eu sou maior que a porra dos Beatles", Bruce gabava-se aos amigos em Los Angeles. Menos de um ano depois, no entanto, ele já sentia os efeitos negativos das pressões e do peso associados à fama. Bruce não conseguia andar pela rua sem estar cercado por uma multidão. Se ele queria comprar roupas, a loja era obrigada a fechar as portas para que fosse possível atendê-lo. Quando ia a um restaurante, pessoas ficavam do lado de fora com o rosto colado nos vidros das janelas para vê-lo.

"A maior desvantagem", admitiu Bruce à revista *Black Belt*, "é a perda da privacidade. É irônico, mas todos nós lutamos pela riqueza e pela fama e, quando você chega lá, nem tudo são flores. Não há quase nenhum lugar aonde eu possa ir em Hong Kong sem ser o centro das atenções ou sem que as pessoas me parem pedindo por autógrafos. Essa é uma das razões que me fazem passar muito tempo em casa, trabalhando. Neste momento, minha casa e meu escritório são os lugares mais tranquilos para mim. Agora eu entendo por que estrelas como Steve [McQueen] evitam lugares públicos. No início, eu não me importava com a atenção excessiva que eu estava recebendo. Mas logo isso passou a ser um problema."

Quando Alex Ben Block, um repórter da revista *Esquire*, perguntou a Bruce o que havia mudado após a fama, ele respondeu: "É como se eu agora estivesse na cadeia. Eu sou como um macaco no zoológico. Eu gosto muito de brincar com as pessoas, mas agora não posso mais falar com a liberdade com que eu falava antes. Mas eu não mudei na minha essência. A fama não me fez sentir orgulho nem me fez achar que sou melhor do que era antes. Eu sou basicamente a mesma [rindo] merda de sempre".

Pior do que a perda de privacidade foi o aumento da sensação de perigo. A impressão era de que todos queriam desafiá-lo para uma luta. Uma vez, quando ele entrou em um táxi, o motorista virou-se para ele e perguntou: "Você quer lutar? Seu *kung fu* não é tão bom assim". Ele parou de ir a lugares públicos sozinho e contratou alguns dublês de confiança como guarda-costas.

Certa tarde, um assediador desequilibrado pulou o muro da mansão em Kowloon Tong e apareceu de repente no jardim, onde Brandon e Shannon estavam brincando. O sujeito gritou que queria lutar contra Lee, o Pequeno Dragão. "Você é bom mesmo?", gritou ele. "Me mostre se você é bom!" Tendo em conta os trágicos acontecimentos recentes, quando dois de seus amigos, Jay Sebring e Sharon Tate, haviam sido assassinados pelo grupo de Manson, Bruce ficou ao mesmo tempo apavorado e enfurecido. "Aquele cara invadiu a minha casa, minha privacidade", lembrou Bruce, ainda com raiva. "Eu nunca tinha chutado alguém com a força que eu chutei aquele cara. Eu dei tudo de mim."

Depois disso, Bruce providenciou para que seus filhos estivessem o tempo todo na companhia de babás para evitar que fossem sequestrados. "Bruce estava muito focado na necessidade de deixar nossos filhos sempre protegidos", diz Linda. "Não era como nos Estados Unidos, onde seu filho podia caminhar por aí tranquilo. Ele estava sendo extremamente cuidadoso."

No começo dos anos 1970, as Tríades não estavam tão envolvidas no ramo cinematográfico de Hong Kong como ficariam mais tarde, nos anos 1980 e 1990, porque Run Run Shaw monopolizava o setor. Mas já havia alguns personagens sombrios escondidos atrás das torres de iluminação do cenário. Alguns deles visitaram Bruce depois que *A Fúria do Dragão* fez sucesso. "Aconteceu de chegar gente na porta da minha casa e me dar um cheque de 200 mil dólares de Hong Kong. Quando eu perguntei para que era aquele dinheiro, eles responderam: 'Não se preocupe com isso, é só um presente para você'. Eu nem conhecia aquelas pessoas, eram estranhos", disse Bruce à *Fighting Stars*, uma revista americana de artes marciais. "Quando as pessoas simplesmente distribuem muito dinheiro assim, sem mais nem menos, você não sabe o que pensar. Eu destruí todos os cheques, mas foi um momento difícil, porque não sabia por que haviam me dado aquilo."

Como sinal de sua crescente cautela, Bruce começou a usar um cinto especial para defesa pessoal, em cuja fivela se escondia uma faca. E, algo ainda mais revelador da gravidade da situação, Bruce Lee, o defensor do combate sem o uso de armas de fogo mais famoso do mundo, começou a portar um revólver para proteção. "Ele se tornou muito paranoico", diz James Coburn, que visitou Bruce em Hong Kong. "Havia esta aura impenetrável, este escudo ao redor dele com um raio de 3 ou 4 metros. Qualquer um que penetrasse nessa área era considerado suspeito e precisava tomar muito cuidado."

Conforme Bruce ia se fechando cada vez mais, uma das únicas formas para se chegar até ele era por meio de seus amigos de infância. Como esses relacionamentos haviam começado antes que ele se tornasse famoso, Bruce ainda confiava neles. Seus amigos mais próximos e mais antigos eram Wu Ngan, seu criado, e Unicorn Chan, seu companheiro do mundo do cinema desde a infância. Bruce havia enviado dinheiro para Unicorn quando soube que a família do amigo estava passando por dificuldades financeiras. Unicorn havia apresentado Bruce a Run Run Shaw quando o ator atravessava um momento difícil em Hollywood. Bruce havia dado a Unicorn um papel em *O Voo do Dragão* e confiou a ele a função de assistente de coreografia de lutas para impulsionar sua irregular carreira. Os dois eram o que os chineses chamam de *lao guanxi*, velhos amigos que passam a vida toda trocando favores.

Ciente desse laço de amizade, uma companhia cinematográfica independente, a Xinghai Corporation, prometeu a Unicorn o papel principal em um filme caso ele conseguisse convencer Bruce a representar um dos personagens da história. Bruce, que não tinha nenhum interesse em desempenhar um papel de menor importância em um filme de segunda categoria, recusou o convite. Mas ele não queria que seu velho amigo perdesse aquela oportunidade, e assim comprometeu-se com a coreografia de algumas cenas e a ajudar na promoção do filme.

Bruce passou um dia no *set* dirigindo cenas de sequências de luta e participou de uma coletiva de imprensa para divulgar o lançamento de *Fist of Unicorn*. O que ele não sabia era que os produtores da Xinghai haviam usado câmeras escondidas para filmar a participação dele. As cenas, inseridas no filme de forma a dar a impressão de que Bruce era um dos atores, foram usadas ostensivamente na campanha de marketing de promoção do longa. Eles chegaram ao ponto de afirmar que *Fist of Unicorn* havia sido dirigido por Bruce Lee. Quando Bruce descobriu a trapaça, ficou furioso e processou os produtores. Unicorn Chan negou ter qualquer conhecimento prévio da trapaça. "Bruce estava com mais raiva de si mesmo por ter caído na armadilha do que com raiva do Unicorn", diz Andre Morgan.

Quer Unicorn tivesse conhecimento ou não da armação, Bruce se deu conta ali de que pessoas inescrupulosas usariam seus amigos para chegar até ele. Isso fez com que ele passasse a desconfiar dos amigos quase tanto quanto desconfiava de estranhos. No dia 12 de agosto de 1972, Bruce escreveu para Mito Uyehara: "Bem, querido amigo – ultimamente a palavra 'amigo' tem se tornado vazia de sentido, amizade tem sido um jogo doentio de vigilância em relação à lealdade que ofereço –, sinto falta de você, de nossos almoços simples e de nossas conversas mais alegres".

Sempre que estava em locais públicos Bruce era atormentado pelos *paparazzi*. No começo, ele tentou ser paciente, mas a relação foi se tornando cada vez mais hostil. Certo dia, ao sair de um estúdio de TV, ele se viu cercado por um grande grupo de *paparazzi*. Mesmo depois de ter posado para fotos por vários minutos, eles seguiam pressionando por mais. "Vocês têm milhares de fotos minhas", disse ele, com raiva. Quando ele tentou escapar do grupo, foi empurrado de volta pelos fotógrafos. Na confusão que se seguiu, ele derrubou a câmera de um dos fotógrafos no chão. No dia seguinte, as manchetes estampavam em letras garrafais que Bruce havia sido hostil com um *cameramen*.

Acostumado a ser exaltado pela mídia, Bruce ficou surpreso e desorientado quando a imprensa começou a atacá-lo. "Lee estava sempre irritado com a mídia", lembra Robert Chan, um amigo de infância que participou de *O Voo do Dragão*. "Ele me disse muitas vezes: 'Hoje eu não consigo trabalhar'. Você viu o que eles escreveram nos jornais? Ele gritava algo assim e depois ia embora."

Além dos ataques da mídia, distribuídos democraticamente para todas as celebridades, Bruce precisava lidar com um problema específico de artistas mestiços: a questão da pureza racial. A *persona* de Bruce nas telas era a do herói chinês invencível, defensor de seu povo. Em *O Dragão Chinês*, Bruce defendeu os trabalhadores imigrantes chineses contra os maus patrões tailandeses. Em *A Fúria do Dragão*, defendeu a honra chinesa contra as injúrias dos japoneses. E, em *O Voo do Dragão*, foi a vez de defender um restaurante chinês contra criminosos ocidentais.

Mas quão chinês Bruce Lee era de fato? Essa pergunta assombrou grande parte da cobertura da mídia enquanto Bruce estava vivo – e ainda assombra seu legado. É certo que ele foi criado em Hong Kong, mas nasceu nos Estados Unidos, cursou a faculdade nos Estados Unidos, passou doze anos vivendo nos Estados Unidos e voltou de lá com uma esposa de olhos azuis e dois filhos eurasianos, falando um cantonês enferrujado e cheio de ideias estrangeiras.

Quando um repórter chinês perguntou: "Você acha que há barreiras intransponíveis em um casamento inter-racial?", Bruce respondeu: "Muitas pessoas podem pensar que sim. Mas esse tipo de barreira racial não existe para mim. Quando eu digo que todos são membros de uma mesma família universal, você pode pensar que eu estou falando da boca para fora, ou que sou um idealista. Mas, para mim, alguém que ainda acredita nas diferenças raciais é muito retrógrado e ignorante. Não importa se você é negro ou branco, vermelho ou azul, não há nenhum obstáculo que me impeça de ser seu amigo".

Esses sentimentos pós-racistas não soavam muito bem aos ouvidos de muitos chineses que ainda lutavam para organizar-se como povo e cultura após séculos de domínio colonial. Mas, se Bruce se recusava a ser um nacionalista chinês, um *Yellow power* [um defensor do nacionalismo chinês], então a imprensa faria isso por ele. Os jornais chineses insistiam em escrever seu sobrenome à maneira chinesa, "Li", mesmo que Bruce insistisse que a palavra deveria ser grafada à maneira americana, "Lee". Um jornal taiwanês chegou ao ponto de publicar um artigo supostamente escrito pelo próprio Bruce Lee, no qual "Bruce" escreve: "Eu sou chinês e tenho que cumprir meu dever como chinês... Minha identidade como chinês está além de qualquer dúvida... Foi um acidente eu ser um chinês e ter nascido nos Estados Unidos... A verdade é que eu sou um chinês de pele amarela, não posso me tornar um ídolo para os ocidentais... Um chinês é, e sempre será, um chinês".

Essa inquietação causada pela discussão sobre quão chinês Bruce seria acabou se transformando em uma controvérsia em torno de um tema insólito: pelos faciais. Pouquíssimos chineses da etnia *han*, o maior grupo étnico da região, conseguem chegar a ter uma barba farta – em geral é preciso muitas semanas para alcançar algo parecido com um bigode ralo. Para os chineses, os pelos do corpo estão associados à alteridade. Há, inclusive, uma piada popular chinesa segundo a qual a quantidade maior de pelos nos estrangeiros mostraria que os chineses já eram humanos enquanto os estrangeiros ainda eram macacos. Por causa de sua ascendência europeia, Bruce tinha uma farta barba. Nos Estados Unidos, onde não havia essa questão, ele deixou a barba crescer muitas vezes. Mas, em Hong Kong, os pelos faciais faziam Bruce ser visto como um primo de Genghis Khan – um vilão mongol de um filme de época. Isso lembrava seus fãs chineses de que ele tinha "sangue misturado".

Quando uma revista de Hong Kong publicou uma foto do dia 12 de janeiro de 1972, na qual Bruce estava se despedindo da família no aeroporto, seu rosto barbudo chocou o público. A *Radio and Television Daily*, de Hong Kong, criticou sua aparência, considerando-a um mau exemplo para os jovens e uma ameaça para a ordem social:

> Suas camisas floridas, suas calças multicoloridas, seus calçados esportivos e suas sandálias já inspiraram muitos imitadores. Mas quem esperaria que essa superestrela surgida recentemente deixaria crescer a barba? Na verdade, a barba de Bruce não é muito diferente das barbas dos "*hippies*" que recentemente causaram tanta agitação na América. Esse visual não é nem de longe tão bonito quanto o antigo. O contestador Bruce, no entanto, não apenas não se importou em deixar a barba crescer, como até brincou com a questão, prevendo: "Agora, a quantidade de barbas em Hong Kong vai dobrar". E, de fato, basta olharmos ao nosso redor para ver a influência que ele causa. Muitas pessoas, especialmente os jovens, já começaram a imitar seu penteado, seu estilo de roupas e até mesmo seus gestos. Será que a nossa já relativamente ocidentalizada sociedade está prestes a tomar uma direção ainda mais intensa rumo à bandeira norte-americana?

Outro grupo que se sentia ameaçado pelos costumes ocidentais de Bruce era formado por seus antigos colegas de estudo de *wing chun*. Quando criou o *jeet kune do*, ele rompeu com sua "arte-mãe", mas manteve isso em segredo dos seus antigos colegas de estudo. Só quando estava prestes a voltar para Hong Kong que Bruce escreveu uma carta confessando sua heresia para seu instrutor de *wing chun*, Wong Shun Leung. "Desde que eu comecei a praticar de forma mais realista (com protetores, luvas etc.), em 1966, percebi que eu tinha muitos preconceitos, e que eles estavam errados. Por isso mudei o nome da essência do meu estudo para *jeet kune do*. *jeet kune do* é apenas um nome.

O mais importante é evitar preconceitos no treinamento", escreveu ele, antes de ter o cuidado de dar crédito a Wong Shun Leung e a Ip Man por sua nova criação. "Agradeço a você e ao Mestre por me ensinarem os caminhos do *wing chun* em Hong Kong. Sou grato a vocês por terem me conduzido por um caminho prático."

Ao retornar, Bruce, a quem Ip Man havia apelidado de "Ambicioso", foi até a escola de seu mestre para demonstrar a superioridade do *jeet kune do*. De pé na pequena sala, com Ip Man e dez ou doze alunos de *wing chun*, alguns desconhecidos e outros que ele conhecia desde a adolescência, Bruce pediu um voluntário. Depois de muita hesitação e olhares fixos para o chão, um estudante júnior foi levado a dar um passo à frente. "O cara ficou totalmente perdido com meus movimentos", disse Bruce triunfantemente a Mito Uyehara. "Eu ficava me movimentando, dando chutes e socos, sem dar a ele oportunidade para recuperar o equilíbrio. Acho que ele ficou desconcertado, porque todos os meus golpes teriam atingido o rapaz se eu não tivesse parado antes de tocá-lo. O *jeet kune do* é rápido demais para o *wing chun*. O segundo novato a dar um passo à frente se saiu ainda pior. "Eu ficava ameaçando dar os golpes e recuando e ele caía na armadilha todas as vezes. Em uma dessas vezes, ele quase caiu de cara no chão. E eu nem toquei nele."

Depois de ver dois de seus irmãos de *kung fu* sendo humilhados, os alunos do último ano não quiseram lutar com Bruce. "Aqueles filhos da mãe, se acovardaram. Eu queria muito lutar com aqueles caras", queixou-se. "Eram os mesmos caras que me fizeram sofrer quando comecei a estudar *wing chun*. Eu era um garoto magricela de 15 anos e aqueles caras já eram instrutores assistentes do Ip Man naquela época. Acho que eles tinham visto o suficiente e não quiseram fazer papel de palhaço."

Wong Shun Leung não estava presente naquele dia, mas ouviu as reclamações: Lee, o Pequeno Dragão, humilhou seus irmãos de *wing chun* e afirma que o estilo que ele criou é melhor que o *wing chun*: alguém precisa lhe dar uma lição.

Quando *O Dragão Chinês* foi lançado, Bruce telefonou para Wong Shun Leung muito animado. "Você viu meu filme?"

"Não vi", respondeu seu antigo professor.

"Eu vou mandar ingressos para você", respondeu Bruce. "Você precisa assistir. Meu *kung fu* está em um outro nível. Minha luta está diferente do que era. Agora eu sou tão rápido que poucas pessoas conseguem me tocar."

"Eu não sei nada sobre seu progresso no *kung fu*", respondeu seu professor, friamente.

Wong recebeu dois ingressos enviados por Bruce e foi assistir ao filme acompanhado por seu melhor aluno, Wan Kam Leung. Bruce telefonou para ele no dia seguinte, como um aluno entusiasmado e orgulhoso em busca da aprovação de seu professor.

"Então, meu irmão Leung, você assistiu ao filme?"

"Sim, eu assisti".

"Minhas habilidades de *kung fu* estão muito boas agora, certo? Minhas pernas são rápidas, não são?"

"Seus socos atingem o alvo lentamente, mas o retorno do golpe é rápido", respondeu Wong. Isso representava uma crítica feroz. Os socos de um bom aluno de *wing chun* devem atingir o alvo rapidamente e o retorno do golpe deve ser lento. Ele estava dizendo que os socos de Bruce eram fracos.

Surpreendido e um pouco magoado, Bruce respondeu defensivamente: "Bem, o que aparece nos filmes é diferente da realidade".

"Então vamos experimentar, um dia destes", disse Wong, lançando um desafio.

O encontro foi adiado enquanto Bruce trabalhava em seus outros filmes. Bruce só convidou Wong para visitá-lo em sua nova mansão, em Kowloon Tong, quando finalizou *O Voo do Dragão*, quase um ano mais tarde. O pretenso motivo do encontro era discutir o *Jogo da Morte* – Bruce queria oferecer a Wong um papel como um dos cinco defensores do templo –, mas o real motivo era verificar se o discípulo havia superado seu mestre.

Wong Shun Leung, à época com 37 anos, chegou acompanhado por seu aluno mais antigo, Wan Kam Leung. Bruce mostrou a casa e eles foram então para sua sala de *kung fu*, cheia de sacos de pancada e equipamentos específicos e especialmente projetados, como seu estimulador muscular elétrico. Bruce exibiu sua destreza em todas as máquinas. Ele chutou uma bola de tênis pendurada a uma altura de quase dois metros três vezes seguidas, sem baixar a perna. E então, para finalizar, levou a perna com que chutara a bola, que ainda não havia tocado o chão, até uma toalha pendurada em uma cadeira, enlaçou-a com o pé e levou-a até o rosto para limpar o suor.

De forma arrogante, Bruce olhou para Wong Shun Leung e aceitou seu desafio do ano anterior: "Certo, vamos ver o que você tem para me mostrar. Quer fazer alguns movimentos?".

"Se for apenas um estudo, eu aceito. Mas se for uma competição, não quero", respondeu Wong, estabelecendo as regras para o duelo – um treino de luta leve seria aceitável, mas ele não participaria de uma briga sem regras, como aquela que Bruce travara com Wong Jack Man.

"Certo", concordou Bruce.

Eles ficaram um de frente para o outro. Wong Shun Leung estava com uma camisa polo de mangas compridas e Bruce vestia uma camiseta. Bruce assumiu a postura do canhoto, apoiando-se na perna de trás, com o pé direito dianteiro solto e o punho direito dianteiro na altura da cintura. Eles permaneceram olhando um para o outro por muito tempo. Nenhum dos dois queria se apressar ou cometer um erro. De repente, Wong moveu-se para a frente e deu um chute baixo no joelho de Bruce, um movimento clássico de abertura do *wing chun*. Bruce antecipou-se ao golpe, inverteu sua posição e deu um soco no rosto de Wong, que bloqueou parcialmente o golpe com a mão esquerda e lançou a mão direita na direção da garganta de Bruce, mas o soco desviado de Bruce bateu no peito de Wong antes que o punho de Wong atingisse o alvo. Ponto para Bruce.

"Você tentou machucar meu joelho? Você é esperto", provocou Bruce. "Felizmente, eu estou acostumado com este truque. Ok, vamos tentar novamente."

Bruce começou então a saltar, dançando, arrastando rapidamente os pés, como seus personagens nos filmes. Ele deu vários socos rápidos com o punho direito, fazendo com que Wong recuasse. Depois de se esquivar de vários golpes, Wong deu um soco com a mão esquerda na direção do peito de Bruce, que fez um movimento para desviar a mão do adversário. Esperando por essa reação, Wong recuou sua mão esquerda para bloquear e usou sua mão direita para atingir a garganta de Bruce. No mesmo momento, Bruce abriu a mão do punho direito, que estava esticada, e bateu levemente no rosto de Wong. Uma fração de segundo depois, os dedos de Wong tocaram a garganta de Bruce.

Bruce recuou e disse: "Leung, eu acertei em você primeiro. Você não concorda?".

"Não dê tanta importância para isso", Wong sorriu. "Quem bate em quem primeiro não é o mais importante. O que importa é a força do golpe. Você está certo. Sua mão bateu primeiro, mas minha mão que estava na defesa já tinha atenuado muito da força do seu golpe. Se você tivesse golpeado com toda sua força, talvez eu não conseguisse suportar, mas se a força for muito reduzida, o golpe não será eficaz. Mais importante ainda, minha mão agarrou sua garganta. Se estivéssemos de fato em uma luta, certamente você saberia quem teria se ferido mais."

Após essa troca equilibrada, Bruce deixou de usar apenas suas mãos e começou a empregar suas técnicas com o uso de chutes, no que era superior a Wong. Os dois continuaram a lutar por cerca de mais cinco minutos de forma leve e a fazer muitas brincadeiras durante as trocas. Quando terminaram, Bruce convidou Wong Shun Leung e seu aluno para irem a uma cafeteria próxima, na Prince Edward Road.

"Irmão Leung, seu trabalho com as mãos é excelente. Se eu não tivesse recuado rápido o bastante, eu teria perdido para você", disse Bruce, antes de sorrir. "Mas, felizmente, você é muito lento."

"Sua técnica com os pés teria sido notável", devolveu Wong. "Se seu pé tivesse me tocado pelo menos uma vez."

Enquanto a brincadeira continuava, eles olharam para Wan Kam Leung, esperando por seu veredito. "Vocês têm um nível semelhante", respondeu Leung, diplomaticamente.

Passados mais de quarenta anos, Wan Kam Leung não precisa mais ser tão diplomático. "Se eu tivesse que escolher um vencedor, eu diria que Bruce ganhou", diz agora, com um sorriso. "Para ser honesto, se Bruce tivesse usado toda sua força para atingir meu mestre, seria impossível que ele não desmoronasse. As pernas dele eram muito poderosas. Acho que não há ninguém capaz de suportar um de seus chutes. Bruce e meu mestre apertaram as mãos depois do café e Bruce lhe disse que iria visitá-lo novamente quando estivesse livre. Depois que voltamos à escola, meu mestre tirou a camisa e eu tive que massageá-lo com uma pomada de ervas chinesas. Seus braços estavam pretos e azulados. Ainda bem que meu mestre estava usando uma camisa de mangas compridas, o que impediu que Bruce visse seus hematomas."

Apesar de Bruce e Wong Shun Leung terem mantido um bom relacionamento após o encontro, nem todos os alunos de *wing chun* ficaram satisfeitos com a falta de uma resposta à altura à audácia de Bruce. Durante um programa de TV de Hong Kong, durante a campanha de divulgação de *O Voo do Dragão*, o entrevistador pediu a opinião de Bruce sobre os estilos tradicionais de *kung fu*. "Se um artista marcial quer buscar a verdade da luta, ele não pode ser limitado pelo formato tradicional, que está morto", respondeu. "O método de treinamento dos artistas marciais chineses de hoje é equivalente a ensinar alguém a nadar em terra firme." Muitos praticantes do *wing chun* interpretaram essa fala, com razão, como uma bofetada pública, além de uma ameaça ao seu ganha-pão. O ramo das aulas de artes marciais é competitivo, com margens de lucro estreitas. Se mesmo uma pequena fração dos alunos abandonasse seus mestres tradicionais para estudar *jeet kune do*, as escolas poderiam ser forçadas a fechar as portas.

O *The China Star*, um tabloide de Hong Kong, publicou uma série de textos supostamente escritos por Ip Chun, filho de Ip Man, com fatos sobre a adolescência de Bruce, quando era um estudante de *kung fu*. Na quarta parte da série, Ip Chun narrou ter visto o jovem Bruce Lee ser derrubado por um adversário durante o treinamento devido a uma falha técnica. A problema com essa história é que Ip Chun nunca treinou com Bruce quando eles eram adolescentes. O filho de Ip Man só chegou a Hong Kong em 1965, muito depois de Bruce ter partido para os Estados Unidos.

Considerando o artigo um insulto público, Bruce procurou Ip Chun para questioná-lo quanto à veracidade daquilo que havia sido impresso. Ip Chun negou tudo, culpando o repórter que havia escrito o artigo e usado seu nome indevidamente. Bruce localizou o repórter e o abordou de forma intimidativa.

Como o primeiro verdadeiro *superstar* de Hong Kong, Bruce era uma profícua fonte de renda para tabloides como o *The China Star*. Seu proprietário e editor, Graham Jenkins, um jornalista australiano sem escrúpulos, no estilo de Rupert Murdoch, publicou um novo texto sobre o ocorrido, cheio de mentiras, dizendo que Bruce teria ameaçado o informante do jornal e forçado Ip Chun a mudar a história. Com isso, conseguiu fazer Bruce parecer um desordeiro agressivo. Mais enfurecido ainda, Bruce processou o *The China Star* por difamação. "Ele achava que, se não traçasse claramente uma linha determinando um limite, as coisas só iriam piorar", diz Andre Morgan. Mas, mesmo assim, as coisas só pioraram. Com a presa capturada, qualquer coisa que fosse publicada relacionada a ela venderia jornais. O *The China Star* publicou uma série infindável de matérias sobre o processo judicial.

Enquanto essa controvérsia crescia, outros jornais começaram a escrever que Bruce havia desrespeitado seu mestre, Ip Man, que teria por isso ficado furioso com Lee. As reportagens citavam alunos de *wing chun* que estavam querendo vingar o desprezo demonstrado por Bruce. Na cultura tradicional confucionista, crianças, alunos e discípulos devem ser reverentes e devotados a seus pais, professores e mestres. A Revolução Cultural na China continental (1966-1976) estava questionando essa relação de poder, com crianças se voltando contra os pais, alunos contra os professores e discípulos contra os mestres. As reverberações desse movimento estavam sendo sentidas em Hong Kong, aterrorizando as autoridades. Ao abraçar a ideia de liberdade individual e rejeição da tradição, Bruce havia se alinhado filosoficamente com a revolta da juventude. Os rumores sobre um relacionamento conturbado entre Bruce e Ip Man se tornaram uma espécie de exemplo prático e uma representação dessas grandes questões sociais mais amplas. Os conservadores, que haviam tratado Bruce como um herói chinês após o patriótico *A Fúria do Dragão*, estavam agora pintando-o como ocidental demais, moderno demais e não chinês o bastante.

Bruce estava passando pela boa e velha crise de relações públicas: a publicação recorrente de reportagens negativas estava prejudicando sua marca. A raiva e a retaliação não tinham sido capazes de conter a erosão (tornaram tudo ainda pior, na verdade). Assim, como um defensor da ideia da adaptabilidade em combate, ele mudou de tática e passou a usar sua outra grande força: o charme. A verdade era que Bruce respeitava Ip Man, e que Ip Man gostava do "Ambicioso". Apesar de qualquer crítica em linhas mais gerais que Bruce fizesse em público, ele era extremamente educado e solícito com Ip Man em sua relação pessoal. Mesmo que o antigo mestre tivesse alguma reserva quanto às falas públicas de Bruce sobre o *kung fu* tradicional, ele era inteligente o bastante para saber bem que era positivo para ele que o ator de artes marciais mais famoso da Ásia fosse seu discípulo. Para acabar com os rumores de um rompimento, Bruce convidou Ip Man para um *yum cha* (chá da tarde e *dim sum*) em um restaurante próximo ao Kowloon Park.

Durante a refeição, Bruce sorriu para Ip Man e perguntou: "Você ainda me vê como seu aluno?".

Ip Man respondeu rapidamente: "Você ainda me vê como seu *Sifu*?".

Ambos riram.

Quando terminaram de comer, Bruce disse: "*Sifu*, faz muito tempo que não caminhamos na rua juntos. Que tal darmos um passeio?". Os dois então passearam pela movimentada Nathan Road para que o público pudesse ver como o relacionamento entre eles era bom.

Um desastre natural permitiu que Bruce resgatasse sua imagem de defensor do povo chinês. No dia 18 de junho de 1972, um devastador deslizamento de terra perto da Po Shan Road matou 67 pessoas, feriu gravemente outras vinte e destruiu dois edifícios. Inspirada na tradição televisiva norte-americana, a TV de Hong Kong organizou seu primeiro programa de TV com 24 horas de duração com celebridades destinado à arrecadação com fins de caridade, "Operation Relief" [Operação Alívio]. Tendo Bruce como grande destaque do programa, a iniciativa arrecadou mais de 7 milhões de dólares de Hong Kong. Bruce doou 10 mil dólares para a causa e levou Brandon para os estúdios, onde o garoto divertiu o público rompendo algumas placas empilhadas. A mensagem clara que ficou marcada: Bruce é um orgulhoso pai chinês que ajuda seu povo em tempos difíceis. Sua generosidade lhe rendeu aplausos da imprensa.

A tática de atacar com seu charme e sua simpatia poderia ter esmagado a cobertura negativa da imprensa, não fosse por outro evento infeliz. No dia 2 de dezembro de 1972, Ip Man morreu, e Bruce Lee não compareceu ao funeral. Os ritos e cerimônias fúnebres são centrais para a cultura chinesa há três mil anos. Não comparecer ao funeral de seu mestre é o equivalente a cuspir sobre sua memória. A imprensa criticou Bruce duramente. Um chargista muito conhecido desenhou Lee no santuário de Ip Man, dizendo: "Desculpe, Mestre, eu estou muito ocupado ganhando dinheiro, por isso não posso comparecer à sua cerimônia fúnebre".

A mídia não teve dificuldade para encontrar discípulos de *wing chun* prontos para recriminá-lo, dizendo que Bruce era um rebelde desrespeitoso que se importava mais com a fama do que com os valores tradicionais chineses. Um estudante antigo disse: "É muito difícil entender por que Bruce Lee não compareceu à cerimônia fúnebre do seu próprio *Sifu*. Como fundador do *jeet kune do* e uma grande estrela do cinema, talvez tenha sido um incômodo muito grande para ele". Outro aluno acrescentou: "Os valores tradicionais de meu país exigem que a pessoa demonstre muito respeito quando alguém morre".

Bruce foi criticado até mesmo por seu ex-professor, Wong Shun Leung: "Quanto ao fato de ele não ter comparecido ao funeral do *Sifu*, isso representou sem dúvida um rompimento do decoro do mundo das artes marciais. As pessoas não devem esquecer suas raízes. Afinal de contas, mesmo que você rompa com uma tradição e seja o fundador de uma arte marcial nova, você nunca esquecerá as bases que construiu com seus professores. Quanto ao comportamento de Bruce nesta ocasião, não sei se ele estava passando por um momento difícil ou se ele se sentiu constrangido, mas ainda acho que ele deveria ter aparecido ou ter manifestado alguma expressão de simpatia. É certamente muito difícil para uma pessoa evitar que a fama suba à cabeça".

O mais surpreendente em relação a todas essas críticas é que todos eles sabiam exatamente a razão da ausência de Bruce no funeral: ele simplesmente não tinha ficado sabendo da morte de seu mestre. Ip Man era um professor de artes marciais sem grande destaque na época. Sua morte só foi noticiada nos jornais de língua chinesa, que Bruce raramente lia. A única maneira de ele tomar conhecimento do fato seria por meio dos seus antigos colegas estudantes de *wing chun*, mas eles propositalmente não o avisaram. "Vocês conhecem esses malditos, eles vivem aqui na mesma cidade que eu e não me telefonaram", Bruce disse para os amigos próximos. "Droga, eles levaram os ciúmes deles longe demais. Eu só soube da morte dele três dias depois. Merda, eu estou me sentindo muito mal e chateado." O filho de Ip Man, Ip Chun, acabou por admitir o que aconteceu: "Quando meu pai faleceu, eu peguei a agenda telefônica para ligar para Bruce, mas alguém me impediu de fazê-lo, e eu não liguei".

Quase dá para admirar a elegância da vingança praticada pelos alunos de *wing chun*. Bruce os tinha ultrajado ao criar um estilo próprio e ao criticar publicamente o *kung fu* tradicional. Quando Ip Man morreu, eles deliberadamente não lhe avisaram sobre o funeral, fazendo seus fãs se sentirem ultrajados. Bruce não podia defender-se publicamente, porque fazer isso seria o mesmo que admitir a tensão presente no seu relacionamento com seus antigos companheiros de *wing chun*.

A única coisa que Bruce podia fazer para mitigar a crise era prestar suas homenagens tardiamente. No sétimo dia após um funeral chinês, o equivalente a um velório é realizado na casa da pessoa, porque acredita-se que o espírito dos mortos retorna nessa data. O encontro estava marcado para as 20h, mas Bruce chegou no local às 19h, para garantir que seria o primeiro a marcar presença. Ele humildemente desculpou-se com Ip Chun e com os demais membros da família de Ip Man por ter perdido o funeral.

Todas as pressões da fama – o assédio constante, as traições e deslealdades, os rompimentos com os velhos amigos, as preocupações com a própria segurança e com a segurança da sua família – poderiam ter feito Bruce pensar se tudo isso teria valido a pena, não fosse a chegada de uma notícia incrível. O momento pelo qual ele vinha trabalhando incansavelmente durante os últimos sete anos havia finalmente chegado. A Warner Bros. telefonou para oferecer a Bruce Lee o papel de protagonista de um filme de artes marciais em Hollywood.

Bruce Lee quebrando o pescoço de Jackie Chan em uma cena de *Operação Dragão*; fevereiro de 1973.

22

Blood & Steel

Apesar da negativa da Warner para o projeto de *Kelsey*, o filme sobre a tribo Mandan, o produtor Fred Weintraub continuou acreditando que havia potencial comercial para a realização de um filme com Bruce Lee. Depois que Bruce foi para Hong Kong, Weintraub e seu parceiro, Paul Heller, criaram uma produtora, a Sequoia Pictures, trabalhando sob o guarda-chuva da Warner Bros. Weintraub pediu para que Bruce o municiasse com materiais que reforçassem a tese de que um filme de *kung fu* seria um bom negócio para Hollywood. Quando Weintraub assistiu a uma cópia de *O Dragão Chinês* enviada por Lee, percebeu que tinha um vencedor nas mãos. Mais do que a *performance* eletrizante de Lee, o que fazia os olhos do produtor brilharem eram os valores arrecadados nas bilheterias. Weintraub estava convencido de que os custos da Warner seriam cobertos com as exibições nos mercados do leste asiático (Hong Kong, Cingapura, Taiwan, Tailândia e Japão). Por outro lado, ele acreditava ser possível fazer um filme com qualidade suficiente para atrair o público ocidental.

Weintraub e Heller procuraram Dick Ma, chefe de distribuição da Warner Bros. para o Extremo Oriente e o único executivo sênior de origem asiática no estúdio. Hollywood já havia vendido filmes para o mercado chinês, mas um trabalho com Hong Kong era algo inédito. Dick Ma, que vinha acompanhando o sucesso da Shaw Bros. e da Golden Harvest, deu seu apoio à ideia radical de realizar a primeira coprodução Hollywood-Hong Kong. Incentivados por Ma,

Weintraub e Heller fizeram um primeiro tratamento de roteiro, com 17 páginas, sobre três heróis (um branco, seu amigo negro e um mercenário chinês) que entram em um torneio de artes marciais do malvado Han e acabam pondo fim à rede de tráfico de drogas e comércio de escravos comandada por ele.

Eles batizaram o projeto de *Blood & Steel* e o apresentaram ao presidente da Warner, Ted Ashley. Ele ficou intrigado, mas cauteloso. A série de TV *Kung Fu* havia sido um surpreendente sucesso para o estúdio, mas não uma campeã de audiência. Ashley não estava totalmente convencido de que o público americano estava pronto para um herói chinês. Ele telefonou para Lee em julho de 1972, durante as filmagens de *O Voo do Dragão*, para sondar o interesse dele no projeto. Após a conversa, Bruce escreveu a Ashley uma carta em que dizia que o executivo precisava mais dele do que o contrário:

Caro Ted,

Atualmente, H. K. está sendo minha base de operações, pois meus filmes estão fazendo um sucesso inacreditável, quebrando todos os recordes de bilheteria... Se a Warner desenvolver um projeto específico para mim, tenho certeza de que minha marca de ação única fará dele um grande sucesso...

Estou seguro do ponto de vista financeiro; estou recebendo incríveis ofertas. Ted, eu estou vivendo a interessante experiência de ser o campeão de bilheteria de filmes direcionados ao público chinês. Alcancei fama e fortuna, sob todo e qualquer ponto de vista...

A minha percepção sobre tudo isso é que este chinês aqui invadirá definitivamente os Estados Unidos, e isso acontecerá em grande estilo, de uma forma ou de outra. Estou certo de que, se você pensar seriamente neste assunto, podemos trabalhar em algo que será benéfico para nós dois.

Ted Ashley não havia chegado à presidência da Warner Bros. tomando decisões importantes por impulso ou levado pela emoção. Ele concordou em dar a Weintraub a insignificante quantia de US$ 250 mil para realizar o filme. Isso representava um trocado – o orçamento de *O Exorcista* (*The Exorcist*), também filmado em 1973, havia sido de US$ 11 milhões. Weintraub sabia que precisaria de pelo menos US$ 500 mil para fazer o filme, mas concordou, esperando conseguir mais US$ 250 mil com Raymond Chow em troca de uma futura divisão de lucros. Em meados de outubro, ele entrou em um avião com destino a Hong Kong para negociar com Chow.

Enquanto Weintraub estava fora, Paul Heller contratou o roteirista novato Michael Allin para transformar o tratamento em um roteiro finalizado. Segundo Heller, a inspiração para o roteiro veio de uma das suas histórias em quadrinhos favoritas na juventude, *Terry e os Piratas*: "A história era sobre a China e o Oriente, e sobre *dragon ladies*".* De acordo com Allin, que não sabia nada sobre *kung fu* nem sobre Hong Kong, a inspiração foi um pouco mais óbvia: "Roubei de James Bond. É uma homenagem". O breve roteiro, com 85 páginas, foi escrito em três semanas, em grande parte porque eles pularam todas as sequências de ação, escrevendo nessas lacunas: "Esta parte será coreografada pelo sr. Bruce Lee".

Em Hong Kong, Fred Weintraub não estava tendo tanto sucesso. Ele estava se esforçando para fechar um acordo, mas o astuto Raymond Chow se esquivava polidamente em todas as reuniões. Para justificar o investimento de US$ 250 mil, Chow exigia as bilheterias de mais e mais países: Cingapura, Tailândia, Taiwan. Após uma semana concedendo cada vez mais territórios, um exausto Weintraub finalmente concluiu que Chow estava agindo de má-fé, com medo de que a realização do filme fizesse com que Hollywood roubasse Bruce, sua galinha dos ovos de ouro. Na última noite de Weintraub em Hong Kong, ele foi jantar em um restaurante japonês com Chow e Lee. A informação de que Bruce estaria no estabelecimento vazou, e uma multidão de fãs apareceu. "Eu vi ali a oportunidade de dar minha última cartada", diz Weintraub. "'Bruce, eu vou embora amanhã porque não conseguimos chegar a um acordo. É uma pena que Raymond não queira que você seja uma estrela internacional'. Raymond então deixou cair a máscara da cordialidade e me olhou com um ódio repentino e lancinante. Naquele instante, ele percebeu que havia perdido a batalha. Bruce disse: 'Assine o contrato, Raymond'."

Raymond Chow defende que a sua relutância era puramente tática: "Eu e Bruce já tínhamos conversado muito sobre tudo aquilo. O que nós queríamos era um acordo justo. É muito difícil para um produtor independente conseguir fechar um acordo justo com um grande estúdio".

※

---

* O termo *"dragon lady"* designa um estereótipo de personagens femininas com feições asiáticas. São personagens fortes, dominadoras, poderosas, misteriosas e, muitas vezes, traiçoeiras. (N. dos T.)

Tendo finalmente realizado seu sonho há muito acalentado de ser protagonista de um filme de *kung fu* em Hollywood, Bruce engavetou *Jogo da Morte*. "Foi um alívio para todos, porque isso deu tempo para que pudesse trabalhar na história", diz Andre Morgan, que tinha sido promovido ao cargo de produtor associado na Golden Harvest. Em 29 de outubro de 1972, Bruce viajou para Los Angeles para definir os detalhes do contrato. A Warner Bros. reservou para ele uma suíte de luxo no Hotel Beverly Hills Wilshire.

Logo que chegou, Bruce telefonou para todos os seus velhos amigos e os convidou para visitá-lo no hotel. Metade do prazer do sucesso é poder exibi-lo. Uma pessoa em particular com quem ele queria falar havia muito tempo era Steve McQueen. Ele acabou deixando um recado para McQueen, que estava fora, pedindo que lhe telefonasse no Beverly Wilshire. Steve sabia que Bruce queria se gabar. Em vez de retornar a ligação, McQueen enviou um retrato autografado de si mesmo: "Para Bruce Lee, meu maior fã, Steve McQueen". Durante dias, McQueen se esquivou das ligações iradas de Lee. "Aquele covarde, ele sabe o que eu vou dizer para ele, então ele está se escondendo", queixou-se aos amigos. Quando eles finalmente conversaram, Bruce, meio em tom sério e meio brincando, gritou: "Steve, seu rato sujo, agora eu também sou uma estrela". Eu sou uma estrela de cinema!". McQueen rolou de tanto rir.

Depois de se instalar em seus aposentos luxuosos, Bruce pediu uma reunião com a equipe de criação. As restrições orçamentárias ditaram o processo de contratação da equipe norte-americana. Bob Clouse, que tinha feito apenas dois longas-metragens, foi selecionado como diretor porque, segundo Weintraub, "conseguimos contratá-lo por um valor ridiculamente baixo". Bruce descobriu que Clouse era discreto e calado, um bom ouvinte, aberto às sugestões de Bruce, que aprovou então a escolha. Mas ele ficou menos entusiasmado com o roteirista, Michael Allin.

Toda a equipe de Hong Kong tinha reservas relacionadas ao roteiro, por diversas razões, entre elas o custo para a realização de algumas cenas e a presença de estereótipos arrogantes sobre os chineses no texto. A principal preocupação de Bruce era que a edição do filme pelos americanos tornasse o personagem branco a estrela e Bruce apenas um coadjuvante. O roteiro havia sido escrito com três heróis de raças diferentes (ou "internacionais" como costumavam dizer), porque os produtores não acreditavam que o público norte-americano assistiria a um filme que tivesse como único herói um ator chinês relativamente desconhecido. Williams, o personagem negro, é o primeiro e único herói a morrer, seguindo o padrão das histórias de Hollywood. O personagem de Bruce, convenientemente chamado de Lee, é o mesmo durante todo o filme: ele começa e termina a trama como um assassino altamente eficiente. Apenas o personagem branco, Roper, tem um arco narrativo. Ele começa como um cínico malandro (um precursor do estilo de Han Solo) que descobre sua retidão e natureza heroica depois que seu amigo negro, Williams, é brutalmente assassinado. A partir da experiência em outras situações semelhantes, Bruce tinha bons motivos para temer que Roper fosse transformado em um *Besouro Verde* e ele acabasse como um Kato após os resultados dos primeiros testes de exibição de *Blood & Steel* em Glendale e a reedição do longa para adequação ao gosto do americano médio.

No seu primeiro encontro com Allin, Bruce disse: "Temos que conversar, cara! Estou à sua disposição! Estou à sua disposição!". A cena sobre a qual Bruce queria conversar se passava no cemitério onde seu personagem, Lee, fala em frente à lápide de sua irmã assassinada. Allin tinha incluído uma velha senhora surda que está varrendo as folhas enquanto Lee promete à sua irmã que vingará a morte dela. "Por que cortar para a senhora idosa? Eu quero ficar ali e conversar com minha irmã. Por que há uma pessoa roubando a minha cena?"

Allin cometeu então um erro comum em roteiristas novatos. Em vez de concordar imediatamente com a estrela ("Você não gosta da velha senhora? Pronto, ela já era!"), ele defendeu sua escolha. "Era uma cena maravilhosa", lembra-se ele. "Eu estava muito orgulhoso dela."

Quando Allin tentou explicar que a velha senhora era surda e falou sobre a importância simbólica da surdez no contexto, Bruce se animou. "Ah, entendi. Ela está varrendo as folhas como se fosse eu varrendo para longe os vilões."

"Sim! Certo, Bruce, é assim que vai ser... É isso mesmo! Você olha para ela e seu subtexto é: 'Tenho que ir agora, porque tenho vilões para varrer e jogar no lixo'."

"Sim, eu gostei muito disso!", Bruce exclamou.

Allin ficou satisfeito por ter salvo a cena da intromissão de um ator, mas Bruce ficou chateado por Allin não ter simplesmente feito aquilo que ele havia pedido. Bruce não disse nada a Allin, mas procurou Weintraub e sentenciou: "Ou ele, ou eu". Weintraub concordou imediatamente, mas ele na verdade não tinha intenção de despedir Allin. Para baixar os custos, ele havia prometido a Allin uma viagem a Hong Kong como pagamento pela redação do roteiro. Weintraub, que tinha a capacidade típica dos produtores de saber separar as coisas, disse a Bruce que Allin havia sido demitido, mas não disse a Allin que Bruce queria que ele fosse demitido.

As negociações em torno do contrato foram igualmente polêmicas. Bruce fez concessões relativas ao valor do seu salário, mas exigiu que o roteiro fosse aprovado por ele e que ele tivesse controle direto sobre a coreografia das lutas. Para não deixar dúvidas quanto a quem seria o verdadeiro astro do filme, o Pequeno Dragão também exigiu que o título do filme fosse mudado de *Blood & Steel* para *Enter the Dragon*.* "Ele foi extremamente obstinado e exigente", diz Weintraub. "Os pedidos dele ultrapassavam o poder decisório de um ator, invadindo o território dos produtores e diretores. Alguns dos chefões da Warner Brothers sugeriram que eu encontrasse um substituto para Bruce."

Não foi possível chegar a um acordo final antes da data de partida de Bruce, e ele deixou Los Angeles sem assinar o contrato. Impulsionado por seu recente sucesso, Bruce parecia despreocupado, como se pode depreender do comentário de seu amigo Peter Chin depois de levá-lo ao aeroporto no dia da viagem de volta: "Quando *A Flauta Silenciosa* foi rejeitada, Bruce achou que aquilo era o fim do mundo, mas, hoje, ele me disse o seguinte: 'Basta eu dar o sinal verde e terei dez produtoras querendo fazer um filme comigo. Quem perde se não quiser assinar comigo é a Warner'".

A autoconfiança de Bruce mostrou estar edificada sobre bases sólidas. Antes mesmo que ele chegasse a Hong Kong, Ted Ashley enviou um telegrama onde informava que a Warner analisaria as ideias de Bruce e entraria em contato com uma nova oferta dentro de uma semana. Em 23 de novembro de 1972, após mais algumas idas e vindas, Bruce finalmente assinou o contrato com a Warner Brothers. As filmagens começariam em janeiro e durariam oitenta dias. Bruce dirigiria toda a coreografia das lutas. A Warner não concedeu a Bruce o poder de aprovação final do roteiro, mas aliviou a tensão relacionada a esse ponto concordando em colocá-lo em contato com o diretor e com um "supervisor de roteiro" antes de começar as filmagens, como forma de dar a Bruce tempo para sugerir formas para tornar o filme atrativo tanto para o público ocidental quanto para os chineses. A Warner foi categórica ao determinar que o filme se chamaria *Blood & Steel*. Bruce considerou que poderia postergar a batalha pelo nome do filme e acreditou que não teria muito trabalho para

---

* Pode ser traduzido mais literalmente como "A Entrada do Dragão". Trata-se do título original do filme, que no Brasil foi distribuído com o nome de *Operação Dragão*. (N. dos T.)

conseguir as mudanças que desejava no roteiro – afinal, os produtores tinham concordado com sua exigência de demitir o primeiro roteirista, Michael Allin.

O princípio de redução de custos também direcionou o processo de contratação dos atores. O recém-chegado Jim Kelly foi o substituto para o papel do personagem negro, Williams, depois que outro ator afro-americano, Rockne Tarkington, recusou a oferta devido ao baixo valor oferecido e acusou os produtores de oferecer um cachê baixo por ele ser negro. "Éramos daltônicos", brinca Weintraub. "Pagávamos todo mundo mal."

Bruce ofereceu a Chuck Norris o papel de Oharra, o guarda-costas malvado de Han, mas ele não aceitou. Um filme sendo espancado por Bruce Lee era mais do que suficiente para o orgulhoso Norris, que prometera que só trabalharia em outro filme se pudesse ser o herói da trama.

Tentando provocar a natureza competitiva de Chuck, Bruce disse: "Se você não aceitar o papel, eu vou dá-lo a Bob Wall".

"Bob vai fazer um ótimo trabalho", respondeu Norris.

A única pessoa a receber um salário quase decente (US$ 40 mil) foi John Saxon (Roper). Com os outros papéis preenchidos por Wall (Oharra), Kelly (Williams) e Lee (Lee), Weintraub precisava de pelo menos um ator de renome, que o público ocidental reconhecesse, e Saxon tinha uma história no mundo do karatê. O agente de Saxon previu que o filme seria "uma porcaria com um ator chinês que ninguém jamais verá". Saxon só foi convencido a embarcar no projeto depois que Weintraub lhe prometeu que ele seria a verdadeira estrela do filme.

Organizar o elenco chinês foi um processo bem mais tranquilo. Valores que em Hollywood eram considerados mixaria representavam uma riqueza incalculável em Hong Kong. Era também uma chance única de trabalhar na primeira coprodução de Hollywood com o Pequeno Dragão, a maior estrela de Hong Kong. Angela Mao Ying, estrela do sucesso *Lady Kung Fu*, aceitou com um largo sorriso o convite para interpretar Su Lin, a irmã do personagem de Bruce (Lee) que escolhe cometer suicídio em vez de ser violada por Oharra e seus homens. Bolo Yeung (Bolo) era um ator em ascensão. Shih Kien, famoso por interpretar o vilão de uma série de filmes sobre o herói mais popular de Hong Kong, Wong Fei-hung, foi a escolha de Lee para interpretar o maneta sr. Han. A escolha foi intencional: Bruce queria sinalizar ao público chinês que ele era o herdeiro do manto de Wong Fei-hung.

O papel que se mostrou mais delicado para ser preenchido foi o de Mei Ling, a agente secreta que é o contato de Lee na Ilha de Han. Bruce havia prometido o papel a Betty Ting Pei. O relacionamento entre eles tinha se tornado mais sério. Betty havia alugado um apartamento no bairro de Kowloon Tong, a apenas quinze minutos a pé da casa de Bruce. Quando lhe perguntaram se ela havia se mudado para lá de propósito, ela disse, com um sorriso: "Foi uma coincidência".

Quando o produtor Paul Heller e o diretor Robert Clouse chegaram a Hong Kong, em dezembro de 1972, eles foram com toda a equipe para procurar locações na região de Repulse Bay. Bruce convidou Betty para acompanhá-los e, na hora do almoço, ela se sentou ao lado de Paul Heller. "Ele me chamava de *Dragon Lady*", disse Betty. "Todo mundo sabia que eu era namorada de Bruce Lee." Chaplin Chang, o diretor-assistente, lembra-se: "Betty ficou falando para Paul como Bruce era talentoso e mais um monte de coisas louvando as maravilhas de Bruce Lee".

Na semana seguinte Bruce mudou de ideia e deu o papel a outra Betty, Betty Chung, uma cantora muito famosa. Considerando tratar-se de um papel pequeno e com apenas algumas poucas falas, não ficou claro por que Bruce não quis que sua namorada interpretasse o papel. Talvez ele pensasse que fazê-lo seria muito indiscreto. Betty Ting Pei se recusa a explicar: "É muito difícil de explicar. Seria preciso muita energia para fazer isso".

Tendo já perdido para Nora Miao um papel prometido em *O Voo do Dragão*, e agora perdendo para Betty Chung um papel em *Operação Dragão*, Betty Ting Pei travou uma discussão acalorada com Bruce, o que fez com que ele rompesse o relacionamento e a banisse do grupo da Golden Harvest. Betty ficou com o coração partido e depressiva. Uma noite, tomou vários comprimidos para dormir e ligou para a mãe, sendo levada de ambulância para o hospital Queen Elizabeth. A mãe de Betty, enfurecida, foi até a Golden Harvest para enfrentar Bruce Lee. Executivos a interceptaram quando ela anunciou em voz alta que sua filha havia tentado cometer suicídio. Eles a expulsaram, considerando aquilo apenas uma manobra publicitária de uma atriz que havia perdido um papel em um grande filme. Para provar que falava a verdade, a mãe de Betty chamou a imprensa para visitar o quarto de hospital onde sua filha estava. Betty não respondeu às perguntas dos repórteres, mas permitiu que tirassem fotos. Em 23 de dezembro de 1972, o *New Lantern Newspaper* publicou uma reportagem com a manchete: "Betty Ting nega tentativa de suicídio ontem". No texto, lia-se o seguinte: "Ting foi submetida a uma lavagem estomacal após cometer um erro ao tomar sua medicação. Ela se recusou a responder às perguntas e, usando óculos escuros, apenas permitiu que os repórteres fotografassem seu sorriso amargo".

O jornal não mencionou o nome de Bruce, mas ele recebeu o recado, e todos estavam falando sobre o ocorrido. Seu amigo Mito Uyehara ouviu os rumores nos Estados Unidos e perguntou a Bruce o que havia acontecido. "Aquela garota burra tomou um monte de comprimidos e disse que estava apaixonada por mim e que se mataria se eu não ficasse com ela. Merda, não há muita coisa que eu possa fazer diante desse tipo de situação. Tem muita gente louca no mundo."

No dia em que John Saxon chegou a Hong Kong, em janeiro de 1973, Lee convidou o ator para visitá-lo em sua casa e pediu para que mostrasse seu chute lateral. De pé no meio da sala e sentindo-se um pouco tolo ao fazer aquilo, Saxon deu alguns pontapés.

"Nada mal", disse Bruce. "Agora deixe-me mostrar a você o meu chute lateral."

Como havia feito tantas vezes antes, Bruce deu a Saxon um escudo acolchoado para segurar contra o peito e colocou uma cadeira dois ou três metros atrás dele. Então, saltou e explodiu contra o escudo. Saxon voou para trás e caiu sobre a cadeira, que se estilhaçou. Ele ficou em estado de choque por alguns momentos. Bruce olhou para ele com um olhar preocupado.

"Não se preocupe", disse Saxon. "Eu não estou ferido."

"Eu não estou preocupado com você", disse Bruce. "É que você quebrou a minha cadeira favorita."

E foi nesse dia que John Saxon entendeu que não seria a estrela do filme.

Bruce foi igualmente agressivo com o roteiro. Ele não via *Blood & Steel* como uma obra-prima em potencial, mas como um filme B produzido com a exploração do trabalho de profissionais mal pagos. O objetivo dele com o filme era colocar seus pés dentro de Hollywood e mostrar do que era capaz – um vídeo de apresentação, uma forma de deixar claro seu potencial. "Era para ser o primeiro filme internacional dele e uma amostra das coisas maiores que poderiam ser feitas com orçamentos maiores, cenários melhores e mais ação", diz

Andre Morgan. Mas Bruce temia que o produto final não ficasse bom o bastante, nem mesmo para atender a esse propósito limitado. Ele começou a solicitar a Fred Weintraub mudanças importantes no roteiro. O que Lee não sabia era que Weintraub levara secretamente o roteirista Michael Allin para Hong Kong e o instalara no Hotel Hyatt, com a orientação de que fosse discreto e evitasse os atores. Usando Weintraub como intermediário, Bruce estava novamente debatendo o roteiro com Allin, sem ter consciência desse fato.

Incapaz de conseguir que suas propostas de alterações no roteiro fossem postas em prática, Bruce boicotou o primeiro dia de produção. E fez a mesma coisa no segundo dia, no terceiro dia e no quarto dia. Para um filme em produção com um orçamento minúsculo, isso representa um desastre. Weintraub mandou Bob Clouse filmar imagens de Hong Kong aleatoriamente. Ele também tentou garantir para seus superiores na Warner que tudo estava bem. Quando eles descobriram o que estava acontecendo, enviaram a Bruce um roteiro para um filme completamente diferente. Bruce se encontrou com Clouse, em quem ele tinha passado a confiar, para discutir a possibilidade de abandonar *Blood & Steel*. Weintraub ameaçou os chefes da Warner de abandonar o barco se eles não parassem de interferir.

"Bruce estava sob enorme pressão emocional: o filme seria bom o bastante? Ele queria que o filme fosse mais chinês que americano", diz Linda. "Às vezes, ele ficava muito angustiado. Em um momento, ele estava muito para cima e animado. Dez minutos depois, ele estava nas profundezas da depressão, sendo preciso que eu me esforçasse para animá-lo em alguns momentos."

Demorou doze dias para que os dois lados chegassem a um acordo. Weintraub concordou com um *flashback* prolongado mostrando a irmã de Lee sendo assassinada pelo guarda-costas de Han, Oharra. Também foi prometida a Bruce a oportunidade de dirigir uma sequência de cenas de abertura que estabelecia seu personagem como um monge do Templo Shaolin. Além da preocupação com a possível edição dos americanos que fizesse de John Saxon a estrela, Lee estava muito preocupado com a forma como o filme seria recebido por seus fãs chineses. Os americanos haviam concebido o papel de Bruce como um James Bond chinês, o que para eles não era um problema. Mas, para os chineses de Hong Kong, James Bond era um agente do governo imperial britânico. Durante a infância e a adolescência de Bruce, a única coisa que os chineses médios odiavam mais do que os britânicos eram os policiais chineses que aplicavam, muitas vezes de forma corrupta, suas leis desiguais. No roteiro concebido originalmente, um agente britânico (Braithwaite) recruta Lee para prender Han, que é mau, mas também chinês. Bruce tinha motivos para temer que seus fãs o considerassem um vendido ao Ocidente se interpretasse um personagem que se vende para o Ocidente. Ao mudar o enfoque de um agente britânico para um monge Shaolin que estava vingando o assassinato da irmã, Bruce estava mais uma vez assumindo o papel do heroico defensor do povo chinês.

A longa duração do boicote e a ansiedade decorrente disso era evidente no rosto de Bruce quando ele chegou ao *set* para filmar sua primeira cena – um simples diálogo com a atriz Betty Chung (Mei Ling). Ele estava manifestando um tique facial nervoso, que demorou 27 tomadas para desaparecer. Finalmente as filmagens puderam de fato começar.

Michael Allin tinha chegado a Hong Kong no dia 3 de janeiro de 1973. Ele começou a trabalhar nas alterações do roteiro em seu quarto no Hyatt, após dizerem que não havia um espaço no estúdio onde ele pudesse trabalhar. Um dia, quando ele estava no bar, Robert Clouse aproximou-se: "Você precisa sair daqui".

"Por quê?", perguntou Michael.

"Eu vou fazer uma reunião com Bruce aqui e ele não pode ver você."

"Por quê? Este é o bar do meu hotel. O que está acontecendo aqui?"

"Não está acontecendo nada. Você só precisa sair daqui", disse Clouse, sem dar explicações. Da esquina, escondido, Michael viu Bruce e Linda encontrarem-se com Clouse para almoçarem juntos.

Duas semanas depois, Allin viu uma foto onde estavam ele, Clouse e Lee estampando um jornal escrito em chinês. Ele levou o texto para a assessora de imprensa do hotel, com quem tinha feito amizade durante sua estada, e pediu que ela lesse e lhe dissesse o que estava escrito ali.

Ela leu a reportagem silenciosamente e disse: "Eu não quero lhe dizer".

"Mas nós somos amigos", Allin suplicou. "Por favor, me diga."

"Diz aqui que Bruce Lee mandou o roteirista americano de volta para casa, humilhado."

Como parte dos esforços de Bruce para assegurar a seus fãs chineses que ele não tinha se vendido e que era ele quem mandava nessa produção de Hollywood, e não os americanos, o ator tinha contado à imprensa chinesa a história de como ele exigira que os produtores demitissem o roteirista.

Allin entendeu por que estava sendo mantido escondido em seu quarto de hotel, longe de Bruce. Aborrecido e com raiva, decidiu tirar um dia de descanso em Macau. No sábado de manhã, dirigiu-se ao *Star Ferry Terminal*.

Às vezes, o destino tem um senso de humor perverso. Naquela mesma manhã, Bruce decidiu checar como andava o trabalho de marketing da Golden Harvest para o lançamento de *O Voo do Dragão*. Usando um terno de veludo e botas com solado de plataforma, ele também foi ao *Star Ferry Terminal* para verificar os cartazes de filmes colados nas paredes.

Allin primeiro viu a multidão que o cercava e depois viu Bruce, que estava de costas para ele. Em rota de colisão, o roteirista caminhou na direção de Bruce, que se virou para trás.

"Michael!", Bruce exclamou, chocado, ao ver Allin.

"Bruce", respondeu Michael.

Bruce foi até Allin e apontou o dedo para seu rosto. "Filho da mãe", disse, com raiva. A multidão acompanhava avidamente o encontro.

"Sim, prazer em vê-lo, Bruce", disse Michael, para quebrar o clima, apressando-se em seguida em direção ao barco que pegaria com destino a Macau.

Bruce ficou furioso. Ele dissera à imprensa que havia demitido o roteirista. E se eles descobrissem que isso não era verdade? Que vergonha! Pior ainda, ele havia sido enganado. Ele entrou como um estrondo nos escritórios da Golden Harvest, acusando todos de mentirem para ele. "Todos ficaram dizendo para ele: 'Sério? Ele está na cidade? Você tem certeza disso?'", lembra Andre Morgan. Quando encontrou Weintraub, Bruce pulou em cima de uma caixa de maçãs para poder olhá-lo nos olhos, colocou o dedo rente a seu rosto e deixou o dragão rugir, invocando todos os palavrões em inglês e em chinês que compunham seu vasto repertório de xingamentos. Bruce em fúria era uma visão aterrorizante, mas ele tinha controle suficiente para não chegar ao ponto de agredir Weintraub. Ele deixou claro que não continuaria a participar do filme, saiu do *set*, foi para casa, trancou-se em sua toca, e telefonou para a Warner Bros. para informá-los que estava saindo do projeto.

Allin voltou de Macau naquela noite e encontrou Weintraub no bar. "Foi a única vez que vi Weintraub bêbado em tantos anos em que convivi com ele", lembra Allin.

"O que você fez com Bruce?", Weintraub perguntou.

"Eu não fiz nada com Bruce!", disse Allin. "O que aconteceu?"

"A culpa foi minha. Eu disse a ele que você tinha saído do projeto e ele viu você. Ele abandonou o barco."

"O que você vai fazer, Fred?"

"Bem, a primeira coisa a ser feita é você ir embora."

Foram necessários vários dias para persuadir Bruce a voltar para o *set* de filmagem. Se há uma coisa em que os executivos de Hollywood são bons, é na capacidade de fazer com que as pessoas façam o que eles querem usando uma mistura bem equilibrada de conversa mole e amigável junto com ameaças veladas relacionadas a uma possível quebra de contrato. Bruce sabia que talvez não conseguisse outra oportunidade, caso desperdiçasse essa. E ele havia conseguido eliminar o roteirista não desejado, ainda que isso tivesse demorado para acontecer. Ele concordou em trabalhar com Clouse, mas por muito tempo recusou-se a dirigir a palavra a Weintraub.

Allin viajou para Maui para esfriar a cabeça. "Eu estava furioso", lembra.

Uma semana mais tarde, Weintraub telefonou para Allin. "Você precisa nos salvar. Você se lembra daquela cena em que você cita o cisne negro? Aquela em que Roper e Han estão caminhando juntos e travam aquele incrível diálogo sobre o cisne negro?"

"Sim", disse Allin, tentando conter a ira.

"Procuramos por toda a Ásia. Chegamos a ir até a Austrália e não conseguimos encontrar um cisne negro. Michael, precisamos que você reescreva essa cena. Por favor, há uma secretária na linha. Eu sei que você pode fazer isso. Só..."

"Fred, deixe eu pensar um pouco", disse Allin. Ele largou o telefone, foi até a praia e deu um mergulho no mar. Vinte minutos depois, ele retornou e pegou o telefone. "Fred, você ainda está aí?"

"Sim, sim, você entendeu?", perguntou Fred.

"Sim, entendi."

"Ok, a secretária está aqui pronta para escrever."

"Certo, certo, é bem simples. Você está me ouvindo?"

"Sim, sim, sim. Todo mundo está te ouvindo."

"Arranje um pato que seja capaz de atuar", disse Allin, desligando o telefone em seguida.

Enquanto Lee brigava com os produtores, as equipes americana e chinesa brigavam entre si. O problema era que os americanos não percebiam o real nível de compreensão do idioma inglês por parte do pessoal da equipe chinesa. "Um dia, estávamos filmando a cena em que Bruce Lee, John Saxon e Jim Kelly saem das pequenas sampanas e pulam no barco grande", diz Morgan. "Não tínhamos *walkie-talkies*, estávamos usando megafones para dar as orientações. Alguém gritou 'corta!', mas os condutores da sampana não ouviram a ordem e continuaram em movimento. Bob Clouse disse: 'Malditos chineses'. O continuísta, um velhinho baixinho, disse em cantonês: 'Esse é o último insulto que vou aguentar destes malditos estrangeiros', e foi em direção de Clouse com sua prancheta na mão para atingi-lo por trás. Tivemos que segurar o pequeno homem e acalmá-lo."

As reclamações dos americanos eram relativas principalmente ao equipamento ultrapassado e à tendência dos chineses de dizer sim mesmo quando o que eles estão de fato dizendo é não. Os chineses não gostavam da postura arrogante dos americanos e do hábito deles de gritar com os subalternos. Mas, apesar de suas diferenças, um respeito mútuo entre os dois grupos acabou florescendo. "Admirávamos o profissionalismo dos americanos", diz o diretor assistente Chaplin Chang. "Em Hong Kong, era tudo na base de se virar com o que houvesse à mão."

Os americanos acabaram reconhecendo a desenvoltura, a força de trabalho e a coragem dos chineses. Durante uma cena, capangas perseguem Angela Mao Ying, que interpretava a irmã de Lee, ao longo da borda de um canal, até que ela acabava derrubando um deles dentro da água. Weintraub e Clouse decidiram filmar a manobra do topo de um edifício de dois andares que ficava a cerca de seis metros de distância do canal. Eles levaram cinco dos dublês para o topo do pequeno prédio para planejar a tomada. Depois de explicarem o que queriam, através de um intérprete, os dublês se afastaram da borda do edifício, balançando a cabeça. "Ficamos surpresos com a inquietação deles", diz Weintraub. "Era uma queda simples, de pouco mais de um metro, uma coisa bem padrão para dublês." Então, um dos homens deu um passo à frente e disse: "Está bem, eu faço, mas vai ser difícil alcançar a água daqui desse telhado". Weintraub diz: "Eu fiquei chocado. Não só porque todos eles acharam que éramos tão loucos a ponto de pedir que dessem um salto tão perigoso, mas também porque um deles deixou claro que era tão louco a ponto de dar o salto".

Sabendo bem o quanto a equipe de dublês era importante para o sucesso do filme, Lee era muito atencioso e leal a eles, mantendo a tradição de almoçar lanches todos os dias com os dublês em vez de ir ao restaurante do hotel com os americanos. Essa delicadeza foi lembrada por um entre as dezenas de dublês que trabalharam no filme. "Ele era muito bom para nós, as pessoas de pouca importância", diz Jackie Chan. "Ele não se preocupava em tratar bem os chefões, mas cuidava bem de nós." Observe atentamente a cena da luta no complexo subterrâneo do sr. Han e você verá Lee surrando um jovem Jackie Chan e agarrando no cabelo dele antes de quebrar seu pescoço. Durante a primeira tomada, ele acidentalmente acertou no rosto de Chan com seu *nunchaku*. "Você não pode imaginar o quanto aquilo doeu", lembra-se Chan. "Assim que a filmagem terminou, Bruce jogou a arma para longe, correu até onde eu estava e disse: 'Sinto muito, sinto muito!' e me pegou. De todas as coisas que Bruce fez, o que eu mais admiro foi sua delicadeza naquele dia."

Acidentes são inevitáveis em um *set* de filmagem de *kung fu*. Uma lesão particularmente dolorosa ocorreu durante a espetacular luta entre Bruce e Bob Wall. A cena previa que Wall partisse duas garrafas de vidro e que atacasse Lee com uma delas. Lee chutaria a garrafa da mão de Wall e lhe acertaria um soco no rosto. Após vários ensaios, o chute de Bruce falhou, Bob não conseguiu soltar a garrafa estilhaçada e o punho de Bruce bateu na sua borda cortante. "Bruce ficou muito zangado com Bob Wall", diz Chaplin Chang, que levou Lee para o hospital. "Ele dizia: 'Eu quero matar aquele cara!', mas eu não acredito que ele realmente quisesse dizer isso." Para Morgan, "Bruce ficou bravo? Sim. Mas ele sabia que havia sido um acidente. Ele estava mais furioso porque perderíamos dois dias de filmagem".

O boato de que Wall havia ferido Lee intencionalmente e que este pretendia matar Wall foi vazado para a imprensa de Hong Kong como forma de fazer publicidade do filme. Quando Bruce voltou ao *set*, sua sempre fiel equipe de dublês chineses esperava que seu campeão se vingasse. Embora ele tenha arranjado uma boa desculpa ("não posso matar Bob porque o diretor precisa dele para o resto do filme"), a honra chinesa exigia algum nível de vingança. A sequência da cena previa que Lee chutasse o peito de Wall com força suficiente para fazê-lo voar sobre um grupo de homens de Han. Bruce não se conteve. "Eles colocaram um escudo almofadado em Bob", lembra o dublê Zebra Pan, "mas, quando Bruce o acertou, ele voou como se tivesse sido baleado. E Bruce insistiu em fazer a cena doze vezes!" O chute de Lee foi tão forte que Wall voou em cima dos homens, quebrando o braço de um dublê. "Estamos falando de algo complexo, um osso quebrado", diz Wall. "Foi quando todos se deram conta do que estava acontecendo, pois acho que até então eles não tinham percebido a força com que Bruce estava me batendo."

Lidar com as regras morais chinesas exigiu dos produtores alguns truques no momento de contratar o harém de Han para a cena do banquete. Nenhuma atriz chinesa estava disposta a fazer papel de prostituta em um filme americano, então os produtores foram forçados a contratar prostitutas profissionais. A responsabilidade pela procura coube a Morgan, que conhecia a cena noturna de Hong Kong. O problema não era encontrá-las (assim como Bangcoc, Hong Kong foi um dos locais de descanso e recuperação para soldados americanos que serviam no Vietnã), mas convencê-las a participar do filme. "Não importava o que elas faziam para sobreviver, isso ficava entre elas e os clientes. Mas ao aparecer em um filme como prostituta, quem garante que os amigos de sua mãe e de seu pai não iriam assistir?", diz Morgan. "Elas queriam receber mais do que cobrariam se eu quisesse dormir com elas, pois dessa forma a vergonha poderia ser muito maior." Os dublês quase entraram em greve quando descobriram os valores que as prostitutas estavam recebendo.

Na cena em que os três heróis são autorizados a escolher entre as garotas do harém, o herói branco (Saxon) escolhe a moça branca (interpretada por Ahna Capri), o herói negro (Kelly) escolhe quatro prostitutas, enquanto o herói asiático (Lee) escolhe sua colega agente secreta (Chung) para uma discussão de estratégia absolutamente casta. O James Bond chinês era celibatário. "Ele era um monge Shaolin", diz Michael Allin. "Era sempre do tipo 'Você ofendeu minha família e ofendeu o Templo Shaolin'."*

As aventuras sexuais continuaram fora da tela. "Jim Kelly trepava com qualquer coisa que se movesse em Hong Kong", diz Paul Heller. "Ele acabou indo parar no hospital com os testículos inchados. Na cena da sua morte, havia um arnês que ele deveria usar para ficar pendurado sobre o poço de ácido. Mas ele não conseguia usá-lo porque estava muito machucado na região genital. Tivemos que desenvolver uma rede de carga especialmente para ele."

O ano era 1973, e todos no *set* de filmagem parecem ter desfrutado da liberdade sexual da época, inclusive o monge Shaolin. "De vez em quando Bruce dizia, porque havia muitas garotas chinesas por ali, 'Por que não saímos com algumas delas?'", diz Saxon.

---

* No original: "You have offended my family and you have offended the Shaolin Temple". Han era um antigo membro do Templo Shaolin que se desviou do caminho do bem e usou os ensinamentos adquiridos no templo para praticar o mal. A frase, dita a Han pelo personagem de Bruce na luta final entre eles em *Operação Dragão*, é uma das falas mais famosas de Lee em seus filmes. (N. dos T.)

A última cena que Clouse e a equipe americana filmaram com Bruce em Hong Kong foi a luta entre Lee e Han em um salão dos espelhos. No roteiro original, Han cometia suicídio antes que Lee pudesse capturá-lo. Tanto o diretor quanto a estrela consideravam esse um final frustrante e passaram grande parte das filmagens procurando por uma ideia melhor. Um dia, após o almoço no Hotel Repulse Bay, Clouse e sua esposa, Ann, foram até uma loja de roupas. "As paredes do salão tinham espelhos estreitos colocados um ao lado do outro e, quando eu vi a imagem dela partida ao passar por eles, eu disse: 'É isso!'", lembra-se Robert Clouse. Para ele, era uma maneira de colocar o personagem muito mais jovem de Lee em desvantagem frente ao mais velho Han (o ator Shih Kien tinha 60 anos à época), tornar o confronto final competitivo e criar suspense para o público. Para Bruce, foi uma chance para demonstrar a importância da "adaptabilidade" no combate, pois Lee quebra os espelhos para conseguir perceber a diferença entre o verdadeiro Han e os reflexos do vilão.

Dois caminhões cheios de espelhos foram comprados por US$ 8 mil, e instalados nas paredes de forma que todos os ângulos da câmera exibissem múltiplos reflexos. Durante as filmagens, que duraram dois dias dentro do labirinto espelhado e opressivamente quente, Bruce deu tudo de si, forçando Shih Kien a dizer: "Calma, filho, é apenas um filme". Clouse diz: "Na fase final das filmagens, Bruce estava próximo da exaustão total".

A equipe americana foi embora no dia 1º de março de 1973. Bruce continuou filmando por mais quatro dias para aperfeiçoar a parte final, com uma pequena equipe chinesa, no calor sufocante da sala espelhada. "Bruce já estava totalmente esgotado mas não queria desistir", diz Paul Heller.

Bruce voltou então ao início do filme, para fazer as cenas de abertura no Templo Shaolin, que foram escritas e dirigidas por ele. Para impressionar ainda mais o público, ele começou com um desafio entre ele e o dublê Sammo Hung. Parecia mais um vale-tudo do que uma luta de *kung fu*: os dois se enfrentam usando apenas calções colados ao corpo e luvas. "Durante o ensaio, não fizemos nada, só conversamos. 'Você dá um soco, eu dou um soco, tal e tal. Ok, pronto? Ação'", diz Sammo. "Uma tomada. Uma tomada. Foi muito rápido, apenas um dia e meio."

Após a luta, Bruce inseriu um diálogo com o abade do Templo Shaolin. Sempre procurando educar seu público, o personagem de Bruce nas telas prega as filosofias de Lee fora das telas: "Quando meu oponente expande, eu contraio, e quando ele contrai, eu expando; e quando aparece uma oportunidade, eu não bato". Ele então ergue a mão e mostra um punho fechado. "Ele bate sozinho."

Em poucos minutos de filme, Bruce tinha conseguido habilmente mudar a importância de seu personagem. Ele passou de um agente britânico para um herói chinês tradicional, e assim passou a dominar a história. "Ao ver as cenas iniciais, você logo fica sabendo quem é a verdadeira estrela", diz Andre Morgan.

Só restava uma batalha a ser travada.

Quando os executivos da Warner assistiram a uma primeira versão editada do filme, perceberam que tinham nas mãos um sucesso de bilheteria. "Quando assistimos, sentimos que estávamos diante de algo grande", diz Leo Greenfield, chefe de distribuição da Warner. "Ninguém tinha dúvida disso." A confiança deles ganhou ainda mais força em março, quando a Warner Bros. comprou e distribuiu pela primeira vez um filme de *kung fu* produzido em Hong Kong, *Cinco Dedos de Violência*, da Shaw Brothers. O filme de Run Run Shaw acabou se tornando um surpreendente sucesso entre o público jovem e urbano, abrindo caminho para Bruce. Se *Cinco Dedos de Violência*, um filme legendado com um elenco exclusivamente chinês, podia dar um retorno razoável nas bilheterias norte-americanas, qual seria o potencial para um filme de *kung fu* multirracial falado em inglês?

Ted Ashley deu a Weintraub mais US$ 300 mil para bancar a pós-produção de *Blood & Steel*. Ele também iniciou planos para a realização de uma sequência do filme. Percebendo que era o seu momento para um grande salto, Bruce insistiu para que a Warner Bros. mudasse o título para *Enter the Dragon** para deixar claro que estrela do filme era ele, o Pequeno Dragão. Weintraub odiava o título original: "Soava como um filme sobre a saga de uma família". Ashley também não estava satisfeito: "Enquanto *Enter the Dragon* tinha lógica, pois permitiria que o filme seguinte se chamasse *Return of the Dragon* [O Retorno do Dragão], o título passava a ideia de um filme de monstros". Uma série de telegramas educados, porém firmes, atravessou o Oceano Pacífico durante os meses seguintes. Como um meio-termo, Ashley propôs a Lee: "Depois de duas horas de reunião com nosso departamento de marketing, foi decidido que o título que dará ao filme a mais ampla dimensão é *Han's Island* [A Ilha de Han]". Em 8 de junho de 1973, Bruce atirou de volta: "Pense bem, porque *Enter the Dragon* sugere o surgimento (a entrada) de alguém (uma personalidade) de qualidade. O tempo urge, Ted. Por favor, envie-me os dois roteiros para que eu possa trabalhar em cima deles".

---

* Trata-se do título original do filme. No Brasil, foi traduzido como *Operação Dragão*. (N. dos T.)

A referência de Bruce aos dois roteiros foi um golpe sutil. A Warner já havia encomendado dois roteiros para a sequência de uma potencial franquia. Mas Bruce já tinha deixado claro, por meios indiretos, que, se o primeiro filme não se chamasse *Enter the Dragon*, ele nunca mais faria um filme com a Warner Bros. No dia 13 de junho, Ashley rendeu-se. "Como solicitado, pensamos ainda melhor no título e levamos muito em conta sua preferência também. O título será, portanto, *Enter the Dragon*. Lembranças a você e a Linda." Até mesmo Fred Weintraub acabou concordando. "Olhando em retrospectiva, não consigo imaginar que o filme pudesse ter qualquer outro nome. Como um ex--publicitário, eu deveria ter reconhecido o valor da marca logo de cara."

A dedicação extrema às filmagens de *Operação Dragão* fez Bruce perder quase dez quilos; fevereiro de 1973. (*David Tadman*)

23
Batendo à Porta do Céu

Um homem menos ambicioso poderia ter reduzido o ritmo ou, no mínimo, ter tirado férias. Mas Bruce Lee havia trabalhado demais para que aquele momento chegasse, e era impossível pisar no freio agora. Ele não estava satisfeito com o fato de ser o primeiro chinês a estrelar um filme de Hollywood; ele queria ser a maior bilheteria do planeta, queria vender mais do que Steve McQueen. "Ele estava envolvido em um turbilhão de atividades tão frenético que os objetivos a que ele originalmente se propunha a alcançar estavam sendo rapidamente substituídos por outros objetivos, ainda mais ousados", diz Linda. "Eu tentava convencê-lo a ir mais devagar, mas ele me interrompia, dizendo: 'O que mais prejudica a capacidade de relaxamento é dizer: Eu devo relaxar'. Nesta fase, ele se convencia de que estava descansando quando estava na verdade trabalhando".

O esforço contínuo estava cobrando seu preço. Todos os amigos de Bruce lembram dele nesse período com um corpo esquelético e um ar exausto. Nos dois meses anteriores, ele havia perdido quase dez quilos, passando de 63,5 quilos para 54 quilos. "Ele estava com as pupilas muito dilatadas, e isso fazia seus olhos ficarem muito escuros", diz Sammo Hung, que coestrelou *Operação Dragão*. "A pele dele estava acinzentada e pálida", lembra Charles Lowe, diretor assistente de *Operação Dragão*. "Ele estava cansado e parecia atordoado a maior parte do tempo."

Quando Bruce ficava muito estressado, ele saía para jantar com um dos poucos amigos em quem ainda confiava. Ele e Charles Lowe iam com frequência ao restaurante japonês Kane Tanaka por causa dos recintos privados do local. "Ele gostava da atmosfera tranquila daquele restaurante", lembra Lowe. Apesar da aversão de Bruce a quase todos os tipos de bebidas alcoólicas, ele tinha desenvolvido um gosto pelo saquê e uma tolerância à bebida. "Ele era capaz de beber bastante saquê", diz Lowe. "Ele era capaz de beber dez ou vinte daqueles copos pequeninos de saquê."

Bruce seguia trabalhando ininterruptamente, durante o dia e a noite, ciente de que aquele era o seu grande momento e porque estava apavorado com a possibilidade de perder sua grande oportunidade caso não a agarrasse com todas as forças. No início da carreira, ele havia alcançado alguma fama com *O Besouro Verde*, mas viu esse sucesso ir desaparecendo lentamente, até chegar ao ponto de não conseguir pagar a hipoteca da casa. Isso não aconteceria novamente. Dessa vez, tudo precisava ser perfeito.

O burburinho causado pela expectativa relacionada ao lançamento de *Operação Dragão* tornou Bruce uma mercadoria valiosa. A MGM queria que Lee coestrelasse um filme com seu ídolo de infância e faixa preta em karatê, Elvis Presley. O produtor italiano Carlo Ponti pediu que ele coestrelasse um filme ao lado de sua esposa, Sophia Loren. Run Run Shaw ofereceu a Bruce US$ 500 mil por seu próximo filme, mas Bruce não achou o valor bom o suficiente. "Se Marlon Brando consegue US$ 2 milhões, eu também consigo", disse ele a um incrédulo John Saxon. O presidente da Warner, Ted Ashley, queria desesperadamente amarrar Bruce a um contrato que incluísse vários filmes, com a intenção de transformar *Operação Dragão* em uma série. Em 22 de abril de 1973, Bruce escreveu a Ashley uma carta avisando que ele não seria barato: "Eu garanto que as ofertas que eu tenho recebido para fazer filmes chegaram a um patamar que deixariam você surpreso, e até mesmo chocado... Em nome da nossa amizade, estou aguardando nosso encontro e ganhando tempo em meio a dez ofertas de produtores ansiosos por uma resposta. Sabe, Ted, estou obcecado com a ideia de fazer, me perdoe a expressão, o filme de ação mais fodidão da história".

Uma das ofertas representou uma surpresa vinda do passado. Stirling Silliphant havia assinado um acordo com a 20th Century Fox que envolvia uma série de filmes, sendo um deles *A Flauta Silenciosa*. No dia 18 de abril, James Coburn embarcou em um avião com destino a Hong Kong com a missão de convencer Bruce a voltar a fazer parte do projeto. Mas Bruce tinha sérias reservas quanto a essa possibilidade. Após estrelar *Operação Dragão*, ele tinha pouco interesse em dar um passo atrás e atuar como uma sombra de um herói representado por Coburn. Além disso, ele ainda tinha planos para realizar *Northern Leg Southern Fist*, sua versão chinesa de *A Flauta Silenciosa*. Mas ele guardou para si suas reservas quanto ao projeto e recebeu Coburn com toda a pompa, prometendo que consideraria seriamente a proposta. "Bruce era muito sábio na sua política de relacionamentos", diz Andre Morgan. "Coburn era um cara importante em Hollywood."

Quanto melhores as ofertas que recebia de outros produtores, menos satisfeito Bruce ia ficando com Raymond Chow. A gota d'água foi um texto publicado em uma revista de celebridades produzida pela própria Golden Harvest. A matéria informava que Chow não apenas tinha descoberto Bruce Lee, mas que era "como uma babá" dele. Na maioria das vezes, eles brigavam por dinheiro. Após o incrível sucesso de *O Voo do Dragão*, Bruce esperava ver caminhões cheios de dinheiro sendo descarregados na porta de sua mansão. Mas o dinheiro praticamente não estava chegando. Raymond dizia que os donos das salas de cinema estavam atrasando as remessas para a Golden Harvest. Bruce precisava do dinheiro para pagar os empréstimos que havia contraído para comprar sua mansão, seu Mercedes e seu casaco de marta e acreditava que Chow o estava enganando e atrasando o pagamento da parte que lhe cabia.

Bruce precisava do dinheiro rapidamente porque havia encomendado, na Inglaterra, um Rolls-Royce Corniche conversível personalizado. Ele também queria deixar sua família financeiramente protegida caso algo acontecesse com ele. No dia 1º de fevereiro de 1973, durante as filmagens de *Operação Dragão*, ele fez um seguro de vida da American International Assurance Company limitado a cinco anos, no valor de US$ 200 mil. No dia 30 de abril de 1973, depois da finalização do filme e quando as ofertas milionárias começaram a chegar, ele contratou, junto à Lloyd's of London, uma outra apólice muito maior, no valor de US$ 1,35 milhão. Tratava-se de um valor fantástico (US$ 7,5 milhões, em valores atualizados para 2017), definido com base não no patrimônio líquido dele naquele momento, mas sim no potencial de ganhos futuros. Uma das ironias da curta vida de Bruce é o fato de essa apólice ter sido acionada tão pouco tempo depois disso.

O 10 de maio de 1973 foi um típico dia de verão de Hong Kong, abafado e sufocante. A temperatura era de 26°C e a umidade relativa do ar estava em 93%. Após o almoço, Bruce foi para os estúdios da Golden Harvest, na Hammer Hill Road, para gravar áudios para *Operação Dragão*. A sala de dublagem era equipada com um aparelho de ar-condicionado, mas ele estava desligado para que o ruído do equipamento não interferisse nas gravações. Bruce passou cerca de trinta minutos dentro dessa sala, quente como um forno, e pediu licença para ir ao banheiro. Ele sentiu tontura e dor de cabeça. No banheiro, ele comeu um pouco de haxixe nepalês.

Ainda no banheiro, ele se sentiu desorientado e desmaiou, caindo com o rosto virado para o chão. O som de passos se aproximando o despertou. Para evitar transmitir uma imagem de fraqueza, mesmo em um momento como este, ele fingiu que estava procurando por seus óculos perdidos. Um funcionário do estúdio ajudou-o a levantar-se, e a estrela pálida e encharcada de suor arrastou-se de volta para a sala de dublagem, sentindo as pernas pesadas. Assim que entrou no escaldante recinto, ele sofreu um novo desmaio, vomitou o espaguete que havia almoçado e começou a convulsionar.

Um assistente de produção assustado atravessou correndo o estacionamento do estúdio em direção ao escritório de Raymond Chow, para dizer ao chefe que havia alguma coisa errada com a sua estrela. Chow pediu à sua secretária para entrar em contato com o dr. Donald Langford, um médico norte-americano que atendia no Hospital Baptist, e correu para a sala de dublagem, onde encontrou Bruce com dificuldades para respirar, tremendo sofrendo espasmos. "Leve-o imediatamente para o hospital", ordenou o dr. Langford.

Quatro funcionários carregaram Bruce até o carro de Raymond Chow. Bruce estava em uma situação crítica, suando, tremendo e convulsionando. Um dos funcionários colocou uma colher de metal na boca dele para evitar que Bruce mordesse a língua.

O dr. Langford estava esperando do lado de fora do hospital quando Raymond Chow chegou com a estrela deitada no banco de trás do carro, inconsciente e inerte. Três outros médicos foram chamados, entre eles um neurocirurgião, dr. Peter Wu. Bruce parecia estar com uma febre extremamente alta, a respiração estava prejudicada, seu corpo tremia e estava banhado em suor.

A secretária de Raymond telefonou para Linda Lee. "Bruce não está passando bem, e está sendo levado para o hospital."

"Qual é o problema?", Linda perguntou, preocupada.

"Ah, eu acho que é algum problema no estômago", respondeu.

Acreditando tratar-se de algo sem maior importância, Linda partiu para o Hospital Baptist, a cerca de cinco minutos de carro de sua casa. Quando encontrou Bruce, ele estava ofegante, e cada respiração dele parecia que seria a última. "Ele vai ficar bem?" perguntou, aterrorizada.

"Ele está muito mal", respondeu o dr. Langford.

O dr. Langford estava decidido a fazer uma traqueotomia caso Bruce parasse de respirar novamente. Seu corpo continuava a convulsionar violentamente. Foram necessários vários médicos e enfermeiras para segurá-lo, porque ele era muito forte e era difícil controlá-lo.

Não obtendo qualquer resposta de Bruce, o dr. Peter Wu, o neurocirurgião, o examinou, diagnosticou edema cerebral (inchaço da massa encefálica) e administrou Manitol para reduzir o inchaço. Foram realizados todos os preparativos para a cirurgia caso a droga não surtisse efeito, mas, passadas duas horas e meia, Bruce começou a recuperar a consciência. Primeiro, ele conseguiu fazer pequenos movimentos; depois abriu os olhos, fez um sinal, mas ainda não conseguia falar. Ele deu sinais de que havia reconhecido a esposa, mas não conseguiu dizer nada a ela. Algum tempo depois ele conseguiu pronunciar algumas palavras, mas de forma confusa, diferente da que ele falava normalmente. No dia seguinte, ele já estava falando com desenvoltura e fazendo brincadeiras.

"Bruce estava em uma situação muito delicada", diz o dr. Peter Wu. "Se não tivesse sido trazido para o hospital a tempo, ele teria morrido por conta de um edema cerebral severo. Foi pura sorte o fato de haverem naquele momento profissionais da área médica experientes disponíveis para ajudá-lo."

Quando Bruce finalmente foi capaz de falar de forma coerente, ele disse a Linda: "Eu me senti muito perto da morte. Eu coloquei em prática toda a minha força de vontade e disse a mim mesmo: 'Eu vou lutar contra isso, eu vou conseguir, eu não vou desistir'. Eu sabia que, se me rendesse, eu morreria".

No dia 13 de maio, dr. Peter Wu encontrou-se com Bruce para conhecer seu histórico de saúde e tentar determinar o que havia causado o edema cerebral. Durante a conversa, Bruce admitiu ter comido haxixe logo antes do desmaio. "Aconselho você a não fazer isso novamente", disse o dr. Wu. "Você já passou por uma situação muito ruim com a droga. Em uma próxima vez os efeitos provavelmente serão ainda mais severos."

"É inofensivo", zombou Bruce. "Foi Steve McQueen quem me apresentou ao haxixe. Steve McQueen não usaria haxixe se fosse perigoso."

"Steve McQueen é médico?", perguntou o dr. Wu.

Bruce estava incomodado com a opinião dos médicos de Hong Kong, que culpavam o haxixe por seu desmaio e pelas convulsões. Quando o dr. Wu disse que queria fazer um angiograma no dia seguinte para examinar mais detalhadamente seu cérebro, Bruce disse que não faria o exame e que iria embora.

"Por favor, faça os exames", apelou o dr. Wu.

"Não, eu quero ter alta", insistiu Bruce. "Eu farei os testes nos Estados Unidos."

Após a alta, Bruce iniciou as providências para viajar para Los Angeles, onde buscaria uma segunda opinião. Ele não confiava no diagnóstico dos médicos de Hong Kong, especialmente no tocante à maconha. Em 1973, a sociedade de Hong Kong não tinha quase nenhuma experiência com a maconha, que era considerada na região uma droga *hippie* ocidental maligna. Pesquisas feitas posteriormente provaram que a maconha não causa edema cerebral nem leva à morte. "Não há receptores para o THC no tronco encefálico, a parte do cérebro que mantém a respiração e o ritmo cardíaco", diz o dr. Daniel Friedman, neurologista do Langone Medical Center, da Universidade de Nova York, "e, por essa razão, é quase impossível alguém morrer por uma overdose de THC, ao contrário do que ocorre com a heroína e os barbitúricos."

Quando chegou a Los Angeles, Bruce foi ao consultório do dr. David Reisbord, um neurologista da UCLA. Nos dias 29 e 30 de maio, Bruce submeteu-se a uma bateria completa de todos os exames médicos disponíveis à época: um *check-up* completo, incluindo um eletroencefalograma (EEG). Enquanto esperava pelos resultados, Bruce telefonou para John Saxon, que coestrelou *Operação Dragão*, para contar que estava na cidade para fazer exames médicos.

"Qual é o problema?", perguntou Saxon.

"Eu sofri desmaios."

"Por quê? Você está bem?"

"Dependendo dos resultados dos testes, não haverá mais Bruce Lee."

Depois de esperar ansiosamente três dias pelo veredito, Bruce recebeu uma boa notícia. O dr. Reisbord deu a Bruce um atestado de saúde perfeita. Ele não havia encontrado nada de errado com suas funções cerebrais nem nas outras partes do seu corpo. Não apenas isso, Reisbord disse que Bruce tinha "o físico de um garoto de 18 anos". Reisbord concluiu que Bruce tinha sofrido um grande mal idiopático, uma convulsão sem causa aparente. O dr. Reisbord prescreveu Fenitoína, uma droga usada para tratar a epilepsia. "Não havia histórico de epilepsia em nenhum membro da família de Bruce, nem mesmo uma leve manifestação do problema, e Bruce também nunca havia sofrido algo parecido", afirma Linda. "O dr. Reisbord me disse que em nenhum momento Bruce tinha apresentado sinais de epilepsia." Um diagnóstico de epilepsia requer pelo menos dois incidentes independentes. Aquela havia sido a primeira vez que Bruce Lee sofrera uma convulsão.

⁂

O neurocirurgião de Hong Kong disse que a culpa era do haxixe. O neurocirurgião de Los Angeles não conseguiu determinar a causa para os desmaios e convulsões. Nenhum dos dois considerou uma causa muito mais comum para desmaios, convulsões e morte em homens jovens e saudáveis: o colapso pelo calor. A taxa de mortalidade de jovens atletas e soldados que sofrem um colapso pelo calor é de 3% a 5%. É a terceira causa mais comum de morte de atletas, e chega a ser a primeira durante os meses mais quentes do verão. É comum encontrar edemas cerebrais nas autópsias de pacientes vitimados pelo colapso pelo calor.

Os dois critérios usados para diagnosticar um evento de colapso pelo calor são 1) temperatura corporal superior a 40ºC e 2) disfunção do sistema nervoso central (SNC), que pode se manifestar por dores de cabeça, náuseas, vômitos, diarreia, tontura, perda de equilíbrio, atitudes incomuns, irracionais ou surpreendentes, agressividade, delírios, desmaios, perda de consciência e coma. As convulsões também ocorrem com frequência, especialmente quando o corpo está em processo de esfriamento.

No dia 10 de maio, Bruce havia apresentado quase todos os sintomas indicativos de disfunção do SNC relacionada ao colapso pelo calor. Ao trabalhar em um recinto extremamente quente, Bruce começou a sentir tonturas e náuseas, seguidas por perda de equilíbrio, desmaio, perda de consciência, vômitos e convulsões. Como os registros médicos não estão mais disponíveis, não se sabe se os médicos mediram sua temperatura, mas os relatos desses profissionais, segundo os quais Bruce estava "com uma febre muito alta" e que "o corpo dele estava banhado em suor" indicam, com bastante margem de segurança, que ele estava perigosamente superaquecido.

Os amigos de Bruce já haviam notado, muito tempo antes, a vulnerabilidade dele ao calor ("sempre que o corpo de Bruce ficava superaquecido", disse seu primeiro aluno norte-americano, Jesse Glover, "ele perdia o controle"), mas talvez algumas situações específicas tenham aumentado sua suscetibilidade naquele período. Profissionais que estudam o problema identificaram vários fatores que potencializam o risco de ocorrência do colapso pelo calor: privação de sono, exaustão física e mental, perda de peso extrema, uso de álcool nas 24 horas anteriores, doença nas duas semanas anteriores e desidratação.

De acordo com sua esposa, Bruce vinha dormindo pouco. Não há como negar que todo o estresse envolvido nas filmagens de *Operação Dragão* tinha sobrecarregado o ator, tanto física quanto mentalmente, ele havia perdido 15% de seu peso nos dois meses anteriores e estava praticamente sem gordura corporal. Segundo relatos de amigos, Bruce vinha bebendo álcool com uma frequência maior, embora não haja evidências de que ele tenha ingerido bebidas alcoólicas na noite anterior ao colapso. E, além disso tudo, Bruce havia sofrido uma cirurgia para retirada das glândulas sudoríparas das axilas um mês antes do ocorrido, porque achava que suas axilas molhadas prejudicavam sua imagem nas telas. A retirada das glândulas pode ter reduzido a capacidade do corpo para dissipar o calor.

Se os desmaios e as convulsões de Bruce Lee foram resultado de um colapso pelo calor, então houve erro nos diagnósticos de seus médicos. Eles diagnosticaram o edema cerebral, mas não localizaram a causa dele nem a trataram. "Havia menos conhecimento sobre o colapso pelo calor em 1973 do que há agora. Mesmo agora, o tratamento e os cuidados com o evento não são conhecidos por todos os médicos", diz William Adams, diretor de Políticas de Segurança Esportiva do Instituto Korey Stringer, da Universidade de Connecticut. O instituto é especializado na prevenção da morte súbita causada pelo colapso pelo calor e recebeu esse nome em homenagem ao jogador de futebol americano do Minnesota Vikings que morreu por conta do problema em 2001, aos 27 anos de idade. "Os médicos podem ter medido a temperatura dele e confundido com uma febre alta, sem perceberem que se tratava de um colapso pelo calor."

Após a experiência de quase morte, os resultados tranquilizadores dos exames tiveram sob Bruce o efeito de uma dose de adrenalina. Ele voltou imediatamente a se comportar como de costume, de forma otimista, enérgica e confiante. Ele foi direto para o apartamento onde sua mãe e seu irmão mais novo, Robert, estavam em Los Angeles. "Ele estava magro e parecia um pouco cansado", lembra-se Robert. "Ele disse: 'Sabe de uma coisa? Os médicos me disseram que eu tenho o corpo de um garoto de 18 anos'. Ele então nos mostrou sua última invenção: um chute no estilo três golpes em um, extremamente rápido e poderoso."

Ele convidou Chuck Norris para almoçar em seu restaurante favorito de Chinatown. "Eu fui aprovado com louvor", anunciou, orgulhoso. "O médico disse que eu tenho a saúde de um garoto de 18 anos."

"O que ele acha que causou o seu desmaio?", perguntou Chuck.

"Ele não soube dizer. Provavelmente excesso de trabalho e estresse."

Bruce falou para Chuck sobre todas as suas conquistas e as ofertas que estava recebendo para filmes. "Eles estão me oferecendo cheques em branco para o meu próximo filme. Imagine só, eu posso preencher com a quantia que eu quiser se eu assinar com eles." Bruce riu com prazer, jogou um pedaço de pato de Pequim para cima com seus pauzinhos e o pegou de volta, ainda no ar. "Espere para ver. Vou ser o primeiro ator chinês famoso no mundo todo. Em pouco tempo, serei maior do que Steve McQueen."

Mito Uyehara, o editor da revista *Black Belt*, visitou Bruce e Linda no bangalô onde estavam hospedados, no Hotel Beverly Hills. "Ele estava muito alegre, porque tinha acabado de ser informado, após quatro dias de rigorosos exames médicos, de que estava em excelentes condições físicas", diz Uyehara. "Mas eu o achei terrivelmente cansado. Havia muitos anos que eu conhecia Bruce e nunca tinha visto ele tão enfraquecido."

"Sim, eu perdi muito peso por estar trabalhando durante o dia e também à noite", explicou Bruce. "Durante o dia eu fico no estúdio e, à noite, escrevo roteiros para meu próximo filme e leio livros sobre o maldito negócio da produção cinematográfica. É muito agradável, e muitas vezes eu fico tão envolvido nesse processo que me esqueço de comer ou de dormir."

Bruce agia como se não houvesse nada de errado, mas Linda ainda estava aflita e preocupada. Bruce mostrou orgulhosamente a Mito o recorte de um jornal de Hong Kong com um texto escrito por Brandon, seu filho de 8 anos. Linda, irritada, interrompeu seu marido: "Espero que possamos voltar o quanto antes para Los Angeles. Não é possível que as crianças tenham uma vida normal lá". A reprovação pública de Linda, algo que não era do seu feitio, sugere a existência de uma discussão antiga e profunda. Ela não gostava de viver em Hong Kong, não estava satisfeita com a forma como a fama havia transformado seu marido e estava aterrorizada com os possíveis efeitos de tudo o que vinha acontecendo sobre as crianças. Bruce quase ter morrido havia sido a gota d'água para Linda.

O diretor Robert Clouse levou Bruce para assistir a uma exibição de uma versão não finalizada de *Operação Dragão*. A versão não tinha música nem efeitos sonoros e as passagens de cenas ainda não estavam prontas. Mas isso não importava, pois todos sabiam reconhecer um campeão de bilheteria ao deparar-se com ele. Quando o filme terminou, Bruce olhou para Clouse por alguns segundos antes de abrir um grande sorriso. "Conseguimos." Lee sabia que o mundo estava a seus pés.

Bruce passou na casa do produtor Paul Heller depois da projeção, e estava lá quando Michael Allin, o roteirista que Bruce havia expulsado de Hong Kong, tocou a campainha da casa. Heller gritou: "Bruce, tem um amigo seu aqui". Os dois antigos adversários apertaram as mãos e conversaram como se nada tivesse acontecido. "O filme seria um sucesso tão grande que todas as mágoas e diferenças que pudessem existir simplesmente desapareceram", disse Michael. "Estava tudo certo."

Seguro de que *Operação Dragão* seria um grande sucesso de bilheteria, Bruce tomou algumas decisões importantes. Concordou com o pedido da esposa de retornar com a família para os Estados Unidos, decidindo dividir sua vida entre os Estados Unidos e Hong Kong, fazendo um filme por ano em cada lugar. Dessa forma ele poderia manter sua base de fãs asiáticos satisfeita e, ao mesmo tempo, expandir sua fama internacional. Ter sua família vivendo em outro continente também aumentaria muito seu nível de liberdade quando estivesse em Hong Kong.

Bruce também decidiu fazer um filme com a Shaw Bros. Ele escreveu uma carta para Run Run Shaw: "A partir de agora, considere os meses de setembro, outubro e novembro como um período reservado para a Shaw. Discutiremos os detalhes quando eu chegar a Hong Kong".

Ele então telefonou para Stirling Silliphant para dizer que não faria *A Flauta Silenciosa*. Bruce ainda estava ressentido por Silliphant e Coburn terem abandonado o projeto no momento em que ele mais precisava que ele fosse adiante. "Estávamos sem dinheiro nenhum naquela época", diz Linda. "E depois, quando Bruce tinha alcançado o sucesso, eles vieram dizer que estavam interessados."

"Você não tem condições de me bancar", disse a Silliphant. "Estou recebendo ofertas de US$ 1 milhão por filme."

Silliphant ficou surpreso e chateado com a recusa de Bruce. "Eu pensei que era próximo de Bruce, e que bastaria entrar em contato para que ele dissesse sim", recorda-se Stirling. "Fiquei perplexo com a reação dele."

"Eu não vou carregar Jim [Coburn] nas minhas costas", disse Bruce, repetindo a frase que Steve McQueen havia dito para ele. A conversa continuou, e Bruce perguntou: "Vocês vão fazer o filme sem mim?".

"Sim, faremos", disse Silliphant, irado.

"Onde vocês vão conseguir alguém para me substituir, alguém que faça cinco papéis?", perguntou Bruce.

"Vamos arranjar cinco atores para substituir você", disse Silliphant. "Se você concordasse em participar do projeto, eu ia sugerir que interpretasse apenas um papel. Interpretar cinco papéis seria aquela coisa ultrapassada, no estilo Lon Chaney."*

"Ainda assim, vocês não teriam como bancar meu cachê", repetiu Bruce.

No final da difícil conversa, eles combinaram um jantar, mas Bruce ligou no dia seguinte para cancelar o encontro. Ele escreveu um bilhete para James Coburn: "Falei com Stirling e lhe disse que, entre você e ele, eu jogarei nossa flauta silenciosa nas suas mãos".

Quando voltou para Hong Kong, no início de junho, Bruce reativou seu relacionamento com Betty Ting Pei. Ela não tinha ficado sabendo do colapso, e ele não contou a Betty que esteve próximo da morte. "Eu não sabia", diz Betty. "Ele não queria me preocupar, e me disse que era o homem mais forte do mundo." Bruce lhe deu um presente. "Ele me trouxe um chaveiro", diz ela agora, timidamente. De acordo com as publicações de tabloides da época, presas no chaveiro estavam as chaves de um Mercedes-Benz novinho em folha.

Embora a carta de Bruce para Run Run Shaw indique que ele pretendia fazer pelo menos um filme com a Shaw Bros., seus interesses comerciais ainda estavam muito ligados a Raymond Chow e à Golden Harvest, que possuía os direitos de *Jogo da Morte*. Se Bruce quisesse concluir seu projeto filosófico mais querido, ainda não poderia abandonar Chow. O entusiasmo pelo filme, que

---

* Lon Chaney (1883-1930) foi um ator que ficou famoso pela versatilidade na caracterização de seus personagens, tendo inventado uma técnica própria de maquiagem. Ficou conhecido em Hollywood como "O homem das mil faces". (N. dos T.)

ainda não tinha um roteiro completo, aumentou depois que George Lazenby, o ator australiano que havia interpretado recentemente James Bond em *A Serviço Secreto de Sua Majestade* (1969), entrou em contato com o estúdio. O ator disse ter assistido a *A Fúria do Dragão* nos Estados Unidos e que queria trabalhar com Bruce. Na verdade, Lazenby tinha gastado todo o dinheiro que ganhara como James Bond, e só viera para Hong Kong porque soubera que a indústria cinematográfica local estava em um bom momento. Para Bruce e Raymond, era uma chance de ter "James Bond" em *Jogo da Morte*. Bruce começou a pensar em como poderia encaixar Lazenby na história, e decidiu passar o resto do verão tentando terminar o filme. Ele deixou aberta a possibilidade de fazer um filme com a Shaw Bros. no outono.

Com Bruce recebendo ofertas milionárias de produtores europeus, Ted Ashley, que sabia do episódio médico de Bruce, fez uma proposta emocionalmente inteligente: US$ 100 mil por ano em caráter vitalício para ele ou Linda em troca de mais cinco filmes com a Warner Bros. "Para ser sincero, estou interessado neste esquema", disse Bruce ao *The China Mail* em uma reportagem publicada no dia 28 de junho com o título "Bruce Lee garante um salário de superstar". "Isso me dá segurança para os próximos anos e facilita muito a questão da tributação, além de não impedir que eu trabalhe com outros estúdios." E então, dando uma risada, ele acrescentou: "Eu confio muito no estúdio. Acredito que ele vá viver mais tempo do que eu".

Para Bruce, o atrativo implícito na proposta era óbvio: tratava-se de mais uma apólice de seguro para sua família. Para a Warner, era uma chance de colocar um cadeado no talentoso ator. Eles já estavam preparando Bruce para ser a próxima grande estrela do estúdio. Para promover *Operação Dragão*, a Warner havia agendado para agosto uma entrevista com Bruce no *The Tonight Show*, com Johnny Carson.

Toda essa onda de boa sorte não fez com que Bruce ficasse menos combativo. Um dos principais combustíveis para alimentar essa característica era o diretor Lo Wei, que seguia insultando o ator pela imprensa. Na tarde de 10 de julho de 1973, Bruce estava em seu escritório na Golden Harvest fumando haxixe quando soube que Lo Wei e a esposa estavam na sala de projeção. Bruce correu para lá e questionou Lo Wei quanto aos insultos, aproveitando para despejar também alguns de sua própria safra, chamando o diretor de "um animal usando roupas humanas". "Bruce estava um pouco alterado pelo haxixe e Lo Wei devolveu os insultos em cantonês", diz Andre Morgan. "Bruce ameaçou dar um soco no diretor e tivemos então que separá-los. Bruce estava perto de arrebentá-lo". Após ser retirado da sala, todos tentaram acalmá-lo. A tentativa poderia ter funcionado se a esposa de Lo Wei, Gladys, não tivesse se aproximado de Bruce para confrontá-lo e censurá-lo.

Novamente enfurecido, Bruce desvencilhou-se de Raymond Chow e Andre Morgan, correu de volta para a sala de projeção e retirou uma faca que estava escondida na fivela de seu cinto. Ele apontou a arma para Lo Wei, da mesma forma como havia feito, quando adolescente, com seu professor de Educação Física. "Você acredita que eu poderia matá-lo com esta faca?", perguntou Bruce. Percebendo a gravidade da situação, Raymond Chow e Andre Morgan arrastaram novamente Bruce para fora da sala. Lo Wei correu para o telefone e discou 999 (o telefone para emergências policiais em Hong Kong). O pânico foi geral quando a polícia chegou. Bruce deu a faca e o cinto para Andre Morgan, que saiu correndo por uma porta dos fundos e usou uma passagem secreta para escondê-la.

A polícia conversou primeiro com Lo Wei. "O que aconteceu?"

"Lee, o Pequeno Dragão, me ameaçou com uma faca."

"Muito bem, você terá que me acompanhar até a delegacia", disse o delegado.

Lo Wei deu uma risada irônica. "Você não entendeu? Eu sou a pessoa ameaçada aqui. Sou eu quem está prestando a queixa. Está me dizendo para que eu vá até a delegacia? Por que Lee não vai para a delegacia?"

"Ele tem um advogado."

"E você está insinuando que eu não tenho?"

Outro agente veio para fazer o papel do policial bonzinho. "Ei, sr. Lo, não tire conclusões precipitadas! Lee se livrou dessa faca de que o senhor estava falando. Não conseguimos encontrá-la. Vamos lá, vocês são todos colegas! Não façam tempestade em copo d'água!"

"Eu não o provoquei!", Lo Wei protestou. "Ele não vai se safar dessa tão facilmente!"

"O que o senhor quer que façamos, então?", perguntou o policial bonzinho.

"Eu só quero ter a certeza de que minha vida não estará em risco novamente!"

Os policiais foram então até Bruce e disseram que se ele quisesse resolver o assunto ali mesmo seria preciso que escrevesse uma carta admitindo seu erro e jurando nunca mais ameaçar ou ferir Lo Wei. A esta altura, um grupo de repórteres, avisados pela polícia, já estava reunido do lado de fora do estúdio. Querendo evitar mais embaraços e humilhação pública, Bruce concordou em assinar a carta. Quando a polícia levou a carta até Lo Wei para que ele lesse e dissesse se estava satisfeito com seu conteúdo, o diretor insistiu na inserção de mais uma informação. "O Pequeno Dragão deve acrescentar o seguinte: 'Se algo acontecer comigo e eu for ferido, ele será responsabilizado'." Era tarde demais para que Bruce recuasse. Relutantemente, ele assinou a versão atualizada da carta.

Para acalmar os ânimos, Raymond Chow convidou Lo Wei e sua esposa para jantar. Eles saíram por uma porta dos fundos. Bruce saiu pela frente, para dar à imprensa a versão dele dos fatos. Ele negou ter puxado uma faca para Lo Wei, fazendo ironia com a acusação. "Se eu quisesse matar Lo Wei, eu não usaria uma faca. Seriam suficientes apenas dois dedos." Um ano antes, quando Bruce era uma novidade, a tática poderia ter funcionado. Mas ele tinha desenvolvido uma má reputação com a imprensa, e jornais e cartunistas o criticaram, pintando Bruce como o filho indisciplinado que desrespeita um pai idoso.

Na noite seguinte, Bruce tinha uma entrevista marcada na TV com Ivan Ho, um popular apresentador de *talk shows*. Incomodado com a cobertura da imprensa, Bruce disse a Ivan, durante a pré-entrevista, que pretendia negar que havia puxado uma faca para Lo Wei e que queria usar Ivan para demonstrar por que ele não precisava de uma faca para machucar alguém. "Eu só vou dar um soco no seu braço", explicou. "Quando eu bater em você, você sentirá alguma potência, mas não entre em pânico, não vou machucar seu ombro. Não tente resistir. Apenas relaxe e deixe fluir e você vai ficar bem. O público vai adorar ver você cair sobre o sofá."

Durante a entrevista, ao vivo, Bruce negou ter usado a faca, disse que era ridículo supor que ele precisaria usar uma faca contra um homem idoso como Lo Wei, e pediu a Ivan Ho que se levantasse para que ele pudesse demonstrar por que estava afirmando aquilo. Assim como eles haviam ensaiado, Bruce deu um soco rápido como um raio no ombro de Ivan Ho, que voou em direção ao sofá. Tudo funcionou como planejado, mas o efeito da cena na plateia não foi o planejado por Bruce. O soco foi tão rápido que deu a impressão de que Bruce havia acertado o rosto do popular apresentador de TV. "O resultado foi chocante", diz Ivan Ho. "Os espectadores pensaram que havia sido real. Eles não estavam cientes de nossa combinação. Pareceu que era sério."

Bruce recebeu outra saraivada de críticas dos jornais por agredir uma personalidade popular da TV. Para alguém que era tão competente para encantar as pessoas com seu charme, Bruce se viu completamente perdido com a situação. É impossível saber se a razão foi a fama repentina, o estresse mental, a tensão física ou os danos neurológicos de efeito retardado causados pelo colapso, mas o certo é que havia algo errado com Lee.

Uma semana depois, no dia 19 de julho, Raymond Chow e Bruce Lee almoçaram com Nancy Kwan, a estrela de *O Mundo de Suzie Wong*, sua aluna e amiga da época em que Bruce trabalhou no filme *Arma Secreta contra Matt Helm*. Eles queriam Nancy no papel principal feminino de *Jogo da Morte*. Mas Bruce não conseguiu se concentrar na tarefa que deveria desempenhar. Irritado e frustrado, ele criticou Chow por se recusar a pagar a ele o dinheiro que Bruce acreditava ser seu por direito. "Ele ficava dizendo que Raymond não estava sendo justo com ele", lembra Nancy. "Eu nem queria ouvir aquilo tudo, mas ele não parava de falar de Raymond. Ele dizia: 'Eu não estou recebendo o que é meu por direito'."

Quando não suportou mais, Nancy interrompeu: "Bruce, o que você está fazendo? Você precisa se comportar. Você está criticando Raymond, mas todos estão falando sobre você e Betty. Você não deveria se comportar assim".

"Ah, Nancy, isso não significa nada", Bruce tentou minimizar. "É apenas um caso."

"Todos estão falando sobre isso."

"É só um caso. Eu vou me livrar dela. Ela não significa nada para mim. Eu tenho um monte de garotas."

"Pense na sua esposa", disse ela, repreendendo-o como se fosse uma irmã mais velha. "Ela é uma americana aqui, sozinha, com dois filhos."

"Eu amo minha esposa", disse Bruce, profundamente incomodado com as palavras de Nancy.

"Mas não imagino que seja muito agradável para ela, uma americana, aqui, com todo mundo falando sobre isso", continuou Nancy.

Chow interveio: "Ela está certa, Bruce".

"Cala a boca, Raymond", Bruce rebateu. "O que você sabe sobre isso? É só um caso."

O altar de Bruce Lee no Serviço Funerário de Kowloon,
25 de julho de 1973. (*David Tadman*)

24
O Último Dia de Bruce Lee

Na manhã do dia 20 de julho de 1973, Bruce escreveu uma carta para seu advogado norte-americano, Adrian Marshall, abordando as várias grandes oportunidades em jogo, incluindo a proposta da Warner Bros. para a realização de uma série de filmes e outra proposta da Hanna-Barbera para a criação de uma série de desenhos animados baseada em sua vida. Havia também ofertas para livros, roupas e patrocínios. Bruce Lee estava criando um império.

Depois de terminar de escrever a carta e enviá-la, Bruce deixou sua mansão em Kowloon Tong e foi de carro até os estúdios da Golden Harvest. Lá ele se encontrou com George Lazenby, o James Bond australiano, para discutir com mais detalhes a participação do ator em *Jogo da Morte*. Andre Morgan, o único membro do estúdio que tinha o inglês como língua materna, juntou-se a eles. Como Bruce já havia filmado grande parte da sequência final do filme, o objetivo era encontrar uma forma de incluir Lazenby na história. "Nós ficamos por ali batendo papo e jogando conversa fora", lembra Morgan.

Após a reunião, Bruce passou no escritório de Raymond Chow para conversar sobre seu interesse na participação de Lazenby em *Jogo da Morte*. Chow sugeriu um jantar para formalizar o acordo. Bruce voltou para o escritório de Morgan e ofereceu a ele um pouco de haxixe. Ambos fumaram um pouco. Bruce e Andre tinham combinado de levar George para almoçar fora, mas Bruce tinha outros planos e cancelou o almoço. Ele queria ir ao apartamento de Betty Ting Pei para um pouco de sexo no meio do dia. O motorista do estúdio levou Lazenby de volta para o hotel e Bruce prometeu voltar ao estúdio à tarde para definir o valor que ofereceriam a Lazenby.

Bruce entrou em seu Mercedes e chegou ao apartamento de Betty, no segundo andar de um edifício localizado no número 67 da Beacon Hill Road, por volta das 13 horas. O quarto tinha piso e paredes de madeira e cortinas pesadas de tecido azul. Eles passaram várias horas sozinhos. "Eu era a namorada dele", diz Betty. Eles fizeram sexo e fumaram haxixe, mas não consumiram álcool nem drogas pesadas. Bruce estava maravilhado com o encontro que tivera com George Lazenby e o que isso significaria para seu filme. Ele ofereceu a Betty o papel da personagem feminina pela qual o herói se apaixonaria. Betty diz que não se sentiu confortável com a oferta, porque não se sentiria à vontade representando o papel de par amoroso de Bruce sendo sua amante na vida real. "Eu não queria fazer o filme", diz ela. "Eu me sentiria desconfortável ao contracenar com alguém que amo."

Raymond Chow chegou ao apartamento da Betty por volta das 18 horas. Não se sabe ao certo por que Chow e Morgan tinham ficado a tarde toda esperando pelo retorno de Bruce à Golden Harvest para discutirem a oferta que fariam a Lazenby. Talvez Raymond tenha telefonado para Bruce perguntando quando ele voltaria para o estúdio e Bruce tenha pedido para Raymond encontrá-lo no apartamento de Betty. Se Betty estava de fato resistindo à ideia de aceitar o papel no filme, talvez Bruce quisesse a ajuda de Raymond para convencê-la. Ou talvez ele apenas quisesse alguém que os acompanhasse ao jantar para evitar suspeitas.

Era um dia quente e abafado, com a temperatura ultrapassando os 32 °C e a umidade relativa do ar em 84% – o dia mais quente do mês. "Bruce não estava se sentindo muito bem", lembra Chow. "Eu também não estava me sentindo muito bem. Acho que bebemos um pouco de água, e ele começou a representar." Bruce estava muito entusiasmado com *Jogo da Morte*, então ele se levantou e passou todas as cenas. "Ele sempre foi muito ativo", diz Raymond. "Quando atuava, ele se entregava de corpo e alma. Então, isso provavelmente o deixou um pouco cansado e com sede. Depois de beber água ele parecia um pouco atordoado."

Imediatamente após sentir-se tonto, Bruce reclamou de uma dor de cabeça. Isso aconteceu por volta das 19h30, quando eles deveriam sair para pegar Lazenby para o jantar. Betty já estava vestida e pronta para sair, mas a dor de cabeça de Bruce havia piorado. Quando ele disse que queria descansar, Chow levantou-se e tentou sair. "Raymond pensou que era uma desculpa", lembra-se Betty, com um sorriso. Betty deu a Bruce um comprimido contendo Etoeptazina, uma droga comumente indicada para alívio de dores. Ela diz que não era a primeira vez que Bruce usava o medicamento: "Bruce já tinha tomado esses comprimidos antes".

Raymond sugeriu sair para buscar Lazenby e que eles se encontrassem mais tarde. Bruce foi para o quarto de Betty, tirou as roupas e deitou-se sobre o colchão, que estava colocado diretamente sobre o chão. Betty fechou a porta do quarto, foi até a sala de estar, ligou a TV e sentou-se no sofá. Raymond saiu por volta das 19h45 para pegar Lazenby no Hyatt e levá-lo a um restaurante japonês localizado no Hotel Miramar.

Após meia hora esperando no bar do restaurante ao lado de Lazenby, Chow ligou para o apartamento de Betty. Ela disse que Bruce ainda estava dormindo e que seria melhor que Raymond e George jantassem sem eles. Quando o jantar de negócios terminou, às 21h30, Raymond telefonou novamente para Betty. Ela disse que Bruce ainda dormia, mas que dessa vez tentaria acordá-lo. Para não incomodá-lo, Betty abriu a porta lentamente, entrou no quarto, ajoelhou-se ao lado dele e sussurrou: "Bruce, Bruce". Ele não se moveu. Betty então tocou o ombro dele e falou, dessa vez em um tom de voz um pouco mais alto: "Bruce, Bruce", mas ainda assim ele não reagiu. Entrando em pânico, ela sacudiu Bruce, gritando: "Bruce! Bruce!".

Histérica, Betty telefonou para Raymond no restaurante, dizendo que não havia conseguido acordá-lo. Raymond lhe pediu que se acalmasse e disse que estava indo para lá. A mente de Raymond viajou para o dia 10 de maio, quando Bruce quase morreu devido a um edema cerebral. Ele ligou para a casa do dr. Langford, o médico que salvara a vida de Bruce naquela ocasião, mas a linha estava ocupada. Raymond acelerou pelas ruas em direção ao apartamento da Betty. Isso aconteceu muito antes do advento dos telefones celulares, e Raymond foi durante todo o trajeto estacionando o carro perto de telefones públicos para tentar contato com Langford, mas a linha seguia ocupada (mais tarde ele ficou sabendo que a filha de Langford estava falando ao telefone com o namorado).

Quando chegou ao apartamento, Chow encontrou Bruce deitado no colchão, nu, e Betty ao lado dele, em estado de choque.

"Bruce, Bruce, Bruce...", ela continuava dizendo, com a voz rouca.

Bruce Lee não respondia. Raymond Chow percebeu que era tarde demais: sua estrela já estava morta.

Enquanto olhava para o corpo sem vida de Bruce e para Betty aos soluços ao lado dele, Raymond deve ter percebido o enorme perigo da situação. O homem mais famoso de Hong Kong estava morto na cama de sua amante, e ele e Betty eram as únicas testemunhas do ocorrido. O escândalo os destruiria. A imprensa os culparia. Aquilo poderia acabar com a carreira de ambos, talvez até mesmo levar a problemas com a Justiça. Se o objetivo original de Raymond era salvar a vida de Bruce, agora seu objetivo imediato era claro: Bruce Lee tinha que morrer em algum outro lugar que não fosse o apartamento de sua amante.

Raymond vestiu Bruce. Ele abotoou a camisa, vestiu as calças de estilo europeu e amarrou os cadarços das botas de salto alto. Chow pode ter considerado a possibilidade de transportar o corpo para a casa de Bruce, que ficava a apenas cinco minutos de carro dali. Talvez ele também tenha considerado a possibilidade de levar o corpo para o Hospital Baptist, para onde Bruce tinha sido levado no dia 10 de maio. O hospital estava a apenas três minutos da casa de Betty. A morte de uma superestrela na sua própria casa ou em um hospital chocaria o público, mas não o escandalizaria.

Chow acabou decidindo chamar um médico. Ele disse a Betty Ting Pei para ligar para o clínico geral dela, dr. Eugene Chu Poh-hwye, que trabalhava no Hospital Baptist. Betty telefonou para o dr. Chu e pediu que ele fosse até lá atender um amigo que precisava de ajuda. Ela não disse ao médico o nome do paciente nem as condições dele.

Quando o dr. Chu chegou, encontrou Bruce Lee deitado na cama em coma profundo. Não era possível sentir seu pulso nem ouvir seu batimento cardíaco. Ele não estava respirando e não havia sinal de vida. Ele tentou reanimar Bruce por dez minutos, sem sucesso.

Nesse ponto, deve ter ficado muito claro para o dr. Chu que Bruce Lee já estava morto quando ele chegou ao apartamento. É provável que Raymond tenha explicado ao médico a gravidade da situação e suplicado ao dr. Chu para que levasse o corpo em seu carro particular para o Hospital Baptist, que ficava a menos de um quilômetro dali, a fim de reduzir o número de testemunhas. Mas o dr. Chu decidiu chamar uma ambulância, dizendo que precisava de atendimento para uma pessoa que havia "perdido os sentidos". Os profissionais do serviço de emergência não foram informados de que a pessoa a ser atendida era Bruce Lee nem que ele já estava morto. O dr. Chu insistiu para que o "paciente" fosse levado para o Hospital Queen Elizabeth, que ficava a 25 minutos de distância do apartamento de Betty, e não para o muito mais próximo Hospital Baptist, provavelmente porque ele não queria levar aquele escândalo radioativo para o seu local de trabalho. Ele aceitara fazer parte da armação, mas com limites.

Antes de a ambulância chegar, Raymond, o produtor veterano, assumiu o controle da produção. Ele disse à Betty para não falar nada à imprensa e ligou para a esposa de Bruce: "Vá imediatamente para o Hospital Queen Elizabeth, Linda. Bruce está a caminho de lá em uma ambulância".

"Qual é o problema?", Linda perguntou.

"Eu não sei. É algo parecido com o que aconteceu da última vez."

Os dois paramédicos e o motorista da ambulância chegaram ao local por volta das 22h30, sete minutos depois do chamado. O paramédico mais experiente, Pang Tak Sun, encontrou o paciente deitado de costas no colchão e não o reconheceu de imediato. Pang não encontrou sinais de batimento cardíaco e o paciente não estava respirando. Ele executou a reanimação cardiorrespiratória e ministrou oxigênio artificial. Não houve reação. Os paramédicos levaram o corpo inerte de Bruce para a ambulância e continuaram a trabalhar sobre ele durante a longa viagem até o Hospital Queen Elizabeth. Raymond Chow e o dr. Chu foram com eles. Mais tarde, Pang explicou por que continuou tentando reanimar Bruce, mesmo muito tempo depois de haver qualquer esperança de sucesso: "Como um profissional de primeiros socorros, mesmo que uma pessoa esteja, ao que tudo indica, morta, eu devo invariavelmente tratá-la como se ainda estivesse viva e aplicar os primeiros socorros".

Linda chegou ao hospital quinze minutos antes da ambulância. Quando perguntou pelo marido, o recepcionista disse: "Alguém deve estar fazendo uma piada, não temos nenhuma informação sobre isso". Ela estava prestes a ligar para casa quando viu Bruce passando por ela na sala de emergência, inconsciente. Uma equipe de médicos começou a aplicar nele uma massagem cardíaca. "Nunca me ocorreu a ideia de que ele pudesse morrer, menos ainda que ele já estivesse morto", ela se recorda. Após cerca de um minuto, eles levaram Bruce para o andar superior e Linda correu atrás da maca. A equipe injetou medicamentos diretamente no coração de Bruce e aplicou choques elétricos. Alguém tentou afastar Linda do local, dizendo: "Você não quer ver isso", mas ela se desvencilhou e insistiu: "Deixe-me, eu quero saber o que está acontecendo". Ela então se deu conta de que a tela do aparelho de eletrocardiograma mostrava uma linha parada. Os médicos finalmente desistiram da farsa macabra de tentar reanimar um homem que havia morrido muito antes de chegar ao hospital. No fundo, Linda sabia a verdade, mas ainda não conseguia admitir para si mesma que seu marido estava morto. Ela perguntou para um dos médicos: "Ele está vivo?". Ele balançou a cabeça negativamente.

Linda ficou perambulando pelo corredor, sozinha. O chefe da equipe médica aproximou-se e perguntou se ela queria que fosse realizada uma autópsia. "Sim, eu quero saber a causa da morte dele."

Poucos minutos depois das 23h30, os telefones de Hong Kong começaram a tocar espalhando a notícia: Bruce Lee tinha morrido, aos 32 anos de idade, e a causa da morte era desconhecida.

Uma das primeiras ligações foi feita para o telefone da casa de Charles Sutcliffe, o novo chefe da polícia de Hong Kong. Ele estava promovendo uma festa em sua casa, em Victoria Peak, para membros de destaque da mídia. Assim que a notícia se espalhou pelo recinto, todos os seus convidados correram para a porta de saída. "Voltem depois que terminar", Sutcliffe disse aos repórteres que corriam para Hospital Queen Elizabeth.

Um dos convidados de Sutcliffe era o inglês Ted Thomas, um apresentador de programas de rádio que entrevistara Lee em 1971. Quando Thomas e seus colegas chegaram ao hospital, a polícia já havia isolado o local. Havia uma multidão de repórteres e técnicos de TVs, rádios e jornais na porta do hospital. "Ninguém entrou", diz Thomas.

Sem nenhuma informação oficial, rumores sobre a causa da morte de Bruce Lee se espalhavam entre os jornalistas do lado de fora do hospital. Usando os telefones públicos próximos, os repórteres telefonavam freneticamente para suas fontes buscando alguma pista. Um deles conseguiu falar com Charles Lowe, diretor assistente de *Operação Dragão,* que costumava acompanhar Bruce ao restaurante japonês onde ele bebia saquê.

"Alguém me disse que Bruce Lee morreu durante uma briga", disse o repórter. "Você confirma essa informação?"

"Isso é boato!", Lowe respondeu, sentindo uma profunda angústia. "É só um boato."

"Ele foi espancado por dez ou vinte pessoas em Tsim Sha Tsui", continuou o repórter. "Talvez você já saiba disso, não?"

"Você está louco!", gritou Lowe, desligando o telefone.

Preocupado, ele ligou para a casa de Bruce. Brandon, então com 8 anos, atendeu o telefone. "Seu pai está em casa?", perguntou.

"Não, ele não está em casa", disse Brandon, em cantonês.

"Onde ele está?"

"Filme! Filme! Filme!"

Quando Raymond e Linda se aproximaram da saída, a recepção do hospital iluminou-se com os flashes dos fotógrafos. Vendo que estavam encurralados, eles retornaram para o edifício. Raymond telefonou para a esposa e pediu para que ela fosse até lá apanhá-los. Percebendo que a mídia invadiria a casa de Bruce, Chow ligou para o dr. Langford, que morava ali perto, e perguntou se ele e Linda poderiam parar em sua casa.

Subitamente, Linda pediu para voltar para onde Bruce estava, para ver o marido de novo e certificar-se de que ele estava realmente morto. Ao lado de seu corpo, ela disse ter sentido "uma força incrível passar pelo meu corpo e espírito. A determinação e a coragem de Bruce foram transferidas para mim. Eu imediatamente entendi o que estava por vir e como deveria lidar com aquilo tudo da melhor maneira possível para Bruce, Brandon e Shannon".

A polícia chegou ao apartamento da Betty Ting Pei às 12h30. Eles não disseram a ela que Bruce estava morto e Betty, profundamente deprimida, não conseguiu perguntar aos policiais o que acontecera com Bruce. Após a ambulância ter saído de seu apartamento, ela havia telefonado para sua mãe e para o irmão mais novo, que estavam lá confortando-a quando a polícia chegou para fazer a busca no local. Eles não encontraram nenhum sinal de briga ou de discussão mais violenta. O colchão no chão estava bem arrumado. Eles levaram como evidências três copos que estavam na mesa da sala de estar, duas latas pela metade, uma de 7-Up e outra de Schweppes Ginger Beer, e um pacote aberto com os comprimidos de Etoeptazina. Betty prestou depoimento para a polícia e, considerando a similaridade entre o que ela disse e os depoimentos posteriores dela e de Raymond, parece provável que Raymond já a tivesse orientado sobre o que deveria dizer. Betty era uma atriz profissional, com habilidade para memorizar falas.

Raymond tinha conseguido ressuscitar Bruce Lee tempo suficiente para que ele pudesse ter oficialmente morrido em outro local que não apartamento de Betty. Para completar a armação, ele precisava escalar outro ator para esse drama mórbido.

Ele e Linda chegaram à casa do dr. Langford por volta das 13 horas. Linda estava sem rumo, sem saber o que fazer nem o que dizer aos repórteres. Ela amava seu marido e tinha muito orgulho dele.

"O que você sabe sobre Bruce com outras mulheres?", Linda perguntou ao dr. Langford. "Ele era mulherengo?"

"Até onde eu sei", respondeu cuidadosamente o médico, "ele não tinha nenhum outro relacionamento."

"A imprensa de Hong Kong vai devorá-lo", disse Linda.

"O que eu posso fazer para impedir que eles falem coisas horríveis sobre Bruce?"

Linda conversou com Raymond na sala de estar da casa do dr. Langford e eles decidiram juntos o que diriam aos repórteres.

Andre Morgan recebeu uma ligação de Raymond Chow no meio da madrugada. Ele correu para a Golden Harvest, onde Chow já estava em processo avançado de gerenciamento da crise. Morgan foi designado para escrever os comunicados para a imprensa de língua inglesa e Raymond assumiu as comunicações para a mídia chinesa. Depois de um debate interno, a Golden Harvest definiu a versão que seria divulgada nos textos: Bruce Lee teve um mal súbito enquanto caminhava no jardim de casa com sua esposa, Linda. A Golden Harvest chora a perda de uma grande estrela.

Por volta do mesmo horário, o Hospital Queen Elizabeth divulgou seu comunicado: o ator Bruce Lee morrera de um edema cerebral agudo, e a causa do problema ainda era desconhecida.

Com base nesses dois relatos, a imprensa de Hong Kong informou ao público que seu herói havia morrido por conta de um edema cerebral de origem desconhecida enquanto passeava no jardim de casa com sua amada esposa. "Queríamos proteger a imagem e a reputação de Bruce e proteger Linda e as crianças", explica Morgan. "Não éramos tão estúpidos a ponto de acreditar que a armação não seria descoberta. A questão era quanto tempo conseguiríamos adiar isso."

Essa versão sobre a morte de Bruce Lee resistiu por três dias.

H. S. Chow, um intrépido repórter que havia escrito sobre Bruce Lee várias vezes para o *The China Mail*, desconfiou do singular relato da Golden Harvest e começou a entrar em contato com suas fontes. Todos os hospitais de Hong Kong mantinham registros dos endereços visitados pelas ambulâncias. Chow precisou de apenas dois dias para encontrar o registro certo, localizar o motorista e convencê-lo a falar. A ambulância número 40 tinha ido buscar Bruce Lee em um apartamento localizado no segundo andar do número 67 da Beacon Hill Road, mas a casa de Bruce ficava no número 41 da Cumberland Road. Depois de mais alguns telefonemas, H. S. Chow descobriu que a moradora do apartamento da Beacon Hill Road era Betty Ting Pei. "Maldito H. S. Chow", diz Morgan. "Algum tempo depois, contratamos esse jornalista para ser um dos assessores de imprensa da Golden Harvest."

Em 1973, Hong Kong tinha quatro jornais diários publicados em inglês e 101 publicados em chinês, publicações que disputavam as atenções de 1,25 milhão de leitores. Foi nesse ambiente de feroz competitividade que nasceu a célebre "Imprensa Mosquito", formada por publicações sensacionalistas que "imprimem com uma picada". A descoberta da armação, que encobrira o fato de que a maior estrela de Hong Kong na verdade morrera no apartamento de uma atraente atriz, gerou uma nuvem de mosquitos. Sob a manchete "Quem Está Deitada sobre a Morte de Li", o *The China Mail* escreveu: "O astro de cinema Bruce Li passou suas últimas horas no apartamento da bela atriz Ting Pei, e não em sua própria casa, como havia sido relatado anteriormente". O *The China Star* estampou em sua primeira página: "O Colapso de Bruce Lee".

Desmascarado tão rapidamente, Raymond Chow parou de atender as ligações da imprensa e tentou se reorganizar. Betty foi deixada sozinha para enfrentar a mídia. Ela cometeu o erro insensato de tentar reforçar a versão inicial, que havia sido desmentida. "Na sexta-feira à noite, quando ele morreu, eu não estava em casa, tinha saído com a minha mãe", disse aos repórteres. "Eu vi Bruce pela última vez vários meses atrás, quando nos encontramos na rua." O irmão mais velho de Bruce, Peter, deu suporte à história de Betty e descartou as informações publicadas no *The China Mail* como "fantasia".

Para derrubar as declarações de Betty, os tabloides entrevistaram vizinhos dela, que confirmaram que Lee visitou regularmente o apartamento durante os meses anteriores à sua morte. O *The China Star* publicou uma manchete com duplo sentido: "O Quarto Perfumado de Betty Ting Pei Matou o Dragão".

Depois de dias de ataques na imprensa, Raymond, articulado com Linda e Betty, inventou uma nova história. Em um exemplo clássico de tentativa de enrolar a imprensa, eles admitiram o que não podia ser negado e negaram o que a imprensa não seria capaz de provar. Para defender a reputação de Bruce como um bom pai de família e proteger Linda e as crianças (sem mencionar o pesado investimento da Golden Harvest em *Operação Dragão*, com o filme prestes a ser lançado), eles refutaram qualquer relacionamento amoroso entre Bruce e Betty. Para evitar problemas legais para Betty e Raymond, eles sustentaram a versão de que Bruce havia morrido no Hospital Queen Elizabeth. Tudo isso exigiu a elaboração de uma nova cronologia dos fatos. Não era possível admitir que Bruce estivesse sozinho com Betty. Era preciso um acompanhante.

Segundo o novo relato de Linda, "era por volta do meio-dia do dia 20 de julho de 1973, e eu estava pronta para sair da nossa casa em Kowloon para almoçar com uma amiga. Bruce estava no escritório. Ele me disse que Raymond Chow viria em casa naquela tarde para falar sobre o roteiro de *Jogo da Morte* e que provavelmente eles iriam depois jantar com George Lazenby. Bruce estava envolvido com o seu trabalho, como sempre, quando eu me despedi dele. Foi a última conversa que tive com meu marido".

Raymond afirmou que chegou à casa do ator às 15 horas. Eles trabalharam juntos no roteiro de *Jogo da Morte* até às 17 horas, quando se dirigiram ao apartamento de Betty Ting Pei para oferecer a ela o papel principal no filme. Foi uma reunião de negócios e nada mais. Betty e Bruce eram apenas amigos.

Às 19 horas, Bruce queixou-se de uma dor de cabeça. Às 19h30, a dor se tornou mais intensa e Betty lhe ofereceu um comprimido de Etoeptazina, que contém 325 mg de aspirina e 200 mg de meprobamato, um relaxante muscular suave. Bruce foi para o quarto de Betty e se deitou. Raymond saiu para buscar Lazenby.

Depois de Raymond ligar várias vezes para perguntar sobre Bruce, Betty percebeu que não conseguia acordá-lo. Raymond dirigiu-se imediatamente para o apartamento. Quando chegou lá, Bruce parecia estar dormindo um sono muito pesado. Ele também não conseguiu acordar Bruce. Betty ligou para seu médico particular, dr. Eugene Chu Poh-hwye, pedindo que ele fosse até lá para atender um amigo. Depois que o dr. Chu examinou Bruce, ele chamou uma ambulância e instruiu os paramédicos para levarem Bruce ao Hospital Queen Elizabeth. Bruce foi oficialmente declarado morto no hospital, às 23h30.

Essa versão atualizada da morte de Bruce Lee resistiria por trinta anos.

O irmão mais velho de Bruce, Peter, identificou o corpo no necrotério do Hospital Queen Elizabeth às 14h30 do dia 23 de julho. De acordo com o desejo de Linda e da polícia que investigava o caso, foi realizada uma autópsia completa, que ficou a cargo do dr. R. R. Lycette. "O corpo é o de um homem chinês forte, com aproximadamente 30 anos de idade e 1,72 metro de altura", lê-se no relatório da autópsia do dr. Lycette. O exame não encontrou nenhuma evidência de causa intencional da morte. "Não há contusões no couro cabeludo e o crânio não apresenta nenhuma evidência de fratura ou lesão, recente ou antiga. Não há marcas de perfuração por agulhas, recentes ou antigas." O coração dele estava normal, assim como estavam os vasos sanguíneos de seu cérebro. A causa da morte de Bruce não fora um ataque cardíaco nem um aneurisma cerebral. As únicas anormalidades que o dr. Lycette encontrou foram congestão nos pulmões, nos intestinos e nos rins e inchaço no cérebro. "O cérebro está muito tensionado sob a camada dura-máter. O cérebro tem um peso de 1.575 gramas. Um cérebro normal pesa até 1.400 gramas."

A conclusão do médico: "Congestões e edema do cérebro (ou seja, acúmulo excessivo de líquidos) foram a causa imediata da morte. A congestão dos pulmões e de outros órgãos sugere com bastante segurança que o edema cerebral primeiro interrompeu a função respiratória, enquanto o coração continuava a bombear sangue para as artérias do corpo, que estavam se dilatando pela falta de oxigênio. O edema finalmente causou a falência dos centros cardíacos no cérebro e fez o coração parar".

Apesar da segurança do dr. Lycette ao determinar que um edema cerebral agudo (inchaço do cérebro) foi a causa da morte de Bruce, continuava sendo um mistério o que motivara o edema. "As descobertas não fornecem nenhuma evidência definitiva sobre o que motivou o edema cerebral." Mas a última linha da autópsia sugeria uma linha de investigação: "É possível que o edema tenha sido resultante de uma intoxicação por drogas".

O que levou o dr. Lycette a essa conclusão foram os dois itens que ele encontrou no estômago de Bruce: restos da pílula Etoeptazina e traços de maconha (haxixe). Suspeitando da maconha, o dr. Lycette procurou o dr. Donald

Langford e o dr. Peter Wu, os dois médicos que haviam salvado a vida de Bruce no dia 10 de maio. Langford e Wu já estavam convencidos de que a maconha tinha sido a responsável pelo primeiro evento de desmaio e convulsões de Bruce. Eles convenceram o dr. Lycette de que a maconha era a responsável pela morte de Bruce. "Acredito que a causa mais provável da morte seja a intoxicação pela maconha", dr. Lycette escreveu em uma carta, "por uma reação alérgica à droga ou por conta de uma overdose."

Assim que o dr. Lycette descobriu haxixe no estômago de Bruce, alguém que trabalhava com ele vazou a informação para a imprensa. Surpreendentemente, em uma colônia que em 1973 registrou a apreensão de 1.748 quilos de ópio, 399 quilos de morfina e 50 quilos de heroína, a maconha ainda era considerada pela polícia de Hong Kong, pela imprensa e pelo público em geral um grande mal, uma droga *hippie* ocidental mortífera que fez os jovens se voltarem contra seus pais. Os tabloides divulgaram que Bruce Lee tinha consumido maconha antes de morrer. A história tinha todos os elementos de um escândalo perfeito: sexo, drogas, fraude e morte. "A imprensa de Hong Kong simplesmente enlouqueceu", lembra Linda.

O encontro vespertino entre Bruce e Betty foi transformado em uma orgia regada a drogas. Começando com o vazamento da informação sobre o uso de maconha, a imprensa foi adicionando drogas ilegais nos relatos, fazendo com que Bruce passasse de um apaixonado por exercícios físicos e saúde a um viciado descontrolado. Os tabloides relataram como verdade, a seus crédulos leitores, que Bruce havia morrido por conta de uma overdose de "707", o equivalente de Hong Kong ao afrodisíaco *Spanish Fly*, uma substancia supostamente estimulante sexual daquela época anterior ao Viagra. Em seguida, eles foram associando Bruce a uma infinidade de outras drogas, entre elas o LSD, a heroína e a cocaína. Em 25 de julho, o *The Oriental Daily* publicou o seguinte: "Chegou ao nosso conhecimento que um canudo e vários saquinhos de papel cheios de pó foram encontrados no leito de morte de Lee".

Começando pela "promíscua" Betty, a imprensa foi inventando histórias com diversas atrizes, transformando Bruce de um super-herói em um supermulherengo. "A imprensa decidiu que poderia apimentar um pouco mais a história, incluindo não apenas Betty Ting, mas todas as suas 'outras amantes'", diz Andre Morgan. "O que eles fizeram foi vasculhar todos os arquivos de imagens da imprensa e pegar todas as fotos de Bruce ao lado de atrizes conhecidas. Eles tinham cinco páginas dele com garotas diferentes, sabe como é, dando abraços, sorrindo, todas essas coisas. As histórias publicadas eram absurdas, que ele teria morrido em consequência de uma overdose, que ele teria morrido por fazer muito sexo, que teria morrido com o pênis ereto, que teria sido esfaqueado por marginais, que teria sido envenenado por um criado. Havia uma versão segundo a qual ele na verdade ainda estava vivo."

Muitos admiradores não conseguiam aceitar que alguém tão jovem e cheio de vida como Bruce Lee houvesse partido. Segundo uma reportagem do *The China Mail*, malaios em Penang achavam que as notícias sobre a morte de Lee eram um golpe publicitário para divulgar a estratégia de marketing para a divulgação de *Jogo da Morte*. "Os fãs travam discussões acaloradas sobre o tema e estão fazendo apostas", lê-se no texto.

Bruce tinha tornado muito tênue a linha que separava sua vida pessoal de seus personagens nas telas, e por isso os fãs queriam transformar sua morte em mais um filme de Bruce Lee. "Há quem acredite que artistas marciais japoneses tenham participado da morte de Lee. Além da tradicional rivalidade entre japoneses e chineses, Lee sempre reservou um especial veneno contra o karatê e o judô japoneses", escreveu Alex Ben Block na primeira biografia escrita sobre Bruce Lee, em 1974. "Há no Japão uma tradição de assassinos conhecidos como ninjas. Todos os ninjas eram habilidosos químicos, capazes de preparar vários tipos de veneno."

Se não tinham sido os ninjas, poderia ter sido um mestre de *kung fu* invejoso, usando o superpoder mágico do toque da morte retardada (*dim mak*, em cantonês). "Um malaio chamado Kay Wah Lee dedicou a maior parte da vida ao estudo do antigo sistema do golpe da morte retardada", escreveu Block. "Ele afirma ser possível que uma pessoa tocada enquanto caminha pela rua venha a morrer dois anos depois (ou qualquer que seja o tempo determinado) como consequência desse toque."

Apesar de a imprensa alimentar esse tipo de fantasia típica de filmes de *kung fu*, a maior parte da cobertura girava em torno de conspirações carnais. "Durante uma recente corrida de táxi em Taiwan, a conversa foi sobre a morte de Lee", escreveu Don Atyeo na segunda biografia de Lee, de 1975. "'Ah, sim', acenou com a cabeça o motorista do táxi, 'muito sexo'. Isso resume a opinião da população do Oriente."

Os boatos segundo os quais Lee teria morrido com o pênis ereto eram tão intensos que os repórteres dos tabloides subornaram funcionários do serviço funerário para tirar fotos de seu cadáver. "Paguei 1.500 dólares de Hong Kong à esteticista do necrotério para que ela me deixasse tirar fotos do cadáver de Lee", diz Patrick Wang, fundador do tabloide *Kam Yeh Pao*. "Depois de fotografar o rosto dele, tentei tirar fotos da parte de baixo do corpo. A mulher me empurrou e me colocou para fora do necrotério, dizendo que ela acabaria sendo demitida por minha causa."

Embora Patrick Wang não tivesse conseguido provar a tese do priapismo, as fotografias do rosto de Bruce mostravam inchaço. Quando as imagens do funeral de Bruce em Hong Kong confirmaram, sob o vidro do caixão, um rosto inchado e distorcido, surgiu uma nova rodada de teorias conspiratórias: isso era uma prova de que Bruce havia sido envenenado! Segundo Andre Morgan, a explicação era mais banal: o inchaço era resultado de um trabalho de embalsamamento malfeito. "Quase todos os corpos em Hong Kong são cremados, porque as sepulturas são muito caras", diz Morgan. "A verdade é que eles eram péssimos embalsamadores."

Após o funeral de Bruce em Hong Kong, Linda Lee deu uma declaração pública no Aeroporto Kai Tak, antes de embarcar para Seattle, onde enterraria o marido. Ela suplicou para que a imprensa e a população parassem de fazer especulações a respeito da morte de Bruce. "Embora ainda não tenhamos o relatório final da autópsia, não suspeito de nada além da morte natural. Eu não acho que nenhuma pessoa ou pessoas sejam responsáveis por sua morte. O destino tem caminhos que não podemos mudar. A única coisa que importa é que Bruce se foi e não vai mais voltar." Um representante da Golden Harvest disse: "Agora que um grande astro está morto, é o desejo da maioria das pessoas do mundo do cinema que ele morra como um herói. As reportagens, se forem verdadeiras, vão sem dúvida arruinar sua imagem e partir o coração de muitos fãs de Lee".

Os desolados fãs de Hong Kong ficaram furiosos com a decisão de Linda de levar o corpo para Seattle. "Havia muita hostilidade, raiva e desconfiança", afirma Morgan. "Suspeitava-se de que tinha havido um jogo sujo, que tudo fora uma armadilha, que ele tinha sido sequestrado." Para tentar dissipar essas suspeitas, a Golden Harvest enviou um cinegrafista para o funeral de Bruce em Seattle. A ideia era filmar a cerimônia e mostrar as imagens para a mídia de Hong Kong posteriormente, mas isso só piorou a situação.

Para transportar o corpo de Hong Kong para os EUA de acordo com as determinações legais, o caixão, cujo interior era revestido por seda branca e contava com um invólucro de vidro protetor, foi lacrado dentro de um recipiente para transporte revestido internamente com chumbo e depois colocado dentro uma caixa de madeira. Quando a caixa foi aberta, em Seattle, o exterior do caixão estava muito danificado por causa da fricção com o chumbo ocorrida durante a viagem. Quando o caixão foi aberto, Andre Morgan deu-se conta de que o interior de seda branca estava manchado com o azul do terno de Bruce. "O compartimento de carga do 747 não é pressurizado", explica Morgan. "Antes de sairmos, o vidro tinha selado o ar de Hong Kong, a 32ºC e 98% de umidade, no interior do caixão. Quando a altitude do 747 se estabilizou, a 11.500 metros de altura, o ar se condensou dentro do vidro e começou a pingar. Foi como se acontecesse uma pequena tempestade dentro do caixão." Morgan decidiu que seria necessário um novo caixão e comprou o modelo mais parecido com o original que conseguiu encontrar: "O novo caixão era de um marrom um pouco mais escuro, com o interior revestido de veludo plissado".

Os atentos telespectadores de Hong Kong notaram a diferença entre os caixões e acusaram a Golden Harvest de ter trocado os corpos. "Tudo ficou fora de controle", diz Morgan, "apesar de serem coisas muito fáceis de explicar." As tentativas de esclarecimento do ocorrido só levaram a novas especulações. O caixão arranhado e manchado foi visto como um sinal de que a alma de Bruce não estava em paz. Todos tornaram-se subitamente adivinhos em busca de presságios. Alguns culparam o *feng shui*: no dia 18 de julho, um tufão atingira Hong Kong e arrancara o baguá espelhado de *feng shui* (uma pequena moldura octogonal de madeira) que Bruce havia instalado no telhado de sua casa, mas, antes que pudesse substituí-lo, ele morreu. Outros acreditavam que ele tinha sido amaldiçoado: a mudança de Lee, o Pequeno Dragão, para o bairro de Kowloon Tong, que em cantonês significa "Lago dos Nove Dragões", teria causado raiva e sentimentos de rivalidade entre aquelas feras mágicas, que por isso teriam acabado com ele.

Toda essa especulação febril teve efeitos no mundo real, como a perseguição implacável da imprensa a Betty Ting Pei. "Parece que as pessoas querem que eu morra", lamentou-se ao *The China Star*, "e, se isso continuar, eu não quero mesmo continuar a viver. Bruce está morto. Por que vocês não param com isso?" Seus apelos não detiveram a investida da imprensa nem a publicação de novas reportagens negativas. Ela ameaçou então processar os órgãos de imprensa se a série de calúnias continuasse. Em resposta, um dos tabloides deu a manchete na primeira página "Betty Ting, Processe-nos!", seguida de um texto com uma nova lista de revelações, fazendo com que a jovem de 26 anos se trancasse em seu apartamento. Uma de suas amigas íntimas disse o seguinte: "Ela não faz mais nada além de assistir televisão".

A virulência da cobertura de imprensa e o caldeirão fervente de suspeitas venenosas fizeram com que a situação tomasse um rumo verdadeiramente assustador. Estudantes em Kuala Lumpur fizeram manifestações com cartazes em que se lia frases como "Betty Matou Bruce". Começaram a circular boatos em Hong Kong de que haviam contratado alguém para matar Betty. No início de agosto, a polícia foi avisada sobre uma ameaça de bomba, e os policiais encontraram um pacote de papel pardo suspeito em uma praça, em que se lia "Betty Ting sabe a causa da morte de Bruce Lee" em chinês. A bomba era falsa, havia apenas lixo dentro do pacote, mas nas semanas que se seguiram ao ocorrido foram encontradas mais três bombas falsas plantadas pela cidade com mensagens como "Vingança para Bruce Lee".

O governo colonial britânico podia ignorar sem maiores problemas um escândalo envolvendo uma celebridade, mas ameaças de bomba eram algo mais sério. A memória dos motins esquerdistas de 1967, que ameaçaram o controle britânico sobre Hong Kong, ainda estava viva. A violenta revolta tinha começado com uma questão trabalhista de menor relevância. Radicais pró-comunistas chineses, que queriam expulsar os britânicos e reunificar Hong Kong e a China continental, plantaram bombas verdadeiras, além de uma quantidade ainda maior de bombas falsas, por toda a cidade – foram mais de 8 mil bombas no total, entre verdadeiras e falsas. Políticos, jornalistas e policiais favoráveis ao controle britânico foram mortos, assim como muitas vítimas inocentes.

Cada vez mais preocupados com a possibilidade de que a situação saísse do controle, o governo viu-se obrigado a agir. As autoridades ordenaram uma ampla investigação sobre a morte de Bruce Lee.

Widow says she was aware Li sometimes took cannabis

Bruce Li took very good care of his health and would not have been so foolish as to take cannabis more than "just occasionally."

This was stated by Mrs Linda Li at the resumed hearing of the inquest into the death of actor Bruce Li in Tsun Wan Court yesterday.

Earlier, she admitted before the Coroner Mr Elbert C. K. Tung, that she was aware of the fact that her husband took cannabis occasionally.

She said she learned about this when her husband collapsed in a film studio in May this year.

Mrs Li said during a conversation between a Dr Peter Wu and her husband, cannabis was mentioned and Li admitted he took a leaf of cannabis before he collapsed.

Dr Wu told Li it was harmful for him to take drugs.

Li subsequently went to the United States for a thorough examination and discussed the effects of cannabis with a neurologist who stated it was not harmful if it was taken in moderation.

The neurologist, Dr David Reisbord, felt that cannabis had nothing to do with Li's collapse.

Mrs Li noted that after the examination, her husband continued to take cannabis occasionally and there were no after effects.

Medical reports on Li by Dr Reisbord were submitted to Mr Tung by Crown Counsel Mr J. Duffy.

Mr Duffy said Dr Reisbord would not be coming to Hongkong to give evidence.

It was stated in Dr Reisbord's report that Li was given a prescription for a convulsive disorder which had to be taken three times a day.

He took it regularly up to the day he died, said Mrs Li.

She denied that Li had ever had epilepsy.

"The word was never used and the subject was never raised by myself, Bruce Li nor Dr Reisbord," she said.

When asked by Mr Duffy whether Li had ever taken any form of drugs, Mrs Li said several years ago Li hurt his back in the United States and occasionally took a pain-killing drug.

She added that the pain-killing drug was prescribed in the United States and is known in Hongkong as "Doloxene." The drug caused no side effects.

She said her husband was in a good health up till May this year, although he did show signs of being tired.

When asked whether Li worried about his health, she replied that a doctor had once told Li that he was as fit as an 18-year-old boy.

When asked by Mr D. Yapp of Deacons, who is holding a watching brief for the American International Assurance Company, if she was aware Li took cannabis before he came to Hongkong in 1972, Linda's counsel, Mr Brian Tisdall of Johnston Stokes and Masters, immediately objected to the question on the grounds that it was irrelevant.

After a minute of heated argument between the two counsel, Mr Tung over-ruled Mr Tisdall's objection.

Mrs Li replied that she was not aware.

She agreed that she only learned about this after she came to Hongkong, but not soon after she arrived.

Mr Tung then reminded Mrs Li that she did not have to answer any questions that might tend to incriminate her.

She said it was between March or April that she became aware of the fact that Li was taking cannabis.

At the start of the hearing, Mrs Li told the court that on the day of Li's death she left the house alone at about 12.30 pm.

When she left Li appeared to be "fine and fit", Mrs Li said.

She said Li told her that he would be having a meeting with Mr Chow and would probably not be home for dinner.

Mr Raymond Chow, the head of the Golden Harvest film studio, caused a minor commotion in court when he denied in his testimony that he had ever spoken to the press about the place in which Li had died.

This immediately drew response from about 40 reporters covering the inquest.

"Within an hour or so after Li was certified dead, I gave a statement to the police stating all the facts. I can say that the statement I gave is what I said in court," Mr Chow said.

At an earlier hearing, Mr Chow had told the court that Li was found unconscious in actress Betty Ting-pei's house in Beacon Hill Road.

However, it was reported in all the newspapers and on television that Mr Chow had said Li died at his home in Cumberland Road.

Mr Tisdall explained that at the time there was a great deal of stress and the remarks were made with the permission of Mrs Li.

Earlier, Mr Chow admitted that he had told an ambulanceman escorting Li to Queen Elizabeth Hospital that Li had an attack that was something like epilepsy.

He said, however, that he could not remember whether he had mentioned it to a doctor at the casualty ward because of the confusion.

Mr Chow recalled that on May 10 while he was working in his office at the Golden Harvest studio, one of his employees rushed into his office and said Li had collapsed in the dubbing studio.

"Li had been working there the whole day, so I asked someone to call a doctor and I rushed into the studio.

"I saw Li was having difficulty in breathing, he was making a loud noise and was shaking," Mr Chow said.

"I called Dr Langford at the Baptist Hospital and he told me to rush Li to the hospital immediately," Mr Chow said.

Mr Chow agreed with Mr Tisdall that in all the films Li made as an adult, they involved a great deal of fighting.

He noted that Li had received accidental blows during the shooting of the films.

During the last completed picture, "Enter the Dragon" Li had received accidental blows during the shooting session

MRS LI AND HER LAWYER, MR BRIAN TISDALL.

Reportagem publicada pelo *South China Morning Post* no dia 18 de setembro de 1973, após o depoimento de Linda diante do júri. O texto aborda o uso de maconha por parte de Bruce, uma das questões-chave do processo, que tinha como objetivo determinar a causa da morte do ator. A reportagem destaca a declaração de Linda Lee confirmando que o marido fazia uso ocasional de maconha. (Cortesia de Steven Hon/*South China Morning Post*)

25

O Inquérito

O mecanismo legal usado para a investigação da morte de Lee foi um inquérito do médico-legista,* um processo judicial presidido por um juiz e três jurados. Raramente usado, exceto em casos de muita visibilidade como a morte de Jimi Hendrix em Londres, esse tipo de processo tem por finalidade determinar se a morte ocorreu por suicídio, homicídio, causas naturais ou acidente, para que essa decisão possa ser utilizada em qualquer procedimento legal subsequente. Por exemplo, o homicídio como a causa da morte é um pré-requisito para um julgamento criminal, enquanto um suicídio pode permitir que a empresa de seguros de vida não pague o prêmio da apólice.

Ao instaurar um inquérito, o objetivo do governo não era encontrar *a* explicação para a morte de Bruce Lee, mas sim conseguir apresentar *uma* explicação – algo palatável, de preferência não escandaloso – que aplacasse o furor das massas. Hong Kong era uma colônia, não uma democracia. As autoridades britânicas não estavam preocupadas com a razão da morte de um ator de *kung fu* chinês; estavam preocupadas em acabar com a agitação e manter o controle. Para atingir esse objetivo, o governo precisava vender uma imagem de

---

* No original, "Coroner's Inquest". Trata-se de um recurso legal específico e raramente utilizado, como o próprio texto explica logo à frente. Não há paralelo direto para o procedimento no sistema legal brasileiro. (N. dos T.)

transparência e rigor nas investigações, enquanto manipulava silenciosamente o desfecho do caso nos bastidores. Um comunicado interdepartamental foi emitido proibindo todos os funcionários públicos de dar entrevistas à imprensa.

No dia 3 de setembro de 1973, todos os atores desse teatro judicial manipulado estavam reunidos, com seus advogados e com seus segredos. O juiz responsável pelo inquérito, Elbert Tung, e o promotor público, Joseph Duffy, representavam o interesse do governo em dissimular a realização de um procedimento transparente e justo. Raymond Chow, Betty Ting Pei e seus respectivos advogados queriam sustentar a ficção segundo a qual o relacionamento entre Bruce e Betty era exclusivamente profissional, ao mesmo tempo que queriam afastar qualquer possibilidade de serem responsabilizados pela morte de Bruce. Linda e seu advogado precisavam negar que Bruce fosse usuário de maconha há muitos anos, porque havia ainda mais uma parte interessada no resultado do inquérito: as seguradoras.

Pouco antes de morrer, Bruce havia contratado duas significativas apólices de seguro de vida: uma da American International Assurance Company (AIA), no valor de US$ 200 mil, no dia 1º de fevereiro de 1973, e outra da Lloyd's of London, por US$ 1,35 milhão, no dia 30 de abril de 1973. Se as companhias de seguro já odeiam ter de pagar apólices que tenham vigorado por trinta anos, a coisa fica ainda mais séria quando tenham se passado apenas três meses após a contratação. A AIA designou um advogado, David Yapp, para participar do inquérito e tentar anular a apólice ao provar que Bruce havia mentido na hora de preencher os detalhes do acordo. Uma das perguntas no questionário da apólice era: "Você já usou drogas ilegais?". No dia 1º de fevereiro Bruce havia respondido "não" a essa pergunta. Para anular a apólice, bastava ao advogado da AIA provar que Bruce começara a usar maconha antes do dia 1º de fevereiro de 1973. Para garantir o dinheiro do seguro, Linda tinha que negar isso.

Quando Betty Ting Pei, Raymond Chow e Linda Lee chegaram no Fórum Tsun Wan, às 9 horas, a cena era tão caótica quanto no dia do julgamento de O. J. Simpson. Eles foram recebidos por mais de cem repórteres e milhares de fãs barulhentos, contidos por barricadas montadas pela polícia. O tráfego de veículos havia sido bloqueado no estacionamento do fórum e em quatro ruas das redondezas. A entrada no tribunal era rigidamente controlada pela polícia, que escoltava as testemunhas em meio à multidão.

A galeria do tribunal, com duzentos lugares, estava completamente lotada por jornalistas e pelo público. O inquérito teve início às 10h20, com o juramento dos três jurados que decidiriam o caso – Fun Kee Wai, Robert

Frederick Jones e Kan Yuet Wan Ramon. O juiz Tung explicou o caso aos jurados: "O objetivo aqui é determinar a forma como morreu o cidadão norte-americano Bruce Lee, através da consideração dos testemunhos das partes relacionadas ao ocorrido. Esta determinação servirá como base para qualquer ação legal subsequente". Como parecia provável que havia ligação entre o colapso de Bruce, no dia 10 de maio, e a sua morte, no dia 20 de julho, o juiz disse que o tribunal convocaria os médicos que atenderam Bruce em maio. Ele então elencou sete categorias entre as possíveis causas da morte e disse que os jurados deveriam escolher uma delas: homicídio doloso, homicídio culposo, homicídio privilegiado, suicídio, morte por causas naturais, morte acidental e morte por razões desconhecidas.

A primeira testemunha a ser ouvida foi o irmão mais velho de Bruce, Peter Lee. "A última ocasião em que o vi foi em abril de 1973, quando ele foi à minha casa", disse Peter. Como que para descartar a ideia de que o irmão era um viciado em drogas ou um suicida, logo em seguida Peter acrescentou: "Ele estava se comportando de modo absolutamente normal naquela ocasião".

O único advogado a fazer perguntas a Peter foi o representante da companhia de seguros, David Yapp. "O senhor sabia que seu irmão tinha o hábito de usar maconha?"

"Não, eu nunca soube disso", disse Peter.

A segunda testemunha foi Raymond Chow, que foi fiel à segunda versão criada por ele para os acontecimentos. Ele foi para a casa de Bruce às 15 horas, onde eles fizeram uma reunião que durou duas horas para discutir o roteiro. Depois disso, às 17 horas, eles foram juntos ao apartamento de Betty Ting Pei para uma reunião de negócios de duas horas e meia cujo objetivo era oferecer à atriz um papel em *Jogo da Morte*. Às 19h30, Bruce reclamou de uma dor de cabeça e Betty lhe ofereceu um comprimido contendo Etoeptazina. Sentindo-se indisposto, Bruce disse que queria deitar-se. Raymond saiu sozinho para jantar com George Lazenby. Após várias ligações telefônicas entre Raymond e Betty, Raymond foi até o apartamento e encontrou Bruce aparentemente em um sono tranquilo. "Eu e a srta. Ting sacudimos ele, mas mesmo assim não conseguimos acordá-lo", disse ele à corte. Eles então chamaram o médico pessoal de Betty, dr. Eugene Chu Poh-hwye, que não conseguiu reanimar Bruce. Uma ambulância foi chamada e Bruce foi levado ao Hospital Queen Elizabeth, onde foi declarado morto às 23h30. Raymond concluiu seu depoimento dizendo o seguinte: "Eu encontrava Bruce quase todos os dias. Não havia nada de anormal com o comportamento dele. Ele não estava deprimido. Não acredito que estivesse enfrentando algum problema doméstico".

Após o intervalo para o almoço, foi a vez de a amante mais famosa de Hong Kong falar. A atmosfera já intensa no tribunal aumentou ainda mais quando a multidão apontou e sussurrou. O depoimento de Betty Ting Pei, proferido com uma voz hesitante e insegura, foi na mesma linha das falas de Raymond. Ela manteve a ficção segundo a qual havia sido apenas uma reunião de negócios e que ela e Bruce eram meros colegas de profissão. "A última ocasião em que eu havia visto Bruce Lee fora cerca de um mês antes do dia de 20 de julho de 1973", insistiu Betty, apesar dos depoimentos de seus vizinhos publicados pela imprensa segundo os quais Bruce era um visitante assíduo de seu apartamento.

O médico que foi até o apartamento de Betty socorrer Bruce, o dr. Eugene Chu, foi a testemunha seguinte. Ele foi interrogado pelo advogado da seguradora. "Alguém explicou ao senhor o que havia de errado com o falecido quando o senhor viu Bruce Lee?", perguntou David Yapp.

"Me disseram que Bruce Lee havia se queixado de uma dor de cabeça e que havia tomado um comprimido para aliviar. Ele também havia tirado uma soneca. Em seguida, haviam tentado acordá-lo, sem sucesso."

"O senhor verificou que tipo de comprimido havia sido dado a Bruce Lee?"

"Na embalagem estava escrito Etoeptazina. Trata-se de um tranquilizante suave que tem efeito analgésico. É mais forte que a aspirina. Esses comprimidos são quase sempre inofensivos, a menos que o paciente seja hipersensível à substância."

Apesar das frenéticas e variadas especulações sobre a morte de Bruce surgidas nas semanas anteriores, foi a primeira vez que alguém sugeriu a hipersensibilidade à Etoeptazina como causa possível de morte. Mais tarde, essa tese ganharia força no inquérito.

⁂

A multidão de repórteres e curiosos nas redondezas do fórum era ainda maior no segundo dia. O inquérito foi notícia de primeira página em todos os jornais e principal destaque nos programas de TV da colônia. A imprensa queria aproveitar ao máximo o momento antes de perder para sempre seu assunto favorito.

A primeira testemunha foi o paramédico Pang Tak Sun. Sua ambulância recebera a chamada às 22h30 com a informação de que se tratava de uma "situação de perda dos sentidos de uma pessoa". Ele subiu para o apartamento do segundo andar junto com o paramédico assistente e o motorista da ambulância. Ele afirmou que havia "três homens, uma mulher e um paciente naquele apartamento. Um dos homens era bastante jovem".

Essa fala causou um murmúrio entre os jornalistas presentes. Até aquele momento, as únicas pessoas citadas entre os presentes no apartamento naquela noite tinham sido o paciente (Bruce Lee), a mulher (Betty Ting Pei) e dois homens mais velhos (Raymond Chow e o dr. Eugene Chu). Quem seria esse terceiro homem? A memória bastante específica do paramédico, citando um homem mais jovem, tornou a questão um drama paralelo que perdurou durante o restante do processo do inquérito. Tanto Raymond Chow quanto o dr. Eugene Chu negaram mais tarde, sob juramento, que houvesse outro homem no recinto. O paramédico tinha se enganado ou Chow e Chu estavam mentindo? A situação tornou-se ideal para o florescimento de teorias da conspiração. O jovem no apartamento de Betty Ting Pei era o equivalente ao segundo pistoleiro na colina.*

Depois de soltar essa bomba, o paramédico voltou a surpreender com sua descrição de Bruce Lee: "Quando eu olhei o paciente pela primeira vez, ele estava vestindo uma camisa, mas não consigo me lembrar da cor dela. Ele também estava vestindo calças de estilo europeu. Sua camisa estava abotoada, mas não me lembro se estava abotoada até o alto, perto do pescoço. Ele estava bem-arrumado".

O advogado de Linda Lee, T. S. Lo, agarrou-se a este detalhe: "O senhor disse que o paciente estava totalmente vestido quando o senhor chegou ao local?".

"Sim."

"Ele aparentava estar deitado pacificamente, e não havia sinais de que tivesse acontecido ali alguma briga?", perguntou Lo.

"Sim, foi isso mesmo."

"Ele estava com os sapatos calçados?"

"Eram botas com saltos altos."

Os jornais publicaram que Bruce havia sido encontrado totalmente vestido, o que provocou uma nova onda de teorias da conspiração na colônia. Esse

---

* O autor se refere a teorias muito populares nos Estados Unidos, segundo as quais o verdadeiro responsável pelo assassinato do presidente norte-americano John F. Kennedy não teria sido o condenado mais tarde pelo crime, Lee Harvey Oswald, e sim um segundo e misterioso atirador, que estaria posicionado em uma colina próxima ao local do crime. (N. dos T.)

fato foi considerado prova de que a cena fora armada, que Bruce havia morrido em outro lugar e que tinha sido levado depois para a cama de Betty. Talvez o jovem não identificado tivesse ajudado a transportar o corpo.

A segunda testemunha do dia foi o dr. Chan Kwong Chau, o primeiro médico do Hospital Queen Elizabeth a atender Bruce naquela noite. "Não havia batimento cardíaco, nem respiração, ambas as pupilas estavam dilatadas e não reagiam à luz", testemunhou. "Do ponto de vista clínico, eu diria que o paciente estava morto." Apesar disso, o dr. Chau tentou ressuscitar Bruce por cinco a dez minutos antes de mandá-lo para o setor de emergência, no andar superior.

Depois do dr. Chau, foi a vez do dr. Cheng Po Chi, o médico da ala de emergência: "Minhas conclusões após examiná-lo foram de que ele não tinha pulso e não respirava. Naquele momento eu considerei que ele estava morto. O procedimento do setor de emergência é fazer ainda os últimos esforços para reanimar o paciente, mesmo quando consideramos que já esteja morto", explicou. O dr. Cheng deu a Bruce uma injeção de adrenalina no coração. Não houve resposta. Bruce Lee foi declarado oficialmente morto às 23h30.

Era como um jogo da batata quente macabro. O corpo de Bruce havia sido passado do dr. Chu, no apartamento da Betty, para os paramédicos da ambulância, dos paramédicos para o pronto-socorro, de lá para ala de emergência, até que finalmente todos tivessem que admitir oficialmente que o homem mais famoso de Hong Kong estava de fato morto.

Após o almoço, o patologista forense e o detetive da polícia que estiveram no apartamento de Betty naquela noite testemunharam que não havia evidências de crime no local. "Não encontrei nenhum sinal de briga ou confronto", disse o patologista forense. "Não vi no apartamento nenhum tipo de substância que indicasse sinais de envenenamento. Não havia evidências de que o defunto tivesse morrido vítima de violência física."

O juiz anunciou que a data seguinte do julgamento seria adiada por duas semanas, para 17 de setembro. Ele não revelou o porquê da decisão, mas esse adiamento acabaria por causar um impacto significativo no processo.

O adiamento não diminuiu o interesse do público pelo caso. Na manhã de 17 de setembro, a fila de repórteres e curiosos do lado de fora do Fórum Tsun Wan começou a se formar às 6 horas, e a quantidade de pessoas foi crescendo vertiginosamente até o horário de abertura do tribunal, às 10 horas. A multidão estava lá para ver os testemunhos da amante, Betty Ting Pei, e da esposa, Linda Lee.

Era um momento de muita tensão para a jovem viúva, cheio de potenciais armadilhas. Para conseguir o dinheiro do seguro de vida, Linda precisava negar, sob juramento, que tinha qualquer conhecimento de que Bruce já tivesse usado maconha antes de assinar a apólice da AIA, no dia 1º de fevereiro de 1973. Ela também queria defender a tese de que o uso da maconha não tinha relação com a morte. O objetivo do advogado da AIA era provar que Bruce tinha mentido para a seguradora. Se isso não desse certo, a seguradora queria provar que a morte fora ocasionada pelo consumo de maconha. Se ficasse determinado que Bruce havia morrido por causa do uso de uma droga ilegal, eles poderiam congelar o pagamento ao iniciarem novas demandas judiciais.

Durante as duas semanas de intervalo, Linda havia dispensado seu primeiro advogado, T. S. Lo, e contratado Brian Tisdall, um jovem advogado de perfil agressivo, que também defendia os interesses da Golden Harvest. Bruce já tinha contratado Tisdall no passado para um processo que movera contra o *The China Star* por difamação.

Quando o promotor público, Joseph Duffy, perguntou a Linda sobre o desmaio de Bruce no dia 10 de maio e sobre o uso de maconha, ela disse o seguinte: "Ele foi atendido pelo dr. Langford e pelo dr. Peter Wu. Eu estava presente no momento em que meu marido disse ao dr. Wu que havia usado maconha naquele dia. Mas, quando ele fez um *check-up* nos Estados Unidos, o neurologista dr. David Reisbord disse que o uso de uma pequena quantidade de maconha não era prejudicial e que isso não tinha nenhuma relação com o desmaio."

Linda disse também que Bruce tomava apenas dois medicamentos: Fenitoína, o remédio usado para tratar a epilepsia prescrito pelo dr. Reisbord, e Doloxene, um analgésico que contém um opioide e aspirina. "Ele só tomava Doloxene quando sentia dores nas costas, e o remédio não causava nenhum efeito colateral", disse ela. "A saúde dele esteve boa no período entre o desmaio, em maio, e o dia da sua morte, exceto pelo fato de que ele se sentia mais cansado. Ele considerava que o desmaio ocorrido em maio tinha sido causado pelo excesso de trabalho e pelo cansaço."

No final de seu depoimento, Linda apresentou como prova uma carta do dr. Reisbord, que, a pedido dela, havia analisado o relatório da autópsia. Reisbord concluiu: "Não é possível estabelecer uma causa definitiva para a morte. É altamente improvável que os vestígios de canabinoides encontrados no estômago do paciente tenham contribuído para sua morte. Não existem relatos confiáveis de mortes humanas que pudessem ser atribuídas ao consumo de maconha".

O advogado da seguradora, David Yapp, tentou fazer Linda admitir que Bruce usava maconha antes de assinar a apólice do seguro, no dia 1º de fevereiro de 1973. "A senhora mudou-se para Hong Kong em fevereiro de 1972?"

"Sim."

"Antes de vir para Hong Kong, em fevereiro de 1972, a senhora sabia que seu marido usava maconha de maneira ocasional?"

O advogado de Linda, Brian Tisdall, levantou-se. "Protesto! A pergunta tenta induzir a depoente a dar uma resposta esperada."

O advogado da seguradora virou-se para Tisdall: "Por favor, não interrompa minhas perguntas para a testemunha".

Os dois advogados ficaram discutindo até que o Juiz Tung interveio: "Permitirei este tipo de pergunta, mas a testemunha é livre para se recusar a responder a qualquer pergunta que tenha o potencial de induzir a resposta. A senhora deseja responder à pergunta, sra. Lee?".

Ela moveu a cabeça afirmativamente e disse: "Eu não tinha conhecimento".

"A senhora só tomou conhecimento de que ele usava maconha ocasionalmente depois que veio para Hong Kong?", perguntou o advogado da seguradora.

"Sim."

"Em que momento a senhora tomou conhecimento do fato de que ele usava maconha?"

Tisdall novamente se manifestou protestando contra esse tipo de pergunta e, após outra discussão acalorada entre os advogados, o juiz proferiu sua decisão: "Embora a testemunha tenha o direito de não responder a perguntas que possam incriminá-la, ela deve responder com veracidade, porque essas perguntas não são dessa natureza".

"Eu tomei conhecimento de que ele usava maconha ocasionalmente em março ou abril de 1973", alegou Linda, escolhendo um período imediatamente posterior à assinatura da apólice. "Foi nessa ocasião que ele me disse que tinha começado a usar maconha."

Assim que o depoimento de Linda terminou, os repórteres saíram correndo do tribunal para escrever seus textos para os jornais vespertinos. A manchete da primeira página do *The China Mail* foi: "Bruce Usava Maconha – Linda".

Raymond Chow foi chamado para depor novamente. O primeiro advogado a questioná-lo foi Brian Tisdall, que estava oficialmente atuando como advogado de Linda, mas que era na verdade o porta-voz da Golden Harvest. Aconselhar Linda a contratar Tisdall foi uma manobra brilhante de Raymond, pois permitiu que ele e Tisdall apresentassem ao tribunal e ao público uma teoria alternativa sobre o caso, mas sem parecerem coniventes.

"O senhor concorda com a afirmação de que todos os filmes de Bruce envolviam muita atividade física e muita luta?", Tisdall perguntou, preparando o terreno para o que viria depois.

"Sim."

"O senhor tinha consciência de que, durante as filmagens, o sr. Lee poderia receber golpes que não estavam previstos e que esses golpes poderiam ser bastante severos?"

"Ocasionalmente."

"Durante a realização do último filme concluído com Bruce Lee, *Operação Dragão*, ele recebeu golpes como esses citados?", perguntou Tisdall, aproveitando para promover o próximo filme de Bruce Lee com a Golden Harvest.

"Várias vezes", respondeu Raymond sem hesitar.

"Quando teria sido isso?"

"Em fevereiro ou março de 1973, pelo menos três ou quatro vezes", respondeu Raymond. "Uma vez, foi um murro no rosto, dado acidentalmente por outro ator. Ele ficou muito abalado naquela ocasião. Ele teve que ir para o meu escritório para descansar por cerca de uma hora antes de continuar o trabalho."

"Ao longo de sua carreira como produtor já ouviu falar muito sobre karatê e outras formas de artes marciais?"

"Sim."

"O senhor já ouviu falar na possibilidade de que as consequências de um golpe só sejam sentidas pela vítima algum tempo depois de ter sido desferido?"

"Sim, eu já ouvi falar nessa possibilidade."

No fim das contas, tudo não passou de uma brilhante cena bem ensaiada. Desde a morte de Bruce, a imprensa estava destruindo a imagem pública dele como um super-herói das artes marciais, pintando-o como um maníaco sexual viciado em drogas – um Charlie Sheen chinês. O inquérito investigando o uso da maconha como a causa da morte só veio a solidificar ainda mais essa percepção negativa no olhar da opinião pública. Ao lançar a ideia de danos cerebrais decorrentes de um impacto sofrido enquanto filmava uma perigosa cena de luta, Chow estava criando uma morte heroica. Linda tinha um seguro de vida que precisava receber; Raymond tinha um filme que precisava vender.

O advogado da companhia de seguros, David Yapp, não se deixou enganar pela tentativa de Chow de desviar a atenção do tema drogas. Depois que Tisdall se sentou, Yapp voltou imediatamente a perguntar sobre a maconha.

"O senhor concorda com a afirmação de que Bruce Lee representava uma parcela muito importante das atividades de sua empresa?"

"Sim."

"O senhor tinha muito interesse na rotina e no bem-estar dele?"

"Sim."

"Eu imagino que, quando ele sofreu um colapso, em maio de 1973, o senhor ficou muito interessado em descobrir quais teriam sido as razões do colapso, correto?"

"Sim."

"O senhor já foi informado de que antes do colapso ele usava maconha?"

"Não."

"Quando o senhor soube que Bruce usava maconha?"

"Neste tribunal, no dia 3 de setembro de 1973", disse Raymond, com uma expressão séria no rosto.

Irritado com a recusa de Chow em cooperar (todos que conheciam Bruce Lee sabiam que ele gostava de maconha e de haxixe), o advogado da seguradora atacou a credibilidade de Raymond. "O senhor fez uma declaração pública sobre o local onde o falecido foi encontrado quando sofreu o colapso, e essa declaração foi bem diferente daquela que o senhor nos deu neste inquérito?", perguntou David Yapp, referindo-se ao primeiro comunicado para a imprensa redigido pela Golden Harvest, que falsamente afirmava que Bruce sofrera um mal súbito em casa, enquanto caminhava no jardim com a esposa.

"Eu não dei nenhuma declaração a esse respeito para a imprensa."

Essa mentira descarada provocou manifestações iradas dos repórteres presentes nas galerias lotadas do tribunal. Chow os havia enganado uma vez; eles não suportariam quietos uma nova tentativa. O tumulto foi tão grande que foi preciso que o juiz pedisse silêncio antes de dirigir-se a Chow para fazer a mesma pergunta: "O senhor divulgou alguma declaração pública?".

Raymond esquivou-se cuidadosamente da pergunta do magistrado: "Cerca de uma hora depois que o falecido foi declarado morto, eu dei um depoimento à polícia sobre tudo o que ocorrera. Esse depoimento foi idêntico ao dado por mim neste tribunal".

O dr. Eugene Chu foi a testemunha que teve que dar sequência à linha defendida por Raymond. Ele tentou explicar por que enviou Bruce para o Hospital Queen Elizabeth, em vez de mandá-lo para o hospital mais próximo, o Hospital Baptist, onde ele inclusive trabalhava. "Eu o enviei para o Hospital Queen Elizabeth não porque eu achasse que ele estava morto, mas porque eu acreditava que as instalações eram melhores no Hospital Queen Elizabeth. Quando eu encontrei Bruce Lee na cama, ele não tinha pulso, batimento cardíaco nem estava respirando."

Essa afirmação bizarra foi rapidamente aproveitada pelo advogado de Linda, Brian Tisdall. "Se ele não tinha pulso, batimento cardíaco nem respiração, faria alguma diferença as instalações superiores do Hospital Queen Elizabeth?"

"Achei que seria melhor enviá-lo ao Hospital Queen Elizabeth para a tentativa de salvá-lo, embora a impressão era de que não havia mais nada a ser feito", alegou o dr. Chu.

"O senhor achou que havia esperança de salvá-lo?"

"Não muita."

Terminou assim a humilhante provação do dr. Eugene Chu. Quando ele morreu, 42 anos mais tarde, seu obituário no *South China Morning Post* apontou o seguinte: "O dr. Chu nunca mais disse uma palavra sequer sobre a noite de 20 de julho de 1973, quando Lee deu seu último suspiro".

Quando o dr. Chu se retirou, ouviu-se um burburinho na galeria do tribunal. A próxima testemunha seria Betty Ting Pei, que estava esperando no local desde o começo da sessão. Para surpresa de todos, o promotor público, Joseph Duffy, disse: "O advogado da coroa não demanda a presença da srta. Betty Ting Pei para dar mais provas". O magistrado consentiu e Betty foi dispensada.

Foi possível ouvir suspiros dos espectadores e resmungos dos repórteres. Betty era a principal testemunha e a notícia de primeira página. Para aqueles que suspeitavam de que o inquérito não passava de uma farsa, aquele era mais um forte indício de que estavam certos. Se os homens do governo realmente queriam saber por que Bruce Lee morrera, por que não se importavam em ouvir a última pessoa a vê-lo vivo? Havia muitas perguntas ainda sem resposta e muitos depoimentos contraditórios que precisavam ser esclarecidos. Bruce e Raymond realmente chegaram juntos ao apartamento? Bruce consumiu maconha enquanto estava lá? Por que levou tanto tempo para que uma ambulância fosse chamada? Por que Bruce estava completamente vestido quando os paramédicos chegaram? Havia mesmo um jovem misterioso no apartamento? Alguém tentou mover o corpo antes da chegada dos paramédicos? Por que o dr. Chu insistiu em mandar Bruce para o Hospital Queen Elisabeth e não para o Hospital Baptist?

Em vez de fazer essas perguntas a Betty Ting Pei, o promotor público e o juiz simplesmente deixaram a atriz ir embora.

O dia seguinte foi dedicado a uma única testemunha: o químico do governo, dr. Lam King Leung. Durante seis horas, ele entrou em detalhes extensos e excruciantes sobre cada um dos testes realizados para a autópsia. De acordo com o relatório do dr. Leung, os exames de sangue mostraram que Bruce havia tomado um comprimido de Etoeptazina e consumido uma pequena quantidade de maconha. Nenhum deles em quantidade suficiente para causar uma overdose. Os outros testes para todos os tipos de veneno e droga conhecidos pela humanidade – incluindo mercúrio, arsênico, bismuto, antimônio, chumbo, álcool, morfina e *Spanish Fly* – deram resultado negativo: Bruce não sofrera uma overdose nem fora envenenado.

Se um objetivo estratégico do inquérito era entediar o público até cansá-lo, o plano funcionou. No final do dia, a atmosfera no Fórum de Tsun Wan estava bem mais tranquila e o número de repórteres do lado de fora do tribunal tinha se reduzido de forma significativa.

Para acalmar a agitação causada pela morte de Bruce, o governo precisava de uma explicação socialmente aceitável. O problema era que os especialistas da área médica não estavam de acordo. Os médicos de Hong Kong – dr. Donald Langford (o médico norte-americano que tinha atendido Bruce no dia 10 de maio), dr. Peter Wu (o neurologista chinês que salvara a vida de Bruce em 10 de maio) e o dr. R. R. Lycette (o médico-legista neozelandês) – acreditavam que a maconha era a responsável pela morte de Bruce Lee. No entanto, do lado norte-americano, dr. David Reisbord, o neurologista da UCLA que examinara Lee após o colapso em 10 de maio, apontara corretamente que nunca fora registrado um caso comprovado de morte pelo consumo de maconha. Com base nas evidências disponíveis, o dr. Reisbord acreditava que a causa da morte era desconhecida e indecifrável.

A solução do governo foi trazer de Londres um patologista mundialmente famoso, o professor Robert Donald Teare. A agenda ocupada de Teare foi o que causou o adiamento do inquérito por duas semanas. Teare era professor de medicina forense na Universidade de Londres e professor convidado na escola de treinamento da *Metropolitan Police* (*Scotland Yard*). O caso de Bruce Lee era perfeito para o catedrático sempre em busca de holofotes, conhecido pelos trabalhos relacionados a mortes de celebridades. Ele já tinha supervisionado as autópsias de Jimi Hendrix (1970) e Brian Epstein (1967), o empresário dos Beatles, e testemunhou nos inquéritos instaurados para resolver esses casos. Ele foi apresentado à imprensa e ao povo de Hong Kong como um Sherlock Holmes da vida real.

Após analisar os relatórios do legista e as evidências, Teare chamou as outras testemunhas da área médica para uma reunião aberta e sem rodeios. "O professor Teare, o dr. Wu, o dr. Lycette e eu nos reunimos em um dos andares superiores do Hospital Queen Elizabeth", lembra o dr. Langford. "Não foi exatamente um ensaio geral para o julgamento, mas foi uma oportunidade para ele nos advertir sobre o fato de que Hong Kong estava no centro das atenções do mundo e nos lembrar de que a colônia definitivamente não era um centro de referência em patologia forense. O professor disse ainda que não havia nenhum estudo que corroborasse a ideia de que alguém pudesse morrer devido ao consumo de maconha e que deveríamos tomar cuidado para não fazer algo que pudesse envergonhar a comunidade médica local. Se alguém tivesse que decidir se as substâncias químicas presentes na maconha eram perigosas e poderiam ser letais, não seriam profissionais de um lugar insignificante como Hong Kong. Ele não pediu que mentíssemos no tribunal, mas fomos advertidos do fato de que o mundo inteiro estaria atento ao que ocorreria ali. Na época, eu vi esse encontro como uma tentativa de influenciar as testemunhas."

Após analisar as provas e os depoimentos, o professor Teare criou uma hipótese alternativa para a causa da morte, uma hipótese que havia sido mencionada de passagem pelo dr. Chu durante o inquérito, mas nunca mais lembrada: a hipersensibilidade à Etoeptazina. O professor Teare tentou convencer os três médicos de que sua tese era viável. Ele não teve sucesso com o americano nem com o chinês, mas conseguiu um aliado no médico-legista da Nova Zelândia.

O tedioso depoimento do químico espantou definitivamente as multidões que até então lotavam o tribunal. Na manhã do quinto dia, a sala onde o inquérito era realizado estava relativamente tranquila e vazia. A primeira testemunha a depor foi Linda Lee. Ela voltou à corte para apresentar como prova um estudo do dr. Ira Frank, da UCLA, intitulado "Estudos Clínicos com *Cannabis*". A conclusão do dr. Frank era a mesma do dr. Reisbord – não havia casos comprovados de morte causada pelo consumo de maconha. Os vestígios de maconha encontrados no estômago de Bruce Lee não tinham relação com a sua morte.

A única pergunta para Linda foi feita por um dos jurados: "Foi o prêmio do seguro que motivou a senhora a ir em busca desse estudo dos médicos de Los Angeles?".

"Não, ela afirmou. Eu fiz isso porque desejo esclarecer o verdadeiro motivo da morte de meu marido."

O próximo a falar foi o dr. Langford, que, de forma hesitante, sugeriu que a maconha poderia ter sido a causa do primeiro colapso de Bruce Lee, em maio. "Na época, senti que havia uma possibilidade de que o problema fosse decorrente do uso de drogas", disse ele, colocando em xeque sua própria tese logo em seguida: "Pode ou não ter sido um caso de intoxicação por drogas".

A decisão de Langford de evitar ser assertivo quanto à maconha foi devida em parte à conversa com o professor Teare. Mas também pesou a amizade dele com Bruce e Linda. As duas famílias eram vizinhas, e Linda e o dr. Langford estudavam cantonês na mesma classe. Ele sabia que a companhia de seguros estava tentando anular a apólice de Bruce por causa da maconha. "Eu me sentia solidário ao desejo de Linda de receber o dinheiro que ela achava que era dela por direito para criar aquelas crianças", o médico explicou mais tarde.

Por outro lado, o neurologista chinês dr. Peter Wu não tinha nenhum tipo de relacionamento com a família Lee e certamente não recuaria porque algum professor britânico havia tentado impor sua vontade, intimidando-o. O diagnóstico clínico do dr. Wu era "suspeita de edema cerebral e envenenamento causados por maconha".

Brian Tisdall, o advogado de Linda e da Golden Harvest, atacou a alegação do dr. Wu de que a maconha teria sido a causa da morte. "O senhor tem alguma experiência pessoal com a maconha?", perguntou.

"Não, de forma alguma."

"Já tratou de algum caso que envolvesse a maconha?"

"Não."

"A partir de seu conhecimento teórico, o senhor diria que a maconha é um assassino em potencial por si só?"

"Poderia ser, por si só."

"Em que circunstâncias?"

"Se foi usada em excesso ou se uma pessoa tiver hipersensibilidade a ela."

"O senhor está se baseando em quais informações ou em qual referência bibliográfica ao fazer essa afirmação?"

"Nos livros de farmacologia. Meu conhecimento deriva principalmente dos livros dos meus tempos de estudante." O dr. Wu hesitou antes de admitir: "Não me considero na posição de especialista para opinar sobre a maconha".

Tisdall não tinha mais perguntas para o dr. Peter Wu. Nenhum dos outros advogados pediu para interrogá-lo, nem mesmo o advogado da companhia de seguros. Sua credibilidade havia sido destruída. Ele foi dispensado.

Após a pausa para almoço, foi a vez do legista da Nova Zelândia, dr. R. R. Lycette. Ele resumiu o seu relatório da autópsia. Não havia sinais de ferimentos externos ou marcas de perfuração por agulhas. A única coisa anormal era o inchaço do cérebro de Bruce. Sua conclusão: "O edema do cérebro (ou seja, o acúmulo excessivo de líquidos) foi a causa imediata da morte". Como ele não foi capaz de encontrar nenhuma causa natural para o edema, ele flertou brevemente com a tese da maconha. "Mas quando soube que não havia casos confirmados de mortes por maconha, concluí que a morte [de Lee] não foi devida à intoxicação por maconha."

Excluídos a maconha e qualquer tipo de veneno, o dr. R. R. Lycette deduziu: "Bruce Lee morreu devido a algum tipo de hipersensibilidade. O mais provável é que a substância causadora seja um dos componentes da Etoeptazina". O dr. Lycette não mencionou o professor Teare nem o fato de que ele estava repetindo a tese apresentada pelo britânico. "Há relatos de casos de hipersensibilidade fatal à aspirina após a ingestão de um único comprimido, mas trata-se de algo muito raro."

Ele terminou dizendo que acreditava haver uma ligação entre os dois colapsos de Bruce, em 10 de maio e em 20 de julho. "Acho que o episódio de maio foi um ataque não fatal da mesma doença que matou o sr. Lee em julho." O dr. Lycette mencionou a possibilidade de Bruce ter tomado o medicamento para dor Doloxene, que também contém aspirina, antes de seu colapso do dia 10 de maio.

No quinto dia, o depoimento do médico-legista, dr. Lycette, tinha criado bases bastante sólidas para a tese da hipersensibilidade à Etoeptazina. No sexto dia, restava à última testemunha, o professor Teare, estabelecê-la por completo.

Como todos os outros especialistas haviam feito, Teare começou apresentando suas credenciais: "Venho há 35 anos me especializando em medicina forense. Nesse período, realizei cerca de 90 mil autópsias e depus em 18 mil inquéritos". Eram números inacreditáveis, que os jornais de Hong Kong reproduziram sem ter o cuidado de fazer as contas. Para realizar o que alegara, seria preciso ter feito sete autópsias e testemunhado em 1,5 inquérito todos os dias, 365 dias por ano, durante 35 anos.

Os responsáveis pelo governo de Hong Kong queriam uma explicação palatável para apresentar ao público, e o professor Teare, que não era propenso à cautela, à humildade nem à insegurança, não os decepcionou. Teare concordou com a avaliação do médico-legista, segundo a qual a morte de Bruce por edema cerebral no dia 20 de julho estava ligada ao colapso do dia 10 de maio. Ele também estava de acordo com a ideia de que, "neste caso, não houve a ocorrência de nenhuma doença natural comum". Ele então prosseguiu com a estratégia de eliminar a maconha como uma possibilidade usando um floreio: "Eu nunca me deparei com um caso de alergia ou hipersensibilidade à maconha. Na minha opinião, trata-se de uma simples coincidência o fato de a maconha ter sido usada pouco antes do início de sua doença, em maio, e também ter sido encontrada em seu estômago no dia 20 de julho de 1973. No que se refere ao edema cerebral agudo, ter usado maconha ou ter bebido uma xícara de chá ou de café seria a mesma coisa".

Com a maconha descartada, Teare voltou-se para as duas drogas presentes na Etoeptazina, a aspirina e o meprobamato. "Na minha opinião, a causa da morte foi um edema cerebral agudo causado pela hipersensibilidade ao meprobamato ou à aspirina, ou ainda devido à combinação das duas substâncias. É um fato que esse tipo de hipersensibilidade é muito raro."

Com isso, a testemunha final do inquérito foi dispensada. O juiz Elbert Tung teve o cuidado de fazer um agradecimento especial ao professor Teare por ter se deslocado de tão longe para depor. O julgamento foi suspenso até a segunda-feira seguinte, quando o júri começaria a fazer as deliberações.

No sétimo dia do inquérito, o juiz Tung deu as instruções ao júri, composto por três homens: "As principais testemunhas neste caso são os especialistas médicos e forenses, como os doutores Lycette [o legista] e Lam [o químico], assim como o professor R. D. Teare, que percorreu um longo caminho para estar aqui". O juiz não mencionou o dr. Langford nem o dr. Peter Wu, os dois médicos que deram suporte à tese da maconha.

Tung apresentou então as sete possíveis escolhas para a causa da morte, como seria de se esperar, mas ele acrescentou suas próprias opiniões sobre quais escolhas eram verossímeis e quais não eram, o que soou como uma indução à decisão do júri:

1. **Homicídio doloso:** causar a morte de alguém de forma intencional e dolosa. Como não há provas que sustentem essa hipótese neste caso, podemos excluí-la.
2. **Homicídio culposo**: causar a morte de uma pessoa sem intenção de fazê-lo. Como está claro que a morte não foi um resultado direto das ações de outra pessoa, podemos descartar esta possibilidade.
3. **Homicídio privilegiado:** sem relação com o caso atual e, portanto, não deve ser considerado.
4. **Suicídio:** todas as evidências apontam para o fato de que Bruce Lee não tinha nenhuma motivação ou tendência de causar danos a si próprio ou acabar com a própria vida e não há nada, como uma carta ou testamento, que indique que ele tinha a intenção de se matar. Portanto, a probabilidade de ser esse o caso é extremamente baixa.
5. **Morte por causas naturais:** os drs. Lycette e Lam realizaram uma extensa carga de exames no corpo de Bruce Lee, mas não encontraram evidências de alguma doença ou desordem natural que pudesse ter levado à sua morte. Minha opinião é de que, de acordo com as opiniões dos três especialistas médicos que testemunharam, a hipótese "causas naturais" deve ser excluída das análises.
6. **Morte acidental:** a lei não define uma divisão clara entre "morte acidental", "morte por infortúnio" e "morte por desastre". Na minha opinião, "morte por infortúnio" envolve um grau mais elevado de "má sorte" do que "morte acidental".

Talvez preocupado com a possibilidade de que o júri não entendesse claramente o recado que estava sendo transmitido, o juiz prosseguiu:

> Considerando que o corpo de Bruce Lee não apresentava sinais externos de ferimentos, que a polícia não encontrou sinais de luta nem vestígios de algum tipo

de veneno no apartamento e tendo em vista o testemunho de três especialistas médicos afirmando que a morte de Bruce foi causada por edema cerebral, vale a pena considerar um veredito de "morte acidental".

Na verdade, a opinião do especialista médico, professor Teare, é de que a maconha não poderia ser a responsável pela morte de Bruce Lee, seja por envenenamento crônico ou por envenenamento agudo. O dr. Lycette observou ainda que certas drogas ou combinações de drogas podem às vezes levar a reações alérgicas fatais, e que há casos de reação alérgica à aspirina. Embora a aspirina represente apenas metade do conteúdo da "Etoeptazina", é bem possível que a reação alérgica tenha sido causada pela ação combinada da aspirina e do meprobamato presentes no medicamento.

Sem dúvida, esse tipo de reação também é extremamente rara; portanto, se o júri aceitar a avaliação do professor Teare, a causa de morte seria classificada como "morte acidental" ou "morte por infortúnio". Se os membros do júri ainda tiverem dúvidas sobre o testemunho e a análise apresentados, eles devem nesse caso escolher a sétima opção: "morte por razões desconhecidas".

Depois de serem mais ou menos instruídos sobre como deveriam decidir o caso, os três jurados não tiveram dúvidas quanto ao que fazer. Foram necessários menos de cinco minutos de deliberação para chegarem a um veredito: "Morte por Infortúnio". O mais longo inquérito do médico-legista na história da colônia foi concluído com a mais rápida deliberação do júri já registrada. A rapidez com que o veredito foi divulgado foi tão surpreendente que muitos repórteres tinham saído para fumar e foram pegos desprevenidos. Às 11h15 do dia 24 de setembro de 1973, o juiz Tung aceitou o veredito e anunciou que o inquérito sobre a morte de Bruce Lee estava oficialmente encerrado.

Para o público, a questão continuava aberta. Muitos fãs se lembraram da cena, no início de *A Fúria do Dragão*, em que Lee, tomado pelo desespero, se joga sobre o caixão de seu mestre de *kung fu* morto. "Você pode me dizer a causa da morte do professor?", pergunta o personagem de Bruce, com amargura.

"Foi pneumonia", responde um aluno.

"E você acredita nisso?"

O público chinês, em profunda dor, não conseguia aceitar a ideia de que seu herói invencível, um homem de 32 anos no auge da sua forma física, tivesse morrido por causa de uma aspirina. Embora o inquérito tivesse atingido o objetivo do governo de reprimir os atos mais extremos (não aconteceram mais protestos nem ameaças de bomba), a morte de Bruce continuou sendo um tema constante de debates. O júri havia definido o tipo de morte – Infortúnio – mas não a causa dela. Sobre esse assunto, os fãs de Bruce, que leram tudo o que aconteceu durante o inquérito pelos jornais, constataram que os especialistas estavam muito divididos. O juiz, o médico-legista e o famoso patologista tinham argumentado pela hipersensibilidade à aspirina. Dois médicos de Bruce de Hong Kong acreditavam que a culpada era a maconha. E seu neurologista norte-americano estava convencido de que a causa ainda era desconhecida. Com as opiniões conflitantes dos especialistas, novas teses e especulações foram publicadas em revistas e jornais. Quando Linda Lee e Betty Ting Pei chegaram juntas para assistir à pré-estreia de *Operação Dragão*, os rumores cresceram ainda mais, fazendo com que surgissem suspeitas de um assassinato planejado.

Ainda hoje não há consenso sobre a causa da morte de Bruce Lee. "Sem dúvida, a pergunta que eu mais ouvi ao longo de todos esses anos foi: 'Como Bruce Lee morreu?'", diz Linda Lee.

No dia 20 de julho de 1973, Bruce Lee morreu em decorrência de um colapso pelo calor. É a teoria científica mais plausível para explicar sua morte. Consideremos a cronologia dos fatos.

Dez semanas antes dessa data, no dia 10 de maio de 1973, Bruce Lee desmaiou após ter trabalhado em uma sala extremamente quente. Ele apresentou diversos sintomas de disfunção do sistema nervoso central (náuseas, vômitos, perda de equilíbrio, desmaio) e sua temperatura corporal elevou-se de maneira perigosa – os dois principais sintomas para um diagnóstico de hipertermia. Bruce tinha um amplo histórico de vulnerabilidade ao calor. O fator de risco para esse problema foi potencializado pela falta de sono, perda de peso extrema e pela cirurgia para retirada das glândulas sudoríparas das axilas, realizada um mês antes.

O dia 20 de julho de 1973 foi o mais quente do mês na tropical Hong Kong. No pequeno apartamento de Betty Ting Pei, Bruce representou todas as cenas de *Jogo da Morte*. "Ele foi contando a história e encenando tudo o que estava dizendo", diz Raymond Chow. "Isso provavelmente o deixou um pouco cansado e com sede. Depois de beber alguns goles de água, ele pareceu estar um pouco tonto." Assim como ocorrera no dia 10 de maio, Bruce fez esforço em um espaço fechado e quente e acabou sentindo tontura e dor de cabeça – os dois primeiros sinais de um colapso pelo calor. Ele entrou no quarto de Betty, deitou-se sobre a cama dela e nunca mais se levantou de lá. "Uma pessoa que já sofreu um colapso pelo calor corre um risco maior de sofrer novamente com o mesmo problema", diz a dra. Lisa Leon, especialista em hipertermia do Instituto de Medicina Ambiental das Forças Armadas dos EUA. "Os pacientes sofrem disfunções em diversos órgãos durante as horas, dias e semanas de recuperação, o que aumenta os riscos de incapacidade de longo prazo e de morte."

Entre as drogas encontradas no estômago de Bruce no dia 20 de julho, nem a maconha nem o meprobamato são conhecidos por causarem edemas cerebrais. O único suspeito possível seria a aspirina. Segundo a *Mayo Clinic*, as possíveis reações à aspirina são "urticária, pele irritada, nariz escorrendo, olhos vermelhos, inchaço dos lábios, língua ou rosto, tosse, sibilo, falta de ar e anafilaxia – uma reação alérgica rara que coloca a vida da pessoa em risco". Mais comumente causada por picadas de abelhas e alergias a amendoim, a anafilaxia pode causar um edema cerebral fatal. Quando o professor Teare e o dr. Lycette citaram a hipersensibilidade à aspirina, eles estavam falando sobre o choque anafilático.

Mas a anafilaxia, uma reação alérgica severa, é quase sempre acompanhada por outros sintomas, como inchaço na garganta, lábios e língua, inflamação da traqueia, além de urticária e vermelhidão da pele na região que fica ao redor da boca. Em casos fatais, o inchaço da garganta bloqueia as vias respiratórias, resultando em asfixia e edema cerebral. Os paramédicos e médicos que atenderam Bruce na noite de 20 de julho não mencionaram nenhuma inflamação na língua ou na garganta dele. O médico-legista, dr. Lycette, também não relatou ter encontrado tais sintomas na autópsia. Bruce Lee era um artista marcial que treinava até o limite da dor extrema e que usou aspirina durante a maior parte da vida adulta para aliviar as dores. Embora seja possível que ele tenha desenvolvido subitamente, aos 32 anos de idade, uma alergia à aspirina, as chances de ele ter morrido de choque anafilático sem apresentar nenhum dos sintomas associados ao evento são incomensuravelmente pequenas.

O colapso pelo calor mata jovens atletas com muito mais frequência do que reações alérgicas à aspirina. Trata-se da terceira causa mais comum de morte súbita em atividades esportivas, e chega a ser a causa mais importante para esse tipo de óbito durante os meses mais quentes do verão. Somente nos Estados

Unidos, uma média de três jogadores de futebol americano, entre amadores e profissionais, morrem todo ano por causa do colapso pelo calor. Korey Stringer, um jogador de futebol americano profissional do Minnesota Vikings, sofreu um colapso durante um treino em uma tarde sufocante de julho de 2001. A morte desse atleta de 27 anos provocou mudanças imediatas nas regras da NFL relacionadas à prevenção do colapso pelo calor. Em 1973, havia uma consciência ainda menor sobre os perigos da hipertermia do que em 2001. Mesmo hoje, muitos médicos desconhecem o protocolo adequado para lidar com esse tipo de problema.

Embora seja impossível saber ao certo o que causou a morte de Lee, a hipertermia é a explicação mais provável. Se foi mesmo o colapso pelo calor, então Bruce Lee morreu fazendo o que mais gostava de fazer: exibindo seu *kung fu* diante de um público que apreciava sua arte.

Desde o momento que apareceu em seu primeiro filme, com dois meses de idade, Bruce Lee usou o tempo que tinha disponível neste mundo para divertir e educar os outros. Com uma intensidade raramente vista, antes ou depois dele, Nunca Para Quieto comprimiu o valor das realizações de toda uma vida em 32 curtos anos. Sua morte não foi uma tragédia, porque sua vida foi um triunfo. "Mesmo que eu, Bruce Lee, morra um dia sem ter conquistado tudo o que ambiciono, eu não sinto tristeza", disse ele a um repórter de Hong Kong em 1972, como se estivesse antecipando sua própria homenagem póstuma. "Eu fiz o que quis fazer. O que eu fiz, fiz com sinceridade e da melhor forma que pude. Não se pode esperar muito mais da vida do que isso."

Um concorrente participando da competição *Bruce Lee Talent Search* promovida pela produtora Burbank Studios, na Califórnia, por volta de 1978. (*Frank Edwards/Getty Images*)

Fãs depositam flores na estátua de bronze de Lee, em Hong Kong, no quadragésimo aniversário de sua morte, em 20 de julho de 2013. (*Kyodo News/Getty Images*)

Epílogo
A Lenda

Em agosto de 1973, dois grupos de Dança do Leão chinesa desfilaram pela Hollywood Boulevard em direção ao *Grauman's Chinese Theatre* para o evento que marcou a estreia de *Operação Dragão* em Los Angeles. Uma multidão já sem voz, que tinha começado a se reunir na noite anterior, acompanhava o desfile. "Do banco de trás da limusine, eu vi fileiras e mais fileiras de pessoas, e eu não conseguia ver o fim delas", lembra John Saxon, que tinha feito o papel de Roper no filme. "Perguntei ao motorista: 'O que está acontecendo?' e ele respondeu, 'É o seu filme.'"

Saxon não foi o único a ser pego de surpresa com sucesso de *Operação Dragão*. Até mesmo os críticos nova-iorquinos, que torceram o nariz para a violência do longa, perceberam a força do filme. O *The New York Times* publicou: "O filme foi feito com habilidade e a história é bem amarrada; o enredo move-se como um relâmpago e brilha com cores marcantes. É também o filme com assassinatos mais selvagens e insensíveis realizados com as mãos nuas (não há uma só arma de fogo em cena) que você verá". No *The Village Voice*, William Paul confessou: "No meu estado de espírito mais correto e civilizado, eu gostaria de ser capaz de desprezar o filme como algo repulsivo, uma grotesca fantasia masculina, mas eu tenho de admitir que, bem no fundo dos esconderijos sombrios do meu subconsciente, a fantasia fez soar um acorde consonante".

Operação Dragão fez soar um acorde consonante em todo o planeta. Produzido com irrisórios US$ 850 mil, arrecadou US$ 90 milhões em todo o mundo em 1973 e alcançou valores estimados em cerca de US$ 350 milhões nos 45 anos seguintes. Fred Weintraub disse, em tom de brincadeira, que o filme deu um lucro tão grande que o estúdio teve que pagar até para ele. Michael Allin recorda-se: "O advogado da Warner me enviou uma carta com a seguinte mensagem: 'O filme será bem lucrativo' – e aí vem a frase que eu amo – 'sob qualquer ponto de vista'. O filme deu tanto dinheiro que não dava para escondê-lo em baixo do tapete. O tapete ficaria com uma saliência grande demais".

Lançado menos de um mês após os dois funerais de Lee, *Operação Dragão* fez dele, na morte, o que ele declarou, em vida, ser seu "Objetivo Principal Definido": tornar-se o primeiro e mais bem pago astro oriental dos Estados Unidos. Também fez ele ser maior do que Steve McQueen. Enquanto filmava *Operação Dragão*, Lee disse Weintraub que seu objetivo era que seu filme fosse mais bem-sucedido que o filme de McQueen, *Os Implacáveis*, que estava sendo produzido na mesma época. "Se eu pudesse enviar um telegrama para Bruce no céu", disse Weintraub, "eu escreveria dizendo que o Dragão venceu *Os Implacáveis* em todos os lugares".

A série de TV *Kung Fu* e o longa-metragem da Shaw Brothers *Cinco Dedos de Violência*, lançado em 21 de março de 1973, iniciaram um processo que foi coroado com o desempenho de Lee em *Operação Dragão*, lançando um gênero de cinema completamente novo no Ocidente. Filmes de *kung fu* produzidos em Hong Kong com orçamentos irrisórios, que a revista *Variety* batizou de filmes *chopsocky*,* tornaram-se um fenômeno cultural, saindo dos cinemas de quinta categoria e invadindo as melhores salas das cidades. "Todo mundo estava lutando *kung fu*", cantou Carl Douglas. A canção dele "Kung Fu Fighting", de 1974, vendeu 11 milhões de cópias. Na cidade de Nova York, havia nessa época trinta diferentes filmes produzidos em Hong Kong sendo exibidos ao mesmo tempo.

Todos os filmes anteriores da Golden Harvest com Bruce – *O Dragão Chinês*, *A Fúria do Dragão* e *O Voo do Dragão* – foram exibidos no mundo todo e arrecadaram quase US$ 50 milhões. Três episódios da série *O Besouro Verde* foram reunidos, editados e prefaciados com cenas do teste de câmera de Lee. O resultado dessa edição foi lançado como um filme para ser exibido nos cinemas, em novembro de 1974. "O sr. Lee, que interpretou Kato, o artista de *kung fu*

---

* Termo criado para definir esse estilo de cinema a partir de um jogo com "*chop suey*", nome de um conhecido prato da culinária chinesa. "*Chop*", em inglês, significa "cortar", "retalhar", e "*sock*" pode ser traduzido como "socar". (N. dos T.)

e fiel companheiro do Besouro Verde (Van Williams), agora tem seu nome apresentado como o principal astro do filme, como consequência da enorme popularidade dos filmes de *kung fu* que ele fez em Hong Kong antes de sua morte, no ano passado", escreveu Vincent Canby no *The New York Times*.

Como Bruce morreu antes de tornar-se internacionalmente famoso, os fãs ficaram ávidos por informações sobre sua biografia. "Eu sabia tão pouco sobre ele, e queria saber tanto", escreveu uma jovem de Nova Jersey para a revista *Black Belt*. "De repente ele está morto, e eu não consigo aceitar esse fato. É como se eu já o conhecesse, e sei que nunca terei a oportunidade de conhecê-lo." Centenas de publicações foram editadas com versões fantasiadas de seus feitos heroicos. Mais de meia dúzia de álbuns póstumos e minibiografias foram publicados. Fizeram até mesmo um filme biográfico de baixa qualidade sobre sua vida, *The Dragon Dies Hard* (1975), que afirmava que Lee começou a praticar artes marciais quando alguns malandros do bairro tentaram atrapalhar seu trabalho de entrega do jornal *The Washington Post*.

Surgiu em 1973 um grande mercado de produtos póstumos sobre Bruce, com pingentes, bonecos, roupas e pôsteres de Bruce Lee para serem colocados nas paredes dos quartos ao lado de imagens de Che Guevara. Revistas de artes marciais, como a *Black Belt* e a *Fighting Stars*, até então publicações simples com tiragens reduzidas, passaram a ser editadas repletas de páginas impressas com papel brilhante, com anúncios para entrega pelo correio com todo tipo de produto, desde um garfo de aço inoxidável por US$ 132 até um fantoche de Bruce Lee por US$ 5,95. Até mesmo Robert Lee tentou ganhar dinheiro com a onda, gravando um álbum de música *folk* dedicado ao irmão, *The Ballad of Bruce Lee*. "Desde que James Dean morreu em um acidente com seu Porsche prateado", escreveu Kenneth Turan, crítico de cinema do *Los Angeles Times*, "nenhum astro de Hollywood recebeu tanta atenção após sua morte."

Bruce Lee tornou-se o santo padroeiro do *kung fu*, venerado como um semideus. Os adolescentes japoneses passaram a imitar seu corte de cabelo. Os taiwaneses o chamavam de "O Homem das Pernas de Ouro", os britânicos de "O Rei do *Kung Fu*" e os australianos "Os Punhos mais Rápidos do Oriente". Elvis Presley assistiu a *Operação Dragão* dezenas de vezes e deu início à produção de um filme de artes marciais autofinanciado, que não chegou a concluir. O título de uma das músicas mais tocadas nas pistas de dança da Índia era "*Here's to That Swell Guy, Bruce Lee*" ["Um brinde ao fantástico Bruce Lee"]. Durante toda a década, *Operação Dragão* foi relançado inúmeras vezes, e em todas elas entrava na lista dos cinco filmes mais assistidos. Uma sala de cinema do Irã exibiu o filme todos os dias até 1979, quando aconteceu um golpe de Estado. Fitas VHS de *Operação Dragão* foram contrabandeadas para a Europa Oriental nos anos 1980, transformando Bruce Lee em um símbolo de resistência ao Comunismo.

Com zelo quase religioso, Bruce tinha se proposto a usar o cinema para promover as artes marciais. Ele alcançou esse objetivo de uma forma que superou suas expectativas mais absurdamente otimistas. Antes da morte de Lee, havia menos de 500 escolas de artes marciais ao redor do mundo, mas, ao final dos anos 1990, devido à influência dele, havia mais de 20 milhões de praticantes de algum tipo de arte marcial, isso só nos Estados Unidos. Na Grã-Bretanha, havia tanta demanda que os pretendentes ao estudo das artes marciais se concentravam na frente dos poucos centros de ensino existentes e literalmente jogavam dinheiro nos professores para garantir um lugar na próxima aula. "Bruce Lee foi, e sempre será, a principal razão pela qual eu devo me esforçar para alcançar a perfeição nas artes marciais nos próximos anos", escreveu um garoto da Carolina do Sul em uma carta enviada para a revista *Black Belt*.

Enquanto o resto do mundo estava se apaixonando pelo falecido Bruce Lee, Hong Kong vivia uma ressaca. Lee havia ascendido ao superestrelato na colônia como o defensor do povo chinês, seu herói. Sua morte repentina, permeada por escândalos, deixou as pessoas carentes e abaladas. "Muitas pessoas ainda o amavam", diz W. Wong, presidente do fã-clube de Bruce Lee, "mas, como a morte dele não foi nada gloriosa, muitos se sentiram enganados e traídos. Eles se sentiam vazios pela perda de um ícone."

Essa desilusão se refletiu na decepcionante bilheteria de *Operação Dragão* na colônia: foram arrecadados 3 milhões de dólares de Hong Kong, o mesmo valor de *O Dragão Chinês*, mas 2 milhões a menos do que *O Voo do Dragão* arrecadara. Mesmo morto, Bruce ainda era a maior bilheteria da colônia, mas sua fama tinha chegado ao cume e estava caindo. "Ele já está morto", disse um fã chinês. "Qual é o sentido, então?"

Para os cineastas de Hong Kong, o que importava era que o soco de ouro de Bruce Lee havia rompido as barreiras que os separavam dos mercados internacionais. Antes de Bruce, a indústria cinematográfica de Hong Kong era do tamanho da indústria cinematográfica da Nigéria atualmente, um negócio lucrativo, mas pequeno e provinciano. "Com Bruce Lee, surgiram muitas oportunidades de chamar a atenção, especialmente em Hollywood", diz John Woo, diretor de *A Outra Face* (1997) e *Missão: Impossível 2* (2000). "Ele abriu as portas." Pessoas em todos os lugares do mundo começaram a prestar atenção aos filmes de ação chineses e ao talento dos chineses."

Bruce salvou a Golden Harvest e acabou com o monopólio de Shaw. "Run Run tinha muito dinheiro e era dono dos cinemas. Sua estratégia era sufocar a Golden Harvest e nos sangrar até a morte com ações judiciais", diz Andre Morgan. "Bruce nos levou para os mercados internacionais com o *kung fu*. Era algo inédito. Pudemos finalmente vender para a Europa, para a América do Sul, para a América do Norte e para o Oriente Médio. Raymond Chow tinha um oleoduto jorrando dinheiro. Por sermos os realizadores de *Operação Dragão*, surgiram outros interessados em fazer parcerias em produções conosco."

A procura pelo próximo Bruce Lee começou de imediato. Qualquer um que tivesse ligação com ele ganhava um contrato e era empurrado para a frente das câmeras. Chuck Norris era o Bruce Lee branco, Sammo Hung era o Bruce Lee gorducho e Jackie Chan era o Bruce Lee engraçado. Nenhum deles conseguiu superar Lee como campeão de bilheteria e ícone internacional. Jackie Chan tentou, mas não conseguiu conquistar o público norte-americano com *O Lutador de Rua* (*The Big Brawl*, 1980), dirigido por Robert Clouse e coproduzido por Raymond Chow e Fred Weintraub. Foram necessários 25 anos após a estreia de *Operação Dragão* para que Jackie Chan finalmente se tornasse o segundo astro internacional de Hong Kong, com *A Hora do Rush* (*Rush Hour*, 1998).

Produtores independentes e com pouco renome de Hong Kong, incapazes de bancar nomes como Norris, Chan ou Hung, procuraram lucrar com o fenômeno contratando atores parecidos com Bruce Lee e mudando seus nomes para engambelar o público: Bruce Li, Bruce Le, Bruce Lai, Bruce Liang, Bruce Thai e Bronson Lee. Esses filmes, chamados de *Bruceploitation*,* a princípio usaram os títulos e os enredos dos filmes originais: *Return of Fists of Fury* [O Retorno da Fúria do Dragão], *Re-Enter the Dragon* [A Nova Operação Dragão], *Enter Another Dragon* [Outra Operação Dragão]. No final dos anos 1970, essa linha de filmes acabou gradualmente se tornando um gênero próprio, transformando Bruce em super-herói em filmes como *The Dragon Lives Again* [O Dragão Renasce], em que Lee desce ao inferno para lutar com James Bond e

---

* Trata-se de uma combinação dos termos "Bruce" e "*exploitation*". Este último termo designa um gênero de filmes apelativos, que abordam as temáticas de modo mórbido e sensacionalista. (N. do T.)

Drácula, e *The Clones of Bruce Lee* [Os Clones de Bruce Lee], em que Bruce Le, Bruce Lai, Dragon Lee e Bruce Thai representam quatro clones de Bruce Lee salvando o mundo de um exército invencível formado por homens de bronze.

O melhor exemplo do gênero *Bruceploitation* é *Jogo da Morte* (1978). Raymond Chow afirma que nunca teve intenção de usar as cenas no pagode, gravadas com Bruce em 1972, para a realização de um longa-metragem, mas acabou cedendo depois da insistência de distribuidores de todo o mundo. Robert Clouse foi contratado para dirigir o filme. Dois atores parecidos com Bruce foram contratados, um para as cenas de luta e outro para as cenas de representação. Como Bruce não terminou o roteiro, a história foi remendada como um quebra-cabeça, criada de trás para a frente a partir das cenas já filmadas. O fraco enredo resultante gira em torno de Billy Lo, um dublê que se recusa a assinar um contrato com o sombrio "sindicato". Eles então atiram no rosto de Billy e abandonam o corpo. Mas ele sobrevive, é submetido a uma cirurgia reconstrutiva, finge sua morte e acaba se vingando. Raymond incluiu imagens reais do funeral de Lee em Hong Kong, em 1973. Trata-se de uma confusão desconfortável até que, no final, são usadas as filmagens originais de Lee com Dan Inosanto e Kareem Abdul-Jabbar. De repente, o filme se transforma em pura magia e num lembrete de que ninguém nunca conseguirá substituir Bruce Lee.

Os fãs ao redor do planeta devoraram o filme. "A estreia do filme no Rio de Janeiro teve números incríveis, foi uma das maiores bilheterias da história da cidade", disse Andre Morgan aos repórteres. "Está batendo recordes em São Paulo, os números também estão muito, muito bons na Alemanha e foi a quinta maior bilheteria do Japão no ano passado, arrecando US$ 8 milhões." Linda Lee tinha originalmente se oposto ao uso da palavra "Morte" no título, mas acabou acolhendo o filme. Ela compareceu à estreia em Los Angeles, realizada no *Paramount Theatre* no dia 7 de junho de 1979, acompanhada por Brandon, então com 14 anos, e Shannon, com 10. Mais de mil fãs fiéis, vestidos com os tradicionais uniformes de artes marciais, ergueram os estandartes de suas escolas de artes marciais. O prefeito Tom Bradley declarou que aquele seria o Dia de Bruce Lee. Brandon desvelou uma estrutura com cerca de dez metros de comprimento contendo trajes e armas originais dos filmes de seu pai no cinema. O projeto final de Bruce Lee, por mais alterações que tivesse sofrido, estava concluído.

Após o funeral de Bruce em Seattle, em 1973, Linda deixou os filhos com a irmã, Joan, em Calgary, e retornou a Hong Kong para participar do inquérito. Lá, ela descobriu que Bruce havia morrido sem deixar um testamento. Este lapso acrescentou uma complicação jurídica – um cidadão americano falecido em uma colônia britânica – que se somou às complicações emocionais e financeiras já presentes. Bruce não tinha muito dinheiro quando faleceu, mas tinha muito dinheiro para receber. Foram necessários sete anos para resolver as questões jurídicas referentes ao espólio de Bruce. Durante esse tempo, Linda e seus advogados tiveram que ficar negociando com Raymond Chow e com as companhias de seguro. "Minha mãe foi muitas vezes para Hong Kong no primeiro ano para resolver negócios", diz Shannon Lee.

Quando as coisas se acalmaram um pouco, Linda e as crianças ficaram por um curto período com a mãe dela, em Seattle. Alguns meses por lá fizeram Linda perceber como sentia falta do sul da Califórnia. Com o dinheiro do espólio, eles se mudaram para Rancho Palos Verdes, um próspero subúrbio de Los Angeles. Durante um breve período, Chuck Norris morou a dois quarteirões dali, e Brandon brincava nessa época com os dois filhos de Norris. Shannon e Brandon estavam matriculados em uma escola particular, Rolling Hills Country Day. Linda voltou aos estudos, matriculando-se no período noturno do curso de ciências políticas na Universidade Estadual da Califórnia, em Long Beach. Lá ela concluiu a graduação universitária e se tornou professora de pré-escola.

A surpresa mais agradável que Linda teve no ano seguinte à morte de Bruce foi a reação do público ao filme *Operação Dragão*. "Quando ele faleceu", disse Linda ao *Los Angeles Times*, "não imaginávamos que ele se tornaria uma lenda, como acabou acontecendo." Quando a indústria póstuma de Bruce Lee surgiu, em 1973, Linda passou a fazer parte do lucrativo ramo de negócios relacionado a celebridades mortas, protegendo o legado de Bruce e lucrando com isso em nome de seus filhos. Ela assinou um contrato com a Warner Bros. que envolvia livros e filmes. A biografia que ela escreveu sobre o marido, *Bruce Lee: The Man Only I Knew** (1975), vendeu bem, mas o filme biográfico que seria feito a partir do livro acabou não sendo realizado. Ela assinou um contrato com a agência Ziv International para licenciar a imagem de Bruce para produção de pôsteres, camisetas, toalhas, material de papelaria, troféus, luminárias,

---

* Algo como "Bruce Lee: O Homem Que só Eu Conheci". O livro não foi traduzido para a língua portuguesa. (N. dos T.)

cosméticos masculinos, roupas de karatê, louças, joias, jogos e brinquedos. A Zebra Books tornou-se a editora exclusiva de livros relacionados ao legado de Bruce Lee, como as obras *Bruce Lee's Basic Kung: Fu Training Manual* e *Bruce Lee's My Martial Arts Training Guide to jeet kune do*.* Morto, Bruce conseguiu garantir o futuro financeiro de sua família.

As crianças viviam uma vida tranquila de padrão classe média-alta, abrigadas pela fama do pai. Eles não estudaram artes marciais. Linda dizia para eles o seguinte: "Não saiam por aí dizendo para as pessoas que Bruce Lee era seu pai. Deixe primeiro as pessoas conhecerem vocês pelas pessoas que vocês são".

Shannon era mais parecida com a mãe: estudiosa, sensível e tímida. Ela encontrou um caminho para sua vida no ensino secundário, quando descobriu o teatro musical. Ela estudou música na Universidade Tulane, em Nova Orleans, onde se formou após quatro anos de estudo.

Brandon era muito parecido com o pai. Quando tinha 8 anos, disse à mãe que quando crescesse queria ser ator. "Ele era gozador, atrevido, um *showman*", diz Shannon. "Ele tinha excelente coordenação motora. Um dia, ele disse que queria dar um salto mortal para trás, e conseguiu dar o salto na terceira tentativa." Brandon também era um rebelde carismático, que foi expulso do colégio particular de elite onde estudava, Chadwick, depois de liderar protestos contra a direção da escola. "Ele estava convencendo os alunos a faltarem às aulas", lembra Shannon. O rapaz concluiu o ensino secundário e começou a estudar no Emerson College, em Boston, mas passava grande parte do tempo indo para Nova York para assistir a apresentações artísticas. Após um ano, Brandon desistiu da faculdade e voltou para Los Angeles.

Todos os esforços de Linda para dissuadir Brandon da ideia de seguir a carreira de ator foram em vão. Ele alugou um pequeno bangalô em Silver Lake, comprou uma Harley e um Cadillac funerário ano 1959 e atuava em apresentações de teatro de menor destaque da região.

Uma de suas namoradas o provocou: "Você não está tentando imitar James Dean, está?".

"Meu bem, eu sou muito mais original do que o James Dean", respondeu.

Brandon estava com 20 anos e não queria seguir os passos do pai, não queria fazer filmes de ação. Ele queria fazer papéis dramáticos, mas ninguém

---

* Algo como "Manual Básico de Treinamento de *Kung-Fu* de Bruce Lee" e o "O Guia de Treinamento de Artes Marciais de Bruce Lee para *jeet kune do*. Os livros não foram traduzidos para a língua portuguesa. (N. dos T.)

contrataria o belo filho de Bruce Lee para papéis sérios. Para deslanchar sua carreira, ele concordou em fazer alguns filmes de artes marciais com orçamentos modestos. Ele procurou o ex-instrutor-assistente de seu pai, Dan Inosanto, para receber aulas de *jeet kune do*.

Sua primeira grande chance foi, ironicamente, em *Kung Fu: O Filme* (*Kung Fu: The Movie*, 1986). Brandon foi escalado para contracenar com David Carradine, no papel de filho de Kwai Chang Caine. Ele participou de vários filmes do gênero *chopsocky* nos cinco anos seguintes, culminando com *Rapid Fire* (1992), um filme de ação da 20th Century Fox. Brandon contratou Shannon para ser sua assistente durante as filmagens desse longa. Shannon estava cantando em Nova Orleans já havia alguns anos, desde a sua formatura, e perguntou ao irmão mais velho o que ele achava da ideia de ela se tornar atriz. "É um trabalho difícil", disse Brandon. "As pessoas tratam você como uma mercadoria, principalmente se você for uma mulher, mas, se você quer mesmo seguir esse caminho, eu vou te ajudar com o que estiver ao meu alcance."

Nesse mesmo ano, a Universal Studios começou a desenvolver o filme *Dragão – A História de Bruce Lee* (*Dragon – The Bruce Lee Story*), baseado em uma versão atualizada da biografia de Bruce escrita por Linda e relançada em 1989. A Universal comprou os direitos do livro e assinou um contrato multimilionário para os direitos do filme, de jogos de *videogame* e de *merchandising*. Rob Cohen foi contratado para dirigir o longa, e Jason Scott Lee (sem relação de parentesco) foi escalado para interpretar Bruce. Cohen conseguiu um resultado bastante próximo da versão de Linda sobre a vida de seu falecido marido. O filme é uma história laudatória de amor sobre a luta de um jovem imigrante otimista e sua adorável esposa para superar um sistema racialmente estratificado para alcançar a grandeza. Wong Jack Man é retratado como um malfeitor enviado para fechar a escola de Bruce por ele ter cometido o grave crime de ensinar *kung fu* a pessoas brancas. Bruce é quem apresenta a ideia da série de TV *Kung Fu*, mas ela é roubada dele e dada a um ator branco, David Carradine.

Considerando a dificuldade para abordar a controvertida morte de Bruce, Cohen inventou um demônio interior: um fantasma com uma armadura negra de samurai que assombra os sonhos de Bruce durante todo o filme. No final do terceiro ato, o demônio vai atrás de Brandon ainda criança, forçando Bruce a derrotá-lo com um *nunchaku* vermelho. Cohen justificou o conceito como uma metáfora sobre a luta de Bruce por paz interior, mas ele trabalhou com uma das superstições relacionadas à sua morte: A Maldição do Dragão.

Antes do início das filmagens, a Universal procurou Brandon para convidá-lo para interpretar o pai no longa, mas ele recusou a oferta de imediato. Todas as lendas envolvendo seu pai já representavam um fardo pesado o suficiente; ele não precisava de um peso extra. Durante anos, ele havia se sentido como a sombra do pai: o filho de Bruce, Brandon. Mas ele conseguiu o papel pelo qual lutara com todas as suas forças: ser o astro de *O Corvo* (*The Crow*), um enredo baseado em uma história em quadrinhos sobre um músico de *rock* que é assassinado e ressuscita para se vingar. Era o filme que Brandon esperava para se libertar do gueto do *chopsocky* e iniciar uma carreira de sucesso no mundo do cinema tradicional.

A produção de *O Corvo* foi atormentada por inúmeras adversidades. Tempestades fora de época em Wilmington, na Carolina do Norte, destruíram parte dos *sets* de fimagens. Um carpinteiro foi eletrocutado e ficou gravemente ferido quando um guindaste colidiu com a rede de energia elétrica. Um pedreiro atravessou acidentalmente a própria mão com uma chave de fenda. Um funcionário insatisfeito jogou o caminhão que conduzia contra a oficina de gesso do estúdio. A situação era tão ruim que a *Entertainment Weekly* fez uma reportagem questionando se o filme estava sob o efeito de algum tipo de maldição. "Eu não acho que o que está acontecendo seja extraordinário", disse à reportagem Jennifer Roth, coordenadora de produção do filme. "Temos muitas manobras perigosas e muitos efeitos, e eu já participei de produções onde pessoas morreram."

Um mês depois disso, durante as filmagens das cenas finais, Brandon Lee levou um tiro e morreu.

Segundo todas as versões, incluindo as conclusões da investigação policial, tratou-se de um acidente bizarro, um erro terrível, resultante de inexperiência, negligência e corte irresponsável de custos. "Eles queriam fazer um filme de US$ 30 milhões", disse um membro da equipe desiludido após deixar o filme, "mas só queriam gastar US$ 12 milhões para realizá-lo."

Para uma cena do começo do filme, o pessoal da segunda unidade solicitou à produção um revólver Magnum calibre 44 e seis balas de festim. O inexperiente adereçista deu-se conta de que não havia nenhuma bala de festim no *set*. Para economizar tempo valioso, foi tomada a decisão de fabricar balas de festim a partir de balas de verdade. Foram retiradas as balas de seis cartuchos calibre 44 e a pólvora foi descartada. As cápsulas foram então carregadas no cilindro e a arma foi disparada várias vezes para descarregar as espoletas e remover qualquer resíduo de pólvora. As balas foram então recolocadas nos invólucros vazios para criar balas de festim.

Mas, sem que o departamento de adereços soubesse, uma das espoletas não detonou. Quando a arma foi disparada durante a cena, a bala de festim com a espoleta intacta acionou o resíduo de pólvora com força suficiente para impulsionar a bala para dentro do cano da Magnum, mas nada além disso. Depois de ser usada na cena, a arma foi devolvida ao departamento de adereços para ser guardada, sem ser verificada.

Duas semanas mais tarde, no dia 30 de março de 1993, essa arma com a bala alojada no cano foi retirada do almoxarifado para filmar a cena de uma lembrança do personagem de Brandon, Eric Draven: o momento em que ele é assassinado. A Magnum calibre 44 foi carregada com cartuchos vazios, com pólvora e espoleta, mas sem bala. Mais uma vez, ninguém teve o cuidado de examinar a arma. Um revólver com uma bala presa no cano e cartuchos vazios no cilindro é o mesmo que uma arma carregada. O revólver foi dado ao ator Michael Massee, que interpretava Funboy, o assassino do Draven. O diretor disse "ação", Massee apontou a arma para o tórax de Lee e apertou o gatilho.

Por alguns minutos, ninguém percebeu que algo havia saído terrivelmente errado.

Uma ambulância levou Brandon para o New Hanover Regional Medical Center. Apesar das muitas horas sobre a mesa de cirurgia e da transfusão de quase 30 litros de sangue, os médicos não conseguiram salvá-lo. O dano foi muito grande; a bala calibre 44 estava próxima à coluna vertebral. Brandon Lee morreu como consequência de hemorragia interna às 13h04 do dia 31 de março de 1993, aos 28 anos de idade.

Brandon havia planejado se casar com Eliza Hutton após o término das filmagens de *O Corvo*. O casamento seria realizado no dia 17 de abril, no México. Em vez disso, Brandon foi enterrado no dia 3 de abril em Seattle, ao lado do pai, no lote que Andre Morgan havia comprado para Linda vinte anos antes. "Está além da minha capacidade de compreensão dos mistérios da vida pensar que esse era o destino dele", disse Linda. "Apenas aconteceu. Não tento achar um sentido para isso. Acho apenas que tivemos o privilégio de tê-lo conosco por tantos anos. Dizem que o tempo cura tudo. Não cura. Você só aprende a viver com o que aconteceu e segue em frente."

Como parte da campanha de lançamento de *Dragão: A História de Bruce Lee*, Bruce recebeu uma estrela na Calçada da Fama de Hollywood, em um evento realizado antes de uma pré-estreia especial para celebridades convidadas, no dia 28 de abril de 1993. Em seu discurso durante a cerimônia, Linda, que tem um espírito inquebrantável, instou a comunidade cinematográfica a adotar medidas de segurança para que o que aconteceu com Brandon nunca mais ocorresse. "Brandon gostaria muito de estar aqui", disse. "Ele queria poder estar aqui especialmente para esta cerimônia porque, como ele havia dito, seu pai o merecia, assim como ele também merece. Estamos aqui hoje para celebrar a vida de Bruce Lee. E, embora nossa felicidade esteja tingida de tristeza causada pela ausência de Brandon, estamos duplamente felizes pelo fato de o filme estrear esta noite."

E, assim, a morte de Brandon acabou se tornando parte do legado de Bruce. Brandon teve um desempenho marcante em *O Corvo*: sensível, sarcástico e intenso. "Lee é sensacional em todos os aspectos, com uma *performance* que transborda de vigor físico e paixão", escreveu Peter Travers na revista *Rolling Stone*. O filme se tornou um clássico do cinema *cult*, arrecadando US$ 50 milhões nas bilheterias. Mas isso não foi o suficiente para que ele conseguisse escapar da sombra do pai. "Se Brandon tivesse vivido mais e feito 50 grandes filmes", disse Alex Ben Block, autor da primeira biografia sobre Bruce Lee, "ninguém se lembraria muito da ligação dele com Bruce Lee, esse fato não passaria de um detalhe da sua biografia. Mas acredito que ele esteja para sempre inextricavelmente ligado ao pai." No final, foi a história do filho que acabou se tornando um detalhe na lenda de seu pai.

Após a morte de Brandon, Shannon seguiu os passos do irmão, dedicando-se ao estudo das artes cênicas e praticando *jeet kune do* com Ted Wong, o protegido de Bruce. "Foi muito difícil", lembra-se, "porque o momento em que tudo isso aconteceu foi horrível." A maioria das atrizes iniciantes começou suas carreiras fazendo filmes de terror; como filha de Bruce Lee, Shannon começou, como seu irmão, em filmes *chopsocky*. "Eu tenho muita sorte de ser quem eu sou", diz Shannon, "mas, ao mesmo tempo, é um pouco limitador."

O primeiro filme dela, *A Arena da Morte II* (*Cage II – The Arena of Death*, 1994), foi lançado diretamente no formato de vídeo. Em seguida, ela coestrelou *Alta Voltagem* (*High Voltage*, 1997), um pequeno passo à frente no gênero. "Tive dificuldade em me dedicar de corpo e alma a esses projetos", diz Shannon. "E, por isso, eu não me saí muito bem nesses filmes. Eu ainda estava sofrendo muito pela morte de meu irmão."

Seu papel seguinte foi em um filme de ação da Golden Harvest, *Operação Águia* (*Enter the Eagles*, 1998), uma repetição de *Operação Dragão*. O filme foi rodado em Praga. Não havia roteiro. Foi um caos. "Faça como seu pai faria", o diretor dizia para ela. "Eu me senti muito pressionada a levar adiante o legado", lembra Shannon. "Eu voltava para meu quarto no hotel e chorava muito." Depois desse filme, a carreira de Shannon como atriz parou.

⁂

Quase logo depois de ter criado o *jeet kune do*, em 1968, Bruce arrependeu-se de ter dado um nome à técnica. Não era possível fugir do paradoxo de que seu "Estilo sem Estilo" em constante evolução era na verdade um sistema lógico e consistente, com técnicas e princípios específicos. Bruce ficou tão preocupado com a possibilidade de que o *jeet kune do* fosse codificado e formatado, resultando na escravidão dos alunos, e não na libertação deles, que fechou sua escola em Chinatown no dia 29 de janeiro de 1970 e fez com que seus instrutores assistentes – Dan Inosanto, em Los Angeles, James Lee, em Oakland, e Taky Kimura, em Seattle – prometessem que nunca ensinariam *jeet kune do* em uma escola comercial. Eles só poderiam instruir informalmente alguns poucos alunos experientes em contextos não comerciais.

Como resultado disso, depois que Bruce morreu e se transformou em um ícone internacional, não havia um lugar para onde os centenas de milhares de fãs que queriam ser exatamente como ele pudessem ir para apreender *jeet kune do*. Sem essa opção, eles lotaram todos os dojos disponíveis para estudar karatê, judô, *tae kwon do* e *kung fu*. Durante o maior *boom* da história das artes marciais, Inosanto e Kimura mantiveram a palavra e só ensinaram as técnicas em sessões privadas e não comerciais (James Lee morreu, vítima de um câncer de pulmão, em dezembro de 1972). Mas vários outros alunos de Bruce, como Jesse Glover e Joe Lewis, aproveitaram sua ligação com Bruce para dar seminários em todo o país. Dan Inosanto acabou abrindo uma escola onde ensinava sua versão personalizada das artes marciais – uma mistura do *jeet kune do* de Bruce, kali filipino e *kickboxing* tailandês. Por ter aparecido nas telas ao lado de Bruce em *Jogo da Morte*, Inosanto se tornou o instrutor de *jeet kune do* mais famoso do país, com sua abordagem mista batizada de *jeet kune do Concepts*.

Linda, que havia solicitado a inscrição das palavras "Fundador do *jeet kune do*" na lápide de Bruce, era menos afeita a concessões e estava bastante empenhada em proteger a criação de Bruce. Conforme os anos foram se passando, vários vigaristas sem ligação alguma com Lee foram abrindo escolas de artes marciais, afirmando serem autênticos instrutores de *jeet kune do*. Linda considerou que essas iniciativas eram danosas ao legado de Bruce e convocou uma reunião em Seattle com os alunos originais do marido para criar uma organização com o propósito de proteger a arte de Lee. Os membros fundadores, Linda Lee, Shannon Lee, Taky Kimura, Allen Joe e Ted Wong, ficaram conhecidos como o Núcleo. Dan Inosanto participou da primeira reunião, realizada no dia 10 de janeiro de 1996, mas decidiu posteriormente que não faria parte da organização. Isso criou uma cisão entre os defensores do *jeet kune do* original (os tradicionalistas, que apoiavam o Núcleo e defendiam uma estrita concordância com o que Bruce Lee ensinara em vida) e o grupo dos *Concepts* (os progressistas, que apoiavam a organização de Inosanto e um contínuo desenvolvimento da arte).

Os instrutores de artes marciais formam um grupo notoriamente maledicente e turbulento. Foi apenas devido ao grande respeito que todos tinham por Linda e à sua experiência como professora de jardim de infância que ela foi capaz de unificar uma grande parcela dos alunos de Bruce. Além da publicação da revista *Bruce Lee Magazine*, a principal atividade do Núcleo foi a realização de uma conferência anual de *jeet kune do*, onde os fãs podiam treinar com os alunos originais. As conferências foram um sucesso de público, mas era exaustivo ter de lidar com as desavenças entre os membros do Núcleo.

Após quatro anos servindo como mediadora das brigas internas, Linda decidiu afastar-se e deixar o espólio de Bruce Lee aos cuidados de Shannon. "Ela se aproximou de mim de forma muito cautelosa", diz Shannon, "porque ela não queria me impor nada, não queria chegar e dizer: 'Isto é responsabilidade sua'." A carreira de atriz de Shannon estava em uma curva descendente e ela ficou empolgada, sentindo ser possível fazer mais para promover o legado de Bruce e transformá-lo em um negócio próspero. Os negócios envolvendo o espólio de Elvis Presley estavam rendendo mais de US$ 50 milhões por ano; os de Bruce não chegavam a US$ 1 milhão.

Shannon contratou os advogados que cuidavam do espólio de Elvis Presley e adotou uma postura mais agressiva de gestão dos negócios. Ela encerrou as atividades do Núcleo, que estava dando prejuízo, e entrou em uma batalha judicial que durou dez anos para retomar da Universal Studios os direitos de *merchandising*, licenciamento e *videogames*. Ela também fundou uma produtora, a LeeWay Media, para desenvolver projetos específicos relacionados a Bruce Lee: documentários, filmes biográficos, séries de TV e musicais da Broadway. Além de manter Bruce presente na mente do público e divulgar sua mensagem, um de seus principais objetivos era colocar o pai no *ranking* da revista *Forbes* que lista as Celebridades Mortas Que Mais Geram Lucro.

Esse *ranking* mostra, em valores monetários, a capacidade de um ícone permanecer no estrelato após a morte. Durante anos, os cinco primeiros nomes da lista e seus ganhos têm sido notavelmente estáveis: Michael Jackson (US$ 150 milhões), Elvis Presley (US$ 55 milhões), Charles Schulz (US$ 40 milhões), Elizabeth Taylor (US$ 20 milhões) e Bob Marley (US$ 18 milhões). Em 2013, Bruce Lee se tornou a primeira celebridade asiática a entrar para a lista, em décimo lugar, com US$ 7 milhões. Ele estava uma posição atrás de Steve McQueen (US$ 9 milhões), o que mostra que a rivalidade que existia em vida continuou após a morte. No ano seguinte, um acordo de patrocínio com a Mazda levou Bruce a empatar com McQueen em nono lugar, ambos com US$ 9 milhões. Dá para imaginar os dois no céu se cutucando e discutindo quem entre eles é o maior astro.

Durante décadas, o governo de Hong Kong ignorou seu filho mais famoso. O astro de filmes de *kung fu* não era considerado erudito o bastante para representar uma colônia insegura com sua autoimagem. Foram em vão os esforços dos fãs para transformar a casa de Kowloon Tong, que estava funcionando como um motel, em museu. Frustrados, os membros do Fã-Clube Bruce Lee arrecadaram US$ 100 mil para erguer uma estátua de Lee em uma pose do filme *A Fúria do Dragão*. Sob pressão, os governantes acabaram concordando em colocá-la na Avenue of Stars, uma atração turística localizada na região do porto. No dia 27 de novembro de 2005, celebrando o aniversário de 65 anos de nascimento de Bruce, a estátua, feita de bronze e com 2,5 metros, foi inaugurada com a presença de Robert Lee. Foi um reconhecimento tardio das realizações notáveis de Lee durante sua curta vida e de seu impacto cultural duradouro desde sua morte.

Em um país onde atores chineses eram quase sempre relegados a papéis de humildes empregados domésticos, como Hop Sing, do seriado *Bonanza*, Bruce Lee superou todos os obstáculos para romper a barreira que existia para asiáticos em Hollywood. Ele se tornou o primeiro ator chinês-americano a estrelar um filme na meca do cinema mundial e o primeiro asiático a fazê-lo na era do cinema falado. Foram necessários 25 anos para que outro ator chinês, Jackie Chan, repetisse essa extraordinária façanha.

Seus filmes lançaram um arquétipo chinês inteiramente novo na cultura popular ocidental: o mestre de *kung fu*. Antes de Bruce, era apenas Fu Manchu, o vilão que representava o Perigo Amarelo, e Charlie Chan, o modelo de uma minoria. Essas duas velhas representações reforçaram o estereótipo do homem chinês como submisso, não agressivo e física e sexualmente inferior – fraco e ranzinza; astuto, mas nunca disposto ao confronto aberto; efeminado, assexuado ou homossexual. Esmagando essa imagem emasculada, Lee construiu uma masculinidade que era fisicamente superior, excessivamente violenta e sexualmente atraente. Ele foi o primeiro ator asiático-americano a encarnar a definição clássica de Hollywood de um astro: aquela pessoa que os homens querem ser e com quem as mulheres querem ficar. Com seu sorriso arrogante, gestos provocativos e movimentos graciosos, mas mortais, o belo e forte Lee deu colhões aos chineses.

Sua atuação bélica em *Operação Dragão* transformou de imediato a visão ocidental dos asiáticos. "Vivíamos em Alameda, perto de Oakland, de onde vieram os Panteras Negras", lembra Leon Jay, um destacado instrutor de artes marciais. "Antes de *Operação Dragão*, era 'Ei, *Chink*'. Mas depois dos filmes de Bruce passou a ser 'Ei, irmão'." Até mesmo aqueles que não gostavam de Bruce reconhecem a influência de seus filmes. "Ele era um babaca egocêntrico", diz Mark Chow, filho de Ruby Chow. "Uma coisa que o cara fez, porém, é que ninguém mais rouba o dinheiro do lanche das crianças chinesas achando que elas não vão reagir."

Outro efeito dos filmes de Bruce foi ajudar a mudar a visão que os asiáticos tinham de si próprios. Se Bruce era capaz de derrotar Chuck Norris no filme, talvez eles pudessem fazer algo semelhante na vida real. A popularidade de Lee ajudou a inspirar o movimento asiático-americano nos anos 1970, que exigia igualdade racial, justiça social e empoderamento político. Na Ásia, seus filmes anunciaram a ascensão de uma Hong Kong, uma Taiwan e, por fim, de uma China mais fortes e mais confiantes. Os chineses não eram mais os Homens Doentes da Ásia: eles eram uma superpotência.

Lee transformou a produção cinematográfica do Ocidente ao introduzir um gênero inteiramente novo: o filme de *kung fu*, que continua prosperando, como mostra o sucesso de filmes como *Matrix*, *Kill Bill* e a série de filmes de John Wick. Seu impacto foi ainda maior na coreografia das lutas. *Operação Dragão* não mudou apenas a ideia sobre quem pode estrelar um filme de ação, mas também a forma como nossos heróis lutam. O soco de John Wayne tornou-se coisa do passado. Depois de *Operação Dragão*, exigimos que todas as estrelas de filmes de ação – de Batman a Sherlock Holmes, de Mel Gibson, em *Máquina Mortífera* (*Lethal Weapon*), a Matt Damon, em *A Identidade Bourne* (*The Bourne Identity*) – fossem um mestre de artes marciais, tão habilidoso com os pés quanto com as mãos.

Eles também precisam ser fortes e ter músculos bem definidos. Bruce popularizou o movimento *fitness*. Antes de seus filmes, o ideal masculino era uma região do tórax avantajada. Depois deles, os heróis de ação de Hollywood flertaram pela primeira vez com o visual bombado e cheio de esteroides de Arnold Schwarzenegger e Sylvester Stallone, e depois voltaram ao visual de músculos bem definidos de Lee.

Bruce não era simplesmente um profissional do entretenimento: era um evangelista. Através da popular ferramenta do cinema, ele apresentou a cultura asiática para mais pessoas do que qualquer outro personagem da história fez. Por causa de Bruce, milhões de ocidentais passaram a dedicar-se às artes marciais. "Todas as cidades dos Estados Unidos tinham uma igreja e um salão de beleza", disse Fred Weintraub. "Depois de *Operação Dragão*, havia uma igreja, um salão de beleza e uma escola de karatê com uma foto de Bruce Lee." Muitos estudantes de artes marciais mais dedicados foram além, explorando os fundamentos filosóficos chineses dos estilos que praticavam. Termos taoistas como "yin" e "yang" passaram a fazer parte do nosso vocabulário.

O presidente do Ultimate Fighting Championship, Dana White, definiu Bruce Lee como "o padrinho das Artes Marciais Mistas". É certo que a modalidade esportiva não teria alcançado o sucesso sem a incrível explosão de popularidade das artes marciais detonada por Lee. O *jeet kune do* foi uma experiência híbrida prévia de cruzamento de estilos de artes marciais. Sua pragmática visão filosófica está na base do que é a modalidade: "Adapte o que é útil, rejeite o que é inútil, acrescente o que é especificamente seu". Bruce colocou o termo "misto" nas artes marciais mistas.

Mas talvez o mais importante, nesses tempos de polarização e conflitos étnicos, seja o exemplo que ele estabeleceu e abraçou. Como um eurasiano, ele enfrentou a discriminação de ambos os lados da divisão Leste/Oeste, mas nunca deixou que isso o impedisse de seguir em frente e, além disso, ele pregou uma mensagem de unidade pós-racial. "Penso em mim como um ser humano, porque, debaixo deste céu, só existe uma família", disse Bruce. "Acontece que as pessoas são diferentes." E ele praticou essa pregação. Ele aceitava qualquer um que quisesse aprender com ele. Seu primeiro aluno nos Estados Unidos foi Jesse

Glover. "Se ele sentisse que você era sincero, ele te ensinava", recorda-se Taky Kimura. "Ele não se importava com a sua raça."

A estátua de Bruce Lee em Hong Kong foi a segunda com a imagem dele a ser erguida no mundo. A primeira foi inaugurada um dia antes, na cidade de Mostar, na Bósnia-Herzegovina. Durante a Guerra Civil iugoslava, nos anos 1990, Mostar ficou amargamente dividida entre os croatas católicos, no lado oeste da cidade, e os bósnios muçulmanos, a leste. Após o fim das hostilidades, o povo do local decidiu erguer um novo memorial de paz. Bruce Lee foi o escolhido, vencendo outros candidatos como o Papa e Gandhi, depois que uma pesquisa de opinião feita entre os moradores revelou que ele era a única pessoa respeitada por ambos os lados como um símbolo de solidariedade, justiça e harmonia racial. "Seremos sempre muçulmanos, sérvios ou croatas", disse Veselin Gatalo, do grupo de jovens Movimento Urbano de Mostar. "Mas uma coisa que todos nós temos em comum é Bruce Lee."

Posfácio

Eu tinha 12 anos quando a família do meu amigo comprou o primeiro videocassete de nossa cidade natal, Topeka, no Kansas. Lembro-me muito bem de estar sentado no sofá do porão da casa dele vendo o irmão mais velho do meu amigo descer as escadas com uma fita na mão.

O filme era *Operação Dragão*, e ele nos deixou ensandecidos.

Nós nunca tínhamos visto um filme de *kung fu*. Não tínhamos ideia de quem era Bruce Lee. Mas, depois que o filme acabou, ele se tornou nosso herói, pulando da tela para dentro da nossa imaginação. Esse chinês de 1,72 metro e 62 quilos, com músculos definidos e um comportamento felino, substituiu Luke Skywalker como nosso ideal de ser humano. Abandonamos nossas espadas luminosas e pegamos o *nunchaku*, rachando a cabeça uns dos outros várias vezes enquanto tentávamos (e não conseguíamos) aprender a usá-lo.

Quando as atenções dos meus amigos mudaram de direção, para outras estrelas do cinema, da música ou dos esportes, eu continuei com Bruce – alguém que, por baixo de seus músculos, parecia tão frágil e vulnerável quanto eu me sentia, sendo uma criança magricela e vítima de *bullying*; alguém que não nasceu um lutador mortal, mas que se transformou em um através de pura força de vontade. Encontrei fitas velhas dos três filmes anteriores de Bruce feitos em Hong Kong – *O Dragão Chinês*, *A Fúria do Dragão* e *O Voo do Dragão* – e rebobinei as cenas de luta tantas vezes até que elas ficaram falhando e mal podiam ser vistas. Eu vivia nas bancas de jornal comprando edições das revistas *Black Belt* ou *Inside Kung-Fu* sempre que ele estava na capa. Memorizei todos os detalhes, muitos deles fantasiosos, dos seus tragicamente curtos 32 anos de vida.

Na faculdade, eu estudei chinês e me aprofundei nos ensinamentos dos filósofos que influenciaram Bruce, Lao-tzu e Chuang-tzu, assim como nas referências ocidentais do estudo do taoismo e do zen-budismo, como Alan Watts. Também busquei um instrutor de *kung fu* para iniciar meu treinamento. Após o término do meu primeiro ano em Princeton, interrompi os estudos e fui para o Templo Shaolin, o local de nascimento do *kung fu* e do zen-budismo, onde vivi e treinei com os monges por dois anos. Mais tarde, transformei essa experiência no meu primeiro livro, *American Shaolin*. Passei os dois anos seguintes estudando as Artes Marciais Mistas (MMA). Muitos praticantes desse esporte, entre eles o presidente da associação Ultimate Fighting Championship, Dana White, consideram Bruce Lee o "padrinho" da modalidade. Quando eu terminei meu segundo livro, *Tapped Out*, meu amigo Brendan Cahill sugeriu que eu fizesse uma biografia de Bruce Lee.

A princípio a ideia não me pareceu muito boa. Presumi que já existissem vários relatos bem-feitos. Fiquei chocado ao descobrir que a única biografia de Bruce Lee ainda sendo impressa foi escrita há mais de vinte anos pelo ex-baixista de Elvis Costello.

Bruce Lee é indiscutivelmente o rosto mais famoso do planeta. E ele é ainda mais popular na Ásia, na Rússia, no Oriente Médio e na África do que no mundo ocidental. Hollywood fez dois filmes biográficos sobre ele, sendo o mais recente *A Origem do Dragão* (*Birth of the Dragon*, 2016). Ele aparece com frequência na lista das quinze celebridades mortas que mais rendem dinheiro da revista *Forbes*, junto com ídolos do quilate de Elvis Presley, Marilyn Monroe e Steve McQueen. Todas essas figuras icônicas já haviam recebido biografias à altura delas, exceto Lee. É raro que um ano comece e termine sem que um novo livro sobre Marilyn Monroe seja publicado. Há meia dúzia de biografias de Steve McQueen.

Esse fato me ofendeu. Bruce Lee foi o primeiro ator chinês-americano a estrelar um filme de Hollywood. Ele inspirou milhões de pessoas a se dedicarem às artes marciais. Ele merecia uma biografia digna da sua importância, e eu me propus a escrevê-la.

Minha metodologia foi bem simples. Eu assisti a tudo o que Bruce já havia feito e fiz muitas anotações. Li tudo o que já havia sido escrito sobre Bruce e fiz muitas anotações. Então entrevistei todos aqueles que conheceram

Bruce e estavam dispostos a falar e fiz muitas anotações. Depois compilei essas anotações em ordem cronológica em um documento do Word. O arquivo final ficou com mais de 2.500 páginas e um milhão de palavras.

"Ao fazer uma estátua", Bruce gostava de dizer, "o escultor não fica acrescentando argila ao objeto. O que ele faz é retirar o que não é essencial, até que a verdade de sua criação seja revelada, sem nenhuma obstrução." Quando consegui juntar meu monte de argila, eu o esculpi até que a verdade fosse revelada.

O processo demorou mais de seis anos. Eu passei seis meses em Hong Kong e dois meses entre Los Angeles e Seattle. Entrevistei mais de cem pessoas e me encontrei com muitas outras que me ajudaram de inúmeras formas.

Sou grato pela oportunidade de conhecer e entrevistar a filha de Bruce Lee, Shannon, e sua viúva, Linda Lee Cadwell. Elas foram extremamente generosas na concessão de seu tempo. Devo dizer claramente, porém, que esta não é uma biografia autorizada. Além de conceder duas entrevistas, os responsáveis pelo legado de Bruce Lee não tiveram envolvimento algum com este projeto. O conteúdo deste livro é de minha responsabilidade, e as análises e as conclusões aqui expressas são apenas minhas.

No mundo dos estudos sobre Bruce Lee, há cinco acadêmicos excepcionais: em Hong Kong, Paul Li (*From Limited to Limitless*) e Bey Logan (*Hong Kong Action Cinema*); nos Estados Unidos, Davis Miller (*The Tao of Bruce Lee*), David Tadman (*Regards from the Dragon: Oakland*) e John Little (a coleção *Bruce Lee Library*). Este livro não teria sido possível sem a gentileza, a generosidade e o conhecimento dessas pessoas. Eles me apontaram o caminho. David Tadman foi especialmente útil com as fotos. John Little, para minha eterna gratidão, fez a verificação dos fatos nos originais.

Andre Morgan ofereceu uma visão crucial da história da Golden Harvest e dos últimos dias de Lee. Ele foi um interlocutor divertido, sempre respondendo às minhas perguntas, por mais triviais ou irritantes que fossem. John Corcoran me deu excelentes explicações sobre as lutas de karatê por pontos. Fiquei emocionado ao receber uma aula particular de *wing chun* na academia de Dan Inosanto, na Marina del Rey. Ed Spielman, Howard Friedlander e Tom Kuhn me deram informações fundamentais sobre a criação da série de TV *Kung Fu*. Dr. John Stern, da UCLA, e Duncan McKenzie (*The Death of Bruce Lee: A Clinical Investigation*) me ofereceram conhecimentos médicos cruciais relacionados às possíveis causas da morte de Bruce Lee. Sem pestanejar, Paul Heller me entregou o roteiro original de *Operação Dragão* para que eu fizesse cópias. Joe Torrenueva me proporcionou o melhor corte de cabelo da minha vida, e não me cobrou, nem de perto, o valor que cobrou de John Edwards.

Sou profundamente grato a John Little, da coleção *Bruce Lee Library*, por ter publicado tantos materiais dos arquivos de Lee, incluindo suas cartas e entrevistas. É um inestimável material de fonte primária para fãs e estudiosos de Lee. *Bruce Lee Conversations*, de Fiaz Rafiq, *Disciples of the Dragon*, de Paul Bax, e *jeet kune do Conversations*, de Jose Fraguas, são coleções fantásticas de entrevistas com a família, os amigos e os alunos de Bruce. Parece que todos que conheceram Bruce publicaram um livro sobre seu relacionamento com ele. Os mais úteis para este projeto foram *Bruce Lee: Between wing chun and jeet kune do*, de Jesse Glover, e *Bruce Lee: The Incomparable Fighter*, de Mito Uyehara. *Striking Distance*, de Charles Russo, é uma análise maravilhosamente escrita sobre o período em que Bruce esteve na região de São Francisco.

Quando comecei este projeto como um biógrafo novato, Alex Ben Block, o autor de *The Legend of Bruce Lee* (1974), gentilmente me deu algumas dicas. Marshall Terrill, que escreveu a excelente biografia *Steve McQueen: The Life and Legend of a Hollywood Icon* (2010), foi meu guru e meu guia. Ele descobriu muitos personagens para entrevistas que eu nunca teria sido capaz de encontrar sem a ajuda dele.

Tive a sorte de ser recebido em Hong Kong por meu querido amigo, David Erro. Paul Li me levou para conhecer os terraços dos edifícios onde Bruce Lee lutava quando adolescente. Bey Logan é um hilário contador de histórias que faz uma imitação fantástica de Bruce. Minha intérprete cantonesa, Shirley Zhao, que agora é repórter do *South China Morning Post*, foi inestimável. Chaplin Chang é um sábio taoista. Ted Thomas quase me proibiu de frequentar o Hong Kong Club – eu fiquei devendo várias bebidas a ele. W. Wong, o presidente do Hong Kong Bruce Lee Club, foi um grande guia para os locais importantes na vida de Lee. Vivienne Chow, do *South China Morning Post*, forneceu uma visão da indústria cinematográfica de Hong Kong. Big Mike Leeder compartilhou seus contatos comigo. Robert Chua, ex-produtor do programa de TV *Enjoy Yourself Tonight*, intermediou várias entrevistas cruciais. Phoebe Lee é a historiadora da família, e uma pessoa tão passional quanto o irmão. Betty Ting Pei ficava me levando para almoçar em lugares caros e não me deixava pagar as contas. Foi fantástico conhecer Raymond Chow – agora sei por que o chamavam de "Tigre Sorridente". Johnny Hung me apresentou a vários ex-alunos da escola St. Francis Xavier. Mark Huang, historiador da La Salle, superou todas as expectativas: ele não apenas fez arranjos para entrevistas com os colegas de classe de Lee da La Salle, mas ele também continuou fazendo essas entrevistas depois que eu tive que ir embora.

Vários dos entrevistados faleceram durante o processo de conclusão deste livro. Andre Morgan gostava de brincar: "Do jeito que você é lento como escritor, estaremos todos mortos quando você terminar". Foi um prazer conversar com Van Williams (1934-2016), que foi extremamente útil para que eu pudesse escrever o capítulo "Cidadão Kato". Sinto muita falta de Fred Weintraub (1928-2017). Sempre que eu tinha alguma dificuldade para conseguir uma entrevista com alguém em Hollywood, Freddie chamava a pessoa e rosnava: "Fale com o garoto". No seu último ano de vida, Freddie visitou Manhattan e me levou para almoçar fora. "Garoto", disse ele, "você já pensou em dirigir um filme?"

Quero fazer um agradecimento especial ao meu amigo Brendan Cahill, que me deu a ideia do projeto e ajudou a resgatá-lo quando estava enfrentando dificuldades. O crédito também vai para meu primeiro editor, "Wild Bill" Shinker, por ter concordado com o projeto, e para meu atual editor, Sean Manning, por ter jogado uma boia salva-vidas quando ele se perdeu no mar. O entusiasmo de Sean é contagiante. Meu agente, Joe Veltre, foi uma fonte confiável de estabilidade e estratégia durante todo o processo.

Por fim, não seria possível dizer o suficiente sobre minha angelical e paciente esposa, Em. Ela me encorajou quando eu estava deprimido, me chamou a atenção quando eu estava excessivamente confiante e leu cada uma das páginas do original várias vezes com uma caneta vermelha grossa nas mãos. Eu não conseguiria fazer isso sem ela. Prometo, querida, que eu cuidarei das crianças no próximo ano.

Árvore Genealógica da Família Lee

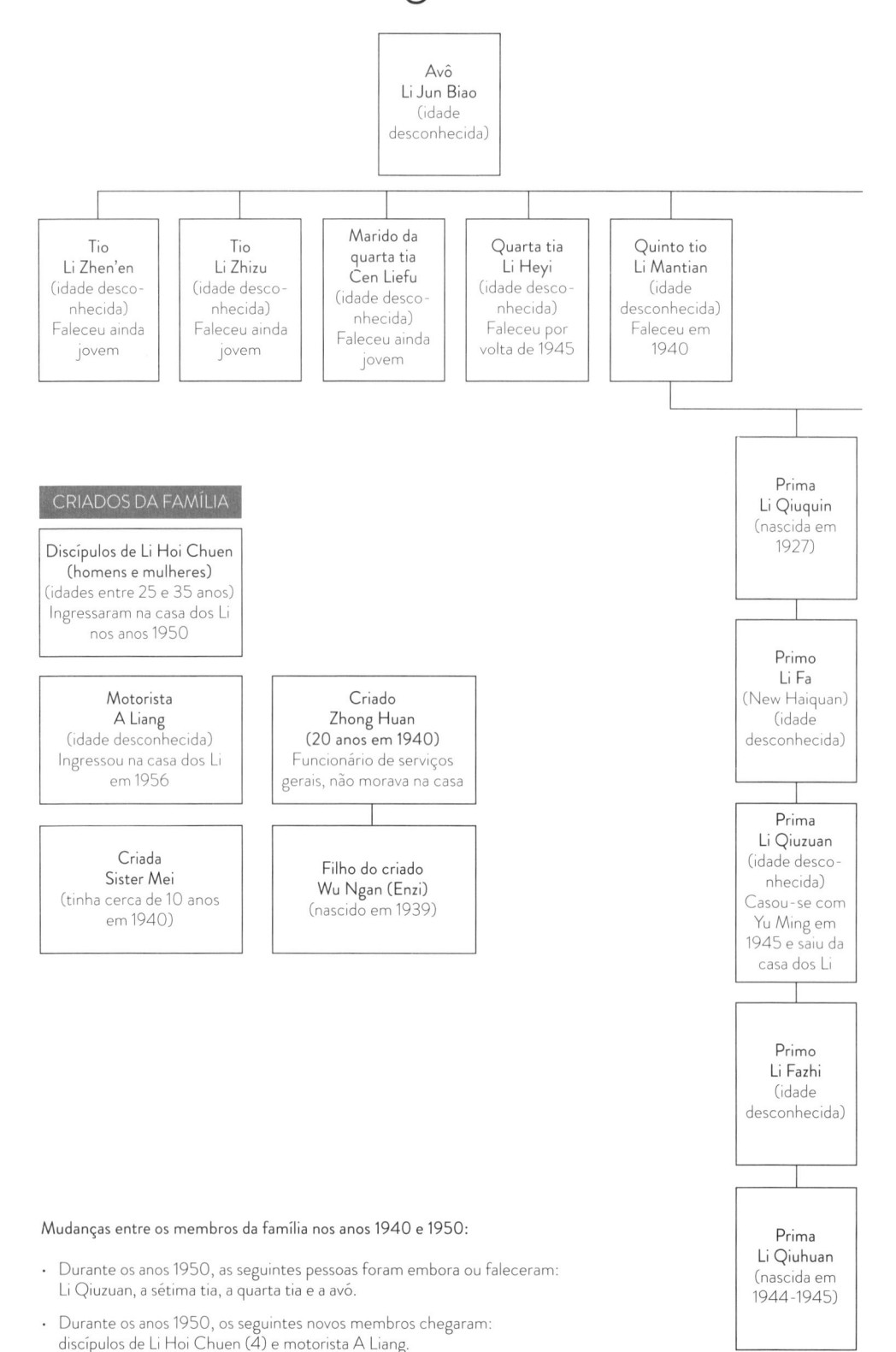

```
                    Avô
                Li Jun Biao
              (idade desconhecida)
```

- **Tio Li Zhen'en** (idade desconhecida) — Faleceu ainda jovem
- **Tio Li Zhizu** (idade desconhecida) — Faleceu ainda jovem
- **Marido da quarta tia Cen Liefu** (idade desconhecida) — Faleceu ainda jovem
- **Quarta tia Li Heyi** (idade desconhecida) — Faleceu por volta de 1945
- **Quinto tio Li Mantian** (idade desconhecida) — Faleceu em 1940
  - **Prima Li Qiuquin** (nascida em 1927)
  - **Primo Li Fa** (New Haiquan) (idade desconhecida)
  - **Prima Li Qiuzuan** (idade desconhecida) — Casou-se com Yu Ming em 1945 e saiu da casa dos Li
  - **Primo Li Fazhi** (idade desconhecida)
  - **Prima Li Qiuhuan** (nascida em 1944-1945)

CRIADOS DA FAMÍLIA

- **Discípulos de Li Hoi Chuen** (homens e mulheres) (idades entre 25 e 35 anos) — Ingressaram na casa dos Li nos anos 1950
- **Motorista A Liang** (idade desconhecida) — Ingressou na casa dos Li em 1956
- **Criado Zhong Huan** (20 anos em 1940) — Funcionário de serviços gerais, não morava na casa
  - **Filho do criado Wu Ngan (Enzi)** (nascido em 1939)
- **Criada Sister Mei** (tinha cerca de 10 anos em 1940)

Mudanças entre os membros da família nos anos 1940 e 1950:

- Durante os anos 1950, as seguintes pessoas foram embora ou faleceram: Li Qiuzuan, a sétima tia, a quarta tia e a avó.
- Durante os anos 1950, os seguintes novos membros chegaram: discípulos de Li Hoi Chuen (4) e motorista A Liang.

```
                    ┌─────────────────────┐
                    │        Avó          │
                    │   Luo Gengmei       │
                    │  Faleceu em 1941    │
                    │  (com aproxima-     │
                    │    damente          │
                    │     70 anos)        │
                    └─────────────────────┘
```

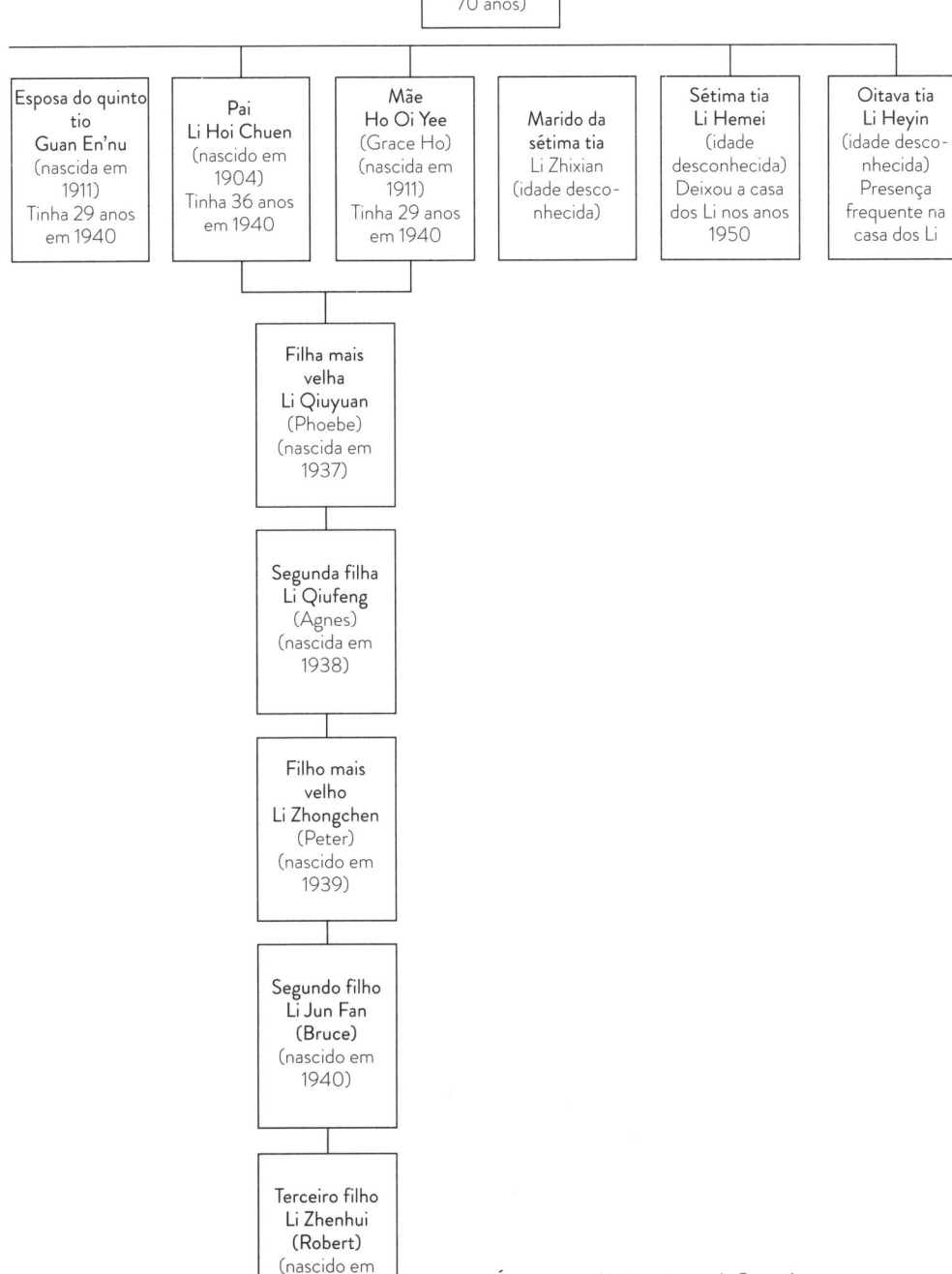

- **Esposa do quinto tio** Guan En'nu (nascida em 1911) Tinha 29 anos em 1940
- **Pai** Li Hoi Chuen (nascido em 1904) Tinha 36 anos em 1940
- **Mãe** Ho Oi Yee (Grace Ho) (nascida em 1911) Tinha 29 anos em 1940
- **Marido da sétima tia** Li Zhixian (idade desconhecida)
- **Sétima tia** Li Hemei (idade desconhecida) Deixou a casa dos Li nos anos 1950
- **Oitava tia** Li Heyin (idade desconhecida) Presença frequente na casa dos Li

Descendência de Li Hoi Chuen e Ho Oi Yee:

- **Filha mais velha** Li Qiuyuan (Phoebe) (nascida em 1937)
- **Segunda filha** Li Qiufeng (Agnes) (nascida em 1938)
- **Filho mais velho** Li Zhongchen (Peter) (nascido em 1939)
- **Segundo filho** Li Jun Fan (Bruce) (nascido em 1940)
- **Terceiro filho** Li Zhenhui (Robert) (nascido em 1948)

Árvore genealógica paterna de Bruce Lee.
Montada a partir das informações do filme *Meu Irmão Bruce Lee*, de Robert Lee.

Filmografia de Bruce Lee

Filmes cantoneses, atuando como ator mirim

DATA	FILME/SÉRIE	OBSERVAÇÕES
1941	*Golden Gate Girl*	Bruce tinha dois meses de vida.
1946	*The Birth of Mankind*	O filme foi coestrelado por Unicorn Chan.
1948	*Wealth is Like a Dream*	O filme foi coestrelado pelo pai de Bruce.
1949	*Xi Shi in a Dream*	Nome artístico: Pequeno Li Hoi Chuen.
1949	*Lady Fan*	Nome artístico: Novo Li Hoi Chuen.
1950	*My Son A-Chang (The Kid)*	Nome artístico: Dragão Li. O filme foi coestrelado pelo pai de Bruce.
1951	*The Beginning of Mankind*	Nome artístico: Pequeno Dragão Li.
1953	*The Guiding Light*	Segundo filme da produtora Chung-luen.
1953	*A Mother's Tears*	Bruce fez o papel de Wang Guoliang.

DATA	FILME/SÉRIE	OBSERVAÇÕES
1953	Sins of the Fathers	Bruce fez o papel de "Big Mouth Doggy".
1953	Ten-Million People	Filmado nos Estúdios Huada.
1953	In the Face of Demolition	
1955	Love, Partes Um e Dois	Produzido para comemorar os dois anos da Chung-luen.
1955	An Orphan's Tragedy	Baseado no livro *Grandes Esperanças*.
1955	The Faithful Wife	
1955	Orphan's Song	
1955	Debt Between Mother and Son	
1956	Sweet Time Together	A primeira comédia de Bruce.
1956	Too Late for Divorce	
1957	The Thunderstorm	Primeiro papel de Bruce como um fino cavalheiro.
1957	Darling Girl	Bruce dançou chá-chá-chá com Margaret Leung.
1960	The Orphan	O último filme feito em Hong Kong antes de mudar-se para os EUA.

Programas de TV

1966-1967	O Besouro Verde (The Green Hornet)	Atuou como Kato em 26 episódios.
26/10/1967	Ironside	"Tagged for Murder"
09/01/1969	Blondie	"Pick on Someone Your Own Size"
09/04/1969	Here Come the Brides	"Marriage, Chinese Style"

Filmes com um ator adulto

1969	*Detetive Marlowe em Ação* (*Marlowe*)	Primeiro filme de Bruce em Hollywood.
1971	*O Dragão Chinês* (*The Big Boss*)	Filmado na Tailândia. Primeiro filme de *kung fu* de Bruce.
1972	*A Fúria do Dragão* (*Fist of Fury*)	Segundo filme de Bruce com a Golden Harvest.
1972	*O Voo do Dragão* (*Way of the Dragon*)	A estreia de Bruce como diretor.
1973	*Operação Dragão* (*Enter the Dragon*)	O primeiro papel dele como protagonista em um filme de Hollywood.

Notas

Prólogo: Uma História de Dois Funerais

13 *"um carnaval"*: ATYEO, Don; DENNIS, Felix. *Bruce Lee: King of Kung-Fu*, p. 76.

14 *ela preferiu enviar uma coroa de flores: ibid.* Outra pessoa que não compareceu ao funeral foi a famosa estrela de cinema e da TV Pak Yan (Amy Chan). Ela e Bruce tinham namorado na adolescência. "As pessoas perguntariam: 'Por que Pak Yan está de luto por Bruce Lee?'", ela explicou, anos mais tarde. "Eu não seria capaz de me controlar quando visse Bruce. Eu choraria, com certeza. As pessoas perguntariam por que eu estava chorando. As pessoas desenterrariam coisas, e eu não queria que isso me afetasse. Eu tenho um filho. É melhor não criar problemas. Mas sempre me lembrarei do dia 20 de julho de 1973" (CHANG, Chaplin. *The Bruce They Knew*, p. 195).

14 *"Para os fãs que"*: ATYEO, Don; DENNIS, Felix. *Bruce Lee: King of Kung-Fu*, p. 77.

14 *"Lá fora, o aperto"*: LEE, Linda. *Bruce Lee: The Man Only I Knew,* p. 203. No funeral de Rudolph Valentino, que morreu aos 31 anos de idade, em 1926, foram registradas cenas de desespero histérico de fãs do astro.

15 *Linda vestira o marido*: LEE, Linda. *The Bruce Lee Story*, p. 160.

15 *"Aquele foi um momento terrível"*: ATYEO, Don; DENNIS, Felix. *Bruce Lee: King of Kung-Fu*, p. 77.

15 *Os trezentos policiais... retornarem para suas casas: ibid.*, p. 77.

16 *"Linda mantém-se reticente no"*: "Lee's Body Flies to America Tomorrow". *Oriental Daily*, 25 de julho de 1973.

16 *"Eu decidi sepultar"*: LEE, Linda. *The Bruce Lee Story*, p. 162.

16   *O Los Angeles Times escreveu:* "Bruce Lee, Hong Kong Film Star, Dies at 32". *Los Angeles Times*, 21 de julho de 1973.

16   *"um funeral reservado e privado":* FRIEDMAN, Dave. *Enter the Dragon*, p. 239.

16   *passagens aéreas... sua família para Seattle:* CLOUSE, Robert. *Bruce Lee: The Biography*, p. 183.

17   *Junto com eles... para a realização de um documentário:* entrevista com Andre Morgan, 2015. Originalmente, as imagens seriam usadas apenas em reportagens para os fãs de Hong Kong, mas Raymond Chow acabou usando-as em um documentário, chamado *Bruce Lee: The Man and the Legend* (1973).

17   *Rebu Hui:* Rebu Hui era uma nipo-americana casada com um músico famoso de Hong Kong, Samuel Hui. Sam e Bruce eram amigos desde a escola primária, e Rebu e Linda acabaram se aproximando pelo fato de ambas serem norte-americanas casadas com celebridades de Hong Kong.

17   *"Ela preservou minha sanidade":* LEE, Linda. *The Bruce Lee Story*, p. 162.

17   *Andre Morgan encontrou-se:* Richard Ma, chefe de distribuição da Warner Bros. na Ásia, enviou o seguinte comunicado interno no dia 24 de julho de 1973: "O funeral de Bruce está sendo organizado pela mãe de Linda, que mora em Seattle. Ficará aos cuidados de Michael Schleitweiler, da Funerária Butterworth, localizada em East Pine Street, 300, em Seattle. Linda chega a Seattle com as crianças e com o corpo de Bruce na quinta-feira, dia 26, às 6h55, horário dos EUA, no voo quatro da Northwest. Está claro que ela deseja um funeral privado e tranquilo. Sem publicidade" (FRIEDMAN, Dave. *Enter the Dragon*, p. 239).

17   *"tão grande quanto Arlington":* entrevista com Andre Morgan, 2015.

17   *O funeral em Seattle ocorreu na:* as reportagens sobre o funeral foram impressas no dia seguinte, dia 31 de julho de 1973.

17   *"Não consegui esconder":* GLOVER, Jesse. *Bruce Lee*, p. 90.

17   *Um grupo de amigos de Bruce de Hollywood:* Stirling Silliphant, que estava arrasado com o ocorrido, mas ainda chateado com Bruce após a última discussão deles relacionada ao filme *A Flauta Silenciosa*, não compareceu ao funeral. Ele foi velejar em seu barco (entrevista com Tiana Silliphant, 2014).

18   *não costumava comparecer a funerais:* McQueen não foi ao funeral de Sharon Tate após os assassinatos do grupo de Charles Manson. O marido dela, Roman Polanski, disse que nunca perdoaria McQueen por essa falta.

18   *"Eu gostava muito de Bruce":* UYEHARA, Mito. *Bruce Lee: The Incomparable Fighter*, p. 127.

18   *"Nos meus 35 anos no mundo do cinema":* BLOCK, Alex Ben. *The Legend of Bruce Lee*, p. 125; "Pop Tune's Philosophy Marks Bruce Lee Rites". *Los Angeles Herald-Examiner*, 31 de julho de 1973.

18   *"Bruce acreditava que cada indivíduo":* "Pop Tune's Philosophy Marks Bruce Lee Rites". *Los Angeles Herald-Examiner*, 31 de julho de 1973; ATYEO, Don; DENNIS, Felix. *Bruce Lee: King of Kung-Fu*, p. 79.

19 *"Quando olhei para dentro do caixão":* GLOVER, Jesse. *Bruce Lee*, p. 90.

19 *"Boa viagem, irmão":* LEE, Linda. *The Bruce Lee Story*, p. 162.

19 *A mãe de Bruce, Grace Ho:* documentário *Bruce Lee: The Man and the Legend*.

20 *"Não me parecia certo":* GLOVER, Jesse. *Bruce Lee*, p. 90.

1. O Homem Doente da Ásia

23 *Aos 10 anos de idade, Li Hoi Chuen:* "Meu pai, Li Hoi Chuen, e meu tio, Li Man Tian, foram junto com meu avô para Foshan para trabalhar e se tornaram aprendizes de um restaurante quando tinham apenas 10 anos de idade." (LEE, Robert. *Bruce Lee, My Brother*, p. 54).

23 *um famoso cantor da Ópera Cantonesa:* entrevista com David Tadman, 2013.

23 *O pai de Bruce Lee correu:* a família dele vivia no vilarejo Jiangwei, na cidade de Shunde, na Província do Cantão. Esse era um dos muitos vilarejos nos arredores de Foshan (LEE, Robert. *Bruce Lee, My Brother*, p. 54).

23 *Transcorria o ano de 1914:* "Lee Family Immigration Files", *National Archives* de São Francisco. Robert Lee disse que seu pai teria nascido em 1902. Mas a certidão de nascimento de Bruce aponta que Li Hoi Chuen tinha 36 anos em 1940.

24 *seus vizinhos acreditavam que ele fora amaldiçoado:* LEE, Robert. *Bruce Lee, My Brother*, pp. 148-50.

24 *também atuava como pescador:* "Quando meu pai era pequeno, ele costumava ir até o mar com meu avô paterno para pescar", disse Phoebe Lee, a irmã mais velha de Bruce (entrevista com Phoebe Lee, 2013). O emprego de meio período de Li Jun Bao como segurança levou ao surgimento de uma lenda familiar segundo a qual ele seria mestre de *kung fu*. Isso, ao que tudo indica, não corresponde à realidade (LEE, Robert. *Bruce Lee, My Brother*, pp. 148-50).

24 *Diferentemente de sua mais sóbria e contida:* LOGAN, Bey. *Hong Kong Action Cinema*, p. 9.

24 *Em 1928:* requerimento de Li Hoi Chuen para solicitar um visto de não imigrante. *Hong Kong Heritage Museum*.

25 *Embora muitos pensem que:* por décadas, os biógrafos de Bruce Lee afirmaram que a mãe de Bruce, Grace Ho, era metade alemã. Robert Clouse escreveu: "Grace veio para Hong Kong com sua mãe chinesa e seu pai alemão aos 19 anos de idade" (*Bruce Lee: The Biography*, p. 9). Bruce Thomas concordou: "Grace era filha de mãe chinesa e pai alemão" (*Bruce Lee: Fighting Spirit*, p. 3). Linda Lee escreveu: "Grace Lee era metade alemã e católica" (*The Bruce Lee Story*, p. 20). Até mesmo o irmão mais novo de Bruce, Robert, declarou em seu livro: "Minha mãe era metade alemã, um quarto chinesa e um quarto inglesa" (*Bruce Lee, My Brother*, pp. 40-1). Com base nessas declarações incorretas, presumiu-se que o bisavô de Bruce, Charles Henri Maurice Bosman, era um alemão católico. Na verdade, a mãe de Bruce, Grace, era metade inglesa, um quarto judia holandesa e um quarto chinesa han. Seu pai, Ho Kom Tong, era metade chinês e metade judeu

holandês. A mãe dela era inglesa. Grace converteu-se ao catolicismo na adolescência. Não se sabe qual era a religião de seus pais, mas é improvável que eles fossem católicos.

25 *Ele nascera Mozes:* HO, Eric Peter. *Tracing My Children's Lineage*, p. 26. O pai de Mozes Hartog Bosman era açougueiro e tinha 18 anos. A mãe dele tinha 17 anos e se chamava Anna de Vries. A base de dados genealógicos dos judeus holandeses (*Dutch Jewish Genealogical Data Base*) liga a família Bosman a Levie Jacob Bosman, que nasceu na Alemanha por volta do ano 1700.

25 *Ele embarcava camponeses chineses*: ibid., p. 33.

25 *assinadas apenas como "M Bosman"*: ibid., p. 26.

25 *tal como evidenciavam seus pés comprimidos*: ibid., p. 42.

25 *sobrenome chinês "Ho"*: ibid., p. 45.

25 *Kwok Chung:* ibid., p. 46.

26 *Aos 35 anos de idade:* Robert Hotung ajudou a financiar a Revolução de 1911, liderada pelo dr. Sun Yat-sen para estabelecer a República da China. Ele recebeu o título de cavaleiro em 1915 por suas contribuições financeiras para o esforço de guerra britânico. Robert tinha duas esposas. Quando ele viajou com elas para os EUA, em 1908, eles foram expulsos do país por poligamia. A história foi publicada no *The New York Times* sob a manchete: "Two Wives, to Be Deported: Polygamy No Harm, Says Son of Dutch Father and Chinese Mother" [Duas esposas, a serem deportadas: não há problema com a poligamia, diz filho de pai holandês e mãe chinesa].

26 *seu irmão mais novo, Ho Kom Tong:* há rumores na família segundo os quais Ho Kom Tong não seria filho de Mozes Bosman. Segundo essa versão, Sze Tai teve um caso com um empresário chinês enquanto Bosman estava fora do país. A suspeita surgiu porque Ho Kom Tong tinha características físicas mais tipicamente chinesas do que seus irmãos. Em fotografias, Robert Hotung parece um membro da Câmara dos Lordes, enquanto Ho Kom Tong parece um Buda gordinho. O problema com esse argumento é que é muito comum que a aparência de irmãos eurasianos difira consideravelmente. Bruce Lee tem a aparência muito mais chinesa do que seus dois irmãos, Peter e Robert, que por sua vez têm características eurasiáticas distintas. Além disso, parece altamente improvável que uma concubina chinesa de um comerciante de *coolies* o traísse – ou que, se ela o traísse e engravidasse, ele não a vendesse para um bordel em São Francisco.

26 *Ópera Cantonesa*: era pouquíssimo comum que um homem na posição de Ho Kom Tong representasse sobre um palco, mesmo para um evento de caridade. Naquela época, o teatro era considerado uma profissão para classes inferiores, apenas um ou dois degraus acima da prostituição.

26 *casou-se aos 19 anos de idade:* HO, Eric Peter. *Tracing My Children's Lineage*, p. 139.

26 *em 1911:* Arquivos de Imigração da Família Lee. *National Archives* de São Francisco. Robert Lee declarou que sua mãe teria nascido em 1907. Mas a certidão de nascimento de Bruce aponta que Grace Ho tinha 29 anos em 1940.

26 *mãe inglesa de Grace Ho:* não foi revelado aos outros membros da família quem era a mãe biológica de Grace Ho. Na biografia da família realizada por Eric Peter Ho, muito

detalhada, ele presume que Grace Ho era filha da sra. Cheung (HO, Eric Peter. *Tracing My Children's Lineage*, p. 140). Mas, durante uma entrevista com funcionários da imigração norte-americana, em 1941, Grace Ho declarou, sob juramento, que sua mãe era 100% inglesa, sem nenhum sangue chinês. (Arquivos de Imigração da Família Lee, *National Archives* de São Francisco; RUSSO, Charles. "Was Bruce Lee of English Descent?", *Fightland Blog*, 18 de maio de 2016).

26 *"Ela não se sentia feliz"*: entrevista com Phoebe Lee, 2013.

26 *Grace tornou-se uma* socialite: entrevista com Takkie Yeung, 2013.

27 *nº 8 da Seymour Road:* HO, Eric Peter. *Tracing My Children's Lineage*, p. 111.

27 *"Apenas aqueles dez minutos"*: LEE, Robert. *Bruce Lee, My Brother*, p. 41.

27 *"Mas mamãe era muito independente"*: ibid.

28 *financeiramente excluída*: ninguém parece saber a data exata do enlace, mas houve uma cerimônia oficial para o casamento de Hoi Chuen com Grace. "Eles tiveram um casamenteiro", diz Phoebe Lee. "Eles tinham um documento assinado por uma testemunha do casamento, e tinham uma declaração de casamento." (entrevista com Phoebe Lee, 2013).

28 *Ela se vestia com roupas simples:* LEE, Robert. *Bruce Lee, My Brother*, p. 42.

28 *"Minha mãe era muito paciente"*: entrevista com Phoebe Lee, 2013.

28 *"Meu pai entregava todo seu salário"*: ibid.

28 *Tragicamente, porém, ele morreu*: Arquivos de Imigração da Família Lee, *National Archives* de São Francisco.

29 *adotou uma garotinha*: quando Li Hoi Chuen foi entrevistado pelos funcionários da imigração dos EUA, em 1941, ele revelou que Phoebe era adotada: "Eu tenho quatro filhos, dois homens e duas mulheres. Uma de minhas filhas é adotada" (Arquivos de Imigração da Família Lee, *National Archives* de São Francisco). Linda Lee confirmou que Phoebe era adotada na entrevista que concedeu a mim (entrevista com Linda Lee, 2013).

29 *espécie de "apólice de seguro" contra uma profecia ruim*: CLOUSE, Robert. *Bruce Lee: The Biography*, pp. 3-4.

29 *A menina seria filha de Hoi Chuen*: entrevista com David Tadman, 2013.

29 *"e nossos genes são os mesmos"*: entrevista com Phoebe Lee, 2013.

29 *"Phoebe é minha filha adotiva"*: Arquivos de Imigração da Família Lee, *National Archives* de São Francisco.

29 *23 de outubro de 1939*: ibid.

29 *Peter viveria uma vida longa*: Peter Lee morreu no dia 15 de agosto de 2008, aos 68 anos de idade.

31 *mais de 600 mil*: TSANG, Steve. *A Modern History of Hong Kong*, p. 114.

31 *"a demora na tomada de uma ação seria o melhor"*: ibid., p. 115.

31 *O objetivo era arrecadar fundos*: LEE, Robert. *Bruce Lee, My Brother*, p. 25.

31 *"Minha avó paterna disse"*: entrevista com Phoebe Lee, 2013.

32 *SS President Coolidge:* Arquivos de Imigração da Família Lee, *National Archives* de São Francisco.

33 *líder trabalhista local acusado de ser comunista:* O'ROURKE, Tim "Chronicle Covers: Labor Leader Harry Bridges' Big Victory". *San Francisco Chronicle*, 30 de dezembro de 2016.

33 *Construído em 1924:* para ver fotos do Teatro Mandarim naquela época e hoje em dia, acesse http://reelsf.com/reelsf/the-lady-from-shanghai-mandarin-theatre-1.

33 *contexto dessa rivalidade:* RUSSO, Charles. *Striking Distance*, p. 127.

33 *no 18 da Trenton Street:* Arquivos de Imigração da Família Lee, *National Archives* de São Francisco.

33 *único estabelecimento de saúde:* RUSSO, Charles. *Striking Distance*, p. 33.

33 *ele deixou a esposa grávida sozinha:* Arquivos de Imigração da Família Lee, *National Archives* de São Francisco. Na biografia de Bruce escrita por Robert Lee, ele afirma que seu pai estava se apresentando no palco em São Francisco, não em Nova York, e que ele correu vários quarteirões para se encontrar com a esposa assim que soube do nascimento. No entanto, no testemunho de Hoi Chuen aos funcionários da imigração norte-americana, ele declarou: "Eu estava em Nova York quando ele nasceu, e por isso eu não sei se ele teve suas impressões digitais tiradas no hospital onde nasceu".

33 *27 de novembro de 1940:* Arquivos de Imigração da Família Lee, *National Archives* de São Francisco.

34 *Teatro Le Qian Qiu:* entre os anos 1920 e os anos 1940, havia três teatros para apresentação de ópera chinesa na Chinatown de Nova York: Le Qian Qiu, Jock Man On e Yong Ni Shang (INGRAHAM, Mary. *Opera in a Multicultural World*, p. 52).

34 *apelou para a ajuda de um amigo sino-americano:* LEE, Robert. *Bruce Lee, My Brother*, p. 26.

34 *Mary E. Glover:* algumas biografias escritas sobre Bruce Lee identificam Mary Glover como médica, mas na certidão de nascimento aparece apenas o nome dela, "Mary E. Glover", sem o título de "dra.". Em 1940, a grande maioria dos médicos era do sexo masculino. Parece improvável que o Hospital Chinês empregasse uma das poucas obstetras do país.

34 *Ela sugeriu-lhe "Bruce":* LI, Paul. *From Limited to Limitless*, p. 1. Não se sabe por que ela sugeriu o nome "Bruce". Talvez ela simplesmente gostasse desse nome.

35 *com a reluzente pintura branca da Ópera Cantonesa:* LEE, Robert. *Bruce Lee, My Brother*, pp. 25-6.

35 *usar no nome de seu filho o mesmo caractere, "Jun":* ibid., p. 26.

35 *"Eu não consigo pronunciar isso":* Arquivos de Imigração da Família Lee, *National Archives* de São Francisco.

35 *"Papai era muito conscencioso":* LEE, Robert. *Bruce Lee, My Brother*, p. 69.

35 *Grace, sentiu-se ao mesmo tempo agitada e confusa:* CHWOON, Tan Hoo. *The Orphan*, p. vii.

36 *Bruce [...] chora inconsolável:* documentário *Golden Gate Girls*.

36 *"uma visita temporária":* Arquivos de Imigração da Família Lee, *National Archives* de São Francisco.

36 SS *President Pierce: ibid.*

36 *"Ao ouvirem meu pai cantar canções":* LEE, Robert. *Bruce Lee, My Brother*, p. 25.

37 *"Embora papai não gostasse muito": ibid.*, p. 27.

37 *Um surto de cólera: ibid.*, p. 28.

37 *tão fraco e magro:* LEE, Linda. *The Bruce Lee Story*, p. 144.

37 *"Acho que eu o mimei":* UYEHARA, Mito. *Bruce Lee: The Incomparable Fighter*, p. 7.

37 *Ele não conseguia andar sem cambalear:* LI, Paul. *From Limited to Limitless*, p. 1.

37 *sobrepujada na proporção de quatro homens contra um:* TSANG, Steve. *A Modern History of Hong Kong*, p. 121.

38 *antro de ópio das vizinhanças:* LEE, Linda. *Bruce Lee: The Man Only I Knew*, p. 34.

38 *estupros coletivos: The Economist*, 9 de junho de 2012, p. 88.

38 *a população caiu de:* LEE, Robert. *Bruce Lee, My Brother*, p. 59.

38 *Civis eram mortos ao serem escolhidos aleatoriamente:* TSANG, Steve. *A Modern History of Hong Kong*, pp. 127-28.

39 *"Papai jamais falou":* LEE, Robert. *Bruce Lee, My Brother*, p. 57.

39 *"Os japoneses forçaram":* entrevista com Phoebe Lee, 2013.

39 *Esfera de Coprosperidade da Grande Ásia Oriental:* A Esfera de Coprosperidade da Grande Ásia Oriental foi um conceito de propaganda inventado pelo Império do Japão para as populações asiáticas ocupadas no período entre 1930 e 1945 que prometia a criação de um "bloco autossuficiente de nações asiáticas liderado pelos japoneses e livre das potências ocidentais".

39 *se mudou com os treze membros de sua família:* LEE, Robert. *Bruce Lee, My Brother*, p. 137; Phoebe Lee *et al.*, *Lee Siu Loong: Memories of the Dragon*, p. 17.

39 *bem em frente, cruzando-se:* CLOUSE, Robert. *Bruce Lee: The Biography*, p. 7.

40 *uma ruidosa partida de* mah-jong: LEE, Robert. *Bruce Lee, My Brother*, p. 58.

40 *"brandia seu punho":* LEE, Linda. *The Bruce Lee Story*, p. 22.

40 *Quando o jovem:* entrevista com Paul Li, 2013.

40 *"Eu estava em Macau":* entrevista com Frade Marciano Baptista, 2013.

2. Cidade Próspera

43 *Os primeiros a chegar:* MASON, Richard. *The World of Suzie Wong*.

43 *"Meus pais não eram":* UYEHARA, Mito. *Bruce Lee: The Incomparable Fighter*, p. 8.

43 *"Nós não tínhamos um senso":* entrevista com Phoebe Lee, 2013.

44 *cinco lébreis irlandeses:* LEE, Robert. *Bruce Lee, My Brother*, pp. 60-1. Um dos lébreis, chamado Bobby, era o cachorro de Bruce. "Ele sempre estava junto de Bruce, estava com ele quando ele ia ao parque praticar *kung fu* e estava com ele à noite na hora de ir dormir", diz Robert. "O cachorro seguia seu pequeno mestre como uma sombra."

44 *"Eles não conversavam muito":* entrevista com Phoebe Lee, 2013.

44 *Peter se lembra de:* BLOCK, Alex Ben. *The Legend of Bruce Lee*, p. 17.

44 *"Era quase como se ele sofresse de um distúrbio":* LEE, Robert. *Bruce Lee, My Brother*, p. 32.

44 *"Bebê Por Quê":* LI, Paul. *From Limited to Limitless*, p. 2.

44 *Seus pais descobriram:* LEE, Linda. *The Bruce Lee Story*, p. 26.

44 *The Children's Paradise:* WONG, Wendy Siuyi. *Hong Kong Comics*, p. 35.

44 *"Ele passava horas":* LEE, Agnes. *Bruce Lee: The Untold Story*, p. 29.

45 *"Você não tem jeito":* LEE, Robert. *Bruce Lee, My Brother*, p. 44. Bruce gostava tanto de quadrinhos que estudou desenho na faculdade, talvez na esperança de se tornar um cartunista. Dada sua personalidade extrovertida, ele acabou usando seu talento artístico no desenvolvimento de elaboradas sequências de luta para seus filmes, usando seu material de leitura infantil para ajudar na criação de histórias que seriam incorporadas em seus roteiros. Em Hollywood, ele carregava sempre uma pilha de revistas em quadrinhos antigas de Hong Kong e usava as publicações para ilustrar sua visão e suas ideias para os produtores norte-americanos.

45 *Lianhua:* TEO, Stephen. *Hong Kong Cinema*, pp. 4-5.

46 *"O dinheiro que ele ganhava":* entrevista com Takkie Yeung, 2013.

46 *"Bruce subia pelas escadas de madeira":* documentário *The Brilliant Life of Bruce Li*. Existem na China várias brincadeiras infantis que envolvem o uso das mãos, similares ao jokenpô. Os adultos adaptaram essas brincadeiras para jogos nos quais as pessoas consomem doses de bebidas alcoólicas como "punição" pela perda de uma rodada.

46 *"Bruce tinha os olhos tão grandes":* LEE, Agnes. *Bruce Lee: The Untold Story*, p. 2.

47 *Artful Dodger:* ATYEO, Don; DENNIS, Felix. *Bruce Lee: King of Kung-Fu*, p. 11.

47 *"sensacional aparição do maravilhoso":* LEE, Robert. *Bruce Lee, My Brother*, p. 71.

47 *Po-Wan Yuen:* LI, Paul. *From Limited to Limitless*, p. 4.

48 *"Por fim, papai concordou":* LEE, Robert. *Bruce Lee, My Brother*, p. 72.

48 *no início da década de 1950:* TEO, Stephen. *Hong Kong Cinema*, p. 13.

49 *"Pequeno Dragão Li":* LI, Paul. *From Limited to Limitless*, p. 4. O nome artístico de Bruce, Li Xiao Long (Pequeno Dragão Li), acabaria se tornando tão famoso na China que tanto o diretor do filme, Feng Feng, quanto o desenhista dos quadrinhos do material original, Yuan Buyun, reivindicaram o crédito pela escolha. A filha de Feng Feng guardou uma carta antiga na qual o diretor faz essa declaração. Yuan Buyun disse aos repórteres que ouviu um artista de rua cantar: "Um grande dragão gera um dragão menor, e então os dois se tornam um", o que teria lhe dado essa ideia. Mas, uma vez que os créditos de abertura e os cartazes originais do filme apresentam o nome artístico dele como "Dragão Li" e não "Pequeno Dragão Li", essas afirmações parecem ser exageradas. Um deles, ou

ambos, inventaram o "Dragão Li" e a palavra "Pequeno" foi adicionada depois. No filme seguinte de Bruce, e nos filmes que vieram depois dele, seu nome artístico passou a ser grafado "Pequeno Dragão Li".

49 *King's Park:* LEE, Robert. *Bruce Lee, My Brother*, pp. 28-9.

49 *"Papai também pretendia":* ibid., pp. 108-09. Na China, dezenas de milhares de garotos agressivos e instáveis são enviados todos os anos ao Templo Shaolin por pais frustrados para aprender artes marciais e disciplina. O *kung fu* é a versão chinesa da ritalina.

50 *"Eu logo me cansei daquilo":* UYEHARA, Mito. *Bruce Lee: The Incomparable Fighter*, p. 8.

50 *"Para colocar seus filhos":* LEE, Robert. *Bruce Lee, My Brother*, p. 32.

50 *Grace enviou as filhas para a:* logo após o término da ocupação, em 1945, a primeira e única escola católica em Kowloon a reabrir as portas foi a St. Mary's. Durante um ano, ela recebeu tanto rapazes quanto moças, e por isso Grace enviou Phoebe, Agnes, Peter e Bruce para estudar lá. Um ano depois, a Tak Sun (na esquina da Shun Ning Road com a Cheung Fat Street) foi reaberta e todos os meninos da St. Mary's, incluindo Peter e Bruce, foram transferidos. Assim, tecnicamente, a primeira escola que Bruce Lee frequentou foi St. Mary's, por um ano, até meninos e meninas serem separados e ele ser transferido para a Tak Sun.

50 *"Bruce era muito... seus colegas de classe":* LEE, Robert. *Bruce Lee, My Brother*, pp. 28-9.

50 *Os pais dos outros alunos passaram a aconselhar:* entrevista com Dennis Ho, 2013.

51 *"Nós estávamos jogando bolinhas de gude":* entrevista com Anthony Yuk Cheung, 2013.

51 *"Ele era um verdadeiro terror":* citação fornecida por Mark Huang, historiador da La Salle.

51 *"Papai gostava muito de Peter":* LEE, Robert. *Bruce Lee, My Brother*, pp. 44-5.

52 *"Geralmente, Bruce saía com seus amigos":* revista *Black Belt*, edição de agosto de 1974, p. 19.

52 *divertimento deles era pregar peças:* Phoebe lembra: "Uma vez ele me deu um livro e disse que eu deveria lê-lo porque era muito especial. Quando eu abri o livro, eu levei um choque! Bruce deu risada e saiu correndo" (LEE, Agnes. *Bruce Lee: The Untold Story*, p. 11).

52 *"quando nossa babá teve uma noite de folga e saiu":* ibid.

52 *Bruce e Wu Ngan... cinema por seis meses:* LEE, Robert. *Bruce Lee, My Brother*, p. 35.

53 *"pai abominava a violência":* LEE, Agnes. *Bruce Lee: The Untold Story*, p. 7.

53 *"Sempre que Bruce fazia alguma coisa errada":* entrevista com Phoebe Lee, 2013. Fazendo uma reflexão sobre sua educação rigorosa, Bruce disse a um repórter norte-americano: "As crianças chinesas não discutem com seus pais. Um menino chinês que cresceu em Hong Kong sabe que, se ele fizer alguma coisa que o envergonhe, ele leva a vergonha para todos os seus parentes, para um grande círculo de pessoas. E eu acho que isso é bom". (LITTLE, John. *The Celebrated Life of the Golden Dragon*, pp. 8-11).

54 *"Bruce era um talento natural":* documentário *The Brilliant Life of Bruce Lee*.

55 *"Ele melhora a minha voz para o teatro":* CLOUSE, Robert. *Bruce Lee: The Biography*, p. 8.

55 *"mascar versos"*: LEE, Robert. *Bruce Lee, My Brother*, p. 152.
55 Two Opium Addicts Sweep the Dike: *ibid.*, pp. 158-59.
55 *"Papai gostava de deitar no lado direito"*: entrevista com Phoebe Lee, 2013.
55 *"Ele passava a maior"*: UYEHARA, Mito. *Bruce Lee: The Incomparable Fighter*, p. 143.
55 *"um pai ausente"*: LEE, Linda. *The Bruce Lee Story*, p. 22.
55 *"Somente pessoas ricas"*: entrevista com Phoebe Lee, 2013.
56 *Por anos, Grace implorou*: LEE, Robert. *Bruce Lee, My Brother*, p. 46.
56 *sintomas clássicos:* http://www.phoenixhouse.org/family/how-your-substance-abuse-may-have-affected-your-child/.
56 *"Você poderia trabalhar na"*: entrevista com Frade Marciano Baptista, 2013.
56 *"somas simples"*: LEE, Linda. *Bruce Lee: The Man Only I Knew*, p. 44.
56 *"Quando ele tinha 10 anos"*: LEE, Linda. *The Bruce Lee Story*, p. 22.
56 *50 centavos:* entrevista com colegas de escola de Bruce conduzida por Mark Huang, 2015.
57 *"Ele costumava colocar"*: *ibid.*
57 *"Ele era sempre muito falante"*: ATYEO, Don; DENNIS, Felix. *Bruce Lee: King of Kung-Fu*, p. 11.
57 *"dentes escovados"*: CHANG, Chaplin. *The Bruce They Knew*, pp. 66-9.
57 *"herói de filme de cavalaria"*: LEE, Robert. *Bruce Lee, My Brother*, p. 107.
57 *"liderança hipnotizante"*: documentário *The Brilliant Life of Bruce Lee*.
57 *"Da infância até a"*: LITTLE, John. *The Celebrated Life of the Golden Dragon*, p. 9.
57 *"Bruce implicava com os"*: entrevista com colegas de escola de Bruce conduzida por Mark Huang, 2015.
58 *"pedir duas vezes para lutar com Bruce"*: LEE, Linda. *The Bruce Lee Story*, p. 31.
58 *"Quando ele perdia uma luta"*: CHANG, Chaplin. *The Bruce They Knew*, pp. 66-9.
58 *rival de Bruce era David Lee*: entrevista com Pau Siu Hung conduzida por Mark Huang, 2015.
58 *"nossa arma favorita"*: UYEHARA, Mito. *Bruce Lee: The Incomparable Fighter*, p. 7.
58 *"Os comunistas expurgaram"*: YOUNG, Robert. "William Cheung: Hong Kong Bullies, Wing Chun Kung Fu, and Bruce Lee", Blackbelt.com, 2 de maio de 2013.
58 *disseminou corrupção e violência:* "Dizem que tudo está à venda e todos têm um preço em Kowloon. E todas, também", escreveu Jackie Chan nas suas memórias. "Nas ruas quentes de Tsim Sha Tsui, apostadores fumam cigarros pretos finos e jogam maços de dinheiro sobre panos de feltro; dançarinas sensuais abraçam homens mais velhos e ricos em busca de alguém que possa lhes dar uma vida melhor; o dinheiro muda de mãos em todos os lugares, e vidas são continuamente despedaçadas e refeitas." (CHAN, Jackie. *I Am Jackie Chan*, p. 21).
59 *"Os ingleses eram a classe governante"*: UYEHARA, Mito. *Bruce Lee: The Incomparable Fighter*, p. 9.

59 *"Nós costumávamos andar ao acaso"*: CLOUSE, Robert. *Bruce Lee: The Biography*, p. 14.

59 *"Havia brigas constantes"*: entrevista com Steve Garcia, 2014.

60 *"'O gengibre local não é tão picante'"*: entrevista com Anders Nelsson, 2013.

60 *comportamento haviam na verdade piorado:* LI, Paul. *From Limited to Limitless*, p. 7.

60 *"O cinema deve entreter"*: TEO, Stephen. *Hong Kong Cinema*, p. 46.

60 *"Papai foi um grande apoiador"*: LEE, Robert. *Bruce Lee, My Brother*, pp. 75-6.

61 *o equivalente a:* CHANG, Chaplin. *The Bruce They Knew*, pp. 64-5.

62 *"um pequeno macaco"*: LEE, Agnes. *Bruce Lee: The Untold Story*, p. 13.

62 *A união dos artistas:* TEO, Stephen. *Hong Kong Cinema*, p. 47.

62 *"Bruce era muito preguiçoso"*: entrevista com Phoebe Lee, 2013.

62 *"simplesmente, muito travesso"*: LEE, Robert. *Bruce Lee, My Brother*, p. 32.

63 *"Ele corria"*: entrevista com colegas de escola de Bruce conduzida por Mark Huang, 2015.

63 *"Havia um professor de educação física"*: LEE, Robert. *Bruce Lee, My Brother*, p. 33.

63 *"Ele está tentando amenizar a"*: entrevista com Dennis Ho, 2013.

64 *Bruce forçou um dos garotos a baixar as calças:* por respeito a esse garoto, que quando cresceu tornou-se um médico bem-sucedido, seus colegas de classe se recusaram a me dizer o nome dele.

64 *"Talvez ele estivesse apenas"*: entrevista com Dennis Ho, 2013.

64 *seu pai o colocou:* LI, Paul. *From Limited to Limitless*, p. 8.

3. Ip Man

67 *criminalidade das Tríades*: da mesma forma como a máfia italiana nos Estados Unidos tinha grande envolvimento com o boxe, as Tríades chinesas em Hong Kong eram muito ligadas às artes marciais. Para recrutar lutadores adolescentes, as Tríades patrocinavam diversas escolas de *kung fu*.

67 *Wu Gongyi era:* HAMM, John Christopher. *Paper Swordsmen*, pp. 2-7. Todas as demais citações presentes nessa seção foram retiradas do livro *Paper Swordsmen*.

68 *parecia-se mais com um reformatório:* LI, Paul. *From Limited to Limitless*, p. 8.

69 *"Muitos daqueles garotos"*: entrevista com Johnny Hung, 2013.

69 *"eu era um rebelde"*: BLOCK, Alex Ben. *The Legend of Bruce Lee*, p. 21.

69 *"Eu só me dediquei ao* kung fu*"*: UYEHARA, Mito. *Bruce Lee: The Incomparable Fighter*, p. 7.

69 *"Como nossas famílias eram abastadas... suportado por suas pernas"*: CHEUNG, Hawkins. "Bruce Lee's Hong Kong Years", *Inside Kung-Fu*, novembro de 1991.

71 *devida em grande parte a um homem: Ip Man:* IP Man teve pouco destaque durante o período em que viveu, mas recentemente tornou-se internacionalmente famoso devido a uma série de filmes de Hong Kong que fizeram grande sucesso: *Ip Man* (2008), *Ip Man 2*

(2010), *The Legend Is Born: Ip Man* (2010), *Ip Man: The Final Fight* (2013), *The Grandmaster* (2013) e *Ip Man 3* (2015).

71 *Sem recursos e com fama de:* o uso de opiáceos por Ip Man ainda é uma questão aberta. Seu filho, Ip Chun, me disse que ele só bebeu uma mistura de água e ópio durante um breve período para aliviar dores estomacais e que nunca mais fez uso da droga: "Ele definitivamente não fumava ópio". Alguns de seus antigos alunos, no entanto, afirmaram que ele usou ópio por muitos anos e passou a fazer uso da heroína em meados dos anos 1950, quando se envolveu com uma mulher de má reputação (JUDKINS, Benjamin; Jon Nielson. *The Creation of Wing Chun*, p. 245).

71 *"Relaxe! Relaxe!":* ibid., pp. 240-41.

72 *"um adolescente imitador de Elvis... a qualquer preço":* LEUNG, Wong Shun. "Wong Shun Leung and His Friendship with Bruce Lee", *Real Kung Fu Magazine*, 1980.

73 *"'um chinês impuro'":* YOUNG, Robert. "William Cheung: Hong Kong Bullies, Wing Chun Kung Fu and Bruce Lee", *Blackbelt.com*, 2 de maio de 2013; RAFIQ, Fiaz. *Bruce Lee Conversations*, p. 89.

73 *"alguns deles já instrutores assistentes":* UYEHARA, Mito. *Bruce Lee: The Incomparable Fighter*, p. 78.

73 *Ele se tornou um fanático:* ATYEO, Don; DENNIS, Felix. *Bruce Lee: King of Kung-Fu*, p. 14.

73 *"Menos de um ano depois":* RAFIQ, Fiaz. *Bruce Lee Conversations*, p. 90.

73 *"Todos queriam ser o melhor lutador do grupo":* CHEUNG, Hawkins. "Bruce Lee's Hong Kong Years", *Inside Kung-Fu*, novembro de 1991.

74 *"Mamãe e papai só souberam que Bruce":* LEE, Robert. *Bruce Lee, My Brother*, p. 109.

74 *Para evitar a polícia:* LI, Paul. *From Limited to Limitless*, p. 8. Nos anos 1950, o governo de Hong Kong era muito sensível a qualquer tipo de reunião pública, especialmente competições de artes marciais, que podiam facilmente se transformar em tumultos. Portanto, ao falar sobre tais competições, era usado o termo "mãos cruzadas" para evitar chamar a atenção.

74 *Praticantes de* Hung Gar*:* o professor de Bruce, Wong Shun Leung, ficou particularmente famoso e passou a ter vários inimigos após sua célebre vitória na "Batalha de MacPherson Field" contra um lutador do estilo Grou Branco (LI, Paul. *From Limited to Limitless*, p. 8).

75 *"A atmosfera estava muito tensa":* LEUNG, Wong Shun. "Wong Shun Leung and His Friendship with Bruce Lee", *Real Kung Fu Magazine*, 1980.

77 *"Estes são apenas ferimentos superficiais":* LEE, Robert. *Bruce Lee, My Brother*, p. 113.

77 *Em seu diário:* LEE, Linda. *Bruce Lee: The Man Only I Knew*, p. 44.

77 *"Eu me lembro claramente":* documentário *The Brilliant Life of Bruce Lee*.

77 *"Se algum dia Bruce... por muito tempo":* LEUNG, Wong Shun. "Wong Shun Leung and His Friendship with Bruce Lee", *Real Kung Fu Magazine*, 1980.

78 *Rolf Clausnitzer, cujo:* entrevista com Rolf Clausnitzer, 2013.

78 *"Quando ele veio para a nossa escola"*: ATYEO, Don; DENNIS, Felix. *Bruce Lee: King of Kung-Fu*, p. 16.

78 *"anunciado um campeonato interescolar de boxe"*: CHEUNG, Hawkins. "Bruce Lee's Hong Kong Years", *Inside Kung-Fu*, novembro de 1991.

79 *"Eu ataquei seus pontos fracos"*: LEUNG, Wong Shun. "Wong Shun Leung and His Friendship with Bruce Lee", *Real Kung Fu Magazine*, 1980.

79 *"Bruce era desconhecido"*: entrevista com Steve Garcia, 2014.

79 *um garoto baixinho e brigão:* com o passar dos anos, conforme a reputação de Bruce foi se tornando mitológica, o mesmo ocorreu com a fama de Gary Elms. No filme biográfico *Young Bruce Lee* (2010), Gary é apresentado como um temível lutador.

79 *"Eu o derrubava no chão"*: *Inside Kung-Fu*, 1994.

79 *"Eu falei com o campeão"*: CHEUNG, Hawkins. "Bruce Lee's Hong Kong Years". *Inside Kung-Fu*, novembro de 1991.

80 *"Quando Bruce foi gradualmente"*: LEUNG, Wong Shun. "Wong Shun Leung and His Friendship with Bruce Lee". *Real Kung Fu Magazine*, 1980.

80 *"Gary estava perplexo"*: entrevista com Rolf Clausnitzer, 2013.

80 *"Droga, eu não consegui nocautear"*: ibid.

4. Banido

83 *"Ele ficava até"*: LEE, Linda. *The Bruce Lee Story*, p. 30.

83 *"Ninguém fazia sexo"*: entrevista com Nancy Kwan, 2013.

83 *"Eram só alguns beijinhos"*: entrevista com Phoebe Lee, 2013.

84 *"Na adolescência, Bruce... amigos da turma"*: LEE, Robert. *Bruce Lee, My Brother*, pp. 93-5.

84 *"Nós costumávamos ir dançar no"*: documentário *Bruce Lee: Century Hero*.

84 *"Eu era a salvadora dele"*: documentário *The Brilliant Life of Bruce Lee*.

85 *"Nenhum de nós... taxativo a respeito daquilo"*: CHANG, Chaplin. *The Bruce They Knew*, pp. 184-86.

85 *"Ela foi o único e verdadeiro romance"*: LEE, Robert. *Bruce Lee, My Brother*, p. 95.

85 *"O pai dela era um amigo"*: entrevista com Phoebe Lee, 2013.

86 *Bruce pensava que a dança:* LEE, Robert. *Bruce Lee, My Brother*, pp. 99-100.

86 *"Ele era muito bom no jive"*: entrevista com Dennis Ho, 2013.

86 *"Ele não aprendeu a dança"*: LEE, Robert. *Bruce Lee, My Brother*, pp. 99-100.

87 *"Na escola, eu tinha alguns amigos filipinos"*: CHEUNG, Hawkins. "Bruce Lee's Hong Kong Years", *Inside Kung-Fu*, novembro de 1991.

87 *"Ele mal podia esperar... o dia do concurso"*: LEE, Robert. *Bruce Lee, My Brother*, pp. 101-03.

87 *"Campeão de Dança de Chá-Chá-Chá"*: ser o campeão de *Chá-Chá-Chá* em 1958 em Hong Kong era o equivalente a ser campeão de *Break Dance* em 1983 em Minneapolis.

88 *"Uma vez que ambas as atividades envolvem"*: ATYEO, Don; DENNIS, Felix. *Bruce Lee: King of Kung-Fu*, p. 24.

88 *"equilíbrio inato"*: ibid., p. 24.

89 *Os críticos atacaram impiedosamente o filme:* LI, Paul. *From Limited to Limitless*, p. 10.

90 *"Eu estava ficando entediado"*: UYEHARA, Mito. *Bruce Lee: The Incomparable Fighter*, p. 8.

90 *"Um importante oficial britânico"*: LEE, Robert. *Bruce Lee, My Brother*, p. 47.

91 *fundo do poço:* na noite em que a polícia foi à casa dos Li, Hoi Chuen estava fora, filmando. Na manhã seguinte, quando ele voltou das filmagens, Grace contou a ele como havia sido humilhada. Ele então concordou com os pedidos dela para que parasse de fumar ópio (LEE, Phoebe *et al. Lee Siu Loong: Memories of the Dragon*, p. 48).

91 *Hoi Chuen desintoxicou-se:* ibid.

91 *"foi muito difícil parar"*: entrevista com Phoebe Lee, 2013.

91 *"O que é que você está olhando"*: "A Dragon Remembered: An Interview with Robert Lee". Extras do DVD do filme *O Voo do Dragão*.

91 *"Ou seu filho para de fazer"*: ibid. Um dos amigos de Bruce em Hong Kong com propensão para exageros alegou, durante anos, que o adolescente espancado por Bruce era filho de um importante chefe da Tríade e que os pais de Bruce teriam enviado o jovem para os Estados Unidos para evitar que uma represália colocasse sua vida em risco. Essa história, aparentemente tirada de um filme de Hong Kong estilo *chopsocky*, ganhou vida própria, aparecendo em relatos lúcidos sobre a vida de Bruce (HOLDSWORTH, Mary e MUNN, Christopher, orgs., *Dictionary of Hong Kong Biography*, p. 252). Entretanto, de acordo com os irmãos de Bruce, isso não corresponde à verdade. O pai do menino que apanhou chamou a polícia (o que não é algo que os chefes da Tríade costumam fazer), e foi a ameaça de prisão pela polícia que levou os pais de Bruce a mandá-lo para os Estados Unidos.

92 *"Miserável"*: LEE, Robert. *Bruce Lee, My Brother*, pp. 120-23.

92 *"Bruce não queria ir"*: CHEUNG, Hawkins. "Bruce Lee's Hong Kong Years", *Inside Kung-Fu*, novembro de 1991.

92 *"A intuição de papai"*: documentário *The Brilliant Life of Bruce Lee*.

92 *"Certa vez ele me disse"*: entrevista com Nancy Kwan, 2013.

93 *"Para que qualquer habitante de Hong Kong"*: CHEUNG, Hawkins. "Bruce Lee's Hong Kong Years", *Inside Kung-Fu*, novembro de 1991.

93 *"Agora eu tento encontrar"*: LITTLE, John (org.). *Letters of the Dragon*, p. 20.

93 *"Não me contive"*: CHEUNG, Hawkins. "Bruce Lee's Hong Kong Years", *Inside Kung-Fu*, novembro de 1991.

94 *O acordo era que Mestre Sang:* LI, Paul. *From Limited to Limitless*, p. 12.

94 *"Depois que a decisão foi tomada"*: LEE, Robert. *Bruce Lee, My Brother*, p. 123.

94 *"Passei mais tempo estudando matemática"*: LI, Paul. *From Limited to Limitless*, p. 12.

95 *"Depois de cerca de quatro anos de treinamento árduo"*: LEE, Linda. *The Bruce Lee Story*, pp. 37-9.

97 *400 mil dólares de Hong Kong*: CHWOON, Tan Hoo. *The Orphan*, p. xvii. O equivalente a US$ 670 mil em valores atualizados para 2017.

98 *"Não será tolerada a"*: ibid., pp. xiii-xiv.

98 *"Nós rimos disso"*: LEE, Agnes. *Bruce Lee: The Untold Story*, p. 28.

98 *"Na noite anterior à sua partida"*: LEE, Robert. *Bruce Lee, My Brother*, p. 123.

98 *"quando tiver ganhado algum dinheiro"*: LEE, Linda. *Bruce Lee: The Man Only I Knew*, pp. 46-7.

98 *"Ele pediu a alguém"*: documentário *Bruce Lee: Century Hero*.

99 *"Ao querido Bruce"*: LEE, Phoebe et al. *Lee Siu Loong: Memories of the Dragon*, p. 2.

99 *"No navio, ele atirou"*: documentário *The Brilliant Life of Bruce Lee*.

99 *"Eu o vi chorar"*: RAFIQ, Fiaz. *Bruce Lee Conversations*, p. 97.

99 *Quando as fitas se partiram*: LEE, Robert. *Bruce Lee, My Brother*, pp. 123-24.

5. Filho Nativo

103 *500 para 25 mil*: KWONG, Peter; MISEVIC, Dusanka. *Chinese America*, p. 7.

103 *chineses tornaram-se para o Oeste*: ibid., p. 53.

103 *"Eles são silenciosos"*: CHANG, Iris. *The Chinese in America*, p. 39.

104 *"Celestiais"*: KWONG, Peter; MISEVIC, Dusanka. *Chinese America*, pp. 43-5.

104 *"Somos inflexivelmente contra"*: ibid., p. 66.

104 *"Os chineses são, moralmente"*: CHANG, Iris. *The Chinese in America*, p. 51.

104 *somavam 370 mil pessoas*: KWONG, Peter; MISEVIC, Dusanka. *Chinese America*, pp. 7, 67.

104 *"Por que não discriminar?"*: CHANG, Iris. *The Chinese in America*, pp. 130-31.

105 *Autoridades militares*: ibid., pp. 133-34. No Massacre de Snake River, em 1887, um grupo de fazendeiros brancos matou e mutilou 31 mineiros chineses em Hell's Canyon, Oregon.

105 *"tivessem grandeza bastante para corrigir... conquistar sua riqueza e merecer respeito"*: KWONG, Peter; MISEVIC, Dusanka. *Chinese America*, p. 203.

106 *"Era como qualquer país ocidental"*: LITTLE, John. *Letters of the Dragon*, pp. 21-3.

106 *"Uma tigela de sopa de barbatana de tubarão"*: US$ 25 em 1959 equivalem a US$ 212 em valores atualizados para 2017.

106 *No dia 17 de maio de 1959... em São Francisco e Oakland*: RUSSO, Charles. *Striking Distance*, pp. 14, 29-30, 47-8.

108 *"Éramos um total de trinta pessoas"*: TADMAN, David; KERRIDGE, Steve. *Bruce Lee: The Little Dragon at 70*, p. 10.

108 *"Eu nunca tinha visto ninguém tão ágil e veloz"*: entrevista com David Tadman, 2013.

109 *"Nós dormíamos juntos"*: CLOUSE, Robert. *Bruce Lee: The Biography*, p. 25.

110 *porta-voz não oficial:* Em 1973, a posição até então não oficial de Ruby Chow tornou-se oficial quando ela foi a primeira pessoa asiática-americana a ser eleita para uma cadeira no *King County Council* [um cargo equivalente ao de um vereador no Brasil].

110 *Sendo filho de um dos mais antigos amigos de Ping Chow:* "Ruby Chow, First Asian American on King County Council, Dead at 87". *Seattle Times*, 5 de junho de 2008; CLOUSE, Robert. *Bruce Lee: The Biography*, pp. 25-8; THOMAS, Bruce. *Bruce Lee: Fighting Spirit*, p. 32; BAX, Paul. *Disciples of the Dragon,* pp. 34-5.

110 *Era exatamente:* apesar de não haver provas de que Li Hoi Chuen tenha pedido para seu velho amigo Ping Chow para que tratasse Bruce de forma severa, isso não teria acontecido sem a aprovação dele.

110 *"Agora estou realmente por minha própria conta"*: LITTLE, John. *Letters of the Dragon*, pp. 25-6. Bruce contaria mais tarde para a namorada de seu irmão, Eunice Lam, que "costumava acordar, sentar na cama e chorar muito" (LAM, Eunice. "Eunice Lam Remembers Bruce Lee", *Bruce Lee Lives! Tribute Forum*, 9 de abril de 2016).

110 *Grace enviava dinheiro secretamente:* na minha entrevista com Linda Lee, ela insistiu na ideia de que os pais de Bruce nunca teriam enviado ajuda financeira para ele nos Estados Unidos. Por outro lado, Mito Uyehara, um amigo próximo, escreveu o seguinte em seu livro sobre Lee: "Depois de alguns meses [nos Estados Unidos], o autossuficiente Bruce ficou desencantado, pois ainda tinha que contar com seus pais para as despesas do dia a dia. Ele queria ser autossuficiente, porque durante toda a vida ele fora considerado a ovelha negra da família. 'Quando deixei Hong Kong, prometi a mim mesmo que não dependeria de meus pais para qualquer tipo de ajuda, e eu estava recebendo dinheiro deles aqui', disse-me Bruce" (*Bruce Lee: The Incomparable Fighter*, p. 12). Após entrevistar Ruby Chow, Robert Clouse escreveu: "Grace disse a Ruby que enviaria algum dinheiro para ajudar nos gastos dele, e foi acordado que ninguém contaria sobre este arranjo ao pai dele" (*Bruce Lee: The Biography*, p. 25).

111 *"Você não é minha tia"*: LEE, Robert. *Bruce Lee, My Brother*, pp. 156-58. Mais tarde, Bruce faria a mesma coisa com o diretor Lo Wei, chamando-o de "Lo Wei" em vez de "Diretor Lo". Bruce era extremamente educado com as pessoas de quem gostava e era grosseiro com figuras de autoridade a quem não respeitava.

111 *"Tente um golpe"*: GLOVER, Jesse. *Bruce Lee*, p. 17.

111 coolie *traficado:* Bruce comparou-se aos trabalhadores imigrantes que eram importados por associações de ajuda aos chineses (chamadas de *Chinese Benevolent Associations*) para trabalhar ilegalmente em restaurantes e outros tipos de negócios por salários inferiores aos exigidos por leis trabalhistas.

111 *"Ele não demonstra nenhum respeito"*: THOMAS, Bruce. *Bruce Lee: Fighting Spirit*, p. 33.

111 *Ruby deu estrutura:* CLOUSE, Robert. *Bruce Lee: The Biography*, p. 28.

111 *treinamento vocacional:* http://seattlecentral.edu/about/history.php.

111 *Com uma determinação que:* LEE, Linda. *The Bruce Lee Story*, p. 42.

111 *média de 2,6 pontos:* BLEECKER, Tom. *Unsettled Matters*, p. 33.

112 *ele associou-se porque o instrutor-chefe:* GLOVER, Jesse. *Bruce Lee*, p. 16.

112 *Seu maior desejo: ibid.*, p. 52.

112 *em um supersistema:* o modelo de Bruce era Huo Yuanjia, o fundador do Instituto Jing Wu. Foi a primeira universidade pública de artes marciais da China, e Jing Wu contratou mestres de *kung fu* de destaque em vários estilos de forma a oferecer um currículo bastante completo para seus alunos. A controversa morte de Huo Yuanjia serviu de argumento para o filme *A Fúria do Dragão*, do qual Bruce Lee participou em 1972.

112 *tornar-se o melhor artista de* kung fu *do mundo:* Em 1960, Bruce ainda acreditava no *kung fu* tradicional. Ele realizava as práticas e acreditava que elas melhoravam a velocidade e a força. Ele acreditava nos poderes místicos do *qi* ou *chi* ("força interna") e acreditava que o toque da morte retardada (*dim mak*) era possível. Após menos de um ano vivendo os Estados Unidos, ele mudou sua visão sobre as técnicas e o *qi*, e passou a criticar abertamente as artes marciais tradicionais (GLOVER, Jesse. *Bruce Lee*, p. 40; RAFIQ, Fiaz. *Bruce Lee Conversations*, p. 33).

112 *"Não faço muita coisa":* LITTLE, John (org.). *Letters of the Dragon*, pp. 25-6.

112 *"Eu guardo essa para dançar":* GLOVER, Jesse. *Bruce Lee*, p. 91.

112 *A primeira apresentação pública de Bruce Lee: ibid.*, p. 12.

113 *fascinado pelo* kung fu*:* na busca de Jesse por um professor de *kung fu*, ele e seu amigo Howard Hall foram para Oakland, na Califórnia, para conhecer James Lee, que mais tarde se tornaria um dos instrutores assistentes de Bruce Lee. James pediu a Jesse para dar um soco nele. James contra-atacou e deu um soco nas costas de Jesse. Então ele pediu novamente a Jesse para dar um soco, contra-atacou e o golpeou na virilha. "Anos depois, Bruce Lee me disse que James Lee havia dito que tinha a intenção de nos impressionar para que soubéssemos que ele poderia nos machucar, caso estivéssemos escondendo algo dele para usar mais tarde", escreveu Jesse. "Bruce também disse que havia uma boa chance de que James Lee tivesse bebido." James mostrou a Jesse e Howard algumas técnicas, mas recusou-se a ensinar-lhes mais porque eles não ficariam na Califórnia tempo suficiente para aprender o básico de seu sistema. Quando os amigos perguntaram a James se ele conhecia algum instrutor de *kung fu* em Seattle, ele disse que não. (GLOVER, Jesse. *Bruce Lee*, pp. 10-1.)

113 *"O seu nome é Bruce Lee?": ibid.*, pp. 14-5.

114 *"Você está ensinando aos negros":* RAFIQ, Fiaz. *Bruce Lee Conversations*, p. 23. Bruce respondeu às críticas de Ruby dizendo: "Bem, eles podem de qualquer forma bater nos chineses. Se eu ensiná-los, eles pelo menos terão algum respeito por nós". Bruce foi o primeiro instrutor chinês em Seattle a ensinar *kung fu* a alunos não chineses.

114 *"praticar em segredo":* GLOVER, Jesse. *Bruce Lee*, p. 17.

114 *na esquina da:* BAX, Paul. *Disciples of the Dragon*, p. 30.

114 *"Vamos começar":* GLOVER, Jesse. *Bruce Lee*, p. 18.

115 *Ed era um ex-boxeador profissional de 90 quilos:* Ed Hart chamou sua técnica de briga de rua preferida de "Hart Attack". Se as coisas não estivessem indo bem, Ed cairia no chão

com as mãos sobre o peito, parecendo estar próximo de dar seu último suspiro. Quando seu inimigo se curvasse sobre ele, Ed levantava-se de repente, como um suricato assustado, e pegava o adversário de surpresa, vencendo a luta (BREWSTER, David; BUERGE, David M., orgs., *Washingtonians*, p. 425).

115 *Com facilidade, Bruce deu um nó:* GLOVER, Jesse. *Bruce Lee*, p. 20.

115 *Um destes era Skip Ellsworth:* RUSSO, Charles. *Striking Distance,* p. 66.

115 *"Na brevíssima primeira apresentação de Bruce":* BAX, Paul. *Disciples of the Dragon*, pp. 31-2.

115 *Os recrutas de Lee vinham:* BREWSTER, David; BUERGE, David M., orgs., *Washingtonians*, p. 420.

116 *"Foi uma bela apresentação":* James DeMile tem contado essa história muitas vezes ao longo dos anos, com pequenas alterações nas versões. Ver *ibid.*, pp. 423-25; RAFIQ, Fiaz. *Bruce Lee Conversations*, pp. 27-8; RUSSO, Charles. *Striking Distance*, pp. 65-6.

117 *mais jovens da classe operária:* BAX, Paul. *Disciples of the Dragon*, p. 30.

117 *"Eu achava que era branco":* BREWSTER, David; BUERGE, David M., orgs., *Washingtonians*, p. 434.

118 *Toda vez que o boneco era golpeado:* BAX, Paul. *Disciples of the Dragon*, p. 35.

118 *"Nós éramos todos bonecos":* ibid., p. 93; GLOVER, Jesse. *Bruce Lee*, p. 31.

118 *Bruce era como um jovem professor brilhante:* esta crítica é bastante generalizada entre os membros da sua equipe de Seattle. Ed Hart diz: "Eu acho que Bruce não gostava muito de ensinar. Ele fez muitas coisas com alguns poucos caras, mas, quando o grupo cresceu, ele só dizia aos alunos o que fazer, ficava por ali parado, os observava e dava algumas sugestões. O cara com quem ele mais trabalhava era Jesse Glover. Eu aprendi mais com Jesse do que com Bruce". Howard Hall diz: "James era um professor melhor do que Bruce. Bruce era técnico e perfeccionista, mas não tinha paciência com iniciantes. Jimmy transmitia os ensinamentos melhor do que Bruce" (BAX, Paul. *Disciples of the Dragon*, pp. 22-3, 138). Para ser justo, é preciso pontuar que a abordagem distanciada de Bruce era típica da instrução tradicional de *kung fu* na China. Ip Man também não perdia seu tempo com iniciantes. Ele trabalhava com seus alunos mais experientes, como Wong Shun Leung, e esses alunos mais antigos ensinavam os novatos. Ip Man supervisionava as aulas e às vezes dava sugestões. Bruce demorou muitos anos para se ajustar às expectativas dos norte-americanos por uma orientação mais pessoal e envolvida.

118 *o máximo de aceleração transferida:* HERKEWITZ, William. "The Science of the One-Inch Punch", *Popular Mechanics*, 21 de maio de 2014.

118 *"Seus socos tornaram-se cada vez mais potentes":* GLOVER, Jesse. *Bruce Lee*, p. 55. Por anos, James DeMile afirmou que ele e Bruce Lee desenvolveram o soco de uma polegada juntos e que ninguém mais é capaz de aplicá-lo de forma correta. (BAX, Paul. *Disciples of the Dragon*, p. 113; CLOUSE, Robert. *Bruce Lee: The Biography*, p. 32). É perfeitamente plausível que Bruce tenha desenvolvido seu soco com DeMile, que era um boxeador. Lee estava sempre absorvendo as técnicas que lhe agradavam daqueles que estavam próximos

a ele. Entretanto, a afirmação de DeMile segundo a qual ele seria o único dos alunos de Bruce capaz de replicar o soco parece um pouco egoísta.

118 *um homem de 120 quilos*: GLOVER, Jesse. *Bruce Lee*, p. 55.

119 *"Não creio que na vida de Bruce"*: BREWSTER, David; BUERGE, David M., orgs., *Washingtonians*, p. 433.

119 *"Eu odiava comédias"*: GLOVER, Jesse. *Bruce Lee*, p. 48; RAFIQ, Fiaz. *Bruce Lee Conversations*, p. 21.

119 *"Para nós, a vantagem"*: BAX, Paul. *Disciples of the Dragon*, p. 59.

119 *"Eu quero ser rico e famoso"*: GLOVER, Jesse. *Bruce Lee*, p. 38.

119 *Jesse também gostava de provocar*: ibid., p. 49.

120 *caixa com bolotas de naftalina*: ibid., p. 76.

120 *"Bruce fingia não"*: ibid., p. 49.

120 *"sem gaguejar"*: ibid., p. 66.

120 *"Bruce simplesmente adorou a arma"*: BAX, Paul. *Disciples of the Dragon*, p. 41. Bruce usou essa arma uma vez para socorrer a namorada de seu irmão, Eunice Lam, quando o locador do apartamento onde ela morava a estava ameaçando e insultando. Bruce chegou furioso com a Colt na mão, e o proprietário do imóvel fugiu assim que viu a arma (LAM, Eunice. "Eunice Lam Remembers Bruce Lee", 9 de abril de 2016).

120 *como um pistoleiro do Velho Oeste*: GLOVER, Jesse. *Bruce Lee*, p. 66.

121 *Leroy recusou-se a continuar com essa brincadeira*: BREWSTER, David e BUERGE, David M., orgs., *Washingtonians*, p. 437.

121 *"Ele não tirava essa ideia da cabeça"*: GLOVER, Jesse. *Bruce Lee*, p. 77.

121 *Mas o porte físico avantajado*: ibid., p. 31.

121 *Bruce tornou-se um ávido fã*: RAFIQ, Fiaz. *Bruce Lee Conversations*, pp. 42-3, 277.

122 *um novo paradigma*: RUSSO, Charles. *Striking Distance*, p. 67.

122 *"no topo do mundo"*: BAX, Paul. *Disciples of the Dragon*, pp. 35-6.

122 *Os dez membros fundadores originais*: GLOVER, Jesse. *Bruce Lee*, p. 47.

122 *O amplo salão do segundo andar*: BAX, Paul. *Disciples of the Dragon*, pp. 35-6.

123 *"O único momento em que eu começava a me preocupar"*: GLOVER, Jesse. *Bruce Lee*, p. 71.

123 *Bruce teve um violento acesso de fúria*: RAFIQ, Fiaz. *Bruce Lee Conversations*, p. 31.

123 *Houve um incidente em um salão de bilhar... "4 segundos"*: BAX, Paul. *Disciples of the Dragon*, p. 39. Houve também uma briga em uma balsa. Quando dois homens brancos caçoaram da maneira como ele estava vestido, Bruce devolveu a provocação, zombando deles, até que um dos dois o atacou. Bruce desviou facilmente do golpe e deu cabo do oponente com uma série de socos e chutes. O outro falastrão simplesmente fugiu (RAFIQ, Fiaz. *Bruce Lee Conversations*, p. 53).

123 *Um deles era Yoichi*: RUSSO, Charles. *Striking Distance*, p. 68.

124 *"Não vou permitir que ninguém me coaja a aceitar":* GLOVER, Jesse. *Bruce Lee*, pp. 43-5; BAX, Paul. *Disciples of the Dragon*, p. 27.

126 *Yoichi engoliu seu orgulho:* BAX, Paul. *Disciples of the Dragon*, pp. 5-6.

126 *"Muita gente queria se opor":* BLOCK, Alex Ben. *The Legend of Bruce Lee*, p. 30.

6. Husky

129 *27 de março de 1961:* John Little, *Letters to the Dragon*, p. 27.

129 *"Nós fizemos a escolha certa":* LEE, Robert. *Bruce Lee, My Brother*, p. 126. Não se sabe ao certo como Bruce pagou pelas mensalidades da faculdade, mas tudo indica que seu pai o ajudou a bancar os estudos. Os custos da Universidade de Washington para a alunos residentes giravam em torno de US$ 300 por ano na época, o equivalente a US$ 2.500 em valores atualizados para 2017 (https://www.uwyo.edu/oia/_files/tfrb/uwhist1617.pdf).

129 *Somente os melhores dentre os melhores:* é preciso pontuar que ele provavelmente não teria sido aceito na Universidade de Washington se não fosse um cidadão americano. Os requisitos para matrícula de estudantes estrangeiros eram (e ainda são) muito mais rigorosos. Ainda assim, considerando seu péssimo histórico como estudante em Hong Kong, é notável que Bruce tenha conseguido se formar no ensino médio e cursar uma universidade.

129 *"Gung fu é uma habilidade especial":* LEE, Linda. *The Bruce Lee Story*, p. 37.

130 *de mais de 2.500 volumes:* GONG, Tommy. *Bruce Lee*, p. 230.

130 *Seu GPA ao término:* VINH, Tan. "A Rare, Personal Glimpse of Bruce Lee's Seattle Years", *Seattle Times*, 2 de outubro de 2014.

130 *apelidaram-no de* Beefcake: MILLER, Davis. *The Zen of Muhammad Ali and Other Obsessions*, p. 92.

130 *"Se você quisesse fazê-lo se calar":* LAM, Eunice. "Eunice Lam Remembers Bruce Lee", 9 de abril de 2016.

131 *"Como eles me tratariam se":* BAX, Paul. *Disciples of the Dragon*, p. 38.

131 *Ele se concentrava em seu desenvolvimento pessoal:* BREWSTER, David; BUERGE, David M., orgs., *Washingtonians*, p. 435.

131 *Na Universidade de Washington, o alistamento no ROTC:* até 1962, o alistamento na ROTC era obrigatório na Universidade de Washington e em muitas outras faculdades estabelecidas a partir dos *Morrill Acts* de 1862 e 1890, denominadas "*land grant colleges*". Após uma batalha judicial bem-sucedida, esse alistamento tornou-se voluntário. Isso aconteceu quando Bruce estava cursando o segundo ano da faculdade (entrevista com dr. William Pola, professor assistente de Ciências Militares na Universidade de Washington, 2014).

131 *"Engula isso, soldado!":* Linda Lee incluiu esta história no primeiro livro que escreveu sobre seu falecido marido, *Bruce Lee: The Man Only I Knew* (pp. 65-6). O livro foi escrito em 1975, no final da Guerra do Vietnã e no auge do movimento antiguerra. A história

não aparece na versão revisada e atualizada da obra, *The Bruce Lee Story*, publicada em 1989, após a presidência conservadora e pró-militar de Ronald Reagan.

132 *categorizado como 4-F:* Robert Lee e outros afirmaram que Bruce fora rejeitado por causa dos pés chatos (LEE, Robert. *Bruce Lee, My Brother*, p. 31). Linda Lee, no entanto, negou essa versão em seu primeiro livro de memórias sobre o marido: "Foi relatado que Bruce fora rejeitado porque tinhas pés cavos, com arcos muito acentuados. Na verdade, sua queixa era relacionada a um testículo não descido" (*Bruce Lee: The Man Only I Knew*, pp. 65-6). Durante a entrevista que me concedeu, em 2013, Linda confirmou que a causa foi um testículo não descido.

132 *convenceu-se de que jamais poderia ser pai:* LAM, Eunice. "Eunice Lam Remembers Bruce Lee", 9 de abril de 2016. Eunice escreveu: "Ele sempre pensou que não poderia engravidar uma mulher porque tinha apenas um testículo, já que o outro estava escondido no peritônio. Ele me mostrou, para provar. Quando eu estudei genética, em Berkeley, eu descobri que isso era muito normal. Eu disse a ele que apenas um testículo era suficiente para criar milhões de espermatozoides e engravidar uma mulher. Eu não sei se ele acreditou ou não em mim".

132 *Sete anos depois, em 1969:* BLEECKER, Tom, *Unsettled Matters*, p. 59. Na mordaz biografia que escreveu sobre Bruce Lee, Bleecker apresenta conclusões amplas e infundadas relacionadas à questão da criptorquidia, afirmando que o fato de ter um testículo não descido teria causado em Bruce impotência, incapacidade de desenvolver uma musculatura madura sem a ajuda de esteroides anabolizantes e "imaturidade psicossocial" (pp. 19-20, 38). São afirmações absurdas. Os dois únicos riscos associados ao criptorquidismo são a infertilidade e o câncer de testículo. A anomalia não causa impotência, não prejudica o desenvolvimento muscular e não há efeitos colaterais psicológicos comprovados. Lee teve dois filhos, teve uma vida sexual ativa e sua musculatura era tão rija quanto as de seus dois irmãos durante a adolescência.

132 *Quando Bruce se deu conta do equívoco:* LAM, Eunice. "Eunice Lam Remembers Bruce Lee", 9 de abril de 2016.

132 *Depois de Pearl:* BLOCK, Alex Ben. *The Legend of Bruce Lee*, p. 30; BAX, Paul. *Disciples of the Dragon*, p. 106.

132 *"Se houvesse alguma garota bonita":* RAFIQ, Fiaz. *Bruce Lee Conversations*, p. 31.

132 *"R, como podemos deixar":* LITTLE, John. *Letters of the Dragon*, p. 26. Bruce também gostava de encantar as namoradas com aforismos filosóficos: "Dianne, gostar de aprender é estar próximo ao conhecimento. Praticar com vigor é estar próximo à magnanimidade. Possuir o sentimento de desonra é estar próximo à energia. Com amor, Bruce".

132 *nipo-americana que estava no segundo ano, chamada Amy Sanbo:* para o relato de Amy Sanbo sobre o relacionamento dela com Bruce Lee, ver BREWSTER, David; BUERGE, David M., orgs., *Washingtonians*, pp. 433-35; BLEECKER, Tom, *Unsettled Matters*, pp. 33-42; CLOUSE, Robert. *Bruce Lee: The Biography*, pp. 39-40; LEFEVRE, Charlette, "The Lady and the Dragon: An interview with Amy Sanbo, Bruce Lee's First Love in the U.S.", *Northwest Asian Weekly*, 1º de dezembro de 2007. O conteúdo presente nessas quatro fontes de informação varia ao longo de um período de trinta anos. Os detalhes

são consistentes, mas o tom vai mudando com o tempo. Conforme os anos foram se passando e ela foi envelhecendo, a avaliação de Amy Sanbo sobre os acontecimentos foi se tornando mais generosa e menos defensiva.

133 *Ambos eram bonitos:* Bruce ocasionalmente sofria com acne. A namorada de seu irmão, Eunice Lam, usava o problema para provocá-lo: "Você se acha tão bonito assim? Seu rosto está cheio de pequenas espinhas" ("Eunice Lam Remembers Bruce Lee", 9 de abril de 2016).

134 *"Ele podia ser funky":* LEFEVRE, Charlette, "The Lady and the Dragon: An interview with Amy Sanbo, Bruce Lee's First Love in the U.S.", *Northwest Asian Weekly*, 1º de dezembro de 2007. Em uma outra entrevista, Amy Sanbo lembrou: "Na época, Bruce observava a maneira como os negros se moviam, porque eles dançavam tão bem... Eu percebia que ele observava a maneira como eles andavam pelas ruas. Acho que ele simplesmente os imitava no início, mas logo Bruce desenvolveu uma forma própria de se expressar" (BLEECKER, Tom, *Unsettled Matters*, p. 37). Os filmes de *kung fu* de Lee eram muito populares na comunidade afro-americana nos anos 1970. Parte disso se devia ao fato de Bruce ser um herói não branco que derrotava os homens brancos dominantes, como Shaft e outros heróis do gênero *blaxploitation* daquela época. Mas suspeito que essa popularidade se devia em parte também ao reconhecimento do público negro de algo familiar na forma como ele se movia e na forma como ele caminhava.

135 *"Ele não fez nada":* GLOVER, Jesse. *Bruce Lee*, p. 26.

135 *havia planejado abrir seu clube:* LITTLE, John. *Letters of the Dragon*, p. 27. No início de março de 1961, Bruce escreveu a Ed Hart o seguinte: "Já tenho dez alunos e o clube está tomando forma. Pode ser que ele seja aberto ao público daqui a uns dois meses".

136 *o grupo original havia se reduzido:* GLOVER, Jesse. *Bruce Lee*, p. 65. Em seu livro, Jesse afirma que foi a partida de Howard Hall para a Costa Leste que fez com que o clube original encerrasse as atividades. Mas Bruce escreveu duas cartas para Ed Hart, que estava no Brooklyn, pedindo para que ele retornasse a Seattle para salvar o clube (LITTLE, John (org.). *Letters of the Dragon*, pp. 27-8). É possível que tanto Howard Hall quanto Ed Hart tenham se mudado para a Costa Leste na mesma época, mas parece mais provável que Jesse Glover tenha se enganado quanto ao nome da pessoa.

136 *"Eu não tenho mais um clube":* LITTLE, John (org.). *Letters of the Dragon*, p. 28.

136 *"Em toda atividade":* ibid., pp. 29-31.

137 *"Eu achava muito difícil":* GLOVER, Jesse. *Bruce Lee*, p. 62.

138 *"Não gostamos de algumas das mudanças":* BAX, Paul, *Disciple of the Dragon*, p. 114; RAFIQ, Fiaz. *Bruce Lee Conversations*, p. 37. Do grupo original, Taky Kimura, que era mais velho e não se considerava um lutador, acabou sendo o mais leal. Ele ficou com Bruce, que, em troca, compartilhou com Kimura suas melhores técnicas.

139 *Robert, que estava iniciando:* LEE, Robert. *Bruce Lee, My Brother*, p. 46.

139 *"Não, papai, você estava certo":* documentário *The Brilliant Life of Bruce Lee*.

139 *"Eu nunca tinha visto um sorriso":* LEE, Robert. *Bruce Lee, My Brother*, p. 46.

139 *"Quando partiu":* LEE, Agnes et al. *Lee Siu Loong: Memories of the Dragon*, p. 6.

140 *Porém, em vez de elogiarem:* GLOVER, Jesse. *Bruce Lee*, p. 19.

140 *Depois de quatro anos de ausência: ibid.*, pp. 52-3.

140 *por um breve período:* James DeMile (aluno de Seattle): "Ele voltou de Hong Kong muito abalado. Ele conseguia acertar os melhores caras do *wing chun* talvez uma vez a cada três vezes que eles conseguiam acertá-lo Ele pensou seriamente em desistir das artes marciais" (BREWSTER, David; BUERGE, David M., orgs., Washingtonians, p. 435.). Howard Williams (aluno de Oakland): "Naqueles tempos quando Bruce voltou para a China para mostrar aos seus instrutores antigos o que ele tinha desenvolvido no *wing chun*, eles conseguiram bater nele tantas vezes quanto ele bateu neles. Isso deixou Bruce muito frustrado. Ele quase desistiu das artes marciais, mas naquele momento ele decidiu que seria ainda mais determinado, e que ele desenvolveria algo inédito, não importando o que fosse necessário para isso. A partir daquele momento, ele treinou de forma fanática, e não havia como impedi-lo." (BAX, Paul. *Disciples of the Dragon*, pp. 138-39).

140 *Chang Cheh:* CHWOON, Tan Hoo. *The Orphan*, p xiv.

140 *Christine Pai Lu-Ming:* LAM, Eunice. "Eunice Lam Remembers Bruce Lee", 9 de abril de 2016.

140 *Amy Chan (Pak Yan):* pode ser que fãs ocidentais de filmes de *kung fu* tenham mais facilidade para se lembrarem dela no filme *A Lenda do Mestre Invencível II* (*The Legend of the Drunken Master*, 1994).

141 *"Eles só me escalam para interpretar":* CHANG, Chaplin. *The Bruce They Knew*, p. 184.

141 *"Isto é Hong Kong":* LEE, Agnes *et al. Lee Siu Loong: Memories of the Dragon*, p. 84.

142 *"Se isso tivesse acontecido há alguns anos atrás":* LAM, Eunice. "Eunice Lam Remembers Bruce Lee", 9 de abril de 2016; LEE, Agnes *et al. Lee Siu Loong: Memories of the Dragon*, pp. 76-7. Eunice Lam se casaria mais tarde com o irmão de Bruce, Peter. Eles se divorciaram nos anos 1970, depois que ela teve um caso amoroso com um colega de trabalho, James Wong, que era uma estrela do mundo televisivo. Eunice acabou se tornando uma escritora famosa.

142 *"Cara, acredite em mim":* LEE, Agnes *et al. Lee Siu Loong: Memories of the Dragon*, pp. 84-5.

142 *"A corrida": ibid.*, pp. 71-2.

143 *"Ele era um homem sorridente": ibid.*, p. 76.

143 *"ser incapaz de dominar":* BAX, Paul. *Disciples of the Dragon*, p. 79.

143 *"O que há de errado?":* LEE, Agnes *et al. Lee Siu Loong: Memories of the Dragon*, p. 17; BAX, Paul. *Disciples of the Dragon*, p. 79. Doug Palmer afirma que Bruce foi circuncidado sob orientação de seu pai, mas Robert diz que a iniciativa foi do próprio Bruce. Parece provável que Palmer, que não falava cantonês, tenha compreendido a situação de forma errônea. A circuncisão era uma prática praticamente desconhecida na comunidade chinesa na época. Bruce provavelmente decidiu fazer o procedimento depois de ser provocado por uma de suas namoradas ou por um de seus amigos norte-americanos. Ele dava muita importância a questão da adaptação à cultura local. Não se sabe por que ele escolheu fazer a cirurgia em Hong Kong, e não nos Estados Unidos.

7. O Lado Ensolarado da Baía

147 *"não era uma boa pessoa"*: entrevista com Linda Lee, 2013.

147 *Tendo crescido pobre:* LEE, Linda. *The Bruce Lee Story*, p. 8.

148 *"ele se parece com George Chakiris"*: ibid., p. 7. CLOUSE, Robert. *Bruce Lee: The Biography*, pp. 41-2. George Chakiris ganhou o Oscar de Melhor Ator Coadjuvante pelo papel de Bernardo, o líder dos Sharks no filme *Amor, Sublime Amor* (*West Side Story*, 1961).

149 *No início, Linda achou-o:* LEE, Linda. *Bruce Lee: The Man Only I Knew*, p. 21.

149 *"Não sei se eu estava"*: ATYEO, Don; DENNIS, Felix. *Bruce Lee: King of Kung-Fu*, p. 31. Ela estava mais interessada no professor.

149 *"Eu estou no filme"*: entrevista com Linda Lee, 2013.

149 *"Vê-lo na tela"*: LEE, Linda. *The Bruce Lee Story*, p. 8.

149 *No início do ano letivo de 1963:* a Universidade de Washington funcionava com um sistema trimestral: outono, inverno, primavera e verão. Portanto, tecnicamente Linda se matriculou para o trimestre do outono, não para o semestre do outono. Como a maioria dos estudantes da UW, Bruce tinha aulas durante o outono, o inverno e a primavera, com férias no trimestre de verão.

149 *"Ele era tão atraente"*: LEE, Linda. *The Bruce Lee Story*, p. 11.

150 *possante Ford 1957:* "O carro de Bruce era (...) particularmente envenenado e cheio de assessórios. Ele sempre conhecia alguém, seja um estudante ou uma pessoa do ramo automobilístico, que arrumava os carros dele dessa maneira" (LEE, Linda. *Bruce Lee: The Man Only I Knew*, p. 28).

151 *"Ele sempre falou... uma noite perfeita"*: LEE, Linda. *The Bruce Lee Story*, p. 12; LEE, Linda. *Bruce Lee: The Man Only I Knew*, p. 29.

151 *"Para a garota mais doce"*: LITTLE, John (org.). *Letters of the Dragon*, p. 32.

151 *"Você poderia dormir para sempre"*: LEE, Linda. *The Bruce Lee Story*, pp. 14-6.

152 *"as técnicas são suaves"*: ibid., p. 49.

153 *"Lee Hopes for Rotsa Ruck"*: John Little, (org.). *Words of the Dragon*, pp. 24-6.

153 *"Setecentos milhões"*: LEE, Linda. *Bruce Lee: The Man Only I Knew*, p. 89.

153 *"Eu era o yin"*: LEE, Linda. *The Bruce Lee Story*, p. 150.

154 *James Yimm Lee era um homem durão:* UYEHARA, Mito. *Bruce Lee: The Incomparable Fighter*, p. 129; RAFIQ, Fiaz. *Bruce Lee Conversations*, p. 110; RUSSO, Charles. *Striking Distance*, p. 74.

154 *Com seu novo parceiro de negócios:* Al Novak foi um dos pioneiros no processo de modernização do estudo das artes marciais no norte da Califórnia. Apesar da relutância de muitos mestres chineses tradicionais em ensinar *kung fu* a alunos brancos no final dos anos 1950 e início dos anos 1960, Novak treinou em várias escolas sem enfrentar reações negativas. Talvez por causa de seu tamanho (Novak era um fisiculturista que pesava mais de 130 quilos) e de sua personalidade (os amigos o chamavam de algo como "Veterano Jovial da Desordem"), ninguém ousou recusá-lo como aluno.

154 *East Wing Modern Kung Fu Club:* RAFIQ, Fiaz. *Bruce Lee Conversations*, p. 102.

155 *Em 1962, outro amigo, Wally Jay:* RUSSO, Charles. *Striking Distance*, p. 76. Leon Jay, filho de Wally, diz: "Nós vimos Bruce fazer seus movimentos e ficamos absolutamente chocados e admirados. Já tínhamos visto muita gente, mas nunca ninguém tão dinâmico quanto ele" (RAFIQ, Fiaz. *Bruce Lee Conversations*, p. 110).

155 *"Quando estiver lá":* RUSSO, Charles. *Striking Distance*, p. 76. A Feira Mundial de Seattle aconteceu entre os dias 21 de abril e 21 de outubro de 1962.

157 *"James, o garoto é fantástico":* ibid., pp. 78-9.

157 *Os dois homens cumprimentaram-se:* ibid., pp. 81-2.

157 *Bruce dominou James:* "Eu vi Bruce praticando com Jimmy", lembra Leon Jay, o filho de Wally, "e Bruce estava no controle, batendo nele de leve" (RAFIQ, Fiaz. *Bruce Lee Conversations*, p. 11). Na introdução do livro que ele escreveu com Bruce Lee, *Chinese Gung Fu: The Philosophical Art of Self-Defense*, James atestou a superioridade técnica de Bruce: "Fiquei muito impressionado quando, durante treinos amigáveis de luta com o sr. Bruce Lee, eu não conseguia penetrar ou dar um golpe ou chute que o atingisse – mesmo quando ele estava vendado – uma vez que as mãos dele estavam 'grudadas' nas minhas" (LEE, Bruce. *Chinese Gung Fu*, p. 2).

158 *"A superioridade":* LEE, Bruce. *Chinese Gung Fu*, p. 2.

158 *Para a realização das fotos:* A sessão fotográfica foi realizada em algum momento durante a primavera de 1963, antes do retorno dele a Hong Kong no verão e antes da discussão com James DeMile no outono. Jesse Glover e James DeMile já tinham partido para formar sua própria escola, mas todos ainda estavam se falando.

158 *"Ande logo e conserte":* GLOVER, Jesse. *Bruce Lee*, p. 60.

159 *"Jimmy passara anos treinando":* BAX, Paul. *Disciples of the Dragon*, pp. 165-66.

159 *"A técnica de um sistema superior de":* LEE, Bruce. *Chinese Gung Fu*, p. 88.

159 *"um dissidente":* RUSSO, Charles, "Bruce Lee vs. Wong Jack Man: Fact, Fiction and The Birth of the Dragon", *Fightland Blog*, maio de 2017.

159 *"Sua carta":* LITTLE, John. *Letters of the Dragon*, p. 42.

160 *"Tão grande era sua necessidade":* LEE, Bruce. *Chinese Gung Fu*, p. v.

160 *completar seu curso universitário na Califórnia:* ele realmente dizia aos amigos que estava estudando na Universidade da Califórnia. Em 30 de outubro de 1964, ele escreveu a William Cheung: "No momento, estou estudando na Universidade da Califórnia. A propósito, eu me formarei em filosofia" (LITTLE, John. *Letters of the Dragon*, p. 41). Não há nenhuma evidência de que ele tenha feito outro curso universitário depois que deixou a Universidade de Washington, e temos certeza de que Bruce não se formou em filosofia. O fato de ele ter inventado essa história para William Cheung, que era um irmão de artes marciais mais velho, indica certo grau de constrangimento por não ter conseguido terminar a faculdade.

161 *"Como é que vocês esperam":* RUSSO, Charles. *Striking Distance*, pp. 1-8.

161 *"Sua demonstração da ineficácia":* BAX, Paul. *Disciples of the Dragon*, p. ix; RAFIQ, Fiaz. *Bruce Lee Conversations*, p. 106.

162 *A etiqueta das artes marciais asiáticas:* Wally Jay lembra que "Bruce pisou em muitos calos quando criticou o ensino de movimentos não essenciais presente em vários sistemas" (RAFIQ, Fiaz. *Bruce Lee Conversations*, pp. 106-07).

162 *"Bruce jogou ele no sofá":* RUSSO, Charles. *Striking Distance*, pp. 112-14.

163 *"As artes marciais devem ser":* BAX, Paul. *Disciples of the Dragon*, p. 119.

163 *No dia 24 de julho de 1964:* MAILMAN, Erika. "Bruce Lee Had a Studio in Oakland" *Contra Costa Times*, 12 de abril de 2005.

163 *"Bruce me ensinou alguns movimentos":* LEE, George; TADMAN, David. *Regards from the Dragon: Oakland*, p. xii.

164 *"Desenvolva as ferramentas":* LITTLE, John. *Artist of Life*.

164 *Linda estava grávida:* nos dois livros que Linda escreveu sobre seu falecido marido, ela omitiu cuidadosamente este detalhe crucial. O fato também não foi mencionado em nenhuma das cerca de uma dúzia de biografias escritas sobre Bruce. Quando eu estava à procura da razão para Bruce ter se casado tão repentinamente depois que deixou a faculdade, me dei conta de que seu primeiro filho, Brandon, havia nascido no dia 1º de fevereiro de 1965, apenas cinco meses e meio após o casamento, realizado no dia 17 de agosto de 1964. Em minha entrevista com Linda, ela confirmou que havia engravidado antes do casamento. Ela não tinha certeza absoluta se Bruce ficara sabendo do fato antes ou depois de sair de Oakland, mas estava inclinada a acreditar que tinha sido antes. "Será que ele soube antes de ir embora?", ela se perguntou. "Eu acho que ele sabia. Ou então ele voltou a Seattle mais uma vez." Como não há evidências de uma viagem de volta de Bruce para Seattle, eu presumo que tenha sido antes (entrevista com Linda Lee, 2013).

164 *"ficou feliz":* na minha entrevista com Linda perguntei: "Qual foi a reação de Bruce quando você lhe contou?". Ela respondeu: "Ele ficou feliz. Ele queria ter um filho. Isso era muito importante para ele. Esta criança seria dele". Eu insisti: "Ele ficou muito contente?". "Sim", ela respondeu. Eu então pensei comigo: "É, ele era mesmo um bom ator" (entrevista com Linda Lee, 2013).

164 *"A ideia de compromisso o assustava":* LEE, Linda. *The Bruce Lee Story*, p. 16.

164 *"O que vai acontecer se eu nunca":* LEE, Linda. *Bruce Lee: The Man Only I Knew*, p. 31; LEE, Linda. *The Bruce Lee Story*, p. 16; CLOUSE, Robert. *Bruce Lee: The Biography*, p. 55.

165 *Através de várias conversas pelo telefone:* entrevista com Taky Kimura, 2014.

165 *"Eu tinha muito respeito por":* ibid.; BLOCK, Alex Ben. *The Legend of Bruce Lee*, p. 33.

165 *Ele escreveu para Linda:* LEE, Linda. *The Bruce Lee Story*, p. 18.

165 *"Ele desejava ter um filho":* entrevista com Linda Lee, 2013.

165 *"escolhemos apenas nomes masculinos":* LITTLE, John. *The Celebrated Life of the Golden Dragon*, p. 161.

165 *"saída mais covarde":* LEE, Linda. *The Bruce Lee Story*, p. 18.

165 *Katherine, emprestou a aliança dela:* RUSSO, Charles. *Striking Distance*, p. 126; LEE, Linda. *The Bruce Lee Story*, pp. 18-9.

165 *Ele retornou a Seattle na quarta-feira...*"*Foi horrível.*": CLOUSE, Robert. *Bruce Lee: The Biography*, p. 55; LEE, Linda. *The Bruce Lee Story*, pp. 18-9.

166 "*A propósito, eu sou chinês*": CLOUSE, Robert. *Bruce Lee: The Biography*, p. 55.

166 *eles ainda eram ilegais em dezessete outros estados:* Alabama, Arkansas, Delaware, Flórida, Geórgia, Kentucky, Louisiana, Mississippi, Missouri, Carolina do Norte, Oklahoma, Carolina do Sul, Tennessee, Texas, Virgínia, Virgínia Ocidental e Wyoming.

166 "*Se você se casar*": entrevista com Linda Lee, 2013; LEE, Linda. *The Bruce Lee Story*, pp. 18-9; CLOUSE, Robert. *Bruce Lee: The Biography*, pp. 55-6.

168 *Linda usava um vestido sem mangas:* LITTLE, John. *Words of the Dragon*, p. 74.

168 "*Bem-vinda de volta à família*": entrevista com Linda Lee, 2013. Durante nossa entrevista, Linda enfatizou que nem todas as pessoas da sua família reagiram de forma tão intolerante: "O outro irmão do meu pai, tio Vern, não estava em Seattle quando eu me casei. Ele morava em Boise, Idaho. Ele era o diretor executivo da YMCA, e tinha um coração do tamanho do mundo. Quando Bruce e eu nos casamos, ele disse: "Bem-vindo à família". Não dava para o comportamento dele ter sido mais diferente do comportamento do meu outro tio, e ele também era cristão. Ele tinha uma visão diferente das coisas. Eu sempre permaneci muito próxima da família dele".

168 "*Sabe, mamãe*": LEE, Linda. *Bruce Lee: The Man Only I Knew*, p. 32.

168 "*Quando solteiro*": BLOCK, Alex Ben. *The Legend of Bruce Lee*, p. 33; ATYEO, Don; DENNIS, Felix. *Bruce Lee: King of Kung-Fu*, p. 31.

168 "*Linda é mais oriental*": LITTLE, John. *Words of the Dragon*, p. 50.

169 "*Se ela é a sua escolhida*": CHANG, Chaplin. *The Bruce They Knew*, p. 43; LITTLE, John. *Words of the Dragon*, p. 39.

169 "*Eu, com certeza, não*": LEE, Linda. *Bruce Lee: The Man Only I Knew*, p. 67.

169 "*Nós somos duas metades*": LITTLE, John. *The Celebrated Life of the Golden Dragon*, p. 155.

169 "*Ninguém jamais deu a*": BAX, Paul, *Disciple of the Dragon*, p. 12.

8. Confronto Direto em Oakland

171 *feiras da Costa Oeste*: ATYEO, Don; DENNIS, Felix. *Bruce Lee: King of Kung-Fu*, p. 32.

171 *Até mesmo a realeza:* THEODORACOPULOS, Taki. "Celebrity Kicks" *Esquire*, setembro de 1980.

171 "*Sumo-Sacerdote*": HYAMS, Joe, *Zen in the Martial Arts*, p. 35; *Associated Press*, "Ed Parker, Karate Expert, 59", 19 de dezembro de 1990.

172 "*Jimmy sabia que tão logo eu*": LEE, Linda. *The Bruce Lee Story*, p. 5.

172 "*Bruce era totalmente anticlássico*": RUSSO, Charles. *Striking Distance*, p. 115.

172 "*O sr. Parker me deu 75 dólares*": entrevista com Dan Inosanto, 2013.

172 *"Fiquei muito surpreso"*: THOMAS, Bruce. *Bruce Lee: Fighting Spirit*, p. 58.

172 *Bruce adentrou o recinto:* RUSSO, Charles. *Striking Distance*, p. 117.

173 *"Aquele ali é o único sujeito":* BAX, Paul. *Disciples of the Dragon*, pp. 86-7.

173 *Os Campeonatos de Long Beach*: em seu excelente livro, Charles Russo escreve: "Já havia ocorrido tentativas de realização de um evento nacional de artes marciais no Arizona, em 1955, e em Chicago e Washington DC, em 1963 e 1964, respectivamente. Estas duas últimas tentativas foram particularmente prejudicadas pela falta de organização (Chicago foi uma bagunça total)" (RUSSO, Charles. *Striking Distance*, p. 115).

173 *Quando ele subiu ao palco:* HYAMS, Joe. *Zen in the Martial Arts*, pp. 9-10.

173 *"Ele começou... em Long Beach":* RUSSO, Charles. *Striking Distance*, pp. 119-20.

174 *"Bruce fez":* ibid., pp. 120-21.

174 *Mike Stone, que derrotara:* NORRIS, Chuck. *The Secret of Inner Strength*, p. 39.

174 *"Minha primeira impressão":* entrevista com Mike Stone, 2013.

174 *o trabalho de Bruce consistia em dançar:* RUSSO, Charles. *Striking Distance,* pp. 126-28; WING, Rick. *Showdown in Oakland*, seção 691-700.

174 *Depois de várias apresentações:* segundo Charles Russo, Diana e Bruce fizeram várias apresentações em Los Angeles, no Teatro Sing Lee. "Ouvi falar de tensões também em L.A.", diz Russo, referindo-se às críticas de Bruce ao *kung fu* tradicional (entrevista com Charles Russo, 2017).

175 *"Honoráveis convidados":* RUSSO, Charles. *Striking Distance,* p. 131.

176 *Enquanto os dois jovens confiantes:* no relato de Charles Russo, que se baseia nas memórias de Adeline Fong, Kenneth conseguiu bloquear o golpe de Bruce três vezes seguidas antes de erguer os punhos (RUSSO, Charles. *Striking Distance*, pp. 132-34). Na versão de Rick Wing, no entanto, Bruce falhou uma vez e então bateu no voluntário com força acima do aceitável na segunda vez, fazendo com que o jovem levantasse os punhos com raiva (WING, Rick. *Showdown in Oakland*, seção 654-768). Se Kenneth tivesse bloqueado Bruce três vezes seguidas, não faria sentido ele levantar os punhos: ele estaria muito ocupado deliciando-se com os aplausos do público. Além disso, seria chocante para um artista veterano como Bruce falhar uma vez. Falhar três vezes seguidas acabaria com sua credibilidade.

177 *"Eu gostaria de deixar claro":* RUSSO, Charles. *Striking Distance*, pp. 133-34. Não apenas o que ele disse, mas também a frase exata usada por Bruce é um tema de debates acalorados. Bruce falou em cantonês. O que ele disse no palco foi repetido e alterado por incontáveis versões da história, recontada muitas vezes. Alguns se lembram dele dizendo: "Se alguém acha que pode fazer melhor, é bem-vindo a subir ao palco para tentar". Outros se lembram de um desafio direto: "Sou melhor do que qualquer artista marcial em São Francisco e acolho o desafio de qualquer um que se atreva a provar que estou errado" (WING, Rick. *Showdown in Oakland*, seção 654-768). Charles Russo é um jornalista de alto nível, portanto a versão dele é provavelmente a mais próxima da realidade. Considerando que o objetivo de Bruce naquela noite era angariar novos alunos,

parece provável que ele tenha dito algo aberto à interpretação, que poderia tanto ser um desafio quanto um convite para matricular-se em sua escola.

178 *Suas recentes demonstrações:* RUSSO, Charles. *Striking Distance*, p. 112.

178 *"Bem, eu vou abrir uma":* entrevista com David Chin, 2014. Outros sugeriram que foi David quem colocou essa ideia na cabeça de Wong Jack Man. Quando ficou sabendo da intenção de Wong de abrir a própria escola, David procurou Wong e o convenceu a lutar contra Bruce Lee. É certo que havia vantagens em usar como boi de piranha alguém como Wong Jack Man, um recém-chegado que não estava associado a nenhuma das escolas locais de *kung fu* de Chinatown. Se ele perdesse, ninguém em São Francisco passaria vergonha. Wong Jack Man atribuiria mais tarde sua decisão à "arrogância juvenil". Wong Jack Man deu apenas uma entrevista sobre a luta, para um de seus alunos, Michael Dorgan. ("Bruce Lee's Toughest Fight", *Official Karate*, julho de 1980). Ele recusou meu pedido de entrevista. Creio que Wong Jack Man ouviu uma versão do que Bruce Lee disse no Sun Sing Theatre e, como todo artista marcial em São Francisco, ficou incomodado com a fala. Mas foi David Chin quem convenceu Wong da ideia de que lutar contra Bruce era a melhor maneira de ter sucesso ao abrir uma nova escola. Cinquenta anos após o evento, Chin ainda parecia animado ao falar sobre como tudo se deu.

178 *"Ele era realmente arrogante":* entrevista com David Chin, 2014.

179 *"a fresca, viva":* LEE, Bruce. "Liberate Yourself from Classical Karate", *Black Belt*, setembro de 1971.

179 *"A única condição":* entrevista com David Chin, 2014.

179 *Sua nova filial de Oakland:* No seu segundo livro de memórias, Linda Lee insistiu na ideia de que a escola de Oakland estava prosperando: "Ao longo dos anos, li várias reportagens que exageraram ao abordar nossa dificuldade financeira naquele momento. Na verdade, o Instituto Jun Fan Gung Fu, que Bruce e James abriram na Broadway, foi bastante bem-sucedido no início. As poucas centenas de dólares por mês que o instituto rendia eram suficientes para cobrir nossas despesas" (LEE, Linda. *The Bruce Lee Story*, p. 51). Os cálculos de Linda são contestados por declarações de alunos de Bruce e James. Segundo Howard Williams, "naquela época, Jimmy tinha cerca de dez alunos" (BAX, Paul. *Disciples of the Dragon*, p. 137). Segundo Leo Fong, "Jimmy estava com problemas financeiros. Não havia muitos alunos. Éramos apenas cerca de seis na sala de aula na época em que eu praticava" (BAX, Paul. *Disciples of the Dragon*, pp. 123-24). Bruce e James fecharam a escola seis meses depois de terem-na aberto.

179 *Seu sócio nos negócios:* WING, Rick. *Showdown in Oakland*, seção 914-918.

179 *A esposa grávida de Bruce:* LEE, Linda. *The Bruce Lee Story*, p. 51.

179 *"David dizia uma coisa":* BAX, Paul. *Disciples of the Dragon*, p. 127. Leo Fong prosseguiu, dizendo: "Depois da luta, eu falei para Bruce que deveríamos ir atrás de David Chin, e ele concordou comigo. David Chin se escondeu depois disso".

180 *no início de novembro:* ninguém é capaz de determinar a data exata da luta, mas o primeiro relato sobre o embate entre Bruce Lee e Wong Jack Man foi publicado no *Ming Pao Daily* no final de novembro de 1964.

180 *"Poucos homens tinham um temperamento tão explosivo":* LEE, Linda. *Bruce Lee: The Man Only I Knew*, p. 72.

180 *e quatro outros amigos de David:* eram eles: Ronald "Ya Ya Ya" Wu, Martin Wong, Raymond Fong e Chan "Bald Head" Keung. Em meados dos anos 1940, Chan "Bald Head" era o membro mais velho do grupo e um respeitado praticante de *tai chi* (RUSSO, Charles. *Striking Distance*, p. 137). Wong Jack Man se queixaria mais tarde de que não conhecia nenhum deles e que eles "só estavam lá para ver a bagunça". Seus esforços para se distanciar do resto do grupo indicam que Wong Jack Man veio a acreditar que houve uma armação.

180 *"Aquela não era uma atmosfera amigável... Vale tudo":* ibid., p. 138. Ao longo dos anos, Linda Lee afirmou que o grupo de São Francisco abriu uma faixa com um ultimato escrito em chinês: "Pare de ensinar *kung fu* a não chineses". Ela diz que a comunidade de *kung fu* de São Francisco estava furiosa porque Bruce estava revelando segredos ancestrais a pessoas brancas e negras. Nessa versão, Wong Jack Man teria sido enviado como um executor das determinações. Se Bruce Lee perdesse, ele teria que parar de ensinar a não chineses e fechar sua escola. Se ganhasse, poderia ensinar a quem quisesse. O relato de Linda foi incorporado ao filme biográfico de Hollywood *Dragão – A História de Bruce Lee* (1993) e se tornou parte da mitologia em torno da figura de Bruce. O problema com a versão de Linda é que ninguém mais concorda com ela. Wong Jack Man a nega. Quando perguntei a David Chin, ele riu: "Acho que eles só dizem isso para fazer Bruce Lee parecer um herói. 'Uau, sim, ele está nos ensinando, a nós, os brancos'. Isso definitivamente não é verdade". Leo Fong, que foi aluno e amigo de Bruce Lee em Oakland, diz que essa ideia é "uma besteira". Linda tem uma merecida reputação de honestidade. Todos que a conhecem, inclusive eu, a acham atenciosa e humilde. Ela não é o tipo de pessoa que inventaria uma história tão difamatória, o que me leva a acreditar que não foi ela quem a inventou. Bruce Lee, como muitos maridos, não era sempre totalmente honesto com a esposa. Quando sua esposa jovem, grávida e caucasiana lhe perguntou o motivo da luta, ele podia admitir que havia insultado todos os mestres de *kung fu* de São Francisco ou podia dizer algo como: "Eles não querem que eu ensine *kung fu* para brancos como você, querida". Em 1964, várias escolas de *kung fu* em São Francisco tinham alunos brancos, e ninguém tentou fechar essas escolas. Várias testemunhas oculares recordam o que aconteceu na apresentação de Bruce no Teatro Sun Sing e o efeito que suas palavras insultuosas tiveram sobre a plateia. Há provas abundantes de que foi este o incidente que acabou levando à luta. Parece provável que o pergaminho que Linda se lembra de ter visto foi na verdade a carta original de desafio escrita em chinês, um idioma que ela não conhece.

180 *"Eu deveria estar":* LEE, Linda. *Bruce Lee: The Man Only I Knew*, p. 72.

181 *em livros, peças teatrais e filmes: Dragão – A História de Bruce Lee* (1993), *The Legend of Bruce Lee* (2008), *Kung Fu: The Musical* (2014), *A Origem do Dragão* (2016). Os três primeiros foram autorizados pela empresa que cuida dos direitos autorais relacionados a Bruce Lee e retratam Wong Jack Man como um vilão. *A Origem do Dragão* é original, porque retrata Wong Jack Man como um sábio monge Shaolin que orienta o rebelde Bruce Lee.

181 *lança de quatro dedos:* Wong Jack Man disse mais tarde a seus alunos que o ataque inicial de Bruce foi um golpe com os dedos (*finger jab*) ou uma "mão de lança" (*spear hand*). Durante minha entrevista com David Chin, ele disse se lembrar de que havia sido um soco (entrevista com David Chin, 2014). A técnica de golpes com os dedos era uma das favoritas de Bruce e ele as praticava incansavelmente. É também um excelente ataque contra um oponente mais alto, já que os dedos estendidos têm um alcance mais longo que um punho fechado. Por essas razões, presumo que a lembrança de Wong Jack Man esteja correta.

181 *atingindo o globo ocular:* RUSSO, Charles. *Striking Distance*, p. 140.

182 *"Wong Jack Man recuava":* entrevista com David Chin, 2014.

182 *maneira extremamente evasiva:* WING, Rick. *Showdown in Oakland*, seção 1332.

182 *Ele virou-se e começou a correr:* Wong Jack Man recusou meu pedido de entrevista, mas ao longo dos anos ele disse a alunos que não fugiu (WING, Rick. *Showdown in Oakland*, seção 1332). No entanto, Linda Lee escreveu em seu primeiro livro que Wong Jack Man de fato saiu correndo (LEE, Linda. *Bruce Lee: The Man Only I Knew*, pp. 71-3). Em minha entrevista com ela, em 2013, Linda disse: "Ah sim, ele correu. Ele correu e correu muito. Havia duas portas que levavam a uma espécie de sala dos fundos, e ele ficou entrando e saindo dessas portas correndo. Eles deram duas ou três voltas antes que Bruce o pegasse e o derrubasse no chão". Quando perguntei a David Chin se Wong saiu correndo, Chin disse: "Sim, ele tentou fugir".

182 *correram pela sala estreita:* "Eles entraram por um lado e saíram pelo outro", lembra David Chin. "Quando Wong saiu da sala dos fundos, ele estava de frente para Bruce Lee novamente" (entrevista com David Chin, 2014).

182 *acertou um golpe de karatê:* "Quando ele parou, Wong Jack Man se virou", diz David Chin, "e acertou o pescoço de Bruce Lee com um grande soco circular."

182 *O golpe fez Bruce titubear:* Wong Jack Man disse mais tarde que, nesse momento da luta, deu uma chave de braço em Bruce, mas que se conteve. Em vez de dar o golpe de misericórdia, diz Wong, ele teria libertado Bruce, acreditando que o oponente desistiria e reconheceria que Wong tinha recuado. "Eu o deixei sair", afirmou Wong (WING, Rick. *Showdown in Oakland*, seção 1421). Quando perguntei a David Chin se ele se lembrava de Wong Jack Man ter dado uma chave de braço em Bruce Lee, ele disse: "Acho que não". Nenhuma outra pessoa presente no momento da luta jamais mencionou a chave de braço fantasma.

182 *par de braceletes de couro:* tratava-se de um item muito popular entre os durões de brigas de rua de Hong Kong daquela época. Ainda é possível comprá-los hoje. Uma propaganda na Internet anuncia: "Estes braceletes cravejados podem transformar seus antebraços em armas devastadoras".

182 *"Bruce estava realmente louco da vida":* entrevista com David Chin, 2014.

182 *"Você se rende":* "Wong bateu na vitrine em uma pequena plataforma. Era uma velha vitrine para manequins que havia lá. Ele bateu na plataforma e caiu", diz David Chin. "Bruce pulou em cima dele, bateu nele e disse: 'Você vai desistir?'" (entrevista com David Chin, 2014).

183 *Ele não queria que a história:* WING, Rick. *Showdown in Oakland*, seção 1499.

183 *A luta durou cerca de três minutos:* um homem chamado Bill Chen afirmou diversas vezes a outros escritores que a luta teria durado vinte minutos. Em minha entrevista com David Chin, em 2014, ele disse: "Bill Chen disse que a luta durou vinte minutos. Isso é mentira. Ele não estava lá. Você tem ideia de como é longa uma luta que dura vinte minutos?".

183 *"No dia anterior":* RUSSO, Charles. *Striking Distance*, p. 141.

184 *ostentava um olho roxo:* WING, Rick. *Showdown in Oakland*, seção 1580.

184 *"Diana Chang encontra-se em São Francisco": ibid.*, seções 1641-1694.

184 *e qi em seu coração: qi* ou *chi* é a palavra em chinês para "vitalidade", "energia" ou "fôlego". De acordo com a filosofia chinesa, todos têm uma reserva de *qi* que pode ser desenvolvida através da prática do *kung fu*. Muitos acreditam que o desenvolvimento do *qi* concede poderes especiais.

186 *"O Fujão":* LEE, George; TADMAN, David. *Regards from the Dragon: Oakland*, p. 26.

187 *"não fora impecável, nem eficiente":* LEE, Linda. *Bruce Lee: The Man Only I Knew*, p. 75.

187 *"Aquilo me deixou realmente incomodado":* UYEHARA, Mito. *Bruce Lee: The Incomparable Fighter*, p. 15.

9. Hollywood Está Chamando

191 *Dozier estava trabalhando em uma:* LOGAN, Bey. *Hong Kong Action Cinema*, p. 24.

191-92 *"James Bond chinês":* LITTLE, John. *The Celebrated Life of the Golden Dragon*, p. 18.

192 *"Preciso encontrar":* entrevista com Anthony DiMaria, sobrinho de Jay Sebring, 2013.

192 *"Bruce havia saído":* LEE, Linda. *The Bruce Lee Story*, p. 70.

192 *Anna May Wong:* Anna May Wong, a primeira estrela de cinema sino-americana, representou uma detetive, um papel desenvolvido especificamente para ela. Foram veiculados dez episódios de meia hora durante o horário nobre da extinta *DuMont Television Network*.

193 *"Quando voltei aos Estados Unidos":* transcrição da entrevista concedida por Bruce Lee a Alex Ben Block em agosto de 1972.

193 *"Eu sentia que tinha de":* LITTLE, John. *Words of the Dragon*, pp. 50-1.

193 *No dia 1º de fevereiro de 1965:* o Ano-Novo Chinês de 1965 começou no dia 2 de fevereiro, mas Hong Kong está quinze horas à frente de Los Angeles. A família de Bruce em Hong Kong soube da notícia no dia 2 de fevereiro. Eles entenderam o fato como um sinal auspicioso. Na entrevista que me concedeu, Phoebe fez questão de mencionar que Brandon nasceu "no primeiro dia do Ano-Novo Chinês" (entrevista com Phoebe Lee, 2013).

193 *"Herói Nacional":* LITTLE, John. *Words of the Dragon*, p. 41.

193 *"Bruce estava muito":* LEE, Linda. *The Bruce Lee Story*, p. 181.

193 *"Nosso primeiro filho"*: LITTLE, John. *Words of the Dragon*, p. 48.

194 *"Bruce era um superpai"*: LEE, Linda. *The Bruce Lee Story*, p. 181.

196 *enquanto empurravam o diretor-assistente:* o documentário *Eu Sou Bruce Lee* errou ao identificar o diretor-assistente como George Trendle, o criador de *O Besouro Verde*. Teria sido fascinante se Trendle tivesse realmente feito parte do primeiro teste de Bruce Lee, mas ele já tinha 80 anos de idade quando isso aconteceu. Fotos da época mostram Trendle magro e frágil, enquanto "o diretor-assistente" parece ter cerca de 70 anos e estar razoavelmente saudável.

198 *um telefonema informando-o:* Robert Chan, que namorou Phoebe por muitos anos, ligou para Bruce. "Liguei para dizer para ele, para seu irmão mais velho (Peter) e para sua irmã mais velha (Agnes), uma vez que todos estavam nos Estados Unidos na época", lembra Robert, "para voltarem para Hong Kong para o funeral." (CHANG, Chaplin. *The Bruce They Knew*, p. 42)

198 *ópio tinham enfraquecido:* entrevista com Phoebe Lee, 2013. Na página 48 do livro *Lee Siu Loong: Memories of the Dragon*, escrito por Phoebe Lee e outros autores, Robert Lee escreve: "Os anos fumando ópio haviam prejudicado meu pai e ele não estava no melhor da sua saúde".

198 *Quando soube que tinha:* Grace Ho, que era supersticiosa, disse ao escritor Alex Ben Block que seu marido havia previsto, quando tinha 34 anos, em 1935, que morreria quando chegasse aos 64 anos (BLOCK, Alex Ben. *The Legend of Bruce Lee*, p. 37).

198 *Na porta do:* CLOUSE, Robert. *Bruce Lee: The Biography*, p. 62; LEE, Agnes *et al. Bruce Lee: The Untold Story*, p. 26.

198 *"um cruzamento entre os costumes chineses... etc., etc., etc."*: LITTLE, John. *Letters of the Dragon*, pp. 45-6, 52.

198 *Planos para* Number One Son: GRAMS JR., Martin. *The Green Hornet*, p. 319.

198 *"Meu bem... dessa viagem"*: LITTLE, John. *Letters of the Dragon*, pp. 48-50.

198 *Seis meses após o início das atividades:* "Bruce era um perfeccionista que estava determinado a receber apenas alunos sérios e talentosos, para os quais ele sentisse que valeria a pena dedicar seu tempo." (LEE, Linda. *Bruce Lee: The Man Only I Knew*, p. 82)

200 *"Na mesma época em que"*: ATYEO, Don; DENNIS, Felix. *Bruce Lee: King of Kung-Fu*, p. 33.

200 *"Estou tomando a liberdade"*: GRAMS JR., Martin. *The Green Hornet*, p. 319.

200 *Belasco informou a Bruce:* em uma carta enviada para Taky Kimura, datada de 10 de maio de 1965, Bruce gabou-se: "Eu assinei um contrato com o agente Belasco, que, a propósito, também é agente de Nick Adams e de muitos outros" (LITTLE, John. *Letters of the Dragon*, p. 54). Há muito esquecido, Nick Adams era ator, mas era mais famoso pelo fato de ser amigo de James Dean e Elvis Presley.

200 *"ler a apresentação"*: William Dozier Papers na Universidade de Wyoming.

200 *suas habilidades como cozinheira:* no seu segundo livro de memórias, Linda escreveu: "Logo depois que nos casamos, eu não sabia cozinhar nada, e quando a esposa de James

Lee morreu de repente, eu me tornei a responsável por todas as tarefas domésticas de uma família. Como consequência, Betty Crocker e eu nos tornamos melhores amigas. Após os poucos meses que se passaram, o espaguete foi a melhor coisa que eu aprendi a fazer" (LEE, Linda. *The Bruce Lee Story*, p. 72).

201 *opressivo calor do verão de Hong Kong:* http://www.weather.gov.hk/en/cis/dailyElement.htm.

201 *"Brandon foi um bebê terrível... Bruce ter se unido a mim":* CLOUSE, Robert. *Bruce Lee: The Biography*, pp. 64-5; LEE, Linda. *The Bruce Lee Story*, pp. 71-2.

202 *"Ip Man não gostava":* CHANG, Chaplin. *The Bruce They Knew*, pp. 34-5. Apesar de ter feito todas as fotografias, Bruce não concluiu o projeto desse livro sobre *wing chun*.

202 *"Quanto mais eu pensava nele":* LITTLE, John. *Letters of the Dragon*, p. 63.

202 *"Já me decidi a criar":* ibid., pp. 43-4.

202 *"Wing chun com táticas da esgrima e do boxe":* ibid., p. 60.

204 *"em breve, muito em breve":* LEE, Linda. *The Bruce Lee Story*, p. 72.

204 *"Brandon berrava":* CLOUSE, Robert. *Bruce Lee: The Biography*, p. 65; LEE, Linda. *The Bruce Lee Story*, p. 72.

204 *"Se não foi uma":* LITTLE, John. *Letters of the Dragon*, pp. 55-7.

205 *"Pode ser esse projeto de* Charlie Chan*":* William Dozier Papers na Universidade de Wyoming.

205 *Dozier estava à espera:* BLOCK, Alex Ben. *The Legend of Bruce Lee*, p. 36.

205 *"Linda e eu estamos indo para":* LEE, George; TADMAN, David. *Regards from the Dragon: Oakland*, p. 44. Na versão mais conhecida da vida de Bruce, ele só teria decidido voltar para a indústria cinematográfica de Hong Kong após sua carreira em Hollywood ter se estagnado, em 1970. O que essa carta deixa claro é que Bruce considerava Hong Kong uma opção desde o princípio.

10. Cidadão Kato

207 *Com sua sensibilidade:* SEITZ, Matt Zoller. "Holy Influential Actor, Batman: Adam West Continues to Shape Hollywood", *Vulture.com*, 10 de junho de 2017.

207 *ABC recusou:* GRAMS JR., Martin. *The Green Hornet*, p. 319.

208 *algo equivalente à popularidade de Charlie Chaplin:* Hayakawa tornou-se o ator mais requisitado para dramas românticos. Em 1918, ele montou sua própria produtora, produziu 23 filmes em um período de três anos, arrecadando US$ 2 milhões por ano, em valores corrigidos pela inflação.

208 *"O efeito de Hayakawa":* MIYAO, Daisuke. *Sessue Hayakawa*, p. 1.

208 *"Minha clientela são":* ibid., pp. 2-3.

208 *A Ponte do Rio Kwai:* Sessue Hayakawa foi indicado para o Oscar de Melhor Ator Coadjuvante, mas não ganhou o prêmio.

208 *eram dessexualizados:* ENG, David. *Racial Castration*; KIM, Daniel. *Writing Manhood in Black and Yellow*; CHAN, Jachinson. *Chinese American Masculinities*; SHIMIZU, Celine Parrenas. *Straightjacket Sexualities*. O contraste entre a representação na mídia americana dos homens asiáticos como emasculados e de mulheres asiáticas como hipersexualizadas (gueixas, garotas em bordéis etc.) acabou se tornando uma rica fonte para estudos sociológicos.

209 *Criado por George W. Trendle:* GRAMS JR., Martin. *The Green Hornet*, p. ix.

209 *mordomo japonês, Kato:* Kato foi apresentado no episódio de estreia do programa de rádio com os seguintes comentários do locutor: "Os modos e a aparência de Britt Reid são as de um rico cavalheiro. As cabeças de animais de grande porte nas paredes, os troféus de prata e as várias fotos presentes no local deixam claro que ele foi um excelente atleta universitário e, mais tarde, um grande caçador. O próprio Kato é como troféu de Britt Reid trazido por ele de uma viagem ao Oriente. Kato serve Britt em todas as funções: camareiro, cozinheiro, chofer e faz-tudo" (GRAMS JR., Martin. *The Green Hornet*, p. 73).

209 *"grande cavalo Silver":* ibid., pp. 7-8.

210 *"Ele é, na verdade, um chinês nascido nos Estados Unidos":* ibid., p. 318. Quando Dozier foi mais tarde questionado quanto à nacionalidade de Kato, ele respondeu que o personagem era coreano.

210 *"A princípio, a coisa soou":* ADAMS Leroy F. "Batman's Boy Has a Black Belt Rival", *The Washington Post*, 30 de agosto de 1966.

210 *assistirem ao* kung fu *chinês em uma rede nacional de televisão:* estilos de artes marciais japonesas haviam aparecido em filmes de Hollywood em ocasiões muito raras. Um empregado doméstico filipino usou o *jiu-jitsu* para dar uma surra em Cary Grant em *Cupido é Moleque Teimoso* (*The Awful Truth*, 1937). Spencer Tracy empregou alguns movimentos básicos de judô em *Conspiração do Silêncio* (*Bad Day at Black Rock*, 1955), assim como fez Frank Sinatra em *Sob o Domínio do Mal* (1962). Não consegui encontrar nenhum exemplo de *kung fu* chinês em filmes ou na TV norte-americanos antes de *O Besouro Verde* (1966). A coreografia de lutas em Hollywood era dominada quase que exclusivamente pelo boxe ocidental e pela luta livre.

211 *mudado recentemente para um pequeno:* LEE, Linda. *The Bruce Lee Story*, p. 73. Em uma carta a Jay Sebring escrita por Bruce no início de março, ele informou que planejava chegar a Los Angeles entre os dias 14 e 18 de março. Ele precisava estar na cidade para uma aula particular de representação marcada para segunda-feira, 21 de março de 1966 (a carta foi uma gentileza de Anthony DiMaria).

211 *aulas de interpretação ministradas por Jeff Corey:* MARTIN, Douglas. "Jeff Corey, Character Actor and Acting Instructor, 88", *The New York Times,* 20 de agosto de 2002. Quando jovem, Corey estivera envolvido com o Partido Comunista. Quando foi convocado perante o Comitê de Atividades Antiamericanas, ele se recusou a dar qualquer nome e chegou a ponto de ridicularizar a instância, criticando o depoimento da testemunha anterior. Esse comportamento fez com que ele fosse colocado na lista negra por doze anos.

211 *"o melhor instrutor de arte dramática":* LEE, George; TADMAN, David. *Regards from the Dragon*: Oakland, p. 10.

211 *"As pessoas simplesmente não conseguiam compreendê-lo":* entrevista com Van Williams, 2013. As pessoas próximas a Bruce, como Linda, não tinham dificuldade para compreendê-lo e mal notavam seu sotaque. Sua fala no teste para a 20th Century Fox é perfeitamente compreensível para mim. Mas, em entrevistas concedidas a mim, vários de seus colegas de Hollywood mencionaram como o sotaque de Bruce era acentuado e como isso lhe causava problemas durante as filmagens. Talvez seu sotaque se acentuasse quando ele estava nervoso, ou talvez eles simplesmente tivessem pouca familiaridade com o sotaque chinês.

211 *"Vocês sabem como eu consegui":* BLOCK, Alex Ben. *The Legend of Bruce Lee*, p. 43; ATYEO, Don; DENNIS, Felix. *Bruce Lee: King of Kung-Fu*, p. 32.

211 *"Nós não tínhamos dinheiro":* LEE, Linda. *The Bruce Lee Story*, p. 81.

211 *"Nós achávamos que aquele":* entrevista com Linda Lee, 2013.

212 *Chevy Nova 1966:* CLOUSE, Robert. *Bruce Lee: The Biography*, pp. 68-9.

212 *Barrington Plaza:* uma lista de atores da série *O Besouro Verde*, datada de 6 de junho de 1966, apresenta o endereço de Bruce Lee como 11740 Wilshire Blvd. Apt. A- 2308, LA #25. O número do telefone dele aparece como 47-3-5219 (*William Dozier Papers* na Universidade de Wyoming).

212 *Bruce, Linda e Brandon:* transcrição da entrevista de Anthony DiMaria com Linda Lee no documentário sobre Jay Sebring feito por ele. Agendas de Bruce Lee.

212 *Em nove anos:* LEE, Linda. *The Bruce Lee Story*, p. 50.

212 *No final, constatou-se que seu agente:* entrevista com Joe Torrenueva, 2013.

212 *Os salários semanais:* GRAMS JR., Martin. *The Green Hornet*, p. 338. Tecnicamente, os atores recebiam esses valores por episódio. Mas como cada capítulo levava cerca de uma semana para ser filmado, acaba sendo a mesma coisa e trata-se de uma forma mais fácil de compreender.

212 *Apesar de desempenhar o segundo papel:* um argumento usado para justificar o salário relativamente baixo de Bruce é o de que ele não era conhecido em Hollywood naquela época. Mas Wende Wagner, que fazia o papel da secretária, só tinha alguns poucos papéis pequenos em seu currículo antes de *O Besouro Verde*, e mesmo assim recebia o dobro do que era pago para Bruce.

212 *Felizmente para a integridade física de Belasco:* em minha entrevista com Linda, perguntei: "Bruce se deu conta de que em *O Besouro Verde* ele estava recebendo muito menos do que todos os outros?". Linda respondeu: "Não. Eu nem sabia disso. Ele estava, é?". "Ah, sim", respondi, muito orgulhoso da minha pesquisa. "Van recebia US$ 2 mil por episódio, Wende Wagner recebia US$ 850 e Bruce recebia US$ 400." "É mesmo?", Linda refletiu, com um sorriso. "Vou tratar disso com Van."

212 *US$ 550 por semana:* GRAMS JR., Martin. *The Green Hornet*, p. 319.

213 *Dozier iniciou seu discurso:* BART, Peter. "More Chartreuse than Campy", *The New York Times*, 8 de maio de 1966.

213 *"Eu sou um especialista em karatê"*: Bruce Lee não era faixa preta em *karatê*. Ele nunca estudou o estilo, exceto de maneira informal. É possível que ele tenha dito isso simplesmente porque era algo que o público branco americano entenderia. Outra possibilidade é Bruce ter dito: "Sou um especialista em *gung fu*", e o repórter do *The New York Times* ter mudado a citação para facilitar a compreensão de seus leitores.

214 *"Estou certo de que você.... em seis meses"*: GRAMS JR., Martin. *The Green Hornet*, p. 313.

215 *meia hora por semana para*: devido a uma peculiaridade na programação do horário nobre da ABC, *Batman* era exibido em transmissões de trinta minutos cada uma toda semana, nas noites de quarta-feira e de quinta-feira. O episódio de uma hora era dividido ao meio como uma forma de prender a atenção dos telespectadores até o dia seguinte. Esta prática acabou se tornando tão popular que a frase "no mesmo bat-horário, no mesmo bat-canal" passou a fazer parte do vocabulário popular.

215 *"Quando começamos"*: entrevista com Van Williams, 2013.

215 *A Mulher Maravilha*: GRAMS JR., Martin. *The Green Hornet*, p. 331. Os pilotos de *Dick Tracy* e *Mulher Maravilha* foram ambos horríveis. Não houve continuação para nenhum deles e eles deixaram de ser opções logo depois disso. No *link* a seguir é possível assistir ao piloto de *Mulher Maravilha*: https://www.youtube.com/watch?v=VWiiXs2uU1k.

215 *"Ele era um bom garoto"*: entrevista com Van Williams, 2013.

216 *"Ele deslocou a mandíbula do rapaz"*: *ibid*. Williams continuou, dizendo: "Ele acertou algumas pessoas e ficou muito chateado com isso porque não tinha a intenção de fazê-lo".

216 *"havia engomado demais a minha camisa"*: entrevista com "Judo" Gene LeBell, 2013. Na década de 1850, os chineses foram os primeiros a criar serviços de lavanderia para as comunidades de mineiros exclusivamente masculinos. Em 1870 existiam 2.899 lavanderias chinesas na Califórnia.

217 *movimento de imobilização conhecido como Crouching Nelson*: *ibid*. Algumas pessoas têm questionado se Le Bell de fato pegou Bruce e o carregou pelo cenário, porque LeBell gosta de fazer piadas e aumentar as histórias que conta. Não tenho certeza se ele realmente fez isso, mas tenho certeza de que poderia ter feito. Durante minha entrevista com LeBell, então com 81 anos de idade, ele me deu uma chave de braço e eu não consegui me mover. Ele é um cara durão.

217 *"Reconheço que eu o provocava"*: MILLER, Davis. *The Tao of Bruce Lee*, p. 187.

217 *"Eu mostrei a ele"*: entrevista com "Judo" Gene LeBell, 2013.

218 *"Eu estou louco da vida"*: entrevista com Van Williams, 2013.

218 *"É verdade que Kato seja"*: LITTLE, John. *Letters of the Dragon*, p. 77.

218 *Mas Dozier prometeu que*: GRAMS JR., Martin. *The Green Hornet*, p. 330.

218 *alguns espetaculares chutes voadores*: os dois golpes foram um chute giratório com salto e um chute frontal com os dois pés. Essas técnicas acrobáticas faziam parte do estilo Shaolin do norte, não do sistema *wing chun* do sul, de Bruce. Bruce criou um estilo de luta específico para Kato, que incluía golpes de *karatê* com saltos. O estilo era baseado mais na estética do que na praticidade.

219 *servindo como criado:* VAN HISE, James. *The Green Hornet Book*, pp. 61-2.

219 *"The Cobra from the East":* GRAMS JR., Martin. *The Green Hornet*, pp. 341-42.

220 Penthouse*:* "A porta do banheiro abriu-se lentamente e uma jovem estonteante surgiu. Ela estava usando meu figurino do Robin completo, exceto pelos meus shorts! Os olhos azuis penetrantes dela preenchiam os espaços abertos da minha máscara. Seus grandes seios esticavam meu traje de combate ao crime até o limite máximo. Ela colocou as mãos nos quadris e ronronou: 'Eu sou toda sua, Garoto Prodígio. Me possua!'. Ela era uma fã. Eu era o astro. Este era o momento com o qual ela sonhava. Esta era a gratificação espontânea que eu esperava" (WARD, Burt. *Boy Wonder*, p. 85).

220 *Adam West, embora mais discreto:* Adam West, *Back to the Batcave*.

220 *"Eu adentrei o* set*":* LISANTI, Tom. *Glamour Girls of Sixties Hollywood*, p. 328.

220 *começaram a sair juntos:* apesar de me esforçar muito para localizar Thordis Brandt, não tive sucesso na empreitada. Ela deu apenas um relato público sobre seu caso com Bruce, para Tom Lisanti, e o relato está publicado no livro escrito por ele *Glamour Girls of Sixties Hollywood* (2007). Entrevistei Lisanti, que se lembrou de Brandt como uma pessoa confiável. Ela também concedeu uma entrevista privada sobre o relacionamento para um dos maiores especialistas em Bruce Lee. Ele compartilhou comigo os detalhes dessa conversa e me disse que também achou seu relato crível. Thordis tinha um diário onde detalhou as datas em que Bruce telefonou para ela e onde eles se encontravam.

221 *"Por que estragar uma coisa boa":* LISANTI, Tom. *Glamour Girls of Sixties Hollywood*, p. 328.

221 *Bruce não contou a Linda sobre:* segundo Linda, só depois da morte do marido no quarto de Betty Ting Pei é que ela considerou a possibilidade de que ele poderia ter sido infiel. "Foi a primeira vez que eu pensei: 'Será que meu marido está me traindo?'", Linda escreveu em sua primeira biografia sobre seu falecido marido. "E tudo o que posso dizer honestamente é que, se estivesse, eu não sabia de nada. Tudo o que sei é que ele me fez muito feliz; era um bom marido e um bom pai." (LEE, Linda. *Bruce Lee: The Man Only I Knew*, p. 162).

221 *"O mais recente desafio":* AARONS, Leroy F. "Batman's Boy Has Black Belt Rival". *The Washington Post*, 30 de agosto de 1966.

221 *"O Besouro Verde e Kato":* LITTLE, John. *Words of the Dragon*, pp. 57, 60.

222 *"ele é perfeito":* ibid., p. 32.

222 *"Como pode acontecer de":* ibid., p. 35.

222 *"um dos filhos do destino":* ibid., pp. 42-3.

222 *"A mais recente adaptação... e* Tarzan*":* GRAMS JR., Martin. *The Green Hornet*, pp. 331-33.

223 *Ricky McNeece:* ibid., p. 320.

223 *"Aqueles que assistiram a ele":* LEE, Linda. *The Bruce Lee Story*, p. 74.

224 *"Está bem, será um empate":* entrevista com Van Williams, 2013; GRAMS JR., Martin. *The Green Hornet*, p. 348; LITTLE, John. *Words of the Dragon*, pp. 72-3; entrevista de Hal Lifson com Van Williams, 1990.

225 *"fazer aquilo que o Kato faz"*: LITTLE, John. *Words of the Dragon*, p. 73.

225 *"Para sorte de Robin"*: UYEHARA, Mito. *Bruce Lee: The Incomparable Fighter*, pp. 70-2.

226 *"Aquilo foi uma estupidez"*: entrevista com Van Williams, 2013.

226 *"Confúcio diz"*: GRAMS JR., Martin. *The Green Hornet*, p. 349. Dozier foi muito menos generoso com George Trendle, a quem culpou pelo fracasso do seriado. "Não tem sido fácil, George, ter de lidar com seu tipo particular de censura, e devo lhe dizer que, se eu tivesse a oportunidade de voltar atrás, eu não faria parte novamente de um projeto no qual o dono de um direito autoral tem direito de aprovação final dos roteiros. Acho que a única coisa errada com *O Besouro Verde* é que nós tentamos muito torná-lo parecido com o programa de rádio, enquanto, se tivéssemos sido deixados livres para decidir, provavelmente teríamos ido muito mais no sentido moderno e atual – e sim, até mesmo no sentido de *Batman*, que é o que eu acho que o público esperava e também era o que o canal de TV esperava. Todos esperavam por isso, menos você, e acho que decepcionamos a todos, aparentemente até mesmo você" (GRAMS JR., Martin. *The Green Hornet*, p. 344).

226 *"Quando o seriado terminou"*: LITTLE, John. *The Celebrated Life of the Golden Dragon*, p. 24.

11. jeet kune do

229 *nº 628 da College Street:* LEE, Linda. *The Bruce Lee Story*, p. 62.

229 *9 de fevereiro de 1967:* agendas de Bruce Lee.

229 *treinando em segredo com Bruce:* enquanto filmava *O Besouro Verde*, Bruce treinou Dan Inosanto, Tony Hu e Wayne Chan nos fundos da farmácia de Chan, na Chinatown de Los Angeles (GONG, Tommy. *Bruce Lee*, p. 95).

229 *"Era possível perceber"*: BAX, Paul. *Disciples of the Dragon*, pp. 235-36.

229 *O grupo de desertores:* RAFIQ, Fiaz. *Bruce Lee Conversations*, p. 18. Ted Wong e Herb Jackson também participaram do seminário, mas esses não eram ligados a Ed Parker e, portanto, não podem ser classificados como desertores (entrevista com John Little, 2018).

229 *"Parker não ficou nada feliz"*: BAX, Paul. *Disciples of the Dragon*, p. 187.

230 *Dan tentou manter os:* entrevista com Dan Inosanto, 2013.

230 *Novos alunos:* "Eu estava tendo aulas de *karatê* com Ed Parker em Pasadena e tinha ouvido falar que Dan Lee, que acabara de receber a faixa marrom, tinha saído para ter aulas com Bruce Lee", lembra Bob Bremer. "Logo depois, muitos alunos de primeira linha os acompanharam. Todos eles tinham muitos anos de experiência. Bruce Lee só aceitava estudantes experientes nessa época." (BAX, Paul. *Disciples of the Dragon*, p. 247).

230 *Glass Wax:* entrevista com Joe Torrenueva, 2013.

230 *batida secreta:* revista *Fighting Stars*, maio de 1978. Os membros efetivos tinham a chave da academia. "Acho que eu ainda tenho essa chave", disse-me Joe Torrenueva durante nossa entrevista, em 2013.

230 *"Eu não queria muita gente"*: UYEHARA, Mito. *Bruce Lee: The Incomparable Fighter*, p. 52.

230 *"Bruce estava testando"*: Editores da revista *Black Belt*, *The Legendary Bruce Lee*, p. 146.

230 *"Em memória dos"*: LEE, Linda. *The Bruce Lee Story*, p. 63. Bruce teve a ideia de fazer a lápide e pediu a George Lee, um de seus alunos de Oakland, que realizasse esse desejo dele junto com James Lee. "Eu imagino algo que represente a forma não muito viva dos assim chamados estilos clássicos de *kung fu*", escreveu Bruce a George (LEE, George; TADMAN, David. *Regards from the Dragon: Oakland*, pp. 48-53).

230 *"Ele enfatizava a movimentação dos pés"*: BAX, Paul. *Disciples of the Dragon*, p. 175.

231 *"Atenção, agora vejam"*: entrevista com Joe Torrenueva, 2013.

231 *"Para minha surpresa"*: Editores da revista *Black Belt*, *The Legendary Bruce Lee*, p. 146.

231 assumia as aulas particulares: "O tamanho ideal de uma turma é de dois alunos e um instrutor", explicou Bruce. "Dessa forma, posso trabalhar com um aluno enquanto o outro observa." (RAFIQ, Fiaz. *Bruce Lee Conversations*, p. 75)

231 *"criado branco"*: BAX, Paul. *Disciples of the Dragon*, pp. 237-38.

231 *"Nós chegamos até mesmo a"*: UYEHARA, Mito. *Bruce Lee: The Incomparable Fighter*, p. 52.

232 quebra de ritmo: quando dois lutadores se enfrentam, ambos geralmente iniciam a luta a uma distância segura, fora do alcance de chutes ou socos. Para acertar um golpe, um dos lutadores deve superar essa distância. Com "quebra de ritmo", Bruce fazia referência a parar por uma fração de segundo no meio de um ataque com o objetivo de surpreender ou enganar o adversário.

232 *"tocando-o de leve"*: "Sem treinar a luta de fato, como você poderá saber se suas técnicas vão funcionar?", Bruce explicava a seus alunos. "É por isso que eu não acredito nos treinos de *karatê*. Os instrutores de *karatê* afirmam que o treino de luta com as mãos nuas é o mais realista, mas eu não acho que seja. Quando um golpe é interrompido, você não pode saber se ele derrubaria ou não o seu oponente. Acredito que o treino é mais realista e efetivo usando luvas e dando os golpes com toda a força. Dessa forma, você aprenderá a dar seus socos com equilíbrio, você saberá o real poder dos seus golpes." (UYEHARA, Mito. *Bruce Lee: The Incomparable Fighter*, p. 42).

232 *"Quando ele me cansava"*: *ibid.*, p. 53.

232 *"bonecos de treino"*: Mito Uyehara, o criador da revista *Black Belt*, escreveu: "Muitas vezes eu me perguntei se Bruce usava seus alunos apenas para vantagem própria, uma vez que Herb Jackson às vezes dizia que era o 'principal boneco de treino'. Acho que Bruce não tinha a intenção de usar seus alunos, mas as pessoas de fora podem ter achado isso. Ele nunca nos cobrou pelas aulas... Seus alunos eram extremamente leais a ele. Eles fariam qualquer coisa por ele. Nunca nenhum deles falou mal de Bruce" (*ibid.*, pp. 52-3). Leo Fong, um de seus alunos de Oakland, disse: "Bruce fazia suas experiências com várias pessoas, e por isso nesse processo aqueles que estavam próximos a ele aprendiam. Basicamente, todos que estavam próximos dele e que treinavam com ele eram seus

parceiros de treino de luta. Ele progrediu com seus parceiros de treino para que ele mesmo pudesse treinar" (RAFIQ, Fiaz. *Bruce Lee Conversations*, p. 69).

232 *No dia 9 de julho de 1967:* o termo *jeet kune do* apareceu pela primeira vez nos diários de Bruce no dia 9 de julho de 1967.

232 *professor linguista:* GONG, Tommy. *Bruce Lee*, p. 101.

232 *"O que isso significa?":* entrevista com Dan Inosanto, 2013; MILLER, Davis. *The Tao of Bruce Lee*, p. 127.

233 *"Eu me lembro de":* OVERALL, John. *Bruce Lee Review*, p. 169.

233 *"deter o golpe [stop hit]":* no instante seguinte após seu oponente ter iniciado o ataque, você lança seu contra-ataque e "detém o golpe" antes que o ataque dele o atinja. Um "*stop hit*" bem-sucedido requer uma velocidade e uma noção de tempo acima da média.

233 *"esgrimir sem uma espada":* seu protegido, Ted Wong, diz: "O *jeet kune do* tem mais relação com a esgrima do que com o boxe. De fato, você encontra muitos termos da esgrima nas anotações que ele fez. Portanto, eu vejo que o *jeet kune do* é realmente lutar como um esgrimista. Muitas técnicas vêm do boxe, mas a maneira como você pensa, a maneira como você aplica sua técnica, são mais próximas do comportamento de um esgrimista" (GONG, Tommy. *Bruce Lee*, p. 101).

233 *com o lado mais forte postado adiante:* Bruce era destro, e por isso seu lado dominante ou forte era o lado direito, sua mão e sua perna direitas. No caso de um canhoto, as posições seriam invertidas. Os boxeadores colocam o braço mais fraco na frente (o esquerdo, no caso dos destros) para usar os golpes com a mão esquerda como uma técnica de sondagem e mantêm a mão direita atrás, para ser usada para os golpes mais fortes. Como o foco de Bruce era na velocidade, ele achava que a mão mais forte deveria ser colocada mais próxima do adversário, de modo que estivesse mais próxima do alvo.

233 *"Se tiver de escolher entre":* ibid., p. 124.

233 *postava a distância que um esgrimista ficaria de seu adversário:* o *jeet kune do* de Bruce incluía muitos outros elementos e técnicas, como o soco reto, cinco formas de ataque, não telegrafia e quebra de ritmo. Ele encheu as páginas de vários cadernos com seus escritos sobre estes tópicos. A maioria deles foi publicada em seu livro póstumo, *O Tao de Jeet Kune Do* (*Tao of Jeet Kune Do*). Mas a explicação mais abrangente e inteligível do *jeet kune do* pode ser encontrada na obra *Bruce Lee: The Evolution of a Martial Artist*, de Tommy Gong.

233 *expressão pessoal de Bruce Lee:* Bruce estava muito orgulhoso de sua criação. "Bruce me disse mais de uma vez que gostaria que existissem prêmios Nobel para o desenvolvimento de sistemas de luta", diz Jesse Glover, "porque ele tinha certeza de que ganharia um se existissem." (GLOVER, Jesse. *Bruce Lee*, p. 83).

234 *"Treinar luta com Bruce":* UYEHARA, Mito. *Bruce Lee: The Incomparable Fighter*, p. 41.

234 *"Há uma fração de segundo":* Bremer diz que "Bruce era o que há de mais parecido com um mágico" (BAX, Paul. *Disciples of the Dragon*, p. 239).

234 *"O que fazia com que ele fosse":* ibid., p. 20.

234 *problema de Bruce:* BLOCK, Alex Ben. *The Legend of Bruce Lee*, p. 48.

234 *Ele era capaz de recitar:* UYEHARA, Mito. *Bruce Lee: The Incomparable Fighter*, p. 9.

234 *"Ah, para ser totalmente":* entrevista de Alex Ben Block com Bruce Lee para a *Esquire*.

234 *"Eu não acredito em nada":* Linda Lee tem a seguinte visão sobre isso: "Ele acreditava que o homem é um produto feito por si mesmo. Se existe um Deus, ele está dentro das pessoas. Você não pede a Deus pelas coisas, você depende de Deus para acender sua chama interna" (BLOCK, Alex Ben. *The Legend of Bruce Lee*, p. 85).

234 *uma loja de livros usados:* BAX, Paul. *Disciples of the Dragon*, p. 37.

234 *"Muitas vezes eu o via":* LEE, Linda. *The Bruce Lee Story*, p. 80.

235 *Em seus blocos de anotação:* GONG, Tommy. *Bruce Lee*, pp. 228-29. Bruce copiou estas citações em seus cadernos sem incluir as fontes das frases. Após sua morte, suas anotações foram publicadas e, por isso, muitas dessas passagens foram erroneamente atribuídas ao próprio Bruce Lee e não ao autor original. Essa falha de checagem dos fatos deixou a impressão de que Bruce era um gênio da filosofia e não simplesmente um estudante de filosofia que lia bastante. Muitas dessas "citações de Bruce Lee" circulam até hoje pela Internet. Por exemplo, o *site* BrainyQuote.com credita a Bruce Lee a seguinte máxima: "A chave para a imortalidade é primeiro viver uma vida que vale a pena ser lembrada". O verdadeiro autor dela foi Santo Agostinho. Para uma lista mais abrangente dos erros na atribuição de frases a Bruce Lee, consulte a obra de James Bishop *Bruce Lee: Dynamic Becoming*, pp. 191-206.

235 *renegado místico indiano:* Além de ler os livros de Krishnamurti, Bruce assistiu a uma de suas palestras no *Santa Monica Civic Auditorium*, no dia 7 de março de 1970.

235 *"Eu não acredito mais em estilos":* Bruce Lee, The Lost Interview, no programa *The Pierre Berton Show*, 9 de dezembro de 1971.

235 *"Jeet kune do é apenas":* LITTLE, John. *The Celebrated Life of the Golden Dragon*, p. 99.

236 *"Estávamos nos anos 1960":* entrevista com Dan Inosanto, 2013.

236 *"Nesse contexto, o jeet kune do":* LITTLE, John. *The Celebrated Life of the Golden Dragon*, p. 113.

236 *"O objetivo último do Jet Kune Do":* ibid., p. 95.

237 *Liga Nacional de Futebol baniram essa prática:* "Antes da década de 1960, o levantamento de peso era considerado uma prática perigosa e prejudicial para os atletas. Algumas equipes da NFL não permitiam a prática. Tudo isso mudou com a ajuda de um homem chamado Alvin Roy" (GEORGE, Thomas. "Strength and Conditioning Coaches: The Force Is with Them". *The New York Times*, 27 de junho de 1993).

237 *"Um atleta fora de forma":* UYEHARA, Mito. *Bruce Lee: The Incomparable Fighter*, p. 43.

237 *"Para mim, a corrida não é":* GONG, Tommy. *Bruce Lee*, p. 143.

237 *"James e eu":* ibid., p. 76. Na entrevista que me concedeu, Dan Inosanto contou uma história semelhante: "Estávamos em Santa Mônica, onde costumava haver muitos homens musculosos, e eu disse: 'Aquele cara ali tem um belo físico, não?'. Ele respondeu: 'Ele pode ser forte, mas será que é poderoso?'. Eu perguntei: 'O que você está querendo

dizer?', e ele me respondeu: 'Ele pode ser forte, mas se não for rápido, não é poderoso'." (entrevista com Dan Inosanto, 2013).

237 *"para Bruce, todo dia"*: UYEHARA, Mito. *Bruce Lee: The Incomparable Fighter*, p. 99.

238 *prancha* makiwara*:* "Andar de carro com Bruce era sempre uma aventura", escreveu Chuck Norris. "Ele ficava com uma pequena prancha makiwara no colo ou no assento ao seu lado. Sempre que estávamos presos no trânsito ou parávamos em um semáforo, ele ficava batendo na prancha com o punho ou com os nós dos dedos para manter suas mãos rijas." (NORRIS, Chuck. *Against All Odds*, p. 50). Pranchas *makiwara* são postes tradicionais acolchoados feitos de palha de arroz amarrada com corda. São originários da ilha de Okinawa.

238 *"Quando estou vestindo"*: RAFIQ, Fiaz. *Bruce Lee Conversations*, p. 72.

238 *"estar sempre molhado"*: UYEHARA, Mito. *Bruce Lee: The Incomparable Fighter*, p. 63.

238 *"NFL usava* máquinas de eletroestimulação*"*: durante a entrevista que fiz com Mike Stone, em 2013, perguntei-lhe se ele acreditava que a máquina de eletroestimulação trazia algum benefício. "Para mim, não", respondeu Mike. "Não senti nenhuma diferença. A única coisa que senti foi a dor, na hora."

238 *"Quando cheguei à porta"*: CHANG, Chaplin. *The Bruce They Knew*, pp. 53-5.

238 *Ele era assinante:* GONG, Tommy. *Bruce Lee*, p. 230. Ele também era assinante da revista *Playboy*, mas isso eu presumo que era para outro tipo de músculo.

239 *Jack LaLanne:* LEE, Linda. *Bruce Lee: The Man Only I Knew*, p. 149; RAFIQ, Fiaz. *Bruce Lee Conversations*, p. 63. Jack LaLanne era considerado o "guru do *fitness*".

239 *"Eu fiquei assustado de verdade"*: no seu primeiro livro de memórias sobre o marido, publicado em 1975, Linda escreveu: "Ele suspendeu esta prática logo, porque ficou preocupado com a possibilidade de esterilidade causada pelo sangue bovino" (LEE, Linda. *Bruce Lee: The Man Only I Knew*, p. 148). No documentário *The Brilliant Life of Bruce Lee* (2013), Linda reformulou a narração do episódio: "Decidimos colocar um hambúrguer na centrífuga para ver o que acontecia. Sai apenas uma colher de chá de um líquido vermelho. Ele não bebeu. Foi mais ou menos como: 'É, essa não é uma boa ideia'".

239 *"Eu respiro, inalando e exalando o ar"*: http://www.salon.com/2000/10/24/barrels/.

239 *"Ele era um pouco gorducho"*: entrevista com Van Williams, 2013.

239 *"Da época de Oakland"*: RAFIQ, Fiaz. *Bruce Lee Conversations*, p. 43.

239 *especularem quanto ao uso de esteroides:* na ríspida biografia que escreveu, *Unsettled Matters*, Tom Bleecker afirmou que Bruce Lee abusou dos esteroides durante muitos anos (pp. 85-7). Como seu livro não contém notas de rodapé nem notas finais, perguntei-lhe, durante nossa entrevista, se ele poderia me fornecer provas dessa afirmação. Ele disse que não. O livro de Bleecker alimenta as suspeitas muito antigas de abuso de esteroides. Durante minha pesquisa para este livro, fiz questão de perguntar a quase todos que conheciam Bruce sobre esse ponto. Cerca de metade dos questionados negou o fato categoricamente (Linda disse: "Ah meu Deus, não, nunca") e a outra metade começou a sussurrar ou me pediu que desligasse o gravador. Estes últimos não tinham nenhuma

prova do uso, mas ainda assim acreditavam nisso e não queriam ser gravados maculando a imagem de Bruce.

239 *aprovados [...] pela FDA (Food and Drug Administration):* https://www.steroidal.com/history- anabolic-steroids/. Químicos alemães foram os primeiros a isolar e sintetizar a testosterona, nos anos 1930. O governo nazista fez experimentos com esteroides nas tropas alemãs, na esperança de criar um exército de supersoldados. A União Soviética foi a primeira nação a oferecer esteroides para seus atletas. Como resultado, os russos dominaram os esportes olímpicos que demandam o uso da força durante os anos 1950. Para competir, os médicos da equipe olímpica americana de levantamento de peso fizeram pesquisas com esteroides e desenvolveram o Dianabol. A FDA aprovou a substância para uso humano em 1958. Como os esteroides facilitam a recomposição dos tecidos, o Dianabol foi usado para ajudar os atletas a ganhar mais músculos e as vítimas de queimaduras a se recuperarem. O uso de esteroides por halterofilistas e fisiculturistas disparou nos anos 1960. Eles acabaram sendo proibidos pela entidade que organiza os Jogos Olímpicos em 1972, mas a opinião pública não se voltou contra a substância até 1988, quando foi revelado que o velocista canadense Ben Johnson tinha usado esteroides em sua vitória sobre o americano Carl Lewis. O Congresso dos Estados Unidos finalmente proibiu a substância em 1990.

240 *até quase zero:* Mais uma prova contra o abuso de esteroides por Bruce Lee: na autópsia de Bruce, o médico-legista observa que ambos os testículos tinham o tamanho normal. Pessoas que abusam da substância apresentam atrofia nos testículos (entrevista com John Little, 2013).

240 *"Uma personalidade vibrante":* POLLARD, Maxwell. "Was 'The Green Hornet's' Version of Kung Fu Genuine?", *Black Belt*, outubro de 1967.

240 *"Os métodos clássicos":* Maxwell Pollard, "In Kato's Kung Fu, Action Was Instant" *Black Belt*, novembro de 1967.

240 *ele estudara aikido:* RAFIQ, Fiaz. *Bruce Lee Conversations*, p. 245.

240 *"Vocês têm livros sobre":* UYEHARA, Mito. *Bruce Lee: The Incomparable Fighter*, pp. 105-06.

241 *"Eu via Bruce como um monge taoista renegado":* MILLER, Davis. *The Tao of Bruce Lee*, p. 134; RAFIQ, Fiaz. *Bruce Lee Conversations*, p. 246.

242 *"Estando em sua melhor forma":* RAFIQ, Fiaz. *Bruce Lee Conversations*, p. 246. Bruce também prestou consultoria financeira a Alcindor: "Ganhando tanto dinheiro como você ganha, você atrai todo tipo de gente. O que você acha que essa organização muçulmana [a Nação do Islã] quer? A religião é boa para você, mas há mais na vida do que apenas religião. Cuidado com o seu dinheiro. Não dê tudo para os outros" (UYEHARA, Mito. *Bruce Lee: The Incomparable Fighter*, p. 110).

242 *"Comigo lutando":* UYEHARA, Mito. *Bruce Lee: The Incomparable Fighter*, p. 59.

243 *"jogo de tocar e correr":* RAFIQ, Fiaz. *Bruce Lee Conversations*, p. 116.

243 *vencido o torneio:* nos torneios de *karatê* disputados por pontos daquela época, os lutadores competiam primeiro dentro da sua categoria de peso, e os vencedores de cada categoria se enfrentavam para determinar quem seria o grande campeão. No campeonato de

Long Beach de 1964, Mike Stone venceu a categoria peso médio ao bater Chuck Norris. Em seguida, ele venceu Harry Keolanui na final e tornou-se o grande campeão.

243 *"Esta escola fica muito":* entrevista com Mike Stone, 2013.

243 *E, tal como todo sujeito bonito:* como a luta por pontos era um esporte amador, os campeões precisavam trabalhar como guarda-costas, abrir escolas de *karatê* e dar aulas particulares para sobreviver. Mike Stone tornou-se guarda-costas do produtor de discos Phil Spector. Em 1972, ele conheceu Elvis Presley e sua esposa, Priscilla, nos bastidores de um *show*. Elvis sugeriu que Stone ensinasse *karatê* a Priscilla. Essas aulas particulares levaram a um caso amoroso entre eles, o que contribuiu para o divórcio de Elvis e Priscilla, meses mais tarde.

243 *Kato era melhor do que ele:* durante a entrevista que me concedeu, Mike Stone disse o seguinte: "É preciso olhar profundamente para a mentalidade das pessoas, para o nosso pensamento. Todos nós temos nossos objetivos particulares, e queremos nos relacionar com certas pessoas por determinadas razões... O que Bruce ganhava ao se relacionar com três campeões reconhecidos? Você não acha que isso o colocava instantaneamente em uma posição de destaque no mundo das artes marciais?" (entrevista com Mike Stone, 2013).

243 *Depois de chegarem a um acordo sobre um modo de preservar sua imagem:* durante a entrevista que me concedeu, em 2013, Mike Stone declarou o seguinte: "Durante nossos treinos, nunca foi uma relação professor-aluno de fato. Ele não dizia apenas para posicionar a mão de uma determinada maneira, fazer isto ou fazer aquilo". Em uma entrevista realizada nos anos 1970, Stone disse: "Era na verdade uma troca de ideias, mais do que uma relação aluno-instrutor. Havia muitas coisas que eu queria desenvolver para melhorar minha forma de lutar, como por exemplo a simplicidade com que Bruce abordava a questão da autodefesa" (Editores da revista *Black Belt*, *The Legendary Bruce Lee*, p. 157).

243 *estabelecer sua superioridade:* Mito Uyehara escreve: "Bruce era um artista marcial orgulhoso e intenso e, sempre que enfrentava outro competidor, ele involuntariamente o 'provava'. Bruce não era rude ou hostil. Ele tinha tanto orgulho de sua habilidade que só queria provar a todos sua superioridade (na capacidade de lutar)" (UYEHARA, Mito. *Bruce Lee: The Incomparable Fighter*, p. 57).

243 *duelo de braço de ferro:* Mike Stone me disse que venceu Bruce três vezes seguidas no braço de ferro, até que Bruce finalmente desistiu. Curiosamente, Van Williams me contou uma história semelhante: Apesar de Williams sempre vencer, Bruce continuava desafiando-o para disputas de o braço de ferro.

243 *Houve sete lições:* Agendas de Bruce Lee. A sétima e última aula com Stone aconteceu no dia 9 de abril de 1968.

244 *brincadeira de tocar o adversário um tanto mais agressiva:* muitas críticas atuais à luta por pontos são injustas. Essa era a única opção disponível para os artistas marciais norte-americanos. O *kickboxing* só chegou no início dos anos 1970. Os competidores eram praticantes de *karatê* talentosos e caras realmente durões. Os socos na cabeça deveriam ser interrompidos antes de acertarem o alvo, mas muitas vezes não eram. Todos os torneios registravam ferimentos. Dito isso, a luta de *karatê* por pontos está para o MMA (ou

para os desafios de *kung fu*) como o futebol americano de toque está para o futebol americano convencional. Embora houvesse o risco de lesões, causar danos não era o objetivo principal do esporte. Eu já lutei na jaula e em um desafio de *kung fu*, e não há comparação com a luta por pontos. Joe Lewis, que era considerado o maior lutador de pesos-pesados do *karatê* por pontos, acabou mudando para o *kickboxing*. "Não havia nada para se falar sobre defesa, porque ninguém era atingido", disse ele sobre a luta por pontos. "Mais do que tudo, era um jogo de pega-pega. Como é possível chamar isso de 'luta'?" (MILLER, Davis. *The Tao of Bruce Lee*, p. 120).

244 *Se Bruce vencesse:* Bruce havia aprendido no episódio com Wong Jack Man que uma luta privada logo se torna pública e contestada, independentemente de quem a vença. Nenhum dos lados admite a derrota. Não era do interesse de Bruce que uma luta realizada no quintal de casa se transformasse em uma batalha midiática nas páginas da revista *Black Belt*.

244 *"Bruce era como um garoto... chamado Bruce Lee":* Editores da revista *Black Belt*, *The Legendary Bruce Lee*, p. 157.

244 *criou um número para ser apresentado em casas noturnas:* infelizmente, esse número apresentado nas casas noturnas nunca foi filmado. Eu pagaria caro para ver estes três lutadores de *karatê* cantando Sinatra e contando piadas de gosto duvidoso. Apenas ouvir as falas deles já seria impagável.

244 *grafado seu nome de maneira errada:* não se sabe como o nome de Joe Lewis foi escrito, mas a *Black Belt* provavelmente escreveu "Joe Louis", como o nome do campeão afro-americano de boxe de pesos-pesados dos anos 1930-1940.

245 *"Eu era um lutador americano":* "Entrevista com Joe Lewis". Extras do DVD do filme *Círculo de Ferro* (*Circle of Iron*, 1978); BAX, Paul. *Disciples of the Dragon*, pp. 253-54.

245 *25 de janeiro de 1968:* de acordo com as agendas de Bruce, Lewis recebeu seis aulas particulares. A última delas aconteceu no dia 29 de março de 1968.

245 *"Passei a fazer aulas uma vez por semana":* "Entrevista com Joe Lewis". Extras do DVD do filme *Círculo de Ferro*; RAFIQ, Fiaz. *Bruce Lee Conversations*, p. 132; MILLER, Davis. *The Tao of Bruce Lee*, p. 134; BAX, Paul. *Disciples of the Dragon*, p. 277. Ao contrário de Mike Stone, Lewis era muito mais propenso a reconhecer Bruce como um de seus professores e demonstrar publicamente gratidão pelo que Bruce lhe ensinara. Mas seria um erro supor que Joe Lewis achava que Bruce Lee era melhor que ele. Como todos os outros campeões de *karatê*, Lewis acreditava ser o melhor lutador do mundo. Ele e Bruce nunca lutaram, mas Lewis tinha certeza de que poderia vencê-lo. Ele respeitava Bruce como instrutor, mas não como lutador, porque Bruce nunca competiu em torneios de *karatê*. "Não é preciso ser um bom lutador para ser um bom treinador. Bruce Lee não era um lutador", argumentou Lewis. "As pessoas dizem: 'Ah, ele era, ele era um lutador', mas não estamos falando de briga de rua. Os lutadores de rua têm ficha na polícia. Um lutador (verdadeiro) tem registros, ele tem vitórias, derrotas, nocautes e empates. Se você não tem esse tipo de registro, você não é um lutador; fim de papo. É uma forma simples de definir a questão" (RAFIQ, Fiaz. *Bruce Lee Conversations*, p. 133).

245 *lutando com equipamento de proteção completo:* UYEHARA, Mito. *Bruce Lee: The Incomparable Fighter*, pp. 26-8. O uso do equipamento de proteção completo foi um marco. Não agradou muito o público, porque parecia seguro demais. Mas representava o futuro das artes marciais como esporte. Quando as lutas de *karatê* por pontos foram extintas, os equipamentos de segurança foram incorporados à maior parte das competições, amadoras e profissionais, exatamente como Bruce previra.

246 *torneio em Fresno:* Bruce esteve em Fresno nos dias 4 e 5 de março de 1967.

246 *"Havia uma quantidade surpreendente":* LEE, Linda. *Bruce Lee: The Man Only I Knew*, p. 95.

246 *servindo no leste da Ásia:* Chuck Norris entrou para a Força Aérea em 1958 e foi enviado à Base Aérea de Osan, na Coreia do Sul, onde começou a treinar *Tangsudo*. Joe Lewis entrou para a Marinha em 1962 e foi mandado para Okinawa, no Japão, onde começou a estudar o estilo de *karatê Shorin-ryu*.

246 *foram apresentados um ao outro:* em uma entrevista dada logo após a morte de Bruce, Norris disse: "Depois que venci, fui até ele e me apresentei" (Editores da revista *Black Belt. The Legendary Bruce Lee*, pp. 148-49). Em seu livro de memórias, escrito trinta anos mais tarde, Norris inverteu a situação: "Quando eu estava saindo do estádio, Bruce Lee veio me parabenizar" (NORRIS, Chuck. *Against All Odds*, pp. 48-9).

246 *hospedados no mesmo hotel:* após o torneio, Bruce reclamou das acomodações destinadas a ele. Considerando que nestes torneios de *karatê* ele estava provocando um *frisson* digno de astros do rock, ele passou a esperar por um tratamento de astro do rock. "Considerando que sou quem atrai o público e não estou recebendo nada por isso, eu espero pelo menos ser bem tratado", disse ele a Mito Uyehara. "Mas aquele produtor em Nova York era demais. Ele me colocou em um hotel de segunda categoria e eu precisei me virar para encontrar meu transporte. Espere até que ele me convide novamente no próximo ano. De agora em diante, eu nunca mais vou aceitar convites para não receber nada." No ano seguinte, quando Bruce ignorou o convite do produtor, o inescrupuloso homem seguiu em frente e anunciou que Kato seria o convidado especial. Quando Bruce não apareceu, o produtor pediu desculpas ao público, que lotava o local do evento, dizendo que seu convidado especial não pôde comparecer devido a um outro compromisso de última hora. "Eu só soube disso muito tempo depois que o torneio terminou", reclamou Bruce. "Eu não sei o que fazer para parar estes caras." (UYEHARA, Mito. *Bruce Lee: The Incomparable Fighter*, p. 28).

247 *"Quando olhei para o meu":* NORRIS, Chuck. *Against All Odds*, pp. 48-9.

247 *20 de outubro de 1967:* de acordo com as agendas de Bruce, Norris treinou com ele sete vezes. A última aula aconteceu no dia 31 de janeiro de 1968.

247 *"Bruce não gostava de chutes altos":* NORRIS, Chuck. *Against All Odds*, p. 50.

247 *Na verdade, Bruce aprendera:* Jhoon Rhee também afirmou ter sido ele quem ensinou Bruce a dar chutes altos. A verdade é que Bruce aprendeu a dar chutes altos com o estilo de *kung fu* Shaolin do norte, que estudou quando era adolescente, em Hong Kong. Como ele não achava que chutes altos fossem úteis para lutas de rua, ele nunca os incorporou ao *jeet kune do*. Mas ele achava que esse tipo de chute funcionava bem nas telas. Ele ficou muito interessado em aprender os chutes mais vistosos. É clara a evolução dos

chutes altos de Bruce no período entre seu teste para *Charlie Chan's Number One Son*, em 1965, e seus filmes de Hong Kong de 1970. Em 1965, os chutes eram mais compactos e mais chineses; em 1971, eles estavam mais amplos e mais coreanos. Meu palpite é que ele adaptou seu chute lateral do estilo de *karatê* de Norris e seus chutes giratórios e lateral na cabeça do *Taekwondo* de Rhee. Eles não ensinaram Bruce a dar chutes altos, mas o ajudaram a melhorá-los.

247 *rasgou suas calças:* Editores da revista *Black Belt*. *The Legendary Bruce Lee*, p. 149.

247 *"tivemos um público de 8 mil pessoas":* RAFIQ, Fiaz. *Bruce Lee Conversations*, p. 126.

247 *República Dominicana: ibid.*, p. 123. De acordo com a agenda de Bruce, ele partiu no dia 3 de fevereiro e voltou no dia 9 de fevereiro de 1970.

12. *Sifu* para as Estrelas

251 *preço pelos convites:* BLOCK, Alex Ben. *The Legend of Bruce Lee*, p. 45; Maxwell Pollard, "Was 'The Green Hornet's' Version of Kung Fu Genuine?", *Black Belt*, outubro de 1967. Em valores atualizados pela inflação, US$ 4 mil em 1967 equivalem a US$ 29 mil em 2017. "Você sabia que só o pessoal do *karatê* não me paga um único centavo para atuar?", Bruce queixou-se a Mito Uyehara. "Fui convidado para um desfile recentemente, e recebi US$ 4 mil." (UYEHARA, Mito. *Bruce Lee: The Incomparable Fighter*, p. 28).

251 *"Escolas de Karatê Kato":* Jhoon Rhee lembra-se do nome da rede de escolas como "Escolas de Karatê Kato" (Editores da revista *Black Belt*, *The Legendary Bruce Lee*, pp. 158-59). Bruce citava o nome da franquia como "Escolas de Autodefesa Kato" (ATYEO, Don; DENNIS, Felix. *Bruce Lee: King of Kung-Fu*, p. 32). Parece provável que os empreendedores sugeriram a Bruce um nome mais sonoro para a marca [*Kato Karate Schools*, no original] e ele, como um chinês orgulhoso, imediatamente se opôs ao uso da palavra "*karatê*".

252 *"Mas eu não quis prostituir":* RAFIQ, Fiaz. *Bruce Lee Conversations*, p. 68; LITTLE, John. *The Celebrated Life of the Golden Dragon*, p. 20. Refletindo sobre essa decisão do marido, Linda disse: "Ele poderia ter ficado milionário abrindo uma rede de escolas de *kung-fu*, mas ele não achou que essa era a coisa certa a ser feita, porque o tipo de arte marcial que ele desenvolveu exige um tipo de instrução muito pessoal." (ATYEO, Don; DENNIS, Felix. *Bruce Lee: King of Kung-Fu*, p. 32).

252 *Vendo como Sebring:* parte do crédito pela ideia também deve ser dado a Ed Parker, que já cobrava de celebridades como Elvis Presley valores estratosféricos por aulas particulares. Além de roubar muitos dos alunos mais antigos de Parker, Bruce claramente copiou o modelo de negócios dele.

252 *Ele precisava de Sebring:* em uma carta endereçada a Jay Sebring no início de março de 1966, Bruce escreveu: "Eu preciso de alunos para dar aulas particulares. A melhor forma de conseguir isso seria através da sua indicação. Posso ensinar o melhor grupo [mais famoso, mais rico] e assim não precisar ensinar muitas pessoas. Quando você tiver a oportunidade, espero que possa trabalhar nisso para mim. Eu lhe agradeço. Você é um amigo, Jay" (a carta foi uma gentileza de Anthony DiMaria).

252 *Assim que Bruce:* em uma carta para Sebring datada de 18 de março de 1966, Bruce escreveu: "Como instrutor de *gung fu*, gostaria de felicitá-lo por seu rápido progresso no *Gung Fu*. Sua adaptação tem sido bastante rápida e, considerando minhas experiências passadas, tenho certeza de que, com alguma prática, você se realizará no campo das artes marciais. Seus movimentos estavam muito bons na quinta-feira à noite. Você tem em potencial tudo que é preciso para ser um homem do *Gung Fu*. Mais uma vez, obrigado por tudo".

252 *lista de nomes sobre os quais poderia lançar seu* marketing*:* Sebring também cuidava do estilo do corte de cabelo de Bruce e também o ensinou a cortar cabelos. "Bruce era fanático por seu cabelo. Ele era uma pessoa pública, e por isso gostava muito do seu cabelo", diz Linda. "E Jay criou mesmo um visual para ele. Mas Bruce costumava cortar o meu cabelo naquela época, ele estava aprendendo a cortar com o Jay. Eu usava o cabelo bem curtinho." Quando perguntaram a Linda se Bruce era um bom cabeleireiro, ela começou a rir: "Hum, naquela época eu achava. Mas hoje, quando eu olho as fotos, não tenho tanta certeza" (entrevista com Linda Lee conduzida por Anthony DiMaria).

252 *"Os alunos em potencial":* LEE, George; TADMAN, David. *Regards from the Dragon: Oakland*, p. 10. A carta foi escrita no dia 31 de março de 1966.

253 *tomar algumas decisões sérias:* LEE, Linda. *The Bruce Lee Story*, p. 81.

253 *"Você conseguiu algum trabalho como ator":* GONG, Tommy. *Bruce Lee*, p. 110; LEE, Linda. *The Bruce Lee Story*, pp. 81-2; UYEHARA, Mito. *Bruce Lee: The Incomparable Fighter*, pp. 51-2; LITTLE, John. *The Celebrated Life of the Golden Dragon*, p. 26; John Little, "Enter the Dragon: The Making of a Classic Motion Picture", DVDs comemorativos pelo 25º aniversário de lançamento do filme, p. 32. Todas essas fontes creditam a Charles Fitzsimons a ideia de ensinar *kung fu* a celebridades por um valor absurdamente alto. Segundo essas versões, Bruce só procurou orientação após o cancelamento de *O Besouro Verde*. Mas as cartas de Bruce para Jay Sebring provam que Bruce e Jay moldaram a ideia dois meses antes do início das filmagens de *O Besouro Verde*. Um ano depois, Bruce falou com Charles, porque nenhuma celebridade havia se inscrito. A contribuição de Charles foi dizer a Bruce que ele não estava cobrando o suficiente. Bruce pediu então à Sebring que fizesse novas apresentações a seus clientes famosos, dessa vez com o preço mais alto. Assim, Bruce e Jay chegaram ao plano de negócios, Fitzsimons foi o consultor que o corrigiu, e Sebring o implementou. Jay Sebring tem recebido muito pouco crédito pelo muito que ele fez para ajudar a carreira de Bruce. Como Sebring morreu antes de Bruce ficar famoso, nenhum biógrafo de Bruce Lee teve a chance de entrevistá-lo. A importância do papel de Jay só se tornou clara quando o sobrinho dele, Anthony DiMaria, me mostrou as cartas trocadas entre ele e Bruce. Quase todos os alunos de Bruce de Hollywood (Vic Damone, Steve McQueen, James Coburn, Stirling Silliphant) eram clientes de Sebring. Jay abriu a porta do lugar mais sagrado e secreto do santuário.

253 *No dia 29 de fevereiro de 1968:* de acordo com as agendas de Bruce, os cartões foram impressos em 29 de fevereiro de 1968.

254 *"Se alguém confronta você":* entrevista com Vic Damone, 2013.

254 *"Mas no* kung fu*":* ibid.

256 *Tal como no jogo do telefone sem fio:* o telefone sem fio é uma brincadeira infantil popular na qual as crianças ficam uma ao lado da outra e a primeira delas sussurra uma mensagem no ouvido da criança ao seu lado, e assim por diante, até que a última pessoa da fila anuncia para todo o grupo a mensagem como recebeu, comparando-a com a frase original. Fora dos Estados Unidos, o jogo é conhecido como "sussurros chineses".

256 *Em versões posteriores da história:* "Audio Interview with Stirling Silliphant" Extras do DVD do filme *Círculo de Ferro*; FRAGUAS, Jose M. *Jeet Kune Do Conversations*, pp. 245-46. Em ambas as entrevistas, realizadas com um intervalo de muitos anos, Stirling Silliphant conta a história quase exatamente da mesma maneira, exceto pelo fato de que na última versão o antagonista é Vic Damone, e não Frank Sinatra.

256 *Sob o Domínio do Mal:* durante sua preparação para o filme, Sinatra estudou judô. Trata-se de um dos exemplos mais antigos de artes marciais orientais em um filme de Hollywood.

256 *Ninguém jamais confirmou os fatos:* cinquenta anos depois, eu fui a primeira pessoa a contar a Vic Damone como esta história tinha crescido com o tempo. Ele rolava de rir: "Eu não acredito. Quer dizer, porra, isso simplesmente não aconteceu, essa coisa de atravessar uma porta e tudo isso" (entrevista com Vic Damone, 2013).

256 *Essa história exagerada:* em seu livro, Mito Uyehara escreveu que Bruce lhe contou uma versão ligeiramente diferente do evento: "Muito antes de conhecer Bruce, eu tinha ouvido boatos de que ele havia derrubado o guarda-costas de Frank Sinatra em Las Vegas. O loquaz Bruce geralmente me relatava suas experiências, mas, por alguma razão desconhecida, ele nunca havia citado este incidente... eu acabei perguntando a ele se a história era verdadeira. Bruce me olhou seriamente e hesitou por um momento antes de responder, de forma relutante: 'Não era Frank Sinatra; era Vic Damone. Não, não era o guarda-costas dele, era o segurança do cassino. Não há muito a dizer. Eu só dei um chute lateral na mandíbula e o cara simplesmente caiu. Depois, eu fui embora'. Normalmente, Bruce estava sempre disposto a detalhar suas experiências, mas essa foi a única vez, pelo que eu me lembro, que ele cortou a conversa. Ele nunca mais mencionou o incidente. Às vezes eu fico me perguntando se ele fez alguma coisa errada nesse dia" (UYEHARA, Mito. *Bruce Lee: The Incomparable Fighter*, p. 18).

256 *"Se essa história é":* "Audio Interview with Stirling Silliphant" Extras do DVD do filme *Círculo de Ferro*; FRAGUAS, Jose M. *Jeet Kune Do Conversations*, pp. 245-46.

257 *Ele acabara de ser indicado:* a cerimônia do Oscar para premiar os filmes realizados em 1967 aconteceu em abril de 1968. *No Calor da Noite* foi dirigido por Norman Jewison e estrelado por Sidney Poitier e Rod Steiger. A fala do filme "They call me Mister Tibbs!" [Eles me chamam de Mister Tibbs!] se tornou muito famosa: o filme ganhou cinco Oscars: Melhor Filme, Melhor Diretor, Melhor Ator, Melhor Roteiro Adaptado e Melhor Mixagem de Som.

257 *"Na verdade, eu não ensino":* "Audio Interview with Stirling Silliphant" Extras do DVD do filme *Círculo de Ferro*.

257 *"Estou livre para o almoço":* agenda de Bruce Lee.

257 *"estão velhos demais":* UYEHARA, Mito. *Bruce Lee: The Incomparable Fighter*, p. 103.

257 *"Na USC":* BLOCK, Alex Ben. *The Legend of Bruce Lee*, p. 48.

258 *"Deixe-me lhe contar uma história":* HYAMS, Joe. *Zen in the Martial Arts*, pp. 8-11; LEE, Bruce. "Liberate Yourself from Classical Karate," *Black Belt*, setembro de 1971. Hyams era um jornalista de entretenimento daquela época, treinado para polir as falas das celebridades para fazê-las parecer mais brilhantes do que realmente eram. Foi uma das maneiras pelas quais ele se tornou um informante de confiança. Na obra *Zen in the Martial Arts*, Hyams apresenta Bruce Lee se expressando mais como um estudioso de Harvard especializado em religiões do Leste Asiático do que como um malandro de rua de Hong Kong. [*O Zen nas Artes Marciais*, Editora Pensamento, são Paulo, 1992.] (fora de catálogo)

259 *"É provável que tenha sido":* HYAMS, Joe, *Zen in the Martial Arts*, p. 78.

259 *Hyams fez dezessete:* Joe Hyams treinou com Bruce Lee de 25 de março a 31 de maio de 1968. Em seu livro, ele não explica por que interrompeu a prática. Pouco tempo depois, ele começou a praticar *Kenpo karatê*, com Ed Parker.

259 *"Foi um tempo muito gratificante":* "Audio Interview with Stirling Silliphant", Extras do DVD do filme *Círculo de Ferro*; MCGILLIGAN, Patrick. *Backstory 3*, p. 351.

260 *"Veja, eu conheci":* LEE, Linda. *Bruce Lee: The Man Only I Knew*, p. 27.

261 *"não é barato":* UYEHARA, Mito. *Bruce Lee: The Incomparable Fighter*, p. 113; LEE, Linda. *Bruce Lee: The Man Only I Knew*, p. 27.

261 *"Bruce sempre teve essa energia":* LEE, Linda. *Bruce Lee: The Man Only I Knew*, pp. 102-04.

262 *"Nós fazíamos uma coisa":* LEE, Linda. *The Bruce Lee Story*, pp. 83-5.

262 *se tornaram inseparáveis:* UYEHARA, Mito. *Bruce Lee: The Incomparable Fighter*, pp. 113-14.

262 *Steve McQueen e Jay Sebring:* TERRIL, Marshall. *Steve McQueen*, p. 295.

262 *"Aquele cara não":* BAX, Paul. *Disciples of the Dragon*, p. 229.

263 *"Steve seria":* UYEHARA, Mito. *Bruce Lee: The Incomparable Fighter*, p. 121.

263 *"Eles realmente tinham uma conexão":* GONG, Tommy. *Bruce Lee*, p. 111.

263 *"Se não tivesse encontrado as artes dramáticas":* TERRIL, Marshall. *Steve McQueen*, p. 11.

263 *"Às vezes eu me sentia péssimo":* editores da revista *Black Belt*. *The Legendary Bruce Lee*, p. 116.

263 *admiração mútua:* WEINTRAUB, Fred. *Bruce Lee, Woodstock, and Me*, p. 233.

264 *fazia muito sucesso com a:* TERRIL, Marshall. *Steve McQueen*, p. 305. "Steve teve muitas mulheres", lembrou uma de suas namoradas. "Ele estava sempre procurando pelo próximo prazer, pela próxima conquista. Ele era tão egocêntrico quanto uma criança em uma manhã de Natal, mas tinha tanta vitalidade. Era tão divertido estar perto dele, e por isso me senti atraída." (*ibid.*, p. 80).

264 *"Você desenvolverá":* documentário *The Brilliant Life of Bruce Lee*; UYEHARA, Mito. *Bruce Lee: The Incomparable Fighter*, p. 126.

264 *"Bruce e eu fomos juntos":* LEE, Linda. *Bruce Lee: The Man Only I Knew*, pp. 107-08.

264 *"Eu não sou esse tipo de sujeito":* BLOCK, Alex Ben. *The Legend of Bruce Lee*, p. 83.

265 *mito que permanece:* em 20 de julho de 2013, a marca de uísque *Johnnie Walker* lançou um anúncio de TV que estrelava um "Bruce Lee de computação gráfica" filosofando em mandarim, para o mercado chinês. O anúncio causou polêmica imediata, porque muita gente acredita que Bruce Lee nunca tocou em álcool. O *South China Morning Post* publicou um artigo no dia 11 de julho de 2013, intitulado: "Bruce Lee Whisky Advert Branded a Disgrace: Movie Legend Digitally Recreated for Johnnie Walker Commercial Despite Being a Teetotaler". No dia seguinte, o *Atlantic Wire* acusou a *Johnnie Walker* de "descaradamente usar um porta-voz que nunca bebeu" (ABAD-SANTOS, Alexander. "Johnnie Walker Offends by Using Bruce Lee in Chinese Ad". *Atlantic Wire*, 12 de julho de 2013). E o *site Time.com* citou Lee como "um notório abstêmio" (CHANG, Jennifer. "Bruce Lee Controversially Resurrected for Johnnie Walker Ad". *Time.com*, 12 de julho de 2013).

265 *"Bruce não era um bebedor":* entrevista com Andre Morgan, 2013.

265 *"Houve certa vez":* MILLER, Davis. *The Tao of Bruce Lee*, p. 162.

265 *rubor asiático:* LU, Collin. "What Causes 'Asian Glow'?" *Yale Scientific*, 3 de abril de 2011; UMER, Natasha. "Here's Why You Might Turn Red When Drinking Alcohol". *BuzzFeed.com*, 27 de abril de 2015; HERRERIA, Carla. "*Fresh Off the Boat* Explains the 'Asian Flush' Phenomenon". *Huffingtonpost.com*, 17 de março de 2017.

265 *"Estou arruinado":* BOOTH, Martin. *Cannabis*, pp. 211-12.

266 *"A maconha é um catalisador útil":* GINSBERG, Allen. "The Great Marijuana Hoax: First Manifesto to End the Bringdown". *Atlantic Monthly*, novembro de 1966.

266 *Foi Steve McQueen:* em 1973, médicos de Hong Kong questionaram Bruce com relação ao uso da maconha. Ele lhes disse que Steve McQueen o apresentou à droga. Quando foi entrevistado para o documentário *A Maldição do Dragão* (*Curse of the Dragon*, 1993), James Coburn reivindicou o crédito por ter sido a primeira pessoa com quem Bruce fumou maconha. Ambos os atores fumaram maconha com Bruce. Como McQueen foi aluno de Bruce antes de Coburn, parece provável que Steve tenha sido o primeiro.

266 *"Ele queria ficar chapado":* MILLER, Davis. *The Tao of Bruce Lee*, p. 161.

266 *"Foi algo diferente":* UYEHARA, Mito. *Bruce Lee: The Incomparable Fighter*, pp. 65-6.

267 *"Ora, em Hollywood":* MILLER, Davis. *The Tao of Bruce Lee*, p. 161.

267 *"Eu nunca mais voltei":* entrevista com "Judo" Gene Le Bell, 2013.

267 *"'nível de consciência'":* entrevista com Dan Inosanto, 2013.

267 *mudaria para haxixe:* tanto a maconha quanto o haxixe são derivados da planta da maconha e contêm o mesmo ingrediente ativo, o THC. A maconha é composta pelas folhas secas e as flores da planta fêmea. O haxixe é produzido por meio de um processo mais complexo, que pode ser mecânico ou químico, de compressão e purificação das flores.

267 *"Ele era muito engraçado":* entrevista com Bob Wall, 2013.

268 *"Eu cobrava":* ATYEO, Don; DENNIS, Felix. *Bruce Lee: King of Kung-Fu*, p. 33.

268 *"casa de Katleman":* UYEHARA, Mito. *Bruce Lee: The Incomparable Fighter*, pp. 101-03.

268 *"Eu quero um pouco disso"*: TERRIL, Marshall. *Steve McQueen*, p. 144.

268 *negligenciara seu velho Chevy*: "Bruce tinha um Chevrolet velho naquela época", escreve Mito Uyehara. "A pintura estava ficando opaca por falta de polimento. Eu acho que Bruce nunca havia polido o carro desde que o comprara." (UYEHARA, Mito. *Bruce Lee: The Incomparable Fighter*, p. 127).

269 *"Somente umas poucas centenas"*: ibid., p. 107.

269 *"Não sei a que velocidade"*: entrevista com Linda Lee conduzida por Anthony DiMaria.

269 *"É um carro realmente potente"*: "Memories of the Master: An Interview with Pat Johnson". Extras do DVD do filme de *O Voo do Dragão*; TERRIL, Marshall. *Steve McQueen*, p. 390. Quando Bruce partiu para Hong Kong, ele disse a McQueen que Chuck Norris deveria ser seu instrutor. Quando a carreira cinematográfica de Norris decolou, Pat Johnson tornou-se o professor de *karatê* de McQueen, e eles se tornaram amigos muito próximos. "Sem contar Ali MacGraw e sua última esposa, Barbara Minty, ninguém esteve mais presente na vida de Steve nos seus últimos dez anos de vida do que Johnson. Ele se tornou seu mentor, uma figura paterna, um confidente e um amigo fiel e de confiança" (TERRIL, Marshall. *Steve McQueen*, pp. 364-65).

269 *"Ele dirigia rápido demais"*: de acordo com Inosanto, Bruce também era um "motorista de banco traseiro": "Quando eu dirigia, Bruce dizia: 'Não, não, não, você deveria ter mudado de faixa antes. Você está indo muito devagar. Seu *timing* é ruim" (entrevista com Dan Inosanto, 2013).

270 *"Se você acha que eu dirijo muito rápido"*: UYEHARA, Mito. *Bruce Lee: The Incomparable Fighter*, p. 122.

270 *condições de vida da família*: "Com Shannon a caminho, nós decidimos comprar uma casa", escreveu Linda no livro *The Bruce Lee Story*, p. 87.

270 *McQueen ofereceu-se*: antes de Bruce ir embora, Steve lhe deu outro presente: um filhote da ninhada de seu cão *schnauzer*. Bruce deu a ele o nome de Riff (GONG, Tommy. *Bruce Lee*, p. 111). De acordo com as agendas de Bruce, ele ganhou Riff de McQueen no dia 27 de agosto de 1968.

271 *"Nós não conhecíamos muita coisa"*: LEE, Linda. *The Bruce Lee Story*, p. 87.

271 *custava US$ 47 mil*: o último preço de venda da casa foi de US$ 648.500, em setembro de 1991. Em 2017, o *site* Zillow.com estimou o valor do imóvel em US$ 1.667.748.

271 *"Com a restituição dos impostos"*: UYEHARA, Mito. *Bruce Lee: The Incomparable Fighter*, p. 127.

271 *"Cara, aquilo era muito"*: ibid.

271 *"Com os pagamentos da hipoteca"*: LEE, Linda. *The Bruce Lee Story*, p. 87; CLOUSE, Robert. *Bruce Lee: The Biography*, p. 76.

271 *"Ali era tão silencioso"*: UYEHARA, Mito. *Bruce Lee: The Incomparable Fighter*, pp. 123-24.

272 *quarteirão seguinte chamado Luke*: LEE, Linda. *The Bruce Lee Story*, p. 88.

272 *"Bom para os rapazes"*: entrevista com Linda Lee, 2013.

272 *recebeu uma herança*: CLOUSE, Robert. *Bruce Lee: The Biography*, p. 80.

273 *"Rapazes, vejam só o meu carro novo"*: "Memories of the Master: An Interview with Pat Johnson". Extras do DVD do filme de *O Voo do Dragão*. O medo de andar de carro quando Bruce estava dirigindo parece ser um sentimento bastante generalizado entre seus amigos. "Ele era o pior motorista do mundo", disse-me Bob Wall. "Quando soube que ele tinha morrido, achei que tinha sido um acidente de carro." Apesar da direção imprudente, Bruce só foi responsável por um pequeno acidente. De acordo com suas agendas, ele bateu seu Porsche em 28 de janeiro de 1969. Linda sofreu um acidente mais grave quando estava dirigindo o Porsche no dia 3 de junho de 1969. Em uma carta para um de seus alunos de Oakland, Bruce escreveu: "Quando Linda veio me buscar, houve um acidente de carro – sorte que ninguém se machucou. Brandon bateu levemente com a cabeça. O carro vai ficar fora de combate por alguns dias" (LEE, George; TADMAN, David. *Regards from the Dragon: Oakland*, p. 36.)

273 *"Foi um excesso"*: CLOUSE, Robert. *Bruce Lee: The Biography*, p. 80.

273 *"Na segunda vez"*: LITTLE, John. *The Celebrated Life of the Golden Dragon*, p. 166.

274 *"Eu me sinto muito mal"*: UYEHARA, Mito. *Bruce Lee: The Incomparable Fighter*, p. 142.

274 *"David Cassidy"*: entrevista com Anders Nelsson, 2013.

274 *"Espero que minhas fãs... correr uns cinco quilômetros"*: "In the Shadow of Bruce Lee: Robert Lee: Bridging the Gap Between Individuality and a Brother's Legend", *Black Belt*, agosto de 1974; LEE, Robert. *Bruce Lee, My Brother*, p. 127.

275 *"Aquela foi uma época muito difícil"*: documentário *The Brilliant Life of Bruce Lee*.

275 *"Devo me preocupar mais"*: UYEHARA, Mito. *Bruce Lee: The Incomparable Fighter*, p. 142.

13. Ator Coadjuvante

278 *"Então, ele ficou maluco"*: depois de minha entrevista com o "Judo" Gene Le Bell, então com 81 anos, ele me escreveu um e-mail pedindo desculpas por não ter mostrado respeito suficiente pelo legado de Bruce Lee: "Desculpe, mas eu preciso dizer que Bruce foi o melhor de seu tempo. Todo homem, mulher e criança queria ser o grande Bruce Lee. Bem, eu mesmo não queria, porque ele era muito baixinho".

278 *"Meu agente telefonou"*: LEE, George; TADMAN, David. *Regards from the Dragon: Oakland*, p. 6.

278 *"Pick on Someone"*: foi o mesmo conceito presente no episódio que Ed Parker fez para *The Lucy Show*, em 1963: um tipo suburbano branco e desastrado que aprende um estilo exótico de luta asiática, com muitas piadas clichês envolvendo o encontro de culturas diferentes e muitas cenas no estilo pastelão.

279 *"Ele me conquistou"*: OVERALL, John. *Bruce Lee Review*, p. 83. De todas as aparições de Bruce Lee na TV como ator, este episódio de *Blondie* é o único que está "desaparecido", provavelmente perdido. Há boatos de que um colecionador particular teria uma cópia, mas se recusaria a mostrá-la a qualquer pessoa. Partes do roteiro original podem ser encontradas no livro *Bruce Lee Review*, escrito por John Overall, nas pp. 84-6.

279 *"Na maioria desses programas"*: UYEHARA, Mito. *Bruce Lee: The Incomparable Fighter*, p. 73.

279 *põe o roteiro complexo e intrincado em movimento:* Neste episódio vulgar, cheio de estereótipos datados relacionados a mulheres chinesas obedientes, Toy Quan é salva de ser enviada para um bordel quando um dos lenhadores brancos concorda em pagar por sua passagem. O fato de ele ter "salvo a vida" dela a obriga, segundo o costume chinês, a casar-se com o lenhador. Ele parte para encontrar o noivo chinês original, Lin Sung, para recuperar seu dinheiro e devolvê-la, mas Toy Quan não o deixa em paz. As senhoras brancas e decentes de Seattle, incluindo sua namorada, ficam cada vez mais desconfiadas de suas intenções, até que o personagem de Bruce tem a chance de salvar a vida de Toy Quan, momento em que ela imediatamente troca o depositório de sua lealdade. "Não gostei desse episódio", diz William Blinn, o editor de histórias do *Here Come the Brides*. "Era muito parecido com um Bonanza à moda antiga – sabe como é, o personagem oriental dizendo: 'Oh, você salvou minha vida. Portanto, blá-blá-blá, blá-blá-blá'. E 1: isso não é verdade – era um mito da televisão, e 2: isso não te leva a lugar algum. Era uma trama ocidental muito tradicional e batida" (ETTER, Jonathan. *Gangway, Lord!*, p. 448).

280 *"Eu comecei a berrar"*: UYEHARA, Mito. *Bruce Lee: The Incomparable Fighter*, p. 69. O diretor também teve dificuldade para encontrar um substituto para refazer parte dos diálogos de Bruce. Em muitas das cenas feitas ao ar livre, foi necessário gravar novamente as falas, mas aparentemente Bruce não estava disponível para fazê-lo (um dos boatos é que ele havia estirado um músculo da virilha). O problema é que não havia nenhum ator em Hollywood capaz de imitar o sotaque bastante peculiar do inglês de Hong Kong de Bruce. Como resultado, sempre que Bruce abre sua boca no episódio, há um suspense se ouviremos a voz real dele ou se ouviremos a voz de algum ator branco fingindo mal um sotaque chinês (OVERALL, John. *Bruce Lee Review*, pp. 94-5).

281 *pagou US$ 11 mil:* UYEHARA, Mito. *Bruce Lee: The Incomparable Fighter*, p. 20. US$ 11 mil equivalem a US$ 78 mil em 2017.

281 *Bruce usou o dinheiro: Arma Secreta contra Matt Helm* foi filmado durante o verão de 1968. Bruce recebeu US$ 11 mil pelo trabalho. Ele comprou sua casa em Bel Air no dia 9 de setembro de 1968. O valor da entrada foi de US$ 10 mil. O dinheiro costumava escorregar dos seus bolsos.

281 *aconselhamento a ela quanto à sua carreira como ator:* durante a entrevista que me concedeu, Nancy Kwan disse: "Nós dois éramos de Hong Kong, então tínhamos algo em comum. Falávamos em cantonês. Tive aulas de *wing chun* com ele. Ele vinha até minha casa em Laurel Canyon e me contava sobre seus sonhos de ser um grande astro. Ele não estava satisfeito com sua vida aqui, como as coisas estavam indo com o mundo do cinema" (entrevista com Nancy Kwan, 2013).

281 *"como uma casa em chamas"*: POLANSKI, Roman. *Roman by Polanski*, p. 290.

281 *"Sharon e Nancy"*: UYEHARA, Mito. *Bruce Lee: The Incomparable Fighter*, p. 20.

281 *bar portátil:* RAFIQ, Fiaz. *Bruce Lee Conversations*, pp. 146-47.

281 *Ele contratou Mike Stone:* Bruce realizou um teste aberto para os papéis de guarda-costas. Centenas de artistas marciais apareceram, mas a maioria deles era terrível. Bruce ficou

frustrado e pediu a Stone e Norris para que fizessem uma pequena demonstração. "É isto que eu estou procurando", disse Bruce ao grupo. "Se você não é capaz de fazer algumas dessas coisas com esse nível de qualidade, então eu não estou interessado. Você pode ir embora". Metade do grupo começou a sair. No final do dia, Bruce contratou seus amigos (entrevista com Mike Stone, 2013).

281 *"Há um pequeno papel":* NORRIS, Chuck. *The Secret of Inner Strength*, p. 57.

282 *Nos quatro combates anteriores:* no início de 1967, Chuck Norris venceu Joe Lewis no Torneio dos Campeões com um chute de costas giratório no rosto do adversário. No All American Karate Championships de 1967, no Madison Square Garden (onde Norris e Bruce Lee se encontraram pela primeira vez), Norris garantiu uma vitória com um chute lateral no torso de Lewis. No Long Beach International Karate Championships de 1967, Norris venceu com um soco direto. No U.S. Championships de 1968, em Dallas, Joe Lewis finalmente se vingou com um soco no plexo solar de Norris.

282 *Lewis foi desclassificado:* NORRIS, Chuck. *The Secret of Inner Strength*, p. 57.

282 *Dean Martin, que estaria entrando:* na cena de luta de Chuck Norris, a previsão era de que Dean Martin filmaria a primeira parte da luta, sendo dublado em seguida por Mike Stone. No começo da filmagem, Norris deveria dar um golpe giratório com o calcanhar na cabeça de Dean. Mas quando o diretor disse "Ação", Dean esqueceu de se esquivar. Norris acertou-lhe no ombro e fez com que ele voasse pelo *set*. O diretor ficou horrorizado, mas Dean lidou com o acidente de maneira tranquila. "Eu estou bem", disse ele. "Vamos fazer de novo." (*ibid*., pp. 57-9). Bruce coreografou uma sequência semelhante para Joe Lewis, que também deveria dar um chute na cabeça de Dean. Martin, então, derrubaria Lewis com os pés e o acertaria quando ele caísse no chão. Depois do que aconteceu com Norris, o agente de Dean Martin puxou Lewis para conversar: "Joe, certifique-se de que não vai bater nele, porque ele vale muito dinheiro". Martin tinha passado o dia todo bebendo e chegou para filmar completamente embriagado. Lewis fez questão de chutar bem alto e bem devagar. Ele estava usando um terno e, assim que deu o primeiro chute, suas calças rasgaram. "É claro que eles filmaram isso", ri-se Lewis. "Essa foi minha primeira cena de luta em um filme" (RAFIQ, Fiaz. *Bruce Lee Conversations*, pp. 146-47).

283 *recebeu US$ 4.500:* RAFIQ, Fiaz. *Bruce Lee Conversations*, pp. 146-47.

283 *"Ouça, Bruce, eu ouvi":* entrevista com Mike Stone, 2013.

284 *"Esses sujeitos, só":* UYEHARA, Mito. *Bruce Lee: The Incomparable Fighter*, p. 57. A relação de Bruce com os três campeões de *karatê* e a questão do crédito pelo trabalho dele irritou Bruce por toda a vida. Em um perfil dele publicado no *Washington Star* no dia 16 de agosto de 1970 (dois anos após sua discussão com Mike Stone), o autor, J. D. Bethea, escreveu: "No início, foi fácil descartar o que Bruce Lee é capaz de fazer em frente às câmeras como coisas já conhecidas de Hollywood. Ironicamente, ele é melhor do que jamais foi retratado no celuloide. Três de seus alunos, Joe Lewis, Chuck Norris e Mike Stone, ganharam todos os grandes torneios de *karatê* nos Estados Unidos pelo menos uma vez. Lewis foi Grande Campeão por três anos consecutivos. Lee cuida e instrui esses lutadores quase como um pai o faz com uma criança pequena. O que pode ser um pouco

desconcertante de ser testemunhado" (LITTLE, John. *Words of the Dragon*, pp. 97-8). O artigo dá claramente a impressão de que o repórter testemunhou Bruce instruindo Norris, Lewis e Stone "como um pai o faz com uma criança pequena". Mas isso é impossível. De acordo com as agendas de Bruce, ele deixou de treinar Chuck Norris em 31 de janeiro de 1968. Ele teve o desentendimento com Mike Stone no *set* de *Arma Secreta contra Matt Helm* em agosto de 1968. E sua amizade com Joe Lewis terminou em 1o de dezembro de 1969. Ou J. D. Bethea inventou a cena ou ele a baseou em algo dito por Bruce durante a entrevista. O que fica óbvio é que Lee queria que o público soubesse que Mike Stone, Chuck Norris e Joe Lewis eram alunos dele.

284 *"Minha mulher disse que você lhe"*: BAX, Paul. *Disciples of the Dragon*, pp. 270-71.

285 *mas jamais conseguiram entrar para o mundo do cinema:* o maior papel de Joe Lewis foi como protagonista em *Jaguar Lives!* (1979). Foi um fiasco. Um crítico referiu-se a ele como "um monte de porcaria purulenta". Mike Stone conseguiu alguns pequenos papéis durante a febre de filmes ninja dos anos 1980.

285 *vasta terra desolada:* ADAMS, Val. "F.C.C. Head Bids TV Men Reform 'Vast Wasteland'; Minow Charges Failure in Public Duty – Threatens to Use License Power", *The New York Times*, maio de 1961.

286 *"À época de Detetive Marlowe":* MCGILLIGAN, Patrick. *Backstory 3*, p. 351.

287 *dura e nervosa:* Bruce tinha todos os motivos para estar ansioso. Os problemas com sua pronúncia do inglês tinham limitado o número de falas que haviam sido dadas a ele em *O Besouro Verde*. Para se tornar um astro de Hollywood, ele sabia que precisava ser capaz de falar inglês de forma clara e com um sotaque agradável. Esse era um problema comum a todos os atores estrangeiros, mas era uma questão particularmente difícil para os atores asiáticos, cujos sotaques tinham sido objeto de zombaria durante muitos anos, mais notadamente pelo extravagante Mickey Rooney caracterizado como oriental em *Bonequinha de Luxo* (1961).

287 *"Bruce era tranquilo e relaxado na vida real":* entrevista com Sharon Farrell, 2013. Para ajudá-lo em seu diálogo, Farrell ensinou a Bruce uma técnica de atuação: "Há um exercício em que você coloca um palito entre seus dentes e lê suas falas, e você mantém esse palito lá, e então você tira o palito. Isso exercita sua língua, e faz com que ela fique mais eficiente".

287 *"sequência de golpes inteira":* MCGILLIGAN, Patrick. *Backstory 3*, p. 350.

287 *"Quebrar a luminária":* UYEHARA, Mito. *Bruce Lee: The Incomparable Fighter*, p. 70.

287 *a força do ataque de Winslow:* para se preparar para esta cena do chute para fora do edifício, Bruce foi a uma loja de artigos esportivos com um de seus alunos, Ted Wong, e comprou uma cama elástica. "Ele treinou a cena e me perguntou se eu achava que estava boa", disse Ted. "Depois ele me levou para o *set* de filmagem quando a cena foi filmada e eu tive a chance de conhecer James Garner" (BAX, Paul. *Disciples of the Dragon*, p. 225).

288 *"Toda a cena não passou":* UYEHARA, Mito. *Bruce Lee: The Incomparable Fighter*, p. 70.

288 *Quando Sharon viu Bruce pela primeira vez:* entrevista com Sharon Farrell, 2013. Durante a entrevista que me concedeu, Farrell falou pela segunda vez em quarenta anos sobre seu

relacionamento com Bruce. A primeira vez havia sido para a biografia de Richard Sydenham sobre Steve McQueen, *Steve McQueen*, p. 335.

292 *"Bruce foi o amor da minha vida":* Durante a entrevista que me concedeu, em 2013, Farrell disse: "Bruce foi o amante mais incrível com quem eu já estive". Surpreso, perguntei: "Melhor do que Steve McQueen?". Ela disse: "Bem, Steve era um verdadeiro machão. Quando ele queria você, ele conseguia. Bruce te venerava. Ele realmente te amava. Tudo se encaixava. Era como magia. Ele era um grande dançarino. Ele me levou às alturas Ele era tranquilo, muito tranquilo. Era tão maravilhoso. Ele era magnífico".

292 *"Se alguma vez eu tivesse um caso":* LEE, Linda. *Bruce Lee: The Man Only I Knew*, pp. 162-63.

293 *"não alardeasse isso":* TERRIL, Marshall. *Steve McQueen*, p. 102.

293 *"tinham um bom acordo":* SANDFORD, Christopher. *Polanski*, p. 123.

293 *"A Sin That Became":* NORRIS, Chuck. *Against All Odds*, pp. 171-75.

293 *"não estou dizendo que eu seja um santo":* Ted Thomas. "Bruce Lee: The Ted Thomas Interview", dezembro de 1971.

293 Variety *sentenciou:* "Review: 'Marlowe'", *Variety*, 31 de dezembro de 1968.

293 *Roger Ebert:* EBERT, Roger. "Marlowe", *Chicago Sun-Times*, 25 de novembro de 1969.

293 *"Eles vão me colocar no":* ATYEO, Don; DENNIS, Felix. *Bruce Lee: King of Kung-Fu*, p. 35.

294 *"o número de telefone dele":* entrevista com Sharon Farrell, 2013.

14. A Flauta Silenciosa

297 *Bruce não conhecia nenhum estúdio de Hollywood:* não havia na época um gênero de filmes de *kung fu*. Até 1973, os estúdios de Hong Kong só lançavam esses filmes em salas de exibição localizadas nas Chinatowns.

297 *Em resposta às súplicas de:* em abril de 1968, Bruce escreveu o seguinte a um amigo: "Assim que Steve McQueen concluir o filme que está fazendo em Frisco [*Bullitt*], ele vai atrás de um escritor para dar início a um filme de *Gung Fu* que terá eu e ele no elenco. Portanto, este é um começo para o filme" (LITTLE, John. *Letters of the Dragon*, p. 107). Mas McQueen nunca foi de fato atrás de um escritor, obrigando Bruce a ter de falar com Silliphant sobre o projeto. Parece provável que McQueen estivesse apenas enrolando Bruce com a conversa sobre a procura por um escritor.

297 *Silliphant estava ansioso:* no dia 26 de setembro de 1968, Bruce escreveu uma carta muito otimista a um amigo: "O projeto de fazer um filme tendo como base o *jeet kune do* está avançando. Stirling Silliphant (*No Calor da Noite*) faz parte do projeto e vai escrever o roteiro. Vamos nos reunir e colocar o processo em marcha" (LITTLE, John. *Letters of the Dragon*, p. 108). Mas Bruce estava mais uma vez exagerando para impressionar um amigo. Silliphant só concordaria em fazer parte do projeto se McQueen estivesse envolvido. "Se Steve aceitar fazer", disse Silliphant a Bruce, "eu escreverei o roteiro" (CLOUSE, Robert. *Bruce Lee: The Biography*, p. 84).

298 *"Pare de me encher o saco":* TERRIL, Marshall. *Steve McQueen*, p. 288.

299 *"Eu serei maior":* Extras do DVD do filme *Círculo de Ferro*; CLOUSE, Robert. *Bruce Lee: The Biography*, p. 84.

299 *Ele começou a ler avidamente:* entrevista realizada pelo telefone com Mike Stone no dia 12 de setembro de 2013. De acordo com as informações fornecidas por Stone, foi ele quem apresentou a Bruce o trabalho de Napoleon Hill: "Emprestei o livro de Hill para Bruce e compartilhei com ele a ideia do estabelecimento de metas".

299 *No dia 7 de janeiro de 1969*: nas suas agendas, Bruce escreveu, "Determinação para o estabelecimento de metas".

299 *"Eu, Bruce Lee":* LEE, Linda. *The Bruce Lee Story*, p. 96. Em 1973, Bruce Lee estava bem encaminhado no sentido de alcançar uma extraordinária riqueza material e fama internacional, mas não harmonia interior ou felicidade.

299 *McQueen envergonhara:* "Quando saímos da casa de Steve, Bruce estava com raiva", lembra Silliphant. "Ele tinha passado vergonha diante de mim porque tinha me levado para encontrar um superastro esperando que saíssemos da reunião com um acordo. Ele pensou que Steve iria dizer simplesmente: 'Certo, vá escrever o roteiro; vamos fazer'." (extras do DVD do filme *Círculo de Ferro*).

299 *"Era uma bizarra":* TERRIL, Marshall. *Steve McQueen*, p. 88.

300 *para que recrutasse Paul:* em uma carta para Sebring escrita em maio de 1969, Bruce escreveu: "Newman está pronto para começar?" (a carta foi uma gentileza de Anthony DiMaria).

300 *"Bruce fora abandonado":* CLOUSE, Robert. *Bruce Lee: The Biography*, p. 84.

300 *no dia 13 de janeiro de 1969:* Agendas de Bruce Lee. Na noite do dia 14 de janeiro de 1969, Bruce saiu para jantar e ir ao cinema com Coburn e sua esposa, com o objetivo de firmar o compromisso de Coburn.

300 *Os três homens:* Agendas de Bruce Lee; MILLER, Davis. "Bruce's Lee's Silent Flute: A History", Extras do DVD do filme *Círculo de Ferro*.

300 *"Não. Estou até as orelhas":* Agendas de Bruce Lee; CLOUSE, Robert. *Bruce Lee: The Biography*, p. 84; BLOCK, Alex Ben. *The Legend of Bruce Lee*, p. 52.

301 *"'Projeto Leng'":* LITTLE, John. *Letters of the Dragon*, p. 113.

301 *Sete dias depois:* eles se encontraram no dia 20 de janeiro de 1969.

301 *Às tardes:* Agendas de Bruce Lee. Ele se reuniu com Stirling Silliphant, James Coburn e Mark Silliphant no dia 20 de janeiro de 1969. Ele começou a ouvir fitas motivacionais e a escrever o tratamento do roteiro no dia 13 de fevereiro de 1969.

301 *"Nós aceleraremos o":* LITTLE, John (org.). *Letters of the Dragon*, p. 113. A carta foi escrita a Jhoon Rhee no dia 4 de março de 1969.

301 *"Uma vez que a história":* editores da revista *Black Belt*. *The Legendary Bruce Lee*, pp. 129-30.

302 *No dia 17 de abril de 1969:* ele permaneceu no Tennessee entre os dias 17 e 21 de abril de 1969.

302 *"Esse sujeitinho":* CLOUSE, Robert. *Bruce Lee: The Biography*, p. 70.

303 *Sebring planejara apanhar McQueen em sua casa:* TERRIL, Marshall. *Steve McQueen*, pp. 295-96; SANDFORD, Christopher. *Polanski*, pp. 139-40. Surgiram boatos ao longo dos anos sobre Sebring também ter convidado Bruce Lee, que tinha amizade com Sharon, ensinava *jeet kune do* a Polanski e morava a apenas alguns quilômetros da casa onde Tate e de Polanski viviam. Quando perguntei a Linda sobre esses boatos, ela disse: "Pelo que eu sei, não". Eu não encontrei nenhuma evidência que sugerisse que tenha havido um convite de Sebring a Bruce.

303 *Melcher, um conhecido produtor musical:* em março de 1969, Charles Manson, que estava furioso com Terry Melcher por não ter realizado seu desejo de assinar um contrato para a gravação de um disco, foi até a casa de Melcher, em Cielo Drive, sem saber que este já havia se mudado de lá. Manson apareceu no meio de uma festa dada por Sharon Tate, uma das pessoas que estavam alugando a casa naquela época (SHEFFIELD, Rob. "Heart of Darkness: A Charles Manson Timeline", *Rolling Stone*, 21 de novembro de 2013).

304 *Steven Parent, um visitante de 18 anos de idade:* Steven Parent estava visitando William Garretson, que cuidava da propriedade e morava em uma casa de hóspedes próxima ao imóvel. Quando Parent estava saindo, ele parou o carro na entrada e baixou o vidro da janela para apertar o botão que abria o portão. Tex Watson saiu de trás dos arbustos com uma faca em uma mão e um revólver calibre 22 na outra, esfaqueou Parent e depois atirou nele quatro vezes. Parent foi a primeira pessoa a ser assassinada naquela noite. Garretson escondeu-se na casa de hóspedes e conseguiu sobreviver.

304 *Antes de partirem, Susan Atkins*: ONEY, Steve. "Manson: Oral History", *Los Angeles Magazine*, 1º de julho de 2009; FOX, Margalit. "Charles Manson Dies at 83; Wild-Eyed Leader of a Murderous Crew". *The New York Times*, 20 de novembro de 2017.

304 *O horrendo massacre:* TERRIL, Marshall. *Steve McQueen*, p. 295.

304 *Chappaquiddick*: SANDFORD, Christopher. *Polanski*, p. 155.

304 *"Aquele episódio":* ONEY, Steve. "Manson: Oral History". *Los Angeles Magazine*, 1º de julho de 2009.

304 *O escritor Dominick Dunne:* TERRIL, Marshall. *Steve McQueen*, pp. 295-97.

304 *"Aquele foi um período horrível":* entrevista com Linda Lee, 2013.

305 *Newman, Henry Fonda:* SANDFORD, Christopher. *Polanski*, p. 152.

305 *"A casa deles ficava a apenas":* após o funeral, Mito Uyehara perguntou a Bruce: "Sebring estudava *kung fu* com você. Por que ele não reagiu?". "Sebring nunca conseguiria se safar de uma situação como essa", respondeu Bruce. "Ele ainda era novato, e não era o tipo de cara que reagiria" (UYEHARA, Mito. *Bruce Lee: The Incomparable Fighter*, p. 124).

305 *Por três meses:* em novembro de 1969, Susan Atkins, que foi presa sob acusações não relacionadas ao caso, vangloriou-se dos assassinatos aos companheiros de cela. Eles a entregaram, dando o primeiro impulso para a solução do caso. No dia 4 de dezembro de 1969, Atkins concordou em fazer um acordo com os investigadores (SHEFFILED, Rob. "Heart of Darkness: A Charles Manson Timeline". *Rolling Stone*, 21 de novembro de 2013).

305 *hipervigilante:* entrevista com Linda Lee, 2013.

305 *"Perdi os meus óculos"*: POLANSKI, Roman. *Roman by Polanski*, pp. 317-18; SANDFORD, Christopher. *Polanski*, p. 158.

306 *Mais tarde, Polanski convidaria:* Bruce ficou hospedado no chalé de Polanski, na Suíça, entre 16 e 26 de fevereiro de 1970. Nas cartas que escreveu para a esposa, ele afirmou estar detestando a viagem: Ele não gostava de esquiar (Polanski diz que Bruce foi um desastre em suas tentativas) e não gostava dos convidados de Polanski nem dos seus hábitos relacionados a festas sem limites. "Esse pessoal do chamado *jet set* é meio bobo e enfadonho. Eles só bebem, fumam maconha e esquiam. Só fazem isso", escreveu Bruce. "Enquanto isso, todos estão tentando levar alguém para a cama. Roman, se não esquiando, está sempre atrás das garotas" (LITTLE, John. *Letters of the Dragon*, pp. 128-31). Bruce Lee não era avesso a fumar maconha ou a fazer sexo. De acordo com Polanski, "as mulheres ficavam impressionadas com o charme e a beleza oriental dele" (POLANSKI, Roman. *Roman by Polanski*, pp. 330-31). O que aparentemente o incomodava, na verdade, era o fato de que nenhum dos convidados estava interessado em *kung fu*. Ele só começou a se divertir depois de ter feito amizade com um colega de artes marciais, Taki Theodoracopulos, um rico jornalista grego-britânico. Eles passaram a semana treinando juntos (THEODORACOPULOS, Taki. "Celebrity Kicks" *Esquire*, setembro de 1980).

306 *roteirista chamado Logan*: Agendas de Bruce Lee. Logan foi contratado no dia 11 de setembro de 1969. Não encontrei durante minhas pesquisas menção alguma ao sobrenome de Logan.

306 *"Ele produziu um roteiro"*: BLOCK, Alex Ben. *The Legend of Bruce Lee*, p. 52.

306 *"Tudo bem, eu escreverei"*: CLOUSE, Robert. *Bruce Lee: The Biography*, p. 84.

306 *parábolas do sufismo*: MILLER, Davis. "Bruce's Lee's Silent Flute: A History", Extras do DVD do filme *Círculo de Ferro*.

306 *T. S. Eliot*: entrevista com Marshall Terrill, 2013. "No que se refere a *A Flauta Silenciosa*, Stirling estava tentando transmitir esse estado atemporal da mente, assim como T. S. Eliot tentou uma abordagem semelhante com o Zen do Cristianismo em *Four Quartets*."

306 *"autoevolução do homem"*: "The Making of 'The Silent Flute'" *Black Belt*, outubro de 1970.

307 *Na versão final:* a data do roteiro de *A Flauta Silenciosa* é 19 de outubro de 1970.

307 *mulher crucificada e decapitada*: MILLER, Davis. "Bruce's Lee's Silent Flute: A History" Extras do DVD do filme *Círculo de Ferro*.

307 *"Deitados juntos e completamente"*: roteiro de *A Flauta Silenciosa*, pp. 38-9.

308 *"Você jamais voltará a chutar alto"*: LEE, Linda. *The Bruce Lee Story*, pp. 88-9; LEE, Linda. *Bruce Lee: The Man Only I Knew*, pp. 14-5; GONG, Tommy. *Bruce Lee*, p. 118.

308 *"Fiquei realmente assustado"*: UYEHARA, Mito. *Bruce Lee: The Incomparable Fighter*, p. 93.

309 *"lindos bilhetinhos de amor"*: LEE, Linda. *The Bruce Lee Story*, p. 95; CLOUSE, Robert. *Bruce Lee: The Biography*, p. 73.

309 *"Não importa o que"*: LEE, Linda. *Bruce Lee: The Man Only I Knew*, pp. 163-65.

309   *Para inspirar-se: ibid.*, pp. 118-19.

309   *Ele também recorreu:* GONG, Tommy. *Bruce Lee*, p. 118.

310   *"Siga em frente!":* havia muito tempo que "Siga em frente" [*Walk On*] era uma das frases motivacionais favoritas de Bruce. Era algo que ele queria transmitir para Brandon. Em uma entrevista concedida em 1966, ele disse: "Eu vou ensinar Brandon a seguir em frente. Seguindo em frente, ele terá uma nova perspectiva. Seguindo em frente ele verá os pássaros voando. Seguindo em frente e deixando para trás todas as coisas que possam impedir a entrada ou a saída do conhecimento. (LITTLE, John. *Words of the Dragon*, p. 47).

310   *Depois de cinco meses:* em algum momento após se recuperar fisicamente, Bruce também foi até Las Vegas para conhecer uma astróloga que havia se tornado a adivinha favorita de Hollywood. Ele voltou para Los Angeles exultante. "Sim, custou-me US$ 40, mas valeu a pena. A mulher disse que eu vou alcançar um grande sucesso muito em breve, que isso pode acontecer a qualquer momento, e eu acredito muito nela. Eu posso sentir isso, bem aqui", ele riu entusiasmado, batendo no peito. "Ela disse que meu sucesso será tão grande que é quase inacreditável. Minha carreira vai dar um salto tão grande que eu vou ser um grande astro do cinema." (UYEHARA, Mito. *Bruce Lee: The Incomparable Fighter*, p. 91)

310   *Para assombro*: GONG, Tommy. Bruce Lee, p. 118.

310   *viver seu estilo de vida de maneira normal:* LEE, Linda. *The Bruce Lee Story*, p. 89. Se a vida de Bruce for analisada como uma jornada do herói, então sua lesão nas costas foi o momento arquetípico em que o protagonista desce ao inferno, experimenta o ponto mais baixo de sua vida, e fica marcado por uma ferida incurável, para então retornar ao mundo mais sábio e revitalizado. No filme *Dragão – A História de Bruce Lee* (1993), a lesão nas costas é tratada como um ponto de inflexão central na história.

310   *para um jantar exclusivo em sua:* WEINTRAUB, Fred. *Bruce Lee, Woodstock, and Me*, p. 29. De acordo com as agendas de Bruce, o jantar com Ted Ashley aconteceu no dia 23 de janeiro de 1971.

310   *"Tratava-se de um evento reservado":* UYEHARA, Mito. *Bruce Lee: The Incomparable Fighter*, p. 101.

310   *"Eu me lembro nitidamente":* LITTLE, John. *Enter the Dragon: The Making of a Classic Motion Picture*, pp. 33-4.

311   *"Eles amaram o roteiro":* CLOUSE, Robert. *Bruce Lee: The Biography*, p. 86.

311   *No dia 29 de janeiro de 1971:* de acordo com as agendas de Bruce Lee, eles chegaram à Índia no dia 1º de fevereiro de 1971 e partiram de Bombaim no dia 11 de fevereiro de 1971.

311   *"Tenho de me manter em forma":* LEE, Linda. *Bruce Lee: The Man Only I Knew*, p. 24.

311   *"A estrada é horrível!":* LITTLE, John. *Letters of the Dragon*, pp. 142-43.

311   *"Pelo amor de Deus":* o relato da viagem para a Índia foi elaborado a partir de três fontes de pesquisa: CLOUSE, Robert. *Bruce Lee: The Biography*, pp. 87-90; UYEHARA, Mito. *Bruce Lee: The Incomparable Fighter*, p. 115; LEE, Linda. *The Bruce Lee Story*, p. 92; BLOCK, Alex Ben. *The Legend of Bruce Lee*, pp. 52-3.

313 *fumaram haxixe nepalês:* na entrevista que me concedeu em 2013, Bob Wall disse o seguinte: "Coburn me disse que, no período em que estiveram na Índia, eles fumavam maconha de manhã, de tarde e de noite".

313 *Coburn estava convencido*: após duas semanas viajando com Bruce, pode ser que Coburn tivesse criado alguma relutância com a ideia de trabalhar com ele por um período de tempo maior. Passando o tempo todo juntos e sob estresse, os dois acabaram se estranhando.

314 *Coburn pôs tudo a perder:* UYEHARA, Mito. *Bruce Lee: The Incomparable Fighter*, p. 115. De acordo com as agendas de Bruce Lee, ele parou de dar aulas para Coburn após a viagem. Eles só se falavam pelo telefone.

314 *"à data oficial":* Bruce também escreveu a seguinte mensagem, sem conexão com a realidade, para Jhoon Rhee: "O projeto de *A Flauta Silenciosa* ainda está de pé com a Warner Bros. Estamos esperando para saber quais serão os próximos passos, e isso deve acontecer dentro de dez dias – aprovação de um novo orçamento, organização de mais uma viagem para pesquisas etc." (LITTLE, John (org.). *Letters of the Dragon*, pp. 143-44).

314 *"um filme realmente significativo sobre artes marciais":* POLANSKI, Roman. *Roman by Polanski*, p. 402.

314 *"Nada de novo":* LITTLE, John. *Letters of the Dragon*, pp. 145-46.

15. O Caminho de Longstreet

317 *"A história daquele monge":* Kung Fu: *The Complete Edition: From Grasshopper to Cain: Creating Kung Fu*, documentário da Warner Bros., 2003.

318 *"Esse cara sou eu":* entrevista com Ed Spielman, 2013.

318 *"Eu recebi cinquenta recusas":* entrevista com Peter Lampack, 2013.

318 *A única pessoa a mostrar:* para dar o crédito correto a quem o merece, foi Bennett Sims quem primeiro leu o tratamento do roteiro. Sims era um executivo de vinte e poucos anos da Warner Bros. que trabalhava diretamente com Fred Weintraub. Foi ele quem mostrou o texto para Weintraub.

318 *Bitter End:* a lista dos artistas que se apresentavam no Bitter End era uma compilação dos grandes nomes da comédia e da música: Lenny Bruce, Pete Seeger, Woody Allen, Frank Zappa, Lily Tomlin, Stevie Wonder, Kris Kristofferson, Joni Mitchell, George Carlin, Bob Dylan, Phil Ochs.

319 *da falência:* durante os anos 1960, a Warner Bros. não foi capaz de acompanhar a mudança nas tendências do cinema e estava perdendo muito dinheiro. Em 1969, Steve Ross pagou 400 milhões de dólares para comprar um estúdio em sérias dificuldades, e comprou-o principalmente por conta da sua área musical. Ele planejava vender a área de filmes em partes – bibliotecas de filmes e imóveis – se a situação não fosse revertida dentro de dois anos.

319 *"Eu gostei da ideia":* WEINTRAUB, Fred. *Bruce Lee, Woodstock, and Me*, pp. 3-5.

320 *"Ele caminhava belamente"*: entrevista com Ed Spielman, 2013.

320 *"Conversamos muito sobre isso"*: entrevista com Fred Weintraub, 2013.

320 *"Assim que Zanuck e Brown"*: entrevista com Howard Friedlander, 2013.

320 *filme chamado* Kelsey: durante minha primeira entrevista com Fred Weintraub, em 2013, na casa dele, perguntei-lhe: "Li neste velho livro sobre Bruce Lee que você tinha um roteiro escrito para Bruce, um faroeste de nome *Kelsey*, isso está correto? Até eu fazer esta pergunta, Weintraub tinha tentado educadamente ser gentil comigo, mas estava mais interessado em observar o vaivém de seu cão, que ficava entrando e saindo do recinto onde estávamos. Depois disso, seus olhos ganharam um novo brilho. "Ah, sim! Meu Deus! Onde você conseguiu isso? Esse é um ótimo ponto de partida. Você é a primeira pessoa que me pergunta sobre *Kelsey*." A partir daquele momento, ele começou a me tratar com toda a boa vontade, como se eu fosse um novo talento que ele havia descoberto. Tudo o que eu precisasse para esta biografia ele encontrava para mim, inclusive desenterrar de seus arquivos o até então esquecido roteiro de *Kelsey*.

320 *"Eu estava tentando"*: entrevista com Fred Weintraub, 2013.

321 *reviravolta característica da contracultura*: WUNDERMAN, Kurt. *Kelsey*, p. 111. Era basicamente um filme do Kevin Costner, vinte anos antes de *Dança com Lobos* (*Dances with Wolves*, 1991).

321 *"Eu tinha em mente o ator"*: entrevista com Fred Weintraub, 2013.

322 *"Bruce começou a acreditar"*: "entrevista com Stirling Silliphant", Extras do DVD do filme *Círculo de Ferro*.

322 *"Quando você crescer"*: "Memories of the Master: An Interview with Pat Johnson" Extras do DVD do filme *O Voo do Dragão*.

322 *"Achei que se conseguíssemos"*: "Interview with Stirling Silliphant" Extras do DVD do filme *Círculo de Ferro*.

322 *Baynard Kendrick*: os romances de Maclain já haviam servido como base para dois filmes: *Eyes in the Night* (1942) e *The Hidden Eye* (1945).

322 *Filme da Semana da ABC*: Barry Diller, da TV ABC, havia inventado pouco antes o Filme da Semana – filmes feitos para a TV que eram veiculados aos domingos.

322 *"a ideia de* Longstreet*"*: UYEHARA, Mito. *Bruce Lee: The Incomparable Fighter*, p. 116.

324 *"O que eu fiz foi simplesmente"*: editores da revista *Black Belt*. *The Legendary Bruce Lee*, p. 130.

324 *cobrar por isso*: Stirling Silliphant fugiu dos Estados Unidos para a Tailândia na década de 1980, por conta de problemas com o fisco dos Estados Unidos (entrevista com Marshall Terrill, 2013).

324 *"Eu sou uma personalidade"*: BLOCK, Alex Ben. *The Legend of Bruce Lee*, p. 90; *Bruce Lee, The Lost Interview*, no programa *The Pierre Berton Show*, 9 de dezembro de 1971, p. 27.

325 *"Quando cheguei lá"*: THOMAS, Ted. "Bruce Lee: The Ted Thomas Interview", dezembro de 1971.

326 *"Você consegue se lembrar"*: Bruce Lee, *The Pierre Berton Show*.

326 *"Ele me fazia correr até"*: CLOUSE, Robert. *Bruce Lee: The Biography*, p. 72.

327 *"Bruce era o consultor"*: RAFIQ, Fiaz. *Bruce Lee Conversations*, p. 175.

327 *Durante as filmagens do episódio*: agendas de Bruce Lee. Os ensaios aconteceram nos dias 21, 22 e 23 de junho de 1971, e as filmagens do episódio foram realizadas nos dias 24, 25, 28, 29, 30 de junho e no dia 1º de julho de 1971.

327 *"Bruce Lee estava sempre na sala ao lado"*: RAFIQ, Fiaz. *Bruce Lee Conversations*, p. 196.

327 *"O chinês"*: John O'Connor, "In the Name of the Law Is the Name of the Game", *The New York Times*, 19 de setembro de 1971.

327 *"Bruce me ensinou o suficiente"*: editores da revista *Black Belt*, *The Legendary Bruce Lee*, p. 139.

327 *"o homem mais adorável"*: RAFIQ, Fiaz. *Bruce Lee Conversations*, p. 176.

327 *"filosofia fajuta"*: ibid., pp. 174-75.

328 *"Concluímos a filmagem de"*: LITTLE, John (org.). *Letters of the Dragon*, pp. 147-48.

16. O Último Magnata

331 *"Você sabe"*: UYEHARA, Mito. *Bruce Lee: The Incomparable Fighter*, pp. 75-7.

332 *arranjar um visto*: Bruce Lee é o mais famoso "anchor baby" dos Estados Unidos.*

332 *Brandon, com 5 anos de idade*: LEE, Linda. *The Bruce Lee Story*, p. 96.

333 *"Eu só pedi para"*: UYEHARA, Mito. *Bruce Lee: The Incomparable Fighter*, pp. 76-7.

334 *"tão natural"*: Documentário *The Brilliant Life of Bruce Lee*.

334 *"um sujeito muito direto"*: documentário *The Art of Action: Martial Arts in the Movies*.

334 *O garoto mais importante*: Bey Logan, *A Fúria do Dragão*, comentários do DVD.

335 *"Aqueles olhos"*: FRIEDMAN, Dave. *Enter the Dragon*, p. 83.

335 *Nascido no dia 23 de novembro de 1907*: a história de Run Shaw Run foi elaborada a partir de três fontes: KANDELLJAN, Jonathan. "Run Run Shaw, Chinese-Movie Giant of the Kung Fu Genre, Dies at 106" *The New York Times*, 6 de janeiro de 2014; ATYEO, Don; DENNIS, Felix. *Bruce Lee: King of Kung-Fu*, pp. 42-4; TEO, Stephen. *Hong Kong Cinema*, p. 104.

338 *lutas entre espadachins* (wuxia): *O Tigre e o Dragão* (2000) é o mais conhecido exemplo moderno do gênero *wuxia*.

338 *longa série de filmes de Wong Fei-hung*: entre 1949 e 1960, foram produzidos 59 filmes sobre Wong Fei-hung, parte de um total de 119 filmes feitos até os dias de hoje. Nascido em 1847, Wong Fei-hung foi um artista marcial cantonês, médico e herói folclórico.

---

* "Bebê âncora", o termo em inglês refere-se a crianças nascidas em algum país que concede direitos de cidadania por nascimento, e cujos parentes mais tarde usam esse direito para que também tenham acesso à cidadania naquele país. (N. dos T.)

Quase todas as grandes estrelas de ação de Hong Kong interpretaram Wong Fei-hung: Gordon Liu, Jackie Chan, Jet Li, Sammo Hung.

338 *A concepção de* A Morte em Minhas Mãos: Jimmy Wang Yu ficou famoso após seu papel no filme de luta de espadas *wuxia Espadachim de um Braço* (*The One-Armed Swordsman*, 1967).

338 *"Aquele filme foi ideia minha":* documentário *Golpes Imortais – A História das Artes Marciais no Cinema* (*Cinema of Vengeance*).

338 *segundo filme chinês mais popular:* o filme chinês com maior bilheteria até aquele momento havia sido *Dragon Gate Inn* (1967), arrecadando US$ 470 mil. *A Morte em Minhas Mãos* arrecadou US$ 415 mil.

339 *"Foi assistindo a Wang Yu":* LOGAN, Bey. *Hong Kong Action Cinema*, p. 27.

339 *Cathay Films:* TEO, Stephen. *Hong Kong Cinema*, p. 80.

339 *"cheguei a ter sete empregos diferentes":* Vivienne Chow, "Golden Harvest's Raymond Chow Recalls Glory Days of Hong Kong Film", *South China Morning Post*, 23 de março de 2013.

340 *"Você acha que pode fazer":* entrevista com Andre Morgan, 2013.

340 *"Eu mostrei o roteiro ao":* documentário *Golpes Imortais – A História das Artes Marciais no Cinema* (*Cinema of Vangeance*).

340 *"Shaw pensava em fazer":* documentário *A Arte Marcial no Cinema* (*The Art of Action*). Outra fonte de tensão no relacionamento entre Raymond Chow e Run Run Shaw era Mona Fong, uma cantora de casas noturnas que trabalhava na Shaw Bros. como dubladora. Run Run, que tinha tomado Mona como uma de suas amantes, a encarregara de cortar custos de produção de filmes. De acordo com os boatos no mundo do cinema de Hong Kong, Chow detestava ter Mona determinando o quanto ele podia gastar. Em minha entrevista com Chow, em 2013, perguntei se Mona tinha sido a razão do seu rompimento com a Shaw Bros. "Isso seria reduzir o tamanho do problema", disse-me Chow. "Havia um monte de coisas."

340 *Raymond propôs um acordo a Run Run:* entrevista com Andre Morgan, 2013. A ideia era fazer da Golden Harvest algo como foi feito com a United Artists: o artista de talento receberia salários mais baixos em troca de uma porcentagem dos lucros gerados pelo filme.

341 *"Não, não seja ridículo":* entrevista com Andre Morgan, 2013. Morgan disse ainda: "Estar à frente da produção de um filme exige uma certa capacidade de flexibilizar a verdade".

341 *o maior galã da colônia:* Jimmy Wang Yu teve um caso amoroso com a esposa do diretor de cinema Qin Jian, o que acabou se tornando um grande escândalo: o marido traído enforcou-se quando descobriu. Ele então se casou com a atriz Jeanette Lin Tsui (a Elizabeth Taylor de Hong Kong). Eles se tornaram então os queridinhos de Hong Kong.

341 *Jimmy levou seu plano adiante:* Andrew Morgan, que trabalhou durante muitos anos na Golden Harvest, conta uma versão diferente da história. Segundo Morgan, o plano de Jimmy Wang Yu não era romper publicamente com Shaw, mas sim roubar o seu contrato de dentro do cofre do escritório de Run Run. Raymond Chow tentou dissuadi-lo da

ideia, explicando que isso não teria efeito prático, uma vez que Shaw tinha cópias. Mas Jimmy teria ainda assim ido em frente. Quando o roubo foi descoberto, a polícia foi chamada. Procurado para dar depoimento, Wang Yu fugiu para Taiwan (entrevista com Andre Morgan, 2018). Já Raymond Chow nega o incidente, afirmando que "não aconteceu nada disso" (entrevista com Raymond Chow, 2018). Chaplin Chang, que trabalhou para Shaw Bros. e depois para a Golden Harvest, disse a Bey Logan que o contrato "desapareceu misteriosamente" (entrevista com Bey Logan, 2018). Eu não consegui entrar em contato com Jimmy Wang Yu, que estava doente, para que ele comentasse o caso.

341 *providenciou uma restrição judicial:* ATYEO, Don; DENNIS, Felix. *Bruce Lee: King of Kung-Fu*, p. 40.

341 *estúdio de produção:* LITTLE, John. *A Warrior's Journey*, p. 7.

342 *"Benedict Arnold":* entrevista com Andre Morgan, 2013.

343 *"Qual você acredita ser o seu melhor filme":* entrevista com Raymond Chow, 2013; LOGAN, Bey. *Hong Kong Action Cinema*, p. 31.

344 *"Unicorn e Bruce":* documentário *The Brilliant Life of Bruce Lee*.

344 *"Bruce fazia três":* KERRIDGE, Steve. *Legends of the Dragon*, Vol. 2, p. 63.

344 *"Se pagássemos o que ele estava pedindo":* LOGAN, Bey. *Hong Kong Action Cinema*, p. 27.

344 *Ele podia estar financeiramente "quebrado":* LEE, Linda. *The Bruce Lee Story*, p. 97.

344 *"Rainha das Espadas":* no início dos anos 1960, as estrelas mais populares do gênero *wuxia* (luta de espadas) eram as mulheres, não os homens. Isso não acontecia porque o público de Hong Kong era progressista, aliás muito pelo contrário. "Naquela época, ser ator era considerado uma coisa muito baixa", explica Cheng Pei Pei. "Os homens preferiam que suas esposas vissem mulheres fazendo isso." Foi somente após o sucesso de *Espadachim de um Braço* (1967), que estrelou Jimmy Wang Yu, que mais homens foram lançados como protagonistas em filmes de ação (documentário *A Arte Marcial no Cinema*).

345 *"cheirando a incenso":* LOGAN, Bey. *Hong Kong Action Cinema,* p. 27.

345 *"Não entre nessa":* CLOUSE, Robert. *Bruce Lee: The Biography*, p. 90; "Entrevista com Stirling Silliphant". Extras do DVD do filme *Círculo de Ferro*.

345 *No dia 28 de junho de 1971:* "The History of the Big Boss". Extras do DVD do filme *O Dragão Chinês*; entrevista com John Little, 2016.

346 *a partir de um mito popularmente difundido:* no filme biográfico produzido por Hollywood *Dragão – A História de Bruce Lee* (1993), há uma cena forte, com Bruce e Linda sentados no sofá com lágrimas nos olhos assistindo na TV à abertura da série *Kung Fu* com os créditos: "Estrelando David Carradine". No filme, Bruce parte para Hong Kong após sofrer essa rejeição por parte de um sistema racista de Hollywood, que escalou um ator branco para um papel que por direito lhe pertenceria. Na realidade, Bruce viajou para a Tailândia para filmar *O Dragão Chinês* no dia 12 de julho de 1971. A Warner Bros. e a ABC só anunciaram que realizariam a série *Kung Fu* no dia 22 de julho de 1971, e a seleção para o elenco só começou em setembro daquele ano. Bruce fez o teste para o papel depois de ter concluído as filmagens de *O Dragão Chinês*.

17. O Dragão Chinês

349   *deu US$ 50 a Linda:* LI, Paul. *From Limited to Limitless*, p. 68.

349   *"Bruce recusou-se":* LEE, Linda. *Bruce Lee: The Man Only I Knew*, p. 135.

350   *"Os mosquitos":* LEE, Linda. *The Bruce Lee Story*, pp. 102-03.

350   *cerca de US$ 400:* UYEHARA, Mito. *Bruce Lee: The Incomparable Fighter*, p. 83.

350   *"Nós ouvíamos dizer que eles estavam gastando":* LOGAN, Bey. *Hong Kong Action Cinema*, p. 27.

351   *"Nos filmes 'Mandarim'":* LITTLE, John. *The Celebrated Life of the Golden Dragon*, p. 36.

351   *"Esse diretor é uma porcaria":* entrevista com Raymond Chow, 2013.

352   *"Na verdade, as 'três pernas'":* documentário *The Brilliant Life of Bruce Lee*.

352   *técnico altamente valorizado:* LOGAN, Bey. *Fist of Fury*, comentários do DVD.

353   *"Outro diretor (um amante da fama)":* LITTLE, John (org.). *Letters of the Dragon*, p. 149.

353   *"Nossos conflitos começaram":* CHANG, Chaplin. *The Bruce They Knew*, pp. 23-4.

353   *"Este filme que estou fazendo":* LITTLE, John. *Letters of the Dragon*, p. 150.

354   *"Sua compreensão do* timing*":* LI, Paul. *From Limited to Limitless*, p. 71.

354   *"Era aí que estava a sutileza da coisa":* entrevista com Andre Morgan, 2013.

355   *"Lee faria três":* CHANG, Chaplin. *The Bruce They Knew*, pp. 22-3.

355   *"A filmagem está ganhando":* LITTLE, John. *Letters of the Dragon*, p. 151.

356   *"O personagem que interpretei":* LITTLE, John. *The Celebrated Life of the Golden Dragon*, p. 139.

356   *se despe:* "*Big Boss* Deleted Scenes". Extras do DVD do filme *O Dragão Chinês*.

356   *material de cunho sexual:* a versão original foi lançada em alguns mercados do idioma mandarim. Quase todas as cópias se perderam, embora ainda existam algumas em posse de colecionadores particulares. O material de cunho erótico cortado inclui uma cena de Bruce enterrando uma espada de 40 cm no crânio de um inimigo.

357   *"Nós tomamos o cão emprestado":* CHANG, Chaplin. *The Bruce They Knew*, pp. 23-4.

357   *"Passei por":* LITTLE, John. *Letters of the Dragon*, p. 159.

357   *Porém, Tom Tannenbaum:* BLOCK, Alex Ben. *The Legend of Bruce Lee*, p. 71.

358   *"Quem sabe o que o":* LITTLE, John. *Letters of the Dragon*, pp. 153-61.

358   *"'Nós estamos apenas começando'":* ibid., pp. 155-57. Bruce está se referindo à canção "We've Only Just Begun", da banda Carpenters.

359   *"Às vezes, Bruce esquecia":* LEE, Linda. *Bruce Lee: The Man Only I Knew*, p. 167. Esta parte da primeira biografia escrita por Linda (1975) foi excluída da segunda versão atualizada, *The Bruce Lee Story* (1989), assim como foram excluídas todas as passagens

do livro que pudessem soar críticas, ainda que remotamente. Por causa disso, o primeiro livro é muito mais interessante do que o segundo.

359 *"É engraçado"*: LEE, Linda. *The Bruce Lee Story*, p. 106.

359 *"Golden Harvest está terrivelmente"*: LITTLE, John. *Letters of the Dragon*, pp. 148, 149, 157, 158.

359 *"Você não perde por esperar"*: LEE, Linda. *The Bruce Lee Story*, p. 101.

359 *"aparando o gramado da minha casa"*: LI, Paul. *From Limited to Limitless*, p. 75.

360 *curta-metragem sobre o* jeet kune do: LITTLE, John. *Letters of the Dragon*, p. 148.

362 *"decepcionante"*: LEE, Linda. *The Bruce Lee Story*, p. 106.

362 *"Eu preciso de mais falas"*: ROGOSIN, Joel. "What Was It Like to Work with Bruce Lee?", *Huffingtonpost*, 29 de julho de 2014.

362 *"Ele fazia sair"*: RAFIQ, Fiaz. *Bruce Lee Conversations*, p. 193.

363 *"No primeiro episódio, "The Way of the Intercepting Fist"*: O'CONNOR, John. "In the Name of the Law Is the Name of the Game", *The New York Times*, 19 de setembro de 1971.

363 *"Cara, estou feliz que"*: UYEHARA, Mito. *Bruce Lee: The Incomparable Fighter*, p. 116.

363 *"O The New York Times disse algo"*: Bruce Lee, The Lost Interview, no programa *The Pierre Berton Show*, 9 de dezembro de 1971, p. 27.

363 *"Nós recebemos mais cartas de fãs"*: editores da revista *Black Belt*. *The Legendary Bruce Lee*, p. 131; CLOUSE, Robert. *Bruce Lee: The Biography*, p. 76.

364 *Quando estava sentado em seu escritório, Kuhn:* entrevista com Tom Kuhn, 2013.

364 *"Eu me lembro disso muito claramente"*: entrevista com Howard Friedlander, 2013. O *The Hollywood Reporter* também publicou uma reportagem intitulada "Warners TV Sets Three MOWs Talking Fourth", datada de 22 de julho de 1971: "A Warner Bros. Television concluiu as negociações com a rede ABC Television para o desenvolvimento de três filmes de noventa minutos para os programas 'Movie of the Weekie' e 'Movie of the Weekend' e está atualmente em negociações para um quarto filme, conforme anunciado por Thomas G. Kuhn, vice-presidente de produção da Warners TV. Os quatro filmes estão programados para a temporada 1971-1972. O quarto filme, agora em negociação, é 'Kung Fu', de Ed Spielman e Howard Friedlander".

365 *O processo de seleção do elenco:* entrevista com Tom Kuhn, 2013.

365 *"Foi por causa de* Longstreet *que"*: CLOUSE, Robert. *Bruce Lee: The Biography*, p. 76.

365 *"O que você está fazendo"*: entrevista com Tom Kuhn, 2013.

366 *"A série concebia um"*: Kung Fu: The Complete Edition: From Grasshopper to Cain: Creating Kung Fu, documentário da Warner Bros., 2003.

366 *Até mesmo Fred Weitraub:* WEINTRAUB, Fred. *Bruce Lee, Woodstock, and Me*, p. 28. Ed Spielman, que tinha visto Bruce em *O Besouro Verde*, nunca o considerou para o papel durante o processo de redação do roteiro, e pelo mesmo motivo: "Bruce Lee não era a pessoa certa para o papel, porque ele não era um cara muito humilde. Ele não era

um tipo de cara modesto e reservado. Ele poderia ter sido o abade do templo ou um dos bandidos".

366 *"teríamos muito trabalho":* entrevista com Tom Kuhn, 2013. *Looping*, ou *Additional Dialogue Recording* (ADR) [gravação de diálogos adicionais], é o processo de regravação de diálogos pelo ator original após o processo de filmagem para melhorar a qualidade do áudio ou alterar as falas.

367 *"Ele é fantástico":* WEINTRAUB, Fred. *Bruce Lee, Woodstock, and Me*, p. 6.

367 *"Eu compreendo":* entrevista com Tom Kuhn, 2013.

368 *"Conforme a série prosseguiu":* PILATO, Herbie J. *Kung Fu: Book of Caine,* p. 33. James Hong participou como ator convidado de nove episódios durante as três temporadas da série *Kung Fu* (1972-1975).

369 *polpudos US$ 25 mil:* LEE, Linda. *The Bruce Lee Story*, pp. 106-07.

369 *sete páginas datilografadas que serviriam como uma proposta para a TV:* eu não li o texto com a proposta de *Ah Sahm*, mas a ideia foi descrita para mim em detalhes por uma fonte confiável, que prefere permanecer anônima.

369 *As notáveis semelhanças:* grande parte da confusão em torno da autoria da série de TV *Kung Fu* tem origem no primeiro livro de memórias de Linda Lee, *Bruce Lee: The Man Only I Knew* (1975). "Mesmo antes disso [Longstreet], a Warner Brothers já havia descoberto que o próprio *Kung Fu* havia conquistado o gosto do público e decidido lançar uma série de TV", escreve ela. "O próprio Bruce estava trabalhando na ideia de um monge Shaolin, um mestre de *kung fu* que viajaria pelos Estados Unidos envolvendo-se em várias aventuras. O estúdio entrou em contato com Bruce, que de pronto envolveu-se de forma bastante intensa. Ele deu a eles inúmeras ideias, muitas das quais foram mais tarde incorporadas ao sucesso da TV, *Kung Fu*, protagonizado por David Carradine." (LEE, Linda. *Bruce Lee: The Man Only I Knew*, pp. 130-31).

370 *não está datada:* com base nas anotações de seus cadernos, parece provável que tenha sido de Bruce a ideia original de um guerreiro chinês solitário combatendo o mal no Velho Oeste americano. Também parece provável que Bruce só tenha escrito a proposta de sete páginas para *Ah Sahm* depois que Ashley lhe ofereceu um acordo de desenvolvimento, ou seja, depois que ele já tinha lido o roteiro de *Kung Fu*.

370 Warrior: a partir deste texto, a Cinemax produziu a série *Warrior*, com base na proposta original de Bruce Lee. A direção está a cargo de Justin Lin (*Velozes e Furiosos*) e o roteiro está sendo escrito por Jonathan Tropper (Banshee).

370 *Ele queria esperar:* entrevista com Linda Lee, 2013.

18. A Fúria do Dragão

373 *Boas-vindas dignas de um herói:* LI, Paul. *From Limited to Limitless*, p. 76.

374 *"À medida que o filme avançava":* ATYEO, Don; DENNIS, Felix. *Bruce Lee: King of Kung-Fu*, p. 49.

374 *"Isso faz parte dos benefícios trabalhistas"*: LEE, Linda. *Bruce Lee: The Man Only I Knew*, p. 147.

374 *"Eu não sabia quem era Bruce"*: CLOUSE, Robert. *Bruce Lee: The Biography*, p. 108.

374 *"Eu não esperava"*: ATYEO, Don; DENNIS, Felix. *Bruce Lee: King of Kung-Fu*, p. 49.

374 *"Naquela noite, todos os sonhos"*: LEE, Linda. *The Bruce Lee Story*, p. 107.

374 *3,2 milhões de dólares:* em 1972, 5,65 dólares de Hong Kong equivaliam a US$ 1. Dessa forma, 3,2 milhões de dólares de Hong Kong eram o equivalente a US$ 566.372. Seriam US$ 3,3 milhões atualizados para 2017. O custo da produção do filme foi de US$ 100 mil.

375 *"Até então, o filme de Julie Andrews"*: "The Big Boss Takes a Record Profit", *China Mail*, 19 de novembro de 1971.

375 *"uma porcaria de filme"*: CHANG, Chaplin. *The Bruce They Knew*, p. 23.

375 *"O que Lee fazia"*: ATYEO, Don; DENNIS, Felix. *Bruce Lee: King of Kung-Fu*, p. 50.

375 *produzido fiascos na tela:* ver Ed Parker em *Kill the Golden Goose*, Joe Lewis em *Jaguar Lives!*, Chuck Liddell em *A Morte e a Vida de Bobby Z* (*The Death and Life of Bobby Z*, 2007).

376 *"Bruce Lee em movimento"*: ARNOLD, Gary. "Shades of Cagney, Echoes of McQueen". *The Washington Post*, 25 de agosto de 1973.

376 *"Bruce tinha uma intensidade"*: RAFIQ, Fiaz. *Bruce Lee Conversations*, p. 258.

376 *"Eu posso senti-la"*: LEE, Linda. *The Bruce Lee Story*, p. 130.

376 *"Eu adquiri mais confiança"*: ATYEO, Don; DENNIS, Felix. *Bruce Lee: King of Kung-Fu*, p. 48.

376 *"Bruce fez mais pela"*: CLOUSE, Robert. *Bruce Lee: The Biography*, p. 102.

377 *sul do Mar da China:* a disputa pelas ilhas Senkaku e Diaoyu continua sendo até os dias de hoje uma fonte de tensão internacional.

377 *"Eu me lembro disso como se"*: entrevista com Frade Marciano Baptista, 2013.

378 *"Além do estipulado"*: LITTLE, John. *Letters of the Dragon*, p. 161.

378 *"Saberei com certeza"*: MOORE, Jack. "Bruce Lee – the $3 Million Box-Office Draw", *Hong Kong Sunday Post-Herald*, 21 de novembro de 1971; reimpresso em *ibid.*, p. 107. Quatro dias depois, Bruce deu uma entrevista mais provocativa ao *The China Mail*: "Para mim, não importa se *The Warrior* será produzido ou não. A série tem vantagens e desvantagens. É claro que estou orgulhoso de ser o primeiro chinês a estrelar na TV americana. Mas eu acho o trabalho de filmar para a TV sem graça e monótono" ("Will Li Hit Hollywood ou HK?", *China Mail*, 25 de novembro de 1971).

378 *no dia 25 de novembro de 1971:* Agendas de Bruce Lee.

378 *uma vez que os Warners poderiam:* durante a entrevista que Tom Kuhn me concedeu em 2014, ele disse: "Eu não sei quem na Warners fez essa ligação, mas isso foi na época em que assinamos com David Carradine".

378 *"Ele ficou extremamente desapontado"*: documentário *The Brilliant Life of Bruce Lee*.

379 *"Houve algumas cenas"*: MOORE, Jack. "Bruce Lee – the $3 Million Box-Office Draw", *Hong Kong Sunday Post-Herald*, 21 de novembro de 1971.

380 *"Senti muito ao saber"*: LITTLE, John. *Letters of the Dragon*, pp. 162-63. No mesmo dia 16 de dezembro de 1971, em uma carta a Ashley, Bruce também pediu os US$ 25 mil para o acordo de desenvolvimento: "Em meu compromisso com a Warner para fazer 'The Warrior' entre dezembro de 1971 e dezembro de 1972, acredito que há US$ 25 mil para mim". Não se sabe se Bruce chegou a assinar o contrato com a Warners ou se a Warners pagou a ele os US$ 25 mil, mas parece pouco provável que isso tenha acontecido. O assunto nunca mais foi mencionado nas cartas de Bruce e ele nunca trabalhou em outro projeto de TV com a Warners que justificasse um adiantamento de US$ 25 mil.

381 *No dia 18 de dezembro de 1971:* "Bruce Lee Can Stay On in HK", *Hong Kong Standard*, 18 de dezembro de 1971. Outros jornais chineses reforçaram ainda mais essa narrativa: "Cedendo às exigências de Bruce, a Warner Bros. concordou em adiar o início das filmagens do 'The Warrior' por seis meses para que Bruce possa cumprir suas obrigações em Hong Kong" (LI, Paul. *From Limited to Limitless*, pp. 85-6).

381 *"Seu contrato com Raymond"*: LEE, Linda. *The Bruce Lee Story*, p. 107.

381 *vendeu sua casa em Bel Air:* ele comprou a casa de Bel Air em 1968 por US$ 47 mil e a vendeu em 1971 por US$ 57 mil (extras do DVD do filme *O Dragão Chinês*).

382 *"Raymond passou o fim de semana"*: entrevista com Andre Morgan, 2013.

382 *Jing Wu:* o nome do filme *A Fúria do Dragão* na China é *Jing Wu Men*. Na América do Norte, foi renomeado como *The Chinese Connection* para aproveitar a onda da popularidade do filme *The French Connection* (1971) [exibido no Brasil com o nome *Operação França*].

382 *Modern Chivalry Heroes*: LIU, Petrus. *Stateless Subjects*, p. 50.

382 *"That is more interesting"*: LITTLE, John. *The Celebrated Life of the Golden Dragon*, p. 142.

383 *"Agora, vocês me ouçam bem"*: "Fist of Fury Location Guide with Bey Logan", extras do DVD do filme *A Fúria do Dragão*.

383 *"eu morri sob fogo cerrado"*: LITTLE, John. *The Celebrated Life of the Golden Dragon*, p. 142.

384 *"Senhor Katsu, eu o tenho"*: "Master of Bushido: An Interview with Jun Katsumura", extras do DVD do filme *A Fúria do Dragão*.

384 *um sincero desprezo:* Bey Logan, comentários do DVD do filme *A Fúria do Dragão*.

385 *"Ele nos disse para que fôssemos odiosos"*: "Blade of Fury: An Interview with Riki Hashimoto", extras do DVD do filme *A Fúria do Dragão*.

386 *Quando leu as falas de Lo Wei:* CHAN, Jackie. *I Am Jackie Chan*, pp. 167-69. Jackie Chan continuou estrelando vários filmes de Lo Wei, nenhum deles particularmente bem-sucedido. Após a morte de Bruce, Lo Wei continuou afirmando que ele teria ensinado Bruce a lutar diante das câmeras. Em uma entrevista concedida em 1988, ele disse: "As pessoas definitivamente não vão acreditar em mim se eu disser que Lee não sabia lutar. Mas eu lhe digo o seguinte: Lee não sabia lutar em frente às câmeras. Fui eu quem ensinou isso a ele. Eu disse a ele o que precisava fazer para lutar" (CHANG, Chaplin. *The Bruce They Knew*, pp. 20-1).

387 *"Tecnicamente, Han Ying-Chieh"*: LOGAN, Bey. *Hong Kong Action Cinema*, pp. 28-9. Bruce coreografou todas as suas próprias cenas de luta e Han Ying-Chieh ficou responsável pelas cenas das quais Bruce não participava. A diferença de estilo é óbvia quando se assiste ao resultado final. As cenas de Bruce são mais limpas, mais nítidas e mais explosivas; as cenas de Han Ying-Chieh trazem uma sensação de pantomima, com mais movimentos circulares dos braços e menos contato (LOGAN, Bey. *Hong Kong Action Cinema*, pp. 28-9).

387 *"Nós realmente nos golpeávamos"*: JOHNSTON, Will. "Bob Baker Interview", *Tracking the Dragon Convention*.

387 *Esse foi um momento pedagógico:* Bruce mencionou o ato de morder como uma possível estratégia de luta ao ensinar Mike Longstreet no episódio de estreia de *Longstreet*, "The Way of the Intercepting Fist".

388 *"Eu sou o mestre"*: Bey Logan, comentários do DVD do filme *A Fúria do Dragão*.

388 *"Eu conhecia bem a família dele"*: "The First Lady: An Interview with Nora Miao", extras do DVD do filme *A Fúria do Dragão*.

389 *"coisa parecida com a que houve com os Kennedy"*: Bey Logan, comentários do DVD do filme *A Fúria do Dragão*.

389 *sob condições incrivelmente severas*: assista ao clássico filme chinês *Adeus, Minha Concubina* (1993) para um vívido retrato da vida dos jovens estudantes de Ópera Chinesa.

389 *"Nós estávamos preparados"*: CHAN, Jackie. *I Am Jackie Chan*, pp. 166-67.

390 *"Sammo disse que foi um empate"*: ibid., p. 169.

390 *"Às refeições, Lee era sempre servido"*: CHANG, Chaplin. *The Bruce They Knew*, p. 95.

391 *"Se um lutador se ferisse"*: entrevista com Ip Chun, 2013.

391 *"Quando a situação apertava"*: documentário *The Brilliant Life of Bruce Lee*.

391 *"levaria dez de nós para Hollywood"*: ibid.

392 *"Todos os dublês de* kung fu*"*: CHANG, Chaplin. *The Bruce They Knew*, p. 40.

392 *"Ele realmente se dava muito bem"*: ibid., pp. 47-48.

392 *"Depois que Lo Wei dava"*: LOGAN, Bey. *Hong Kong Action Cinema*, p. 29.

392 *"Seu objetivo final"*: documentário *The Brilliant Life of Bruce Lee*.

393 *"Oh, meu Deus"*: entrevista com Nancy Kwan, 2013.

393 *chutes altos em sequência:* o historiador de cinema de Hong Kong Bey Logan atribui os chutes altos em sequência de Bruce a Louis Delgado, que treinou com Bruce e foi um dos melhores lutadores de *karatê* por pontos dos Estados Unidos.

393 *"por que ele berrava daquele jeito"*: documentário *The Brilliant Life of Bruce Lee*. Não há evidências de que Bruce fazia sons similares aos de um gato em suas brigas de rua. Durante minha pesquisa, perguntei a vários entrevistados sobre a origem dos gritos animalescos, mas ninguém sabia a resposta. Tudo indica que Bruce inventou esse recurso para *A Fúria do Dragão*.

393 *Em treze dias*: LEE, Linda. *Bruce Lee: The Man Only I Knew*, p. 150.

394 *cambistas vendiam ingressos:* ATYEO, Don; DENNIS, Felix. *Bruce Lee: King of Kung-Fu*, pp. 52-3.

394 *"O enredo de* A Fúria do Dragão*":* "Master of Bushido: An Interview with Jun Katsumura", extras do DVD do filme *A Fúria do Dragão*.

19. Concord

397 *US$ 16 milhões:* LI, Paul. *From Limited to Limitless*, p. 82.

397 *"Ele era apenas um ator":* CLOUSE, Robert. *Bruce Lee: The Biography*, p. 120.

397 *"Estou gostando":* UYEHARA, Mito. *Bruce Lee: The Incomparable Fighter*, p. 86.

397 *deusa romana da harmonia:* entrevista com Andre Morgan, 2015.

398 *colagem digna:* documentário *Bruce Lee, The Man and the Legend*.

398 *"A imagem é importante":* documentário *The Brilliant Life of Bruce Lee*; UYEHARA, Mito. *Bruce Lee: The Incomparable Fighter*, p. 126.

398 *"Ele gostava de roupas":* LEE, Linda. *Bruce Lee: The Man Only I Knew*, p. 155.

398 *túnicas longas, camisões muito folgados:* MILLER, Davis. *The Tao of Bruce Lee*, p. 140.

399 *"cofrinho de Bruce":* entrevista com Andre Morgan, 2015.

399 *nº 2 da Man Wan Road:* o endereço exato era 2 Man Wan Road, Sunlight Garden, 13th Floor, Flat A, Kowloon, Hong Kong.

399 *"Nossas roupas":* LEE, Linda. *The Bruce Lee Story*, p. 112.

399 *"Ao longo de todos esses anos":* UYEHARA, Mito. *Bruce Lee: The Incomparable Fighter*, p. 141.

400 *nº 41 da Cumberland Road:* Peter Farquhar, "Bruce Lee Fans Are Worried His Hong Kong Home Is About to Be Demolished", *Business Insider Australia*, 10 de setembro de 2015.

400 *Jardim japonês:* BLOCK, Alex Ben. *The Legend of Bruce Lee*, p. 85. O jardim japonês tinha um pequeno riacho e uma ponte de pedra. Não havia quintal na casa, pois uma linha ferroviária passava exatamente atrás dela (entrevista com John Little, 2018).

400 *US$ 23 milhões:* JENKINS, Nash. "Bruce Lee's Former Home in Hong Kong Faces an Uncertain Future", *Time*, 8 de setembro de 2015.

400 *Aos 3 anos de idade:* LEE, Linda. *Bruce Lee: The Man Only I Knew*, p. 112.

400 *"Por que você simplesmente não vai até lá?":* entrevista com Raymond Chow, 2013.

401 *"Brandon é o maior... tipo de atenção":* UYEHARA, Mito. *Bruce Lee: The Incomparable Fighter*, p. 142.

401 *"Ele costumava telefonar para mim":* entrevista com Nancy Kwan, 2013.

402 *"Eu não estava muito feliz":* entrevista com Betty Ting Pei, 2013. Essa foi a primeira ocasião em que ela revelou detalhes íntimos de sua relação com Bruce a um jornalista ocidental. Durante décadas ela fingiu que ela e Bruce teriam sido apenas amigos.

403 *"Em apenas duas breves semanas":* LI, Paul. *From Limited to Limitless*, p. 83.

403 *"Wang Yu era"*: entrevista com Andre Morgan, 2015.

404 *"Cada um deles é rei"*: KERRIDGE, Steve. *Bruce Lee: Legends of the Dragon*, v. 1, p. 17.

404 *"Eu escrevi o roteiro"*: documentário *Golpes Imortais – A História das Artes Marciais no Cinema*.

405 *em marcha chamava-se* Massacre em San Francisco*:* o nome do projeto foi posteriormente alterado para *A Man Called Tiger*. Depois que Bruce e Lo Wei se desentenderam, Bruce decidiu que faria *O Voo do Dragão*. Lo Wei pretendia substituir Bruce por Jimmy Wang Yu no projeto *Yellow Faced Tiger*, mas Bruce só daria autorização para tanto se Lo Wei mudasse o título para *A Man Called Tiger*. Bruce estava associado ao nome *Yellow Faced Tiger* e queria usá-lo como título para o filme que faria depois de *O Voo do Dragão*. Bruce acabou decidindo mudar o nome desse projeto de *Yellow Faced Tiger* para *Game of Death* (Jogo da Morte). Após a morte de Bruce, Lo Wei fez *Yellow Faced Tiger* em 1974 [lançado no Brasil com o nome de *Massacre em San Francisco*]. Lo Wei filmou o longa em São Francisco e escalou Chuck Norris como o vilão. O filme foi lançado nos Estados Unidos com o nome de *Slaughter in San Francisco*. O filme é tão ruim que acabou se tornando uma fonte de constrangimento para Norris. "Posso dizer honestamente que nunca assisti ao filme", diz Norris, "mas eu sempre sei quando ele é exibido na TV a cabo, porque meus amigos me ligam e me avisam!" (LOGAN, Bey. *Hong Kong Action Cinema*, p. 34; LI, Paul. *From Limited to Limitless*, p. 94).

405 *trocou o nome do longa para* The Way of the Dragon*:* na América do Norte, *O Voo do Dragão* [no original, *Way of the Dragon*] foi rebatizado como *Return of the Dragon*, porque só foi lançado na América do Norte depois de *Operação Dragão* ter se tornado um sucesso de bilheteria.

405 *filme com Sam Hui*: Bruce convidou Sam Hui para um jantar especial para desculpar-se por ter causado atrasos em seu filme *Iron Fist Love Song*. Linda Lee e a esposa de Sam, Rebu Hui, que era nipo-americana, acabaram mais tarde se tornando grandes amigas – duas esposas estrangeiras de atores famosos vivendo em uma cidade chinesa.

405 *"Nós logo embarcaremos"*: CHANG, Chaplin. *The Bruce They Knew*, pp. 5-9.

20. Eastern Spaghetti

411 *"Ele constatou que"*: KERRIDGE, Steve. *Legends of the Dragon*, v. 2, pp. 69-70.

411 *"É muito engraçado"*: LITTLE, John. *The Celebrated Life of the Golden Dragon*, 150.

412 *decadente Dinastia Qing*: LI, Paul. *From Limited to Limitless*, p. 95.

412 *"Eu irei para Hong Kong"*: UYEHARA, Mito. *Bruce Lee: The Incomparable Fighter*, p. 116; ATYEO, Don; DENNIS, Felix. *Bruce Lee: King of Kung-Fu*, p. 48. "Bruce sempre adorou citar o fato de Clint Eastwood ter filmado *Westerns* na Itália antes de retornar para os Estados Unidos", diz James Coburn. "Assim como Hollywood, que tinha sido até então a melhor na produção desse tipo de filme, acabou sendo batida pelas produções italianas, Bruce estava confiante de que os filmes de artes marciais tinham o mesmo 'potencial de importação'."(LI, Paul. *From Limited to Limitless*, p. 95).

412 *concluísse uma versão preliminar*: KERRIDGE, Steve. *Legends of the Dragon*, v. 2, p. 17.

412 *"Ele é um homem simples"*: ATYEO, Don; DENNIS, Felix. *Bruce Lee: King of Kung-Fu*, p. 30.

413 *"A todo momento saía"*: ibid., p. 55.

413 *"Ele era seguido"*: extras do DVD do filme *Círculo de Ferro*. Para o almoço do dia seguinte, Bruce levou um presente especial para seu antigo patrono de Hollywood. "Ele chegou com as duas garotas orientais mais bonitas que eu já havia visto na vida. Ele disse que estava tudo pronto para passarmos a tarde, mas eu tive que sair mais cedo para uma entrevista que estava agendada em uma rede de televisão", afirma Silliphant. "Bruce acabou ficando só com as duas garotas, e no dia seguinte ele me disse: 'Rapaz, você não sabe o que perdeu'" (BLOCK, Alex Ben. *The Legend of Bruce Lee*, p. 115).

414 *"Nem sei como começar"*: KERRIDGE, Steve. *Legends of the Dragon*, v. 1, p. 33.

414 *"Eu não descarto"*: ibid., p. 16.

415 *"Lo Wei ficou realmente furioso"*: "The First Lady: An Interview with Nora Miao", extras do DVD do filme *A Fúria do Dragão*.

415 *"praguejava em cantonês"*: entrevista com Chaplin Chang, 2013; RAFIQ, Fiaz. *Bruce Lee Conversations*, p. 232.

415 *Lo Wei decidiu vazar seu rancor para:* KERRIDGE, Steve. *The Bruce Lee Chronicles: An Inside Look at Way of the Dragon*, v. 1.

415 *gerente de produção Chaplin:* Chaplin Chang tinha trabalhado para o famoso diretor King Hu. Tadashi Nishimoto era um dos vários cineastas japoneses que Shaw Bros. havia contratado com o objetivo de alcançar os padrões de qualidade da indústria cinematográfica japonesa mais avançada dos anos 1960. Entre os títulos que levam seu nome estão *The Love Eternal* (1963), *The Magnificent Concubine* (1964), *O Grande Mestre Beberrão* (1966), este último dirigido por King Hu.

415 *"paramos em uma butique da Gucci"*: KERRIDGE, Steve. *Legends of the Dragon*, v. 1, pp. 88-9.

416 *"três pequenas taças de saquê"*: ibid., p. 110.

416 *único tipo de bebida alcoólica:* os diferentes tipos de álcool parecem afetar as pessoas que sofrem de reação ao álcool de maneira diferente. Com base em relatos não científicos, bebidas claras, como vodca, gim, soju e saquê, causam menos dano do que cerveja, vinho ou uísque. Com base nisso, o fato de que três pequenas doses de saquê tenham feito Bruce suar tanto a ponto de um garçom lhe entregar uma toalha para secar o rosto indica que Bruce continuava sofrendo de reação ao álcool – mesmo ao beber saquê.

416 *"70 mil ou 80 mil liras"*: entrevista com Chaplin Chang, 2013.

416 *"Honestamente, eu tinha dúvidas"*: RAFIQ, Fiaz. *Bruce Lee Conversations*, p. 233.

417 *"Nós não tínhamos nada para fazer"*: "The First Lady: An Interview with Nora Miao", extras do DVD do filme *A Fúria do Dragão*.

417 *"quando descemos para tomar o café da manhã"*: entrevista com Chaplin Chang, 2013.

418 *"Foi um flertezinho"*: entrevista com Andre Morgan, 2013.

418 *este desembarcasse do avião:* para economizar tempo e dinheiro, Bruce filmou Chuck Norris saindo do avião no momento em que ele de fato chegou a Roma. A equipe de produção chinesa pagou aos funcionários certos para permitir que as câmeras fossem posicionadas na pista de pouso.

418 *"Eu sabia":* NORRIS, Chuck. *The Secret of Inner Strength*, p. 71.

418 *"Chuck desligou o telefone após falar":* entrevista com Bob Wall, 2013.

418 *"não gostava dele":* entrevista com Chaplin Chang, 2013. *Black Belt*, setembro de 1997, pp. 10, 11, 30.

419 *"Quanto o seu próximo":* KERRIDGE, Steve. *Legends of the Dragon*, v. 1, pp. 195-99.

419 *Kam Yeh Po:* LI, Paul. *From Limited to Limitless*, p. 96.

420 *"Nada de bom pode surgir de uma":* NORRIS, Chuck. *The Secret of Inner Strength*, p. 73.

421 *"O fato é":* KERRIDGE, Steve. *Legends of the Dragon*, v. 1, pp. 231-34.

421 *"Lembro-me de alguém":* KERRIDGE, Steve. *Legends of the Dragon*, v. 2, pp. 69-70.

422 *"Ele garantia":* OVERALL, John., *Bruce Lee Review*, p. 175.

422 *"um sujeito muito divertido":* RAFIQ, Fiaz. *Bruce Lee Conversations*, p. 217.

422 *"eu era sua namorada":* entrevista com Betty Ting Pei, 2013.

422 *"Eu encontrei":* entrevista com Anders Nelsson, 2013.

422 *"Bruce estava realmente apaixonado":* entrevista com Andre Morgan, 2013.

422 *"Quem vai ganhar":* NORRIS, Chuck. *The Secret of Inner Strength*, pp. 71-2.

423 *"alce gordo":* entrevista com Bob Wall, 2013.

423 *"filme da luta de Williams":* MILLER, Davis. *The Tao of Bruce Lee*, p. 125.

423 *"Aprendemos muito":* KERRIDGE, Steve. *Legends of the Dragon*, v. 2, p. 27.

423 *as opiniões sobre esse filme variam muito:* sobre *O Voo do Dragão*, Alex Ben Block, que em 1974 escreveu a primeira biografia de Lee, disse: "Do ponto de vista da direção, é um filme tolo, indulgente e bastante banal. Na minha opinião, é o pior filme de Lee". Don Atyeo, que escreveu a segunda biografia, em 1975, disse: "Na opinião deste escritor, foi o melhor trabalho dele... *O Voo do Dragão* é um obra cinematográfica sofisticada sob qualquer ângulo de análise" (BLOCK, Alex Ben. *The Legend of Bruce Lee*, p. 92; ATYEO, Don; DENNIS, Felix. *Bruce Lee: King of Kung-Fu*, p. 56).

425 *instrumento de percussão:* LEE, Linda. *The Bruce Lee Story*, p. 127.

425 *em 35mm:* entrevista com John Little, 2018.

425 *"Nunca antes uma estrela de cinema":* entrevista com Ted Thomas, 2014.

425 *cigarros Winston:* LI, Paul. *From Limited to Limitless*, pp. 109-10.

425 *"eu fui até a Golden Harvest":* CHANG, Chaplin. *The Bruce They Knew*, p. 50.

426 *"O dinheiro que":* LEE, Linda. *The Bruce Lee Story*, p. 128.

426 *Bruce se sentia menosprezado:* LI, Paul. *From Limited to Limitless*, p. 113. Grande parte das reportagens negativas foi centrada no relacionamento entre Bruce e Raymond Chow. Os tabloides especulavam que Bruce e Raymond teriam se desentendido por causa de

dinheiro. Os dois estavam de fato se desentendendo, mas principalmente por conta do comando sobre o filme. "Raymond e Bruce eram grandes amigos, mas ao mesmo tempo também brigavam muito, porque Bruce gostava de desafiar todo mundo", diz Louis Sit, que era gerente de estúdio da Golden Harvest. "Raymond nunca confrontaria Bruce em um tema ligado ao *kung fu*, mas Bruce confrontava Raymond em assuntos como produção, negócios, distribuição, vendas, relações públicas, tudo. Ele gostava de ser o chefão ("'Inside Way of the Dragon', An Interview with Louis Sit", extras do DVD do filme *O Voo do Dragão*).

426 *não chegou a arrecadar 2 milhões de dólares:* LI, Paul. *From Limited to Limitless*, p. 113. Antes do lançamento, o título do projeto cinematográfico de Lo Wei e Jimmy Wang Yu havia sido mudado de *Yellow Faced Tiger* para *A Man Called Tiger*.

426 *"A resposta do público a":* "'Inside Way of the Dragon,' An Interview with Louis Sit", extras do DVD do filme *O Voo do Dragão*.

427 *"O que você achou do filme?":* LI, Paul. *From Limited to Limitless*, p. 115. A relação de Bruce e Peter se tornou mais distante após esse episódio.

427 *"Um estrondoso grito irrompeu":* "entrevista com Andre Morgan", extras do DVD do filme *O Voo do Dragão*.

428 *"Eu não sou um professor":* LEE, Bruce. *Northern Leg Southern Fist*, pp. 47-60.

429 *"Raymond dizia":* entrevista com Andre Morgan, 2015.

429 *"Eu não estou satisfeito":* LEE, Linda. *Bruce Lee: The Man Only I Knew*, pp. 151-53; BLOCK, Alex Ben. *The Legend of Bruce Lee*, p. 77.

430 *"Espero fazer":* BLOCK, Alex Ben. *The Legend of Bruce Lee*, p. 77.

430 *pagode de madeira:* o pagode criado para *Jogo da Morte* foi baseado no Beopjusa Palsangjeon, localizado na Coreia do Sul (LITTLE, John. *A Warrior's Journey*, p. 73.)

430 *"Quando o filme começa":* LITTLE, John. *Words of the Dragon*, p. 138.

431 *"otimismo cauteloso":* entrevista com Andre Morgan, 2015.

431 *"O filme pode ser produzido":* LITTLE, John. *Words of the Dragon*, p. 123.

431 *"Quando um ator":* entrevista com Raymond Chow, 2013.

432 *A farsa de Bruce:* Chow também concordou em cancelar o contrato anterior deles relacionado à Concord Productions. Em 21 de agosto de 1972, Bruce e Raymond Chow assinaram um acordo de apenas seis linhas que cancelava o contrato da Concord Productions assinado no dia 1º de dezembro de 1971. Bruce recusou-se a assinar imediatamente um novo contrato com Chow, criando para si um espaço para manobras ainda mais amplo. (LI, Paul. *From Limited to Limitless*, p. 100).

432 *"O público chinês vai enlouquecer":* UYEHARA, Mito. *Bruce Lee: The Incomparable Fighter*, p. 59.

432 *"Eu estava tentando":* ibid., p. 111.

432 *"Tive que pegá-lo":* RAFIQ, Fiaz. *Bruce Lee Conversations*, p. 248.

432 *"mudava de ideia":* entrevista com Dan Inosanto, 2013.

432 *"Bruce fazia filmes":* editores da revista *Kung-Fu Monthly*. *Who Killed Bruce Lee?*

433 *"Nossos níveis eram"*: RAFIQ, Fiaz. *Bruce Lee Conversations*, p. 251.

433 *Coburn educadamente*: De acordo com John Little, Bruce finalmente se decidiu por Wong In Sik, que havia sido um de seus inimigos em *O Voo do Dragão*, para ser o guardião do primeiro andar, Taky Kimura para ser o guardião do segundo, Dan Inosanto para o terceiro, Ji Han Jae para o quarto e Kareem Abdul-Jabbar para guardar o quinto andar (LITTLE, John. *A Warrior's Journey*, pp. 79-83).

433 *material bruto*: o material com essas cenas originais foi considerado perdido até ser redescoberto nos arquivos da Golden Harvest pelo cineasta e historiador de Hong Kong Bey Logan, em 1999. A Golden Harvest tinha editado ainda mais a edição original de Bruce, eliminando os dois parceiros de Bruce, e depois usou esse material para a criação de uma história completamente diferente da original na sua versão de *Jogo da Morte*, lançada em 1978.

433 *inspirado em um traje de esqui*: entrevista com Davis Miller, 2013.

433 *"Eu apareço vestido com um traje tipicamente"*: entrevista com Dan Inosanto, 2013.

433 *Quando o trio enfrenta*: LOGAN, Bey. *Hong Kong Action Cinema*, pp. 35-7.

434 *cena em que o segredo seria revelado*: entrevista com Andre Morgan, 2015.

434 *Ni Kuang*: LI, Paul. *From Limited to Limitless*, p. 105. Nascido em 1935, Ni Kuang já escreveu mais de trezentos romances de *wuxia* e de ficção científica em língua chinesa e mais de quatrocentos roteiros para o cinema.

21. A Fama e seus Dissabores

437 *"que a porra dos Beatles"*: entrevista com Joe Torrenueva, 2013.

437 *"A maior desvantagem"*: LEE, Linda. *Bruce Lee: The Man Only I Knew*, pp. 153-54.

438 *"eu agora estivesse na cadeia"*: BLOCK, Alex Ben. *The Legend of Bruce Lee*, p. 99.

438 *"Você quer lutar"*: entrevista com Nancy Kwan, 2013.

438 *"Aquele cara invadiu"*: MILLER, Davis. *The Tao of Bruce Lee*, p. 148.

438 *"nossos filhos sempre protegidos"*: entrevista com Linda Lee, 2013.

438 *"Aconteceu de chegar gente"*: BLOCK, Alex Ben. *The Legend of Bruce Lee*, p. 100.

439 *portar um revólver*: ATYEO, Don; DENNIS, Felix. *Bruce Lee: King of Kung-Fu*, p. 67.

439 *"muito paranoico"*: MILLER, Davis. *The Tao of Bruce Lee*, p. 145.

439 *Bruce passou um dia*: LOGAN, Bey. *Hong Kong Action Cinema*, p. 31.

440 *"Bruce estava com mais raiva"*: entrevista com Andre Morgan, 2015.

440 *"Bem, querido amigo"*: LITTLE, John (org.). *Letters of the Dragon*, pp. 168-69.

440 *"Vocês têm milhares de fotos"*: BLOCK, Alex Ben. *The Legend of Bruce Lee*, p. 100.

440 *havia sido hostil com a imprensa*: ATYEO, Don; DENNIS, Felix. *Bruce Lee: King of Kung-Fu*, p. 67. Yi Bao-Yao, um *paparazzo* de Hong Kong, lembra-se de um confronto que travou com Bruce: "Eu tinha ficado esperando na rede de televisão até anoitecer, e quando finalmente vi Bruce entrando com pressa no estúdio, tirei algumas fotos

rapidamente para não correr o risco de sair de lá de mãos vazias. Quem poderia esperar que, ao perceber que estava sendo fotografado, Bruce viesse para cima de mim, gritando e praguejando? Para ser honesto, eu fiquei um pouco assustado na hora, mas, devido à minha personalidade, eu não podia desistir tão facilmente. Em vez disso, eu lhe disse: 'Você se lembra do que disse recentemente no aeroporto sobre a amizade entre os chineses? O que aconteceu com esse seu pensamento?'. Ele parou por um momento e depois apontou o dedo para mim, dizendo que eu havia obrigado ele a reagir violentamente daquela forma. Nesse momento, um amigo meu que trabalhava no *set* caminhou até onde estávamos e perguntou a Bruce se ele poderia tirar algumas fotos, tentando distraí-lo e me tirar do foco. Bruce aproveitou a oportunidade para enfatizar que ele estava sempre muito disposto a posar para fotos quando as pessoas pediam educadamente, mas ele não suportava que as pessoas tirassem fotos escondidas, sem seu conhecimento. Nesse momento, o cunhado de Bruce, Yu Ming, saiu da sala de maquiagem e disse a ele que eu era sobrinho de um amigo, Yi Qiushui, e que ele deveria deixar eu tirar algumas fotos. No início ele ficou surpreso, depois continuou resmungando sobre como tudo tinha sido minha culpa, por tê-lo irritado. Sempre que vi Bruce depois disso, ele apertava minha mão muito educadamente, fazendo-me sentir um pouco envergonhado pelo nosso encontro anterior" (LI, Paul. *From Limited to Limitless*, p. 104; BAO-YAO, Yi. *Twenty Years of Movie History*).

440 *"Lee estava sempre irritado"*: CHANG, Chaplin. *The Bruce They Knew*, p. 156.

441 *"casamento inter-racial"*: LITTLE, John. *Words of the Dragon*, p. 119.

441 *escrever seu sobrenome:* BLOCK, Alex Ben. *The Legend of Bruce Lee*, p. 100.

441 *"Eu sou chinês"*: LITTLE, John. *Words of the Dragon*, pp. 124-30.

442 *"Suas camisas floridas"*: LI, Paul. *From Limited to Limitless*, pp. 87-8.

442 *"Desde que eu comecei"*: LEUNG, Wong Shun. "Wong Shun Leung and His Friendship with Bruce Lee", *Real Kung Fu Magazine*, 1980. A carta de Bruce foi enviada no dia 11 de janeiro de 1970.

443 *"Eles se acovardaram"*: Mito Uyehara. *Bruce Lee: The Incomparable Fighter*, p. 78.

443 *"Você viu meu filme?"*: entrevista com Wan Kam Leung, 2013.

445 *"Se for apenas um estudo... têm um nível semelhante"*: LEUNG, Wong Shun. "Wong Shun Leung and His Friendship with Bruce Lee". *Real Kung Fu Magazine*, 1980.

446 *"Se eu tivesse que escolher"*: entrevista com Wan Kam Leung, 2013.

446 *"Se um artista marcial"*: KERRIDGE, Steve. *Legends of the Dragon*, v. 1, pp. 232-33.

447 *Graham Jenkins:* ATYEO, Don; DENNIS, Felix. *Bruce Lee: King of Kung-Fu*, p. 67.

447 *"Ele achava que"*: entrevista com Andre Morgan, 2015.

447 *o processo judicial:* Linda Lee abandonou discretamente esse processo judicial após a morte de Bruce.

448 *A Revolução Cultural:* na China continental, estavam sendo registradas ocorrências de estudantes cercando professores e espancando-os, às vezes até a morte, nas escolas do

ensino fundamental, do ensino médio e nas universidades (YONGYI, Song. "Chronology of Mass Killings During the Chinese Cultural Revolution [1966-1976]").

448 *"Você ainda me vê":* CHEUNG, Hawkins. "Bruce Lee's Classical Mess: Cleaning Up the Mess the 'Little Dragon' Left Behind", *Inside Kung-Fu*, fevereiro de 1992.

448 *Os dois então passearam:* entrevista com Ip Chun, 2013.

449 *"É muito difícil entender":* LI, Paul. *From Limited to Limitless*, pp. 111-12.

450 *"esses malditos":* UYEHARA, Mito. *Bruce Lee: The Incomparable Fighter*, p. 79.

450 *"Quando meu pai":* LI, Paul. *From Limited to Limitless*, p. 112.

450 *Ele humildemente desculpou-se:* entrevista com Ip Chun, 2013.

22. Blood & Steel

453 *Weintraub e Heller:* WEINTRAUB, Fred. *Bruce Lee, Woodstock, and Me*, pp. 8-9.

454 *"Caro Ted":* LITTLE, John (org.). *Letters of the Dragon*, pp. 165-66.

455 *roteirista novato Michael Allin:* Michael Allin era protegido do famoso roteirista John Milius. Quando Paul Heller, que coproduziu *Operação Dragão*, estava desenvolvendo um faroeste chamado *Pistoleros*, ele não podia dar-se ao luxo de pagar Milius para reescrever o roteiro. Milius indicou então Allin. Heller e Allin então trabalharam juntos no roteiro de *Pistoleros*. O filme não chegou a sair do papel, mas os dois se tornaram amigos. Quando foi preciso contratar um roteirista barato para *Operação Dragão*, Heller escolheu Allin. Depois de *Operação Dragão*, Michael Allin escreveu o roteiro para *Flash Gordon* (1980), outro filme com um vilão no estilo de Fu Manchu (entrevista com Michael Allin, 2013).

455 *"China e o Oriente":* Paul Heller, extras do DVD do filme *Blood & Steel*.

455 *"Roubei de James Bond":* entrevista com Michael Allin, 2013.

455 *"Eu vi ali a oportunidade":* WEINTRAUB, Fred. *Bruce Lee, Woodstock, and Me*, pp. 10-2.

455 *"O que nós queríamos era um acordo justo":* entrevista com Raymond Chow, 2013.

456 *"Foi um alívio":* entrevista com Andre Morgan, 2015.

456 *"Aquele covarde":* UYEHARA, Mito. *Bruce Lee: The Incomparable Fighter*, p. 126.

456 *"Steve, seu rato sujo":* "Memories of the Master: An Interview with Pat Johnson". Extras do DVD do filme *O Voo do Dragão*. Depois dessa brincadeira, McQueen enviou a Bruce uma carta de congratulações: "Caro Bruce, quero lhe dizer duas coisas importantes que tenho pensado sobre você: agora você é um grande astro, mas espero que você nunca permita que isso mude você. Em segundo lugar, desejo a você e à sua família toda a felicidade. Está tudo indo muito bem comigo no momento, mental e fisicamente. Seu irmão, Steve McQueen" (LI, Paul. *From Limited to Limitless*, p. 108).

456 *"valor ridiculamente baixo":* entrevista com Fred Weintraub, 2013. Os dois longas-metragens que Robert Clouse dirigiu antes de *Operação Dragão* foram *A Morte Não Marca Hora* (*Darker than Amber*, 1970) e *Dreams of Glass* (1970).

457 *"Temos que conversar":* entrevista com Michael Allin, 2013.

458 *"Ele foi extremamente"*: LI, Paul. *From Limited to Limitless*, pp. 107-08.

458 *"Quando A Flauta Silenciosa"*: LI, Paul. *From Limited to Limitless*, p. 109.

459 *"Éramos daltônicos"*: entrevista com Fred Weintraub, 2013.

459 *"Bob vai fazer"*: entrevista com Bob Wall, 2013.

459 uma história no mundo do karatê: John Saxon havia estudado um pouco de *karatê* e um pouco de *tai chi*. Ele não era um aluno avançado, mas conhecia o básico.

459 *"uma porcaria"*: RAFIQ, Fiaz. *Bruce Lee Conversations*, p. 263.

459 a verdadeira estrela: entrevista com Fred Weintraub, 2013.

459 Bolo Yeung (Bolo): mais tarde, Bolo Yeung interpretaria o vilão contra Jean-Claude Van Damme em *O Grande Dragão Branco* (*Bloodsport*, 1988) e *Duplo Impacto* (*Double Impact*, 1991).

460 *"uma coincidência"*: entrevista com Betty Ting Pei, 2013.

460 *"me chamava de* Dragon Lady*"*: *ibid*.

460 *"como Bruce era talentoso"*: entrevista com Chaplin Chang, 2013.

460 *"É muito difícil"* entrevista com Betty Ting Pei, 2013. Uma vez que Betty não fala sobre o motivo que fez com que eles se separassem, não há como saber exatamente o que foi dito durante a discussão. Mas, considerando a reação de Bruce, muitos acham que Betty ameaçou tornar público o relacionamento entre eles.

460 Executivos a interceptaram: entrevista com Andre Morgan, 2015.

460 Em 23 de dezembro de 1972: "Betty Ting Pei Denies Suicide Attempt Yesterday", *New Lantern Newspaper*, 23 de dezembro de 1972.

461 *"Aquela garota burra"*: UYEHARA, Mito. *Bruce Lee: The Incomparable Fighter*, p. 138.

461 E foi nesse dia que John: "Você achou que seria o astro do filme?", perguntei a Saxon durante a nossa entrevista. Ele respondeu com um sorriso: "Certamente não após aquela primeira manhã" (entrevista com John Saxon, 2013).

461 *"Era para ser"*: FRIEDMAN, Dave. *Enter the Dragon*, p. 166.

462 *"Bruce estava sob enorme"*: LEE, Linda. *Bruce Lee: The Man Only I Knew*, pp. 186-87.

462 Michael Allin tinha chegado: entrevista com Michael Allin, 2013.

464 *"'Sério? Ele está na cidade?'"*: entrevista com Andre Morgan, 2013.

464 Quando encontrou Weintraub: CLOUSE, Robert. *Bruce Lee: The Biography*, p. 144.

464 *"Arranje um pato que seja capaz de atuar"*: entrevista com Michael Allin, 2013.

465 *"das pequenas sampanas"*: entrevista com Andre Morgan, 2013.

466 *"Ficamos surpresos"*: WEINTRAUB, Fred. *Bruce Lee, Woodstock, and Me*, p. 25.

466 *"Você não pode imaginar"*: CHAN, Jackie. I Am Jackie Chan, pp. 173-74.

467 *"Bruce ficou muito zangado"*: entrevista com Chaplin Chang, 2013.

467 *"Bruce ficou bravo... para o resto do filme"*: entrevista com Andre Morgan, 2013.

467 *"Eles colocaram um escudo almofadado em Bob"*: LOGAN, Bey. *Hong Kong Action Cinema*, p. 39. Bob Wall nega raivosamente que tenha em algum momento usado uma almofada

para se proteger dos chutes de Lee. Sugerir isso é, em sua opinião, um insulto à sua tenacidade. Entretanto, além de Zebra Pan, há duas outras testemunhas oculares que o viram usar um aparato para proteger o tórax: Dave Friedman, fotógrafo da Warner Bros., e Philip Ko Fei, um dublê chinês.

467 *"Estamos falando de algo complexo"*: entrevista com Bob Wall, 2013.

468 *"Não importava"*: entrevista com Andre Morgan, 2013.

468 *"Ele era um monge Shaolin"*: entrevista com Michael Allin, 2013.

468 *"Jim Kelly trepava com qualquer coisa"*: entrevista com Paul Heller, 2013. Paul Heller me disse o seguinte: "Kelly acabou contraindo uma gonorreia bastante severa". Já Fred Weintraub me disse o seguinte: "As bolas dele ficaram do tamanho de uma bola de boliche. Eu não sei qual era o problema exatamente". Bob Wall, por sua vez, me disse o seguinte: "Eu nem sei o que Jim tinha, mas sei que as bolas dele ficaram inchadas".

468 *"havia muitas garotas chinesas"*: entrevista com John Saxon, 2013.

469 *"As paredes do salão tinham"*: LITTLE, John. *Warner Brothers Enter the Dragon*, pp. 26-7.

469 *"Calma, filho"*: THOMAS, Bruce. *Bruce Lee: Fighting Spirit*, p. 187.

469 *"exaustão total"* CLOUSE, Robert. *Bruce Lee: The Biography*, p. 151.

469 *"Durante o ensaio"*: documentário *Blood & Steel*.

469 *"Quando meu oponente expande"*: os produtores norte-americanos acabaram cortando essas falas da primeira versão que foi lançada nos cinemas. "No que se refere à filosofia", diz Weintraub, "eu acho que só cabe usar um pouco dela com o público norte-americano". Após um protesto dos fãs de Bruce Lee, a Warner Bros. reinseriu a cena em versões posteriores do filme (LOGAN, Bey. *Hong Kong Action Cinema*, pp. 39-40).

470 *"Ao ver"*: FRIEDMAN, Dave. *Enter the Dragon*, p. 27.

470 *"Quando assistimos"*: CLOUSE, Robert. *The Making of Enter the Dragon*, p. 197.

470 *"filme sobre a saga de uma família"*: WEINTRAUB, Fred. *Bruce Lee, Woodstock, and Me*, p. 18.

470 *"a ideia de um filme de monstros"*: FRIEDMAN, Dave. *Enter the Dragon*, p. 8.

470 *"Depois de duas horas"*: LEE, Linda. *The Bruce Lee Story*, p. 132.

470 *"Pense bem"*: LITTLE, John. *Letters of the Dragon*, p. 181.

471 ele nunca mais faria um filme: CLOUSE, Robert. *Bruce Lee: The Biography*, p. 161.

471 *"Olhando em retrospectiva"*: WEINTRAUB, Fred. *Bruce Lee, Woodstock, and Me*, p. 18.

23. Batendo à Porta do Céu

473 *Um homem menos ambicioso:* John Saxon recorda-se: "Um dia eu perguntei: 'Bruce, o que você faria se tivesse 1,95 m e pesasse 90 quilos?'. Ele parou e pensou bastante antes de dizer: 'Se eu tivesse 1,95 m e 90 quilos, eu governaria o mundo'. Ele era muito ambicioso" (RAFIQ, Fiaz. *Bruce Lee Conversations*, p. 268).

423 *"Ele estava envolvido"*: LEE, Linda. *The Bruce Lee Story*, p. 155.

473 *perdido quase dez quilos:* UYEHARA, Mito. *Bruce Lee: The Incomparable Fighter*, p. 79.

473 *"Ele estava com as pupilas":* LOGAN, Bey. *Hong Kong Action Cinema*, p. 41.

473 *"A pele dele estava acinzentada":* CLOUSE, Robert. *Bruce Lee: The Biography*, pp. 171-72.

474 *"Ele era capaz de beber bastante saquê":* CHANG, Chaplin. *The Bruce They Knew*, p. 111. Os diversos tipos de álcool parecem afetar as pessoas que sofrem de reação ao álcool de maneira diferente. Mas parece provável que beber essa quantidade de saquê fazia com que o rosto de Bruce ficasse vermelho e que seu corpo transpirasse muito.

474 *"Se Marlon Brando":* RAFIQ, Fiaz. *Bruce Lee Conversations*, p. 268. John Saxon ficou chocado e disse apenas "Uau!".

474 *"Eu garanto que as ofertas que eu tenho recebido":* LITTLE, John. *Letters of the Dragon*, p. 178.

475 *"Bruce era muito sábio na sua política":* entrevista com Andre Morgan, 2015.

475 *"como uma babá":* BLOCK, Alex Ben. *The Legend of Bruce Lee*, p. 116.

475 *o estava enganando:* como ocorre com frequência, provavelmente ambos estavam certos. Leva tempo para que as salas de cinema paguem os estúdios, e Bruce tinha contraído elevados empréstimos. Por outro lado, os produtores de cinema são mestres da contabilidade criativa, e Raymond Chow tinha aperfeiçoado suas habilidades trabalhando na Shaw Brothers. Os filmes de Bruce estavam carregando nas costas o estúdio de Chow, que passava por dificuldades financeiras. Teria sido muito simples para Chow transferir os custos de alguns dos muitos filmes fracassados da Golden Harvest para os balanços dos filmes de Bruce. Quando perguntei a Paul Heller, que coproduziu *Operação Dragão*, qual era a opinião dele sobre Chow, ele respondeu o seguinte: "Raymond é um vigarista, um Maquiavel oriental" (entrevista com Paul Heller, 2013).

475 *Rolls-Royce Corniche:* BLOCK, Alex Ben. *The Legend of Bruce Lee*, p. 85.

475 *US$ 200 mil:* o equivalente a cerca de US$ 1,1 milhão corrigidos pelo valor do dólar em 2017.

475 *Lloyd's of London:* BLEECKER, Tom, *Unsettled Matters*, p. 99.

476 *abafado e sufocante:* CLOUSE, Robert. *Bruce Lee: The Biography*, p. 164.

476 *A temperatura:* http://www.weather.gov.hk/en/cis/dailyElement.htm.

476 *"Leve-o imediatamente":* BLOCK, Alex Ben. *The Legend of Bruce Lee*, p. 112.

476 *colocou uma colher de metal:* entrevista com Raymond Chow, 2013.

476 *"algum problema no estômago":* LEE, Linda. *The Bruce Lee Story*, pp. 152-53.

478 *"É inofensivo":* MILLER, Davis. *The Tao of Bruce Lee*, pp. 157-58.

478 *"Não, eu quero ter alta":* Inquérito do médico-legista de Bruce Lee, p. 68.

478 *a maconha não causa edema cerebral:* no histórico registrado do uso extensivo da maconha em todo o mundo (200 milhões de pessoas usam maconha pelo menos uma vez por ano), há apenas dois casos em que investigações após a morte provaram uma ligação do óbito com a maconha. Em ambos, a morte foi causada por insuficiência cardíaca, não por edema cerebral (HARTUNG, Benno. "Sudden Unexpected Death Under Acute Influence of Cannabis". *Forensic Science International*, 2014).

478 *"Não há receptores"*: entrevista com dr. Daniel Friedman, 2015.

478 *uma bateria completa de todos os exames:* LEE, Linda. *The Bruce Lee Story*, p. 153.

478 *"Qual é o problema?":* entrevista com John Saxon, 2013.

478 *grande mal idiopático:* http://www.webmd.com/epilepsy/guide/types-epilepsy.

479 *"Não havia histórico... da família de Bruce":* LEE, Linda. *The Bruce Lee Story*, pp. 153-54.

479 *homens jovens e saudáveis: o colapso pelo calor:* Duncan Alexander McKenzie foi a primeira pessoa a propor o colapso pelo calor como explicação para a crise de Bruce do dia 20 de maio, no bem fundamentado livro que escreveu, *The Death of Bruce Lee: A Clinical Investigation* (2012).

479 *A taxa de mortalidade:* LEON, Lisa R. "Heat Stroke", *comprehensivephysiology.com*, abril de 2015.

479 *É a terceira:* CASA, dr. Douglas. "Cold Water Immersion: The Gold Standard for Exertional Heatstroke Treatment", *Exercise Sport Science Review*, v. 35, nº 3 (2007), pp. 141-49.

479 *É comum encontrar:* LEON, Lisa R. "Heat Stroke", *comprehensivephysiology.com*, abril de 2015. À medida que o cérebro superaquece junto com o resto do corpo, a barreira hematoencefálica torna-se cada vez mais permeável, ocasionando o escoamento de proteínas e fluidos para o cérebro.

479 *Os dois critérios:* KNOCHEL, James P., M.D. "Heat Stroke". *The New England Journal of Medicine*, 20 de junho de 2002.

480 *Profissionais que estudam o problema:* LEON, Lisa R. "Heat Stroke", *comprehensivephysiology.com*, abril de 2015.

480 *retirada das glândulas sudoríparas:* ATYEO, Don; DENNIS, Felix. *Bruce Lee: King of Kung-Fu*, p. 70; MILLER, Davis. *The Tao of Bruce Lee*, p. 141.

480 *A retirada das glândulas:* entrevista com William Adams, 2015. Há poucas regiões da superfície do corpo que apresentam taxas de transpiração mais elevadas do que as axilas, entre elas a parte inferior das costas, o peito e a testa.

480 *"Havia menos conhecimento":* ibid.

480 *"Ele estava magro":* "A Dragon Remembered: An Interview with Robert Lee", extras do DVD do filme *O Voo do Dragão*.

481 *"Eu fui aprovado com":* NORRIS, Chuck. *The Secret of Inner Strength*, pp. 84-5.

481 *"Ele estava muito alegre":* UYEHARA, Mito. *Bruce Lee: The Incomparable Fighter*, pp. 79-81.

481 *"Espero que possamos":* ibid., p. 142.

481 *não gostava de viver em Hong Kong:* "Lembro-me de uma vez em que entrei em uma loja de roupas, e as meninas estavam conversando lá no fundo", disse-me Linda em nossa entrevista. "Elas disseram uma para a outra: 'Ela é feia'. Eu disse para elas em cantonês: 'Ei, ele se casou comigo, então vão se foder'." (entrevista com Linda Lee, 2013).

482 *"Conseguimos":* CLOUSE, Robert. *Bruce Lee: The Biography*, p. 166.

482 *"Bruce, tem um amigo seu":* entrevista com Michael Allin, 2013.

482 *Concordou:* LEE, Linda. *The Bruce Lee Story*, p. 154.

482 *"A partir de agora"*: LITTLE, John. *Letters of the Dragon*, p. 182.

482 *"Estávamos sem dinheiro nenhum"*: entrevista com Linda Lee, 2013.

482 *"Você não tem condições de me bancar"*: BLOCK, Alex Ben. *The Legend of Bruce Lee*, p. 87.

483 *"Lon Chaney"*: um astro do cinema mudo, Lon Chaney ficou conhecido como o "Homem das Mil Faces" por sua capacidade de se transformar com o uso de maquiagem. Ele desempenhou vários papéis em um mesmo filme em diversas oportunidades.

483 *para cancelar o encontro:* a razão dada por Bruce à secretária de Silliphant para o cancelamento do jantar foi evitar constranger sua esposa, Linda, ao tê-la no mesmo recinto que a nova namorada de Silliphant, Tiana Alexandra (Thi Thanh Nga), uma atriz vietnamita-americana de 22 anos de idade (BLOCK, Alex Ben. *The Legend of Bruce Lee*, p. 115). Tiana Alexandra havia sido aluna de *karatê* de Jhoon Rhee, que a apresentara a Bruce Lee vários anos antes. Quão bem Bruce e Tiana se conheciam tem sido objeto de algumas especulações ao longo dos anos (WEINTRAUB, Fred. *Bruce Lee, Woodstock, and Me*, p. 29).

483 *"Falei com Stirling"*: LITTLE, John. *Letters of the Dragon*, p. 180.

483 *"Ele me trouxe um chaveiro"*: entrevista com Betty Ting Pei, 2013.

483 *Mercedes-Benz:* UYEHARA, Mito. *Bruce Lee: The Incomparable Fighter*, p. 138. Superestrelas que recentemente alcançaram o estrelato não costumam dar chaveiros como presentes às suas amantes para simbolizar uma reconciliação após um rompimento turbulento. Se não foi um Mercedes, foi outro presente bem mais caro do que um chaveiro. Quando conheci Betty, ela estava dirigindo um Jaguar dourado com a placa personalizada "TING PEI".

484 *queimado todo o dinheiro que ganhara como James Bond:* Bey Logan, comentários do DVD do filme *Jogo da Morte*.

484 *"Para ser sincero, estou"*: ATYEO, Don; DENNIS, Felix. *Bruce Lee: King of Kung-Fu*, p. 71.

484 *Para promover* Operação Dragão*:* LEE, Linda. *The Bruce Lee Story*, p. 154.

484 *fumando haxixe:* entrevista com Andre Morgan, 2013.

484 *"um animal usando roupas humanas"*: CLOUSE, Robert. *Bruce Lee: The Biography*, pp. 174-76.

485 *"Bruce estava um pouco alterado pelo haxixe... com esta faca?"*: entrevista com Andre Morgan, 2013.

485 *"O que aconteceu?"*: CHANG, Chaplin. *The Bruce They Knew*, pp. 11-2.

486 *"Se eu quisesse matar"*: CLOUSE, Robert. *Bruce Lee: The Biography*, pp. 174-76.

486 *"Quando eu bater em você"*: documentário *Bruce Lee: Century Hero*.

487 *"Ele ficava dizendo que Raymond"*: entrevista com Nancy Kwan, 2013.

487 *"É apenas um caso"*: durante a entrevista que me concedeu, Nancy explicou: "Bruce era assim: carrões, roupas e garotas. Ele tinha sido pobre por muito tempo, e estava então desfrutando da fama e de tudo o que vem junto com ela" (entrevista com Nancy Kwan, 2013).

24. O Último Dia de Bruce Lee

489 *escreveu uma carta:* LITTLE, John. *Letters of the Dragon*, pp. 182-83.

489 *Ambos fumaram um pouco:* entrevista com Andre Morgan, 2013. Morgan brincou a respeito disso: "Bruce estava no meu escritório sozinho comigo, só os dois viciados".

490 *"um pouco de sexo no meio do dia":* ibid.

490 *Bruce entrou em seu Mercedes:* não ficou claro se Bruce foi diretamente para o apartamento de Betty e estacionou lá sua Mercedes ou se ele voltou para casa, deixou o carro lá e caminhou a distância de cerca de dez minutos que separavam a casa do apartamento. Não há registros de que a Mercedes de Bruce tenha sido encontrada próxima ao apartamento da Betty após sua morte naquela noite. Ou ele passou em casa antes de ir para o apartamento de Betty ou alguém levou seu carro para casa depois de sua morte.

490 *"Eu era a namorada dele":* entrevista com Betty Ting Pei, 2013.

490 Eles fizeram sexo: "A lenda das artes marciais Bruce Lee fez sexo extraconjugal no dia de sua morte, mas não morreu por conta de um afrodisíaco, como foi especulado, diz a mulher em cuja casa o corpo do astro de cinema foi encontrado, há quarenta anos" ("Dame of Death: Betty Ting Opens Up on Bruce Lee's Final Hours" *Want China Times*, 31 de outubro de 2013).

490 *Ele ofereceu a Betty:* editores da revista *Kung-Fu Monthly, Who Killed Bruce Lee?*, p. 54.

490 *"Eu não queria":* entrevista com Betty Ting Pei, 2013.

490 *Raymond Chow chegou:* testemunhas lembraram de ter visto o carro de Raymond Chow próximo ao apartamento dela no final da tarde.

490 *Se Betty estava de fato resistindo:* Uma teoria alternativa é que Betty não estava resistindo ao convite. Afinal de contas, ela era uma atriz ambiciosa que se preocupava com sua carreira. Bruce havia oferecido a ela papéis em dois de seus filmes anteriores, *O Voo do Dragão* e *Operação Dragão*, mas em ambas as oportunidades o papel acabou sendo dado a outra atriz. Talvez Betty não tenha acreditado em Bruce quando ele prometeu a ela um papel em *Jogo da Morte*. Nesse possível cenário, Bruce não teria precisado da presença de Raymond para persuadi-la, mas sim para convencê-la de que o papel seria realmente dado a ela.

490 *um dia quente e abafado:* http://www.weather.gov.hk/en/cis/dailyElement.htm.

490 *"Bruce não estava se sentindo muito bem":* entrevista com Raymond Chow, 2013.

491 *"Raymond pensou que era uma desculpa":* entrevista com Betty Ting Pei, 2013. Betty divertiu-se ao lembrar do constrangimento demonstrado por Raymond Chow. "Ele pensou que Bruce tinha falado da dor de cabeça porque queria fazer sexo", sussurrou-me.

491 *"Bruce já tinha tomado esses comprimidos antes":* o inquérito do médico-legista concluiu que Bruce Lee morreu devido a uma reação alérgica ao medicamento que continha Etoeptazina. Mas se Betty está dizendo a verdade e Bruce Lee já havia tomado esse medicamento antes, ele não poderia ser alérgico à substância. Se ele tivesse sofrido uma reação alérgica severa ao medicamento no passado, certamente não teria tomado o comprimido naquela noite.

491 *mais tarde ele ficou sabendo que a filha:* entrevista com Raymond Chow, 2013.

491 *encontrou Bruce deitado no colchão, nu:* faz sentido pensar que Bruce teria tirado pelo menos algumas peças de sua roupa antes de deitar na cama da namorada.

492 *Raymond vestiu:* os testemunhos durante o inquérito do médico-legista indicam com grande margem de certeza que o corpo de Bruce foi vestido de novo. Não se sabe se isso foi feito porque Raymond pretendia mover o corpo ou simplesmente porque queria deixar Bruce mais apresentável.

492 *chocaria o público, mas não o escandalizaria:* há muito tempo existem rumores de que Chow tentou mudar o corpo de lugar. Um sapato desaparecido tem sido usado como prova pelos teóricos da conspiração. Como Chow mantém há muito tempo a versão ficcional de que Bruce ainda estava vivo naquele momento e Betty se recusa e falar sobre isso, é impossível saber exatamente o que aconteceu nesses momentos cruciais. O que sabemos com certeza é que o corpo de Bruce não foi removido do apartamento até a chegada dos paramédicos.

492 *tentou reanimar Bruce por 10 minutos:* Inquérito do médico-legista de Bruce Lee, p. 12; BLOCK, Alex Ben. *The Legend of Bruce Lee,* p. 122.

492 *claro para o dr. Chu:* durante o inquérito realizado para investigar a causa da morte de Bruce, foi perguntado ao dr. Eugene Chu Poh-hwye por que Bruce não foi enviado ao Hospital Baptist, que ficava a poucos quarteirões do apartamento de Betty, e sim para o Hospital Queen Elizabeth, que ficava muito mais longe de lá. O tempo de viagem não teria sido um fator importante para as chances de salvar a vida de Bruce? O dr. Chu respondeu: "Eu fiquei pelo menos dez minutos tentando reanimá-lo. Quando ele não mostrou sinais de resposta, não me ocorreu que a questão do tempo fosse de grande importância" (BLOCK, Alex Ben. *The Legend of Bruce Lee,* p. 122).

492 *Mas o dr. Chu decidiu:* Inquérito do médico-legista de Bruce Lee, p. 16.

493 *Ele disse à Betty para não dizer:* entrevista com Betty Ting Pei, 2013.

493 *"Qual é o problema?":* LEE, Linda. *The Bruce Lee Story*, p. 158.

493 *"Como um profissional de primeiros socorros":* Inquérito do médico-legista de Bruce Lee, p. 18.

493 *"Alguém deve estar fazendo uma piada":* LEE, Linda. *The Bruce Lee Story*, p. 158.

494 *"Sim, eu quero saber":* LEE, Linda. *Bruce Lee: The Man Only I Knew*, p. 17.

494 *Victoria Peak:* Victoria Peak é uma montanha localizada no lado oeste da ilha de Hong Kong. O local atraiu proeminentes moradores europeus por causa da vista panorâmica e de um clima mais temperado. Por quase um século, não foi permitido que chineses morassem no local. O primeiro não europeu a receber permissão para construir uma casa no "The Peak" foi Robert Hotung, tio-avô de Bruce.

494 *"Ninguém entrou":* entrevista com Ted Thomas, 2013.

495 *"Filme! Filme! Filme!":* CHANG, Chaplin. *The Bruce They Knew*, pp. 116-17.

496 *"uma força incrível":* LEE, Linda. *Bruce Lee: The Man Only I Knew*, p. 18.

496 *"Ele era mulherengo?":* MILLER, Davis. *The Tao of Bruce Lee*, p. 163. Confira a seguir a fala exata do dr. Langford: "Linda estava desesperada. Ela não sabia o que fazer, o que

dizer aos repórteres. Tratava-se de uma mulher jovem, inexperiente, que amava seu marido e tinha imenso orgulho dele. Ela me perguntou o que eu sabia sobre o relacionamento de Bruce com outras mulheres, se ele era ou não um mulherengo. Eu lhe disse sinceramente, tanto quanto eu sabia, que ele não tinha outros relacionamentos. Mas Linda achou, de forma muito correta, que a imprensa de Hong Kong devoraria seu marido. Sua maior preocupação era evitar que se dissessem coisas baixas a respeito dele. Ela se comportou com considerável equilíbrio e dignidade. Não creio que alguém pudesse ter lidado com a situação melhor do que ela. Foi na sala de estar da minha casa que ela e Raymond Chow decidiram como seria a declaração que dariam aos jornalistas".

496 *Depois de debate interno:* entrevista com Andre Morgan, 2013.

496 *"Queríamos proteger":* ibid.

497 *"Maldito H. S. Chow":* ibid.

497 *"imprimem com uma picada":* ATYEO, Don; DENNIS, Felix. *Bruce Lee: King of Kung-Fu*, p. 78.

497 *"O astro de cinema Bruce Li":* CHOW, H. S. "Who's Lying on Li's Death", *China Mail*, 24 de junho de 1973.

497 *"O colapso de Bruce Lee":* ATYEO, Don; DENNIS, Felix. *Bruce Lee: King of Kung-Fu*, p. 75.

497 *"Na sexta-feira à noite":* ibid.

498 *manchete com duplo sentido:* CLOUSE, Robert. *Bruce Lee: The Biography*, p. 183.

498 *"era por volta do meio-dia":* LEE, Linda. *The Bruce Lee Story*, pp. 156-57. No inquérito do médico-legista, Linda disse, sob juramento, que viu seu marido pela última vez às 12h30 do dia 20 de julho: "Ele parecia estar com a saúde boa naquele momento. Ele estava feliz. Ele me disse que se reuniria com Raymond Chow naquela tarde para falar sobre um novo filme e que provavelmente não voltaria para casa para jantar". É possível que Bruce tenha passado em casa para dar à esposa um álibi para o resto de seu dia depois que saiu da Golden Harvest para seu encontro com Betty. Lá, ele teria esperado que ela saísse para o almoço e então partido para o apartamento de Betty, deixando sua Mercedes em casa. Se foi isso o que aconteceu, então a declaração de Linda não é tecnicamente falsa. Parece mais provável, entretanto, que ele tenha ido apenas diretamente para a casa da Betty.

498 *dormindo um sono muito pesado:* Inquérito do médico-legista de Bruce Lee, p. 5.

499 *"O corpo é":* Relatório da Autópsia, Departamento Forense, Laboratório do Governo, Hong Kong, 2 de agosto de 1973.

500 *"Acredito que a causa mais provável":* Inquérito do médico-legista, provas, carta datada de 13 de agosto de 1973.

500 *Surpreendentemente, em uma colônia:* ATYEO, Don; DENNIS, Felix. *Bruce Lee: King of Kung-Fu*, p. 87.

500 *"A imprensa de Hong Kong simplesmente":* LEE, Linda. *Bruce Lee: The Man Only I Knew*, p. 200.

500 *infinidade de outras drogas:* ATYEO, Don; DENNIS, Felix. *Bruce Lee: King of Kung-Fu*, p. 80.

500 *"saquinhos de papel cheios de pó":* "Bruce Dies After Meal", *Oriental Daily*, 25 de julho de 1973.

500 *"apimentar um pouco a história":* ATYEO, Don; DENNIS, Felix. *Bruce Lee: King of Kung-Fu*, p. 80.

501 *"Os fãs travam discussões":* ibid., p. 74.

501 *"Todos os ninjas":* BLOCK, Alex Ben. *The Legend of Bruce Lee*, p. 134. Só para deixar bem claro: não havia ninjas, tartarugas ninja ou nada parecido circulando pelo Japão em 1973, e muito menos por Hong Kong. Os ninjas podem ou não ter sido mestres no envenenamento em um passado remoto, mas o médico-legista não encontrou nenhuma evidência de veneno na autópsia de Bruce. Quanto aos mestres de *karatê* japoneses vingativos, os filmes de Bruce Lee só foram lançados no Japão depois de sua morte. Quando chegaram aos cinemas, o público japonês se apaixonou por ele, e até hoje ele continua sendo uma personalidade *cult* naquele país.

501 *"Um malaio chamado Kay Wah Lee":* ibid., p. 136. As histórias de ficção de artes marciais chinesas *wuxia*, assim como os quadrinhos ocidentais, estão repletas de superpoderes mágicos, incluindo o toque da morte retardada (*dim mak*). Ao concentrar a energia interna (*qi*) em um ponto de pressão vulnerável ou meridiano de acupuntura do corpo de um oponente, um mestre de *kung fu* supostamente poderia dar um golpe mortal retardado – a versão chinesa do aperto de nervo vulcano.

501 *"Durante uma recente corrida de táxi":* ATYEO, Don; DENNIS, Felix. *Bruce Lee: King of Kung-Fu*, p. 88. Se fosse possível morrer por excesso de sexo, seria a maneira preferida da humanidade para cometer suicídio. As únicas pessoas jovens e saudáveis que morrem logo após o sexo são os adolescentes em filmes de terror. Bruce morreu por causa de um edema cerebral, e não por conta de um ataque cardíaco. A autópsia não encontrou a presença de *Spanish Fly* ou de qualquer outro afrodisíaco no corpo dele. Falar sobre morte por excesso de sexo é uma forma de destilar uma condenação moral fazendo de conta que trata-se de uma explicação.

502 *"Paguei 1.500 dólares de Hong Kong à esteticista do necrotério":* YAU, Elaine. "That Bruce Lee World Exclusive, and the One That Got Away: Hong Kong News Veteran Looks Back". *South China Morning Post*, 4 de janeiro de 2016.

502 *"Quase todos os corpos em Hong Kong são cremados":* entrevista com Andre Morgan, 2015.

502 *"Embora ainda não... Agora que uma grande estrela":* ATYEO, Don; DENNIS, Felix. *Bruce Lee: King of Kung-Fu*, p. 81.

502 *"Suspeitava-se de que tinha havido... revestido de veludo plissado":* entrevista com Andre Morgan, 2015.

503 *O caixão arranhado e manchado:* BLOCK, Alex Ben. *The Legend of Bruce Lee*, p. 124; LEE, Linda. *Bruce Lee: The Man Only I Knew*, p. 204; LEE, Linda. *The Bruce Lee Story*, p. 162.

503 *"Lago dos Nove Dragões":* ATYEO, Don; DENNIS, Felix. *Bruce Lee: King of Kung-Fu*, p. 90. Se Bruce tivesse sido um músico de *blues* afro-americano, sua morte teria evocado histórias de um pacto com o diabo em uma encruzilhada – ele teria vendido sua alma em troca da fama.

504 *"Parece que... Vingança para Bruce Lee":* ATYEO, Don; DENNIS, Felix. *Bruce Lee: King of Kung-Fu*, p. 81.

504 *muitas vítimas inocentes:* duas das vítimas foram uma menina de 7 anos e seu irmão de 2 anos que abriram uma bomba embrulhada em um pacote que aparentava ser um presente colocado do lado de fora do local onde moravam.

25. O Inquérito

508 *Um comunicado:* ATYEO, Don; DENNIS, Felix. *Bruce Lee: King of Kung-Fu*, p. 84.

508 *Eles foram recebidos:* LI, Paul. *From Limited to Limitless*, p. 160.

509 *"O objetivo aqui é":* ibid.

509 *"Eu encontrava Bruce quase todos os dias":* Inquérito do médico-legista de Bruce Lee, p. 5.

510 *O grande momento esperado pelo público:* LI, Paul. *From Limited to Limitless*, p. 162.

510 *A imprensa queria aproveitar:* ibid., p. 164.

511 *O jovem no apartamento de Betty Ting Pei:* no dia 10 de maio de 1973, Raymond Chow e alguns funcionários da Golden Harvest levaram o corpo inconsciente de Bruce para o carro de Chow, levaram-no ao Hospital Baptist e assim salvaram a vida dele, que ficou por um fio. Quando Chow recebeu uma chamada de Betty no dia 20 de julho, histérica e dizendo que não conseguia acordar Bruce, parece provável que Chow tenha planejado realizar o mesmo procedimento. Em uma das paradas que ele fez nos telefones públicos a caminho do apartamento de Betty, ele provavelmente ligou para um dos funcionários da Golden Harvest que o ajudara a carregar Bruce no dia 10 de maio, e pediu ao jovem para encontrá-lo no apartamento de Betty. Assim que Chow e o jovem chegaram ao apartamento, eles se deram conta de que Bruce já estava morto. Depois que o escândalo se espalhou na imprensa e que a história que Chow contou a princípio foi desmentida, ele avaliou que a presença de um jovem anônimo no apartamento pareceria suspeita, e por isso disse que não havia um jovem no local. A outra possibilidade seria o paramédico Pang Tak Sun estar errado e não existir jovem anônimo algum no apartamento com Raymond Chow, dr. Chu, Betty e o cadáver de Bruce na noite de 20 de julho. Mas o testemunho do paramédico foi muito preciso, e ele não tinha razão alguma para mentir a respeito desse ponto.

511 *"quando o senhor chegou ao local":* Inquérito do médico-legista de Bruce Lee, pp. 18-20.

512 *ajudado a transportar o corpo:* uma explicação muito mais simples é que Bruce tenha feito o que a maioria dos homens faz nos apartamentos de suas namoradas quando querem tirar uma soneca: ele se despiu e entrou debaixo das cobertas. Raymond Chow, que estava tentando esconder qualquer evidência de um caso amoroso, não queria que os

paramédicos encontrassem um homem casado seminu na cama de outra mulher. Então, ele colocou as roupas em Bruce.

512 *"Não havia batimento cardíaco":* Inquérito do médico-legista de Bruce Lee, p. 21.

512 *"Minhas conclusões após examiná-lo":* ibid., p. 23.

512 *"Não encontrei nenhum sinal":* ibid., pp. 27-8.

512 *Na manhã de 17 de setembro:* LI, Paul. *From Limited to Limitless*, p. 168.

513 *Linda disse também:* Inquérito do médico-legista de Bruce Lee, pp. 31-4.

514 *"Permitirei este tipo de pergunta":* LI, Paul. *From Limited to Limitless*, p. 169.

514 *"Embora a testemunha tenha o direito":* LI, Paul. *From Limited to Limitless*, p. 170.

514 *A manchete da primeira página do* China Mail*:* ATYEO, Don; DENNIS, Felix. *Bruce Lee: King of Kung-Fu*, p. 87.

515 *"Uma vez, foi um murro no rosto":* é perfeitamente possível que isso tenha de fato acontecido (acidentes acontecem com frequência nos *sets* de filmes de *kung fu*), mas não há outros relatos que confirmem a ocorrência desse incidente.

515 *"Sim, eu já ouvi falar nessa possibilidade":* Inquérito do médico-legista de Bruce Lee, p. 39.

516 *Essa mentira descarada:* ATYEO, Don; DENNIS, Felix. *Bruce Lee: King of Kung-Fu*, p. 85.

517 *"Não muita":* Inquérito do médico-legista de Bruce Lee, pp. 44-5.

517 *"O Dr. Chu nunca mais disse":* CHOU, Oliver. "Hong Kong Doctor, Who Tried to Revive Bruce Lee, Takes Secrets of Kung Fu Legend's 1973 Death to the Grave", *South China Morning Post*, 14 de agosto de 2015.

518 *O juiz consentiu:* Inquérito do médico-legista de Bruce Lee, p. 47.

518 *tinha se reduzido de forma significativa:* LI, Paul. *From Limited to Limitless*, p. 174.

519 *"andares superiores do Hospital Queen Elizabeth":* entrevista com o dr. Langford, realizada por Davis Miller.

520 *a sala onde o inquérito era realizado estava relativamente tranquila:* LI, Paul. *From Limited to Limitless*, p. 176.

520 *"Não. Eu fiz isso porque desejo":* Inquérito do médico-legista de Bruce Lee, p. 62.

520 *"Eu me sentia solidário":* MILLER, Davis. *The Tao of Bruce Lee*, p. 163.

521 *"Nos livros de farmacologia":* Inquérito do médico-legista de Bruce Lee, p. 71.

521 *"não havia casos confirmados":* ibid., p. 78. Como parte da rigorosa pesquisa realizada pelo dr. Lycette sobre o assunto, ele escreveu uma carta para o Instituto de Patologia das Forças Armadas dos Estados Unidos no dia 13 de agosto de 1973. Ele enviou o relatório da autópsia e explicou por que suspeitava da maconha. No dia 30 de agosto de 1973, o Instituto de Patologia das Forças Armadas dos Estados Unidos respondeu: "As descobertas realizadas após a morte parecem excluir uma causa natural. [Dito isso] não foi possível confirmar sua opinião de que a morte pode ser atribuída à intoxicação por maconha. Não são conhecidos casos confirmados em que a morte tenha sido atribuída à intoxicação por maconha. Ainda não há nenhum caso totalmente validado relatado em que tenha sido

estabelecida a morte pela intoxicação por maconha no sistema nervoso central" (Inquérito do médico-legista de Bruce Lee, prova F.)

521 *"hipersensibilidade fatal à aspirina":* Inquérito do médico-legista de Bruce Lee, p. 80.

521 *"trata-se de algo muito raro": ibid.*, pp. 91-2.

522 *de tão longe para depor:* LI, Paul. *From Limited to Limitless*, p. 179.

523 *de forma intencional e dolosa: ibid.*, p. 182.

524 *O mais longo inquérito do médico-legista: ibid.*, p. 183.

524 *Muitos fãs se lembraram:* BLOCK, Alex Ben. *The Legend of Bruce Lee*, p. 123.

525 *um assassinato planejado:* LI, Paul. *From Limited to Limitless*, p. 183. O relatório do médico-legista descartou a possibilidade de assassinato por violência física e os exames de sangue descartaram a possibilidade de assassinato por envenenamento. Apesar disso, a crença de que Bruce foi morto por alguém – sejam ninjas, mestres de *kung fu* especialistas no toque da morte retardada ou Raymond Chow – segue prevalente. Todas as teorias em torno de um possível assassinato repousam na suposição de que houve um grande esquema montado para encobrir a verdade, que incluiu o médico-legista, todas as pessoas que trabalhavam com ele, os químicos do governo etc. Nunca houve a mais frágil evidência de um esquema desse tipo. Pelo contrário, o médico-legista, dr. Lycette, se esforçou ao máximo para descobrir a causa da morte de Bruce, chegando ao ponto de escrever para o Instituto de Patologia das Forças Armadas dos Estados Unidos com esse objetivo. Se o dr. Lycette estivesse de fato envolvido em uma conspiração generalizada, não faria sentido chamar a atenção de um ator externo, como o Exército dos Estados Unidos, para o caso.

525 *"Sem dúvida":* LEE, Linda. *The Bruce Lee Story*, p. 175.

525 *"Ele foi contando a história":* entrevista com Raymond Chow, 2013.

526 *"Uma pessoa que já sofreu":* LEON, Lisa R. "Heat Stroke" *comprehensivephysiology.com*, abril de 2015.

526 *nem o meprobamato são conhecidos por causarem edemas cerebrais:* CHARRON, C. *et al.* "Incidence, Causes and Prognosis of Hypotension Related to Meprobamate Poisoning", *Intensive Care Medicine*, v. 31 (2005), pp. 1582-586.

526 *a Mayo Clinic:* https://www.mayoclinic.org/diseases-conditions/drug-allergy/expert-answers/aspirin-allergy/faq-20058225.

526 *incomensuravelmente pequenas:* além do colapso pelo calor e da alergia à aspirina, a única outra teoria cientificamente possível seria a epilepsia. Na reunião de 2006 da Academia Americana de Ciências Forenses, o dr. James Filkins defendeu que a causa da morte de Bruce teria sido a SUDEP, ou Morte Súbita Inesperada na Epilepsia. A SUDEP é responsável por entre 5% a 30% das mortes de pacientes com epilepsia, que morrem inesperadamente em um momento que não seja durante uma convulsão. É mais comum em homens com idade entre 20 e 40 anos. Ocorrem aproximadamente 2.750 mortes desse tipo por ano nos Estados Unidos. Em cerca de 50% dessas mortes, as autópsias atestam danos neurológicos, incluindo edema cerebral ("Epilepsy Could Solve Mystery of Kung Fu Legend's Death" *The Guardian*, 24 de fevereiro de 2006). O maior problema com a teoria SUDEP é que ela se baseia inteiramente na suposição de que Bruce Lee tinha

epilepsia. Há geralmente um histórico familiar de epilepsia nas pessoas que sofrem desse mal, que se desenvolve mais comumente em crianças ou idosos. Bruce era um homem jovem e não havia casos de epilepsia na família dele. É preciso notar também que é preciso o registro de mais de uma convulsão para um diagnóstico de epilepsia, porque há diversos fatores que podem ocasionar uma convulsão. Antes do dia 10 de maio, Bruce não tinha histórico de convulsões. "O Dr. Reisbord me disse que Bruce nunca tinha sofrido de epilepsia", diz Linda (LEE, Linda. *The Bruce Lee Story*, p. 154). Também não há evidências de que Bruce tenha sofrido uma segunda convulsão violenta nas horas que antecederam a sua morte, em 20 de julho. Se isso aconteceu, Betty Ting Pei, sentada na sala contígua ao quarto onde ele estava, não notou a ocorrência. Por fim, mesmo que Bruce tivesse epilepsia, a probabilidade de SUDEP aumenta com o número de convulsões. "O risco é máximo quando uma pessoa tem inúmeras convulsões ao longo dos anos", diz o dr. John Stern, neurologista e especialista em epilepsia da UCLA, "e não muito maior do que o risco basal de morte súbita quando aconteceram apenas duas convulsões" (entrevista com o dr. John Stern, da UCLA, 2015). Por todas essas razões, a teoria da epilepsia/SUDEP é ainda menos provável do que a teoria da alergia à aspirina. E por isso ela foi relegada a uma nota final neste livro.

526 *terceira causa mais comum de morte súbita:* CASA, Douglas. "Cold Water Immersion: The Gold Standard for Exertional Heatstroke Treatment". *Exercise Sport Science Review*, v. 35, nº 3 (2007), pp. 141-49.

526 *três jogadores de futebol americano:* BRADY, Eric. "Heat-Related Illness Still Deadly Problem for Athletes", *USA Today*, 15 de agosto de 2011.

527 *Mesmo hoje, muitos médicos desconhecem:* entrevista com William Adams, 2015.

527 *"Mesmo que eu":* LITTLE, John. *The Celebrated Life of the Golden Dragon*, p. 176.

Epílogo: A Lenda

529 *"Do banco de trás da limusine":* RAFIQ, Fiaz. *Bruce Lee Conversations*, p. 267.

529 *"O filme foi feito com habilidade":* THOMPSON, Howard. "Enter the Dragon". *The New York Times*, 18 de agosto 1973.

529 *"No meu estado de espírito mais correto":* PAUL, William. "Getting the Thrust of Kung Fu". *Village Voice*, 30 de abril de 1973.

530 *"O advogado da Warner me enviou":* entrevista com Michael Allin, 2013.

530 *"Se eu pudesse enviar um telegrama":* BLOCK, Alex Ben. *The Legend of Bruce Lee*, p. 157.

530 *A canção dele "Kung Fu Fighting":* BRAUND, Simon. "Rise of the Dragon". *Empire Magazine*, agosto de 2013.

530 *trinta diferentes filmes produzidos em Hong Kong:* BLOCK, Alex Ben. *The Legend of Bruce Lee*, p. 158.

530 *arrecadaram quase US$ 50 milhões:* TURAN, Kenneth. "The Apotheosis of Bruce Lee: An Actor Dies; A Posthumous Industry is Born". *American Film*, outubro de 1975.

530 *Três episódios da série:* GRAMS JR., Martin. *The Green Hornet*, p. 364.

530 *"O sr. Lee, que interpretou"*: CANBY, Vincent. "'Green Hornet', From Bruce Lee Series". *The New York Times*, 28 de novembro de 1974. Canby prosseguiu, escrevendo: "Ele exala muita jovialidade e está muito bem-apessoado e muito americano (americano de uma maneira oriental)". Canby pode ter tentado compensar o obituário de Bruce Lee publicado no *The New York Times*. O texto tinha apenas oito linhas, uma das quais dizia: "Vincent Canby, o crítico de cinema do *The New York Times*, disse que filmes como *A Fúria do Dragão* fazem 'o pior *western* italiano ficar parecido com as mais solenes e nobres realizações do início do cinema soviético'" (STEIN, Joel. *Time 100 People of the Century*, 14 de junho de 1999).

531 *"Eu sabia tão pouco"*: "1974 Black Belt Hall of Fame: Bruce Lee Martial Artist of the Year", p. 92.

531 *filme biográfico de baixa qualidade:* TURAN, Kenneth. "The Apotheosis of Bruce Lee: An Actor Dies; A Posthumous Industry is Born". *American Film*, outubro de 1975. Linda Lee, Raymond Chow, Madame Lo Wei e Betty Ting Pei processaram os produtores por invasão de privacidade ("'Dragon' Draws Suit From Bruce Lee Widow", *Variety*, 30 de junho de 1975). Quando os demandantes perderam essa ação, Linda entrou com uma segunda ação judicial, pedindo US$ 13 milhões de indenização por apropriação de direitos de propriedade. Três anos depois, o juiz decidiu a favor de Linda, mas só lhe concedeu US$ 25 mil ("Bruce Lee Widow Files Another 'Dragon' Suit", *Variety*, 2 de setembro de 1975; "Bruce Lee's Widow Wins Estate Suit", *Variety*, 7 de abril de 1978).

531 *publicações simples com tiragens reduzidas:* ATYEO, Don; DENNIS, Felix. *Bruce Lee: King of Kung-Fu*, p. 25.

531 The Ballad of Bruce Lee*:* "Veio para este mundo o pequeno dragão, Bruce Lee, seus pés e mãos rápidos, poderosos e impetuosos", cantou Robert Lee, dedilhando um violão. "Foi fácil para ele ganhar a aclamação mundial, porque ele era forte e sua vontade, indomável."

531 *"Desde que James Dean"*: TURAN, Kenneth. "The Apotheosis of Bruce Lee: An Actor Dies; A Posthumous Industry is Born". *American Film*, outubro de 1975.

531 *Uma sala de cinema do Irã:* MILLER, Davis. *The Tao of Bruce Lee*, p. 154.

532 *Fitas VHS:* CALUGAREANU, Ilinca. "VHS vs. Communism". *The New York Times*, 17 de fevereiro de 2014.

532 *500 escolas de artes marciais:* MILLER, Davis. *The Tao of Bruce Lee*, p. 170.

532 *Na Grã-Bretanha, havia:* BRAUND, Simon. "Rise of the Dragon". *Empire Magazine*, agosto de 2013.

532 *"Bruce Lee foi, e sempre"*: "1974 Black Belt Hall of Fame: Bruce Lee Martial Artist of the Year", p. 92. A quantidade de crianças que queriam ser como Bruce era tão grande que as vendas de *nunchakus* dispararam. A maior parte dessas crianças e adolescentes logo percebeu, depois de racharem o próprio crânio, como é difícil dominar a arma e sabiamente guardaram-na em seus armários. Alguns bandidos insensatos tentaram usá-los para a prática de crimes – causando um pânico internacional relacionado aos *nunchakus*. "A moda realmente pegou", disse um policial de Los Angeles à imprensa no final de 1973. "A cada dez ou quinze quarteirões você vê uma escola de *karatê*, e aconteceram alguns

roubos em que os suspeitos tentaram acertar suas vítimas na cabeça com bastões de luta". Os *nunchakus* foram proibidos na Inglaterra e em vários estados norte-americanos (ATYEO, Don; DENNIS, Felix. *Bruce Lee: King of Kung-Fu*, p. 26; BLOCK, Alex Ben. *The Legend of Bruce Lee*, p. 44).

532 *"Muitas pessoas ainda":* entrevista com W. Wong, 2013.

532 *"Ele já está morto":* BLOCK, Alex Ben. *The Legend of Bruce Lee*, p. 157.

533 *"surgiram muitas oportunidades":* RAFIQ, Fiaz. *Bruce Lee Conversations*, p. 331.

533 *Estes filmes, chamados de* Bruceploitation*:* Sammo Hung fez uma sátira dos filmes do gênero *Bruceploitation* chamada *Enter the Fat Dragon* (1978).

534 *"A estreia do filme no Rio":* TURAN, Kenneth. "I Made Love To... And Other True Tales of the Bruce Lee Cult". *New West*, 2 de setembro de 1979.

534 *O projeto final de Bruce Lee: A Flauta Silenciosa* foi finalmente filmado em 1978. Ganhou um novo nome, *Círculo de Ferro*, e foi estrelado por David Carradine nos muitos papéis originalmente destinados a Bruce Lee. O filme não é nem de longe tão ambicioso nem tão interessante quanto o roteiro original.

535 *Foram necessários sete anos:* LEE, Linda. *The Bruce Lee Story*, pp. 188-89.

535 *negociando com Raymond Chow:* a única pessoa que fez relatos dessas negociações foi Tom Bleecker, que foi casado com Linda durante um breve período no final dos anos 1980. De acordo com Bleecker, Bruce tinha apenas US$ 23 mil em dinheiro quando morreu. Sua mansão Kowloon Tong era seu único patrimônio de grande monta. Ela foi vendida por US$ 180 mil, restando US$ 40 mil líquidos para Linda. Quanto às companhias de seguro, a Lloyd's of London só concordou em pagar US$ 129 mil da apólice de Bruce de US$ 1,35 milhão. A American International Assurance Company (AIA), que enviou um advogado ao inquérito do médico-legista, concordou em pagar US$ 100 mil pela apólice de US$ 200 mil. Ambas as seguradoras alegaram que a falsa declaração de Bruce nos formulários de requerimento, de que ele nunca havia usado drogas ilegais, teria anulado as apólices, mas resolveram fechar um acordo antes que os casos fossem levados à Justiça. Quanto à metade de Bruce da *Concord Productions* – os lucros de *O Voo do Dragão*, *Operação Dragão* e o valor futuro de *Jogo da Morte* –, Raymond Chow acabou pagando à Linda US$ 2,7 milhões. Assim, o valor total do patrimônio de Bruce Lee, sem dedução de impostos e os altos custos judiciais, era de US$2,99 milhões – o equivalente a US$ 13 milhões em dólares de 2017 (BLEECKER, Tom. *Unsettled Matters*, pp. 145-46, 155, 161-62).

535 *"Minha mãe foi muitas vezes":* entrevista com Shannon Lee, 2013.

535 *Chuck Norris morou: ibid*.

535 *"Quando ele faleceu":* YANT, Monica. "Bruce Lee Estate Items to Go on the Block". *Los Angeles Times*, 19 de setembro de 1993.

535 *agência* Ziv International*:* "Ziv International Obtains License for Lee Products", *Hollywood Reporter*, 24 de setembro de 1975.

536 *Zebra Books:* "Zebra Signs with Ziv", *Publishers Weekly*, 14 de junho de 1976. Bruce tinha a princípio a intenção de publicar *O Tao do Jeet Kune Do* com a editora ligada à revista

Black Belt, a Ohara. Ele abandonou o projeto na fase da coleta de informações e anotações. Após sua morte, Linda decidiu publicar estas notas com a Ohara. *O Tao do Jeet Kune Do* (1975) tornou-se o livro de artes marciais mais vendido de todos os tempos.

536 *"Não saiam por aí"*: entrevista com Shannon Lee, 2013.

536 *Quando tinha 8 anos:* SHARKEY, Betsy. "Fate's Children: Bruce and Brandon". *The New York Times*, 2 de maio de 1993.

536 *"Ele era gozador":* entrevista com Shannon Lee, 2013.

536 *"Ele estava convencendo":* ibid. A leitura de Linda sobre esses eventos: "Brandon foi eleito presidente do grêmio de estudantes, mas as inovações que ele tinha em mente para a escola não se enquadravam com a visão da administração da escola" (LEE, Linda. *The Bruce Lee Story*, pp. 182-83).

536 *"Você não está tentando imitar":* BRADLEY-COLLEARY, Shannon. "20 Years After His Death on the Set of *The Crow*, I Remember Brandon Lee". *Huffington Post*, 1º de abril de 2013.

537 *aulas de jeet kune do:* "Dan Inosanto me disse que Brandon chegou lá com muita humildade", disse Taky Kimura. "Ele começou de baixo, como todo mundo, levou suas cacetadas, e se esforçou para se desenvolver. Dan disse que este jovem tinha os movimentos e a coordenação semelhantes aos de seu pai. Dan tinha esperanças de um dia poder preparar Brandon para ser o líder e assumir tudo [o movimento *jeet kune do*]" (BAX, Paul. *Disciples of the Dragon*, p. 12).

537 *"É um trabalho difícil":* entrevista com Shannon Lee, 2013.

537 *versão atualizada da biografia de Bruce escrita por Linda:* o *ghostwritter* escolhido por Linda para sua biografia atualizada, *The Bruce Lee Story*, foi Tom Bleecker. Eles se casaram em 1988, mas se divorciaram dois anos depois, em 1990. Um ano depois ela se casou com Bruce Cadwell, um empresário, e se mudou para Boise, Idaho. Os dois ainda estão juntos.

538 *a maldição do dragão:* LONDSDORF, Amy. "The Curse", *Morning Call*, 7 de maio de 1993. Infortúnios ocorridos durante as filmagens de *Dragão – A História de Bruce Lee* só reforçaram o mito da maldição. Jason Scott Lee, que interpretou Bruce, perdeu a avó; a protagonista Lauren Holly, que interpretou Linda, perdeu seu irmão de 14 anos em um incêndio; e o diretor Rob Cohen sofreu um ataque cardíaco que quase o obrigou a abandonar o projeto.

538 *como a sombra do pai*: SHARKEY, Betsy. "Fate's Children: Bruce e Brandon". *The New York Times*, 2 de maio de 1993. Em uma de suas primeiras entrevistas, Brandon disse à revista *Black Belt*: "Eu converso com as pessoas e elas me convidam para sair. Eu fico pensando: 'Essa pessoa realmente gosta de mim ou ela só está comigo porque eu sou filho do Bruce Lee?'".

538 *"onde pessoas morreram":* GAREY, Juliann. "Disasters Plague the Set of 'The Crow'". *Entertainment Weekly*, 2 de abril de 1993.

538 *"um filme de US$ 30 milhões":* SMITH, Adam. "The Fall of the Crow", revista *Empire*, agosto de 2013.

539 *Em vez disso, Brandon foi enterrado:* os túmulos de Bruce e Brandon tornaram-se uma atração turística e um local de peregrinação, recebendo dezenas de visitantes todos os dias. "Como acontece com túmulos de outras celebridades, o local recebe visitas clandestinas à noite", escreveu Andy Koopmans, autor de *The Importance of Bruce Lee*. "Ouvi de muitos moradores de Seattle, que cresceram na cidade, que sempre foi uma tradição 'fumar um baseado com Bruce e Brandon' à noite depois que o cemitério está oficialmente fechado'" (OVERALL, John. *The Bruce Lee Review*, pp. 145-46).

539 *"Está além da minha capacidade":* SHARKEY, Betsy. "Fate's Children: Bruce and Brandon". *The New York Times*, 2 de maio de 1993.

540 *"Brandon gostaria muito":* BLOCK, Alex Ben. "Brandon Lee's Mom: Never Again". *Hollywood Reporter*, 29 de abril de 1993.

540 *"Lee é sensacional":* TRAVERS, Peter. "The Crow". *Rolling Stone*, 11 de maio de 1994. Peter Rainer concordou com Travers no *The Los Angeles Times*: "Lee tem uma presença fenomenal, e seus movimentos são tão graciosamente poderosos que seus rompantes parecem pesadelos reais. Lee faz com que você continue assistindo *O Corvo* quando você preferiria desviar o olhar" (RAINER, Peter. "'The Crow' Flies With Grim Glee", *Los Angeles Times*, 11 de maio de 1994).

540 *"Se Brandon tivesse vivido":* SHARKEY, Betsy. "Fate's Children: Bruce and Brandon", *The New York Times*, 2 de maio de 1993.

540 *foi a história do filho:* MILLER, Davis. *The Tao of Bruce Lee*, pp. 166-67.

540 *"Foi muito difícil":* entrevista com Shannon Lee, 2013.

540 *"Eu tenho muita sorte":* ibid.

540 Operação Águia: de acordo com um representante da Golden Harvest, o papel foi criado especificamente para Shannon. "Será interessante trabalhar com Shannon. No meu segundo filme, eu trabalhei com (seu falecido irmão) Brandon", disse Michael Wong, que estrelou o filme ao lado dela. "Eu comprei duas Harley Davidsons por causa dele. Tivemos um dia de folga em Los Angeles e ele me deixou dirigir a sua Harley" (REVELER, Norma. "Golden Harvest Reaping Deal with Lee's Daughter". *Hollywood Reporter*, 24 de junho de 1997).

541 *"Eu me senti muito pressionada":* ibid.

541 *arrependeu-se de ter dado:* "Se as pessoas dizem que o *jeet kune do* é diferente 'disto' ou 'daquilo', então que o nome de *jeet kune do* seja apagado, pois o nome não passa disso, de apenas um nome", escreveu Bruce em suas anotações. "Por favor, não se preocupe demais com isso."

541 *29 de janeiro de 1970:* GONG, Tommy. *Bruce Lee*, p. 167.

541 *fez com que seus instrutores assistentes:* em uma conversa telefônica com seu aluno Dan Lee ocorrida em 1972, Bruce explicou: "Por isso eu proibi as escolas de *jeet kune do*. Porque é muito fácil para um membro entrar e tomar a ideia como a verdade e como 'o caminho', entende o que quero dizer?".

542 *conhecidos como o Núcleo:* os membros fundadores do Núcleo foram Linda Lee Cadwell, Taky Kimura, Allen Joe, George Lee, Bob Bremer, Richard Bustillo, Steve Golden, Larry

Hartsell, Herb Jackson, Pete Jacobs, Daniel Lee, Jerry Poteet, Ted Wong, Greglon Lee (filho de James Yimm Lee), Chris Kent, Tim Tackett, John Little e Shannon Lee Keasler. Shannon casou-se com Ian Keasler em 1994. A filha deles, Wren Keasler, nasceu em 2003.

542 *Isso criou uma cisão:* BISHOP, James. *Bruce Lee: Dynamic Becoming*, p. 142.

542 *Ela encerrou as atividades:* Em 2001, o Núcleo promoveu seu seminário anual de *jeet kune do* na Holanda, contabilizando US$ 25 mil em prejuízos. Em 11 de março de 2002, os advogados responsáveis pelo patrimônio de Bruce Lee fizeram um comunicado judicial aos membros do Núcleo informando o encerramento da licença e ordenando que cessassem o uso dos nomes e marcas registradas da *Bruce Lee Educational Foundation* e do *Jun Fan Jeet Kune Do Nucleus*. "Muitas pessoas ficaram furiosas comigo", diz Shannon, "porque acharam que eu deveria ter interferido e lidado com tudo aquilo de maneira diferente. Sou uma pessoa de trato muito fácil até um limite, e então, em algum momento, eu pensei: 'Você está sendo um idiota, então agora chega'. As pessoas não aceitam isso com muita simpatia" (entrevista com Shannon Lee, 2013; BISHOP, James. *Bruce Lee: Dynamic Becoming*, pp. 155-56.)

543 *empatar com McQueen em nono lugar:* há impulso temporário nas vendas de produtos relacionados a determinado músico famoso logo após sua morte, o que faz com que esse artista ganhe posições nesta lista. Nos últimos dois anos, Prince, David Bowie e Tom Petty apareceram no top 10, tirando Bruce da lista.

543 *ignorou seu filho mais famoso:* "Só em sua própria terra e em sua própria casa é que um profeta não tem honra" (Mateus 13:57).

543 *um motel:* JENKINS, Nash. "Bruce Lee's Former Home in Hong Kong Faces an Uncertain Future" *Time*, 8 de setembro de 2015.

543 *inaugurada com a presença de Robert Lee:* "Hong Kong Unveils Bruce Lee Statue", *The Age*, 28 de novembro de 2005.

544 *homem chinês como submisso:* CHAN, Jackinson. *Chinese American Masculinities*, p. 5.

544 *"Vivíamos em Alameda":* RAFIQ, Fiaz. *Bruce Lee Conversations*, p. 114.

544 *"um babaca egocêntrico":* BREWSTER, David; BUERGE, David M. (orgs.). *Washingtonians*, p. 429.

544 *movimento asiático-americano:* CHAN, Jackinson. *Chinese American Masculinities*, p. 7.

544 *transformou a produção cinematográfica do Ocidente:* Bruce Lee também teve uma enorme influência sobre os jogos eletrônicos. O jogo de fliperama *Kung-Fu Master*, de 1984, foi inspirado em *Jogo da Morte*. A maioria dos jogos de luta conta com homenagens a Bruce, com um ou mais personagens baseados nele. Kim Dragon, da franquia *World Heroes*, é um ator de artes marciais cujo movimento especial é o chute Dragão. O nome de Jann Lee, no jogo *Dead or Alive*, foi inspirado em Lee Jun Fan. Fei Long, no *Street Fighter*, luta como Bruce. Marshall Law, da série *Tekken*, assemelha-se a Bruce Lee nas técnicas que utiliza e nos seus gritos. Liu Kang, de *Mortal Kombat*, veste-se e move-se como Bruce. O *EA Sports UFC* não foi na onda *Bruceploitation* de imitação e simplesmente licenciou o nome de Bruce, criando um personagem Bruce Lee, que veste um calção amarelo e preto, como o figurino de Bruce em *Jogo da Morte*.

544 *ainda maior na coreografia das lutas:* curiosamente, Lee não teve a mesma influência sobre as coreografias de luta dos filmes de Hong Kong. Após o fim do período *Bruceploitation*, no final dos anos 1970, os cineastas de Hong Kong rejeitaram a abordagem de Bruce de alto impacto e realismo intensificado. Eles retornaram às coreografias baseadas na ópera chinesa, em filmes de Jackie Chan e Jet Li, ou se concentraram em acrobacias "wire-fu" em filmes *wuxia*, como *O Clã das Adagas Voadoras* (*House of Flying Daggers*, 2004).

545 *"Todas as cidades dos Estados Unidos":* entrevista com Fred Weintraub, 2013.

545 *"Penso em mim como":* Bruce Lee, *The Lost Interview*, no programa *The Pierre Berton Show*, 9 de dezembro de 1971.

546 *"que você era sincero":* BAX, Paul. *Disciples of the Dragon*, p. 4.

546 *"muçulmanos, sérvios ou croatas":* SCEPANOVIC, Ivo. "Bruce Lee Beats Pope to Be Peace Symbol of Mostar" *The Telegraph*, 12 de setembro de 2004; SIEGEL, Robert, "Bosnian City's Unique Statue Choice: Bruce Lee" *NPR*, 13 de setembro de 2005; "Bosnia Unveils Bruce Lee Bronze" *BBC News*, 26 de novembro de 2005.

Bibliografia

Livros em inglês:

ABDUL-JABBAR, Kareem. *Giant Steps: The Autobiography of Kareem Abdul-Jabbar*. Nova York: Bantam, 1983.

ASHRAFIAN, Dr. Hutan. *Warrior Origins: The Historical and Legendary Links Between Bodhidharma, Shaolin Kung-fu, Karate and Ninjitsu*. Londres: The History Press, 2014.

ATYEO, Don; DENISS, Felix. *Bruce Lee: King of Kung-Fu*. Londres: Bunch Books, 1974.

BAX, Paul. *Disciples of the Dragon: Reflections from the Students of Bruce Lee*. Denver: Outskirts Press, 2008.

BISHOP, James. *Bruce Lee: Dynamic Becoming*. Carrollton, TX: Promethean Press, 2004.

BLEECKER, Tom. *Unsettled Matters*. Lompoc, CA: Gilderoy Publications, 1996.

BLOCK, Alex Ben. *The Legend of Bruce Lee*. Nova York: Dell, 1974.

BOOTH, Martin. *Cannabis: A History*. Nova York: Picador, 2003.

——. *The Dragon Syndicates: The Global Phenomenon of the Triads*. Nova York: Doubleday, 1999.

——. *Golden Boy: Memories of a Hong Kong Childhood*. Nova York: Picador, 2004.

BORINE, Norman. *King Dragon: The World of Bruce Lee*. Nova York: Fideli Publishing, 2002.

BREWSTER, David; BUERGE, David M (ed.). *Washingtonians: A Biographical Portrait of a State*. Seattle: Sasquatch Books, 1988.

BURGER, Richard. *Behind the Red Door*. Hong Kong: Earnshaw Books, 2012.

CAMPBELL, Sid; LEE, Greglon Yimm. *The Dragon and the Tiger: The Birth of Bruce Lee's Jeet Kune Do: The Oakland Years*, Vol. 1. Berkeley: Frog, 2003.

—. *The Dragon and the Tiger: Bruce Lee: The Oakland Years*, Vol. 2. Berkeley: Frog, 2005.

CHAN, Jachinson. *Chinese American Masculinities: From Fu Manchu to Bruce Lee*. Nova York: Routledge, 2001.

CHAN, Jackie. *I Am Jackie Chan*. Nova York: Ballantine, 1998.

CHANG, Iris. *The Chinese in America*. Nova York: Penguin, 2003.

CHWOON, Tan Hoo. *The Orphan: Bruce Lee in His Greatest Movie*. Singapore: Noel B Caros Productions, 1998.

CLOUSE, Robert. *Bruce Lee: The Biography*. Burbank, CA: Unique Publications, 1988.

COHEN, Rob. *Dragon: The Bruce Lee Story, The Screenplay*, 4 de outubro de 1991.

CONFUCIUS. *The Analects*. Nova York: Penguin, 1979.

DAMONE, Vic. *Singing Was the Easy Part*. Nova York: St. Martin's, 2009.

Editores da revista *Black Belt*. *The Legendary Bruce Lee*. Santa Clarita, CA: Ohara Publications, 1986.

Editores da revista *Kung-Fu Monthly*. *Who Killed Bruce Lee?* Londres: Bunch Books, 1978.

ENG, David L. *Racial Castration: Managing Masculinity in Asian America*. Durham, NC: Duke University Press, 2001.

ETTER, Jonathan. *Gangway, Lord! Here Come the Brides Book*. Albany, GA: BearManor Media, 2010.

FARRELL, Sharon. *Sharon Farrell: "Hollywood Princess" from Sioux City, Iowa*. Topanga, CA, 2013.

FRAGUAS, Jose. *Jeet Kune Do Conversations*. Los Angeles: Empire Books, 2006.

FRIEDMAN, Dave. *Enter the Dragon: A Photographer's Journey*. Los Angeles: Warner Bros. Entertainment, 2013.

FUHRMAN, Candice Jacobson. *Publicity Stunt!* Forest Knolls, CA: Wink Books, 1989.

GLOVER, Jesse. *Bruce Lee: Between Wing Chun and Jeet Kune Do*. Publicação própria: Seattle, 1976.

GOLDMAN, Andrea. *Opera and the City: The Politics of Culture in Beijing, 1770-1900*. Stanford: Stanford University Press, 2012.

GONG, Tommy. *Bruce Lee: The Evolution of a Martial Artist*. Los Angeles: Bruce Lee Enterprises, 2014.

GRAMS, Martin Jr. e Terry Salomonson. *The Green Hornet: A History of Radio, Motion Pictures, Comics, and Television*. Churchville, MD: OTR Publishing, 2010.

HAMM, John Christopher. *Paper Swordsmen: Jin Yong and the Modern Chinese Martial Arts Novel*. Honolulu: University of Hawaii Press, 2006.

HANDELMAN, Dr. Kenny. *Attention Difference Disorder: How to Turn Your ADHD Child or Teen's Differences into Strengths*. Nova York: Morgan James Publishing, 2011.

HO, Eric Peter. *Tracing My Children's Lineage*. Hong Kong Institute for the Humanities and Social Studies, University of Hong Kong, 2010.

HOLDSWORTH, May; MUNN, Christopher (ed.). *Dictionary of Hong Kong Biography*. Hong Kong: Hong Kong University Press, 2012.

HOPKINS, Philip; ELLIS, Richard. *Hyperthermic and Hypermetabolic Disorders*. Cambridge: Cambridge University Press, 1996.

HYAMS, Joe. *Zen in the Martial Arts*. Nova York: Houghton Mifflin, 1979.

INGHAM, Mike; XI, Xu. *City Voices: Hong Kong Writing in English, 1945 to the Present*. Hong Kong: Hong Kong University Press, 2003.

JUDKINS, Benjamin; NIELSON, Jon. *The Creation of Wing Chun: A Social History of the Southern Chinese Martial Arts*. Albany: SUNY Press, 2015.

KAEL, Pauline. *5001 Nights at the Movies*. Nova York: Henry Holt, 1991.

KERRIDGE, Steve. *The Bruce Lee Chronicles: An Inside Look at Way of the Dragon*, v. 1. Tiger Rock Publishing, 2011.

——. *Bruce Lee: Legends of the Dragon*, Vol. 1. Londres: Tao Publishing, 2008.

——. *Bruce Lee: Legends of the Dragon*, Vol. 2. Londres: Tao Publishing, 2008.

KWONG, Peter; MISCEVIC, Dusanka. *Chinese America: The Untold Story of America's Oldest New Community*. Nova York: The New Press, 2005.

LAO-TZU. *Tao Te Ching*. Nova York: Penguin, 1963. [*Tao-Te King*, Editora Pensamento, São Paulo, 1984.]

LEE, Agnes; Grace Lee; LEE, Robert. *Bruce Lee, The Untold Story: Bruce Lee's Life Story as Told by His Mother, Family, and Friends*. Burbank, CA: Unique Publications, 1986.

LEE, Bruce. *Chinese Gung Fu: The Philosophical Art of Self-Defense*. Black Belt Books, 2008.

——. *The Lost Interview: The Pierre Berton Show* – 9 de dezembro de 1971. BN Publishing, 2009.

——. *Northern Leg Southern Fist*. Tratamento do roteiro.

——. *The Tao of Jeet Kune Do*. Santa Clarita, CA: Ohara, 1975.

LEE, George; TADMAN, David. *Regards from the Dragon: Oakland*. Los Angeles: Empire Books, 2008.

LEE, Linda. *Bruce Lee: The Man Only I Knew*. Nova York: Warner, 1975.

——. *The Bruce Lee Story*. Santa Clarita, CA: Ohara Publications, 1989.

LEE, Phoebe, Robert Lee, Agnes Lee e Peter Lee. *Lee Siu Loong: Memories of the Dragon.* Hong Kong: Bruce Lee Club, 2004.

LEE, Robert G. *Orientals: Asian Americans in Popular Culture.* Filadélfia: Temple University Press, 1999.

Arquivos de Imigração da Família Lee. Análises de 12017/53752. Grupo de Registros 85, ARC 296477. National Archives and Records Administration, São Francisco.

LEONG, Karen. *The China Mystique: Pearl S. Buck, Anna May Wong, Mayling Soong, and the Transformation of American Orientalism.* Berkeley: University of California Press, 2005.

LISANTI, Tom. *Glamour Girls of Sixties Hollywood: Seventy-Five Profiles.* Londres: McFarland, 2008.

LITTLE, John. *Bruce Lee: Artist of Life.* Boston: Tuttle, 1999.

——. *Bruce Lee: A Warrior's Journey.* Nova York: Contemporary Books, 2001.

——. *Bruce Lee: The Celebrated Life of the Golden Dragon.* Boston: Tuttle, 2000.

——. *Enter the Dragon: The Making of a Classic Motion Picture.* Warner Brothers Special Edition, 1989.

LITTLE, John, (org.). *Bruce Lee: Letters of the Dragon.* Boston: Tuttle, 2016.

——. *Bruce Lee: Words of the Dragon, Interviews, 1958-1973.* Boston: Tuttle, 1997.

LIU, Petrus. *Stateless Subjects: Chinese Martial Arts Literature and Postcolonial History.* Ithaca: Cornell University East Asia Program, 2011.

LOGAN, Bey. *Hong Kong Action Cinema.* Woodstock, NY: Overlook Press, 1995.

LORGE, Peter. *Chinese Martial Arts: From Antiquity to the Twenty-First Century.* Cambridge University Press, 2011.

MARR, Caroline J.; THOMPSON, Nile. *Building for Learning: Seattle's Public School Histories, 1862-2000.* Seattle School District, Seattle, 2002.

MASON, Richard. *The World of Suzie Wong.* Londres: Collins, 1957.

McGILLIGAN, Patrick. *Backstory 3: Interviews with Screenwriters of the 60s.* Berkeley: University of California Press, 1997.

MCKENZIE, Duncan Alexander. *The Death of Bruce Lee: A Clinical Investigation.* Publicação própria, 2012.

——. *Mortal Dragon: The Death of Bruce Lee Explained.* Publicação própria, 2015.

MILLER, Davis. *The Tao of Bruce Lee.* Nova York: Random House, 2000.

——. *The Zen of Muhammad Ali and Other Obsessions.* Nova York: Random House, 2002.

MIYAO, Daisuke. *Sessue Hayakawa: Silent Cinema and Transnational Stardom.* Durham, NC: Duke University Press, 2007.

MORRIS, Meaghan, Siu Leung Li e Stephen Chan Ching-kiu, orgs. *Hong Kong Connections: Transnational Imagination in Action Cinema*. Durham, NC: Duke University Press, 2005.

NORRIS, Chuck. *Against All Odds: My Story*. Nashville: B&H Publishing Group, 2004.

——. *The Secret of Inner Strength: My Story*. Boston: Little, Brown, 1988.

OVERALL, John. *Bruce Lee Review*. Essex, England: Woowums Book, 2009.

PENDO, Stephen. *Raymond Chandler On Screen: His Novels into Film*. Metuchen, NJ: Scarecrow Press, 1976.

PILATO, Herbie J. *Kung Fu: Book of Caine*. Rutland, VT: Tuttle, 1993.

POLANSKI, Roman. *Roman by Polanski*. Nova York: William Morrow, 1984.

RAFIQ, Fiaz. *Bruce Lee Conversations*. Londres: HNL Publishing, 2009.

ROBARDS COOVER, Darcy Anne. "From the Gilded Ghetto to Hollywood: Bruce Lee, Kung Fu, and the Evolution of Chinese America". Diss., Clemson, SC: Clemson University, 2008.

RUSSO, Charles. *Striking Distance: Bruce Lee and the Dawn of Martial Arts in America*. Lincoln: University of Nebraska Press, 2016.

SANDFORD, Christopher. *Polanski: A Biography*. Londres: Century Publishing, 2007.

SCURA, John. *The Best of Bruce Lee: Tracing a Career of the Most Phenomenal Martial Artist Ever –Through a Collection of Reprinted Articles from* Black Belt, Karate Illustrated, *and* Fighting Stars *Magazines*. Los Angeles: Rainbow Publications, 1974.

SEGALOFF, Nat. *Stirling Silliphant: The Fingers of God: The Story of Hollywood's Hottest Writer Who Rode Route 66, Mastered Disaster Films, and Lived His Life Like It Was a Movie*. Albany, GA: BearManor Media, 2013.

SHIFREN, Ester Benjamin. *Hiding in a Cave of Trunks: A Prominent Jewish Family's Century in Shanghai and Internment in a WWII POW Camp*. CreateSpace Independent Publishing Platform, 2012.

SILLIPHANT, Stirling. *The Silent Flute*. Roteiro, 19 de outubro de 1970.

SMITH, Mike. *In the Shadow of the Noonday Gun*. Windsor, 24 de janeiro de 2013.

STRAIGHT, Raymond. *James Garner: A Biography*. Nova York: St. Martin's, 1985.

SURMAN, Dr. Craig e Tim Bilkey. *Fast Minds: How to Thrive if You Have ADHD (Or Think You Might)*. Nova York: Penguin, 2013.

SYDENHAM, Richard. *Steve McQueen: The Cooler King: His Life Through His Movie Career*. Big Star Creations, 2013.

SZETO, Kin-Yan. *The Martial Arts Cinema of the Chinese Diaspora: Ang Lee, John Woo, and Jackie Chan in Hollywood*. Carbondale: Southern Illinois University Press, 2011.

TADMAN, David; KERRIDGE, Steve (ed.) *Bruce Lee: The Little Dragon at 70*. Los Angeles: Bruce Lee Enterprises, 2010.

TAKAKI, Ronald. *Strangers from a Different Shore: A History of Asian Americans*. Nova York: Penguin, 1989.

TEO, Stephen. *Chinese Martial Arts Cinema: The Wuxia Tradition*. Edimburgo: Edinburgh University Press, 2009.

——. Hong Kong Cinema: *The Extra Dimensions*. Londres: British Film Institute, 1997.

TERRILL, Marshall. *Steve McQueen: The Life and Legend of a Hollywood Icon*. Chicago: Triumph Books, 2010.

THOMAS, Bruce. *Bruce Lee: Fighting Spirit*. Berkeley: Blue Snake Books, 1994.

TOBIAS, Mel. *Memoirs of an Asian Moviegoer*. Hong Kong: South China Morning Post Productions, 1982.

TSANG, Steve. *A Modern History of Hong Kong*. Londres: I. B. Tauris, 2010.

TSE-TUNG, Mao. *On Guerrilla Warfare*. BN Publishing, 2007.

——. *Quotations from Chairman Mao Tse-Tung*. 2a edição. Beijing: People's Liberation Army Daily, 1966.

UYEHARA, Mito. *Bruce Lee: 1940-1973*. Los Angeles: Rainbow Publications, 1974.

——. *Bruce Lee: The Incomparable Fighter*. Santa Clarita, CA: Ohara Publications, 1988.

VAN HISE, James. *The Green Hornet Book*. Las Vegas: Pioneer, 1989.

WARD, Burt. *Boy Wonder: My Life in Tights*. Los Angeles: Logical Figment Books, 1995.

WATTS, Alan W. *The Joyous Cosmology*. Nova York: Vintage, 1965.

WEINTRAUB, Fred. *Bruce Lee, Woodstock, and Me: From the Man Behind a Half-Century of Music, Movies and Martial Arts*. Los Angeles: Brooktree Canyon Press, 2011.

WEST, Adam. *Back to the Batcave*. Nova York: Berkley, 1994.

WEST, David. *Chasing Dragons: An Introduction to Martial Arts Film*. Londres: I. B. Tauris, 2006.

WING, Rick L. *Showdown in Oakland: The Story Behind the Wong Jack Man-Bruce Lee Fight*. Publicação própria: São Francisco, 2013.

WONG, Wendy Siuyi. *Hong Kong Comics*. Princeton: Princeton Architectural Press, 2002.

WUNDERMAN, Kurt. Kelsey. Roteiro. Fred Weintraub Family Productions, 28 de abril de 1971.

ZHANG, Yingjin. *Chinese National Cinema*. Londres: Routledge, 2004.

Periódicos em inglês

"1974 Black Belt Hall of Fame: Bruce Lee Martial Artist of the Year". *Black Belt*, novembro de 1974.

AARONS, Leroy F. "Batman's Boy Has Black Belt Rival". *The Washington Post*, 30 de agosto de 1966.

ABAD-SANTOS, Alexander. "Johnnie Walker Offends by Using Bruce Lee in Chinese Ad". *The Atlantic Wire*, 12 de julho de 2013.

ADAMS, Val. "F.C.C. Head Bids TV Men Reform 'Vast Wasteland'; Minow Charges Failure in Public Duty – Threatens to Use License Power". *The New York Times*, 10 de maio de 1961.

ADCOCK, Joe. "'Exit the Dragon' Playwright Aims to Slay Asian American Stereotypes". *Seattle Post-Intelligencer*, 2 de setembro de 1997.

ARNOLD, Gary. "Shades of Cagney, Echoes of McQueen". *The Washington Post*, 25 de agosto de 1973.

BART, Peter. "More Chartreuse than Campy". *The New York Times*, 8 de maio de 1966.

BERMAN, Eliza. "How Batman and Superman Conquered America Decades Ago". *Time.com*, 24 de março de 2016.

BLOCK, Alex Ben. "Brandon Lee's Mom: Never Again". *Hollywood Reporter*, 29 de abril de 1993.

——. "The Hong Kong Style: Part I". *Esquire*, agosto de 1973.

BLUM, Jeremy. "Bruce Lee Whisky Advert Branded a Disgrace". *South China Morning Post*, 11 de julho de 2013.

"Bosnia Unveils Bruce Lee Bronze". *BBC News*, 26 de novembro de 2005.

BRADLEY-COLLEARY, Shannon. "20 Years After His Death on the Set of *The Crow*, I Remember Brandon Lee". *Huffington Post*, 1º de abril de 2013.

BRADY, Eric. "Heat-Related Illness Still Deadly Problem for Athletes" *USA Today*, 15 de agosto de 2011.

BRAUD, Simon. "Rise of the Dragon". *Empire*, julho de 2013.

"Bruce Lee Can Stay On in HK". *Hong Kong Standard*, 18 de dezembro de 1971.

"Bruce Lee, Hong Kong Film Star, Dies at 32". *Los Angeles Times*, 21 de julho de 1973.

"A Bruce Lee Museum" *The New York Times*, 8 de julho de 2008.

"Bruce Lee Remembered". *The New York Times*, 27 de julho de 2005.

"Bruce Lee's Last Moments Revealed". *The Star*, 29 de outubro de 2013.

"Bruce Lee, the Statues". *The New York Times*, 28 de novembro de 2005.

CALUGAREANU, Ilinca. "VHS vs. Communism". *The New York Times*, 17 de fevereiro de 2014.

CANBY, Vincent. "'Green Hornet', from Bruce Lee Series". *The New York Times*, 28 de novembro de 1974.

——. "'Have You Seen Shu Lately?' 'Shu Who?'" *The New York Times*, 13 de maio de 1973.

CASA, Dr. Douglas. "Cold Water Immersion: The Gold Standard for Exertional Heatstroke Treatment". *Exercise Sport Science Review*, v. 35, nº 3 (2007).

CHAN, Kelvin K. "Kung Fu Filmmaker Run Run Shaw Dies" *Associated Press*, 8 de janeiro de 2014.

CHARRON, C., *et al.* "Incidence, Causes and Prognosis of Hypotension Related to Meprobamate Poisoning". *Intensive Care Medicine*, v. 31 (2005), pp. 1582-586.

CHENG, Jennifer. "Bruce Lee Controversially Resurrected for Johnnie Walker Ad". *Time.com*, 12 de julho de 2013.

CHEUNG, Hawkins. "Bruce Lee's Classical Mess: Cleaning Up the Mess the 'Little Dragon' Left Behind", conforme relatado a Robert Chu. *Inside Kung-Fu*, fevereiro de 1992.

——. "Bruce Lee's Hong Kong Years". Inside Kung-Fu, novembro de 1991.

CHI, Paul. "The 'Asian Glow' Explained" *The Daily of the University of Washington*, 11 de março de 2003.

CHIAO, Hsiung-Ping. "Bruce Lee: His Influence on the Evolution of the Kung Fu Genre". *The Journal of Popular Film and Television*, v. 9 (Primavera de 1981).

CHING, Gene. "Great American Great Grandmaster". *Kungfu Taichi Magazine*, janeiro/fevereiro de 2010.

——. "Keeping Secrets". *Kungfu Taichi Magazine*, janeiro/fevereiro de 2010.

CHOU, Oliver. "Hong Kong Doctor, Who Tried to Revive Bruce Lee, Takes Secrets of Kung Fu Legend's 1973 Death to the Grave". *South China Morning Post*, 14 de agosto de 2015.

CHOW, Vivienne. "Bruce Lee Whisky Advert Becomes a Call for Occupy Central" *South China Morning Post*, 12 de julho de 2013.

——. "Golden Harvest's Raymond Chow Recalls Glory Days of Hong Kong Film". *South China Morning Post*, 23 de março de 2013.

——. "It's a Tribute, Not an Ad, Says Bruce Lee's Daughter". *South China Morning Post*, 12 de julho de 2013.

CLOPTON, Willard Jr. "Kato Likes Puns, Preys on Words" *The Washington Post*, 6 de maio de 1967.

"Dame of Death: Betty Ting Opens Up on Bruce Lee's Final Hours" *Want China Times*, 30 de outubro de 2013.

DANNEN, Frederic. "Hong Kong Babylon". *The New Yorker*, 7 de agosto de 1995.

DORGAN, Michael. "Bruce Lee's Toughest Fight". *Official Karate*, julho de 1980.

DRAPER, Dave. "Type Training". *Muscle Builder/Power*, maio de 1969.

EBERT, Roger. "Marlowe". *Chicago Sun-Times*, 25 de novembro de 1969.

ELEGANT, Robert S. "Oriental Films: Lots of Blood and Revenge". *Los Angeles Times*, 14 de janeiro de 1973.

ENDOW, Ken. "Punch Lines". *Karate Illustrated*, setembro de 1970.

ESKENAZI, Stuart. "Ruby Chow, First Asian American on King County Council, Dead at 87". *Seattle Times*, 5 de junho de 2008.

"Ex-Fighter Bob Wall Jailed for Grand Theft". *Black Belt*, setembro de 1997.

FARBER, Stephen. "Kids! Now You Can Chop Up Your Old Comic-Book Heroes with Your Bare Hands!" *Esquire*, agosto de 1973.

FARQUHAR, Peter. "Bruce Lee Fans Are Worried His Hong Kong Home Is About to Be Demolished". *Business Insider Australia*, 10 de setembro de 2015.

FOX, Margalit. "Charles Manson Dies at 83; Wild-Eyed Leader of a Murderous Crew". *The New York Times*, 20 de novembro de 2017.

GAREY, Juliann. "Disasters Plague the Set of 'The Crow'". *Entertainment Weekly*, 2 de abril de 1993.

GEE, Alison Dakota. "Dragon Days". *Los Angeles Times*, 20 de julho de 1998.

GEORGE, Thomas. "Strength and Conditioning Coaches: The Force Is with Them". *The New York Times*, 27 de junho de 1993.

GINSBERG, Allen. "The Great Marijuana Hoax: First Manifesto to End the Bringdown". *Atlantic Monthly*, novembro de 1966.

GOULD, Jack. "Milton Berle, Yesterday's 'Mr. Television', Returns". *The New York Times*, 10 de setembro de 1966.

GRACEFFO, Antonio. "Master Leo Fong: From Bruce Lee to Wei Kung Do". *Kungfu Taichi Magazine*, julho/agosto de 2012.

GRAHAM, Bob. "Enter Bruce Lee – He's Still Alive and Kicking". *San Francisco Chronicle*, 29 de julho de 1988.

GREENSPAN, Roger. "Screen: In the Tradition of 'Marlowe'". *The New York Times*, 23 de outubro de 1969.

HARTUNG, Benno. "Sudden Unexpected Death Under Acute Influence of Cannabis". *Forensic Science International*, v. 237 (2014).

HARTUNIAN, Atina. "Yip Man: Wing Chun Legend and Bruce Lee's Formal Teacher". *Black Belt*, 12 de agosto de 2013.

HERKEWITZ, William. "The Science of the One-Inch Punch". *Popular Mechanics*, 21 de maio de 2014.

HESS, Amanda. "Asian-American Actors Are Fighting for Visibility". *New York Times*, 25 de maio de 2016.

"Hong Kong Unveils Bruce Lee Statue". *The Age*, 28 de novembro de 2005.

INOSANTO, Dan. "What is Jeet Kune Do?" http://elitejkd.com/what_is_jeet_kune_do.php.

"In the Shadow of Bruce Lee: Robert Lee: Bridging the Gap Between Individuality and a Brother's Legend". *Black Belt*, agosto de 1974.

ISRAEL, Evan. "Bruce Lee's Barber". *Fighting Stars Magazine*, maio de 1978.

ITZKOFF, Dave. "Bruce Lee Lands on Chinese TV". *New York Times*, 8 de outubro de 2008.

JENKINS, Nash. "Bruce Lee's Former Home in Hong Kong Faces an Uncertain Future". *Time*, 8 de setembro de 2015.

KANDELLJAN, Jonathan. "Run Run Shaw, Chinese-Movie Giant of the Kung Fu Genre, Dies at 106". *The New York Times*, 6 de janeiro de 2014.

KNOCHEL, James P., M.D. "Heat Stroke". *The New England Journal of Medicine*, 20 de junho de 2002.

LAM, Eunice. "Eunice Lam Remembers Bruce Lee". *Network54.com*, 9 de abril de 2016.

LAURENT, Lawrence. "'Kung Fu', an Eastern-Western, Finds a Place in the TV Schedule". *The Washington Post*, 31 de dezembro de 1972.

LEE, Bruce. "Liberate Yourself from Classical Karate". *Black Belt*, setembro de 1971.

"Lee Group Opens Door to Asia Slate". *Hollywood Reporter*, 8 de agosto de 2006.

LEFEVRE, Charlette. "The Lady and the Dragon: An Interview with Amy Sanbo, Bruce Lee's First Love in the U.S". *Northwest Asian Weekly*, 1o de dezembro de 2007.

LEON, Lisa R. "Heat Stroke". *Comprehensivephysiology.com*, abril de 2015.

LIAN, Pang Cheng. "Inside Bruce Lee". *New Nation* (Cingapura), 14 de agosto de 1972.

LOGAN, Bey. "Once Upon a Time in Kung Fu". *Huffington Post*, 12 de agosto de 2013.

LONGSDORF, Amy. "The Curse". *The Morning Call*, 7 de maio de 1993.

MAILMAN, Erika. "Bruce Lee Had a Studio in Oakland". *Contra Costa Times*, 12 de abril de 2005.

"The Making of 'The Silent Flute.'" *Black Belt*, outubro de 1970.

MARCHETTI, Gina. "Jackie Chan and the Black Connection", *in Keyframes: Popular Cinema and Cultural Studies*, org. Matthew Tinkcom e Amy Villarejo (Londres: Routledge, 2001).

MARTIN, Douglas. "Jeff Corey, Character Actor and Acting Instructor, 88". *The New York Times*, 20 de agosto de 2002.

MCNARY, Dave. "Bruce Lee Biopic Draws 'Adjustment Bureau' Director". *Variety*, 30 de maio de 2014.

"Meet Bruce Lee – The Green Hornet's Buzz Bomb". *Movie Mirror*, outubro de 1966.

MENDELSOHN, Daniel. "J.F.K., Tragedy, Myth". *The New Yorker*, 22 de novembro de 2013.

MILHOCES, Gary. "It Is What It Is". *USA Today*, 27 de dezembro de 2004.

MILLER, Davis. "Bruce Lee's Silent Flute: A History". Extras do DVD do filme *Círculo de Ferro*, 2004.

——. "Chasing the Dragon". *Hotdog Magazine*, abril de 2001.

NAGOURNEY, Adam. "Few Problems with Cannabis for California". *The New York Times*, 26 de outubro de 2013.

NI, Ching-Ching. "Time Is the One Enemy That May Vanquish Him". *Los Angeles Times*, 31 de julho de 2003.

O'CONNOR, John J. "In the Name of the Law Is the Name of the Game". *The New York Times*, 19 de setembro de 1971.

O'ROURKE, Tim. "Chronicle Covers: Labor Leader Harry Bridges' Big Victory". *San Francisco Chronicle*, 30 de dezembro de 2016.

OLIVER, Myrna. "Tom Tannenbaum, 69; Longtime TV, Movie Producer". *Los Angeles Times*, 5 de dezembro de 2001.

ONEY, Steve. "Manson: Oral History". *Los Angeles Magazine*, 1º de julho de 2009.

PAUL, William. "Getting the Thrust of Kung Fu". *Village Voice*, 30 de agosto de 1973.

PETERSON, David. "Solid Gold Wing Chun Memories". *Inside Kung-Fu*, março de 1994.

PILATO, Herbie J. "Brandon Lee – His Final Days". *Inside Kung-Fu*, abril 1988.

Pollard, Maxwell. "In Kato's Kung Fu, Action Was Instant". *Black Belt*, outubro de 1967.

——. "Was 'The Green Hornet's' Version of Kung Fu Genuine?" *Black Belt*, outubro de 1967.

POLLY, Matthew. "Fake Ass White Boys: A Brief History of MMA Trash Talk in Advance of UFC 145". *Deadspin.com*, 21 de abril de 2012.

POMERANTZ, Dorothy. "Michael Jackson Leads Our List of the Top-Earning Dead Celebrities". *Forbes*, 23 de outubro de 2013.

"Pop Tune's Philosophy Marks Bruce Lee Rites". *Los Angeles Herald-Examiner*, 31 de julho de 1973.

PUMPHREY e Roberts. "Postmortem Findings After Fatal Anaphylactic Reactions". *The Journal of Clinical Pathology*, abril de 2000.

RAFFERTY, Terrence. "Dragon: The Bruce Lee Story". *The New Yorker*, 1993.

RAINER, Peter. "'The Crow' Flies With Grim Glee". *The Los Angeles Times*, 11 de maio de 1994.

RAND, Flora. "Chinese Bruce Lee Says of His American Child: 'I Want My Son to Be a Mixed-Up Kid!' " *TV/Radio Mirror*, novembro de 1966.

RAYNS, Tony. "Bruce Lee: Narcissism and Nationalism". *A Study of the Hong Kong Martial Arts Film*, catálogo do 4º Festival Internacional de Cinema de Hong Kong, 3 de abril de 1980.

REVELER, Norma. "Golden Harvest Reaping Deal with Lee's Daughter". *Hollywood Reporter*, 24 de junho de 1997.

"Review: 'Marlowe'". *Variety*, 31 de dezembro de 1968.

"Robin's New Love Rival". *TV Radio Show*, outubro de 1966.

ROGOSIN, Joel. "What Was It Like to Work with Bruce Lee?" *Huffington Post*, 29 de julho de 2014.

RUBENSTEIN, Steve. "In the Shadow of a Legend". *Black Belt*, agosto de 1974.

"Run Run Shaw's Last Years". *The Star Online*, 9 de janeiro de 2014.

RUSSO, Charles. "Bruce Lee vs. Wong Jack Man: Fact, Fiction and the Birth of the Dragon". *Vice, Fightland Blog*, maio de 2017, http://fightland.vice.com/blog/bruce-lee-vs-wong-jack-man-fact-fiction-and-the-birth-of-the-dragon.

——. "The Lost History of Bruce Lee". *San Francisco Magazine*, junho de 2011.

——. "Was Bruce Lee of English Descent?" *Vice, Fightland Blog*, maio de 2016, http://fightland.vice.com/blog/was-bruce-lee-of-english-descent.

SANSWEET, Stephen J. "The Rock 'Em, Sock 'Em World of Kung Fu". *Wall Street Journal*, 4 de outubro de 1973.

SAVILL, Richard. "Cannabis Is Blamed as Cause of Man's Death". *The Telegraph*, 20 de janeiro de 2004.

SCEPANOVIC, Ivo. "Bruce Lee Beats Pope to Be Peace Symbol of Mostar". *The Telegraph*, 12 de setembro de 2004.

SCHUBINER, Dr. Howard. "Substance Abuse in Patients with Attention-Deficit Hyperactivity Disorder: Therapeutic Implications". US National Library of Medicine, National Institutes of Health, 2005.

SEITZ, Matt Zoller. "Holy Influential Actor, Batman: Adam West Continues to Shape Hollywood". *Vulture.com*, 10 de junho de 2017.

SHARKEY, Betsy. "Fate's Children: Bruce and Brandon". *The New York Times*, 2 de maio de1993.

SIEGEL, Robert. "Bosnian City's Unique Statue Choice: Bruce Lee". NPR, 13 de setembro de 2005.

SMITH, Adam. "The Fall of the Crow". *Empire*, agosto de 2013.

SMITH, Anna. "Wildest and Weirdest Star Audition Stories". *MSN Entertainment*, 4 de maio de 2011.

STEIN, Joel. "Time 100 People of the Century". *Time*, 14 de junho de 1999.

STEWART, Kev. "Bruceploitation: The 5 Best Bruce Lee Clones in Gaming". *Whatculture.com*, 30 de setembro de 2013.

"Swish! Thwack! Kung Fu Films Make It". *The New York Times*, 16 de junho de 1973.

THEODORACOPULOS, Taki. "Celebrity Kicks". *Esquire*, setembro de 1980.

THOMPSON, Howard. "Enter the Dragon". *The New York Times*, 18 de agosto de 1973.

TRAVERS, Peter. "The Crow". *Rolling Stone*, 11 de maio de 1994.

TURAN, Kenneth. "The Apotheosis of Bruce Lee: An Actor Dies; A Posthumous Industry is Born". *American Film*, outubro de 1975.

——. "I Made Love To... And Other True Tales of the Bruce Lee Cult". *New West*, 2 de setembro de 1979.

"Unrealized Urnings". Playboy, dezembro de 1995.

VARADARAJAN, Tunku. "The Fred Astaire of Kung Fu". *Wall Street Journal*, 28 de junho de 2002.

VINH, Tan. "A Rare, Personal Glimpse of Bruce Lee's Seattle Years". *Seattle Times*, 3 de outubro de 2014.

"Will Li Hit Hollywood or HK?" *China Mail*, 25 de novembro de 1971.

WONG, Shun Leung. "Bruce Lee and His Friendship with Wong Shun Leung". *Real Kung Fu Magazine*, Hong Kong, 1980.

YANT, Monica, "Bruce Lee Estate Items to Go on the Block". *The Los Angeles Times*, 19 de setembro de 1993.

YGLESIAS, Matthew. "Parents Really Are Harder on First Children". *slate.com*, 21 de outubro de 2013.

YONGYI, Song. "Chronology of Mass Killings During the Chinese Cultural Revolution (1966-1976)". *Online Encyclopedia of Mass Violence*, agosto de 2011.

YOUNG, Robert. "Origins of a Dragon". *Black Belt*, julho de 2012.

——. "William Cheung: Hong Kong Bullies, Wing Chun Kung Fu, and Bruce Lee". *Blackbelt.com*, 2 de maio de 2013.

ZIMMER, Ben. "Take Note, Grasshopper, of Kung Fu". *Wall Street Journal*, 10 de janeiro de 2014.

"Ziv International Obtains License for Lee Products". *Hollywood Reporter*, 24 de setembro de 1975.

Livros em chinês

Li Zhenhui 李振 [Robert Lee]. *Li Xiaolong* 李小 [*Bruce Lee, My Brother*]. Zhuo Nan 卓男 (ed.). Hong Kong: Masterpiece Films, Ltd., 2010.

Li Zhiyuan 李志遠 [Paul Li]. *Shenhua Zaixian* 神話再現 [*From Limited to Limitless: The Ways of Bruce Lee*]. Hong Kong: Oriental Resources Company, 1998.

Zhang Qinpeng 張欽鵬 [Chaplin Chang] and Luo Zhengguang 羅振光 [Dr. Roger Lo]. *Tamen Renshi de Li Xiaolong* 他們認識的李小龍 [*The Bruce They Knew*]. Hong Kong: Infolink Publishing Ltd., 2013.

Periódicos em chinês

"丁珮昨否認自殺 Ding Pei Zuo Fouren Zisha" ["Betty Ting Denies Suicide Attempt Yesterday"]. *San Tang Yat Po*, 23 de dezembro de 1972.

"丁珮鄰居縷述 Ding Pei Linju Lüshu" ["Betty Ting's Neighbors Talk"]. *Oriental Daily*, 25 de julho de 1973.

"萬里飛屍費用萬六 Wanli Fei Shi Feiyong Wan Liu" ["Sixteen Thousand Hong Kong Dollars to Fly Corpse"]. *Oriental Daily*, 25 de julho de 1973.

"小龍遺體明日飛美 Xiao Long Yiti Mingri Fei Mei" ["Lee's Body Flies to America Tomorrow"]. *Oriental Daily*, 25 de julho de 1973.

"死因仍屬—謎遺孀探停屍間 Siyin Reng Shu Yi Mi Yishuang Tanting Shijian" ["Cause of Death Remains a Mystery as Lee's Widow Visits Morgue"]. *Oriental Daily*, 25 de julho de 1973.

Documentários

A Arte Marcial no Cinema (*The Art of Action: Martial Arts in the Movies*). Sony Pictures, 2002.

Biography – Bruce Lee: The Immortal Dragon. A&E Home Video, 2005.

Blood & Steel: The Making of Enter the Dragon. Warner Home Video, 1998. Extra do DVD do filme *Operação Dragão*, produzido no 25º aniversário do lançamento do filme.

The Brilliant Life of Bruce Lee. Hong Kong Heritage Museum, 2013.

Bruce Lee: A Jornada de um Guerreiro (*Bruce Lee: A Warrior's Journey*). Warner Home Video, 2002.

Bruce Lee: Century Hero. Showbox Home Entertainment, 2004.

A Maldição do Dragão (*Bruce Lee: Curse of the Dragon*). Warner Home Video, 1993.

Bruce Lee: The Legend. Golden Harvest, 1983.

Bruce Lee: The Man and the Legend. Golden Harvest, 1973.

Golpes Imortais – A História das Artes Marciais no Cinema (*Cinema of Vengeance*). Fortune 5, 1994.

Golden Gate Girls. Blue Queen Cultural Communications, 2013.

How Bruce Lee Changed the World. A&E Home Video, 2009.

Eu Sou Bruce Lee (I Am Bruce Lee). Shout! Factory, 2012.

The Tao of Caine: Production and Beyond. Warner Brothers Entertainment, 2003. Extras do DVD do 30o aniversário *Kung Fu: The Complete Edition*.

Extras de DVDs

The Big Boss: 2 Disc Ultimate Edition. "The History of The Big Boss", "Deleted Scenes Examined", "DVD Commentary with Andrew Stanton and Will Johnston". Cine-Asia, 2010.

Fist of Fury: 2 Disc Ultimate Edition. "An Interview with Nora Miao", "An Interview with Riki Hashimoto", "An Interview with Jun Katsumura", "An Interview with Joe Torreneuva", "An Interview with Linda Palmer", "An Interview with Dan Inosanto", "Location Guide with Bey Logan", "DVD Commentary with Bey Logan". Cine-Asia, 2011.

Game of Death: Platinum Edition. "Bruce Lee: A Warrior's Journey – The Making of Game of Death". Hong Kong Legends, 2001.

Kung Fu: The Complete Edition. "From Grasshopper to Cain: Creating Kung Fu". Warner Brothers Entertainment, 2003.

The Way of the Dragon: 2 Disc Ultimate Edition. "Memories of the Master: An Interview with Pat Johnson". Cine-Asia, 2010.

Áudio e vídeo

BLOCK, Alex Ben. "Esquire Interview". 1972.

CORCORAN, John. "Audio Interview with Co-Writer Stirling Silliphant". *Círculo de Ferro*. Blue Underground, 2004.

JOHNSTON, Will. "Bob Baker Interview". Tracking the Dragon Convention, 1990. https://www.youtube.com/watch?v=aJIzyJFF-d8.

TADMAN, David. "An Interview with George Lee". Vimeo.com, 3 de fevereiro de 2014.

THOMAS, Ted. "Bruce Lee: The Ted Thomas Interview", dezembro de 1971.

Índice remissivo

Os números das páginas *em itálico* fazem referência a fotografias.

20th Century Fox, 192, 205, 210, 220, 474
    teste cinematográfico de Lee na, 194-97, 199
ABC, 207, 209, 214, 215, 223, 226, 364, 365
Abdul-Jabbar, Kareem (Lew Alcindor), *227,* 240-41, 339, 432-33, 534
Academia Dramática da China, 389
Adams, Neile, 293
Adams, William, 480
Aeroporto Kai Tak, 17, *127,* 139, 204, *249,* 332, 359, 413, 419, 502
Ah Sahm (*The Warrior*), 369-70, 378-81, 412
Ali, Muhammad (Cassius Clay), 121, 204, 223, 419
    disputa contra Cleveland Williams, 423
All American Karate Championships, 246
Allin, Michael, 455-58, 462-65, 468, 482, 530
Alta Voltagem, 540

American International Assurance Company (AIA), 475, 508-10
Amorous Lotus Pan, The, 174
anafilaxia, 526
Andrews, Julie, 375
Apollo 11, 304
Arena da Morte II, A, 540
Arma Secreta Contra Matt Helm, 227, 276, 281-83, 304, 487
Arness, James, 221
Arquivo Confidencial, O, 213
artes marciais, 67, 424, 532, 541, 542, 545
    como prática espiritual, 95, 129-30
    estilos de, 70, 427-28
    finalidades das, 95-6
    Jeet kune do, ver *Jeet kune do*
    karatê, ver *karatê*
    kung fu, ver *kung fu*
    popularidade das, 171, 254-55
    Tae Kwon Do, 174, 234, 393, 541
    Tai chi, 49-50, 90, 240, 241

Wing chun, ver Wing chun
Arthur, Chester A., 104-05
Ashley, Ted, 310-11, 318, 320, 365, 367, 369, 370, 378, 380, 412, 484
 no funeral de, 18-9
 Operação Dragão e, 454, 458, 470-71, 474
aspirina, 521, 522, 524, 525, 526
Association of Asian Pacific American Artists (AAPAA), 368
ativismo estudantil, 131, 368
Atkins, Susan, 303-04
Atlantic Monthly, 266
atores asiáticos, 192-93, 208, 277, 278, 367, 368, 543
Atyeo, Don, 501

Baker, Bob, 162, 387-88, 429
Baldwin, Peter, 279
Ball, Lucille, 171-72
Ballad of Bruce Lee, The (Lee), 531
Baptista, Marciano, 40, 56, 377
Batman, 203-05, 207, 212-15, 219-24, 226
Battle for Hong Kong, The, 45
Beatles, 16, 328, 437, 519
Beats, 266
Beatty, Warren, 171, 191, 304
Beginning of Man, The, 54
Belasco, William, 200, 203, 212
Benn, Jon T., 422
Bergman, Ingrid, 301
Berton, Pierre, 235, 326, 379-80
Besouro Verde, O, 209-26, 229, 239-42, 245-46, 248, 251-54, 270, 277, 313, 325, 332, 351, 361, 367, 369, 376, 474, 530
Birth of Mankind, The, 46, 52
Black Belt, 69, 223, 240, 244, 274, 283, 437, 481, 531, 532
Block, Alex Ben, 438, 501, 540
Blondie, 278-79
Blood & Steel. Ver Operação Dragão
Bodeen, DeWitt, 208

Bogart, Humphrey, 286
Bogart, Paul, 287
Bombaim, 311, 313
Bosman, Charles Henri Maurice (avô de Grace Ho), 25
Bosman, Mozes Hartog, *ver* Charles Henri Maurice Bosman
Bosman, Robert Hotung, *ver* Hotung, Robert
Bosman-Hotung, clã, 25
Bósnia-Herzegovina, 546
boxe, 78-80, 121, 187, 204, 231, 233
Bradley, Tom, 534
Brando, Marlon, 474
Brandt, Thordis, *206,* 220-21
Bremer, Bob, 229, 231, 234
Bridge on the River Kwai, The, 208
Brilliant Life of Bruce Lee, The, 46
Bronson, Charles, 260
Brooke, Walter, 212
Brown, David, 320
Bruce Lee Magazine, 542
Bruce Lee Talent Search, 528
Bruce Lee, atores parecidos com, 533
Bruce Lee, Dia de, 534
Bruce Lee, Espólio de, 542
Bruce Lee, Fã-clube, 543
Bruce Lee: The Man Only I Knew (Lee), 535
Bruceploitation, filmes, 533-34
Bullitt, 291
Burr, Raymond, 491
Bustillo, Richard, 229, 231

Cadwell, Linda Lee, *ver* Lee, Linda
Cagaanan, Gary, 159
Caine, Michael, 213
Califórnia:
 imigrantes chineses na, 32, 103-04
 ouro na, 103
 São Francisco, *ver* São Francisco, Calif.
Calor da Noite, No, 257, 286
Caminhando Sob a Chuva da Primavera, 301-02
Campbell, Joseph, 307

Campeonatos Internacionais de Karatê de Long Beach, 172-75, 192, 200, 223, 243, 245, 282
Canby, Vincent, 531
cannabis (maconha; haxixe), 265, 267, 478, 499-500, 513, 514, 518-21
  Lee uso de, 265-67, 345, 425, 477-78, 484, 489, 490, 499-500, 526
Cantiga de ninar cantonesa, 101
Capri, Ahna, 468
Carradine, David, 367-69, 378, 537
Carson, Johnny, 317 277casamento(s) inter-racial(is), 165, 166, 222, 441
  de Bruce e Linda, 166-69, 221-22
Castello, Julio Martinez, 233
Cathay Films, 339, 341-42
CBS, 223, 278
Chamberlain, Wilt, 242
Chan, Amy, 84-5, 141
Chan, Bing, 178
Chan, Jackie, 386, 389-91, 413, 424, 533, 543
  em *Operação Dragão*, 451, 467-68
Chan, Robert, 202, 392, 422, 440
Chan, Unicorn, 52, 344, 422, 439
Chandler, Raymond, 286, 288
Chang Cheh, 140
Chang, Chaplin, 392, 415-18, 460, 466, 467
Chang, Chi Yao, 411, 421
Chang, Diana, 174, 184-85
Chaplin, Charlie, 208
Charlie Chan, filmes, 191-92, 544
  Charlie Chan's Number One Son, 191-93, 199, 200, 203-05, 207-10
Chau, Chan Kwong, 512
Cheat, The, 208
Chen Kefu, 67-8
Cheng Pei Pei, 344-45
Cheng Po Chi, 512
Cheung, Anthony Yuk, 51
Cheung, Hawkins, 69-71, 73, 78, 79, 87, 92-4, 98, 99, 110, 112, 113
Cheung, Miss., 26

Cheung, William, 58, 70, 71, 73, 74, 159
chi sao (mãos pegajosas), 65, 71, 115, 140, 143, *315*
Chiang Kai-shek, 339
Chieh Yuan, 433
Chin, David, 177-80, 182, 183, 185
Chin, Peter, 19, 231, 458
China Mail, The, 14, 274, 374-75, 431, 484, 497, 501, 514
China Star, The 447, 498, 503, 513
China, 29-30, 544
  chegada dos colonizadores europeus na, 30
  como "O Homem Doente da Ásia", 30, 382, 393, 544
  comunistas na, 41, 45, 48, 58, 71, 336, 339, 352, 504
  confucionismo na, 28, 236, 334, 447-48
  Dinastia Qing na, 23-4, 30
  família na, 28, 87
  guerra civil na, 41, 43, 45, 48, 339
  Ilhas Senkaku e a, 377
  invasão japonesa da, 31, 45, 209, 335-36
  mundo do cinema na, 45
  nacionalistas na, 41, 48
  postura norte-americana com relação à, 105
  Primeira Guerra do Ópio na, 30
  Rebelião dos *Boxers* na, 30, 68
  Revolução Cultural na, 48, 448
  Segunda Guerra Mundial e a, 30, 35
Chinese Gung Fu: The Philosophical Art of Self-Defense (Lee e Lee), 158-59
Chinese Pacific Weekly, 170, 185
Chou En-lai, 338
Chow, David, 368
Chow, H. S., 496-97
Chow, Mark, 110, 544
Chow, Ping, 109-10
Chow, Raymond, *330,* 334, 339-46, 349, 351-54, 359-61, 373, 374, 381, 392, 397, 398, 399, 400-04, 405, 414-16, 425, 427, 429, 431, 475, 476, 483-87, 489, 533, 534

funeral de Lee e, 14
morte de Lee e, 490-93, 495-99, 525
na Concord Productions, 397-99, 414
no inquérito sobre a morte de Lee
  508-11, 513-18
Operação Dragão e 455
Chow, Ruby, 109-11, 113, 353, 544
  Restaurante de, *102,* 109-10, 113, 114,
    118, 136, 150, 155-56, 158
Chu Poh-hwye, Eugene, 492, 498, 509-
  12, 517
Chun, Kam Fong, 278
Chung, Betty, 460, 463, 468
cigarro(s), 425
cigarros Winston, 425
Cinco Dedos de Violência, 16, 470, 530
Cingapura, 335-36, 393
Clausnitzer, Rolf, 78-80
Clones of Bruce Lee, 534
Clouse, Ann, 469
Clouse, Robert, 376, 456, 460, 462, 463,
  465, 466, 469, 482, 533
Clube da Juventude Chinesa, 112
Clube de Judô de Seattle, 113, 115, 117
Coburn, James, 220, 239, *249,* 260-61,
  266, 305, 320, 433, 439
  como aluno de Lee, 261-62, 268
  Flauta Silenciosa, A, e, 300, 301, 303,
    306, 310-14, 331, 381, 474-75,
    482-83
  na Índia, *295,* 311-14
  no funeral de Lee, 12, 16-20
Cohen, Rob, 537
colapso pelo calor, 479-80, 525-27
  morte de Lee e, 525-27
Coliseu, 412, 418, 423
Columbia Pictures, 257, 301, 318
comunismo, 339, 532
  na China, 41, 45, 48, 58, 71, 336,
    338-39, 352, 504
Concord Productions, 397-99
  Golden Harvest e, 413-14
Confúcio/confucionista, 28, 236, 334,
  380, 447

Connery, Sean, 171
Conrad, Robert, 171
Coolie Lo" (professor de Educação Física),
  63-4, 392, 484-85
Corey, Jeff, 211, 218
Corvo, O, 538-40
Cosby, Bill, 208
Crosnier, Roger, 233

Daily Alta California, 104
Daily News, The 403
Damone, Vic, 252-56
Darling Girl, 89
Davis, Sammy, Jr., 255
Dean, James, 97, 211, 531, 536
DeBlasio, Ron, 289
DeMile, James, 116-17, 132, 136-39
Dempsey, Jack, 204
Der, Ben, 183
Desgarrados, Os, 276, 291, 297
deslizamento de terra em Hong Kong, 449
Destemidos, Os, 208, 220
Destino do Poseidon, O, 361
Detetive Marlowe em Ação, 286-88, 290,
  293, 301, 323, 327
Diller, Phyllis, 317
Dongle Theatre, 52-4
Douglas, Carl, 530
Douglas, Kirk, 191, 211, 412
Dozier, William, 191-92, 194-97, 199-
  200, 203-05, 207-15, 218, 219, 223-26,
  253
Dragão – A História de Bruce Lee, 537,
  539
Dragão Chinês, O, 44, 345, *347,* 349-61,
  366, 370, 373-79, 381, 385-89, 392-93,
  397, 404, 406, 419, 420, 426, 427,
  431, 437, 441, 443, 453, 530, 532
Dragon Dies Hard, The, 531
Dragon Lives Again, The, 533
dublês, 216-17, 352, 390-92, 432,
  466-67
Duffy, Joseph, 508, 513, 517
Dunne, Dominick, 304

East Wing Modern Kung Fu Club, 154
Eastwood, Clint, 285, 412
Ebert, Roger, 293
Edison Technical High School, 111, 113, 115-17, 123
Edwards, Blake, 171, 172, 268, 375
Eliot, T. S., 306
Ellsworth, Skip, 115, 117, 119-23, 130, 131, 136
Elms, Gary, 79, 80
Emery, Everett (pai de Linda), 147
Emery, Linda, *ver* Lee, Linda
Emery, Vivian (mãe de Linda), 147-48, 150, 151, 166-68, 198, 211, 212, 402
Eng, Esther, 35
Enjoy Yourself Tonight, 333-34, 420-21
Entertainment Weekly, 538
Epstein, Brian, 519
esgrima, 233, 257, 259
Esquire, 193, 234, 413, 438
estúdios Chung-luen, 60-1, 88
estúdios Golden Harvest, 14, 17, 334, 340-43, 345-46, 357-59, 374, 375, 381, 385, 388, 390, 392, 397-99, 406, 408, 413-14, 425, 426, 431, 432, 453, 456, 464, 475-76, 483, 484, 489, 490, 498, 530, 533, 540
  Concord e, 414
  e o inquérito sobre a morte de Lee, 513-16
  morte de Lee e, 496-97, 501-02
  Shaw Brothers e, 340-42
  Ver também *Dragão Chinês, O*; *Fúria do Dragão, A*; *Voo do Dragão, O*
Exorcista, O, 454

Fairbanks, Douglas, Sr., 208
Fanfare, 404
Farrell, Sharon, *276,* 287-94, 297
Faulkner, William, 291
Feira Marítima de Seattle, 112
Feira Mundial de Seattle, 150, 155
Feng Feng, 46-7
Feng So Po, 46

Festival de Cinema de Milão, 97
Fighting Stars, 264, 438, 531
Filipinas, 393
filmes de artes marciais, 130, 202, 297-98, 314, 317, 319-20, 338, 343, 346, 360, 398, 405, 430, 530, 544-45
  Cinco Dedos de Violência, 16, 470, 530
  comédias de *kung fu,* 412
  Crouching Tiger, Hidden Dragon, 334, 345
  Dragão Chinês, O, 44, 345, *347,* 349-61, 366, 370, 373-79, 381, 385-89, 392-93, 397, 404, 406, 419, 420, 426, 427, 431, 437, 441, 443, 453, 530, 532
  Flauta Silenciosa, A 295, 297-303, 306-14, 321, 323, 331, 343, 346, 381, 413-14, 427, 428, 458, 475, 482-83
  Fúria do Dragão, A, 345-46, 353, *371,* 377, 382-89, 393-94, 397, 399, 400, 402-04, 413, 414, 415, 419, 427, 426, 429, 438, 441, 448, 484, 524, 530, 543
  Jogo da Morte, 430, 444, 456, 483, 487, 489, 490, 498, 501, 509, 525, 534, 541
  Kung Fu (*The Way of the Tiger, The Sign of the Dragon*), 318-20, 343
  Morte em Minhas Mãos, A, 338-41, 343, 384, 404
  Northern Leg Southern Fist, projeto, 427-29, 475
  Ópera Cantonesa e, 350-52, 355
  Operação Dragão, 13, 15, 16, 238, 244, 265, 321, 325, 376, 391, 392, 394, 405, *451,* 458, 460, 470, 471, *472,* 473-76, 480-82, 494, 498, 515, 525, 529-33, 535, 540, 544, 545
  Voo do Dragão, O, 59, 84, 217, 239, 285, 392, 394, *395,* 405, 407, *409,* 411-26, 430, 434, 439-41, 444, 446, 454, 460, 464, 475, 530, 532
filmes de *kung fu, ver* filmes de artes marciais

Fist of Unicorn, 439-40
Fitzsimons, Charles, 253
Flauta Silenciosa, A, 295, 297-303, 306-14, 321, 323, 331, 343, 346, 381, 413-14, 427, 428, 458, 475, 482-83
Flint – Perigo Supremo, 206, 220
Flint Contra o Gênio do Mal, 260
Folger, Abigail, 303, 304
Fonda, Henry, 305
Fonda, Jane, 211
Fong, Adeline, 176
Fong, Leo, 161-63, 180, 314
Forbes, 543
Fórum Tsun Wan, 508, 512, 518
Franciscus, James, *315,* 323, 361
Frank, Ira, 520
Friedlander, Howard, 317-20, 364, 370
Friedman, Daniel, 478
Frykowski, Voytek, 303, 304
Fugindo do Inferno, 260, 376
Fúria do Dragão, A, 345-46, 353, *371,* 377, 382-89, 393-94, 397, 399, 400, 402-04, 413, 414, 415, 419, 427, 426, 429, 438, 441, 448, 484, 524, 530, 543
Furia, John, 366

Gallery of Madame Liu-Tsong, The, 192
Garcia, Leroy, 117, 120-21, 136, 137
Garcia, Steve, 59, 78, 79, 80
Garner, James, 252, 286, 293
Gatalo, Veselin, 546
Ginsberg, Allen, 266
Glover, Jesse, 18, 113-21, 123-26, 135-38, 158, 234, 479, 541, 545-46
   no funeral de Lee, 17-9
Glover, Mary E., 34
Glover, Mike, 117
Goa, 312-13
Golden Gate Girl, 35
Golden, Steve, 229-30
Goldwyn, Samuel, 429
Gossett, Louis, Jr., 327
Gough, Lloyd, 212
Grande Mestre Beberrão, O, 344

Grande Teatro China, 32
Greenfield, Leo, 470
Guerra Civil iugoslava, 546
Guerra da Coreia, 86
Guiding Light, The, 61

Hall, Howard, 117, 120, 124, 125, 136
Hamilton, George, 171
Han Ying-Chieh, *347,* 354, 357, 387
Hanna-Barbera, 489
Hart, Ed, 115-17, 120, 124-26, 136
Hartsell, Larry, 229, 314, 354
Hashimoto, Riki, 384-85, 387, 394
Havaí 5-0, 278
haxixe, *ver cannabis*
Hayakawa, Sessue, 208
Heller, Paul, 376, 453-55, 460, 468, 469, 482
Hendrix, Jimi, 507, 519
Here Come the Brides, 279-80
Herói com Mil Faces, O (Campbell), 307
Hill, Napoleon, 299
Ho Kom Tong (avô), 26
Ho, Dennis, 58, 63, 86
Ho, Grace (mãe), *22,* 24-9, 54, 55, 92, 110, 199, 234, 274, 333, 480
   ascendência eurasiana de, 25, 26
   Bruce e sua família vistados por, 273-75
   casamento de, 27-8, 169
   e casamento de Bruce com Linda, 169
   e o retorno de Bruce a Hong Kong para passar férias, *127,* 139
   e partida de Bruce para a América, 98, 99
   em São Francisco, 32-6
   encontro de Li Hoi Chuen com, 24, 27, 28
   encontro de Linda com, 200-01
   funeral de Bruce e, 17, 19
   infância de Bruce e, 43-7, 51, 53, 54-5, 57, 61, 62, 69
   infância de, 26, 110
   Linda comparada com, 169
   morte do primeiro filho de, 28, 29, 37
   mudança para Hong Kong, 26

mudança para os Estados Unidos, 17-8, 332
na turnê de um ano pelos EUA com a trupe de ópera, 31-6
personalidade de, 28
Phoebe adotada por, 28-9
Ho, Ivan, 486
Ho, Leonard, 340
Holden, William, 239
Hollywood, 191-205, 219, 226, 351
assassinato de Tate e, 304-05
atores asiáticos em, 192-93, 207-08, 277, 278, 367, 368, 543-44
aulas particulares de Lee para celebridades em, 252-64, 266, 268, 271-72, 285, 290, 375
Calçada da Fama de Hollywood, 539-40
descoberta de Lee por, 174, 192, 199
desilusões de Lee com, 320-21, 345
Lee como coordenador de lutas em, 281-84, 301-02
maconha em, 266-67
papéis asiáticos em, 192, 279, 367, 368
televisão e, 285
valorização de Lee na indústria cinematográfica de Hon Kong em comparação a, 203-04, 359, 360-61, 412, 427
Homem de Shanxi, O, 335
Hong Kong Standard, 339-40, 380-81, 429
Hong Kong, 30, 106, 312, 399-400, 426, 532, 544
Besouro Verde, O, em, 332
chá-chá-chá em, *82*
como colônia britânica/ britânicos coloniais de/governo colonial britânico, 30, 31, 37-8, 40-1, 59, 90, 376, 504, 507-08, 535
corrupção da polícia em, 90-1, 462
cultura jovem em, 83, 84
deslizamento em, 449
estátua de Lee em, *528,* 543, 546
fama de Lee em, 332-33, 359-60, 379-80, 381, 401, 413, 532

funeral de Lee em, *12,* 13-5, 16, *488,* 502, 530, 534-35
incêndio em Nova Kowloon, 68
invasão japonesa de, 37-8, 45
libertação de, 40, 43, 45
mudança de Grace Ho para, 26
na Segunda Guerra Mundial, 37
ocupação japonesa de, 38-41, 45
população de, 38, 39, 43, 376
realocação de Lee em, 381, 399
retorno triunfal de Lee a, 373
revistas em quadrinhos em, 44
surto de cólera em, 37
teddy boys em, 57, 58, 70
tríades em, 58, 91, 438-39
viagem de Lee para, em 1970, 332-35, 342
Hong, James, 368
Hooks, Pat, 117
Hopkins, Big John, 255
Hora do Rush, A, 533
Hospital Baptist, 476, 492-93, 517-18
Hospital Queen Elizabeth (Q.E.H.), 493-94, 496-99, 509, 512, 517, 519
Hotung, Robert, 24-7, 43, 45
Howl and Other Poems (Ginsberg), 266
Hu, King, 344, 352
Hui, Michael, 334
Hui, Rebu, 17
Hui, Samuel/Sam, 14, 405
Hung, Johnny, 69
Hung, Pau Siu, 57, 63
Hung, Sammo, 390, 469, 473, 533
Huo Yuanjia, 382, 405
Hutton, Eliza, 539
Hyams, Joe, 257-59, 281, 305

Idlewild, 24, 27
Ilhas Diaoyu, 377
imigrantes chineses, 103-06
Ato de Exclusão de Chineses e, 32, 104-05
discriminação e violência contra, 32-3, 36, 104, 105
em Seattle, 105, 109-10

na Califórnia, 31-2, 103-04
Pearl Harbor e, 105
segunda onda de, 105-06
imigrantes:
chineses, *ver* imigrantes chineses
europeus, 103-04
japaneses, 104-05, 119, 134-35
Implacáveis, Os, 530
Índia, *295,* 311-14, 531
Indústria cinematográfica de Hong Kong, 45-8, 54, 60-1, 97, 194-95, 203-04, 337, 353-55, 378, 381-82, 390, 405, 424, 429, 430, 483-84, 532-33
carreira de Lee em, na adolescência, *42,* 88-9, 92, 96-7, 194-95
carreira de Lee em, na infância, 35-6, *42,* 46-9, 53-5, 60-1, 88, 89, 149, 152, 194-95, 216, 274-75, 373
carreira de Lee em, quando adulto, 52, 130, 204-05, 293, 341-46, 378, 401
comédias de *kung fu* em, 413
Concord Productions e, 397-99, 414
Golden Harvest em, *ver* estúdios Golden Harvest
Shaw Brothers em, ver Shaw, Run Run; Shaw Brothers Studio
tentativa malsucedida de Lee de restabelecer sua carreira em, 140-41, 174
transformação da, 335-36
tríades e, 438-39
valorização de Lee em Hollywood em comparação a, 204, 358, 360-61, 412, 427
ver também filmes específicos
Inosanto, Dan, 19, 172, 173, 175-76, 219, *227,* 229-32, 236, 267, 269, 432, 433, 534, 537, 541, 542
Instituto Jun Fan Gung Fu, 136-38, 150-53, 157, 160, 163, 229
Instituto Korey Stringer, 480
Ip Chun, 391, 447, 450
Ip Man, *65,* 70-4, 77, 95, 112, 113, 121, 140, 143, 202, 391, 443, 447-49

morte de, 449-50
Iran, 532
Irmãzinha, A (Chandler), 286, 288
Ironside, 277-78

Jackson Street Café, 178, 184
Jackson, Herb, 231, 266
Jackson, Michael, 543
Jacobs, Pete, 229
James West, 223
Japão, 29, 30, 106, 338
ataque a Pearl Harbor pelo, 37, 105, 208
China invadida pelo, 30-1, 37, 210, 336
Fúria do Dragão, A, no, 393-94
Hong Kong invadida pelo, 37-8
Hong Kong ocupada pelo, 37-41, 44, 45
Ilhas Senkaku e, 377
Ópera Chinesa e, 39
rendição do, 40
Jay, Leon, 544
Jay, Wally, 155, 156, 158
luau de, 160, 173, 175
Jeet Kune Do, 19, 229-36, 241, 243, 245, 251-64, 268, 306, 361, 387, 398, 442-43, 447, 449, 536, 537, 540, 541-42, 545
grupo dos *Concepts*, 541-42
Jogo da Morte e, 434
Linda Lee e, 541-42
Longstreet e, 323-28
nome de, 232, 233-34, 235-36, 442-43, 541
Northern Leg Southern Fist e, 428-29
Núcleo, 542
Tao do Jeet Kune Do, O, 159, 309
Voo do Dragão, O, e, 425-26, 430, 434
Jenkins, Graham, 447
Ji Han Jae, 432-33, 434
Jiang, Ping, 382
jiu-jítsu, 195
Joe, Allen, 155-56, 237, 542
jogadores de futebol americano, 237, 238, 526-27

Jogo da Morte, 430, 444, 456, 483, 487, 489, 498, 501, 509, 525, 534, 541
Johnson, Pat, 272-73
Johnson, Weldon, 153
Jornada nas Estrelas, 367
judô, 171, 541
Juventude Transviada, 97

Kam Yeh Pao, 502
Kam Yeh Po, 419
karatê, 123, 171, 195, 196, 541
   campeões de torneios disputados por pontos, 242-43
   Campeonatos Internacionais de Karatê de Long Beach, 172-75, 192, 199, 223, 243, 245-46, 282
   popularidade do, 171, 254
   torneios de, 245, 247
Kasabian, Linda, 303-04
Katleman, Beldon, 268
Katsu, Shintaro, 342, 384
Katsumura, Jun, 384-87, 394
Kay, Sue Ann, 147-48
Kaye, Michael, 88, 375
Kelly, Jim, 459, 466, 468
Kelsey, 320-21, 343, 453
Kendrick, Baynard, 322
Kennedy, Edward, 304
Kerouac, Jack, 266
Kid, The, ver *My Son A-Chang*
Kill the Golden Goose, 172
Kimura, Taky, 19, 117, 126, 136, 153, 158, 160, 164-65, 168, 169, 173, 203, 204, 433, 541, 542, 546
King George V (KGV), 59, 78, 79
Kosuke, Wakuda, 39
Krenwinkel, Patricia, 303-04
Krishnamurti, Jiddu, 235, 236, 309
Kuhn, Tom, 364-69
Kung Fu (série de TV), 363-70, 378-79, 381, 454, 530, 537
Kung Fu (*The Way of the Tiger, The Sign of the Dragon*), 318-21, 343
Kung Fu Fighting" 530

kung fu/gung fu, 24, 30, 67, 71, 123, 153, 447, 541
   alunos não chineses e, 73, 112, 113, 143
   chá-chá-chá e, 86
   como meditação, 95-6
   duelos secretos de "mãos cruzadas" e, 74
   e o papel de Lee como Kato, 210-11, 213-14, 221
   estilo do norte de, 94, 95, 427-28
   interesse revonado pelo, após o desafio, 67-8
   Lee e, 63, 71-81, 83, 86, 94, 95, 96, 111-18, 139-40, 156, 183-84, 187-88, 195-96, 212, 229-32, 446-47, 448
   Lee ensinando *kung fu* a Brandon, *189*
   palestra de Lee a Roethke sobre o, 134
   revistas em quadrinhos, 44, 297
   Wing Chun, ver Wing Chun
Kung Fu: O Filme, 537
Kurosawa, Akira, 317
Kwan, Lee, 415
Kwan, Nancy, 13, 83, 92, 281, 393, 401, 487
Kwok Chung, 25

La Salle:
   Brandon Lee na, 401-02
   Bruce Lee na, 56-9, 62-4, 69, 78, 89, 115-16, 124, 234, 260, 334, 401
Lady Kung Fu, 459
Lai, Michael, 57-9
LaLanne, Jack, 239
Lam Ching Ying, 392
Lam King Leung, 518, 522, 523
Lam, Eunice, 15, 130, 141, 427
Lam, Victor, 339
Lampack, Peter, 318, 364-65
Langford, Dr. Donald, 476-77, 491, 496, 500, 513, 518-20, 523
Lau, Josiah, 420-21
Lazenby, George, 484, 489-90, 491, 498
LeBell, "Judo" Gene, 216-17, 267, 278
Lee, Agnes (irmã), 17, 29, 31, 37, 44, 332
   nascimento de, 29

visita a uma vidente por, 98
Lee, Ang, 334
Lee, Brandon Bruce (filho), *145, 189,*
    193-94, 201-02, 204, 210, 211, 231,
    272, 309, 322-23, 332, 333, 358, 373,
    481, 535-38
    como um mestiço, 222
    luta de, 401-02
    morte de Bruce e, 494, 495-96
    morte de, 539-41
    na La Salle, 401-02
    nascimento de, 193, 194, 197, 198
    no funeral de Bruce, *12,* 14-5
    preocupações com a segurança de, 438
Lee, Bruce, carreira cinematográfica e
    televisiva de:
    aulas de interpretação, 211
    beijos na, 388, 389
    Belasco como agente de, 200, 203, 212
    Besouro Verde, O, 209-24, 229, 239-42,
        245, 248, 251-54, 270, 277, 313,
        325, 332, 351, 361, 367, 369, 376,
        474, 530
    campeonato de Long Beach e, 174, 192,
        200
    carreira de ator do pai e, 62-3, 88
    Concord Productions e, 397-99, 414
    contratos durante a, 199, 210, 345-46,
        349, 382, 456, 458
    coreografia de lutas e, 216-18, 226,
        351-52, 354, 375, 385, 434, 458, 544
    Darling Girl, 89
    descoberta por Hollywood, 174, 192, 200
    desempenho seminal, 322, 328
    desilusão com Hollywood, 321-22
    Detetive Marlowe em Ação, 286-88, 290,
        293, 301, 323, 327
    Dragão Chinês, O, 44, 345, *347,* 349-61,
        366, 370, 373-79, 381, 385-89,
        392-93, 397, 404, 406, 419, 420,
        426, 427, 431, 437, 441, 443, 453,
        530, 532
    e técnicas de artes marciais para
        entretenimento *versus* luta, 202, 423

em Hong Kong como adulto, 52, 130,
    203-05, 293, 342-46, 378, 401-02
festas de Hollywood e, 264
Fist of Unicorn e, 439-40
fitness/regime e, 238-39, 545
Fúria do Dragão, A, 345-46, 353, *371,*
    377, 382-89, 393-94, 397, 399, 400,
    402-04, 413, 414, 415, 419, 427,
    426, 429, 438, 441, 448, 484, 524,
    530, 543
Jogo da Morte, 430, 444, 456, 483, 487,
    489, 498, 501, 509, 525, 534, 541
Longstreet, 315, 323-28, 331, 346, 349,
    357-58, 360-65, 376, 379
metas de Lee para, 299, 301, 307, 473
My Son A-Chang, 42, 47-9, 50, 52, 63, 96
na adolescência, *42,* 88-9, 92, 96-7, 194-
na infância, 35-6, *42,* 46-9, 53-4, 60-1,
    88, 89, 149, 152-53, 194-95, 216,
    274-75, 373
nomes artísticos na, 47, 49
Northern Leg Southern Fist, projeto,
    427-29, 475
o idioma inglês e, 56
oferta de franquias de Escolas de Karatê
    Kato e, 252
Operação Dragão, 13, 15, 16, 238, 244,
    265, 321, 325, 376, 391, 392, 394,
    405, *451,* 458, 460, 470, 471, *472,*
    473-76, 480-82, 494, 498, 515, 525,
    529-33, 535, 540, 544, 545
pequenos papéis, 277-80, 285-88, 293
primeiro papel principal quando aduto,
    376
projeto *A Flauta Silenciosa, 295,* 297-303,
    306-14, 321, 323, 331, 343, 346,
    381, 413-14, 427, 428, 458, 475,
    482-83
projeto *Kung Fu* (*The Way of the Tiger,
    The Sign of the Dragon*), 318-21,
    343
projeto para *Kelsey,* 320-21, 343, 453
projeto para *Number One Son* project,
    191-93, 199, 200, 203-05, 207-10

qualidade de uma "estrela" na, 376
realismo em, 387-88
Sweet Time Together, 88-9, 141
tentativa malsucedida de se restabelecer em Hong Kong, 140-41, 174
teste cinematográfico para a 20th Century Fox, 194-97, 199
The Orphan, 42, 97-8, 140, 149, 376
Thunderstorm, 82, 88, 139
trabalho com comédias, 88-9
Voo do Dragão, O (*Way of the Dragon*), 59, 84, 217, 239, 285, 392, 394, *395,* 405, 407, *409,* 411-26, 430, 434, 439-41, 444, 446, 454, 460, 464, 475, 530, 532
projeto para *Massacre em São Francisco,* 402, 405-07, 414, 415

Lee, Bruce, carreira nas artes marciais de:
alunos não chineses e, 18, 113, 117-18, 545-46
boa forma física e nutrição na, 236-40, 545-46
campeões de karatê e, 242-44
campeonato interescolar de boxe e, 78-81, 186-87
Campeonatos Internacionais de Karatê de Long Beach, 172-75, 192, 200, 223
clientes célebres, 252-64, 266, 268, 271-72, 285, 290, 375
como coreógrafo das cenas de luta nos filmes, 280-84, 301-02
como foco, 131
como professor/instrutor, 94, 113-18, 122-23, 126, 135-39, 148-55, 162-63, 199, 204-05, 212, 229-32, 252-64, 266, 268, 271-72, 283-84, 545-46; *ver também Jeet kune do;* Instituto Jun Fan Gung Fu
crítica à abordagem tradicional e mistura de estilos na, 112, 121, 157-63, 172, 173, 175-77, 180-81, 187-88, 232
dança e, 87-8
desafio aberto a toda Chinatown, *170,* 177-80, 185

desenvolvimento do estilo pessoal, 187, 202-03, 204-05; *ver também jeet kune do*
duelos secretos de "mãos cruzadas", 74, 80
dúvidas de Lee acerca da, 140-41, 187, 199-200
e o papel de Kato em *O Besouro Verde,* 210-11, 214-18, 221, 223-25, 239-42, 251
e técnicas para entretenimento *versus* lutas, 202, 423
em uma exibição itinerante de *kung fu,* 122-23
estilo do norte de kung fu na, 94, 95
evento esportivo oficialmente organizado e, 81
história que virou lenda na, 255-56
Instituto Jun Fan Gung Fu, 136-38, 148-53, 157-60, 163, 174-75, 177, 179, 184, 185, 187, 199-200, 229-30, 252
Ip e, *65,* 70-4, 77, 95, 112, 113, 121, 140, 143, 202, 391, 443, 447-49
Jeet kune do, ver Jeet kune do
kung fu em, 62-3, 71-81, 83, 86, 91, 94, 95, 96, 111-19, 139-40, 158, 173, 176, 187, 195-97, 212, 229-32, 446-47, 448
lesão e, 307-08, 343
luta com Wong Jack Man na, *170,* 178-88, 202, 233, 237, 445
manual de instruções para o *wing chun,* 202
metas de Lee para, 136-37, 187-88, 251
oferta de franquias de Escolas de Karatê Kato e, 251-52
persona sobre o palco, 123
primeiro estudo formal, 68-9, 71-4
saltos acrobáticos e chutes altos na, 94, 203, 247, 393
soco de uma polegada, 118-19, 130, 162, 173, 261
Teatro Sun Sing, apresentação no, 175-79, 180, 184, 185
técnicas de relaxamento e, 254

uso de equipamentos de proteção nas aulas, 231-32
Wing chun na, 62, 70-80, 83, 91, 95, 106, 108, 112, 113, 115, 152, 155, 161, 173, 175, 177, 181, 187, 233, 428, 442-50

Lee, Bruce:
  alistamento militar e, 132
  anos da adolescência de, 57-64, 69-81, 83-90
  aparelho elétrico de estimulação muscular usado por, 238-39, 444
  apartamentos e mudança de, 212
  apólices de seguro de vida de, 475, 507-10, 513-17, 520, 535
  armas de fogo e, 120-21, 439
  ascendência eurasiana de, 73, 441, 545
  ateísmo de, 234
  autópsia de, 16, 494, 499, 502, 513, 521
  barba de, 442
  bebidas alcoólicas e, 44, 264, 416, 474, 480
  biografias de, 500-51, 540
  cães e, 231, 237, 357
  caixão de, 503
  cão dinamarquês de, 231, 237
  carreiras consideradas por, 93, 234
  casa de, em Kowloon Tong, 400
  casa em Bel Air de, 271-72, 275, 281, 381, 399
  casos amorosos de, 220-21, 288-94, 297, 403, 417-18, 422, 460, 461, 483-84, 487, 490-92, 497-98, 500, 508, 510
  cidadania de, 36, 92, 109
  circuncisão de, 143
  colapso pelo calor como causa da morte de, 525-27
  como aluno da Universidade de Washington, *127,* 129-31, 135, 160, 195, 317
  como apolítico, 131, 236
  como lenda, 529-46
  como líder de gangue, 52, 57-8, 70, 260
  como pai, 194
  convulsão de, 476-77
  dançarino e professor de chá-chá-chá, *82,* 86-8, 94, 97, 107, 108, 109, 112, 122, 130, 134, 141, 155, 156, 174, 289
  desafiado para lutar por estranhos, 438
  desmaio/colapso de, 476-82, 484-85, 500, 509, 513, 515-16, 520-22
  dieta alimentar de, 236-40
  dieta de, 238, 290
  dívidas de, 275, 397, 399, 425
  documentários sobre, 326
  doença durante a infância de, 37, 38, 44, 50
  dublês e, 216-17, 390-92, 432, 466-67
  edema cerebral de, 477-78, 480, 491, 496, 499, 520-24, 526
  educação de, 50, 51, 54-8, 61-4, 69, 78, 92, 94, 111, 129-30, 400-01
  energia de, 44, 50-1, 53, 56, 216, 267, 311, 376, 421
  entrevistas com, 235, 325, 331-33, 378-80
  enviado para viver nos EUA, 92-4, 96-9, 105-07, 139-41
  esgrima de, 232-33
  espiritualidade e filosofia de, 18, 95-6, 129-30, 137, 140, 151, 158, 234-35, 259, 290, 326, 328, 427-30, 469-70
  espólio de, 535, 536
  esposa de, *ver* Lee, Linda
  estando no ponto intermediário entre duas culturas, 378-79, 411, 422
  estátua de, *528,* 543, 546
  Etoeptazina tomada por, 491, 495, 498, 499, 509, 510, 518, 519, 521, 522, 524, 525
  expulsão da escola, 62-4, 89, 124, 129, 401
  fama de, 332-33, 358, 379, 380, 401-02, 413-14, 434, 437-50, 481, 531, 532
  Fenitoína, receitada para, 478-79

festas e, 264
fluência em inglês e sotaque de, 56, 120, 211, 366, 369, 378
fotografias de, *22, 42, 65, 82, 102, 145, 170, 189, 206, 227, 249, 276, 295, 315, 330, 347, 371, 395, 409, 435*
fragilidade na infância de, 37, 44, 50
funeral em Hong Kong para, *12,* 13-5, 16, *488,* 502, 530, 534-35
funeral em Seattle para, *12,* 16-7, 502, 530, 535
gastos de, 61-2, 198-99, 212, 272-74, 397-99, 401-02, 416, 475
gritos como marca registrada de, 393
guarda-costas de, 438
herança cultural chinesa, 61, 133-34, 441-42
herança de, 198-99
homem desequilibrado e, 438
homem fazendo *Tai Chi* e, 90
imagem icônica de, 393
infância de, *22,* 35-8, 39-40
infância de, 44-60, 401-02
influência de, 106, 544-45
inquérito sobre a morte de, 504, *505,* 507-25, 535
Lee Três Pernas", apelido de, 351, 352
leitura de revistas em quadrinhos por, 44-5, 51, 54
leituras de, 44-5, 234-35
lesão de, 307-10, 343
livros de autoajuda e áudios motivacionais de, 299, 301
lutar/brigas/arrumar confusão, 50, 52, 54, 58, 59, 62, 63, 69, 77, 80, 91-3, 123-26, 179, 183-84, 351-52, 401
macaco de, 62
meta de vida de, 299, 301, 530
mídia e, 152, 358-59, 373, 378-81, 403-04, 420, 425, 426, 440-41, 449, 484, 486
modo de guiar de, 121
montar um cavalo e, 280
morte de Ip Man e, 449-50
morte de, 13, 14, 15, 490-504, 525-27, 530-32, 534-35
na faculdade, 129-32, 135, 160, 195
namoradas e encontros de, 83-7, 98, 132-35, 141, 168
nascimento de, 33-7, 40
natação e, 50
no passeio de Porsche com McQueen, 268-70, 272, 273
nomes de, 34-5, 49
nunchakus usados por, 393, 419, 467
obituários de, 16
paparazzi e, 440
paranoia de, 439
perda de privacidade de, 437-38
peso de, 240, 350, 473, 480, 481
poema escrito quando adolescente por, 85
Porsche de, 272-75, 381, 399
práticas de *Tai chi* quando criança, 49-50
primeira apresentação pública nos EUA de, 112
privação de sono de, 480
professor de educação física e, 63-4, 392, 485
realocação em Hong Kong, 381, 399
rebeldia e desrespeito à autoridade, 44, 49, 55-6, 72, 236, 353, 392
renda de, 61-2, 211-12, 248, 270-71, 272, 350, 397, 484
retorno a Hong Kong para passar férias, *127,* 138-44, 174
retorno com a família para os EUA, 481, 482
Rolls-Royce de, 475
ROTC e, 131
roupas de, 120, 141, 148, 150, 194, 199, 398, 413, 415-16
rumores e especulações sobre a morte de, 494, 500-04, 510, 511, 524-25
Seja água, meu amigo", fala icônica de, 326
sepultamento de, 15-20, 501-02, 503
signos astrológicos de, 34
testículo mal-descido ou retrátil, 132, 165

trabalho no restaurante de Ruby Chow, *102,* 110-11, 114, 136, 150, 155-56
travessuras de, 52-4, 120
último dia de, 489-504
uso de haxixe/maconha por, 265-67, 345, 425, 477-78, 484, 489, 490, 499-500, 508, 509, 513-16, 518-22, 524, 525, 526
vidente e, 98
visão de, 44, 50
visão do papel dos gêneros de, 134
vulnerabilidade ao calor de, 123, 479-80, 525
Lee, Clarence, 173
Lee, Dan, 229, 231
Lee, David, 58
Lee, George, 108, 155, 162, 163, 239
Lee, Greglon, 179
Lee, Harriet, 108, 156
Lee, James Yimm (Jimmy), 154-63, 169, *170,* 172, 174, 179, 180, 192, 199, 202, 205, 237-38, 541
Lee, Jason Scott, 537
Lee, Karena, 179
Lee, Katherine, 155, 165, 169, 174-75, 179, 199
Lee, Linda (esposa), 55, 56, 88, *145,* 147-52, 160, 180, 186, 192, 198-99, 204, 205, 211, 246, 247, 263-65, 269, 274, 275, 284, 304, 311, 344, 349-50, 361, 373, 374, 378, 398, 401-02, 419, 426, 462, 473, 525, 534-37, 539-40
apartamentos e mudanças com Bruce, 212
carta de Bruce a, 355, 357, 358, 359
casa em Bel Air de, 271-73
casamento de Bruce com, 165-69, 221-22
casamento de, 168
casos amorosos de Bruce e, 220-21, 291-92, 487, 495-96
colapsos de Bruce e, 476-77, 480
como namorada de Bruce, 152-54, 164-65
como professora de pré-escola, 535, 542

e cuidados com a segurança dos filhos, 438
emprego em uma empresa de coleta e registro de mensagens, 309
encontro com a família de Bruce, 199-201
encontro de Bruce e, 148-49
Grace comparada com, 169
grávida de Brandon, 164, 167, 169, 174, 179, 193
grávida de Shannon, 270-71
infância de Brandon e, 193-94, 200-01, 204
infância de, 147
Jeet kune do e, 541-42
mãe de, 147-48, 150, 151-52, 165-68, 198-99, 204, 205, 403
morte de Brandon e, 540
morte de Bruce e, 493-99, 501, 525
mudança para Hong Kong, 381, 399
na Universidade de Washington, 148, 149, 150, 167
nas aulas de Bruce, 149-51
nascimento de Brandon e, 193, 194, 197, 198
no funeral de Bruce em Hong Kong, 14, 15
no funeral de Bruce em Seattle, *12,* 16, 18, 19-20
no inquérito sobre a morte de Bruce, *505,* 508, 512-15, 519-20, 535
primeiro encontro de Bruce com, 150-51
retorno para os Estados Unidos, 481, 482
sepultamento de Bruce e, 15-8, 502, 503
Lee, Peter (irmão), 17, 31, 37, 40, 44, 51, 56, 57, 73, 83, 108-09, 130, 165, 199, 332
em Tóquio, 106
esgrima de, 233
morte de Bruce e, 498, 499
nascimento de, 29
no casamento de Bruce com Linda, 168-69
no funeral de, 14, 15

no inquérito sobre a morte de Bruce, 509
Voo do Dragão, O e, 427
Lee, Phoebe (irmã), 17, 26, 28, 31, 37, 39, 43, 44, 53, 55, 62, 77, 83, 85, 90-1, 332
  adoção de, 28-9
  e a partida de Bruce para a América, 92
Lee, Robert (cunhado de James Yimm Lee), 155, 156
Lee, Robert (irmão), 16-9, 27, 35-9, 48, 57, 58, 60-2, 74, 77, 84, 85, 90-1, 139, 332, 344, 480-81, 531, 543
  Bruce dançando chá-chá-chá e, 87
  Bruce e sua família visitados por, 273-75
  como uma sensação do *pop* adolescente, 274-75, 389
  e a partida de Bruce para a América, 94, 98, 99
  Nora Miao e, 388-89
Lee, Shannon (filha), 275, 308, 373, 400, 401, 419, 534-36, 540-41
  estátua de Bruce Lee e, 542-43
  morte de Bruce e, 495-96
  nascimento de, 273
  no funeral de Bruce, *12,* 14-5
  preocupações com a segurança de, 438
Lee/Li Hoi Chuen (pai), *22,* 23-4, 28, 49, 53, 60, 90, 91, 129, 165
  afluência financeira de, 43-4, 55-6
  apartamentos de, 40, 43, 46-7, 272
  aposentadoria de, 141
  bomba japonesa e, 38
  Bruce enviado para a América por, 92, 93, 98, 110
  carreira de ator de Bruce e, 46-9, 52-4, 60-1, 88
  carreira de ator de, 24, 45-8, 88, 141
  casamento de, 27-8, 169
  como pai, 53-6
  e a ocupação japonesa de Hong Kong, 38-9
  e o casamento de Bruce com Linda, 169
  e o retorno de Bruce a Hong Kong para passar as férias, *127,* 139

  em São Francisco, 32-6
  encontro de Grace e, 24, 26, 27
  funeral de, 198-99
  infância de, 23, 44, 54-5, 110
  morte de, 198
  mudança de nome, 34
  na Ópera Cantonesa, 23, 24, 26, 27, 31, 33-6, 38-9, 106, 107, 174, 401
  nascimento de Brandon e, 198
  neto e, 165, 198
  nome de Bruce e, 34
  Phoebe adotada por, 28-9
  prática de artes marciais de Bruce e, 76, 77
  propriedades de, 199
  reconciliação de Bruce com, 139, 144
  turnê de um ano pelos EUA com a trupe de ópera, 31-6, 109
  uso de ópio por, 38, 54-5, 90-1, 198
LeeWay Media, 542
Legend of the Condor Heroes, The (Jin Yong), 178
Leider, Jerry, 365
Leon, Lisa, 526
Leone, Sergio, 418
Leung, Lam King, 518, 522, 523
Leung, Margaret, *82,* 84, 89, 98
Lewis, Jerry, 88, 119
Lewis, Joe, *227,* 243-45, 265, 267, 281-85, 423, 541
  combate de Norris com, 246, 281-82
  comentários de Lee sobre Stone, Norris e, 283-84
  fim da amizade de Lee com, 285
Li Hoi Chuen, *ver* Lee Hoi Chuen
Li Jun Biao (avô), 24, 34
Li, Jet, 424
Li, vovó, 31, 37
Lianhua, 45
Life, 203, 207
Liston, Sonny, 204
Lloyd's of London, 475, 508
Lo Wei, 14, 334, 342, 345, *347,* 352-57, 360-61, 375, 382, 385-88, 392, 398, 404-08, 413-15, 425, 427, 484

Lee empunhando uma faca para, 484-86
Lo, David, 334
Lo, Gladys, 345, 352, 353, 386, 485
Lo, Lieh, 16
Lo, T.S., 511, 513
Logan, Bey, 389
Loke, Charles, 17
Lone Ranger, The, 209
Longo, Malisa, 416
Longstreet, 315, 322-28, 331, 346, 349, 358, 361-65, 376, 379
Loren, Sophia, 474
Los Angeles Times, 16, 531, 535
Loving versus Virginia, 166, 222
Lowe, Charles, 473-74, 494
Lucy Show, The, 171
Lu-Ming, Christine Pai, 141
Lutador de Rua, O, 533
Lycette, R. R., 499-500, 518, 519, 521-24, 526

Ma, Dick, 453-54
Macau, 38, 40, 68
Machado, Lena, 160
maconha, *ver cannabis*
Madison Square Garden, 246
Madras, 312
Máfia Chinesa (tríades), 58-9, 67, 91, 438-39
Mako, 203, 219
Manson, Charles, 303-04, 438
Mao Tsé-Tung, 41, 45, 58, 339
Mao Ying, Angela, 391, 459, 466
Marley, Bob, 543
Marshall, Adrian, 489
Martin, Dean, 254, 281-83
Marvin, Lee, 294
Mason, Marlyn, 327, 362
Massacre em São Francisco, 402, 405-08, 414, 415
Massee, Michael, 539
Mazda, 543
McNeece, Ricky, 223

McQueen, Steve, 70, 191, 194, 203, 252, 260-64, 266, 282, 291, 293, 303, 334, 339, 351, 376, 382, 398, 437, 456, 473, 481, 483, 530, 543
  amizade de Lee com, 262-63
  como aluno de Lee, 262, 268, 298, 299
  compra de casa por Lee e, 270-71
  em *Os Desgarrados,* 276, 291, 297
  haxixe e, 477-78
  histórico de vida de, 263
  Newman e, 299-300
  no funeral de Lee, 12, 18, 19
  Porsche de, 268-70, 272, 273
  projeto para *A Flauta Silenciosa* e, 297-300
  relacionamento de Lee com, 264, 299-300
Melcher, Terry, 303
MGM, 293, 336, 474
Miao, Nora, 14, 388, *409,* 413-17, 422, 460
Miller, John F., 104
Ming Pao Daily, 184-85
Ming, Nguyen Yu, *127,* 139
Missão: Impossível 2, 533
Mitchum, Robert, 239, 265-66
Miyabe, Tak, 117
Miyamoto Musashi, 317
Modern Chivalry Heroes (Jiang), 382
Modern Kung Fu Karate: Iron, Poison Hand Training (Lee), 154
Monroe, Marilyn, 376
Morgan, Andre, 265, *330,* 342, 354, 382, 399, 403, 413, 418, 427, 429, 440, 447, 456, 462, 464-67, 468, 470, 475, 485, 489, 496, 500, 502, 533, 534, 539
  funeral de Lee e, 17
  morte de Lee e, 496, 503
Morrison, Jim, 191
Morte em Minhas Mãos, A, 338-41, 343, 384, 404
Mostar, 546
Mount Tai Photography House, 202
Movietown, 336-37
movimento asiático-americano, 544

movimento trabalhista, 104
Movimento Urbano de Mostar, 546
Mullins, Skipper, 282
Mundo de Suzie Wong, O, 13, 83, 281, 487
My Son A-Chang, 42, 47-50, 52, 54, 63, 96

nacionalismo chinês, 59, 338, 377, 441
   A Fúria do Dragão e, 377, 393, 394, 448
Nadi, Aldo, 233
Nakachi, Yoichi, 123-26
NBC, 223
Nelsson, Anders, 59, 84, 274, 421-22
New Lantern Newspaper, 460
New Nation, 415, 430
New York Times, The 222, 327, 531
   Longstreet resenha do, 362-63, 365
   Operação Dragão resenha do, 529
Newman, Paul, 191, 252, 299, 300, 304-05
   McQueen e, 299-300
NFL, 237, 238, 527
Ng Mui, 70
Ni Kuang, 434
Nicholson, Jack, 211
Nietzsche, Freidrich, 21
Nimoy, Leonard, 211
ninjas, 501
nipo-americanos, 105, 132, 135
Nishimoto, Tadashi, 415-16, 418
Nixon, Richard, 377
Norris, Chuck, 174, 217, 243, 246-47, 273, 293, *409,* 422-23, 459, 481, 533, 535, 544
   combate de Mullins com, 282
   combates de Lewis com, 246, 282
   comentários de Lee a respeito de Stone, Lewis e, 283-84
   em *Arma Secreta Contra Matt Helm,* 281
   em *O Voo do Dragão,* 285, 418-24, 430
   encontro de Bruce com, 245-46
   Operação Dragão e, 459-60
Northern Leg Southern Fist, 427-28, 475
Novak, Al, 154-55, 162

Noviça Rebelde, A, 375
Number One Son, 191-93, 199, 200, 203-04, 207-10
nunchaku(s), 393, 419, 467

Ohshima, Tsutomu, 172
Oland, Warner, 192
Olivier, Laurence, 376
On the Road (Kerouac), 266
One-Armed Swordsman, The, 342
Ópera Cantonesa, 26, 27, 106, 389
   filmes de *kung fu* e, 350-52, 354-55
   Li (Lee) Hoi Chuen na, 23, 24, 26, 27, 30-1, 32-6, 38-9, 107, 174, 401
   turnê com duração de um ano pela América, 31-6, 109
Ópera Chinesa, 24
   japaneses e, 38-9
   ópio e, 55
   ver também Ópera Cantonesa
Operação Águia, 540
Operação Dragão, 13, 15, 16, 238, 244, 265, 321, 325, 376, 391, 392, 394, 405, *451,* 458, 460, 470, 471, *472,* 473-76, 480-82, 494, 498, 515, 525, 529-33, 535, 540, 544, 545
ópio, 55, 58, 90, 91, 104, 500
   Li Hoi Chuen, uso de, 38, 55-6, 90-1, 198-99
Oriental Daily, 16, 500
Orphan, The, 42, 97, 140, 149, 376
Outra Face, A, 533
Overseas Chinese Daily News, 139

Pak Chong, 350, 357, 359
Palmer, Doug, 142-43
Pan, Zebra, 350, 387, 467
Pang Tak Sun, 493, 510-11
papéis asiáticos em filmes e na televisão, 192-93, 278, 367, 368
Paramount Theatre, 534
Paramount TV, 322, 328, 346, 357, 363, 365, 369, 379
Parent, Steven, 304

Parker, Ed, 158, 171-74, 192, *227,* 229-30, 245, 258, 282, 283
Parque de Lazer Lai Chi Kok, 50
Paul, William, 529
Pearl Harbor, ataque a, 37, 105, 208
Pequenas Fortunas, 389-90
Po Shan Road, deslizamento, 449
Polanski, Roman, 268, 281, 293, 303-04, 314, 355, 433
   assassinato de Tate e, 305
Ponti, Carlo, 474
Poteet, Jerry, 229-31
Prêmio da Academia/Oscar, 257, 286
President Coolidge, SS, 32
President Pierce, SS, 36
President Wilson, SS, 98
Presley, Elvis, 84, 171, 229, 254, 474, 531, 543, 548
Primeira Guerra Sino-Japonesa, 377
Progressive Management Agency, 200
prostitutas, 468

Quan Ging Ho, 107-08
Quatro Quartetos (Eliot), 306
Quinn, Anthony, 301

Radio and Television Daily, 442
Rapid Fire, 537
rapto de Lindbergh, 304
Rawhide, 285
Reisbord, David, 478-79, 513, 518-19
Relyea, Robert, 297-98
República Dominicana, 247, *249*
Return of the One-Armed Swordsman, 342
revistas/histórias em quadrinhos, 44-5, 51, 54
Rhee, Jhoon, 174, 234, 247
Richman, Peter Mark, 324, 327
Robinson, Jackie, 193
Robinson, Sugar Ray, 121
Roethke, Theodore, 134
Rogosin, Joel, 362
Rolling Stone, 540
Roma, 412, 414-19
   Coliseu em, 412, 418, 423
Roosevelt, Franklin, 105
Roth, Jennifer, 538

San Francisco Chronicle, 33
Sanbo, Amy, 132-35, 137, 141, 148, 164
Sand Pebbles, The, 203, 219
Sands Hotel e Cassino, 254, 255
Sang, Shiu Hon, 94
São Francisco, Califórinia, 32
   Chinatown em, 33, 107, 175-77, 179, 183, 185
   Hoi Chuen, Grace e Bruce em, 32-6
   hospital Chinês em, 33
   nascimento de Lee em, 33-6, 40
   retorno de Lee para, 107-09
Saturday Evening Post, The 257
Saxon, John, *330,* 459, 461, 462, 466, 469, 474, 478, 529
Schulz, Charles, 543
Schwarzenegger, Arnold, 240, 545
Scollan, Barney, 173-74
Seattle Times, The 153
Seattle, Washington, 16, 204
   cena de brigas de rua de, 115
   funeral de Lee em, *12,* 16-20, 503, 530, 535
   imigrantes chineses em, 105, 109-10
   mudança de Lee para, 109
   restaurante de Ruby Chow em, *102,* 109-10, 113, 114, 118, 136, 150, 155-56
   sepultamento de Lee em, 15-20, 502, 503
Sebring, Jay, 191-92, 194, 231, 252-56, 262, 269, 279, 281, 300, 303
   assassinato de, 304, 305, 307, 438
   funeral de, 304-05, 307
Segunda Guerra Mundial, 31, 35, 37, 40-1, 105, 318, 377
   nipo-americanos e, 105, 117, 134
   Pearl Harbor, ataque de, 37, 105, 208
   rendição do Japão na, 40
Sem Destino, 310, 318

Semple, Lorenzo, Jr., 214
Senkaku Islands, 377
Sequoia Pictures, 453
série de filmes de *Zatoichi*, 384
    Zatoichi: The Blind Swordsman, 322
Serviço Funerário de Kowloon, *12,*13-5, 488
Serviço Secreto de Sua Majestade, A, 484
Sete Homens e Um Destino, 260
Sete Noivas para Sete Irmãos, 279
Sete Pequenas Fortunas, 389-90
Sete Samurais, Os, 317
Shaw Brothers, 16, 141, 174, *330,* 334-44, 352, 359, 360, 374, 384, 398, 402, 414, 431, 453, 470, 482, 483, 530
    Golden Harvest e, 340-42
Shaw, Run Je, 335-36
Shaw, Run Me, 335-36
Shaw, Run Run, *330,* 334-46, 349, 359, 384, 397, 398, 414, 431, 438, 439, 470, 474, 482, 483, 533
Shih Kien, 13, 459, 469
Silliphant, Mark, 300-03
Silliphant, Stirling, 256-57, 268, 286, 287, 292-93, 322, 345, 361, 413, 474
    Caminhando Sob a Chuva da Primavera, 301-02
    Flauta Silenciosa, A, e, *295,* 297-303, 306-14, 321, 323, 331, 343, 346, 381, 413-14, 427, 428, 458, 475, 482-83
    Longstreet e, 322-23, 361, 363
    na Índia, *295,* 311-14
Simpson, O. J., 508
Sinatra, Frank, 191, 254-56, 268
Sit, Louis, 426
Smith, Bob, 268-69, 272
Sob o Domínio do Mal, 256
Sociedade Teosófica, 235
Sommer, Elke, 257, 281
Sono Eterno, O, 286
Sorkin, Aaron, 257
South China Morning Post, 13, *505,* 517
Spahn Movie Ranch, 303

Spartacus, 412
Spielman, Ed, 317-20, 364, 370
St. Francis Xavier (SFX), 69, 70, 78-9, 89, 91, 92, 115
St. George's, 78-9
Stallone, Sylvester, 545
Starry Night News, 419
Stone, Mike, 174, *227,* 238, 243-45, 247, 282-84
    comentários de Lee sobre Lewis, Norris e, 283-84
    discussão de Lee com, 283-84
Streisand, Barbra, 211
Stringer, Korey, 480, 527
Strode, Woody, 321
Sun Sing Theatre, 175-78, 179, 180, 184, 185
Sunday Post-Herald, 378
Suprema Corte, 166, 222
Surfside 6, 213
Sutcliffe, Charles, 494
Sweet Time Together, 88-9, 141
Sze Tai, 25-6
Sze-Tsang, Sun-Ma, 55, 88

Tae Kwon Do, 174, 234, 393, 541
Tai Chi, 49-50, 90, 240, 241
Taiwan, 377, 544
Tak Sun, 50
Takei, George, 367-68
Tang, Mr., 106
Tannenbaum, Tom, 322-23, 328, 357, 358, 365
Tao of Jeet Kune Do, The (Lee), 159, 309
taoismo, 71, 96, 129, 137, 158, 241, 306, 398, 545
Tarkington, Rockne, 459
Tarzan, 223
Tate, Sharon, 194, *276,* 281, 293, 303-05
    assassinato de, 305, 307, 438
    funeral de, 304, 307
Taylor, Elizabeth, 543
Teare, Robert Donald, 519-22, 524, 526
Teatro Mandarin, 33

televisão, 285, 322-23, 340, 366-67, 369, 378
  atores do cinema e, 285
  Batman, 203-05, 207, 212-14, 219-24, 226
  Besouro Verde, O, 209-26, 229, 239-42, 245-46, 248, 251-54, 270, 277, 313, 325, 332, 351, 361, 367, 369, 376, 474, 530
  Charlie Chan's Number One Son, projeto de, 191-93, 199, 200, 203-05, 207-10
  diversidade na, 207-08, 327
  Havaí 5-0, 278
  Kung Fu, 363-70, 378, 381, 454, 530, 537
  Longstreet, 315, 322-24, 331, 346, 349, 357-58, 360-65, 376, 379
  The Warrior (*Ah Sahm*), projeto, 370, 378-81, 411, 412
  Tiger Force, 358, 363, 369
Templo Shaolin, 70
Terrill, Marshall, 299
Terry e os Piratas, 455
THC, 478
The Tonight Show, com Johnny Carson, 16, 333, 484
The Way of the Tiger, The Sign of the Dragon, The (*Kung Fu*), 318-20, 343
Thomas, Ted, 424-25, 494
Thunderbirds, The 274
Thunderstorm, 82, 88, 139
Tien, James, 349, 350, 354-56, 433
Tiger Force, 358, 363, 369
Tigre e o Dragão, O, 334, 345
Time, 171
Ting Pei, Betty, *330, 395,* 402-03, *409,* 414, 422, 460, 483, 487, 490, 525
  funeral de Lee e, 14
  morte de Lee e, 14, 490-93, 495, 497-98, 500, 505, 525-26
  no inquérito sobre a morte de Lee, 508-12, 517

tentativa de suicídio de, 460-61
Tisdall, Brian, 513-17, 520-21
Tobias, Mel, 374
Tóquio, 106
Torrenueva, Joe, 231
trança ou rabo-de-cavalo ao suposto estilo chinês, 279
Travers, Peter, 540
treinamento com pesos, 236-37, 242
Trendle, George W., 209, 211, 214, 218, 224, 226
Três Homens em Conflito, 285
tríades, 58, 67, 91, 438-39
Tso, Eva, 85, *127,* 139
Tso, Pearl, 85, 98, 107, 132, 136
Tung, Elbert, 508-09, 514, 522-24
Turan, Kenneth, 531
TV and Movie Screen, 193
Twain, Mark, 103-04
Two Opium Addicts Sweep the Dike, 55, 88

U. S. News & World Report, 105-06
Ultimate Fighting Championship, 545
Union Film Enterprises (produtora Chung-luen), 60-1, 88
Universal Studios, 537, 542
Universidade de Connecticut, 480
Universidade de Washington, 153
  Lee na, *127,* 129-31, 135, 160, 195, 317
  Linda Emery na, 148, 149, 152, 166-67
  Reserve Officer's Training Corps (ROTC), 131
uso de esteroides, 239-40
Uyehara, Mito, 231, 232, 238, 240-42, 274, 322, 331-32, 401, 440, 443, 461, 481
  e comentários sobre Stone, Lewis e Norris, 284

Valentino, Rudolph, 14, 208
Variety, 293, 364, 530
Vietnã, Guerra do, 131, 368

Village Voice, 529
Vingança da Pantera Cor de Rosa, A, 172
Voo do Dragão, O, 59, 84, 217, 239, 285, 392, 394, *395,* 405, 407, *409,* 411-26, 430, 434, 439-41, 444, 446, 454, 460, 464, 475, 530, 532
Voz da América, 339

Wagner, Robert, 171
Wagner, Wende, 212
Walker, Anthony, 414
Wall, Bob, 244, 267, 272, 409, 418-20, 423, 459, 467
Wan Kam Leung, 444, 446
Wang Yu, Jimmy, 338-45, 360, 384, 398, 403-04, 405-08, 414, 415, 426
Wang, Patrick, 502
Ward, Burt, 212, 219-20, 225
Ward, Fannie, 208
Warner Bros., 16, 310, 311, 313, 314, 318-21, 363, 364, 370, 378-81, 412, 450, 484, 489, 535
    Operação Dragão e, 405, 453-56, 458, 462, 464, 470-71, 484
Warrior, The (Ah Sahm), 369-70, 377-81, 411, 412
Washington Post, The 210, 221, 376, 531
Watson, Tex, 303-04
Wealth is Like a Dream, 47
Weintraub, Fred, 318-20, 346, 363-64, 366, 530, 533, 545
    Operação Dragão e, 453-59, 457, 462, 464-66, 470, 471
Weintraub, Sy, 268, 319
West, Adam, 213, 214, 219-20, 225
westerns, 279-80
    spaghetti, 285, 412, 418
White & White, 36
White, Dana, 545
Wilde, Oscar, 329
Williams, Cleveland, 423
Williams, Robin, 211

Williams, Van, 212-17, 220, 223, 224, 225, 226, 239, 332, 531
Wing chun, 62, 70-1
    chi sao (mãos pegajosas) em, *65,* 71, 115, 130, 140, 143, *315*
    fundador do, 70-1
    Ip e, *65,* 71-4, 112, 201-02
    Lee e, 62, 71-81, 83, 84, 91, 95, 106, 108, 112-13, 115, 117, 152, 154-55, 160-61, 173, 175, 177, 181, 187, 233, 427-28, 442-50
    manual de instruções de Lee e Ip para o, 201-02
Wise, Robert, 203
Wong Fei-hung, 338, 459-60
Wong Jack Man, *170,* 178-86, 202, 233, 237, 445, 537
Wong Shun Leung, 71-2, 74-81, 95, 140, 433, 443-46, 449-50
Wong, Anna May, 192
Wong, Henry, 390-91
Wong, Kenneth, 176-77
Wong, Lawrence, 344
Wong, Mary, *127,* 139
Wong, T. Y., 154, 159
Wong, Ted, 231, 232, 540, 542
Wong, W., 532
Woo, Charlie, 117
Woo, John, 533
Wood, Natalie, 171
Woodstock, 310, 318-19, 320
Wu Chia-Hsiang, 350
Wu Gongyi, 67-8
Wu Ngan, 52, 399, 422, 439
Wu, Charlie, 158
Wu, Peter, 476-77, 500, 513, 518-21
Wu, Ronald "Ya Ya," 178

Xangai, 25-6, 45
Xinghai Corporation, 439-40

Yapp, David, 508-10, 514-16

Yeung, Bolo, 238, 392, 425, 459
Yeung, Takkie, 46
Yi, Maria, 413
Yim Wing Chun, 70
Young, Fook, 112
Yuen Wah, 390, 391
Yuen, Po-Wan, 47
Yut, Ting, 97

Zanuck, Darryl, 337
Zanuck, Richard, 320
Zatoichi Encontra o Espadachim de Um Só Braço, 342, 384
Zebra Books, 536
Zen, 137, 235, 258, 306
Ziv International, 535